THOMAS KRAPPEL

# Lärmschutz in der eisenbahnrechtlichen Planfeststellung

Tübinger Schriften
zum Staats- und Verwaltungsrecht



Band 87

# Lärmschutz in der eisenbahnrechtlichen Planfeststellung

Von

Thomas Krappel

Duncker & Humblot · Berlin

Die Juristische Fakultät
der Eberhard Karls Universität Tübingen
hat diese Arbeit im Wintersemester 2010/2011
als Dissertation angenommen.

Bibliografische Information der Deutschen Nationalbibliothek

Die Deutsche Nationalbibliothek verzeichnet diese Publikation in der Deutschen Nationalbibliografie; detaillierte bibliografische Daten sind im Internet über http://dnb.d-nb.de abrufbar.

D 21


Fremddatenübernahme: L101 Mediengestaltung, Berlin
Druck: Berliner Buchdruckerei Union GmbH, Berlin
Printed in Germany

ISSN 0935-6061
ISBN 978-3-428-13613-1 (Print)
ISBN 978-3-428-53613-9 (E-Book)
ISBN 978-3-428-83613-0 (Print & E-Book)

Gedruckt auf alterungsbeständigem (säurefreiem) Papier
entsprechend ISO 9706 ♾

Internet: http://www.duncker-humblot.de

# Vorwort

Mobilität ist eine elementare Lebensgrundlage. Ihre Grundbedingungen sind vom Staat zu gewährleisten. Mobilität erfordert eine leistungsfähige Verkehrsinfrastruktur, zu der auch die Verkehrswege der Eisenbahn gehören. Dem Bedürfnis nach einem Ausbau der Verkehrsinfrastruktur stehen Interessen des Umwelt- und Gesundheitsschutzes gegenüber, insbesondere der von Verkehrsgeräuschen Betroffenen. In dieser Konfliktlage bedarf es eines Ausgleichs der Interessen. Es ist zuvorderst eine Aufgabe des Staates, diesen Ausgleich herzustellen, insbesondere durch rechtliche Regelungen über den „Lärmschutz in der eisenbahnrechtlichen Planfeststellung". Dem widmet sich die vorliegende Arbeit. Sie wurde im Februar 2010 abgeschlossen und im Wintersemester 2010/2011 von der Juristischen Fakultät der Eberhard Karls Universität Tübingen als Dissertation angenommen.

Mein besonderer Dank gilt meinem Doktorvater Herrn Prof. Dr. *Michael Ronellenfitsch* für die Betreuung meiner Arbeit und für die Ermutigung zur wissenschaftlichen Auseinandersetzung. Herrn Prof. Dr. Dr. h.c. *Günter Püttner* danke ich für die Erstellung des Zweitgutachtens.

Für die Aufnahme der Arbeit in das Verlagsprogramm sei Herrn Dr. *Florian R. Simon* (LL.M.) ebenso gedankt wie Herrn Prof. Dr. Dr. h.c. *Wolfgang Graf Vitzthum* (LL.M.) für die Aufnahme in die Tübinger Schriften zum Staats- und Verwaltungsrecht.

Schließlich sage ich allen, die das Gedeihen der Arbeit gefördert haben, meinen herzlichen Dank.

Stuttgart, im April 2011 *Thomas Krappel*

# Inhaltsübersicht

# Inhaltsverzeichnis

# Einführung

Mobilität ist ein menschliches Grundbedürfnis und Grundbedingung menschlicher Existenz; sie umfasst die *Verkehrsmobilität* als die „Möglichkeit, sich fortzubewegen, Entfernungen zurückzulegen sowie Personen und Güter zu transportieren".[1] Der Begriff der Mobilität lässt sich dementsprechend nicht auf ein bloßes politisches Schlagwort reduzieren. Er ist vielmehr zu Recht normativ verankert. So qualifiziert § 1 Abs. 6 Nr. 9 BauGB in der Fassung des zum 20. Juli 2004 in Kraft getretenen EAG-Bau[2] die „Mobilität der Bevölkerung" ausdrücklich als einen Grundsatz der Bauleitplanung, eine Planungsleitlinie.[3] Und nach dem raumordnungsrechtlichen Grundsatz des § 2 Abs. 2 Nr. 3 S. 5 ROG in der Fassung des insoweit am 30. Juni 2009 in Kraft getretenen GeROG[4] sind die räumlichen Voraussetzungen für eine „nachhaltige Mobilität" zu schaffen. Ob der Gesetzgeber damit in der Sache neue Grundsätze geschaffen oder – was die Gesetzesbegründungen eher nahe legen[5] – die bestehende Rechtslage lediglich normativ nachgezeichnet hat, kann vorliegend auf sich beruhen. Jedenfalls hat der Gesetzgeber mit der gesetzlichen Verankerung der Mobilität dem sich in den letzten Jahrzehnten grundlegend gewandelten Verkehrsbedürfnis nor-

---

[1] *Ronellenfitsch,* NVwZ 2006, 385 (388); *ders.*, JöR 44 (1996), 167 (172 ff.); *ders.*, DAR 1992, 321 (322); ferner *Limbach,* NZV 2001, 97 (98) unter Hinweis auf *Ronellenfitsch*; *Koch,* Verkehrsumweltrecht, S. 881; Abgeordneter *Otto* (CDU/CSU) anlässlich der Beratungen im Deutschen Bundestag zur Bahnreform, abgedruckt in Prot. 12/150, S. 12865 (12898); S. 1 ff. des Nationalen Verkehrslärmschutzpakets II des Bundesministeriums für Verkehr, Bau und Stadtentwicklung vom 27.08.2009, im Internet abrufbar unter <http://www.bmvbs.de/Anlage/original_1093999/Nationales-Verkehrslaerm-schutzpaket-II.pdf> (Stand: 30.01.2010); Bundesverkehrswegeplan (BVWP) 2003, S. 1, abrufbar unter <http://www.bmvbs.de/Verkehr/Programme-,1495/Bundesverkehrswege-plan.htm> (Stand: 29.01.2010); acatech-Studie Mobilität 2020, Kurzfassung S. 7. – Neben der Verkehrsmobilität gibt es auch weitere Arten von „Mobilität", zu denen heute auch die „Datenmobilität" zählt.

[2] Gesetz zur Anpassung des Baugesetzbuchs an EU-Richtlinien (Europarechtsanpassungsgesetz Bau – EAG Bau) vom 24.06.2004, BGBl. I, S. 1359 ff.

[3] Dazu etwa *Dirnberger,* in: BeckOK-BauGB, § 1 Rn. 118.

[4] Gesetz zur Neufassung des Raumordnungsgesetzes und zur Änderung anderer Vorschriften (GeROG) vom 22.12.2008, BGBl. I, S. 2986; näher zu den Vorgaben des neuen Raumordnungsgesetzes für die Umweltplanung *Scheidler,* NVwZ 2010, 19 ff.

[5] BT-Drs. 15/2250, S. 39 f. (zum EAG-Bau) u. BT-Drs. 16/10292, S. 21 (zum GeROG).

mativ Rechnung getragen.[6] Das Verkehrsbedürfnis unserer heutigen Gesellschaft und damit die Verkehrsmobilität sind unbestreitbar.[7]

Das Bedürfnis nach Mobilität verlangt eine leistungsfähige Verkehrsinfrastruktur. Den Staat trifft diesbezüglich eine *Gewährleistungsverantwortung*. Nach Art. 87e Abs. 4 S. 1 GG gewährleistet der Bund, dass dem Wohl der Allgemeinheit, insbesondere den Verkehrsbedürfnissen, beim Ausbau und Erhalt des Schienennetzes der Eisenbahnen des Bundes sowie bei deren Verkehrsangeboten auf diesem Schienennetz Rechnung getragen wird.[8] Das

---

[6] Vgl. auch *Dirnberger,* in: BeckOK-BauGB, § 1 Rn. 118, der zutreffend darauf hinweist, dass sich in den letzten Jahren und Jahrzehnten sowohl die objektiven Möglichkeiten der Mobilität als auch der Wunsch, mobil zu sein, sowie die Notwendigkeit, mobil sein zu müssen, erheblich verstärkt haben.

[7] Zum Verkehrsbedürfnis auch *Möstl,* in: MD, GG, Art. 87e Rn. 184. – Zum „Grundrecht auf Mobilität" grundlegend *Ronellenfitsch,* DAR 1992, 321 ff.; ferner *ders.*, DVBl. 1994, 441 m.w.N.; *ders.*, JöR 44 (1996), 167 ff.; *ders.*, Umweltschutz und Verkehr, § 83 Rn. 10 ff.; *ders.*, NVwZ 2006, 385 (388); *ders.*, Thesen, S. 10 (24 u. 52) auch zum Personenfern- und -nahverkehr der Eisenbahnen. *Ronellenfitsch* hat das (unbenannte Freiheits-)Grundrecht aus der Gesamtheit der mobilitätsbezogenen besonderen Freiheitsgrundrechte, allen voran Art. 2 Abs. 2 S. 2, 8 Abs. 1, 11 Abs. 1, 12 Abs. 1 und 14 Abs. 1 GG, als Ausdruck des allgemeinen Persönlichkeitsrechts (Art. 2 Abs. 1 GG i.V.m. Art. 1 Abs. 1 GG) sowie aus der allgemeinen Handlungsfreiheit (Art. 2 Abs. 1 GG) entwickelt. Dadurch hat er – ausgehend von den „Bedingungen der modernen Gesellschaft" (Formulierung d. Verf.) – dem dynamischen Gewährleistungsgehalt der Grundrechte Rechnung getragen, so wie etwa das Bundesverfassungsgericht im Volkszählungsurteil vom 15. Dezember 1983 (1 BvR 209/83 u.a., BVerfGE 65, 1 ff. = NJW 1984, 416 ff., Ls. 1 u. 2) „unter den Bedingungen der modernen Datenverarbeitung" in dem in Art. 2 Abs. 1 GG in Verbindung mit Art. 1 Abs. 1 GG verankerten allgemeinen Persönlichkeitsrecht das „Recht auf informationelle Selbstbestimmung" („Grundrecht auf Datenschutz", so ausdrücklich BVerfG, Urt. v. 27.06.1991, 2 BvR 1493/89, BVerfGE 84, 239 (279 f.) = NJW 1991, 2129 (2132) – Quellensteuer) sowie im jüngeren Urteil vom 27. Februar 2008 zur Online-Durchsuchung (1 BvR 370/07, BVerfGE 120, 274 = NJW 2008, 822 (824 ff.), Ls. 1, Rn. 166 ff.) das „Grundrecht auf Gewährleistung der Vertraulichkeit und Integrität informationstechnischer Systeme" erkannt hat; demgegenüber *Koch,* Verkehrsumweltrecht, S. 884 ff. m.w.N.; *Kloepfer,* Umweltrecht, § 14 Rn. 240; *Limbach,* NZV 2001, 97 ff. zum Grundrecht, Auto zu fahren; *Sendler,* NJW 1995, 1468 ff.; *Eggstein,* VBlBW 1995, 161 (162 f.); wohl auch *Böhm,* NVwZ 2006, 427 (428); vgl. dazu schließlich *Papier,* DAR 2002, 532 f. – Das Bundesverfassungsgericht hat in seiner zum Personenbeförderungsrecht ergangenen frühen Bedürfnisprüfungs-Entscheidung vom 8. Juni 1960 1 BvL 53/55, BVerfGE 11, 168 = DVBl. 1960, 596, juris, Rn. 66) zudem betont, es müsse „in einer hochzivilisierten Gesellschaft auch *individuellen Verkehrsbedürfnissen* Rechnung getragen werden" (Herv. d. Verf.). Jüngst hat das Bundesverwaltungsgericht in seinem Beschluss vom 18. August 2009 (4 B 33.09, juris) zur Entlassung der Anlagen und Flächen des Flughafens Berlin-Tempelhof aus der luftverkehrsrechtlichen Zweckbestimmung einem „Grundrecht auf Mobilität" nicht grundsätzlich seine Geltung abgesprochen, sondern ausgeführt, es begründe „jedenfalls" kein subjektives Recht des Einzelnen auf Nutzung eines bestimmten Flughafens.

Gewicht der staatlichen Gewährleistung für die Verkehrsinfrastruktur und der individuellen Mobilität bringt der auf *Forsthoff* zurückgehende Begriff der „*Daseinsvorsorge*“[9] zum Ausdruck.[10] Der Begriff ist zum Rechtsbegriff geworden, was sich schon an seiner Erwähnung in zahlreichen Gesetzen zeigt, etwa in den raumordnungsrechtlichen Grundsätzen des § 2 Abs. 2 Nr. 1 S. 2 ROG und des § 2 Abs. 2 Nr. 3 S. 1 ROG, nach denen eine „nachhaltige Daseinsvorsorge“ zu sichern und die Versorgung mit Dienstleistungen und „Infrastrukturen der Daseinsvorsorge“ zu gewährleisten ist.[11] Auch die höchstrichterliche Rechtsprechung verwendet ihn.[12] So hat das Bundesverfassungsgericht in seinem die Enteignung zugunsten privater Energieversorgungsunternehmen betreffenden Beschluss vom 20. März 1984[13] die Sicherstellung der Energieversorgung als eine öffentliche Aufgabe von größter Bedeutung beschrieben, wobei das Gericht ausdrücklich betonte, die Energieversorgung gehöre „zum Bereich der Daseinsvorsorge“. Die Verkehrsinfrastruktur, wie die der Eisenbahn, fällt unter den – gegenständlich nicht bestimmten – Katalog der Daseinsvorsorgeaufgaben, was die

---

8 Dazu *Ronellenfitsch,* Thesen, S. 10 (42). Ausgenommen ist der lediglich der Schienenpersonennahverkehr, dazu *Möstl,* in: MD, GG, Art. 87e Rn. 136. Zur Rechtsnatur des Art. 87e Abs. 4 S. 1 GG als objektiv-rechtliche Staatszielbestimmung, die keine subjektiven Rechte der Bürger begründet *ders.*, a.a.O., Rn. 182 m.w.N.

9 Dazu *Forsthoff,* Verwaltungsrecht, S. 368 ff. u. 567 ff.

10 *Ronellenfitsch,* NVwZ 2006, 385 (388) m.w.N.

11 Des Weiteren findet er Erwähnung etwa in § 2 Abs. 1 Nr. 2 UIG: „umweltbezogene Daseinsvorsorge“, in § 1 Abs. 1 des Gesetzes zur Regionalisierung des öffentlichen Personennahverkehrs (Regionalisierungsgesetz – RegG), wonach die Sicherstellung einer ausreichenden Bedienung der Bevölkerung mit Verkehrsleistungen im öffentlichen Personennahverkehr eine „Aufgabe der Daseinsvorsorge“ ist, ferner in § 3 Abs. 1 S. 2 des Gesetzes zur Umsetzung von Zukunftsinvestitionen der Kommunen und Länder (Zukunftsinvestitionsgesetz – ZuInvG): „soziale Daseinsvorsorge“ und in § 1 Abs. 2 S. 2 der Verordnung zur Anwendung von § 13a Abs. 1 S. 3 PBefG. Aber auch in anderen Gesetzen ist er – wenngleich nicht ausdrücklich – normativ fundiert, so etwa § 1 Abs. 1 EnWG, wonach Zweck des Gesetzes eine möglichst sichere, preisgünstige, verbraucherfreundliche, effiziente und umweltverträgliche leitungsgebundene „Versorgung der Allgemeinheit“ mit Elektrizität und Gas ist. Ausführlich dazu *Ronellenfitsch,* Thesen, S. 10 ff. (insb. 11, 12 f., 20 f., 50 u. 52). Die Daseinsvorsorge ist, was *Ronellenfitsch,* DVBl. 2008, 201 (209) betont, „tragendes Element des Verfassungsstaats in der Industriegesellschaft. Sie umfasst die Leistungen, die für das Funktionieren dieser Industriegesellschaft und für die Entfaltung der Grundrechte in dieser Industriegesellschaft unverzichtbar sind. Welche Leistungen das sind, bestimmt der Gesetzgeber nach Maßgabe der Verfassung. Er macht damit die Daseinsvorsorge zum operablen Rechtsbegriff“.

12 Eine Juris-Recherche (Stand: 21.12.2009) ergab allein 64 Entscheidungen des Bundesverfassungsgerichts und 147 Entscheidungen des Bundesverwaltungsgerichts, in denen der Begriff der Daseinsvorsorge erwähnt wird.

13 1 BvL 28/82, BVerfGE 66, 248 = NJW 1984, 1872 (1873).

Vorschrift des Art. 87e Abs. 4 S. 1 GG belegt, die ein „deutliches Bekenntnis zum Daseinsvorsorgecharakter des Eisenbahnwesens“ enthält.[14] Sie ordnet die Gewährleistungspflicht für das Schienennetz und die Verkehrsangebote auf dem Schienennetz ausdrücklich dem Staat zu.[15] Wo Private nicht in der Lage sind, eine flächendeckende Infrastruktur aufzubauen, besteht eine staatliche Einstandspflicht, denn nur der Staat kann von Privaten geplante Verkehrsvorhaben zwangsweise durchsetzen.[16] Die Bahnreform hat den Daseinsvorsorgeauftrag nicht beseitigt, sondern dem Bund die Verantwortung für Ausbau und Erhalt des Schienennetzes (*Infrastrukturverantwortung*) belassen.[17] Dies entspricht auch der Rechtsprechung des Bundesgerichtshofs, der bereits in seinem Urteil vom 21. November 1996[18] im Zusammenhang mit der Geltendmachung von privatrechtlichen Immissionsabwehransprüchen nach §§ 1004, 906 BGB gegen die Deutsche Bahn AG betont hat, diese erfülle eine „Aufgabe der öffentlichen Daseinsvorsorge“.

Eine funktionsfähige Verkehrsinfrastruktur stellt nicht nur ein nationales, sondern darüber hinaus auch ein europäisches Anliegen dar, was für die Bundesrepublik Deutschland angesichts ihrer vielfältigen wirtschaftlichen

---

[14] *Ronellenfitsch,* DVBl. 2008, 201 (207); *ders.*, Thesen, S. 10 (18 f., 24, 42 u. 52); *ders.,* in: FS für Püttner, S. 75 (76); vgl. auch *Michler,* Verkehrsimmissionsschutz, S. 89.

[15] *Ronellenfitsch,* DVBl. 2008, 201 (207).

[16] *Ronellenfitsch,* in: FS für Püttner, S. 75 f.

[17] Vgl. *Ronellenfitsch,* Thesen, S. 10 (32); *ders.*, Umweltschutz und Verkehr, § 83 Rn. 95; vgl. auch *Möstl,* in: MD, GG, Art. 87e Rn. 20, 83 ff. u. 180 ff.; *Schoch,* NVwZ 2008, 241 ff. (244); *Schröder,* LKV 2007, 207 (208). – Die Vorschrift des Art. 87e Abs. 4 GG war zwar in den ursprünglichen Gesetzesentwürfen (BT-Drs. 12/4610 u. BT-Drs. 12/5015) noch nicht enthalten. Bei den Beratungen der Entwürfe im Bundestag wurde jedoch auf die Infrastrukturverantwortung des Staates hingewiesen. So äußerte sich der Abgeordnete *Daubertshäuser* (SPD), abgedruckt in Prot. 12/150, S. 12865 (12886): Es „steht außer Zweifel, dass das Vorhalten einer leistungsfähigen *Verkehrsinfrastruktur* bei der Schiene ebenso wie bei allen übrigen Verkehrsträgern eine klassische staatliche Aufgabe der *Daseinsvorsorge* ist. Deshalb muss im Grundgesetz die Verantwortung des Staates für die Infrastruktur der Bahn eindeutig und unmissverständlich festgeschrieben werden“ (Herv. im Original in Fettdruck) [vgl. ferner die Abgeordneten *Kohn* (FDP), Prot. 12/150, S. 12865 (12890) u. *Dr. Enkelmann* (PDS/Linke Liste), Prot. 12/150, S. 12865 (12892)]. Auf die Änderungsanträge der Koalitionsfraktionen und der Fraktion der SPD zurückgehend, empfahl der Rechtsausschuss des Deutschen Bundestags (BT-Drs. 12/6280, S. 5) schließlich, die Gesetzesvorlage um den – später Gesetz gewordenen – Art. 87e Abs. 4 GG zu ergänzen. Der Rechtsausschuss führte dazu in seiner Beschlussempfehlung (BT-Drs. 12/6280, S. 8) aus, die Vorschrift diene der „Sicherstellung einer politischen Verantwortung des Bundes für die Infrastruktur der Eisenbahnen des Bundes und dem Gemeinwohl dienende Verkehrsangebote der Eisenbahnen des Bundes“. Zur Bahnreform unten Teil 2, F.

[18] V ZB 19/96, NJW 1997, 744.

Verflechtungen, ihrer automobilen und verkehrstechnischen Industrie sowie der Rolle als Drehscheibe des europäischen Verkehrs (Stichwort: „Transitland Deutschland") in besonderem Maße gilt.[19] Hervorzuheben sind insbesondere die Vorschriften der Art. 170 ff. des zum 1. Dezember 2009 in Kraft getretenen Vertrags über die Arbeitsweise der Europäischen Union (AEUV)[20] (bislang Art. 154 ff. EG), die den Auf- und Ausbau transeuropäischer Netze (TEN) unter anderem im Bereich der Verkehrsinfrastruktur (TEN-V)[21] zum Gegenstand haben und damit der Verwirklichung des Binnenmarkts (Art. 26 AEUV, Art. 14 EG a. F.) dienen.[22]

---

[19] acatech-Studie Mobilität 2020, Kurzfassung S. 7; *Ronellenfitsch,* DVBl. 1994, 441 (445); *Koch,* Verkehrsumweltrecht, S. 893; *Kloepfer,* Umweltrecht, § 14 Rn. 241; vgl. auch *Calliess,* in: Calliess/Ruffert, EUV/EGV, Art. 154 Rn. 14. Die EU-Osterweiterung verstärkt dies weiter (vgl. insoweit auch die die paneuropäischen Verkehrskorridore unterstützenden Projekte im BVWP 2003, dort S. 23 ff.). Der Verkehr stellt damit zugleich einen „Tragpfeiler der europäischen Integration" dar (*Ronellenfitsch,* Umweltschutz und Verkehr, § 83 Rn. 2). Die Hauptlast des Verkehrs und der Verkehrszuwächse wird zwar von der Straße getragen. Aber auch für den Bahnverkehr ergeben sich deutliche Zuwachsraten. So wird für den Personenverkehr ein Anstieg der Verkehrsleistung um 22,5 % und für den Güterverkehr um 55 % prognostiziert (vgl. die acatech-Studie Mobilität 2020, Kurzfassung S. 8), wobei nach dieser Studie selbst bei Umsetzung der Maßnahmen des Bundesverkehrswegeplans deutliche Engpässe bestehen bleiben werden. Dies macht einen weiteren Neu- und Ausbau des Verkehrswegenetzes unentbehrlich.

[20] ABl. EU Nr. C 115/47 vom 09.05.2008, in Kraft seit Inkrafttreten des Vertrags von Lissabon vom 13.12.2007 (Abl. EU Nr. C 306/1 ff. vom 17.12.2007) zum 01.12.2009; zur Vereinbarkeit des (Zustimmungs-)Gesetzes zum Vertrag von Lissabon vom 08.10.2008, BGBl. II, S. 1038 mit dem Grundgesetz die „Lissabon"-Entscheidung des BVerfG, Urt. v. 30.06.2009, 2 BvE 2/08 u. a., EuZW 2009, 552 L = NJW 2009, 2267 ff.

[21] Vgl. *Calliess,* in: Calliess/Ruffert, EUV/EGV, Art. 154 Rn. 9.

[22] Art. 170 Abs. 1 AEUV bestimmt: „Um einen Beitrag zur Verwirklichung der Ziele der Artikel 26 und 174 zu leisten und den Bürgern der Union, den Wirtschaftsbeteiligten sowie den regionalen und lokalen Gebietskörperschaften in vollem Umfang die Vorteile zugute kommen zu lassen, die sich aus der Schaffung eines Raumes ohne Binnengrenzen ergeben, trägt die Union zum Auf- und Ausbau transeuropäischer Netze in den Bereichen der Verkehrs-, Telekommunikations- und Energieinfrastruktur bei." Art. 170 Abs. 2 AEUV lautet: „Die Tätigkeit der Union zielt im Rahmen eines Systems offener und wettbewerbsorientierter Märkte auf die Förderung des Verbunds und der Interoperabilität der einzelstaatlichen Netze sowie des Zugangs zu diesen Netzen ab. Sie trägt insbesondere der Notwendigkeit Rechnung, insulare, eingeschlossene und am Rande gelegene Gebiete mit den zentralen Gebieten der Union zu verbinden." Dazu *Ronellenfitsch,* Umweltschutz und Verkehr, § 83 Rn. 53 ff.; *Calliess,* in: Calliess/Ruffert, EUV/EGV, Art. 154 Rn. 1 ff.; *Lecheler,* in: Grabitz/Hilf, EU-Recht, Art. 154 Rn. 1 ff. Zu den Bestrebungen der Europäischen Union zur Gewährleistung der Interoperabilität transnationaler Eisenbahnstrecken *Calliess,* a. a. O., Art. 154 Rn. 19 sowie unten Teil 2, B.I.4.c)bb)(1).

Mit der Technikanwendung sind jedoch zwangsläufig auch negative Folgen verbunden.[23] Die Planung von Verkehrswegen wirft insbesondere Fragen des Natur- und Landschaftsschutzes[24] sowie des Immissionsschutzes auf.[25] Im Rahmen des Immissionsschutzes geht es vor allem um den Schutz der Betroffenen vor Verkehrslärmimmissionen.[26] Dem nationalen und internationalen Interesse an einer leistungsfähigen Verkehrsinfrastruktur treten somit andere Interessen, insbesondere solche des Umweltschutzes gegenüber. Mit Beschluss vom 25. Juni 1975[27] hat der 7. Senat des Bundesverwaltungsgerichts allerdings entschieden, dass ein „Grundrecht auf saubere Umwelt" jedenfalls dem Einzelnen keine unmittelbar einklagbaren Ansprüche auf bestimmte umweltschützende Maßnahmen gibt. Der 4. Senat des Bundesverwaltungsgerichts ist dem in seinem Urteil vom 29. Juli 1977[28] gefolgt und hat bekräftigt, dass es bundesverfassungsrechtlich kein „Umweltgrundrecht" gibt, das subjektivrechtlich einen weitergehenden Schutz verleiht, als es die Art. 2 ff. GG zugunsten jeweils bestimmter Schutzgüter tun. Dem hat sich zu Recht auch die ganz herrschende Meinung im rechtswissenschaftlichen Schrifttum angeschlossen.[29] Der Umweltschutz ist seit Inkrafttreten des Art. 20a GG zum 15. November 1994[30] jedoch als Staatsziel festgeschrieben[31] und auch im Unionsrecht verankert[32].

---

[23] *Ronellenfitsch,* Gentechnik, S. 703.

[24] *Koch,* Verkehrsumweltrecht, S. 873 f., 875; *Kloepfer,* Umweltrecht, § 14 Rn. 241; *Böhm,* NVwZ 2006, 427 (428); Umweltbericht 2002, BT-Drs. 14/8755, S. 45. Nach dem raumordnungsrechtlichen Grundsatz des § 2 Abs. 2 Nr. 2 S. 5 ROG ist die weitere Zerschneidung der freien Landschaft und von Waldflächen soweit wie möglich zu vermeiden und die Flächeninanspruchnahme im Freiraum zu begrenzen.

[25] Siehe beispielsweise den Planfeststellungsbeschluss des Eisenbahn-Bundesamts für den Umbau des Bahnknotens Stuttgart „Projekt Stuttgart 21", Planfeststellungsabschnitt 1.1 (Talquerung mit neuem Hauptbahnhof) vom 28.01.2005.

[26] Vgl. auch *Puls,* Verkehrslärm, S. 78. Generell gehört der Lärm zu den Umweltbelastungen, über die am meisten geklagt wird, vgl. *Müggenborg,* NVwZ 2003, 1025; *Kutscheidt,* NVwZ 1999, 577.

[27] VII B 84.74, NJW 1975, 2355 (2356).

[28] IV C 51.75, BVerwGE 54, 211 = NJW 1978, 554 (555), Ls. 5.

[29] Statt vieler *Scholz,* in: MD, GG, Art. 20a Rn. 32 u. 34; *Di Fabio,* in: MD, GG, Art. 2 Rn. 63 m. w. N.; *Kloepfer,* Umweltschutzrecht, § 1 Rn. 9 f.; *Schmidt/Kahl,* Umweltrecht, § 2 Rn. 3 ff.; *Sendler,* Rechtsprechung, S. 976 f.; *Berberich,* Rechtsschutz, S. 101 ff.; *Steinberg,* NJW 1996, 1985 (1986); *Beyerlin,* NJW 1987, 2713 (2714 f.); vgl. auch *Ronellenfitsch,* LKV 1992, 115 (116).

[30] Eingefügt durch Art. 1 Ziff. 2 des Gesetzes zur Änderung des Grundgesetzes vom 27.10.1994, BGBl. I, S. 3146. – Bereits Art. 150 Weimarer Reichsverfassung (WRV) sowie die Verfassungen der Länder Umweltschutzbestimmungen (zuerst Art. 86 LV Bad.-Württ. a. F., seit 1976), dazu *Scholz,* in: MD, GG, Art. 20a Rn. 3 f.; *Kloepfer,* Umweltschutzrecht, § 1 Rn. 9 ff.

[31] Zum Gewährleistungsgehalt *Scholz,* in: MD, GG, Art. 20a Rn. 32 ff.; *Huster/Rux,* in: BeckOK-GG, Art. 20a Rn. 7 ff.; *Kloepfer,* Umweltschutzrecht, § 1

Nicht nur die Gewährleistung einer ausreichenden Verkehrsinfrastruktur stellt eine Daseinsvorsorgeaufgabe des Staates dar. Auch die Bekämpfung schädlicher Umwelteinwirkungen, wie sie etwa durch Verkehrsgeräusche hervorgerufen werden, ist – worauf *Klosterkötter*[33] bereits früh hingewiesen hat – eine wichtige Teilaufgabe staatlicher Daseinsvorsorge. Die Planung von Verkehrswegen berührt dementsprechend nicht nur individuelle Rechte und Interessen. Zugleich treffen auch verschiedene Daseinsvorsorgeaufgaben aufeinander, nämlich die staatliche Gewährleistungsverantwortung für ein leistungsfähiges Verkehrswegenetz einerseits und der Schutz vor schädlichen Umwelteinwirkungen andererseits. Ausgangssituation ist somit eine Rechts- und Daseinsvorsorgekollision. In seinem Verkehrsflughafen München II-Urteil vom 29. Januar 1991[34] hat das Bundesverwaltungsgericht zum Verhältnis zwischen Daseinsvorsorge und Lärmschutz entschieden, eine Übertragung der Kriterien für die Bewältigung der Konfliktsituation bei der Lärmbelastung eines Wohngebiets durch eine angrenzende

---

Rn. 14 f.; *Sendler,* Rechtsprechung, S. 979 ff.; ferner BVerwG, Urt. v. 09.02.1995, 4 C 26.93, BVerwGE 97, 367 = NVwZ 1995, 907 (909) – B 464: „objektive Rechtspflicht".

[32] Nach Art. 2 Abs. 3 UAbs. 1 S. 2 EU n.F. wirkt die Union auf ein „hohes Maß an Umweltschutz und Verbesserung der Umweltqualität" hin. Gem. Art. 2c Abs. 2 lit. e) EU erstreckt sich die von der Union mit den Mitgliedstaaten geteilte Zuständigkeit auch auf den (Haupt-)Bereich „Umwelt". – Regelungen zum Umweltschutz finden sich ferner in Art. 4 Abs. 2 lit. e), 11, 114 Abs. 3 bis 5, 177 UAbs. 2, 191 ff., 194 AEUV (Art. 2, 95, 174 f. EG a.F.). – Art. 37 der *Charta der Grundrechte der Europäischen Union* (Abl. EU Nr. C 364/1 ff. vom 18.12.2000) sieht unter der Überschrift „Umweltschutz" vor, dass ein hohes Umweltschutzniveau und die Verbesserung der Umweltqualität in die Politiken der Union einbezogen und nach dem Grundsatz der nachhaltigen Entwicklung sichergestellt werden müssen. Die Grundrechtscharta hat durch ihre Inbezugnahme in Art. 6 Abs. 1 EU n.F. rechtliche Bindung erlangt. Ein „Umweltgrundrecht" folgt hieraus jedoch nicht, vgl. *Frenz,* EuR 2009 (Beiheft 1), 232 ff.; *Calliess,* in: Calliess/Ruffert, EUV/EGV, Art. 37 Rn. 1 u. 7 ff.; dazu auch *ders.*, EuZW 2001, 261 (265 f.). – Nach dem Urteil des EGMR (Große Kammer) vom 08.07.2003 zum Flughafen Heathrow (Appl. Nr. 36022/97 – Hatton u.a./Vereinigtes Königreich, NVwZ 2004, 1465, Ls. 1) gibt Art. 8 EMRK (Achtung des Privat- und Familienlebens) zwar kein Recht auf eine saubere und ruhige Umwelt; wenn eine Person direkt und erheblich durch Lärm oder andere Immissionen beeinträchtigt wird, könne aber Art. 8 EMRK verletzt sein (dazu auch BVerfG, 3. Kammer des Ersten Senats, Beschl. v. 29.07.2009, 1 BvR 1606/08, NVwZ 2009, 1494 (1498), juris, Rn. 35 f. – Verkehrsflughafen Berlin-Schönefeld; BVerfG, 3. Kammer des Ersten Senats, Beschl. v. 15.10.2009, NVwZ 2009, 1489 (1492 f.) – Flughafen Leipzig/Halle; *Kukk,* NVwZ 2002, 307 ff). – Zum Umweltrecht in der Europäischen Union auch *Himmelmann,* in: Himmelmann/Tünnesen-Harmes, Umweltrecht, § 7; fener *Koch,* Verkehrsumweltrecht, S. 891 u. 912; *Schulte/Schröder,* DVBl. 2000, 1085 f.

[33] KdL 1973, 113.

[34] 4 C 51.89, BVerwGE 87, 332 = NVwZ-RR 1991, 601 (607).

Sportanlage[35] auf die Beurteilung des Fluglärms scheide aus, da es sich einerseits um Lärm handele, der von einer Freizeitbeschäftigung ausgehe und andererseits um „Geräuscheinwirkungen durch eine der Daseinsvorsorge in besonderem Maße dienende Verkehrsanlage"; dies – so das Bundesverwaltungsgericht – müsse von der Planfeststellungsbehörde bei der Gewichtung der gegenläufigen Interessen berücksichtigt werden.

Vor dem Hintergrund ihrer Aufgabe der Mobilitätssicherung wird die Eisenbahn einerseits im Vergleich zu anderen Verkehrsmitteln als umweltfreundlich gesehen; andererseits verursacht sie jedoch in ihrer Nachbarschaft negative Umwelteinwirkungen.[36] Soweit Verkehrsbelange und Umweltschutz in Konflikt geraten, ist zwischen beiden ein angemessener Ausgleich im Sinne einer praktischen Konkordanz herzustellen.[37] Diesen Ausgleich hat der Gesetzgeber zum Teil in Form von zwingenden gesetzlichen Vorgaben für die Planung von Verkehrswegen wie Eisenbahnstrecken abstrakt-generell getroffen. Im Übrigen ist er im konkreten Fall, insbesondere im Rahmen der planerischen Abwägung, zu finden. Diesem rechtlichen Instrumentarium zur Bewältigung des Lärmschutzes in der eisenbahnrechtlichen Planfeststellung widmet sich die vorliegende Arbeit.

---

35 Dazu grundlegend das Tegelsbarg-Urteil des BVerwG, Urt. v. 19.01.1989, 7 C 77.87, BVerwGE 81, 197 = NJW 1989, 1291 m. Anm. *Schwerdtner,* NVwZ 1989, 936.

36 Vgl. auch *Ronellenfitsch,* VerwArch. 1993, 537 f.

37 Siehe auch *Ronellenfitsch,* NVwZ 2006, 385 (389); *ders.*, JöR 44 (1996), 167 (203 u. 181 ff.); *ders.*, Thesen, S. 15; ferner *Koch,* Verkehrsumweltrecht, S. 891 u. 912: Abwägung des Umweltschutzes mit den Mobilitätsinteressen.

*Teil 1*

# Tatsächliche Grundlagen

## A. Schall

Unter Schall sind mechanische Schwingungen und Wellen zu verstehen, die sich im Raum ausbreiten.[38] *Schallwellen* werden durch mechanische Schwingungen erzeugt. Die hierdurch verursachten Druckschwankungen (Über- und Unterdruck) überlagern den statischen Luftdruck (atmosphärischer Ruhedruck $p_0$).[39] Schallwellen können sich nicht nur in der Luft (Luftschall), sondern auch in festen Körpern (Körperschall) oder Flüssigkeiten (Wasserschall) ausbreiten. Die mechanische Energie der Schallwellen wird im menschlichen Ohr in einer Kette von Einzelprozessen durch die Sinneszellen in elektrische Nervenimpulse umgewandelt und der Schall dadurch für den Menschen hörbar.[40]

Primäres Übertragungsmedium ist beim Verkehrslärm die Luft.[41] Darüber hinaus können Erschütterungen an den Gleisanlagen Körperschall erzeugen.

---

[38] SRU 1999, BT-Drs. 14/2300, S. 159 (Ziff. 387); *Tegeder,* UPR 2000, 99 (100); ferner *Puls,* Verkehrslärm, S. 8; *Michler,* Verkehrsimmissionsschutz, S. 51; *Rid/Hammann,* NVwZ 1989, 200 (201); *Kuschnerus,* NVwZ 1989, 528 (529); *Berberich,* Rechtsschutz, S. 17; *Blocher,* DÖV 1981, 660; Lexikon der Physik, Stichwort „Schall"; dtv-Atlas zur Physik, S. 95.

[39] Vgl. *Berberich,* Rechtsschutz, S. 17; *Michler,* Verkehrsimmissionsschutz, S. 51 f. – Der atmosphärische Ruhedruck (mittlerer Luftdruck auf Meereshöhe) beträgt nach DIN 1343 „Referenzzustand, Normzustand, Normvolumen; Begriffe und Werte", Ausgabe Januar 1990, 101.325 Pascal (Pa) = 101.325 $N/m^2$ = 1,01325 bar.

[40] Dazu *Klosterkötter,* KdL 1972, 42 (44); ferner UBA, ZfL 1990, 1 (3); <http://www.umweltbundesamt.de/laermprobleme/publikationen/pegel.html> (Stand: 30.08. 2009). – Das menschliche Hörempfinden unterscheidet zwischen Tönen, Klängen und Geräuschen. Die Schwingung eines *Tones* verläuft sinusförmig. Es handelt sich um eine reine, harmonische Schwingung. Ein *Klang* (z.B. von Musikinstrumenten) besteht aus verschiedenen reinen Tönen, deren Frequenzen in einem einfachen Zahlenverhältnis zueinander stehen. Ein *Geräusch* (auch „unharmonische Töne") ist ein Gemisch aus mehreren Tönen verschiedener Frequenzen in nicht ganzzahligem Verhältnis. Ein kurzer, starker Schallimpuls wird als *Knall* bezeichnet, dtv-Atlas zur Physik, S. 101; *Haakh/Maier,* BWVP 1987, 25 (27). Beim Schienenverkehr treten reine Sinusschwingungen (= harmonische Schwingungen) selten auf, sondern in der Regel überlagerte Schwingungen, *Krüger* u.a., Schall- und Erschütterungsschutz, S. 25.

Körperschall ist für den Menschen nicht hörbar, aber über den Tastsinn wahrnehmbar.[42] Körperschall kann jedoch andere mechanische Systeme (z. B. Gebäude) zu Schwingungen anregen. Die hierdurch abgestrahlten Schallwellen werden sekundärer Luftschall bezeichnet und sind für den Menschen hörbar.[43]

Die physikalischen Eigenschaften des Schalls können *gemessen* werden. Mit ihnen befasst sich die Lehre von der Akustik.

Die Anzahl der Schwingungen pro Zeiteinheit (Frequenz) bestimmt die Tonhöhe. Die Frequenz wird in der Einheit Hertz (Hz) angegeben. Der Hörbereich des Menschen umfasst Frequenzen von etwa 16 Hz bis 16–20 kHz.[44] Schall in diesem Frequenzbereich wird als Hörschall, der darunter liegende Bereich als Infraschall und der darüber liegende Bereich (bis 10 GHz = $10^{10}$ Hz) als Ultraschall bezeichnet.[45] Schall im Frequenzbereich ab $10^{10}$ Hz bis $10^{13}$ Hz wird Hyperschall genannt.[46] Oberhalb von $10^{13}$ Hz finden keine Schwingungen mehr statt, da die Wellenlänge für eine Schallschwingung größergleich dem doppelten Atomabstand sein muss. Jene Grenzfrequenz, für die diese Bedingung nicht mehr erfüllbar ist, heißt *Debye*-Frequenz ($\omega_D$).[47] Verkehrslärm besteht indessen fast ausschließlich aus Schwingungen im hörbaren Bereich.[48]

---

41 Vgl. *Michler,* Verkehrsimmissionsschutz, S. 51.

42 Vgl. *Krüger* u. a., Schall- und Erschütterungsschutz, S. 10 zur unterschiedlichen Wahrnehmbarkeit von Schall und Erschütterungen.

43 Siehe zur rechtlichen Behandlung von Körper- und sekundärem Luftschall unten Teil 2, B.I.7.a). – Durch *unterirdischen* Schienenverkehr treten keine direkten Luftschallimmissionen in den Gebäuden auf, da die Übertragung von Luftschall an das Vorhandensein des Mediums Luft zwischen Emissions- und Immissionsort gebunden ist; beim *oberirdischen* Verkehr sind dagegen alle drei Immissionsarten (Primärschall, Sekundärschall und Erschütterungen) vorhanden, *Krüger* u. a., Schall- und Erschütterungsschutz, S. 9 mit guter Darstellung in Bild 1.2.

44 SRU 1999, BT-Drs. 14/2300, S. 159 (Ziff. 387); Lexikon der Physik, Stichwort „Schall"; dtv-Atlas zur Physik, S. 95; ferner *Ronellenfitsch,* in: Marschall/Schroeter/Kastner, FStrG, § 17 Rn. 141.

45 dtv-Atlas zur Physik, S. 101: Als obere Frequenzgrenze des Ultraschalls gilt vereinbarungsgemäß 10 GHz ($10^{10}$ Hz). Dort beginnt der Bereich des Hyperschalls. Hyperschall heißen Schallschwingungen zwischen $10^{10}$ Hz und $10^{13}$ Hz. Oberhalb von $10^{13}$ Hz finden keine elastischen Schwingungen mehr statt, denn für eine Schallschwingung muss deren Wellenlänge $\geq$ dem doppelten Atomabstand sein. Jene Grenzfrequenz, für die diese Bedingung nicht mehr erfüllbar ist, heißt Debye-Frequenz.

46 dtv-Atlas zur Physik, S. 101.

47 dtv-Atlas zur Physik, S. 101, benannt nach dem niederländischen Nobelpreisträger für Chemie *Peter Debye* (1884–1966).

48 *Berberich,* Rechtsschutz, S. 17.

Die Größe der Druckschwankungen (Schwingungsamplitude), der *Schall(wechsel)druck* (*p*)[49], bestimmt die Lautstärke eines Geräusches. Der Schalldruck ist der Druck, der den statischen Druck (Luftdruck) des ihn umgebenden Mediums überlagert. Der Luftdruck beträgt rund 100.000 Pa (= 1 bar).[50] Die kleinste Druckschwankung, die das menschliche Ohr bei 1.000 Hz noch wahrnehmen kann, liegt bei etwa $2 \cdot 10^{-5}$ Pa (= 20 $\mu$Pa = $2 \cdot 10^{-10}$ bar). Diese Schwelle wird als *Hörschwelle* bezeichnet.[51] Wir hören also bereits Töne, wenn der Luftdruck gemessen in bar um den zehnmilliardsten Teil ($10^{-10}$) des atmosphärischen Luftdrucks schwankt; eine weitere Erhöhung der Sensitivität im Innenohr ist aus physikalischen Gründen nicht möglich, da wir sonst die Brown'sche Molekularbewegung (Wärmebewegung der Luftmoleküle) und damit das thermische Rauschen hören könnten und ständig gestört wären.[52] Die größte Druckschwankung, die das menschliche Ohr noch ohne Schmerzen verarbeiten kann, liegt zwischen 20 Pa (= $2 \cdot 10^{-4}$ bar = $2 \cdot 10^{2}$ $\mu$bar) und 200 Pa (= $2 \cdot 10^{-3}$ bar = $2 \cdot 10^{3}$ $\mu$bar). Sie wird als *Schmerzschwelle* bezeichnet.

Zwischen Hörschwelle und Schmerzschwelle befindet sich ein weiter Bereich von mehreren Zehnerpotenzen. Stellt man auf den Schalldruck (Einheit Pascal) ab, sind dies sechs Zehnerpotenzen.[53] Da der Schalldruck regelmäßig um viele Größenordnungen kleiner ist als der Luftdruck, handelt es sich zudem um sehr kleine Zahlen. Um den Umgang mit dem Schalldruck zu erleichtern, wurde der *Schall(druck)pegel* (kurz: Schallpegel[54]) ($L_p$)[55] eingeführt. Der Schalldruckpegel ist eine logarithmische Größe zur Angabe der Lautstärke eines Geräusches.[56] Die Einheit des Schalldruckpegels ist Dezibel (dB).[57] Es gilt:

---

[49] *p* = pressure. Die Einheit des Schallwechseldrucks ist Pascal (Pa) = N/m$^2$, wobei gilt: 1 Pa = 1 N/m$^2$. Ein Pascal (Pa) ist somit der Druck, den eine Kraft von einem Newton (N) auf eine Fläche von einem Quadratmeter (m$^2$) ausübt. 1 bar = 100.000 Pa ($10^5$ Pa).

[50] Siehe oben Fn. 39.

[51] Siehe auch *Tegeder*, UPR 2000, 99 (100).

[52] Siehe <http://www.uni-kl.de/wcms/agf_hoeren.html> (Stand: 09.01.2010).

[53] Von $2 \cdot 10^{-5}$ Pa bis $2 \cdot 10^{1}$ Pa. – Stellt man auf die Schallenergiegröße der Schallintensität *I* (Einheit W/m$^2$) ab, so sind es sogar 12 Zehnerpotenzen (von $10^{-12}$ W/m$^2$ als Hörschwelle bis 1 W/m$^2$ als Schmerzgrenze). Die *Schallintensität* ist die Schallleistung ($P_{ak}$, Einheit W, Watt), die je Flächeneinheit durch eine durchschallte Fläche tritt. *Schallleistung* ist die von einer bestimmten Schallquelle in einer bestimmten Zeiteinheit abgestrahlte Schallenergie. *Schallenergie* ist die von einer Schallquelle abgestrahlte oder in einem Schallfeld enthaltene Energie, vgl. auch *Krüger* u. a., Schall- und Erschütterungsschutz, S. 55. Demgegenüber bezeichnet der *Schalldruck* die Abweichung vom stationären Gasdruck, siehe *Haakh/Maier*, BWVP 1987, 25 (28).

[54] Vgl. *Krüger* u. a., Schall- und Erschütterungsschutz, S. 69.

[55] *L* = level (Pegel) und *p* = pressure (Druck).

$$L_p = 10 \cdot \lg\left(\frac{p^2}{p_0^2}\right) \text{dB} = 20 \cdot \lg\left(\frac{p}{p_0}\right) \text{dB},$$

wobei $p_0 = 2 \cdot 10^{-5}$ Pa (= 20 $\mu$Pa). Die Hörschwelle ($p = 2 \cdot 10^{-5}$ Pa) ist sonach

$$L_p = 10 \cdot \lg\left(\frac{2 \cdot 10^{-5}\ \text{Pa}^2}{2 \cdot 10^{-5}\ \text{Pa}^2}\right) \text{dB} = 0\ \text{dB}$$

sowie die Schmerzschwelle bei $p$ = 20 Pa

$$L_p = 10 \cdot \lg\left(\frac{20\ \text{Pa}^2}{2 \cdot 10^{-5}\ \text{Pa}^2}\right) \text{dB} = 120\ \text{dB}$$

und bei $p$ = 200 Pa

$$L_p = 10 \cdot \lg\left(\frac{200\ \text{Pa}^2}{2 \cdot 10^{-5}\ \text{Pa}^2}\right) \text{dB} = 140\ \text{dB}.$$

Die Einheit dB gibt also an, um wie viel lauter ein Geräusch – bezogen auf die Hörschwelle $p_0$ – ist. Sie ist mithin eine Verhältnisgröße.

Eine leise bis mittlere Unterhaltung hat etwa eine Lautstärke von 30 bis 40 dB(A), übliche Unterhaltungsgespräche rund 50 bis 60 dB(A), eine laute Unterhaltung 65 bis 75 dB(A) und laute Disco-Musik etwa 110 dB(A).[58] Der maximale Schalldruck eines Güterzuges (gemessen in einem Abstand von 25 m) beträgt bis zu 95 dB(A).[59]

---

[56] Vgl. dtv-Atlas zur Physik, S. 97. – Die Einheit der Empfindungsstärke-Skala der *Lautheit* heißt Sone (Einheitszeichen sone), wobei ein Ton der Lautheit 2 sone subjektiv doppelt so laut erscheint wie ein Ton der Lautheit 1 sone, vgl. dtv-Atlas zur Physik, S. 99. Die *Lautheit* ist eine Empfindungs- und keine Messgröße. Sie gibt an, wie laut Schall *subjektiv* empfunden wird. Eine exakte Umrechnungsformel zwischen sone und dB gibt es deshalb nicht.

[57] „d“ steht für „dezi“ (1/10) und „B“ für „Bel“, benannt nach dem Erfinder des Telefons *Alexander Graham Bell* (1847–1922).

[58] Siehe auch die Übersichten bei SRU 1999, BT-Drs. 14/2300, S. 158 (Ziff. 387, Tabelle 3.5-1) u. bei *Puls,* Verkehrslärm, S. 14; ferner *Klosterkötter,* KdL 1973, 113 (119); *ders.*, KdL 1972, 113 (114) u. *ders.*, KdL 1972, 42 (44); *Silagi,* UPR 1997, 272 f.; UBA, Lärm – das unterschätzte Risiko, S. 2; *dass.*, ZfL 1985, 95 (96); *Michler,* Verkehrsimmissionsschutz, S. 71; *Peine,* DÖV 1988, 937 (938); *Blocher,* DÖV 1981, 660 (661). Zur A-Bewertung unten B.II.

[59] SRU 1999, BT-Drs. 14/2300, S. 190 (Ziff. 480); siehe auch die Übersicht von Vorbeifahrpegeln im Umweltprogramm der Bundesregierung aus dem Jahr 1971, BT-Drs. VI/2710, S. 484 u. bei *Stüber,* KdL 1974, 71.

Für die Verwendung einer logarithmischen Skala spricht neben ihrer einfacheren Handhabbarkeit auch ein weiterer Umstand: Die Wissenschaft hat herausgefunden, dass die Stärke eines Sinneseindrucks in Abhängigkeit von einer physikalischen Größe wie z. B. der Helligkeit oder der Lautstärke dem Verlauf einer Logarithmusfunktion entspricht. Die Schallempfindung wächst danach annähernd linear, wenn der auslösende Reiz einer logarithmischen Funktion entspricht (*Weber-Fechner*-Gesetz).[60]

Vom Schall*druck* $p$ zu unterscheiden ist die Schall*intensität* $I$. Sie stellt eine Energiegröße dar.[61] Das subjektive Lautstärkeempfinden wächst proportional zum Zehnerlogarithmus[62] der Schallintensität.[63] Eine *Verzehnfachung* – und nicht bereits eine *Verdoppelung* – der Schallintensität wird danach in etwa als doppelt so laut empfunden.[64] Für die Schall*intensität* gilt:

$$L_I = 10 \cdot \lg\left(\frac{I}{I_0}\right) \text{dB},$$

mit $I_0 = 10^{-12}$ W/m$^2$ (Hörschwelle)[65], wobei für die Beziehung zwischen Schalldruck und Schallintensität gilt:

$$L_p = 20 \cdot \lg\left(\frac{p}{p_0}\right) \text{dB} \rightarrow L_I = 10 \cdot \lg\left(\frac{I}{I_0}\right) \text{dB}.$$

Führt z. B. eine Schallintensität von $I = 10^{-12}$ W/m$^2$ zu

$$L_I = 10 \cdot \lg\left(\frac{10^{-12}\,\frac{\text{W}}{\text{m}^2}}{10^{-12}\,\frac{\text{W}}{\text{m}^2}}\right) \text{dB} = 0 \text{ dB},$$

so führt eine Verzehnfachung der Schallintensität ($I = 10^{-11}$ W/m$^2$) zu

$$L_I = 10 \cdot \lg\left(\frac{10^{-11}\,\frac{\text{W}}{\text{m}^2}}{10^{-12}\,\frac{\text{W}}{\text{m}^2}}\right) \text{dB} = 10 \text{ dB}$$

---

60 Benannt nach *Ernst Weber* (1795–1878) und *Gustav Fechner* (1801–1887), vgl. dtv-Atlas zur Physik, S. 99; *Silagi,* UPR 1997, 272; *Ullrich,* DVBl. 1985, 1159 (1160).

61 Vgl. oben Fn. 53.

62 $\log_{10} = \lg$. Der Zehnerlogarithmus ist der Logarithmus mit der Basis 10.

63 *Silagi,* UPR 1997, 272.

64 Vgl. SRU 1999, BT-Drs. 14/2300, S. 159 (Ziff. 388); *Peine,* DÖV 1988, 937 (938); *Kuschnerus,* Der sachgerechte Bebauungsplan, Rn. 292.

65 Siehe oben Fn. 53.

und eine Verhundertfachung der Schallintensität ($I = 10^{-10}$ W/m$^2$) zu

$$L_I = 10 \cdot \lg \left( \frac{10^{-10} \frac{W}{m^2}}{10^{-12} \frac{W}{m^2}} \right) dB = 20 \text{ dB usw.}$$

Allgemein gilt daher: Eine Verzehnfachung der Schallintensität (z. B. eine Verzehnfachung des Verkehrsaufkommens) führt zu einer Erhöhung um 10 dB, eine Verhundertfachung zu einer Erhöhung um 20 dB(A) usw. Eine Pegelerhöhung um 10 dB wird vom menschlichen Ohr in etwa als doppelt so laut empfunden.[66]

Eine *Verdoppelung* der Schallintensität (z. B. von $I = 10^{-11}$ W/m$^2$ auf $I = 2 \cdot 10^{-11}$ W/m$^2$), etwa durch eine Verdoppelung des Verkehrsaufkommens[67], eine Verdoppelung der Geschwindigkeit[68] oder eine Halbierung der Entfernung, führt zu einer Schallintensität von

$$L_I = 10 \cdot \lg \left( \frac{2 \cdot 10^{-11} \frac{W}{m^2}}{10^{-12} \frac{W}{m^2}} \right) dB \approx 13 \text{ dB},$$

also zu einer Pegelerhöhung um rund 3 dB. Eine Halbierung der Schallintensität bewirkt eine Pegelsenkung um 3 dB.[69] Die Wissenschaft ist lange Zeit davon ausgegangen, dass diese Differenz vom menschlichen Ohr (gerade) noch wahrnehmbar ist.[70] Diese „Hörbarkeitsschwelle" liegt etwa auch

---

66 *Krüger* u. a., Schall- und Erschütterungsschutz, S. 66; *Puls,* Verkehrslärm, S. 14; *Stüer,* in: Hoppenberg/de Witt, B Rn. 381; *ders.*, Bau- und Fachplanungsrecht, Rn. 712; *ders./Probstfeld,* Planfeststellung, Rn. 218; *Silagi,* UPR 1997, 272 (273); *Kratsch,* DÖV 1989, 628 (630); *Hofmann,* Verkehrslärmschutz, S. 12; *Haakh/Maier,* BWVP 1987, 25 (28); *Ullrich,* DVBl. 1985, 1159 (1160); *Berberich,* Rechtsschutz, S. 17; *Blocher,* DÖV 1981, 660; *Fickert,* BauR 1973, 1 (6).

67 Vgl. *Jarass,* Verkehrsimmissionsschutz, S. 238; *Alexander,* NVwZ 1991, 318 (319); *Maier,* BWVP 1991, 101 (102).

68 *Puls,* Verkehrslärm, S. 67.

69 Siehe bereits *Klosterkötter,* KdL 1974, 29 (35); ferner *Ronellenfitsch,* in: Marschall/Schroeter/Kastner, FStrG, § 17 Rn. 141; *Stüer/Probstfeld,* Planfeststellung, Rn. 218; *Jarass,* UPR 1998, 415 (416); *Silagi,* UPR 1997, 272 (273); *Michler,* Verkehrsimmissionsschutz, S. 54. – Eine Verdoppelung/Halbierung des Schall*drucks* führt demgegenüber zu einer Erhöhung/Verminderung des Schallpegels um *6* dB.

70 *Puls,* Verkehrslärm, S. 14; *Stüer,* Bau- und Fachplanungsrecht, Rn. 712; *ders./Probstfeld,* Planfeststellung, Rn. 218; *Silagi,* UPR 1997, 272 (273); *Hofmann,* Verkehrslärmschutz, S. 12; *Haakh/Maier,* BWVP 1987, 25 (28); *Ullrich,* DVBl. 1985, 1159 (1162); *Blocher,* DÖV 1981, 660 (661); *Berberich,* Rechtsschutz, S. 18; *Stüer,*

der Regelung in § 1 Abs. 2 S. 1 Nr. 2 der Verkehrslärmschutzverordnung (16. BImSchV)[71] zugrunde, wonach eine Änderung von Straßen und Schienenwegen dann wesentlich ist, wenn der Beurteilungspegel des von dem zu ändernden Verkehrsweg ausgehenden Verkehrslärms um „mindestens 3 Dezibel (A)" erhöht wird.[72] Denn der bauliche Eingriff muss – so die Regierungsbegründung zu § 1 Abs. 2 der 16. BImSchV[73] – grundsätzlich zu einer „spürbaren Steigerung der Belästigung durch Verkehrslärm führen", was „immer dann gegeben ist, wenn der bisher vorhandene Beurteilungspegel um mindestens 3 dB(A) erhöht wird". Zahlreiche Studien haben jedoch gezeigt, dass das menschliche Ohr selbst Pegelunterschiede von weniger als 3 dB(A) – zum Teil sogar um 1 dB(A) – wahrnehmen kann.[74]

# B. Lärm

## I. Grundsätzliches

Nr. 2.11 der TA Lärm 1968[75] definierte Lärm als „Schall (Geräusch), der Nachbarn oder Dritte stören (gefährden, erheblich benachteiligen oder er-

in: Hoppenberg/de Witt, B Rn. 381; wohl auch *Czajka,* in: Feldhaus, BImSchG, § 41 Rn. 37.

71 Sechzehnte Verordnung zur Durchführung des Bundes-Immissionsschutzgesetzes (Verkehrslärmschutzverordnung – 16. BImSchV) vom 12.06.1990, BGBl. I, S. 1036.

72 Dazu unten B.I.2.b)bb)(2)(b).

73 BR-Drs. 661/89, S. 32 f.

74 Siehe *Ortscheid/Wende,* Pegeländerungen, S. 1 ff.; *Puls,* Verkehrslärm, S. 9 m.w.N. u. S. 14 f.: absolute Wahrnehmungsgrenze bei einem Unterschied von ungefähr 1 dB(A); ebenso *Krüger* u.a., Schall- und Erschütterungsschutz, S. 66: Pegeländerungen von ca. 1 dB sind gerade noch wahrnehmbar; ferner *Tegeder,* UPR 2000, 99 (100), Tabelle 2: 0 bis 1 dB „nicht spürbar", wenn nicht andere Geräuschcharakteristika für hörbare Unterschiede sorgen, und 2 bis 3 dB „gerade spürbar"; *Kuschnerus,* Der sachgerechte Bebauungsplan, Rn. 292: ab 2 dB(A) Merkbarkeitsschwelle für Erhöhungen; *Jarass,* Verkehrsimmissionsschutz, S. 239 f. u. Fn. 20; *ders.*, UPR 1998, 415 (417), mit dem Hinweis in Fn. 32 auf mögliche erhöhte physiologische Belastungen; *Schulze-Fielitz,* UPR 1994, 1 f.; ferner die Nachweise bei *Michler,* Verkehrsimmissionsschutz, S. 55 Fn. 190; vgl. aber auch *Blocher,* DÖV 1981, 660 (661): Pegelerhöhung um beispielsweise 2 dB(A) nicht wahrnehmbar; Planfeststellungsbeschluss des Eisenbahn-Bundesamts vom 27.06.2007 für das Bauvorhaben POS Süd, Planfeststellungsabschnitt 1, Rheinbrücke Kehl mit Westkopf Bf. Kehl, Strecke 4260 Appenweier-Kehl, B. Ziff. 3.9.1.1 (S. 53): Pegeldifferenzen bis zu 2 dB(A) lägen nach Erkenntnissen der Akustik unterhalb der Hörbarkeitsschwelle des menschlichen Gehörs.

75 Allgemeine Verwaltungsvorschrift über genehmigungsbedürftige Anlagen nach § 16 der Gewerbeordnung – GewO (Technische Anleitung zum Schutz gegen Lärm) vom 16.07.1968, BAnz. 1968, Nr. 137 (Beilage); dazu und zu den Unterschieden

heblich belästigen) kann oder stören würde". Die derzeit gültige TA Lärm 1998[76] enthält demgegenüber keine Definition des Begriffs des „Lärms" mehr. Eine gesetzliche Definition des Begriffs besteht soweit ersichtlich auch sonst nicht. In Anlehnung an die Begriffsbestimmung der TA Lärm 1968 werden unter Lärm allgemein Schallereignisse verstanden, die nach Art, Ausmaß oder Dauer geeignet sind, Belästigungen, Nachteile oder Schäden herbeizuführen[77] oder – wie *Klosterkötter*[78] prägnant formuliert – „unerwünschter Schall". Aus den Merkmalen „störend" bzw. „unerwünscht" folgt eine zentrale Eigenschaft des Lärms: Lärm kann – anders als Schall – nicht gemessen, sondern nur *bewertet* werden. Gemessen werden können nur die physikalischen Eigenschaften des Schalls und beschrieben werden seine (auralen[79] und extraauralen[80]) Wirkungen auf den menschlichen Organismus, wie das Entstehen von Lärmschwerhörigkeit durch Arbeitslärm einer bestimmten Stärke und Dauer, das Entstehen von Kommunikations- und Schlafstörungen sowie von somatischen und psycho-somatischen Wirkungen[81]. Der Lärm *selbst* und das *Maß* der mit ihm verbundenen *Belästigung* können nicht gemessen werden.[82] Eine objektive Messgröße für die Belästigungswirkung von Lärm, kurz: für die Lärmlästigkeit, besteht demnach

zwischen den Berechnungsverfahren nach der TA Lärm und dem Straßenverkehrslärm *Ullrich,* DVBl. 1985, 1159 (1161).

[76] Sechste Allgemeine Verwaltungsvorschrift zum Bundes-Immissionsschutzgesetz (Technische Anleitung zum Schutz gegen Lärm – TA Lärm) vom 26.08.1998, GMBl. S. 503. Rechtsgrundlage der TA Lärm ist § 48 BImSchG. Zur Rechtsnatur der TA Lärm als normkonkretisierende Verwaltungsvorschrift BVerwG, Urt. v. 29.08.2007, 4 C 2.07, BVerwGE 129, 209 = NVwZ 2008, 76, Ls. 1, Rn. 12 – Windenergieanlage; *Stüer,* in: Hoppenberg/de Witt, B Rn. 901; ausführlich zur TA Lärm *Kutscheidt,* NVwZ 1999, 577 ff.; *Tegeder,* UPR 2000, 99 ff.

[77] Vgl. *Ronellenfitsch,* in: Marschall/Schroeter/Kastner, FStrG, § 17 Rn. 140; *Peine,* DÖV 1988, 937 (938) Fn. 14; *Krüger* u. a., Schall- und Erschütterungsschutz, S. 11; *Puls,* Verkehrslärm, S. 10 f.; SRU 1999, BT-Drs. 14/2300, S. 158 (Ziff. 387); *Michler,* Verkehrsimmissionsschutz, S. 51 m. w. N.; *Ullrich,* DVBl. 1985, 1159.

[78] KdL 1972, 42; ferner *ders.*, KdL 1972, 113: Lärm ist „unerwünschter oder gesundheitsschädlicher Schall"; *ders.*, KdL 1977, 61; UBA, Hinweise, S. 7; Lexikon der Physik, Stichwort „Lärm": jeder als störend empfundene Schall; *Krüger* u. a., Schall- und Erschütterungsschutz, S. 2; *Kutscheidt,* NVwZ 1989, 193 (194); *Berberich,* Rechtsschutz, S. 14 u. 17.

[79] Aural bedeutet auf das Gehör bezogen.

[80] Extraaural bedeutet den sonstigen menschlichen Organismus betreffend.

[81] Dazu etwa SRU 1999, BT-Drs. 14/2300, S. 159 ff. (Ziff. 389 ff.).

[82] SRU 1999, BT-Drs. 14/2300, S. 158 (Ziff. 387); *Ronellenfitsch,* in: Marschall/Schroeter/Kastner, FStrG, § 17 Rn. 140; *Jansen,* Wirkungsforschung, S. 15; *Puls,* Verkehrslärm, S. 12; *Kutscheidt,* NVwZ 1999, 577; *Silagi,* UPR 1997, 272; *Windelberg,* ZfL 1995, 42; auch *Michler,* Verkehrsimmissionsschutz, S. 148; *Kratsch,* DÖV 1989, 628 (629); *Haakh/Maier,* BWVP 1987, 25 (27); UBA, ZfL 1985, 95 (96); *Berberich,* Rechtsschutz, S. 14.

nicht.[83] In diesem Sinne hat das Bundesverwaltungsgericht in seiner Oberursel II-Entscheidung vom 20. Oktober 1989[84] zu Recht ausgeführt, Lärm als ein auch „sozial vermitteltes Geräuschereignis" lasse sich „nicht ausschließlich messen", sondern müsse „auch bewertet werden". Die „Zumutbarkeit" sei demgemäß „nach Maßgabe des Einzelfalls situationsbedingt und damit bewertend zu qualifizieren".

Die Lästigkeit des Lärms hängt von einer Reihe objektiver und subjektiver Faktoren (Variablen) ab, die „vielfach nur unvollkommen in einem einheitlichen Messwert aggregierend erfasst werden können".[85] Als solche Faktoren nennt das Bundesverwaltungsgericht in der Oberursel II-Entscheidung „die Stärke, die Dauer, die Häufigkeit, die Tageszeit des Auftretens, die Frequenzzusammensetzung, die Auffälligkeit (Lärmart nebst Impulshaltigkeit), die Informationshaltigkeit, die Tonhaltigkeit, die (allgemeine) Ortsüblichkeit, die (individuelle) Gewöhnung, die subjektive Befindlichkeit des Betroffenen nach physischen und psychischen Merkmalen, seine Tätigkeit, die Art und Betriebsweise der Geräuschquelle, die subjektiv angenommene Vermeidbarkeit des Geräusches und der soziale Sympathiewert der Geräuschquelle." Die Stärke eines Geräusches (des Schalls) und die Zeit seines Auftretens im Tagesverlauf bilden regelmäßig die wichtigsten Faktoren dafür, ob ein Geräusch als störend empfunden wird.[86] So wirkt sich der Lärm bei gleicher Geräuschbelastung zu verschiedenen Tageszeiten unterschiedlich belästigend aus.[87] Insbesondere abends ist die Belästigung bei gleichem Pegel typischerweise höher als zur Tageszeit.[88] So sind das Vogelzwitschern am Vormittag und der tropfende Wasserhahn in der Nacht zwar ähnlich laut; dennoch empfinden Menschen zwischen beiden häufig einen erheblichen Unterschied, weil in Ruhezeiten die Tendenz besteht, deutlich mehr Geräusche als Lärm wahrzunehmen.[89] Lärm behindert die Kommunikation zwischen den Menschen einschließlich der Mediennutzung (z.B. Fernsehen, Radio/Musik hören). Lärm stört im Tagesverlauf die Arbeitsleistung, abends die Erholung und nachts den Schlaf, insbesondere das

---

83 *Jäger/Onnich,* ZfL 2000, 206 (206 u. 209); *Krüger* u.a., Schall- und Erschütterungsschutz, S. 11.

84 Urt. v. 20.10.1989, 4 C 12.87, BVerwGE 84, 31 = NJW 1990, 925 (928), dazu *Hölder,* Verordnung, S. 176 u. 177.

85 BVerwG, Urt. v. 20.10.1989, 4 C 12.87, BVerwGE 84, 31 = NJW 1990, 925 (928) – „Oberursel II"; SRU 1999, BT-Drs. 14/2300, S. 164 (Ziff. 407); *Jansen,* ZfL 1987, 152 (153); *Klosterkötter,* KdL 1972, 113 (118); *ders.*, KdL 1973, 113 (114); *ders.*, KdL 1977, 61 (66); ferner *Berkemann,* Lärmgrenzwerte, S. 76 u. 82 f.; *Hansmann,* NuR 1997, 53; *Steinberg/Berg/Wickel,* Fachplanung, § 4 Rn. 34.

86 Vgl. auch UBA, ZfL 1990, 1 (2 f.).

87 BMWi, Lärmbelästigung 2004, S. 4 f.; *Schreckenberg/Guski,* Tageszeiten, S. 8.

88 Vgl. auch *Schreckenberg/Guski,* Tageszeiten, S. 8.

89 *Puls,* Verkehrslärm, S. 11.

Ein- und Durchschlafen.[90] Zutreffend hat bereits *Klosterkötter*[91] darauf hingewiesen, dass die akustische Kommunikation einschließlich der Nutzung der Massenkommunikationsmittel Fernsehen und Rundfunk – sowie entsprechend der technologischen Entwicklung heute auch die Handy- und Internetnutzung – zu den wichtigsten Mitteln der Persönlichkeitsentfaltung gehört. Dementsprechend geht das Bundesverwaltungsgericht in seiner ständigen Rechtsprechung davon aus, dass Innenpegel zu gewährleisten sind, die verkehrslärmbedingte Kommunikations- oder Schlafstörungen ausschließen.[92]

Besonders störend und mitunter gesundheitsgefährdend oder sogar gesundheitsschädigend kann sich Lärm während der *Nachtschlafphase*, insbesondere während der besonders sensiblen Traumschlafphase (REM-Phase)[93], auswirken. Das Bundesverwaltungsgericht hat dazu in seiner Entscheidung zum Verkehrsflughafen Berlin-Schönefeld vom 16. März 2006[94] festgehalten: „Geräuscheinwirkungen während des Schlafes können neben physiologischen auch vegetative und hormonelle Reaktionen auslösen. Ist die Erholung in der Nacht gestört, so kann sich dies am folgenden Tag in einer Beeinträchtigung des Wohlbefindens und der Leistungsfähigkeit sowie einer Einschränkung sonstiger Lebensfunktionen bemerkbar machen. Einigkeit herrscht deshalb darüber, dass Schlafstörungen zu vermeiden sind, die solche nachteiligen Folgen befürchten lassen. Ebenso entspricht es allgemeiner Erkenntnis, dass der energieäquivalente Dauerschallpegel allein als Bewertungskriterium zur Erreichung dieses Schutzziels ungeeignet ist, da er keine gesicherten Aussagen über Dosis-Wirkungs-Beziehungen zulässt. Stattdessen hat sich die Einsicht durchgesetzt, dass es zur Ermittlung schädlicher Schlafstörungen maßgeblich auf den Spitzenpegel am Ohr des Schläfers ankommt." Als Anhaltspunkt für die *Aufwachschwelle* hat die Lärmwirkungsforschung Maximalpegel (Spitzenpegel) ($L_{\max}$) am Ohr des Schläfers von etwa 60 dB(A) genannt.[95] Dies entspricht nach dem Dargelegten[96] etwa dem Pegel einer lauteren Unterhaltung. In der Lärmwirkungs-

---

[90] Vgl. etwa *Klosterkötter,* KdL 1977, 61 ff.; *ders.*, KdL 1973, 113 ff.; *Jansen,* ZfL 1986, 2 (4 ff.).

[91] KdL 1974, 29 (31 u. 35) und KdL 1977, 61 (62 f.).

[92] Z.B. BVerwG, Beschl. v. 17.05.1995, 4 NB 30.94, NJW 1995, 2572, Ls. 3 zur Straßenplanung durch Bebauungsplan; siehe ferner *Klosterkötter,* KdL 1974, 29.

[93] Rapid eye movement, siehe BVerwG, Urt. v. 16.03.2006, 4 A 1075.04, BVerwGE 125, 116 = NVwZ 2006, Beilage zu Heft Nr. 8, S. 25, Rn. 299.

[94] Urt. v. 16.03.2006, 4 A 1075.04, BVerwGE 125, 116 = NVwZ 2006, Beilage zu Heft Nr. 8, S. 25, Rn. 298.

[95] Vgl. SRU 1999, BT-Drs. 14/2300, S. 179 (Ziff. 444). – Siehe ferner *Jansen,* Wirkungsforschung, S. 14 (Bild 4), S. 16 (Bild 5) u. S. 19; *ders.*, ZfL 1987, 152 (153) (Tabelle 1); *ders.*, ZfL 1986, 2 (6) (Tabelle 1).

[96] Siehe oben A.

forschung wird indessen zum Teil auf neuere Erkenntnisse verwiesen, wonach die Schwelle niedriger anzusetzen sein soll.[97] Die Rechtsprechung ist dem bislang soweit ersichtlich nicht gefolgt.[98] Demgegenüber erscheint es nach der Rechtsprechung zweifelhaft, ob das – zum Fluglärm entwickelte – sog. *Jansen*-Kriterium von 6 × 60 dB(A), welches in der Vergangenheit vielfach als Richtschnur für flughafenrechtliche Zulassungsentscheidungen herangezogen wurde und das nach der Rechtsprechung des Bundesverwaltungsgerichts oberhalb der (einfach-rechtlichen) Erheblichkeitsschwelle des § 9 Abs. 2 LuftVG den *Übergang zur Gesundheitsgefährdung* markiert[99], noch dem wissenschaftlichen Erkenntnisstand entspricht.[100] Unstreitig treten *Veränderungen des Schlafablaufes und der Schlafqualität* bereits bei Pegeln unterhalb von 60 dB(A) auf; mehrheitlich werden Mittelungspegel ($L_m$) zwischen 35 und 45 dB(A) und Maximalpegel ($L_{\max}$) von 45 bis 55 dB(A) (jeweils innen) angegeben.[101] Dementsprechend ist davon auszugehen, dass jedenfalls die Einhaltung eines Mittelungspegels ($L_m$) von 30 dB(A) und

---

[97] Vgl. *Maschke/Hecht/Wolf,* BGesBl. 2001, 1001 ff., die für die Aufweckschwelle am Ohr des Schläfers einen Maximalpegel von höchstens 48 dB(A) annehmen; vgl. dazu auch BVerwG, Urt. v. 16.03.2006, 4 A 1075.04, BVerwGE 125, 116 = NVwZ 2006, Beilage zu Heft Nr. 8, S. 26 f., Rn. 306 f. – Verkehrsflughafen Berlin-Schönefeld.

[98] Vgl. etwa OVG Berlin, Urt. v. 09.05.2003, 6 A 8.03, OVGE BE 24, 206, juris, Ls. – Flughafen Berlin-Tegel, abrufbar im Internet unter <http://www.berlin.de/sen/justiz/gerichte/ovg/6a8_03.html> (Stand: 08.01.2010), wonach sich übereinstimmende, wissenschaftlich gesicherte Aussagen, dass Maximalpegel von unter 60 dB(A) zu Aufwachreaktionen führen, nicht finden (bestätigt durch BVerwG, Beschl. v. 21.01.2004, 4 B 82.03, NVwZ 2004, 618 f.). Mangels *gesicherter* neuer wissenschaftlicher Erkenntnisse verneinten die Gerichte einen Planergänzungsanspruch nach § 75 Abs. 2 S. 2 VwVfG, dazu unten Teil 2, E. Vgl. auch BVerwG, Urt. v. 16.03.2006, 4 A 1075.04, BVerwGE 125, 116 = NVwZ 2006, Beilage zu Heft Nr. 8, S. 26 f., Rn. 306 f. – Verkehrsflughafen Berlin-Schönefeld.

[99] Zuletzt BVerwG, Urt. v. 16.03.2006, 4 A 1075.04, BVerwGE 125, 116 = NVwZ 2006, Beilage zu Heft Nr. 25, S. 21, Rn. 300 – Verkehrsflughafen Berlin-Schönefeld.

[100] Nds. OVG, Urt. v. 23.04.2009, 7 KS 18/07, NVwZ-RR 2009, 756 (759), Ls. 3 – Flughafen Hannover-Langenhagen; OVG RhPf., Urt. v. 21.05.2008, 8 A 10910/07, NVwZ-RR 2009, 368 L, juris, Rn. 152 f. u. 8 A 10911/07, LKRZ 2008, 314, juris, Rn. 134 f. – Militärflugplatz Ramstein: schon bei 6 x 57 dB(A); siehe demgegenüber noch SRU 1999, BT-Drs. 14/2300, S. 179 (Ziff. 444).

[101] Vgl. Umweltgutachten 2004 des Rates von Sachverständigen für Umweltfragen, BT-Drs. 15/3600, S. 321 ff. (Ziff. 635 ff.); SRU 1999, BT-Drs. 14/2300, S. 161 (Ziff. 393), 174 ff. (Ziff. 435 ff.) u. S. 184 (Ziff. 466). – Siehe auch *Klosterkötter,* KdL 1974, 29 (34 u. 35): objektiv nachweisbare Schlafbeeinflussungen beginnen bei $L_{\max}$ von 45 bis 50 dB(A); *Jansen,* ZfL 1986, 2 (6): Aufweckschelle könne je nach Geräuschart (z.B. bei Straßenverkehrslärm) auch mit $L_m$ von 40 dB(A) (innen) angesetzt werden; *Wagner,* NJW 1991, 3247: störungsfreier Schlaf ab 35 dB(A) innen nicht mehr möglich; siehe auch *Kaltenbach/Maschke/Klinke,* Dt. ÄrzteBl. 2008, 548 (553 ff.) mit Übersicht zu Dauerschallpegeln in Tabelle 3 auf S. 554.

eines Maximalpegels ($L_{max}$) von 40 dB(A) (jeweils innen) geeignet ist, Schlafstörungen weitgehend zu vermeiden.[102]

Als Anhaltspunkt für eine entspannte *Kommunikation* in Wohnräumen wird von der Lärmwirkungsforschung ein (Kurzzeit-[103])Mittelungspegel ($L_m$) von 40 dB(A) (innen) während der Kommunikation angegeben.[104]

Geräusche aus unterschiedlichen *Quellen* können trotz gleichen Pegels als unterschiedlich lästig empfunden werden.[105] So wird Gewerbe- und In-

---

[102] SRU 1999, BT-Drs. 14/2300, S. 178 f. (Ziff. 443 f.). – Siehe ferner *Jansen,* Wirkungsforschung, S. 19: Änderung im Schlafablauf unbedenklich, wenn $L_{max}$ unter 40 dB(A); *ders.*, ZfL 1987, 152 (153) (Tabelle 1); *ders.*, ZfL 1986, 2 (5 f.) (Tabelle 1) zum Straßenverkehrslärm: Vermeidung von Schlafstörungen, wenn die Pegelspitzen im Innenraum 40 dB(A) und die Mittelungspegel im Innenraum 30 dB(A) nicht überschreiten; *Klosterkötter,* KdL 1976, 1 (2): 40 dB(A) tagsüber und 30 dB(A) nachts (innen) angemessen; *ders.*, KdL 1974, 29 (34 u. 35): $L_m$ (innen) 45 dB(A) (tags) und 35 dB(A) (nachts); *ders.*, KdL 1973, 113 (115 u. 118): $L_m$ im Schlafraum von 30 bis max. 35 dB(A); *ders.*, KdL 1972, 113 (115 u. 118): oberer Richtwert von 40 dB(A) innerhalb von Wohnräumen, wobei die subjektiv akzeptablen Innen-Geräuschpegel bei 25 bis 35 dB(A) (nachts) und bei 35 bis 40 dB(A) (tags) liegen und oberhalb von 40 dB(A) der kritische Bereich beginne, wenngleich Geräuschpegel bis 45 dB(A) (innen) noch von vielen Menschen toleriert würden; UBA, ZfL 1990, 1 (5 f.): Im Allgemeinen keine wesentlichen Belästigungen zu erwarten, wenn $L_m$ (innen) unter 25 bis 30 dB(A) (nachts) unter 30 bis 35 dB(A) (tags) liegen; *dass.*, ZfL 1982, 13 (15 f.): Schlafstörungen durch Straßenverkehrslärm werden weitgehend vermieden, wenn die Pegelspitzen (innen) 40 dB(A) (physiologische Forschung) bzw. der verkehrsbedingte Mittelungspegel (innen) 30 dB(A) (sozialwissenschaftliche Forschung) nicht überschreiten; ferner *Kuschnerus,* DVBl. 1986, 429 (432 u. 434): keine Gefahr, aus dem Schlaf gerissen zu werden, wenn der auf den Schläfer einwirkende Grundpegel 35 bis 38 dB(A) nicht übersteigt *und* die jeweiligen Spitzengeräusche auf *max. etwa 10 bis 15 dB(A) höher liegende Werte* abgemildert werden, weil bereits eine *Änderung* des auf den Schläfer einwirkenden Pegels um etwa 10 dB(A) – praktisch unabhängig vom Grundpegel – für ein Aufwachen ausreicht. Zu beachten ist, dass sich für besonders schutzbedürftige Personengruppen und bei berechtigten höheren Erwartungen die Grenze für die Innengeräuschpegel von 40 dB(A) zu niedrigeren Werten verschieben kann (darauf hingewiesen worden, vgl. UBA, ZfL 1985, 95 (98).

[103] UBA, ZfL 1985, 95 (98).

[104] SRU 1999, BT-Drs. 14/2300, S. 165 (Ziff. 409); ferner Umweltgutachten 2004 des Rates von Sachverständigen für Umweltfragen, BT-Drs. 15/3600, S. 331 f. (Ziff. 654). – Siehe auch *Jansen,* ZfL 1987, 152 (153) (Tabelle 1); *ders.*, ZfL 1986, 2 (6) (Tabelle 1): $L_m$ 45 dB(A) (innen): Schwellenwert für Kommunikationsstörungen u. S. 5 f.: gute Sprachverständlichkeit bei mittlerer Sprechweise, wenn die Innengeräuschpegel während der Kommunikation 40 dB(A) nicht überschreiten; *Klosterkötter,* KdL 1977, 61 (63): 100%ige Satzverständlichkeit auch bei entspannter Konversation ist möglich bei Störgeräuschpegeln „innen“ von 40 dB(A) und weniger; *ders.*, KdL 1972, 113 (114 f.): oberer Richtwert von 40 dB(A) innerhalb von Wohnräumen.

[105] Vgl. etwa UBA, ZfL 1990, 1 (2 f.).

dustrielärm typischerweise als lästiger empfunden als Verkehrslärm, was insbesondere auf die höhere soziale Akzeptanz des Verkehrs und eines „für das Wohl der Allgemeinheit notwendigen Verkehrswegenetzes“[106] sowie auf die abweichende Geräusch-Charakteristik zurückzuführen ist. Hierin findet sich auch die Grundlage für die gegenüber den Immissionsrichtwerten der TA Lärm (dort Nr. 6) höheren Immissionsgrenzwerte des § 2 Abs. 1 der 16. BImSchV und der damit verbundenen „Privilegierung“ von Verkehrslärm[107] gegenüber Gewerbelärm. Aber auch die Geräusche der verschiedenen Verkehrsarten (Straße, Schiene, Flugzeug) werden vielfach als unterschiedlich lästig angesehen. So wird Straßenverkehrslärm häufig lästiger empfunden als Schienenverkehrslärm, was die Grundlage für die Anerkennung eines Schienenbonus in Höhe von 5 dB(A) bildet (§ 43 Abs. 1 S. 2 BImSchG[108] i.V.m. dem Korrekturwert *S* der Anlage 2 zu § 3 der 16. BImSchV). Hierauf wird näher einzugehen sein.[109]

Für die individuelle Lästigkeit des Lärms spielt des Weiteren der *situative Zusammenhang* sowie die Einstellung des Betroffenen zur Lärmquelle eine wichtige Rolle.[110] So hatte bereits *Kurt Tucholsky* (1890 bis 1935)[111] treffend geschrieben: „Der eigene Hund macht keinen Lärm – er bellt nur.“ – das Oberverwaltungsgericht Bremen sah dies in einem Beschluss vom 3. September 2009[112] freilich anders und bestätigte die Rechtmäßigkeit der Sicherstellung von zwei Hunden, deren Gebell unzumutbare Lärmbeeinträchtigungen verursachte. Und *Wilhelm Busch* (1832 bis 1908)[113] dichtete: „Musik wird als störend oft empfunden, derweil sie mit Geräusch verbunden.“ Ebenso mögen „Geschrei, Gebrüll, Pfeifen, Absingen von Liedern oder Gebrauch von Lärminstrumenten“ auf einem Fußballplatz sozialadä-

---

106 So die Regierungsbegründung zum Entwurf der 16. BImSchV, BR-Drs. 661/89, S. 35.

107 Dazu auch unten B.I.3.b)cc).

108 Gesetz zum Schutz vor schädlichen Umwelteinwirkungen durch Luftverunreinigungen, Geräusche, Erschütterungen und ähnliche Vorgänge (Bundes-Immissionsschutzgesetz – BImSchG) vom 15.03.1974, BGBl. I, S. 721, ber. 1193.

109 Siehe Teil 2, B.I.3.c)cc)(1). – Studien haben ferner gezeigt, dass je nach Tageszeit auch zwischen Straßen- und Schienenverkehrslärm ein unterschiedliches Lästigkeitsempfinden bestehen kann. So von Schienenverkehrslärm vor allem in der Abendzeit (zwischen 18 und 22 Uhr) eine erhöhte Lärmbelästigung vorliegen, was auf einen leichten Anstieg des Schienenverkehrs-Geräuschpegels bei gleichzeitigem Rückgang des Hintergrundgeräuschpegels zurückgeführt werden könnt, BMWi, Lärmbelästigung 2004, S. 4 f.; ferner *Schreckenberg/Guski,* Tageszeiten, S. 1; *Felscher-Suhr/Schreckenberg/Möhler,* Tageszeitbezogene Belästigung, S. 1.

110 Vgl. auch UBA, ZfL 1990, 1 (2 f.).

111 Was machen die Leute da oben eigentlich?, in: Uhu vom 01.06.1930, S. 89.

112 1 B 215/09 u.a., NJW 2010, 168.

113 Zit. nach <http://www.bezreg-muenster.nrw.de> (Stand: 01.11.2009).

quat und sogar gewünscht sein, nicht aber in Hörsälen zum „Sprengen“ von Vorlesungen (so geschehen in der Heidelberger Universität)[114]. Darüber hinaus spielen auch soziale Kriterien eine Rolle. So gehören nach ständiger Rechtsprechung Kinderspielplätze mit üblicher Ausstattung in die unmittelbare Nähe der Wohnbebauung. Die mit ihrer bestimmungsgemäßen Nutzung typischerweise verbundenen „natürlichen Lebensäußerungen von Kindern“ sind „ortsüblich“, „sozial adäquat“ und „mit dem Ruhebedürfnis der Anwohner regelmäßig vereinbar“ und daher auch in einem reinen Wohngebiet hinzunehmen.[115]

Auch der *Informationsgehalt eines Geräusches* besitzt einen maßgeblichen Einfluss auf die empfundene Lästigkeit.[116] So fällt es vielen Menschen wesentlich schwerer, sich zu konzentrieren und eine schwierige geistige Aufgabe zu lösen oder ein Buch aufmerksam zu lesen, wenn in unmittelbarer Nähe ein Gespräch geführt wird als wenn ein Auto oder eine Eisenbahn mit dem gleichen Geräuschpegel vorbeifährt. Grund hierfür ist der unterschiedliche Informationsgehalt der Geräusche. Allgemein gilt: Je größer der Informationsgehalt eines Geräusches ist, umso höher ist sein Störgrad.[117]

Festzuhalten ist somit: Lärm und insbesondere Verkehrslärm ist nicht allein ein objektives Phänomen, weil die Lästigkeit des ihm zugrunde liegenden Schallereignisses auch durch subjektive Faktoren bestimmt wird.[118] Eine exakt abgrenzbare Schwelle, ab der Verkehrslärm nicht mehr zumutbar ist, lässt sich nicht geben, da die Lästigkeit des Lärms auch von Wertungsfragen abhängt.[119] Dem Recht kommt die schwierige Aufgabe zu, Schutzgut, Schutzumfang und die Parameter zur Bestimmung der Schutzqualität festzulegen.[120]

---

[114] Die Studenten hatten übrigens mit ihrem Bestreben, die Dozenten zum Abbruch von Vorlesungen, Seminaren und Prüfungen zu veranlassen, Erfolg, nicht aber mit ihrer Revision zum Bundesgerichtshof – dieser sah in dem Verhalten eine vollendete Nötigung zu einem Unterlassen (§ 240 StGB) durch Gewalt (!) und bestätigte insoweit den Schuldspruch des Landgerichts Heidelberg (Beschl. v. 08.10.1981, 3 StR 449, 450/81, NJW 1982, 189 m. zust. Anm. *Brendle,* NJW 1983, 727 ff.).

[115] VGH Bad.-Württ., Beschl. v. 03.03.2008, 8 S 2165/07, VBlBW 2008, 345, Ls., juris, Rn. 7 m. w. N. – Diese Rechtsprechung dürfte indessen mehr sozialstaatlich intendiert sein, denn aus Gründen mangelnder Lästigkeit von Kinderlärm – wie manche Betroffene wissen.

[116] Siehe bereits *Klosterkötter,* KdL 1973, 113 (114).

[117] Vgl. *Ullrich,* DVBl. 1985, 1159; siehe auch UBA, ZfL 1985, 95 (96).

[118] Vgl. *Haakh/Maier,* BWVP 1987, 25 (27).

[119] *Kuschnerus,* DVBl. 1986, 429 (434).

[120] *Michler,* Verkehrsimmissionsschutz, S. 148.

## II. Frequenzbewertung

Die Lästigkeit eines Geräusches ist, wie im vorstehenden Abschnitt beschrieben, physikalisch nicht messbar. Sie ist von zahlreichen objektiven und subjektiven Faktoren abhängig. Einer dieser Faktoren ist die Frequenz bzw. die Frequenzzusammensetzung eines Geräusches.[121] Die Wissenschaft fand heraus, dass das menschliche Gehör unterschiedlich hohe Töne bei gleichem Schalldruckpegel unterschiedlich laut empfindet und deshalb der Schalldruck allein das menschliche Empfinden eines Schallereignisses nur unzureichend beschreibt. Die dB-Skala wurde daher modifiziert. Allgemein gilt: Je höher die Frequenz eines Geräusches ist, umso höher ist sein Störgrad.[122] In den 1930er Jahren wurden deshalb zur dB-Skala mehrere Bewertungsfilter (A, B und C) entwickelt.[123] Diese tragen dem unterschiedlichen Lärmempfinden des menschlichen Gehörs in Abhängigkeit von der Tonhöhe Rechnung.[124] Mitte der 1960er Jahre erfolgte im Rahmen der International Organization for Standardization (ISO) die Einigung, grundsätzlich den Bewertungsfilter A (auch A-Kurve oder A-Bewertung genannt) und damit den A-bewerteten Schalldruckpegel mit der Einheit dB(A) zu verwenden.[125]

Der in dB angegebene Schalldruckpegel wird heute anhand der international festgelegten (Bewertungs-)Kurve A in Abhängigkeit von der Frequenz *bewertet* und dadurch die Einflussgröße der Frequenz auf das menschliche Gehörempfinden näherungsweise berücksichtigt.[126] Da das menschliche Gehör für tiefe Töne weniger empfindlich ist als für hohe, werden tiefe Frequenzen geringer und hohe Frequenzen stärker berücksichtigt.[127]

Da die Frequenzbewertung eine *Bewertung* darstellt, verbleiben letztlich Unsicherheiten, inwieweit der A-bewertete Schalldruckpegel das Maß der Belästigung zutreffend wiedergibt.[128] Denn mit der (Frequenz-)Bewertung wird der Boden phy-

---

121 Beispielsweise unterscheidet sich die Frequenzverteilung (Anteil der hohen gegenüber den tiefen Tönen) eines Güterzuges von der eines Personenzuges, vgl. *Windelberg,* ZfL 1995, 42.

122 Vgl. *Ullrich,* DVBl. 1985, 1159; siehe auch UBA, ZfL 1985, 95 (96); *Hofmann,* Verkehrslärmschutz, S. 6 f. m. w. N.

123 Vgl. dazu *Puls,* Verkehrslärm, S. 15 f.

124 Siehe auch BT-Drs. 14/2300, S. 159 (Ziff. 387).

125 Vgl. *Puls,* Verkehrslärm, S. 15 f.; ferner *Ronellenfitsch,* in: Marschall/Schroeter/Kastner, FStrG, § 17 Rn. 141; *Faber,* Rechtsfragen, S. 15; *Kutscheidt,* NVwZ 1989, 193 (198); *Haakh/Maier,* BWVP 1987, 25 (28).

126 *Silagi,* UPR 1997, 272; *Peine,* DÖV 1988, 937 (938), Fn. 14; *Blocher,* DÖV 1981, 660.

127 *Peine,* DÖV 1988, 937 (938), Fn. 14; *Haakh/Maier,* BWVP 1987, 25 (28).

128 *Kratsch,* DÖV 1989, 628 (630).

sikalisch messbarer Größen verlassen.[129] Tieffrequente Geräusche werden vor allem bei höheren Pegeln „unterbewertet".[130] Den Unzulänglichkeiten der Frequenzbewertung war man sich allerdings schon bei ihrer Einführung bewusst.[131] Heute wird teilweise kritisiert, dass deshalb in der gebräuchlichen Maßeinheit dB(A) zahlreiche Informationen und Annahmen stecken, die kaum bekannt, aber für die Bewertung von Schallschutzmaßnahmen von hoher Relevanz sind.[132]

## III. Mittelungspegel

Verkehrslärm stellt kein gleichbleibendes, sondern ein mehr oder weniger stark schwankendes Geräusch dar[133], auch wenn es sich bei ihm um ein gegenüber Gewerbe- und Industrielärm eher einheitliches Lärmsystem handelt[134]. Zwar lässt sich etwa eine vielbefahrene Straße in einiger Entfernung als ein gleichbleibendes Rauschen wahrnehmen. In der Nähe von Straßen und Schienenwegen wechseln sich jedoch Lärmeinwirkungen und Lärmpausen je nach Auslastung des Verkehrsweges mehr oder weniger ab. Um die zeitliche Veränderung, d.h. das Schwanken der Geräusche zu erfassen, wurde der Mittelungspegel ($L_m$) (auch *energieäquivalenter Dauerschallpegel*$L_{Aeq}$[135] genannt) entwickelt.[136] Der Mittelungspegel dient der Erfassung der Stärke von Geräuschen mit zeitlich veränderlichen Schallpegeln.[137] Bei dem Verfahren der Mittelung werden Pegel unterschiedlicher Höhe und Einwirkungsdauer gleichmäßig über einen bestimmten Zeitraum

---

[129] *Michler,* Verkehrsimmissionsschutz, S. 56.

[130] *Kutscheidt,* NVwZ 1989, 193 (198).

[131] Siehe *Kutscheidt,* NVwZ 1989, 193 (198).

[132] *Puls,* Verkehrslärm, S. 12.

[133] Vgl. UBA, ZfL 1985, 95 (97); *Berberich,* Rechtsschutz, S. 18; *Stüer/Probstfeld,* Planfeststellung, Rn. 218 zum Straßenverkehr.

[134] Vgl. *Klosterkötter,* KdL 1977, 61 (68); *ders.*, KdL 1972, 42 (44) zum Straßenverkehrslärm.

[135] So die internationale Abkürzung, SRU 1999, BT-Drs. 14/2300, S. 159 (Ziff. 388); so auch Nr. 2.7 der TA Lärm. Zum Teil finden sich auch die Abkürzungen $L_{eq3}$ [SRU 1999, BT-Drs. 14/2300, S. 159 (Ziff. 388)] und $L_{eq}$ (vgl. *Berberich,* Rechtsschutz, S. 18).

[136] Vgl. *Ronellenfitsch,* in: Marschall/Schroeter/Kastner, FStrG, § 17 Rn. 41; *Haakh/Maier,* BWVP 1987, 25 (28); siehe ferner *Ullrich,* DVBl. 1985, 1159 (1160); *Blocher,* DÖV 1981, 660 (661). – Nach Nr. 2.7 der TA Lärm ist der Mittelungspegel der nach DIN 45 641, Ausgabe Juni 1990, aus dem zeitlichen Verlauf des Schalldruckpegels oder mit Hilfe von Schallpegelmessern nach DIN EN 60 804, Ausgabe Mai 1994, gebildete zeitliche Mittelwert des Schalldruckpegels.

[137] So die Richtlinie zur Berechnung der Schallimmissionen von Schienenwegen – Ausgabe 1990 – Schall 03 (dort S. 7, Stichpunkt Mittelungspegel), bekannt gemacht im ABl. der Deutschen Bundesbahn Nr. 14 vom 04.04.1990 unter lfd. Nr. 133. Vgl. auch die „Vorläufige Berechnungsmethode für den Umgebungslärm an Schienenwegen (VBUSch)" vom 22.05.2006, S. 9 (Nachw. unten Fn. 781).

verteilt und aus den Einzelschallereignissen ein konstanter Pegel gebildet.[138] Er entspricht dem Schallpegel eines zeitlich gleich bleibenden Geräusches, das *energiemäßig* – nicht rechnerisch – dem vorhandenen Verkehrsgeräusch entspricht (energetische Mittelung)[139], also dem durchschnittlichen Schalldruck in einem bestimmten Zeitraum[140].

Für den Mittelungspegel $L_m$ gilt folgende Gleichung[141]:

(1a) $$L_m = 10 \cdot \lg\left[\frac{1}{n}\left(10^{0,1\,L_1} + 10^{0,1\,L_2} + \ldots + 10^{0,1\,L_n}\right)\right] \text{dB}$$

oder

$$L_m = 10 \cdot \lg\left(\frac{1}{n}\sum_{i=1}^{n} 10^{0,1\,L_i}\right) \text{dB},$$

wobei die Variable $n$ für die Anzahl der zu mittelnden Pegel steht und die Variablen $L_{1\,\ldots\,n}$ für die Höhe der einzelnen Pegel.

Bestehen also beispielsweise zwei *gleich hohe* Pegel von 60 dB, die nacheinander während eines jeweils gleich langen Zeitraums wirken, ergibt sich:

$$L_m = 10 \cdot \lg\left[\frac{1}{2}\left(10^{0,1\cdot 60} + 10^{0,1\cdot 60}\right)\right] \text{dB} = 60 \text{ dB}.$$

Der Mittelungspegel entspricht in diesem Fall somit den Einzelpegeln.

Bestehen demgegenüber zwei *unterschiedlich hohe* Pegel von z. B. 60 dB und 70 dB, die nacheinander während eines gleich langen Zeitraums wirken, ergibt sich folgender Mittelungspegel:

$$L_m = 10 \cdot \lg\left[\frac{1}{2}\left(10^{0,1\cdot 60} + 10^{0,1\cdot 70}\right)\right] \text{dB} \approx 67{,}4 \text{ dB}.$$

---

[138] *Michler,* Verkehrsimmissionsschutz, S. 57.

[139] *Puls,* Verkehrslärm, S. 16; *Schulze-Fielitz,* DÖV 2001, 181 (188); *Michler,* Verkehrsimmissionsschutz, S. 58 u. Fn. 205; *Haakh,* BWVP 1989, 25 (27); *Haakh/Maier,* BWVP 1987, 25 (28); *Kuschnerus,* DVBl. 1986, 429 (430); *Ullrich,* DVBl. 1985, 1159 (1160).

[140] Vgl. *Puls,* Verkehrslärm, S. 16.

[141] Siehe etwa auch *Krüger* u. a., Schall- und Erschütterungsschutz, S. 72; BT-Drs. 661/89, S. 44 unter Hinweis auf DIN 45 641 „Mittelungspegel und Beurteilungspegel zeitlich schwankender Schallvorgänge“ – Ausgabe Juni 1976. Die Norm DIN 45 641 wurde durch die DIN 45 641, Ausgabe Juni 1990 ersetzt, siehe <http://www.beuth.de/langanzeige/DIN+45641/de/1559129.html&limitationtype=&searchaccesskey=MAINauch> (Stand: 31.01.2010) u. oben Fn. 136.

Der Mittelungspegel von 60 dB und 70 dB beträgt somit nicht 65 dB (rechnerische Mittelung), sondern ca. 67,4 dB (energetische Mittelung).

Soll der Mittelungspegel von zwei oder mehreren Einzelpegeln ermittelt werden, die nacheinander während eines *unterschiedlich langen Zeitraums* wirken, so gilt folgende Formel:

$$L_m = 10 \cdot \lg(h_1 \cdot 10^{0,1L_1} + h_2 \cdot 10^{0,1L_2} + \ldots + h_n \cdot 10^{0,1L_n}) - 10 \cdot \lg(h_1 + h_2 + \ldots + h_n)\,\text{dB} \tag{1b}$$

oder

$$L_m = 10 \cdot \lg\left(\frac{h_1 \cdot 10^{0,1L_1} + h_2 \cdot 10^{0,1L_2} + \ldots + h_n \cdot 10^{0,1L_n}}{h_1 + h_2 + \ldots + h_n}\right)\text{dB},$$

wobei die Variablen $h_{1 \ldots n}$ die Einwirkungszeit der einzelnen Pegel darstellen.

Wirkt also etwa ein Pegel von 93 dB 4 Stunden lang und ein Pegel von 86 dB danach ebenfalls 4 Stunden[142], so ergibt sich folgender Mittelungspegel:

$$L_m = 10 \cdot \lg(4 \cdot 10^{0,1 \cdot 93} + 4 \cdot 10^{0,1 \cdot 86}) - 10 \cdot \lg(4 + 4)\,\text{dB} \approx 90{,}78\ \text{dB}.$$

Wirkt ein Pegel von 58 dB 1 Stunde, ein weiterer Pegel von 57 dB 13 Stunden und ein dritter Pegel von 60 dB 2 Stunden[143], so ergibt sich folgender Mittelungspegel:

$$L_m = 10 \cdot \lg(1 \cdot 10^{0,1 \cdot 58} + 13 \cdot 10^{0,1 \cdot 57} + 2 \cdot 10^{0,1 \cdot 60}) - 10 \cdot \lg(1 + 13 + 2)\,\text{dB} \approx 57{,}57\ \text{dB}.$$

Aufgrund des logarithmischen Maßstabs werden kurzzeitig auftretende hohe Pegel besonders stark berücksichtigt[144], so dass der Mittelungspegel näher an diesen hohen Pegeln liegt[145]. Wirkt beispielsweise verteilt auf eine Stunde ein Pegel von 30 dB 54 Minuten lang und ein Pegel von 80 dB 6 Minuten lang[146], so ergibt sich trotz eines *arithmetischen* Mittelwerts von 35 dB ein *energetischer* Mittelwert (Mittelungspegel) von

$$L_m = 10 \cdot \lg(54 \cdot 10^{0,1 \cdot 30} + 6 \cdot 10^{0,1 \cdot 80}) - 10 \cdot \lg(54 + 6)\,\text{dB} \approx 70\ \text{dB}.$$

---

142 Beispiel nach *Michler,* Verkehrsimmissionsschutz, S. 57, Fn. 203.

143 Beispiel nach *Krüger* u.a., Schall- und Erschütterungsschutz, S. 77.

144 Vgl. *Kuschnerus,* DVBl. 1986, 429 (430).

145 Vgl. *Haakh/Maier,* BWVP 1987, 25 (28).

146 Beispiel nach BMWi, Lärmschutz, S. 13.

Durch den Mittelungspegel können allerdings hohe, aber nur sehr kurz auftretende Pegelspitzen über einen längeren Zeitraum „weggemittelt“ werden. Das folgende Beispiel verdeutlicht dies: Wirkt etwa verteilt auf eine Stunde ein Pegel von 70 dB (also deutlich über der Aufweckschwelle von 60 dB) 10 Sekunden lang (z. B. durch ein vorbeifahrendes Auto oder einen vorbeifahrenden Zug) und ein Pegel von 40 dB während der restlichen Stunde[147], so ergibt sich ein Mittelungspegel von

$$L_m = 10 \cdot \lg(10 \cdot 10^{0,1 \cdot 70} + 3.590 \cdot 10^{0,1 \cdot 40}) - 10 \cdot \lg(10 + 3.590)\,\mathrm{dB} \approx 45{,}76\ \mathrm{dB},$$

und wenn der Pegel von 40 dB während der restlichen Nachtzeit von 8 Stunden[148] (22 Uhr bis 6 Uhr) wirkt, so beträgt der Mittelungspegel nur noch

$$L_m = 10 \cdot \lg(10 \cdot 10^{0,1 \cdot 70} + 28.790 \cdot 10^{0,1 \cdot 40}) - 10 \cdot \lg(10 + 28.790)\,\mathrm{dB} \approx 41{,}29\ \mathrm{dB}.$$

Stellt man also ausschließlich auf den Mittelungspegel ab, so werden Einzelschallereignisse, die erhebliche Auswirkungen haben können (z. B. zum Aufwecken führen, weil sie die Aufweckschwelle überschreiten), nicht in vollem Umfang berücksichtigt.[149]

Der *Summenpegel* $L_\Sigma$ (auch Gesamtbeurteilungspegel genannt) bezeichnet demgegenüber die Summe von zwei oder mehreren sich *überlagernden* Schallquellen. Er ist damit ein Maß für die Gesamtschallbelastung bei mehreren gleichzeitig wirkenden Schallquellen. Während der Mittelungspegel für Fälle gilt, in denen mehrere Pegel *nacheinander* wirken und damit den (energetischen) *Durchschnitts*pegel bezeichnet, betrifft der Summenpegel Fälle, in denen mehrere Pegel *gleichzeitig* wirken und sich überlagern, z. B. wenn ein Auto und ein Zug oder zwei Eisenbahnen gleichzeitig an einem Haus vorbeifahren oder Verkehrsgeräusche mit Gewerbe- und Industrielärm zusammentreffen. Der Summenpegel gibt mithin den *Gesamt*pegel an. Für den Summenpegel gilt folgende Formel (siehe auch das Diagramm V der Anlage 2 zu § 3 der 16. BImSchV)[150]:

(2) $$L_\Sigma = 10 \cdot \lg(10^{0,1 L_1} + 10^{0,1 L_2} + \ldots + 10^{0,1 L_n})\,\mathrm{dB}$$

---

[147] 3.590 Sekunden.

[148] 28.790 Sekunden.

[149] Zur Kritik siehe auch unten B.I.3.c)aa).

[150] Vgl. auch *Krüger* u. a., Schall- und Erschütterungsschutz, S. 72.

bzw.

$$L_\Sigma = 10 \cdot \lg\left(\sum_{i=1}^{n} 10^{0,1\,L_i}\right) \mathrm{dB},$$

wobei die Variablen $L_{1\,\ldots\,n}$ für die Höhe der einzelnen Pegel stehen.

Wirken beispielsweise gleichzeitig zwei *gleich hohe* Pegel von 60 dB (z. B. zwei Verkehrswege, die während des gleichen Zeitraums jeweils einen Pegel von 60 dB erzeugen) ergibt sich sonach ein Summenpegel von:

$$L_\Sigma = 10 \cdot \lg(10^{0,1\cdot 60} + 10^{0,1\cdot 60})\,\mathrm{dB} \approx 10 \cdot 6{,}301\ \mathrm{dB} \approx 63\ \mathrm{dB}.$$

Sind die Pegel jeweils 80 dB hoch, so ergäbe sich ein Summenpegel von

$$L_\Sigma = 10 \cdot \lg(200.000.000)\,\mathrm{dB} \approx 10 \cdot 8{,}301\ \mathrm{dB} \approx 83\ \mathrm{dB}.$$

Allgemein gilt: Der Summenpegel von zwei gleich hohen Pegeln ist jeweils um rund 3 dB höher als die einzelnen Pegel.[151] So ergeben 60 dB + 60 dB nicht 120 dB, sondern ca. 63 dB und 80 dB + 80 dB nicht 160 dB, sondern 83 dB usw. Schallpegel sind logarithmische Werte und dürfen daher nicht einfach addiert werden.[152] Dies trifft auch für zwei Pegel an der Hörschwelle zu. Für diese Pegel gilt daher: 0 dB + 0 dB ≈ 3 dB (und nicht 0 dB + 0 dB = 0 dB). Grund hierfür ist, dass der Schalldruck bzw. die Schallintensität an der Hörschwelle, die mit dem Referenzwert 0 dB festgelegt ist, nicht Null ist, sondern – wenn auch sehr klein – etwa $2 \cdot 10^{-5}$ Pa ($= 2 \cdot 10^{-10}$ bar) bzw. $10^{-12}$ W/m$^2$ beträgt (siehe oben A.). Zwei dieser sehr kleinen, sich aber summierenden Schallereignisse ergeben mithin nicht 0 dB, sondern – aufgrund der doppelten Schallintensität – einen um rund 3 dB erhöhten Schallpegel, also einen Pegel von ungefähr 3 dB. Eine Verdoppelung des Schalldrucks (wie hier durch zwei gleich hohe Schallpegel) führt mithin zu einer Pegelerhöhung um rund 3 dB.[153]

---

151 *Puls,* Verkehrslärm, S. 14; *Silagi,* UPR 1997, 272 (273); *Haakh/Maier,* BWVP 1987, 25 (28); *Blocher,* DÖV 1981, 660 (661); *Michler,* Verkehrsimmissionsschutz, S. 55. Vier gleiche Schallquellen führen zu einer Pegelerhöhung um 6 dB(A), 10 gleiche Schallquellen zu einer Erhöhung um 10 dB(A) und 100 gleiche Schallquellen zu einer Erhöhung um 20 dB(A), siehe die Übersicht bei *Puls,* Verkehrslärm, S. 15.

152 *Michler,* Verkehrsimmissionsschutz, S. 55.

153 Der Äquivalenzparameter (Halbierungsparameter) $q$ ist deshalb = 3. Der Äquivalenzparameter gibt den Wert an, um den sich der Mittelungspegel erhöht oder erniedrigt, wenn sich die Schallenergie (Einwirkungsintensität oder Einwirkungszeit) verdoppelt bzw. halbiert. – Dem alten Fluglärmgesetz (Gesetz zum Schutz gegen Fluglärm vom 30.03.1971, BGBl. I, S. 282) lag noch ein Äquivalenz-

Da es sich bei dem dB-Maßstab um eine Vergleichs- bzw. Verhältnisgröße handelt, spielt die Höhe der einzelnen Pegel, z. B. die Stärke des Verkehrsaufkommens keine Rolle; so bewirkt die Zunahme von 20 auf 40 Fahrzeuge ebenso wie die Zunahme von 15.000 auf 30.000 Fahrzeuge eine Steigerung des (jeweiligen) Mittelungspegels um 3 dB.[154]

Demgegenüber ergibt sich aus zwei *unterschiedlich hohen* Pegeln von z. B. 60 dB und 63 dB folgender Summenpegel:

$$L_{\Sigma} \approx 10 \cdot \lg(2.995.262{,}315)\,\mathrm{dB} \approx 64{,}76\ \mathrm{dB}.$$

Der höhere Pegel von 63 dB wird also durch den niedrigeren Pegel von 60 dB um rund 1,76 dB erhöht. Weisen die Schallquellen eine unterschiedliche Intensität auf, wird der Pegel der höheren Schallquelle um weniger als 3 dB erhöht; ab einem Pegelunterschied von 10 dB zwischen den verschiedenen Einzelpegeln bewirkt der niedrigere Pegel kaum noch eine Erhöhung des höheren Pegels (siehe auch das bereits erwähnte Diagramm V der Anlage 2 zu § 3 der 16. BImSchV).[155] Beispielsweise ergibt sich für Pegel von 60 dB und 70 dB nur noch ein Summenpegel von:

$$L_{\Sigma} = 10 \cdot \lg(11.000.000)\,\mathrm{dB} \approx 70{,}41\ \mathrm{dB}.$$

Der höhere Pegel von 70 dB wird durch den Pegel von 60 dB somit nur um rund 0,41 dB erhöht.

---

parameter von $q = 4$ zugrunde (zu diesem und zur Kritik hieran *Michler,* Verkehrsimmissionsschutz, S. 64 ff.). Nach dem neuen Fluglärmgesetz (Gesetz zur Verbesserung des Schutzes vor Fluglärm in der Umgebung von Flugplätzen vom 01.06.2007, BGBl. I, S. 986; Regierungsentwurf und Begründung in BT-Drs. 16/508; ausführlich *Giemulla/Rathgeb,* DVBl. 2008, 669 ff.; *Ekardt/Seidel,* NVwZ 2007, 421 ff.; *Mechel,* ZUR 2007, 561 ff.) wird nunmehr ebenfalls der Äquivalenzparameter $q = 3$ in Ansatz gebracht. D. h., die Verdoppelung bzw. Halbierung von bestimmten Fluglärmereignissen führt zu einer Zunahme bzw. Reduktion des äquivalenten Dauerschallpegels um 3 dB(A) statt wie bisher um 4 dB(A), siehe *Giemulla/Rathgeb,* DVBl. 2008, 669 (673); *Mechel,* ZUR 2007, 561 (567).

[154] *Ullrich,* DVBl. 1985, 1159 (1160).

[155] *Puls,* Verkehrslärm, S. 13; *Silagi,* UPR 1997, 272 (273) Fn. 14; *Michler,* Verkehrsimmissionsschutz, S. 55 u. 79; *Kratsch,* DÖV 1989, 628 (630); *Blocher,* DÖV 1981, 660 (661). – Nach dem VGH Bad.-Württ., Urt. v. 20.01.1989, 10 S 554/88, NVwZ-RR 1989, 621 (624) wird ein Geräusch verdeckt, wenn der Fremdgeräuschpegel mindestens 3 dB(A) über dem der Anlage liegt *und* für beide Geräuschanteile die Frequenzzusammensetzung und der zeitliche Verlauf ähnlich sind.

## IV. Beurteilungspegel

Die für die Bewertung von Lärm maßgeblichen Faktoren werden nach den gesetzlichen Vorschriften (insbesondere der 16. BImSchV, 18. BImSchV[156], TA Lärm) in einem Beurteilungspegel ($L_r$) zusammengefasst. Der Beurteilungspegel ist der Maßstab dafür, ob die nach den einschlägigen Regelwerken vorgegebenen Lärmgrenz- oder Lärmrichtwerte eingehalten werden. Allgemein bestimmt sich der Beurteilungspegel aus dem *Mittelungspegel* ($L_m$) des zu beurteilenden Geräusches (oben III.) einschließlich der Frequenzbewertung (oben II.) und gegebenenfalls aus *Zu-* und *Abschlägen* für die Lästigkeit eines Geräusches (oben I.).[157] Für welche Faktoren Zu- oder Abschläge gemacht werden, richtet sich nach den jeweiligen Regelwerken. Beispielsweise sieht Nr. 2.10 S. 1 der TA Lärm Zuschläge für Ton- und Informationshaltigkeit, Impulshaltigkeit und für Tageszeiten mit erhöhter Empfindlichkeit vor. Ziff. 1.3.1 des Anhangs der 18. BImSchV berücksichtigt ebenfalls Zuschläge für Impulshaltigkeit und/oder auffällige Pegeländerungen sowie für Ton- und Informationshaltigkeit. Anlage 2 zu § 3 der 16. BImSchV enthält zur Berücksichtigung der gegenüber Straßenverkehrslärm geringeren Lästigkeitswirkung von Schienenverkehrslärm einen sog. Schienenbonus (S) von 5 dB(A) [zum Beurteilungspegel für Schienenverkehrslärm im Einzelnen unten Teil 2, B.I.3.c)].

[156] Achtzehnte Verordnung zur Durchführung des Bundes-Immissionsschutzgesetzes (Sportanlagenlärmschutzverordnung – 18. BImSchV) vom 18.07.1991, BGBl. I, S. 1588; siehe etwa BVerwG, Urt. v. 16.05.2001, 7 C 16.00, NVwZ 2001, 1167 (1169); zur Beurteilung von Geräuschimmissionen bei Sport- und Freizeitanlagen ausführlich *Ketteler,* DVBl. 2008, 220 ff.; *ders.*, NVwZ 2002, 1070 ff.; *Numberger,* NVwZ 2002, 1064 ff.; *Spindler/Spindler,* NVwZ 1993, 225 ff.; *Berkemann,* NVwZ 1992, 817 ff.; *Schmitz,* NVwZ 1991, 1126 ff.; BVerwG, Urt. v. 23.09.1999, 4 C 6.98, BVerwGE 109, 314 = NVwZ 2000, 1050; zur Rechtslage vor Erlass der 18. BImSchV grundlegend BVerwG, Urt. v. 19.01.1989, 7 C 77.87, BVerwGE 81, 197 = NJW 1989, 1291 (1292) – Tegelsbarg-Urteil m. Anm. *Schwerdtner,* NVwZ 1989, 936 ff.; ferner *Papier,* NVwZ 1986, 624 ff.; *Pikart/Gelzer/Papier,* NVwZ 1985, 100 ff.; *Jarass,* NJW 1981, 721 ff.

[157] Siehe auch S. 7 der Schall 03 (oben Fn. 137), Stichwort Beurteilungspegel, u. Nr. 2.10 S. 1 der TA Lärm.

# C. Typische Quellen von Verkehrsgeräuschen bei Eisenbahnen

Die nachfolgende Abbildung zeigt die typischen Quellen von Verkehrsgeräuschen bei Eisenbahnen.[158]

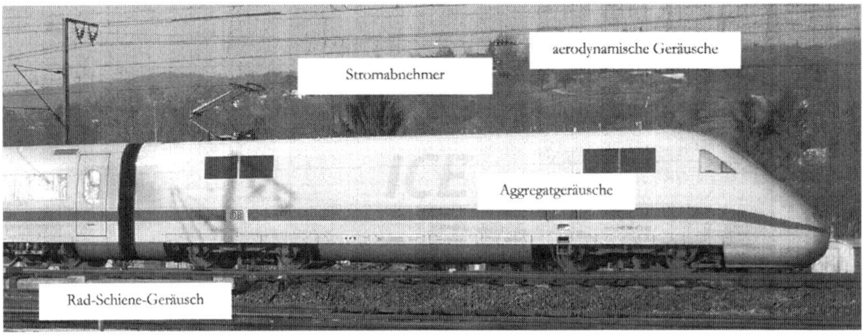


Abbildung 1: Lärmquellen bei Eisenbahnen[159]

Unter den Geräuschquellen beim Eisenbahnverkehr sind das Rad-Schiene-Geräusch, die aerodynamischen Geräusche und die Antriebsgeräusche hervorzuheben.[160]

Hauptursache des Schienenverkehrslärms ist das Abrollen der Räder auf den Gleisen (*Rad-Schiene-Geräusch*).[161] Die Stärke des Rad-Schiene-Geräuschs hängt in erster Linie vom Rad- und Schienenzustand sowie von der

---

158 Zu den zahlreichen Schwingungssystemen bei Schienenfahrzeugen und Trassen *Krüger* u. a., Schall- und Erschütterungsschutz, S. 30 ff.

159 Eigene Aufnahme. Siehe auch die Übersichten bei *Möhler/Liepert*, Schall 03 2006 Richtlinie zur Berechnung der Schallimmissionen von Eisenbahnen und Straßenbahnen vom 19.11.2008, S. 3, abrufbar unter <http://www.mopa.de/Dateien/tg.pdf> (Stand: 16.08.2009) und bei *Krüger* u. a., Schall- und Erschütterungsschutz, S. 272 f. (Bild 8.7 u. 8.8).

160 Darüber hinaus gibt es im Zusammenhang mit Eisenbahnen zahlreiche weitere Lärmursachen (z. B. Signale, Dröhnen von Brücken), UBA, Hinweise, S. 7. – Zum „Kurvenkreischen" *Krüger* u. a., Schall- und Erschütterungsschutz, S. 184 ff.

161 SRU 1999, BT-Drs. 14/2300, S. 189 (Ziff. 480); *Krüger* u. a., Schall- und Erschütterungsschutz, S. 177 ff.; *Puls*, Verkehrslärm, S. 67; *Giesler/Wende/Nolle*, ZfL 1995, 121 (122); *Klosterkötter*, KdL 1976, 1 (2); siehe bereits das Umweltprogramm der Bundesregierung aus dem Jahr 1971, BT-Drs. VI/2710, S. 484. – Demgegenüber erzeugt der Transrapid keine Rollgeräusche und auch keinen Körperschall, siehe den Tagungsbericht von *Jankowski*, UPR 1996, 332 (333) unter Hinweis auf *Dr. H. Wende* vom Umweltbundesamt, Berlin; *Schütte*, NuR 1996, 583 ff.

Geschwindigkeit des Zugs ab, ferner von der Gleiskonstruktion und den Geräuschabsorptionseigenschaften des Gleisoberbaus (Schotter oder sog. „Feste Fahrbahn“[162]).[163] Ursache des Rad-Schiene-Geräuschs sind vor allem Abweichungen von einer glatten Schienen- und Radfahrfläche (insbesondere Rauigkeiten und Riffeln).[164] Das Rad-Schiene-Geräusch lässt sich durch einen guten Pflegezustand der Räder und Gleise positiv beeinflussen.[165] Da Graugussklotzbremsen, die vor allem an Güterwaggons eingesetzt werden, Riffeln in die Räder fräsen, ist der Ersatz dieser Bremsen durch Bremsklötze mit Kunststoffsohlen (K-Sohlen)[166] oder durch Scheibenbremsen[167] eine besonders effektive Maßnahme zur Minderung des Rad-Schiene-Geräuschs, zumal beim Bremsen von Zügen mit Klotzbremsen lästige Kreischgeräusche auftreten können[168]. Bei den Gleisen bildet die wichtigste Lärmminderungsmaßnahme das regelmäßige Schleifen der Schienen, um eine glatte Oberfläche der Schienen zu erhalten.[169]

---

[162] Bei der „Festen Fahrbahn“ handelt es sich um einen Schienenunterbau, bei dem die Schwellen auf einer Platte, die typischerweise aus Beton besteht, fest montiert sind, was zu akustischen Nachteilen gegenüber einem Schotterbettunterbau führt, vgl. UBA, Hinweise, S. 20.

[163] SRU 1999, BT-Drs. 14/2300, S. 189 (Ziff. 480); Umweltprogramm der Bundesregierung 1971, BT-Drs. VI/2710, S. 485.

[164] *Krüger* u. a., Schall- und Erschütterungsschutz, S. 179; Umweltprogramm der Bundesregierung 1971, BT-Drs. VI/2710, S. 485.

[165] Vgl. etwa UBA, Hinweise, S. 7.

[166] UBA, Hinweise, S. 22 m. w. N.: Durch den sog. „Leisen Güterwagen“ soll unter anderem das Aufrauen der Räder durch spezielle Bremsen verhindert werden; siehe zum Lärmminderungspotential von K-Sohlen auch *Puls,* Verkehrslärm, S. 78 f.; *Jäger/Onnich,* ZfL 2000, 206 (206 u. 208); <http://www.bmvbs.de/Verkehr/Schiene/Laermschutz-,1460.1042424/Laermschutz-im-Schienengueterv.htm> (Stand: 03.10.2009). – Zu LL-Sohlen (Low-Low-Bremssohlen) <http://www.bmvbs.de/artikel-,302.1042428/Das-Innovationsprogramm-zur-La.htm> u. <http://www.bmvbs.de/Verkehr/Schiene/Laermschutz-,1460.1042424/Laermschutz-im-Schienengueterv.htm> (Stand jew.: 03.10.2009).

[167] Umweltprogramm der Bundesregierung 1971, BT-Drs. VI/2710, S. 485; ferner *Puls,* Verkehrslärm, S. 79; UBA, Hinweise, S. 23; *Jäger/Onnich,* ZfL 2000, 206 (207 f.); *Stüber,* KdL 1974, 71 (72).

[168] Umweltprogramm der Bundesregierung 1971, BT-Drs. VI/2710, S. 485.

[169] Umweltprogramm der Bundesregierung 1971, BT-Drs. VI/2710, S. 485; ferner UBA, Hinweise, S. 22. – Im Innovationsprogramm zur Lärmminderung im Schienengüterverkehr sollen für die Pilot- und Innovationsprogramme „Flüsterbremsen“ aus dem Mittelansatz für Lärmsanierungsmaßnahmen zweckgebunden insgesamt bis zu 40 Mio. EUR, verteilt auf vier Jahre, bereit gestellt werden, siehe <http://www.bmvbs.de/artikel-,302.1042428/Das-Innovationsprogramm-zur-La.htm> (Stand: 03.10.2009); <http://www.bmvbs.de/Verkehr/Schiene/Laermschutz-,1460.1042424/Laermschutz-im-Schienengueterv.htm> (Stand: 03.10.2009); ferner SRU 1999, BT-Drs. 14/2300, S. 189 (Ziff. 480).

*Aerodynamische Geräusche*, die in hohen Geschwindigkeitsbereichen (etwa auf ICE-Strecken mit 250 km/h)[170] dominieren, rühren insbesondere von den Stromabnehmern her.[171]

Die *Antriebsgeräusche* beruhen vornehmlich auf dem Motor und dem Getriebe.[172]

Welche dieser Geräusche dominieren, bestimmt sich in erster Linie nach der jeweiligen Geschwindigkeit der Eisenbahn. Bei geringen Geschwindigkeiten – vor allem beim Rangieren in Bahnhöfen[173] – bestimmen vorrangig die Motorengeräusche die Schallemissionen[174]; ab rund 60 km/h beginnt das Rollgeräusch zu dominieren und bei hohen Geschwindigkeiten überwiegen die aerodynamischen Geräusche.[175]

---

170 SRU 1999, BT-Drs. 14/2300, S. 189 (Ziff. 480); UBA, Hinweise, S. 7.

171 Dazu auch *Jäger/Onnich,* ZfL 2000, 206 (208 f.); *Giesler/Wende/Nolle,* ZfL 1995, 121 (122).

172 Siehe die Übersicht bei *Möhler/Liepert,* Fn. 159, S. 4.

173 Siehe auch UBA, Hinweise, S. 7.

174 Vgl. SRU 1999, BT-Drs. 14/2300, S. 189 (Ziff. 480).

175 *Puls,* Verkehrslärm, S. 67.

*Teil 2*

# Rechtsfragen des Lärmschutzes in der eisenbahnrechtlichen Planfeststellung

Nach § 18 S. 1 AEG[176] dürfen Betriebsanlagen einer Eisenbahn einschließlich der Bahnfernstromleitungen nur gebaut oder geändert werden, wenn der Plan vorher festgestellt ist.[177] Der Bau und die Änderung von Ei-

[176] Vgl. Art. 5 des Gesetzes zur Neuordnung des Eisenbahnwesens (Eisenbahnneuordnungsgesetz – ENeuOG) vom 27.12.1993, BGBl. I, S. 2378 (2396), Gesetzesbegründung in BT-Drs. 12/4609, S. 94 ff., zuletzt geändert durch Art. 7 des Gesetzes zur Neuregelung des Rechts des Naturschutzes und der Landschaftspflege vom 29.07.2009, BGBl. I, S. 2542; siehe ferner das Allgemeine Eisenbahngesetz vom 29.03.1951, BGBl. I, S. 225.

[177] § 18 Abs. 1 AEG entspricht § 36 Abs. 1 S. 1 u. 2 BbG a.F., vgl. BT-Drs. 12/4609, S. 100 (zu § 15 Abs. 1 AEG-E). Satz 1 der Vorschrift lautete im Entwurf noch: „Schienenwege von Eisenbahnen einschließlich der für den Betrieb der Schienenwege notwendigen Anlagen (Betriebsanlagen der Eisenbahn) dürfen nur gebaut oder geändert werden, wenn der Plan zuvor festgestellt worden ist." Gesetz wurde sie als § 18 Abs. 1 S. 1 AEG a.F. mit dem Zusatz „und der Bahnstromfernleitungen". Sie lautete daher: „Schienenwege von Eisenbahnen einschließlich der für den Betrieb der Schienenwege notwendigen Anlagen und der Bahnstromfernleitungen (Betriebsanlagen der Eisenbahn) dürfen nur gebaut oder geändert werden, wenn der Plan zuvor festgestellt worden ist." Ihre heutige Fassung erlangte die Vorschrift durch Art. 14 Ziff. 1 des Gesetzes zur Umsetzung der UVP-Änderungsrichtlinie, der IVU-Richtlinie und weiterer EG-Richtlinien zum Umweltschutz vom 27.07.2001, BGBl. I, S. 1950 (2016). Nach der Gesetzesbegründung (BT-Drs. 14/4599, S. 160) dient die Neufassung des § 18 Abs. 1 S. 1 AEG der Klarstellung. Der „seit langem in der Praxis durch ständige Rechtsprechung fest umrissene Begriff der Betriebsanlage" sollte durch die Strukturreform der Bundeseisenbahnen nicht geändert werden. Der Bau oder die Änderung aller Betriebsanlagen einer Eisenbahn unterliege der Planfeststellung. Bei enger am Wortlaut orientierter Auslegung des bisherigen § 18 Abs. 1 S. 1 AEG könnten Zweifel bestehen, ob z.B. Terminals zu den planfeststellungspflichtigen Anlagen zu zählen sind. „Um eine derartige Interpretation auszuschließen" und „um eine einheitliche Wortwahl mit dem geänderten UVP-Gesetz herzustellen", wurde die Änderung zur „Klarstellung" eingefügt. – Nach § 43 S. 1 Nr. 1, § 3a EnWG sind Bahnstromfernleitungen von der energiewirtschaftsrechtlichen Planfeststellung ausgenommen. Sie unterfallen der eisenbahnrechtlichen Planfeststellung nach § 18 AEG. – Nach Art. 73 Abs. 1 Nr. 6a GG besitzt der Bund die *ausschließliche* Gesetzgebungskompetenz über „den Verkehr von Eisenbahnen, die ganz oder mehrheitlich im Eigentum des Bundes stehen (Eisenbahnen des Bundes), den Bau, die Unterhaltung und das Betreiben von Schienenwegen der Eisenbahnen des Bundes sowie die Erhebung von Entgelten für die Benutzung dieser

senbahnstrecken bedarf somit grundsätzlich der Planfeststellung.[178] Zuständige Planfeststellungsbehörde für Eisenbahnbetriebsanlagen des Bundes ist

---

Schienenwege". Gem. Art. 74 Abs. 1 Nr. 23 GG hat der Bund die *konkurrierende* Gesetzgebungszuständigkeit über „die Schienenbahnen, die nicht Eisenbahnen des Bundes sind, mit Ausnahme der Bergbahnen". Von § 18 AEG erfasst werden somit auch Eisenbahnen, die nicht Eisenbahnen des Bundes sind, also Eisenbahnen im Eigentum eines Landes oder Privatbahnen, vgl. OVG RhPf., Urt. v. 02.03.2001, 1 A 11447/00, NVwZ-RR 2001, 714 (715), Ls. 1 u. BT-Drs. 12/4609, S. 100; *Stüer/Probstfeld,* Planfeststellung, Rn. 388. – Nach § 1 Abs. 2 S. 2 AEG gilt das Allgemeine Eisenbahngesetz nicht für andere Schienenbahnen wie Magnetschwebebahnen, Straßenbahnen und die nach ihrer Bau- oder Betriebsweise ähnlichen Bahnen, Bergbahnen und sonstige Bahnen besonderer Bauart. – Magnetschwebebahnstrecken einschließlich der für den Betrieb notwendigen Anlagen (Betriebsanlagen einer Magnetschwebebahn) dürfen nach § 1 Abs. 1 S. 1 des Gesetzes zur Regelung des Planungsverfahrens für Magnetschwebebahnen (Magnetschwebebahnplanungsgesetz – MBPlG) vom 23.11.1994, BGBl. I, S. 3486 nur gebaut oder geändert werden, wenn der Plan vorher festgestellt ist. Das MBPlG schließt damit die aufgrund von § 1 Abs. 2 S. 2 AEG für Magnetschwebebahnen bestehende Lücke (vgl. die Begründung zum Gesetzentwurf des MBPlG, BT-Drs. 12/7006, S. 8). – Daneben enthält auch das Gesetz über den Bau und den Betrieb von Versuchsanlagen zur Erprobung von Techniken für den spurgeführten Verkehr vom 29.01.1976, BGBl. I, S. 241 Vorschriften über die Planfeststellung von Versuchsanlagen (§§ 2 ff. des Gesetzes).

[178] Nach § 74 Abs. 6 S. 1 VwVfG in Verbindung mit § 18b Nr. 2 AEG kann an Stelle eines Planfeststellungsbeschlusses eine Plangenehmigung erteilt werden, wenn Rechte anderer nicht oder nur unwesentlich beeinträchtigt werden oder sich die Betroffenen mit der Inanspruchnahme ihres Eigentums oder eines anderen Rechts schriftlich einverstanden erklärt haben und mit den Trägern öffentlicher Belange, deren Aufgabenbereich berührt wird, das Benehmen hergestellt ist (dazu BT-Drs. 16/54, S. 31). Eine Plangenehmigung kann jedoch gem. § 18b Nr. 1 AEG nur erteilt werden, wenn zusätzlich zu den vorgenannten Voraussetzungen für das Vorhaben nach dem UVPG keine Umweltverträglichkeitsprüfung durchzuführen ist. – Nach § 74 Abs. 7 S. 1 VwVfG entfällt die Planfeststellung (zwingend, *Bonk/Neumann,* in: Stelkens/Bonk/Sachs, VwVfG, § 74 Rn. 257) in Fällen *unwesentlicher* Bedeutung (gleiches gilt für die Plangenehmigung). Ein Fall unwesentlicher Bedeutung ist gegeben, wenn 1. andere öffentliche Belange nicht berührt sind oder die erforderlichen behördlichen Entscheidungen vorliegen und sie dem Plan nicht entgegenstehen *und* 2. Rechte anderer nicht beeinflusst werden oder mit den vom Plan Betroffenen entsprechende Vereinbarungen getroffen worden sind (§ 74 Abs. 7 S. 2 VwVfG). Gem. § 18b Nr. 4 AEG liegen Fälle unwesentlicher Bedeutung im Sinne des § 74 Abs. 7 VwVfG jedoch nur vor, wenn es sich bei dem Vorhaben zusätzlich nicht um ein Vorhaben handelt, für das nach dem UVPG eine Umweltverträglichkeitsprüfung durchzuführen ist. – Zum Planfeststellungsverfahren und zur eisenbahnrechtlichen Planfeststellung *Ronellenfitsch,* VerwArch. 1989, 92 (100 ff. u. 107 ff.); zur historischen Entwicklung der Planfeststellung *ders.*, a. a. O., S. 97 ff., *ders.*, in: Marschall/Schroeter/Kastner, FStrG, § 17 Rn. 8 ff. u. *Kirchberg,* in: Ziekow, Fachplanungsrecht, Rn. 7 ff.; zur Geschichte der Eisenbahn und der eisenbahnrechtlichen Planfeststellung als ältester Fachplanung, *Ronellenfitsch.*, VerwArch. 1993, 537 (539 ff. u. 545). – Siehe auch die Richtlinien für den Erlass planungsrechtlicher Zulassungsentscheidungen für Betriebsanlagen der Eisenbahnen des Bundes nach § 18 AEG sowie für Betriebsanlagen von Magnetschwebebahnen nach § 1 MBPlG – Ausgabe

das als selbständige Bundesoberbehörde (§ 2 Abs. 1 BEVVG[179])[180] eingerichtete Eisenbahn-Bundesamt (§ 3 Abs. 1 S. 1 Nr. 1 BEVVG).[181] Die Planfeststellung stellt eine mit bestimmten Rechtsfolgen ausgestattete behördliche Feststellung eines Plans zur Errichtung konkreter Anlagen dar.[182] Durch die Planfeststellung wird die Zulässigkeit eines Vorhabens – einschließlich der notwendigen Folgemaßnahmen[183] – im Hinblick auf alle von ihm berührten öffentlichen Belange festgestellt (Zulassungswirkung, § 75 Abs. 1 S. 1 Halbs. 1 VwVfG).[184] Die Planfeststellung ersetzt alle für

01/2009 – („Planfeststellungsrichtlinien", PF-RL), Stand: 16.02.2009; dazu auch *Steinberg/Berg/Wickel,* Fachplanung, § 1 Rn. 83.

179 Gesetz über die Eisenbahnverkehrsverwaltung des Bundes, geschaffen durch Art. 3 des Gesetzes zur Neuordnung des Eisenbahnwesens (Eisenbahnneuordnungsgesetz – ENeuOG) vom 27.12.1993, BGBl. I, S. 2378 (2394).

180 Die Gestaltungsform der Bundesoberbehörde ist von dem in Art. 87e Abs. 1 S. 1 GG geregelten Verwaltungstyp der bundeseigenen Verwaltung umfasst, so dass es nicht des Rückgriffs auf die insoweit subsidiäre Vorschrift des Art. 87 Abs. 3 S. 1 GG bedarf, *Möstl,* in: MD, GG, Art. 87e Rn. 154; allg. *Lerche,* in: MD, GG, Art. 87 Rn. 170.

181 Die zuständige Planfeststellungsbehörde für Eisenbahnen, die nicht Eisenbahnen des Bundes sind, bestimmt sich nach Landesrecht. In Baden-Württemberg beispielsweise gilt das Landeseisenbahngesetz (LEisenbG) vom 08.06.1995, GBl. 1995, 417, 421. Nach § 1 Abs. 1 S. 1 LEisenbG gilt das Gesetz für Eisenbahnen mit Sitz in der Bundesrepublik Deutschland, die nicht Eisenbahnen des Bundes sind (nichtbundeseigene Eisenbahnen) und für nichtbundeseigene Eisenbahninfrastrukturunternehmen mit Sitz im Ausland. § 16 Abs. 1 Nr. 1 LEisenbG ermächtigt zum Erlass einer Rechtsverordnung zur Bestimmung der zuständigen Behörden zur Ausführung des Gesetzes. Nach § 3 Nr. 2 der Verordnung der Landesregierung und des Innenministeriums über Zuständigkeiten im Eisenbahnwesen (Eisenbahnzuständigkeitsverordnung – EZuVO) vom 11.09.1995, GBl. 1995, 714 sind die Regierungspräsidien Anhörungs-, Planfeststellungs- und Plangenehmigungsbehörde nach § 18 AEG.

182 *Ronellenfitsch,* VerwArch. 1989, 92 u. *ders.,* in: Marschall/Schroeter/Kastner, FStrG, § 17 Rn. 1, jew. m.w.N.; vgl. auch Ziff. 2 Abs. 1 PF-RL (Fn. 178 a.E.).

183 Dazu etwa Ziff. 6 Abs. 1 u. 2 PF-RL (Fn. 178 a.E.). – Lärmimmissionen, die von diesen Folgemaßnahmen (z.B. Bau oder Änderung einer Straße) ausgehen, sind in der Planfeststellung ebenfalls zu bewältigen. Dazu unten B.I.4.c)cc)(2).

184 Die Vorschriften der §§ 72 bis 78 VwVfG über das Planfeststellungsverfahren und den Planfeststellungsbeschluss gelten nach Maßgabe des § 18 S. 3 AEG und der §§ 18a ff. AEG auch für die eisenbahnrechtliche Planfeststellung. Die §§ 18 ff. AEG wurden durch Art. 1 des Gesetzes zur Beschleunigung von Planungsverfahren für Infrastrukturvorhaben (InfrPBG) vom 09.12.2006, BGBl. I, S. 2833, ber. BGBl. I (2007), S. 691 umfassend novelliert. Auch die Planfeststellungsvorschriften der anderen Infrastrukturplanungsgesetze (wie das FStrG, WaStrG, LuftVG, MBPlG und das EnWG) wurden durch das Artikel-Gesetz neu gefasst. Ziel des InfrPBG war vor allem eine Vereinfachung und Beschleunigung von Planungsverfahren für Verkehrsinfrastrukturvorhaben (vgl. die Regierungsbegründung zum InfrPBG, BT-Drs. 16/54, S. 1). Durch Art. 13 InfrPBG wurde die zeitliche Geltungsdauer der Vorschriften des Gesetzes zur Beschleunigung der Planungen für Verkehrswege in den neuen Ländern sowie im Land Berlin (Verkehrswegeplanungsbeschleunigungsgesetz –

das Vorhaben an sich erforderlichen anderen behördlichen Entscheidungen (Konzentrationswirkung, § 75 Abs. 1 S. 1 Halbs. 2 VwVfG) und regelt rechtsgestaltend alle öffentlich-rechtlichen Beziehungen zwischen dem Träger des Vorhabens und den durch den Plan Betroffenen (Gestaltungswirkung, § 75 Abs. 1 S. 2 VwVfG). Ist der Planfeststellungsbeschluss unanfechtbar geworden, so sind Ansprüche auf Unterlassung des Vorhabens, auf Beseitigung oder Änderung der Anlagen oder auf Unterlassung ihrer Benutzung ausgeschlossen (Ausschlusswirkung, § 75 Abs. 2 S. 1 VwVfG).[185] Wesensmerkmal der Planfeststellung ist sonach eine über die Zulassungswirkung hinausgehende (grundsätzlich) umfassende Konzentrations-, Gestaltungs- und Ausschlusswirkung.[186] Diese Wirkungen der Planfeststellung

VerkPBG) vom 16.12.1991, BGBl. I, S. 2174 (dazu *Ronellenfitsch,* DVBl. 1994, 441 ff.) bis zum Ablauf des 17.12.2006 begrenzt, nachdem diese zuvor mehrfach verlängert worden war (etwa durch das Gesetz zur Änderung des VerkPBG vom 22.12.2005, BGBl. I, S. 3691). – Siehe zum eisenbahnrechtlichen Planfeststellungsverfahren ausführlich die PF-RL (Fn. 178 a.E.), dort insb. Ziff. 8 ff.; ferner allg. zum Planfeststellungsverfahren *Ronellenfitsch,* in: FS für Püttner, S. 75 (78 ff.); *ders.*, Planungsrecht, S. 109 ff.; *Stüer/Probstfeld,* Planfeststellung, Rn. 11 ff.; *Kirchberg,* in: Ziekow, Fachplanungsrecht, Rn. 16 ff. u. (zum eisenbahnrechtlichen Planfeststellungsverfahren) 1403 ff.; *Steinberg/Berg/Wickel,* Fachplanung, § 2 Rn. 1 ff. u. 11 ff.; *Kühling/Herrmann,* Fachplanungsrecht, Rn. 477 ff.

185 Zu den Rechtswirkungen der Planfeststellung *Ronellenfitsch,* in: FS für Püttner, S. 75 (85 f.); *Geiger/Fischer,* in: Ziekow, Fachplanungsrecht, Rn. 424 ff.; *Stüer/Probstfeld,* Planfeststellung, Rn. 118 ff.; *Vallendar,* in: Hermes/Sellner, AEG, § 18 Rn. 23 ff.

186 *Ronellenfitsch,* VerwArch. 1989, 92 (93); *ders.*, Planungsrecht, S. 109. Nach *Michler,* Verkehrsimmissionsschutz, S. 15 f. wird das Wesen der Planfeststellung durch die Konzentrationswirkung bestimmt, da sich die anderen Wirkungen (Gestaltungs- und Ausschlusswirkung) auch bei anderen Genehmigungen wiederfinden. Auf die Konzentrationswirkung allein kann indessen zur Bestimmung des Wesens der Planfeststellung nicht abgestellt werden. Zum einen weisen auch andere Gestattungen eine (mehr oder weniger umfangreiche) Konzentrationswirkung auf. So besitzt etwa die immissionsschutzrechtliche Genehmigung (§§ 4, 6 BImSchG) Konzentrationswirkung, mit Ausnahme insbesondere gegenüber Planfeststellungen und wasserrechtlichen Erlaubnissen und Gestattungen (§ 13 BImSchG). Sogar die Baugenehmigung besitzt eine (wenn auch begrenzte) Konzentrationswirkung. Nach § 16 Abs. 6 S. 1 StrG Bad.-Württ. etwa bedarf es keiner Sondernutzungserlaubnis, wenn die Straßenbenutzung einer Anlage dient, für die eine Baugenehmigung erforderlich ist. Zum anderen besitzt auch die Planfeststellung nicht schlechthin eine umfassende Konzentrationswirkung auf. So bestimmt § 19 Abs. 1 WHG 2010 (§ 14 Abs. 1 WHG a.F.), dass die Planfeststellungsbehörde über die Erteilung „der Erlaubnis oder der Bewilligung" entscheidet, wenn für ein Vorhaben, mit dem die Benutzung eines Gewässers verbunden ist, ein Planfeststellungsverfahren durchgeführt wird. Die überwiegende Meinung entnimmt dieser Vorschrift eine Einschränkung der Konzentrationswirkung der Planfeststellung (siehe *Giesberts,* in: BeckOK-UmwR, § 14 WHG Rn. 6 ff. m.w.N. auch zur Gegenauffassung, u. BVerwG, Beschl. v. 14.04.2005, 4 VR 1005.04, BVerwGE 123, 241 = NVwZ 2005, 689, Ls. 1 – Verkehrsflughafen Berlin-Schönefeld, wonach die wasserrechtliche Erlaubnis nach § 14

sind jedoch nur dann gerechtfertigt, wenn die Konflikte, die durch die Planung ausgelöst werden, im Rahmen der Planungsentscheidung bewältigt werden (*Gebot der Konflikt- bzw. Problembewältigung*).[187] Die Planfeststel-

---

Abs. 1 WHG im Rahmen der Planfeststellung einen „eigenständigen Entscheidungsbestandteil" darstellt, der „von der Ersetzungswirkung des § 9 Abs. 1 S. 1 LuftVG" – der § 75 Abs. 1 S. 1 Halbs. 2 VwVfG entspricht – *nicht* erfasst wird). Wesensmerkmal der Planfeststellung dürfte daher die *Zulassung* eines Vorhabens im Wege einer (umfassenden) *planerischen* Entscheidung sein. Durch ihre Zulassungswirkung unterscheidet sich die Planfeststellung von dem vorhabenbezogenen Bebauungsplan (§§ 12, 30 Abs. 2 BauGB), wobei der (als Rechtssatz ergehende) planfeststellungsersetzende Bebauungsplan (z.B. § 17b Abs. 2 S. 1 FStrG, § 5 Abs. 6 StrG Bad.-Württ., dazu *Lorenz/Will,* StrG, § 5 Rn. 65 ff.; *Nagel,* StrG, § 5 Rn. 35) als Verfahren der „Vorhabenzulassung" (siehe etwa BVerwG, Urt. v. 18.11.2004, 4 CN 11.03, BVerwGE 122, 207 = NVwZ 2005, 442 f., juris, Rn. 22 – B 417) kraft gesetzlicher Anordnung eine Sonderstellung einnimmt. Durch ihren planerischen Charakter grenzt sich die Planfeststellung von anderen Gestattungen ab (z.B. der immissionsschutzrechtlichen Genehmigung, der Baugenehmigung, der wasserrechtliche Erlaubnis und Bewilligung etc.). Die normative Festschreibung der Konzentrations-, Gestaltungs- und Ausschlusswirkung ist eine *Folge* der *planerischen Zulassung,* die eine umfassende Beachtung und Berücksichtigung der von dem Vorhaben berührten öffentlichen und privaten Belange, was ein Verfahren mit umfassender Behörden- und Bürgerbeteiligung [§§ 72 ff. VwVfG, hier i.V.m. §§ 18a ff. AEG, zu den Zwecken der Beteiligung *Ronellenfitsch,* VerwArch. 1993, 537 (545)] bedingt und zugleich die Konzentrations-, Gestaltungs- und Ausschlusswirkung rechtfertigt. Die Konzentrations-, Gestaltungs- und Ausschlusswirkung ist damit zugleich Ausdruck der planerischen Zulassung.

[187] St. Rspr., vgl. *zum Lärmschutz* nur BVerwG, Beschl. v. 22.08.2007, 9 B 8.07, NVwZ 2007, 1427, Rn. 4; BVerwG, Urt. v. 07.03.2007, 9 C 2.06, NVwZ 2007, 827 (829), Rn. 19 – B 202; BVerwG, Urt. v. 18.04.2007, 9 A 34.06, juris, Rn. 41 – B 180 n (Ortsumgehung Aschersleben); BVerwG, Beschl. v. 19.04.2006, 4 BN 11.06, BeckRS 2006 22783; BVerwG, Urt. v. 16.03.2006, 4 A 1075.04, BVerwGE 125, 116 = NVwZ 2006, Beilage zu Heft 8, S. 20, Rn. 250 – Verkehrsflughafen Berlin-Schönefeld; BVerwG, Urt. v. 28.10.1998, 11 A 3.98, BVerwGE 107, 350 = NVwZ 1999, 539 (541) – Eisenbahntrasse Stendal–Uelzen; BVerwG, Urt. v. 01.10.1997, 11 A 10.96, UPR 1998, 147 – Eisenbahntrasse Hamburg–Büchen–Berlin; BVerwG, Beschl. v. 30.12.1996, 11 VR 25.95, NVwZ-RR 1997, 525 (526) – Eisenbahntrasse Nürnberg–Ebensfeld–Erfurt; BVerwG, Beschl. v. 09.09.1996, 11 VR 31.95, NVwZ-RR 1997, 210 – Eisenbahntrasse Nürnberg–Ebensfeld–Erfurt; BVerwG, Beschl. v. 03.08.1995, 11 VR 22.95, NVwZ 1996, 266 (267); BVerwG, Urt. v. 29.01.1991, 4 C 51.89, BVerwGE 87, 332 = NVwZ-RR 1991, 601 (603 ff.) – Verkehrsflughafen München II; BVerwG, Beschl. v. 05.10.1990, 4 B 249.89, NVwZ-RR 1991, 118 (122) – Flughafen Stuttgart; BVerwG, Urt. v. 21.05.1976, IV C 80.74, BVerwGE 51, 15 = NJW 1976, 1760 (1762) – B 27 (Stuttgart-Degerloch); BVerwG, Urt. v. 14.02.1975, IV C 21.74, BVerwGE 48, 56 = NJW 1975, 1373 (1377) – B 42; *zur Luftreinhalteplanung*: BVerwG, Urt. v. 23.02.2005, 4 A 4.04, BVerwGE 123, 37 = NVwZ 2005, 803 (804 f.) – A 72; BVerwG, Beschl. v. 01.04.2005, 9 VR 7.05, ZUR 2005, 376 (377); BVerwG, Urt. v. 26.05.2004, 9 A 6.03, BVerwGE 121, 57 = NVwZ 2004, 1237 (1239), Ls. 2 – B 170; *zur Abschnittsbildung*: BVerwG, Urt. v. 12.04.2000, 11 A 18.98, BVerwGE 111, 108 =

lungsbehörde hat deshalb dem Träger des Vorhabens grundsätzlich bereits im Planfeststellungsbeschluss die Errichtung und die Unterhaltung der Anlagen aufzuerlegen, die zur Sicherung der Benutzung der benachbarten Grundstücke gegen Gefahren oder Nachteile notwendig sind[188], soweit die Gefahren oder Nachteile im Zeitpunkt des Erlasses des Planfeststellungsbeschlusses vorhersehbar sind[189]. Fehlt es an notwendigen Schutzauflagen, ist der Plan mangels ausreichender Konfliktbewältigung rechtswidrig.[190]

Das Problembewältigungsgebot kann mitunter durch den *Grundsatz der „planerischen Zurückhaltung“* eingeschränkt sein.[191] Dieser Grundsatz besagt, dass eine Problemlösung ausnahmsweise dann einem späteren Verfahren vorbehalten werden darf, wenn eine Regelung des Problems von diesem späteren Verfahren objektiv erwartet werden kann.[192] Die Planfeststellung ist jedoch – anders als etwa die der Ge-

NVwZ 2001, 82 (84) – Eisenbahntrasse Wieren–Uelzen; BVerwG, Beschl. v. 30.12.1996, 11 VR 24.95, LKV 1997, 209 f. – Eisenbahntrasse Nürnberg–Ebensfeld–Erfurt; aus der obergerichtlichen Rspr. etwa BayVGH, Urt. v. 18.10.2006, 22 B 05.234, juris, Rn. 18; aus der *Literatur* nur *Stüer,* Bau- und Fachplanungsrecht, Rn. 1564, 3261, 3520 a.E., 4288, 4326 f.; *ders./Probstfeld,* Planfeststellung, Rn. 264 ff.; *Steinberg/Berg/Wickel,* Fachplanung, § 3 Rn. 90 ff., die ihn im Rahmen des Abwägungsgebots behandeln; ebenso *Ziekow,* VwVfG, § 74 Rn. 33 f.; *Durner,* Konflikte räumlicher Planungen, S. 327 ff.; *Peine,* DÖV 1988, 937 (943); *Blocher,* DÖV 1981, 660 (663); *Michler,* Verkehrsimmissionsschutz, S. 99; vgl. ferner Ziff. 2 Abs. 1 PF-RL (Fn. 178 a.E.), die von einer „umfassenden Problembewältigung“ spricht. – Umstritten ist lediglich die rechtliche Verortung des Konfliktbewältigungsgebots. Nach dem Bundesverwaltungsgericht ist das Gebot der Konfliktbewältigung aus dem Abwägungsgebot abzuleiten (BVerwG, Urt. v. 18.04.1996, 11 A 86.95, BVerwGE 101, 73 = NVwZ 1996, 901 (903) – Bauvorhaben „Verkehrsanlagen im Zentralen Bereich Berlin“ (VZB); BVerwG, Beschl. v. 14.07.1994, 4 NB 25.94, NVwZ-RR 1995, 130 (131) zur Bauleitplanung).

188 BVerwG, Urt. v. 14.02.1975, IV C 21.74, BVerwGE 48, 56 = NJW 1975, 1373 (1377) – B 42 zu § 17 Abs. 4 FStrG a.F.; BVerwG, Urt. v. 23.01.1981, 4 C 4.78, BVerwGE 61, 295 = NJW 1981, 2137 (2139 f.), Ls. 7; *Quaas,* NVwZ 1991, 16 (21); *Peine,* DÖV 1988, 937 (943) m.w.N.

189 Bei *„nicht voraussehbaren“* Wirkungen des Vorhabens erlaubt § 75 Abs. 2 S. 2 VwVfG unter bestimmten Voraussetzungen eine nachträgliche Ergänzung des Planfeststellungsbeschlusses (im Einzelnen unten E.). Auch daraus folgt im Umkehrschluss, dass Maßnahmen zum Schutz vor *vorhersehbaren* Lärmwirkungen im Planfeststellungsbeschluss selbst anzuordnen sind, vgl. *Peine,* DÖV 1988, 937 (943).

190 BVerwG, Urt. v. 14.09.1992, 4 C 34-38.89, BVerwGE 91, 17 = NVwZ 1993, 362 a.E.; *Schulze-Fielitz,* DÖV 2001, 181 (185); *Quaas,* NVwZ 1991, 16 (21).

191 BVerwG, Urt. v. 18.09.2003, 4 CN 3.02, NVwZ 2004, 229; BVerwG, Beschl. v. 06.03.1989, 4 NB 8.89, NVwZ 1989, 960; BVerwG, Urt. v. 05.08.1983, 4 C 96.79, NJW 1984, 138 (139); BVerwG, Urt. v. 30.01.1976, IV C 26.74, BVerwGE 50, 114 = NJW 1976, 1329 (1330) jew. zur Bauleitplanung.

192 BVerwG, Urt. v. 18.04.2007, 9 A 34.06, juris, Rn. 41 – B 180 n (Ortsumgehung Aschersleben); BVerwG, Urt. v. 23.02.2005, 4 A 4.04, BVerwGE 123, 37 = NVwZ 2005, 803 (804 f.) – A72 zum Verhältnis von straßenrechtlicher Planfest-

samtplanung zuzuordnende Bauleitplanung[193] – ein Zulassungsverfahren[194], wobei der Planfeststellungsbeschluss neben der Zulassungswirkung insbesondere auch Konzentrationswirkung entfaltet. Ein nachfolgendes Gestattungsverfahren, in dem im Rahmen der Planfeststellung nicht gelöste Probleme noch bewältigt werden können[195], erfolgt im Umfang der Zulassungs- und Konzentrationswirkung des Planfeststellungsbeschlusses mithin nicht mehr. Die durch die Planung aufgeworfenen Probleme sind dementsprechend grundsätzlich bereits durch den Planfeststellungsbeschluss selbst zu lösen, gegebenenfalls durch einen *Auflagenvorbehalt* (§ 74 Abs. 3 VwVfG). Ein Auflagenvorbehalt ist wegen des Grundsatzes umfassender Problembewältigung aber nur zulässig, wenn er den Voraussetzungen des § 74 Abs. 3 VwVfG genügt.[196] Nach dieser Vorschrift ist die abschließende Entscheidung im Planfeststellungsbeschluss vorzubehalten, soweit diese „noch nicht möglich" ist.[197] Danach muss sich „aufgrund besonderer Anhaltspunkte die konkrete Möglichkeit abzeichnen, dass nachteilige Wirkungen in absehbarer Zeit eintreten werden, ihr Ausmaß sich jedoch noch nicht abschätzen lässt, so dass sie mangels hinreichender Zuverlässigkeit der Voraussagen ihres Eintretens noch keinen Anlass zu Anordnungen nach § 74 Abs. 2 S. 2 und 3 VwVfG geben, sich aber auch nicht dem Bereich nicht voraussehbarer Wirkungen nach § 75 Abs. 2 S. 2 bis 4 VwVfG zuordnen lassen".[198]

Zu den Konflikten, die in der Planfeststellung bewältigt werden müssen, gehören auch die als Folge des Verkehrswegebaus hervorgerufenen Geräuschimmissionen. Dabei ist, wie einleitend dargelegt, zwischen den Verkehrsbelangen einerseits und dem Umwelt- und Lärmschutz andererseits ein angemessener Ausgleich zu finden. Diesen Ausgleich hat der Gesetzgeber zum Teil durch zwingende gesetzliche Vorgaben abstrakt-generell vorgenommen. Im Übrigen ist er im konkreten Fall, insbesondere im Rahmen der planerischen Abwägung, zu treffen. Hiervon ausgehend behandelt die Arbeit im vorliegenden zweiten Teil nach einem Überblick über das gesetz-

---

stellung und Luftreinhalteplanung; zum „Konflikttransfer" auch *Stüer/Probstfeld,* Planfeststellung, Rn. 269 f. u. 271 f.

[193] Der planfeststellungsersetzende Bebauungsplan nimmt insofern kraft gesetzlicher Anordnung eine Sonderstellung ein, siehe oben Fn. 186.

[194] Auf diesen Aspekt hat auch BVerwG, Beschl. v. 17.02.1984, 4 B 191.83, BVerwGE 69, 30 = NVwZ 1983, 235 (236) hingewiesen.

[195] Z.B. ein bau- oder immissionsschutzrechtliches Genehmigungsverfahren, das auf eine Bauleitplanung folgt, dazu grundlegend BVerwG, Beschl. v. 17.02.1984, 4 B 191.83, BVerwGE 69, 30 = NVwZ 1983, 235 f.; ferner *Stüer,* in: Hoppenberg/de Witt, B Rn. 901.

[196] BVerwG, Urt. v. 22.11.2000, 11 C 2.00, BVerwGE 112, 221 = NVwZ 2001, 429, Ls. 2 – Eisenbahntrasse Mainz–Mannheim.

[197] Dem Träger des Vorhabens ist dabei aufzugeben, noch fehlende oder von der Planfeststellungsbehörde bestimmte Unterlagen rechtzeitig vorzulegen (§ 74 Abs. 3 Halbs. 2 VwVfG).

[198] BVerwG, Beschl. v. 25.05.2005, 9 B 41.04, juris, Rn. 8 – Eisenbahntrasse Karlsruhe–Basel; BVerwG, Urt. v. 22.11.2000, 11 C 2.00, BVerwGE 112, 221 = NVwZ 2001, 429 f., Ls. 2 u. 3, m.w.N. – Eisenbahntrasse Mainz–Mannheim.

liche Lärmschutzkonzept (A.) die zwingenden rechtlichen Vorgaben an den (aktiven und passiven) Schallschutz in der eisenbahnrechtlichen Planfeststellung (B.). Sodann geht sie auf die Berücksichtigung des Lärms als Belang im Rahmen der planerischen Abwägung ein (C.). Im Anschluss hieran stellt sie die rechtlichen Vorgaben vorgelagerter und höherstufiger Planungen (gesetzliche Bedarfsfeststellung sowie Raumordnung und Landesplanung) an die Planfeststellung dar (D.). Den zweiten Teil abschließend behandelt die Arbeit die Ansprüche von Betroffenen auf Erlass nachträglicher Anordnungen zum Schutz vor Schienenverkehrslärm (E.) sowie privatrechtliche Ansprüche (F.).

## A. Das gesetzliche Lärmschutzkonzept im Überblick

### I. Grundsätzliches

Lärm ist kein neues Phänomen.[199] Punktuelle Lärmschutzregelungen sind bereits aus der Geschichte vergangener Jahrtausende bekannt. So wird berichtet, dass die Bewohner der altgriechischen Stadt Sybaris bereits um 600 v. Chr. eine Verordnung erließen, nach der alle Lärm machenden Gewerbe, vor allem Schmieden und Steinmetzereien, nach außerhalb der Stadtmauern verbannt wurden. Die Bewohner von Sybaris waren nämlich überzeugt davon, Lärm verringere das Wohlbefinden; und da ihnen ungestörter Schlaf besonders wichtig war, verboten sie auch das Halten von Hühnern in der Stadt.[200] Ferner untersagten einige altrömische Städte um 100 v. Chr. den Wagenverkehr in ihren Stadtzentren wegen zu hoher Lärmbelastung.[201] Und im alten Rom verfügte der Senat, dass Lastkarren aus dem Umland nur in der Nacht durch die Stadt fahren dürfen, um das Verkehrschaos am Tag zu mindern.[202] *Juvenal* (etwa 60 bis 130/140 n. Chr.) machte den Verkehrslärm für Krankheiten und sogar für Todesfälle verantwortlich: „Wagen biegen in scharfer Wendung um die Straßenecken, die Treiber schimpfen laut, wenn ihre Herde nicht weiterkam – all das würde einem Drusus den Schlaf nehmen. Hier sterben viele, weil Schlaflosigkeit sie krank gemacht hat, denn in welcher Mietwohnung kann man schlafen? Sehr reich muss man sein, um in Rom schlafen zu können."[203] Zudem untersagte eine Bau-

[199] Zur Geschichte des Umweltschutzes *Feldhaus,* Geschichte, S. 15 ff. (zum Lärm- und sonstigen Immissionsschutz S. 17, 19, 23, 24 f., 26 f., 28 f., 35 u. 38).

[200] *Schaudinischky,* ZfL 1981, 165 (166).

[201] *Schaudinischky,* ZfL 1981, 165 (167).

[202] *Puls,* Verkehrslärm, S. 18, Fn. 7.

[203] Zit. nach *Puls,* Verkehrslärm, S. 18.

verordnung den Kupferschmieden, für ihre Werkstätten eine Straße zu wählen, in der ein Professor wohnt.[204] Ähnliches wird von den Städten Leipzig und Jena berichtet, die im Jahr 1617 eine Verordnung erließen, nach der in Straßen, in denen „Doctores" wohnen, lärmende Handwerker ihren Beruf nicht ausüben dürfen, um die Forscher nicht zu stören.[205]

Eine tiefere rechtliche Befassung mit dem Lärm setzte erst im 19. Jahrhundert als Folge der beginnenden Industrialisierung ein. Im Mittelpunkt standen dabei Fragen des Schutzes der Bevölkerung vor Lärm aus Industrieanlagen und der Schutz der Arbeiter vor Arbeitslärm. Bereits im Jahr 1910 prophezeite *Robert Koch* (1843 bis 1910)[206] aufgrund der vorangeschrittenen Industrialisierung: „Eines Tages wird der Mensch den Lärm ebenso bekämpfen müssen wie die Pest." Gleichwohl führte der Lärmschutz noch bis zum Ende der 1960er Jahre ein Schattendasein gegenüber anderen Umweltproblemen, wie der Luftreinhaltung, dem Gewässerschutz und der Abfallbeseitigung.[207] Die Bundesregierung weckte mit ihrem Umweltprogramm aus dem Jahr 1971[208] große Erwartungen in Bezug auf einen verbesserten Umweltschutz.[209] Erst in dieser Zeit setzte die Verkehrslärmdiskussion als Folge der zunehmenden Mobilität der Bevölkerung ein. Das „Gesetz zum Schutz vor schädlichen Umwelteinwirkungen durch Luftverunreinigungen, Geräusche, Erschütterungen und ähnliche Vorgänge (Bundes-Immissionsschutzgesetz – BImSchG)" und das Gesetz zum Schutz gegen Fluglärm[210] wurden auf den Weg gebracht. Der erste Regierungsentwurf für das Bundes-Immissionsschutzgesetz wurde am 30. November 1971 in den Bundestag eingebracht.[211] Nachdem die Gesetzesvorlage in der 6. Legislaturperiode nicht mehr verabschiedet wurde, brachte die Bundesregierung diese am 14. Februar 1973 in der folgenden, 7. Legislaturperiode mit nahezu identischer Begründung erneut in den Bundestag ein.[212] Die Entwürfe enthielten indessen noch keine den §§ 41 bis 43 BImSchG entsprechenden Regelungen des Verkehrslärmschutzes, sondern lediglich in § 42 S. 1 BImSchG-E (§ 50 BImSchG) den planerischen Grundsatz der Trennung raumbedeutsamer Planungen und Maßnahmen von schutzbedürftigen Gebieten.[213] Die

[204] *Schaudinischky,* ZfL 1981, 165 (167).

[205] *Schaudinischky,* ZfL 1981, 165 (167).

[206] Zit. nach *Hansmann,* NuR 1997, 53.

[207] *Berberich,* Rechtsschutz, S. 6.

[208] BT-Drs. VI/2710 (zum Schienenverkehr S. 482 bis 489).

[209] *Berberich,* Rechtsschutz, S. 6.

[210] Oben Fn. 153.

[211] BT-Drs. VI/2868.

[212] BT-Drs. 7/179.

[213] Der in § 42 S. 2 BImSchG-E noch enthaltene Ausschlusstatbestand, wonach S. 1 nicht gilt, soweit die öffentliche Zweckbestimmung des Vorhabens einen be-

§§ 41 bis 43 BImSchG wurden erst im Laufe des Gesetzgebungsverfahrens auf Antrag des federführenden Bundestags-Innenausschusses wegen der „erheblichen Bedeutung, die dem Verkehrsbereich im Immissionsschutzrecht zukommt" als praktisch wortgleiche[214] §§ 35d bis f BImSchG-E eingefügt.[215] Der Bundestag nahm das Bundes-Immissionsschutzgesetz in seiner 74. Sitzung am 18. Januar 1974 in der vom Innenausschuss beschlossenen Fassung an.[216] Am 15. Februar 1974 (401. Sitzung) erteilte der Bundesrat dem Gesetz seine Zustimmung.[217] Am 15. März 1974 wurde es vom Bundespräsidenten ausgefertigt, am 21. März 1974 im Bundesgesetzblatt verkündet[218] und trat schließlich am 1. April 1974 in Kraft[219].

Die gesetzlichen Vorgaben für den Schutz vor Schienenverkehrslärm finden sich heute im Wesentlichen im Bundes-Immissionsschutzgesetz[220], in der Verkehrslärmschutzverordnung (16. BImSchV)[221] und der Verkehrswege-Schallschutzmaßnahmenverordnung (24. BImSchV)[222] sowie in den allgemeinen Vorschriften der §§ 74 Abs. 2 S. 2 u. 3, 75 Abs. 2 S. 2 bis 4 VwVfG. Nach § 2 Abs. 1 Nr. 4 BImSchG gelten die Vorschriften des Bundes-Immissionsschutzgesetzes für den Bau öffentlicher Straßen sowie von

stimmten Standort oder eine bestimmte Linienführung erfordert, wurde im Laufe des Gesetzgebungsverfahrens gestrichen.

214 Mit Ausnahme der Anpassung der Paragraphenverweise an die im Gesetzgebungsverfahren veränderte Nummerierung der Paragraphen.

215 BT-Drs. 7/1508, S. 23 f. u. Begründung im Bericht des Innenausschusses, BT-Drs. 7/1513, S. 3 f. u. 7. Der Vorschlag des Finanzausschusses des Bundesrats, die Regelungen aus Kostengründen wieder zu streichen, konnte sich nicht durchsetzen; so wies der damalige Bundesinnenminister *Genscher* darauf hin, die Entscheidung über die Kosten falle erst mit der Festsetzung der Grenzwerte durch Rechtsverordnung, welche zudem der Zustimmung des Bundesrats bedürfe, siehe *Hofmann,* Verkehrslärmschutz, S. 65 f.

216 Siehe BR-Drs. 58/74.

217 Vgl. BR-Drs. 58/74 (Beschluss).

218 BGBl. I, S. 721.

219 Vgl. § 74 S. 2 BImSchG. § 51 BImSchG sowie die Vorschriften, die zum Erlass von Rechtsverordnungen und allgemeinen Verwaltungsvorschriften ermächtigen, traten bereits am Tage nach der Verkündung in Kraft (§ 74 S. 1 BImSchG). – Zur Gesetzgebungsvorgeschichte und zum Gesetzgebungsverfahren ausführlich *Staats,* Entstehung; *Schmidt-Eichstaedt,* in: Kotulla, BImSchG, Vor § 41 Rn. 11 ff.; *Feldhaus,* Geschichte, S. 28 f.; *Berberich,* Rechtsschutz, S. 54 ff.; *Nedden,* DVBl. 1977, 265.

220 Siehe oben Teil 1, B.I. u. Fn. 218.

221 Sechzehnte Verordnung zur Durchführung des Bundes-Immissionsschutzgesetzes (Verkehrslärmschutzverordnung – 16. BImSchV) vom 12.06.1990, BGBl. I, S. 1036 zur Rechtsentwicklung, die zum Erlass der 16. BImSchV geführt hat, siehe *Alexander,* NVwZ 1991, 318; *Maier,* BWVP 1991, 101 f.

222 Vierundzwanzigste Verordnung zur Durchführung des Bundes-Immissionsschutzgesetzes, BGBl. I, S. 172, ber. 1253.

*Eisenbahnen,* Magnetschwebebahnen und Straßenbahnen nach Maßgabe der §§ 41 bis 43 BImSchG, wobei § 41 Abs. 1 BImSchG darüber hinaus auf die Vorschrift des § 50 BImSchG verweist.[223] Nach § 50 S. 1 BImSchG sind bei raumbedeutsamen Planungen und Maßnahmen die für eine bestimmte Nutzung vorgesehenen Flächen einander so zuzuordnen, dass schädliche Umwelteinwirkungen auf die ausschließlich oder überwiegend dem Wohnen dienenden Gebiete sowie auf sonstige schutzbedürftige Gebiete soweit wie möglich vermieden werden. Gem. § 41 Abs. 1 BImSchG ist bei dem Bau oder der wesentlichen Änderung öffentlicher Straßen sowie von Eisenbahnen, Magnetschwebebahnen und Straßenbahnen unbeschadet des § 50 BImSchG sicherzustellen, dass durch diese keine schädlichen Umwelteinwirkungen durch Verkehrsgeräusche hervorgerufen werden können, die nach dem Stand der Technik vermeidbar sind. Nach § 42 Abs. 1 S. 1 BImSchG hat der Eigentümer einer betroffenen baulichen Anlage gegen den Träger der Baulast einen Anspruch auf angemessene Entschädigung in Geld für Schallschutzmaßnahmen an der betroffenen baulichen Anlage. Das Immissionsschutzrecht verfolgt daher auch den Zweck, Schienenwege der Eisenbahn und andere Verkehrswege[224] als potentielle Quelle von Lärmemissionen zu erfassen.[225]

---

[223] Obwohl § 2 Abs. 1 Nr. 4 BImSchG lediglich auf §§ 41 bis 43 BImSchG verweist, findet § 50 BImSchG für den Verkehrswegelärmschutz Anwendung, weil § 41 Abs. 1 BImSchG ausdrücklich auf § 50 BImSchG verweist („unbeschadet des § 50“) und die Vorschriften des Bundes-Immissionsschutzgesetzes zudem gem. § 2 Abs. 1 Nr. 4 BImSchG nach „Maßgabe der §§ 41 bis 43“ gelten, zutr. *Dietlein,* in: LR, § 2 BImSchG Rn. 11.

[224] Aus § 2 Abs. 2 S. 1 BImSchG folgt aber, dass das Bundes-Immissionsschutzgesetz – mit Ausnahme des sechsten Teils über die Lärmminderungsplanung – nicht für Flugplätze gilt. Dies soll nach BVerwG, Urt. v. 16.03.2006, 4 A 1075.04, BVerwGE 125, 116 = NVwZ 2006, Beilage zu Heft Nr. 8, S. 13, Rn. 163 f. – Verkehrsflughafen Berlin-Schönefeld auch für die – allgemeine planerische – Vorschrift des § 50 BImSchG gelten. Demgegenüber geht die überwiegende Literatur (vgl. etwa *Jarass,* BImSchG, § 50 Rn. 10 m.w.N.) sowie wohl auch die frühere Rechtsprechung (siehe etwa BVerwG, Urt. v. 05.12.1986, 4 C 13.85, BVerwGE 75, 214 = NVwZ 1987, 578 (583) – Verkehrsflughafen München II) von der Anwendbarkeit des § 50 BImSchG auf Flugplätze aus. – Für Fluglärm gilt das Gesetz zur Verbesserung des Schutzes vor Fluglärm in der Umgebung von Flugplätzen vom 01.06.2007, BGBl. I, S. 986 (vgl. die Nachw. oben Fn. 153) sowie die Schutzauflagenvorschrift des § 9 Abs. 2 LuftVG.

[225] BVerwG, Urt. v. 20.05.1998, 11 C 3.97, NVwZ 1999, 67 – Eisenbahntrasse München–Kiefersfelden. – Das Bundes-Immissionsschutzgesetz erfasst somit auch die sog. indirekten Quellen (Straßen und Schienenwege), da die Emissionen nicht unmittelbar von den Verkehrswegen, sondern von den die Verkehrswege nutzenden Fahrzeugen ausgehen, *Jarass,* BImSchG, § 2 Rn. 8. – Die Vorschriften gelten für jede Art der Zulassung des Baus oder der wesentlichen Änderung eines Verkehrswegs, also nicht nur für die Zulassung durch Planfeststellungsbeschluss, sondern

Den Vorschriften der §§ 41 bis 43, 50 BImSchG liegt ein *mehrstufiges Verkehrslärmschutzkonzept* zugrunde.[226] Der Innenausschuss[227], auf dessen Antrag die Vorschriften der §§ 41 bis 43 BImSchG in den Regierungsentwurf des Bundes-Immissionsschutzgesetzes aufgenommen wurden, beschreibt dieses System in seiner Antragsbegründung wie folgt: „Von besonderer Bedeutung ist die Einbeziehung des Straßenbaus und des Baues von Eisenbahnen und Straßenbahnen. Erstmalig wird für diesen Bereich eine unter dem Gesichtspunkt des Lärmschutzes lückenlose Regelung vorgesehen, und zwar in drei Stufen:

- Straßen und Schienenwege müssen künftig so trassiert werden, dass schädliche Umwelteinwirkungen in Wohngebieten soweit wie möglich vermieden werden; § 42 *(Anm.: Gesetz geworden als § 50 BImSchG).*

- Kann bei der Trassierung dem Lärmschutz nicht ausreichend Rechnung getragen werden, müssen die notwendigen Lärmschutzmaßnahmen beim Bau der Verkehrswege getroffen werden, z. B. Lärmschutzwälle, -wände und -zäume, Tunnelung; § 35d *(§ 41 BImSchG).*

- Nur wenn die für die Lärmschutzmaßnahmen aufzuwendenden Kosten außer Verhältnis zu dem angestrebten Zweck stehen würden, kann von Lärmschutzmaßnahmen an Verkehrswegen abgesehen werden. In diesen Fällen ist aber der Träger der Baulast verpflichtet, den durch Lärm Betroffenen Ersatz für passive Schallschutzmaßnahmen an den Wohngebäuden zu leisten; § 35e (*§ 42 BImSchG*).

- Einzelheiten werden durch Rechtsverordnung der Bundesregierung geregelt; § 35f *(§ 43 BImSchG).*“

---

auch für planfeststellungsersetzende Bebauungspläne, dazu *Söfker,* in: EZBK, § 1 Rn. 245.

[226] Dazu *Ronellenfitsch,* in: Marschall/Schroeter/Kastner, FStrG, § 17 Rn. 144 u. 147 ff.; *Schulze-Fielitz,* in: GK-BImSchG, § 41 Rn. 2 u. § 42 Rn. 2 f.; *Storost,* in: Ule/Laubinger, BImSchG, § 41 B 2 f.; *Schmidt-Eichstaedt,* in: Kotulla, BImSchG, Vor § 41 Rn. 2 u. 6; *Czajka,* in: Feldhaus, BImSchG, § 42 Rn. 6; *Vallendar,* in: Hermes/Sellner, AEG, § 18 Rn. 152; *Hoppe/Beckmann/Kauch,* Umweltrecht, § 21 Rn. 256 ff.; *Kloepfer,* Umweltrecht, § 14 Rn. 288; *Stüer,* Bau- und Fachplanungsrecht, Rn. 714; *ders.*, in: Hoppenberg/de Witt, B Rn. 383; *ders./Probstfeld,* Planfeststellung, Rn. 224; *Koch,* Verkehrsumweltrecht, S. 900 f. u. 903; *Steinberg/Berg/Wickel,* Fachplanung, § 4 Rn. 37; *Halama,* VBlBW 2006, 132 (134); *Rinke,* NVwZ 2002, 1180 (1181); *Schulze-Fielitz,* ZUR 2002, 190 (191 f.); *Uechtritz,* DVBl. 1999, 198 (199 f.); *Silagi,* UPR 1997, 272 (273); *Peine,* DÖV 1988, 937 (938, 941); *Haakh/Maier,* BWVP 1987, 25 (26); *Berberich,* Rechtsschutz, S. 61 f.; *Nedden,* DVBl. 1977, 265; *Fickert,* BauR 1974, 238 (248 f.); *ders.*, KdL 1974, 65 (69 f.); siehe bereits BGH, Urt. v. 20.03.1975, III ZR 215/71, BGHZ 64, 220 = NJW 1975, 1406 (1407) – Reuterstraße.

[227] BT-Drs. 7/1513, S. 3.

Lärmbeeinträchtigungen durch Verkehrswege sind also auf der *ersten Stufe* des immissionsschutzrechtlichen Verkehrslärmschutzkonzepts durch eine geeignete Trassenwahl soweit wie möglich zu vermeiden. § 50 S. 1 BImSchG bestimmt dazu, dass bei raumbedeutsamen Planungen und Maßnahmen, zu denen typischerweise auch Verkehrswege zählen (siehe § 1 S. 3 Nr. 8 u. 9 RoV)[228], die für eine bestimmte Nutzung – hier: für die Verkehrswege – vorgesehenen Flächen einander so zuzuordnen sind, dass schädliche Umwelteinwirkungen auf die ausschließlich oder überwiegend dem Wohnen dienenden Gebiete sowie auf sonstige schutzbedürftige Gebiete[229] soweit wie möglich vermieden werden. Verkehrswege einerseits und schutzbedürftige Gebiete andererseits sind dementsprechend grundsätzlich räumlich voneinander zu trennen (sog. *Trennungsgrundsatz*). Lärmschutz durch geeignete Trassierung ist vorrangig vor aktivem und passivem Schallschutz, weil die Trassenwahl einen besonders effektiven Schutz gegen Lärm bieten kann[230].[231] Diese Stufenfolge des immissionsschutzrechtlichen Verkehrslärmschutzkonzepts ist Ausdruck des Vorsorgeprinzips, wonach dem Immissionsschutz so früh wie möglich, d. h. bereits bei der Planung (Trassierung) von Verkehrswegen Rechnung getragen werden soll.[232] Der Trennungsgrundsatz gilt jedoch nicht uneingeschränkt. Vielmehr sind schädliche Umwelteinwirkungen durch eine Trassenwahl (nur) „soweit wie möglich" zu vermeiden.[233]

Können die durch die Planung hervorgerufenen Lärmkonflikte – wie häufig[234] – durch die Trassenwahl nicht abschließend bewältigt werden, ist auf der *zweiten Stufe* des Verkehrslärmschutzsystems bei dem Bau oder der wesentlichen Änderung von Verkehrswegen durch Schallschutzmaßnahmen sicherzustellen, dass keine schädlichen Umwelteinwirkungen durch Verkehrsgeräusche hervorgerufen werden können (§ 41 Abs. 1 BImSchG). Aus § 42 Abs. 2 S. 1 BImSchG ergibt sich, dass § 41 BImSchG Schallschutzmaßnahmen am Emissionsort und auf dem Übertragungsweg, wie Lärmschutz-

---

[228] Siehe auch *Storost*, in: Ule/Laubinger, BImSchG, § 41 B 1.

[229] Insbesondere öffentlich genutzte Gebiete, wichtige Verkehrswege, Freizeitgebiete und unter dem Gesichtspunkt des Naturschutzes besonders wertvolle oder besonders empfindliche Gebiete und öffentlich genutzte Gebäude.

[230] *Sparwasser/Rombach*, NVwZ 2007, 1135 (1138).

[231] Bereits im Urteil des Reichsgerichts vom 9. Januar 1939, V 154/38, RGZ 159, 129 (139) kam der planungsrechtliche Grundsatz der Nutzungstrennung zum Ausdruck. In der Entscheidung heißt es: „Die Streckenführung muss jedenfalls so vorgenommen werden, dass die Nachbarn so weit geschont werden, wie das mit den Bedürfnissen des Verkehrs und mit der Ortslage vereinbar ist".

[232] *Berberich*, Rechtsschutz, S. 62; ferner *Krüger* u. a., Schall- und Erschütterungsschutz, S. 96; *Burkard*, VBlBW 1988, 41 (44), Fn. 36.

[233] Zum Inhalt des Trennungsgrundsatzes im Einzelnen unten C.II.3.

[234] *Kuschnerus*, Schutzauflagen, S. 94.

wände und -wälle, erfasst (*aktiver Schallschutz*). Die Errichtung dieser Schallschutzmaßnahmen ist dem Vorhabenträger im Planfeststellungsbeschluss durch Schutzauflagen aufzuerlegen. *Formell-rechtliche* Grundlage für die Anordnung der Schutzauflagen ist § 74 Abs. 2 S. 2 VwVfG.[235] Demgegenüber ist der *materiell-rechtliche* Maßstab, anhand dessen sich entscheidet, ob aktive Schallschutzmaßnahmen und damit die Anordnung von (Schall-)Schutzauflagen geboten ist, grundsätzlich § 41 BImSchG (i. V. m. der auf der Grundlage von § 43 Abs. 1 S. 1 Nr. 1 BImSchG erlassenen 16. BImSchV) zu entnehmen. Aktive Schallschutzmaßnahmen bei dem Bau oder der wesentlichen Änderung eines Verkehrswegs sind erforderlich, wenn ohne diese Schutzmaßnahmen schädliche Umwelteinwirkungen durch Verkehrsgeräusche hervorgerufen würden. Schädliche Umwelteinwirkungen sind nach § 3 Abs. 1 BImSchG Immissionen, die nach Art, Ausmaß oder Dauer geeignet sind, Gefahren, erhebliche Nachteile oder erhebliche Belästigungen für die Allgemeinheit oder die Nachbarschaft herbeizuführen. Zu den Immissionen gehören nach § 3 Abs. 2 BImSchG auch Geräusche. Die danach erforderliche Erheblichkeit der Verkehrsgeräusche wird durch die in § 2 der 16. BImSchV festgelegten Immissionsgrenzwerte konkretisiert. Sofern der Beurteilungspegel den Immissionsgrenzwert übersteigt, liegen erhebliche Belästigungen vor und machen aktive Schallschutzmaßnahmen erforderlich. Der aktive Schallschutz wird nachfolgend unter B.I. dargestellt.

Aktive Schallschutzmaßnahmen nach § 41 BImSchG stehen jedoch unter einem doppelten Vorbehalt: Gewährleisten aktive Schallschutzmaßnahmen nach dem Stand der Technik keinen ausreichenden Schutz (§ 41 Abs. 1 letzter Halbs. BImSchG) oder stehen ihre Kosten außer Verhältnis zu dem angestrebten Schutzzweck (§ 41 Abs. 2 BImSchG), müssen sich die Betroffenen auf der *dritten Stufe* selbst durch Schallschutzmaßnahmen auf ihrem Grundstück bzw. an ihrem Gebäude (z. B. Schallschutzfenster) gegen die Geräuschimmissionen schützen (*passiver Schallschutz*). § 42 BImSchG räumt den Betroffenen aber einen Anspruch gegen den Vorhabenträger auf angemessene Entschädigung in Geld für die von ihnen für die passiven Schallschutzmaßnahmen getätigten notwendigen Aufwendungen ein. Art und Umfang der erforderlichen passiven Schallschutzmaßnahmen für schutzbedürftige Räume ergeben sich aus der 24. BImSchV. Aktiver Schallschutz hat jedoch grundsätzlich Vorrang vor dem passiven Schallschutz.[236] Der passive Schallschutz wird unter B.II. behandelt.

---

[235] Dazu unten B.I.7.a).

[236] Allg. Meinung, zumeist wird dies der Vorschrift des § 41 Abs. 2 BImSchG entnommen, siehe etwa BVerwG, Urt. v. 24.09.2003, 9 A 69.02, NVwZ 2004, 340 (341), Ls. 2 – Anhalter Bahn; OVG NRW, Urt. v. 11.02.2009, 11 D 45/06.AK, juris, Rn. 179; BayVGH, Urt. v. 23.02.2007, 22 A 01.40089 u. a., ZUR 2007, 540;

Soweit sich Beeinträchtigungen durch Geräusche auch durch passive Schallschutzmaßnahmen nicht vollständig vermeiden lassen, wie dies etwa für Beeinträchtigungen des sog. Außenwohnbereichs (insbesondere Balkone und Terrassen) der Fall sein kann[237], gewährt die allgemeine Vorschrift des § 74 Abs. 2 S. 3 VwVfG (i.V.m. § 42 Abs. 2 S. 2 BImSchG) dem Betroffenen auf der *„vierten Stufe"* des Verkehrslärmschutzsystems unter bestimmten Voraussetzungen einen Anspruch gegen den Vorhabenträger auf angemessene Entschädigung. Der Betroffene kann mitunter auch eine Entschädigung in Höhe des vollen Grundstückswerts gegen Übernahme des Grundstücks durch den Vorhabenträger verlangen (sog. Übernahmeanspruch). Allerdings gewährt der Anspruch aus § 74 Abs. 2 S. 3 VwVfG eine Entschädigung nicht für jede Beeinträchtigung, die das Vorhaben hervorruft (z.B. für den Verlust eines Lagevorteils). Der Entschädigungsanspruch wird unter B.III. dargestellt.

Die §§ 41 ff., 50 BImSchG, § 74 Abs. 2 S. 2 u. 3 VwVfG sind somit eine *spezielle Ausprägung des Konfliktbewältigungsgebots.*[238] Sie gehören zu den wichtigsten Normen, die bei Bau- und Änderungsvorhaben im Verkehrswegeplanungsrecht zu beachten sind und sind dementsprechend häufig Gegenstand gerichtlicher Entscheidungen.[239]

## II. Sachlicher Anwendungsbereich

Nach § 18 S. 1 AEG dürfen „Betriebsanlagen einer Eisenbahn einschließlich der Bahnfernstromleitungen" nur gebaut oder geändert werden, wenn der Plan vorher festgestellt ist. Betriebsanlagen sind Einrichtungen der Bahn, die in einem engen räumlichen Zusammenhang mit den Verkehrsanlagen stehen und der Abwicklung und Sicherung des Bahnbetriebs die-

---

OVG Berlin-Brandenburg, Urt. v. 18.01.2006, 2 A 7/05, juris; Sächs. OVG, Beschl. v. 15.12.2005, 5 BS 300/05, LKV 2006, 373 – Waldschlösschenbrücke Dresden; *Schulze-Fielitz,* in: GK-BImSchG, § 41 Rn. 6; *Kämper,* in: BeckOK-VwVfG, § 74 Rn. 102; *Stüer,* Bau- und Fachplanungsrecht, Rn. 3404; *ders.*, in: Hoppenberg/de Witt, B Rn. 407; *Jarass,* Verkehrsimmissionsschutz, S. 248; *Hofmann,* Verkehrslärmschutz, S. 214 f.; *Sauthoff,* NordÖR 2006, 269 (270); *Steenhoff,* DVBl. 1996, 1236 (1241) m.w.N.; *Hendlmeier,* NuR 1992, 463 (465); *Alexander,* NVwZ 1991, 318 (320) m.w.N.; *Quaas,* NVwZ 1991, 16 (20); *Peine,* DÖV 1988, 937 (943); *Burkard,* VBlBW 1988, 41 (44); *Haakh/Maier,* BWVP 1987, 25 (32); *Kuschnerus,* DVBl. 1986, 429 (436 u. 437). Ferner dürfte dies auch das systematische Verhältnis der §§ 41 u. 42 BImSchG nahe legen sowie aus dem Willen der Gesetzesverfasser folgen.

[237] Vgl. *Jarass,* BImSchG, § 42 Rn. 5; *ders.*, DÖV 2004, 633 (636 ff.).

[238] BVerwG, Urt. v. 07.03.2007, 9 C 2.06, NVwZ 2007, 827 (829), Rn. 19 – B 202 (zu § 74 Abs. 2 S. 2 VwVfG).

[239] So *Storost,* in: Ule/Laubinger, BImSchG, § 41 B 4.

nen.[240] Nach § 4 Abs. 1 S. 1 EBO[241] sind „Bahnanlagen" – gleichbedeutend mit dem Begriff der Betriebsanlagen[242] – alle Grundstücke, Bauwerke und sonstigen Einrichtungen einer Eisenbahn, die unter Berücksichtigung der örtlichen Verhältnisse zur Abwicklung oder Sicherung des Reise- oder Güterverkehrs auf der Schiene erforderlich sind. Dazu gehören gem. § 4 Abs. 1 S. 2 EBO auch Nebenbetriebsanlagen sowie sonstige Anlagen einer Eisenbahn, die das Be- und Entladen sowie den Zu- und Abgang ermöglichen oder fördern.[243] Erfasst werden somit alle Anlagen, die unmittelbar mit dem technischen Bahnbetrieb in räumlicher und funktionaler Verbindung stehen; dazu zählen neben dem eigentlichen Schienenweg als „Anlagenkern" auch alle Nebenanlagen der Schienenwege, die dazu dienen, den Eisenbahntransport abzuwickeln und zu sichern, z. B. Bahnhöfe und Haltepunkte als typische Nebenanlagen, aber auch die gesamte Infrastruktur der freien Strecke mit ihren Betriebsleit- und Sicherungssystemen.[244]

Anders als § 18 AEG sprechen § 2 Abs. 1 Nr. 4 BImSchG und §§ 41 ff. BImSchG nicht von Betriebsanlagen, sondern (nur) von „Eisenbahnen" bzw. in der Überschrift von § 41 BImSchG von „Schienenwegen". Das Bundes-Immissionsschutzgesetz definiert den Begriff der Eisenbahn nicht. Das Reichsgericht hatte ihn bereits in einer frühen Entscheidung vom 17. März 1880 im ersten Band der amtlichen Sammlung[245] – freilich beein-

---

[240] *Ronellenfitsch,* VerwArch. 1997, 175 (196); ausführlich *Vallendar,* in: Hermes/Sellner, AEG, § 18 Rn. 41 ff.; ferner *Dietlein,* in: LR, § 2 BImSchG Rn. 21; *Steinberg/Berg/Wickel,* Fachplanung, § 1 Rn. 80; *Seegmüller,* in: Ziekow, Fachplanungsrecht, Rn. 1414 mit zahlreichen Beispielen wie Gleisanlagen, Erdbauwerke (z. B. Dämme), Ingenieurbauwerke (z. B. Brücken, Tunnel), Stellwerke, Signalanlagen, Bahnhofshallen, Güterabfertigung, Umschlagseinrichtungen. Vgl. auch die nicht abschließende Aufzählung in Anhang 2 Ziff. 1 Abs. 4 PF-RL (Fn. 178 a. E.). – Nicht zu den „Betriebsanlagen" gehören etwa Verkaufsstellen auf Bahnhöfen, Bahnhofhotels, Lagerhallen oder -plätze von Speditionen usw., siehe *Dietlein,* a. a. O. u. BVerwG, Urt. v. 07.06.1977, I C 21.75, DÖV 1978, 49, juris, Rn. 45, wonach das Sortieren und Zerkleinern von Schrott vor dem Versand – anders als das Beladen und Entladen von Eisenbahnwagen und die diesen Zwecken dienende Schrottlagerung auf Bahngelände – nicht ortsgebunden ist.

[241] Eisenbahn-Bau- und Betriebsordnung (EBO) vom 08.05.1967, BGBl. I, S. 1563.

[242] BVerwG, Beschl. v. 16.07.2008, 9 A 21.08, NVwZ 2009, 189 (190), Rn. 7 – Eisenbahntrasse Soest–Hannover; *Wittenberg/Heinrichs/Mittmann/Mallikat,* EBO, § 4 Rn. 4.

[243] § 4 Abs. 1 S. 3 EBO unterscheidet Bahnanlagen der Bahnhöfe, der freien Strecke und sonstige Bahnanlagen. Fahrzeuge gehören nicht zu den Bahnanlagen (§ 4 Abs. 1 S. 4 EBO). Dazu *Wittenberg/Heinrichs/Mittmann/Mallikat,* EBO, § 4 Rn. 3 ff.

[244] So BVerwG, Beschl. v. 16.07.2008, 9 A 21.08, NVwZ 2009, 189 (190), Rn. 7 – Eisenbahntrasse Soest–Hannover.

[245] I. 23/80, RGZ 1, 247 (252), es ging um die Auslegung des Begriffs des „Eisenbahnunternehmens" im Sinne von § 1 Reichshaftpflichtgesetz (jetzt § 1 Abs. 1

flusst vom Rechtspositivismus jener Zeit – wie folgt definiert: Eine Eisenbahn ist ein

> „Unternehmen, gerichtet auf wiederholte Fortbewegung von Personen oder Sachen über nicht ganz unbedeutende Raumstrecken auf metallener Grundlage, welche durch ihre Konsistenz, Konstruktion und Glätte den Transport großer Gewichtsmassen, bezw. die Erzielung einer verhältnismäßig bedeutenden Schnelligkeit der Transportbewegung zu ermöglichen bestimmt ist, und durch diese Eigenart in Verbindung mit den außerdem zur Erzeugung der Transportbewegung benutzten Naturkräften (Dampf, Elektrizität, tierischer oder menschlicher Muskelthätigkeit, bei geneigter Ebene der Bahn auch schon der eigenen Schwere der Transportgefäße und deren Ladung etc.) bei dem Betriebe des Unternehmens auf derselben eine verhältnismäßig gewaltige (je nach den Umständen nur in bezweckter Weise nützliche, oder auch Menschenleben vernichtende und die menschliche Gesundheit verletzende) Wirkung zu erzeugen fähig ist."

Diese wegen Stil und Grammatik nicht selten als „Auswuchs schlimmer Begriffsjurisprudenz" abgetane Entscheidung ist indessen „grundlegend für die bis heute anerkannte Auslegungsmethodik".[246] § 2 Abs. 1 AEG fasst sich kürzer. Danach sind Eisenbahnen „öffentliche Einrichtungen oder privatrechtlich organisierte Unternehmen, die Eisenbahnverkehrsleistungen[247] erbringen (Eisenbahnverkehrsunternehmen) oder eine Eisenbahninfrastruktur betreiben (Eisenbahninfrastrukturunternehmen)." Eine *technische* Legaldefinition des Begriffs der Eisenbahn enthält § 2 Abs. 1 AEG damit nicht; vielmehr handelt es sich um einen *unternehmens- bzw. tätigkeitsbezogenen* Eisenbahnbegriff.[248] Die erst durch Art. 5 des Gesetzes zur Neuordnung

---

Haftpflichtgesetz, BGBl. I 1978, S. 145, der bestimmt: „Wird bei dem Betrieb einer Schienenbahn oder einer Schwebebahn ein Mensch getötet, der Körper oder die Gesundheit eines Menschen verletzt oder eine Sache beschädigt, so ist der Betriebsunternehmer dem Geschädigten zum Ersatz des daraus entstehenden Schadens verpflichtet").

[246] So die Analyse von *Vogel,* Juristische Methodik, S. 130 ff.

[247] Also die Beförderung von Personen oder Gütern auf einer Eisenbahninfrastruktur (§ 2 Abs. 2 S. 1 AEG), wobei die Eisenbahninfrastruktur die Betriebsanlagen der Eisenbahnen einschließlich der Bahnstromfernleitungen umfasst (§ 2 Abs. 3 AEG).

[248] *Suckale,* in: Hermes/Sellner, AEG, § 2 Rn. 43. Nach der Gesetzesbegründung zu § 2 AEG (BT-Drs. 12/4609, S. 94) sei „bislang" mit dem Begriff „Eisenbahn" das „technische System Rad/Schiene und die zugehörigen Träger (Sondervermögen oder privatrechtlich organisierte Unternehmen) als Einheit" beschrieben worden. Das Recht der Europäischen Gemeinschaften gebe hierzu jedoch durch Art. 3 der RL 91/440/EWG vom 29.07.1991 zur Entwicklung der Eisenbahnunternehmen der Gemeinschaft neue Abgrenzungen und Definitionen vor. Der Begriff „Eisenbahn" werde aber beibehalten, um „einerseits das Rad/Schiene-System Eisenbahn von anderen Schienenbahnen abzugrenzen und zugleich einen sprachlich knappen Oberbegriff der ‚Eisenbahnunternehmen' und ‚Betreiber der Infrastruktur' im Sinne der EG-Richtlinie für die Formulierung von Schriften bereitzustellen, in denen eine Un-

des Eisenbahnwesens (Eisenbahnneuordnungsgesetz – ENeuOG) vom 27. Dezember 1993[249] in § 2 Abs. 1 AEG eingefügte Definition, liegt dem aus dem Jahr 1974 stammenden § 41 BImSchG somit weder zeitlich noch inhaltlich zugrunde.[250] Vielmehr orientiert sich der Begriff der Eisenbahnen im Sinne von § 41 BImSchG noch an § 2 Abs. 1 des Allgemeines Eisenbahngesetzes vom 29. März 1951[251], der allerdings keine Begriffsbestimmung im eigentlichen Sinn enthält. Danach waren Eisenbahnen „Schienenbahnen mit Ausnahme der Straßenbahnen und der nach ihrer Bau- oder Betriebsweise ähnlichen Bahnen, der Bergbahnen und der sonstigen Bahnen besonderer Art.“ Nach herkömmlicher Auffassung gehören zu den Eisenbahnen neben den Fahrzeugen und Schienenwegen „alle für den Betrieb der Schienenwege notwendigen Anlagen“.[252] Wie bereits die amtliche Überschrift des § 41 BImSchG („Schienenwege“) andeutet, sind unter dem Begriff der „Eisenbahnen“ im Sinne der §§ 2 Abs. 1 Nr. 4 u. 41 ff. BImSchG jedoch nur die eigentlichen *Schienenwege* zu verstehen.[253] Die materiellen Lärmschutzanforderungen an die Zulassung anderer Eisenbahnbetriebsanlagen richten sich demgegenüber nach dem anlagenbezogenen Immissionsschutzrecht (§ 2 Abs. 1 Nr. 1 BImSchG i.V.m. § 3 Abs. 5 Nr. 1 BImSchG).[254] Selbst die mit dem Schienenweg bzw. den Gleisen im Zusammenhang stehenden „unmittelbar betriebsnotwendigen Einrichtungen“ werden vom Regelungsregime der §§ 41 ff. BImSchG nicht erfasst.[255] Dazu gehört etwa das zur Aufrechterhaltung der Sicherheit und Leichtigkeit des Betriebes erforderliche Zubehör wie Signale, Schranken, Verkehrszeichen etc.[256] Eine Anwendbarkeit der §§ 41 ff. BImSchG auf diese Betriebs-

---

terscheidung zwischen diesen beiden Bereichen nicht erforderlich ist“. Dementsprechend bestimme § 2 Abs. 1 AEG in „sprachlich präziser Weise, dass Eisenbahnen Eisenbahnverkehrsunternehmen und Eisenbahninfrastrukturunternehmen sind“.

249 BGBl. I, S. 2378 (2396).

250 Vgl. *Storost,* in: Ule/Laubinger, BImSchG, § 41 C 3.

251 Siehe oben Fn. 176. *Storost,* in: Ule/Laubinger, BImSchG, § 41 C 3.

252 *Dietlein,* in: LR, § 2 BImSchG Rn. 17; vgl. auch *Vallendar,* in: Hermes/Sellner, AEG, § 18 Rn. 44 mit Hinweis auf das für die Zugehörigkeit zu den planfeststellungspflichtigen Bahnanlagen maßgebliche Kriterium der „technisch-funktionalen Eisenbahnbetriebsbezogenheit“.

253 Vgl. *Dietlein,* in: LR, § 2 BImSchG Rn. 18; *Schulze-Fielitz,* in: GK-BImSchG, § 41 Rn. 29; *Kotulla,* in: Kotulla, BImSchG, § 2 Rn. 31; *Dörr,* in: Ule/Laubinger, BImSchG, § 2 C 11. – Die (Schienen-)*Fahrzeuge* unterliegen den produktbezogenen Vorschriften der §§ 38 f. BImSchG (vgl. § 2 Abs. 1 Nr. 3, § 3 Abs. 5 Nr. 2 BImSchG), siehe auch *Storost,* in: Ule/Laubinger, BImSchG, § 41 C 3.

254 Vgl. *Jarass,* BImSchG, § 2 Rn. 10; *Schulte,* in: BeckOK-UmwR, § 2 BImSchG Rn. 11; *Schulze-Fielitz,* in: GK-BImSchG, § 41 Rn. 29; *Kotulla,* in: Kotulla, BImSchG, § 2 Rn. 31.

255 Vgl. BVerwG, Urt. v. 20.05.1998, 11 C 3.97, NVwZ 1999, 67 – Eisenbahntrasse München–Kiefersfelden.

anlagen war vom Gesetzgeber nicht beabsichtigt.[257] Sie entspricht auch nicht dem Sinn und Zweck der Vorschriften. Dieser besteht darin, eine Regelung des Verkehrslärmschutzes beim Bau oder der wesentlichen Änderung von Verkehrswegen zu treffen.[258] Der Begriff der „Eisenbahnen" ist demnach nicht identisch mit dem umfassenderen Begriff der „Betriebsanlagen einer Eisenbahn".[259]

Das Bundesverwaltungsgericht hat dies in seiner Entscheidung zur Eisenbahntrasse München–Kiefersfelden vom 20. Mai 1998[260] wie folgt zusammengefasst: *Der Begriff des Schienenweges im Sinne des Immissionsschutzrechts sei „nicht identisch mit dem vom Gesetzgeber in § 18 Abs. 1 S. 1 AEG als Legaldefinition eingeführten Terminus ‚Betriebsanlagen der Eisenbahn'"*. Zu den Betriebsanlagen der Eisenbahn zählten neben dem Schienenweg auch die für dessen Betrieb notwendigen Anlagen und die Bahnstromfernleitungen. Der Gesetzgeber ordne für den Bau und die wesentliche Änderung dieser Anlagen die Planfeststellungsbedürftigkeit an und schaffe damit auch die Voraussetzung für spätere etwaige Enteignungen (vgl. § 22 Abs. 1 AEG). Demgegenüber verfolge das Immissionsschutzrecht bereits nach seiner Aufgabenstellung den Zweck, den Schienenweg der Eisenbahn als potentielle Quelle von Lärmemissionen zu erfassen. Es greife folglich in der Überschrift von § 41 BImSchG nicht die Betriebsanlagen der Bahn, sondern – mit dem Begriff des Schienenwegs – lediglich diejenigen Teile davon auf, die *„typischerweise geeignet sind, auf die Lärmverursachung*[261] *Einfluss zu nehmen*".[262] Dazu gehöre die *„Gleisanlage mit ihrem Unter- und Überbau*[263]

[256] So *Dietlein,* in: LR, § 2 BImSchG Rn. 18 m.w.N.; *Schulte,* in: BeckOK-UmwR, § 2 BImSchG Rn. 11; weitergehend wohl *Kotulla,* in: Kotulla, BImSchG, § 2 Rn. 31, nach dem Zubehör allg. erfasst ist, weil es im Rahmen des § 2 Abs. 1 Nr. 4 BImSchG noch nicht darauf ankomme, ob und gegebenenfalls wie emissionsträchtig das Schienenwegezubehör tatsächlich sei, sondern nur darauf, dass es sich insoweit an den Maßstäben der §§ 41 ff. BImSchG messen lassen müsse.

[257] So können nach der Regierungsbegründung zu § 5 BImSchG-E (§ 4 BImSchG) auch Bahnhöfe genehmigungsbedürftige Anlagen sein, wenngleich – so die Regierungsbegründung – „in der Regel" kein Bedürfnis bestehen dafür werde, Anlagen, die aufgrund gesetzlicher Vorschriften einer Planfeststellung unterliegen (z.B. Bahnhöfe) in die Genehmigungspflicht einzubeziehen, vgl. auch *Jarass,* BImSchG, § 2 Rn. 10; *Dietlein,* in: LR, § 2 BImSchG Rn. 18 m.w.N.

[258] *Storost,* in: Ule/Laubinger, BImSchG, § 41 C 3.

[259] *Storost,* in: Ule/Laubinger, BImSchG, § 41 C 4.

[260] 11 C 3.97, NVwZ 1999, 67 (Herv. d. Verf.).

[261] BVerwG, Beschl. v. 23.05.2006, 9 B 8.06, BeckRS 2006, 23941, Rn. 7 spricht von einer „Verursachung des *Verkehrs*lärms" (Herv. d. Verf.).

[262] Vgl. auch *Vallendar,* in: Hermes/Sellner, AEG, § 18 Rn. 44.

[263] Zum Unterbau gehören die Planumschichten, Dämme und Brücken, zum Oberbau die Schienen, Schwellen und der Schotter, BayVGH, Urt. v. 25.02.2003, 22 A 02.40013, juris, Rn. 24.

*einschließlich einer Oberleitung*". Auszuscheiden seien dagegen weitere, zu den Betriebsanlagen der Eisenbahn zählende Einrichtungen wie Bahnsteige einschließlich der für den Zugang erforderlichen Anlagen. Dieses Verständnis der §§ 41 ff. BImSchG ist seither ständige Rechtsprechung.[264] Allerdings wird die Zulässigkeit des Baus und der Änderung von Betriebsanlagen einer Eisenbahn nach § 75 Abs. 1 S. 1 Halbs. 1 VwVfG im Hinblick auf alle durch das Vorhaben berührten öffentlichen Belange festgestellt. Prüfungsgegenstand der Planfeststellungsbehörde sind damit nicht nur die §§ 41 ff. BImSchG in Bezug auf die von den Schienenwegen ausgehenden Verkehrsgeräusche, sondern auch die §§ 4 ff. bzw. §§ 22 ff. BImSchG hinsichtlich der Geräusche aus Quellen, die dem Anlagenrecht unterliegen. Die Planfeststellung schließt aufgrund ihrer Konzentrationswirkung (§ 75 Abs. 1 S. 1 Halbs. 2 VwVfG) auch eine etwa erforderliche immissionsschutzrechtliche Genehmigung ein.[265]

Die Vorschriften der §§ 41 ff. BImSchG gelten jedenfalls für *öffentliche* Verkehrswege[266]. Öffentlich ist ein Verkehrsweg, wenn er dem allgemeinen Verkehr gewidmet wurde.[267] Für die Frage, ob ein Verkehrsweg öffentlich ist, kommt es mithin nicht auf die Rechtsform (öffentlich-rechtlich oder privatrechtlich) an, in der der Verkehrsweg betrieben wird. Entscheidend ist vielmehr seine Zweckbestimmung. Deshalb sind beispielsweise auch Schie-

---

[264] Siehe nur BVerwG, Beschl. v. 23.05.2006, 9 B 8.06, BeckRS 2006, 23941, Rn. 7; BVerwG, Urt. v. 21.05.2003, 9 A 40.02, NVwZ 2003, 1381 – Lehrter Bahnhof; BVerwG, Urt. v. 14.11.2001, 11 A 31.00, BVerwGE 115, 237 = NVwZ 2002, 733 (734) – Eisenbahntrasse Berlin–Stralsund; VGH Bad.-Württ., Urt. v. 20.11. 2008, 5 S 1694/07, NVwZ-RR 2009, 463 (467), juris, Rn. 43 m. w. N. – Bahnübergang Trappensee der Eisenbahntrasse Crailsheim–Eppingen (offen gelassen, ob Geräusche einer akustischen Fußgängerwarnanlage „Verkehrsgeräusche" im Sinne von § 2 Abs. 1 der 16. BImSchV bzw. § 41 BImSchG sind); BayVGH, Urt. v. 25.02.2003, 22 A 02.40013, juris, Rn. 24; ferner *Storost,* in: Ule/Laubinger, BImSchG, § 41 C 4.

[265] Vgl. auch *Jarass,* BImSchG, § 2 Rn. 11.

[266] Zum Begriff der öffentlichen Eisenbahnen siehe § 3 AEG. Nach § 3 Abs. 1 AEG dienen Eisenbahnen dem öffentlichen Verkehr (öffentliche Eisenbahnen), wenn sie 1. als Eisenbahnverkehrsunternehmen gewerbs- oder geschäftsmäßig betrieben werden und jedermann sie nach ihrer Zweckbestimmung zur Personen- oder Güterbeförderung benutzen kann (*öffentliche Eisenbahnverkehrsunternehmen*), 2. als Eisenbahninfrastrukturunternehmen Zugang zu ihrer Eisenbahninfrastruktur gewähren müssen (*öffentliche Eisenbahninfrastrukturunternehmen*) oder 3. als Betreiber der Schienenwege Zugang zu ihren Schienenwegen gewähren müssen (*öffentliche Betreiber der Schienenwege*). Andere Eisenbahnen sind nichtöffentliche Eisenbahnen (§ 3 Abs. 2 AEG).

[267] *Jarass,* BImSchG, § 3 Rn. 78 m. w. N.; *Schulte,* in: BeckOK-UmwR, § 2 BImSchG Rn. 12. Nach BVerwG, Urt. v. 07.06.1977, I C 21.75, DÖV 1978, 49, juris, Rn. 50 dienen (öffentliche) Verkehrswege dem Transport von Menschen und Gütern.

nenwege der Deutschen Bahn AG bzw. ihrer Tochtergesellschaften wie der DB Netz AG, die dem allgemeinem Verkehr dienen, öffentliche Verkehrswege[268] und unterfallen dementsprechend den §§ 41 ff. BImSchG.

Fraglich ist, ob für öffentliche Schienenwege *ergänzend* die Vorschriften des Anlagenrechts (§§ 4 ff., 22 ff. BImSchG) Anwendung finden. Dies ist zu verneinen. Nach § 2 Abs. 1 Nr. 1 BImSchG gilt das Bundes-Immissionsschutzgesetz für die Errichtung und den Betrieb von „Anlagen". Der Begriff der Anlage ist in § 3 Abs. 5 BImSchG legaldefiniert. Danach sind Anlagen im Sinne des Bundes-Immissionsschutzgesetzes Betriebsstätten und sonstige ortsfeste Einrichtungen (Nr. 1), Maschinen, Geräte und sonstige ortsveränderliche technische Einrichtungen sowie Fahrzeuge, soweit sie nicht der Vorschrift des § 38 BImSchG unterliegen (Nr. 2) und Grundstücke, auf denen Stoffe gelagert oder abgelagert oder Arbeiten durchgeführt werden, die Emissionen verursachen können, ausgenommen öffentliche Verkehrswege (Nr. 3). Der Begriff der Anlage ist danach zwar im „weitesten Sinne" zu verstehen.[269] Öffentliche Verkehrswege unterfallen gleichwohl nicht dem Begriff der Anlage und damit nicht – auch nicht ergänzend – dem anlagenbezogenen Immissionsschutzrecht der §§ 4 ff., 22 ff. BImSchG.[270] Für *Grundstücke,* auf denen öffentliche Verkehrswege verlaufen, folgt dies aus § 3 Abs. 5 Nr. 3 Halbs. 2 BImSchG, der diese Grundstücke ausdrücklich vom Anlagenbegriff ausnimmt.[271] Aber auch die *Verkehrswege selbst* sind nach dem Willen der Gesetzesverfasser keine Anlagen. Insbesondere sollen sie keine Betriebsstätten oder sonstige ortsfeste Einrichtungen im Sinne von § 3 Abs. 5 Nr. 1 BImSchG sein, da sie nicht das die Anlagen kennzeichnende Merkmal der „örtlichen Begrenzung" aufweisen.[272] Öffentliche Verkehrswege werden somit ausschließlich vom verkehrs-

---

[268] *Jarass,* BImSchG, § 41 Rn. 15.

[269] So die Regierungsbegründung, BT-Drs. 7/179, S. 29. Zum Anlagenbegriff auch *Sellner/Reidt/Ohms,* Immissionsschutzrecht und Industrieanlagen, 1. Teil Rn. 16 ff.

[270] Vgl. auch *Czajka,* in: Feldhaus, BImSchG, § 41 Rn. 17.

[271] Vgl. auch *Jarass,* DVBl. 1995, 589 (595).

[272] So BT-Drs. 7/179, S. 30. Der Begriff „ortsfest" dürfte dies allerdings nicht ohne weiteres hergeben. Denn „ortsfest" bedeutet nicht notwendig „örtlich begrenzt", sondern vielmehr „nicht beweglich". Dass sich Verkehrswege über einen längeren räumlichen Bereich erstrecken, stünde daher der Annahme ihrer Ortsfestigkeit nicht entgegen, ebenso nicht, dass die Geräusche unmittelbar von beweglichen Objekten (Eisenbahnen, Autos usw.) ausgehen. Versteht man § 2 Abs. 1 Nr. 4 BImSchG allerdings so, dass für (öffentliche) Verkehrswege (ohnehin) *nur* die Vorschriften der §§ 41 bis 43 BImSchG gelten (so *Jarass,* BImSchG, § 2 Rn. 9, a.A. *Dietlein,* in: LR, § 2 BImSchG Rn. 12: Sonderregelung nur für den Verkehrslärmschutz, aber Anwendbarkeit der übrigen Bestimmungen des Bundes-Immissionsschutzgesetzes), so bedürfte es auch nicht der (ausdrücklichen) Ausnahme (öffentlicher) Verkehrswege von § 3 Abs. 5 Nr. 1 BImSchG (konsequent *Jarass,* BImSchG, § 3 Rn. 79). – Entsprechendes gilt für *(Schienen-)Fahrzeuge.* Fahrzeuge sind nach § 3 Abs. 5 Nr. 2 Halbs. 1 BImSchG zwar grundsätzlich Anlagen, aber nur, soweit sie nicht der Vorschrift des § 38 BImSchG (produktbezogener Immissionsschutz) unterliegen (§ 3 Abs. 5 Nr. 2 Halbs. 2 BImSchG). § 2 Abs. 1 Nr. 3 BImSchG bestimmt damit korrespondierend, dass das Bundes-Immissionsschutz-

wegebezogenen Lärmschutzrecht der §§ 41 ff. BImSchG sowie von § 50 BImSchG erfasst, nicht aber von den §§ 4 ff., 22 ff. BImSchG.

Demgegenüber unterliegen *private Straßen,* z.B. solche, die sich auf einem Werksgelände befinden und nur betrieblichen Zwecken dienen, mithin nicht dem allgemeinen Verkehr zugänglich sind, nicht den §§ 41 ff. BImSchG. Denn nach dem ausdrücklichen Wortlaut der §§ 2 Abs. 1 Nr. 4, 41 ff. BImSchG erfassen die Vorschriften nur den Bau und die wesentliche Änderung „öffentlicher" Straßen. Private Straßen unterfallen jedoch dem Anlagenrecht der §§ 4 ff.[273], 22 ff. BImSchG, da die Grundstücke, auf denen sie verlaufen, Anlagen im Sinne von § 3 Abs. 5 Nr. 3 BImSchG sind.[274]

Fraglich ist die Anwendbarkeit der §§ 41 ff. BImSchG auf *private Schienenwege* (z.B. Werkseisenbahnen). Nach einer Auffassung fallen private Schienenwege nicht unter das verkehrswegebezogene Lärmschutzrecht der §§ 41 ff. BImSchG, sondern ausschließlich unter die anlagenbezogenen Vorschriften.[275] Für diese Auffassung spricht, dass die Regelungen der §§ 41 ff. BImSchG milder ausfallen als das Anlagenrecht der §§ 4 ff., 22 ff. BImSchG, weil die §§ 41 ff. BImSchG keine den §§ 17, 20 f., 24 f. BImSchG entsprechenden Vorschriften enthalten.[276] Eine Privilegierung erscheint indessen nur für *öffentliche* Verkehrswege gerechtfertigt, weil nur sie die zentralen Elemente der Verkehrsinfrastruktur bilden.[277] Schließlich spricht für diese Auffassung der durch sie zu erzielende rechtliche Gleichlauf mit privaten

---

gesetz (unter anderem) für Schienenfahrzeuge nach Maßgabe der §§ 38 bis 40 BImSchG gilt.

[273] Immissionsschutzrechtlich genehmigungsbedürftig sind nach § 4 Abs. 1 S. 3 BImSchG in Verbindung mit Nr. 10.17 des Anhangs zur 4. BImSchV etwa ständige Renn- und Teststrecken für Kraftfahrzeuge und bestimmte (sonstige) Anlagen für den Motorsport.

[274] Vgl. allg. etwa *Dörr,* in: Ule/Laubinger, BImSchG, § 2 C 11 a.E. – Der Ausschlusstatbestand des § 3 Abs. 5 Nr. 3 Halbs. 2 BImSchG erfasst nur *öffentliche* Verkehrswege. § 2 Abs. 1 Nr. 4 BImSchG steht der Anwendbarkeit des Anlagenrechts nicht entgegen. Selbst wenn man in der Vorschrift eine abschließende Regelung (und damit der Anwendbarkeit des §§ 41 ff. BImSchG) sehen würde (siehe d. Nachw. in Fn. 272), gilt nichts anderes, da sie ausdrücklich nur für *öffentliche* Straßen gilt. – Das Anlagenrecht findet ebenfalls Anwendung für Immissionen durch *Baumaßnahmen,* siehe *Jarass,* BImSchG, § 2 Rn. 8 u. ferner BVerwG, Urt. v. 07.06.1977, I C 21.75, DÖV 1978, 49, juris, Rn. 50: Die immissionsschutzrechtlichen Sonderregelungen für öffentliche Verkehrswege sind nur für typisch verkehrsbedingte Immissionen des jeweiligen Verkehrssystems und des damit unmittelbar zusammenhängenden Betriebs, z.B. für Rangiergeräusche, bestimmt, nicht aber für die dem Verkehr vorgelagerten oder nachgelagerten Arbeiten. Zu den Vorschriften zum Schutz vor Baulärm unten B.I.7.a).

[275] So *Jarass,* BImSchG, § 2 Rn. 8 u. § 41 Rn. 15; *Dörr,* in: Ule/Laubinger, BImSchG, § 2 C 11 a.E.

[276] Vgl. *Jarass,* DVBl. 1995, 589 (595).

[277] Vgl. *Jarass,* DVBl. 1995, 589 (595), aber krit., weil aufgrund der vielen Abweichungen und Unterschieden, insbesondere im Bereich der Überwachung und Durchsetzung, erhebliche Zweifel bestünden, ob sich für diese Privilegierung ausreichende Gründe finden lassen.

Straßen, die ausdrücklich nicht unter §§ 41 ff. BImSchG fallen. Nach der herrschenden Meinung gelten die §§ 41 ff. BImSchG demgegenüber auch für private Schienenwege.[278] Für diese Auffassung spricht der Wortlaut von §§ 2 Abs. 1 Nr. 4, 41 Abs. 1 BImSchG. Danach bezieht sich der Begriff „öffentlich" ausdrücklich nur auf den Begriff der Straßen, nicht jedoch auf den der Eisenbahnen.[279] Die Wendung „sowie von" steht einer Auslegung entgegen, die den Begriff „öffentlich" auch auf den Begriff der Schienenwege bezieht. Untermauert wird diese Wortlautinterpretation durch einen systematischen Vergleich mit § 3 Abs. 5 Nr. 3 Halbs. 2 BImSchG, der – anders als §§ 2 Abs. 1 Nr. 4, 41 Abs. 1 BImSchG – allgemein von „öffentlichen Verkehrswegen" spricht.[280] Hätte der Gesetzgeber private Schienenwege von der Anwendung der §§ 41 ff. BImSchG ausnehmen wollen, so hätte er auch in §§ 2 Abs. 1 Nr. 4, 41 Abs. 1 BImSchG nicht die Begriffe „öffentliche Straßen" und „Eisenbahnen" verwendet, sondern den übergeordneten Begriff der „öffentlichen Verkehrswege". Dieses Verständnis wird auch durch die Gesetzgebungsgeschichte bestätigt. Im Regierungsentwurf des Bundes-Immissionsschutzgesetzes war weder die Vorschrift des § 2 Abs. 1 Nr. 4 BImSchG noch der Begriff „öffentlich" in § 3 Abs. 5 Nr. 3 Halbs. 2 BImSchG enthalten; vielmehr sprach § 3 Abs. 5 Nr. 3 Halbs. 2 BImSchG-E noch allgemein von „Verkehrswegen".[281] Auf Antrag des Innenausschusses wurde § 2 Abs. 1 Nr. 4 BImSchG in die Gesetzesvorlage aufgenommen und zugleich der Begriff „öffentlich" in § 3 Abs. 5 Nr. 3 Halbs. 2 BImSchG eingefügt.[282] Auch dies zeigt, dass der Gesetzgeber bewusst zwischen privaten und öffentlichen Verkehrswegen differenziert hat. Ob die unterschiedliche Behandlung von privaten Straßen und privaten Schienenwegen im Hinblick auf Art. 3 Abs. 1 GG sachlich gerechtfertigt ist, erscheint nach dem zur Gegenauffassung Dargelegten allerdings fraglich.

Sofern man private Schienenwege mit der herrschenden Meinung unter §§ 2 Abs. 1 Nr. 4, 41 ff. BImSchG fasst, stellt sich die weitere Frage, ob ergänzend das Anlagenrecht zur Anwendung kommt. Sofern man in § 2 Abs. 1 Nr. 4 BImSchG eine verdrängende Sonderregelung sieht, wäre dies zu verneinen.[283] Für diese Auffassung könnte sprechen, dass das Bundes-Immissionsschutzgesetz, insbesondere das anlagenbezogene Immissionsschutzrecht ursprünglich, d.h. in der Fassung des Regierungsentwurfs nicht für Verkehrswege konzipiert war. So sind Verkehrswege nach dem Willen der Gesetzesverfasser keine Betriebsstätten oder sonstige ortsfeste Einrichtungen im Sinne von § 3 Abs. 5 Nr. 1 BImSchG und nach § 3 Abs. 5 Nr. 3 Halbs. 2 BImSchG-E waren Grundstücke, auf denen (private oder öffentliche) Verkehrswege verlaufen, keine Anlagen. Hätte der Innenausschuss dies im Zuge seines Antrags auf Aufnahme des Verkehrwegelärmschutzes in das Bundes-Immissions-

---

[278] *Bracher,* in: LR, § 41 BImSchG Rn. 22 m.w.N.; *Czajka,* in: Feldhaus, BImSchG, § 41 Rn. 17 u. 30: § 41 BImSchG lex specialis zu § 5 BImSchG; *Schulte,* in: BeckOK-UmwR, § 2 BImSchG Rn. 12.

[279] *Schulte,* in: BeckOK-UmwR, § 2 BImSchG Rn. 12.

[280] Nach dem Innenausschuss sollte die Aufnahme des § 2 Abs. 1 Nr. 4 BImSchG der „redaktionellen Anpassung" dienen (BT-Drs. 7/1513, S. 4).

[281] Siehe BT-Drs. 7/179, S. 5.

[282] Vgl. jew. BT-Drs. 7/1508, S. 4.

[283] Siehe d. Nachw. oben in Fn. 272.

schutzgesetz ändern wollen, so hätte er diese grundlegende Systementscheidung in seiner Antragsbegründung erwähnt, was jedoch nicht geschehen ist. Nach anderer Auffassung findet für private Schienenwege ergänzend das Anlagenrecht Anwendung.[284] Die Anwendung des Anlagenrechts beantwortet sich danach, ob private Schienenwege als Anlagen zu qualifizieren sind, denn die §§ 4 ff., 22 ff. BImSchG knüpfen tatbestandlich an den Begriff der Anlagen an. Dies ist zu bejahen, weil Grundstücke, auf denen private Schienenwege verlaufen, nach § 3 Abs. 5 Nr. 3 BImSchG Anlagen im Sinne des Bundes-Immissionsschutzgesetzes sind. Anders als „öffentliche" Verkehrswege sind sie nicht nach § 3 Abs. 5 Nr. 3 Halbs. 2 BImSchG vom Anlagenbegriff ausgenommen. Der Anwendbarkeit des Anlagenrechts steht auch nicht die Vorschrift des § 2 Abs. 1 Nr. 4 BImSchG entgegen. Die Gegenauffassung, die in §§ 41 ff. BImSchG aufgrund von § 2 Abs. 1 Nr. 4 BImSchG eine umfassend verdrängende Sonderregelung für den Verkehrswegelärmschutz sieht, und dies vornehmlich auf die Wendung „nach Maßgabe der §§ 41 bis 43" BImSchG stützt, isoliert diesen Satzteil, ohne dabei den Einleitungssatz von § 2 Abs. 1 Nr. 4 BImSchG zu berücksichtigen. Dieser bestimmt: „Die Vorschriften dieses Gesetzes gelten für ..." den Bau öffentlicher Straßen und Eisenbahnen usw. „nach Maßgabe der §§ 41 bis 43" (BImSchG). Daraus folgt, dass die Vorschriften des Bundes-Immissionsschutzgesetzes und damit auch des Anlagenrechts Anwendung finden, wenn auch nur nach Maßgabe der §§ 41 ff. BImSchG. Dies bedeutet, dass das Anlagenrecht zwar anwendbar ist, die Wertungen des Verkehrswegelärmschutzrechtes aber nicht überspielen darf.

## III. Zeitlicher Anwendungsbereich

Die Vorschriften der §§ 41 ff., 50 BImSchG gelten nur für Verkehrswege, deren Bau oder wesentliche Änderung nach dem Inkrafttreten des Bundes-Immissionsschutzgesetzes zum 1. April 1974[285] genehmigt wurde. Denn der Gesetzgeber hat ihnen keine rückwirkende Kraft beigelegt.

So hat das Bundesverwaltungsgericht bereits in seinem B 42-Urteil vom 14. Februar 1975[286] ausgeführt: Soll ausnahmsweise der einmal rechtmäßig erlassene Verwaltungsakt (vorliegend der eisenbahnrechtliche Planfeststellungsbeschluss) von einer späteren Änderung der Sach- oder Rechtslage noch in dem Sinne betroffen werden können, dass er im Hinblick auf seine Unvereinbarkeit mit erst nachträglich geänderten Verhältnissen im gerichtlichen Verfahren der Aufhebung unterliegt, so bedarf es dafür nicht weniger einer entsprechenden Regelung des materiellen Rechts, als sie für den Erlass des Verwaltungsakts seinerzeit vorausgesetzt und tatsächlich gegeben war. Unter diesem Gesichtspunkt sei daher vom zeitlichen Stand-

[284] Siehe d. Nachw. oben in Fn. 272.

[285] Siehe § 74 S. 2 des BImSchG i. d. F. vom 15.03.1974, BGBl. I, S. 721 (743).

[286] IV C 21.74, BVerwGE 48, 56 = NJW 1975, 1373 f. Ls. a) zur Anfechtungsklage; bestätigt durch BVerwG, Urt. v. 21.05.1976, IV C 80.74, BVerwGE 51, 15 = NJW 1976, 1760 (1761 f.), Ls. 2 – B 27 (Stuttgart-Degerloch); siehe auch *Silagi*, UPR 1997, 272 (274); *Jarass*, DVBl. 1995, 589 (590); *Peine*, DÖV 1988, 937 f.; *Korbmacher*, DÖV 1976, 1 ff.; krit. *Nedden*, DVBl. 1977, 265 (271).

punkt der Gerichtsentscheidung aus jeweils besonders zu prüfen, ob das zwischen Verwaltungsentscheidung und gerichtlicher Entscheidung etwa in Kraft getretene neue Recht seine Berücksichtigung auch bei der Beurteilung bereits früher erlassener Verwaltungsakte fordere. Hiervon ausgehend – so das Bundesverwaltungsgericht weiter – greife das Bundes-Immissionsschutzgesetz nicht in die im Zeitpunkt seines Inkrafttretens am 1. April 1974 in der Verwaltungsebene abgeschlossenen Planfeststellungen ein, denn Rückwirkung lege sich das Gesetz grundsätzlich nicht bei. Die unter der Geltung des alten Rechts in der Verwaltungsebene abschließend erlassenen Planfeststellungsbeschlüsse[287] seien demnach rechtmäßig, wenn sie dem bisherigen Recht entsprächen.[288]

Entsprechendes gilt für die 16. BImSchV, insbesondere für die Konkretisierung des Begriffs der schädlichen Umwelteinwirkungen durch die in § 2 Abs. 1 der Verordnung festgelegten Immissionsgrenzwerte. Auch die 16. BImSchV entfaltet keine Rückwirkung. Sie gilt nur für Planfeststellungsbeschlüsse, die nach ihrem Inkrafttreten zum 21. Juni 1990[289] erlassen worden sind.[290] Für Planfeststellungsbeschlüsse, die vor ihrem Inkrafttreten (aber nach dem Inkrafttreten des Bundes-Immissionsschutzgesetzes) erlassen worden sind, hat die Rechtsprechung das Vorliegen einer erheblichen Belästigung anhand der Umstände des Einzelfalls ermittelt (sog. Einzelfallrechtsprechung).[291] Grundlegend für diese Rechtsprechung war das

---

[287] Maßgebend ist der Zeitpunkt des Erlasses des Planfeststellungsbeschlusses, vgl. etwa BVerwG, Urt. v. 23.01.1981, 4 C 4.78, BVerwGE 61, 295 = NJW 1981, 2137 – B 16.

[288] Vor Inkrafttreten des Bundes-Immissionsschutzgesetzes war das Immissionsschutzrecht in §§ 16 ff. GewO a.F. geregelt (vgl. *Stober,* Allg. Wirtschaftsverwaltungsrecht, S. 14; *ders.*, Bes. Wirtschaftsverwaltungsrecht, S. 2). § 41 Abs. 1 des Bundesbahngesetzes (BbG) vom 13.12.1951, BGBl. I, S. 955 bestimmte aber, dass für den „Betrieb der Deutschen Bundesbahn" die Gewerbeordnung nicht gilt. – Einige Bundesländer hatten eigene Immissionsschutzgesetze erlassen; subsidiär fand das Polizei- und Ordnungsrecht Anwendung. In den Ländern ohne Immissionsschutzgesetze oblag das Immissionsschutzrecht vollständig dem Polizei- und Ordnungsrecht, vgl. BT-Drs. 7/179, S. 21 bis 24.

[289] § 5 der 16. BImSchV; Tag der Verkündung war der 20.06.1990.

[290] *Bürgel,* NJW 1996, 1804; *Schulze-Fielitz,* UPR 1994, 1 (7); *Ebling,* DÖV 1991, 422 (423); *Maier,* BWVP 1991, 101 (103); *Krüger* u.a., Schall- und Erschütterungsschutz, S. 99. Allerdings findet die 16. BImSchV auch dann Anwendung, wenn über Lärmschutzansprüche erst nach ihrem Inkrafttreten zu entscheiden ist, obwohl der zu errichtende oder wesentlich zu ändernde Verkehrsweg vor ihrem Inkrafttreten, aber bereits unter Geltung der §§ 41 f. BImSchG planfestgestellt worden ist, BVerwG, Beschl. v. 22.09.1999, 4 B 68.98, NVwZ 2000, 565 (566), Ls. 1 – B 455 (II); ebenso *Bracher,* in: LR, § 42 BImSchG Rn. 14 unter Hinweis auf die abweichende Ansicht von BGH, Urt. v. 21.01.1999, III ZR 168/97, BGHZ 140, 285 = NJW 1999, 1247 (1250), Ls. 3 – A 3: nur für laufende Planfeststellungsverfahren; vgl. auch unten Fn. 1346.

[291] Zu dieser Rechtsprechung *Berkemann,* Lärmgrenzwerte, S. 85 ff.; *Haakh,* BWVP 1989, 25 ff., *ders./Maier,* BWVP 1987, 25 (29 ff.); *Kuschnerus,* DVBl.

B 27-Urteil (Stuttgart-Degerloch) des Bundesverwaltungsgerichts vom 21. Mai 1976[292]. Nach dieser – noch zum gleichlautenden Begriff der erheblichen Belästigung im Sinne von § 17 Abs. 4 FStrG a.F.[293] ergangenen – Entscheidung erfasst der Begriff „erheblich“ solche Verkehrsgeräusche, die „der Umgebung mit Rücksicht auf deren durch die Gebietsart und die konkreten tatsächlichen Verhältnisse bestimmte Schutzwürdigkeit nicht zugemutet werden können.“[294]

Das Bundesverwaltungsgericht hat dazu in seiner B 27-Entscheidung folgende grundlegende Aussagen getroffen[295]: Für das „in diesem Sinne ‚Erhebliche‘“ enthalte das Gesetz keinen allgemeingültigen konkreten Maßstab. Dieser folge jedoch, worauf der Senat in seinem insoweit § 5 Nr. 1 BImSchG betreffenden Urteil vom 12. Dezember 1975 (Tunnelofen)[296] unter Bezugnahme auf die frühere Rechtsprechung des Bundesverwaltungsgerichts zum gewerberechtlichen Immissionsschutz hingewiesen habe, „aus der *Beziehung*, die *zwischen der Erheblichkeit einer nachteiligen Wirkung und ihrer Zumutbarkeit* herzustellen ist“. Der Begriff des „Zumutbaren“ bezeichne nicht die Schwelle, jenseits derer sich nach der Rechtsprechung des Senats ein Eingriff in das Eigentum als „schwer und unerträglich“ und deshalb in einem enteignungsrechtlichen Sinn als „unzumutbar“ erweise. Der Begriff der „Unzumutbarkeit“ kennzeichne vielmehr „*noch im Vorfeld dessen, was der Eigentumsschutz nach Art. 14 GG unter enteignungsrechtlichen Gesichtspunkten fordert*“,

1986, 429 (433 ff.); *ders.*, Schutzauflagen, S. 96 ff.; *Blocher,* DÖV 1981, 660 (661 f.); *Feldhaus,* Geschichte, S. 38.

292 IV C 80.74, BVerwGE 51, 15 = NJW 1976, 1760.

293 Die Vorschrift war bereits im Bundesfernstraßengesetz (FStrG) vom 06.08.1953, BGBl. I, S. 903 enthalten und lautete in ihrer Ursprungsfassung: „Im Planfeststellungsbeschluss sind dem Träger der Straßenbaulast die Errichtung und die Unterhaltung der Anlagen aufzuerlegen, die für das öffentliche Wohl oder zur Sicherung der Benutzung der benachbarten Grundstücke gegen Gefahren oder Nachteile notwendig sind.“ Mit der Neufassung des FStrG vom 01.10.1974, BGBl. I, S. 2413 erhielt die Vorschrift folgende Fassung: „Im Planfeststellungsbeschluss sind dem Träger der Straßenbaulast die Errichtung und die Unterhaltung der Anlagen aufzuerlegen, die für das öffentliche Wohl oder zur Sicherung der Benutzung der benachbarten Grundstücke gegen Gefahren, erhebliche Nachteile oder erhebliche Belästigungen notwendig sind. Sind solche Anlagen mit dem Vorhaben unvereinbar oder stehen ihre Kosten außer Verhältnis zu dem angestrebten Schutzzweck, so hat der Betroffene gegen den Träger der Straßenbaulast Anspruch auf angemessene Entschädigung in Geld. Die §§ 41 und 42 des Bundes-Immissionsschutzgesetzes vom 15. März 1974 (Bundesgesetzbl. I S. 721) bleiben unberührt.“ Die Vorschrift behielt diese Fassung bis sie durch Art. 26 Nr. 2 lit. b) des Dritten Rechtsbereinigungsgesetzes (3. RBerG) vom 28.06.1990, BGBl. I, S. 1221 mit Wirkung zum 01.07.1990 (vgl. Art. 47 Abs. 3 des 3. RBerG) in der Sache aufgehoben wurde.

294 Dieser Gedanke kommt bereits im Urteil des Reichsgerichts vom 9. Januar 1939, V 154/38, RGZ 159, 129 (139 f.) zum Ausdruck, wonach bei der Prüfung der „Ortsüblichkeit“ im Sinne des § 906 BGB auch die in der Gegend allgemein bestehenden Verhältnisse zu berücksichtigen sind.

295 Herv. d. Verf.

296 IV C 71.73, BVerwGE 50, 49 = DVBl. 1976, 214, juris, Rn. 23 f.

die der hier maßgebenden einfachgesetzlichen Güterabwägung folgende Grenze, von der ab dem Betroffenen eine nachteilige Einwirkung einer Straße auf seine Rechte – auch unter Würdigung der besonderen Bedeutung, die ein leistungsfähiges Straßenverkehrsnetz für die Allgemeinheit wie für den Einzelnen habe – *„billigerweise nicht mehr zugemutet werden soll"*. Die in dieser Weise durch die Zumutbarkeit bestimmte Erheblichkeit nachteiliger Wirkungen entziehe sich einer undifferenzierten, für alle Fälle einheitlichen Festlegung. Das Maß des jeweils (noch) Zumutbaren ergebe sich vielmehr aus dem Verhältnis des Straßenbauvorhabens zu der jeweils von ihm betroffenen Umgebung. Was der Umgebung an nachteiligen Wirkungen der Straße zugemutet werden dürfe, bestimme sich „nach ihrer aus ihrer Eigenart herzuleitenden *Schutzwürdigkeit und Schutzbedürftigkeit*". Die nähere Bestimmung einer in diesem Sinn auf die Umgebung bezogenen Zumutbarkeit von Verkehrslärm müsse *„im Ausgangspunkt jeweils an die bebauungsrechtlich geprägte Situation der Umgebung anknüpfen"*. „Schutzwürdig" und „schutzfähig" sei ein Gebiet nur insoweit, als „das *Hinzutreten der Verkehrsgeräusche zu den übrigen Geräuschquellen den Pegel des Gesamtgeräuschs in beachtlicher Weise erhöht* und gerade in *dieser* Erhöhung eine zusätzliche unzumutbare Belastung liegt." In grundsätzlich ähnlicher Weise wie eine derart bestehende (tatsächliche) „Geräuschvorbelastung" könne für die Umgebung einer Straße schutzmindernd eine „plangegebene" Vorbelastung zu berücksichtigen sein.[297] Für ein Baugebiet beispielsweise, das angesichts einer – etwa durch förmliche Auslegung der Planunterlagen – bereits „verfestigten" Straßenplanung in Richtung auf die zukünftige Straße weiterentwickelt werde, sei ungeachtet der möglicherweise für eine solche Entwicklung sprechenden bauplanerischen Gründe „nicht von einem erhöhten Maß an Schutzwürdigkeit gegenüber der Straße, sondern von einer entsprechenden Erhöhung der Zumutbarkeitsschwelle auszugehen".

Trotz der Relativität des Rechtsbegriffs der „Zumutbarkeit" erscheine es – so das Bundesverwaltungsgericht schließlich – „auf der Grundlage der derzeitigen gesetzlichen Regelung nach Maßgabe der Veröffentlichungen von *Klosterkötter*"[298] einleuchtend, davon auszugehen, dass „für ein von anderen Störfaktoren *nicht vorbelastetes Wohngebiet* im Sinne der §§ 3 und 4 BauNVO" die Grenze des noch zumutbaren Straßenverkehrslärms „etwa bei einem *äquivalenten Dauerschallpegel (Außenpegel) von 55 dB(A) am Tage und von 45 dB(A) in der Nacht*" erreicht werde.[299] Dass diese Zumutbarkeitswerte höher lägen als die Richtwerte zum

[297] Vorbelastung ist die Belastung eines Ortes mit Geräuschimmissionen von allen Anlagen, ohne den Immissionsbeitrag der zu beurteilenden Anlage, so die Definition in Nr. 2.4 Abs. 1 der TA Lärm. Mit *tatsächlicher* Vorbelastung sind die situationsbedingten Lärmeinwirkungen gemeint; die *plangegebene* Vorbelastung betrifft die Fälle einer (hinreichend) verfestigten, aber noch nicht umgesetzten Planung, vgl. auch *Peine,* DÖV 1988, 937 (944); zur tatsächlichen und plangegebenen Vorbelastung ausführlich *Hofmann,* Verkehrslärmschutz, S. 149 ff.

[298] Vgl. etwa *Klosterkötter,* KdL 1976, 1 (4), wonach der Grenzbereich für relativ störungsfreies Wohnen (normales Wohnverhalten, adäquate Nutzung der Außenwohnflächen) bei 55 dB(A)/45 dB(A) (Tag/Nacht) liegt. Siehe ferner die vom Bundesverwaltungsgericht in Bezug genommenen weiteren Nachweise oben in Teil 1.

[299] Krit. *Broß,* VerwArch. 1989, 395 (403 u. 412), weil offen bleibe, aufgrund welcher Überlegungen das Bundesverwaltungsgericht zu diesen Lärmpegeln komme; sowohl die Methode zur Berechnung der Lärmwerte als auch die bestimm-

Schutze gegen Gewerbe- und Baulärm, erscheine „durch die Ausführungen *Klosterkötters* gerechtfertigt", denen zufolge in der Bevölkerung die „*Toleranz* – im Sinne der Erträglichkeit – *gegenüber Verkehrsgeräuschen größer sei als gegenüber stationären und zumal gebietsfremden Geräuschquellen*".[300]

# B. Lärmschutz in der Ebene der Planungsleitsätze

## I. Aktiver Schallschutz

### 1. Grundsätzliches

Nach § 41 Abs. 1 BImSchG ist beim Bau oder der wesentlichen Änderung öffentlicher Straßen sowie von Eisenbahnen, Magnetschwebebahnen und Straßenbahnen unbeschadet des § 50 BImSchG sicherzustellen, dass durch diese keine schädlichen Umwelteinwirkungen durch Verkehrsgeräusche hervorgerufen werden können, die nach dem Stand der Technik vermeidbar sind. Gem. § 41 Abs. 2 BImSchG gilt § 41 Abs. 1 BImSchG nicht, soweit die Kosten der Schutzmaßnahme außer Verhältnis zu dem angestrebten Schutzzweck stehen würden.

Ob gesetzliche Regelungen zwingende Zulassungsvoraussetzungen für Vorhaben enthalten oder nur im Rahmen der Abwägung zu berücksichtigende Belange schützen, ist für jede gesetzliche Regelung gesondert zu prüfen.[301] Ausgangspunkt für die rechtsdogmatische Einordnung des § 41 Abs. 1 BImSchG ist das noch zu § 17 Abs. 4 FStrG (a.F.) ergangene B 42-Urteil des 4. Senats des Bundesverwaltungsgerichts vom 14. Februar 1975[302]. In diesem hatte der Senat geäußert, „in der Ebene der Planungsleitsätze" stünden sich straßenrechtliche Ausbauziele und Immissionsschutz nicht konkurrierend gegenüber. Der Immissionsschutz mache für die fernstraßenrechtliche Planung zwar einen „gewichtigen abwägungserheblichen Belang" aus, er bestimme aber „nicht als Leitsatz das Ziel der Straßenplanung", die als Fachplanung auf die möglichst optimale Erfüllung der spezifischen Aufgaben gerade ihres Fachplanungsbereiches ausgerichtet sei. Wei-

---

ten zumutbaren Lärmgrenzwerte seien nicht überzeugend nachgewiesen; siehe auch *Ronellenfitsch,* VerwArch. 1989, 92 (112); *ders.*, in: Marschall/Schroeter/Kastner, FStrG, § 17 Rn. 145; *Stüer,* in: Hoppenberg/de Witt, B Rn. 393; *Berkemann,* Lärmgrenzwerte, S. 90 u. 92; *Hölder,* Verordnung, S. 175; *Haakh,* BWVP 1989, 25 (28).

[300] Aufgrund der Bezugnahme des Bundesverwaltungsgerichts auf die Untersuchungen von *Klosterkötter* wird das B 27-Urteil auch amüsant „Klosterkötter"-Urteil genannt, so etwa die Bezeichnung von *Berkemann,* Lärmgrenzwerte, S. 76, Fn. 10.

[301] *Ronellenfitsch,* VerwArch. 1989, 92 (95).

[302] IV C 21.74, BVerwGE 48, 56 = NJW 1975, 1373 (1375), Ls. c).

ter hat der Senat grundlegend ausgeführt, die Bedeutung der Vorschrift des § 17 Abs. 4 FStrG liege für den vorliegenden Zusammenhang darin, dass sie für Einwirkungen der festgestellten Planung auf benachbarte Grundstücke *„äußerste, mit einer ‚gerechten Abwägung' nicht mehr überwindbare Grenzen"* setze. Mache die Planfeststellung zur Verwirklichung der mit dem Plan verfolgten Ziele Festsetzungen erforderlich, die sich in ihrer Auswirkung auf Nachbargrundstücke als Gefahren oder Nachteile (oder gar materiell wie eine Enteignung) darstellten, so dürfe der „dadurch hervorgerufene *Interessenkonflikt nicht im Wege einer die privaten Belange zurückstellenden Abwägung zu Lasten des betroffenen Grundstückseigentümers gelöst werden und damit in Wahrheit zu dessen Lasten unbewältigt bleiben*"; § 17 Abs. 4 FStrG (a.F.) fordere unter solchen Umständen vielmehr *„zwingend einen physisch-realen Ausgleich* durch die Anordnung von Schutzanlagen zu Lasten des Trägers der Straßenbaulast."[303] Im B 27-Urteil vom 21. Mai 1976[304] äußerte sich der 4. Senat unter Hinweis auf sein B 42-Urteil zum Standort des § 17 Abs. 4 FStrG innerhalb des Planungsvorganges dahingehend, die Vorschrift stelle eine *„spezifische Ausprägung des fernstraßenrechtlichen Abwägungsgebotes"* dar. In seinem Urteil vom 23. Januar 1981[305] qualifizierte der 4. Senat die Vorschrift des § 41 Abs. 1 BImSchG schließlich „im Verhältnis zum Straßenrecht"[306] als einen *„‚externen' Planungsleitsatz"*[307].

Die Grundsätze, die der 4. Senat des Bundesverwaltungsgerichts in seinem B 42-Urteil vom 14. Februar 1975 zu § 17 Abs. 4 FStrG (a.F.) entwickelt und im B 27-Urteil vom 21. Mai 1976 fortgeschrieben hat, gelten nach der Verkehrsflughafen Frankfurt/Main-Entscheidung des 4. Senats vom 7. Juli 1978[308] auch für § 9 Abs. 2 LuftVG[309], nach dem B 31-Urteil des 4. Senats vom 22. Mai 1987 (Meersburg)[310] für § 41 BImSchG[311] und

---

303 Urt. v. 14.02.1975, IV C 21.74, BVerwGE 48, 56 = NJW 1975, 1373 (1377), Ls. e) (Herv. d. Verf.).

304 IV C 80.74, BVerwGE 51, 15 = NJW 1976, 1760 (1762) (Herv. d. Verf.).

305 4 C 4.78, BVerwGE 61, 295 = NJW 1981, 2137 (2137 u. 2138) (Herv. d. Verf.).

306 Für das Verhältnis zum Eisenbahnrecht gilt nichts anderes; vgl. auch allg. zum Fachplanungsrecht *Storost,* in: Ule/Laubinger, BImSchG, § 41 B 3.

307 Ebenso *Storost,* in: Ule/Laubinger, BImSchG, § 41 B 3.

308 4 C 79.76 u.a., BVerwGE 56, 110 = NJW 1979, 64 (67).

309 Was der Senat zu § 17 Abs. 4 FStrG in ständiger Rechtsprechung ausgeführt habe, lasse sich „ohne weiteres auf § 9 Abs. 2 LuftVG übertragen".

310 4 C 33-35.83, BVerwGE 77, 285 = NJW 1987, 2886; siehe auch *Burkard,* VBlBW 1988, 41 (43); *Stich,* UPR 1988, 281 (282 f.).

311 Den Maßstab für (un-)zumutbare Verkehrsgeräusche setze § 41 BImSchG. Er „stimmt sachlich mit der in § 17 Abs. 4 FStrG festgelegten Zumutbarkeitsschwelle überein".

nach dem Urteil des 4. Senats vom 14. September 1992[312] schließlich auch für § 74 Abs. 2 S. 2 VwVfG.[313] Für noch auf der Grundlage von § 36 Abs. 1 S. 1 BbG erfolgte Planfeststellungen gilt nichts anderes.[314]

Die Vorschriften setzen somit im Anschluss an das B 42-Urteil nach der ständigen Rechtsprechung des Bundesverwaltungsgerichts[315], der sich auch die herrschende Meinung im rechtswissenschaftlichen Schrifttum angeschlossen hat[316], der Planfeststellung eine äußerste, mit einer „gerechten Abwägung" nicht mehr überwindbare Grenze. Sie enthalten rechtliche Vor-

---

312 4 C 34-38.89, BVerwGE 91, 17 = NVwZ 1993, 362 f.

313 Vorbilder dieser Ausgleichsregelungen sind § 14 PrEisenbG 1838, § 14 PrEnteigG 1874 u. § 18 PrKlBahnG 1892, vgl. BVerwG, Urt. v. 14.04.1967, IV C 42.65, BVerwGE 26, 302 = DVBl. 1967, 916, juris, Rn. 9 – B 40 (zu § 17 Abs. 4 FStrG a.F.); *Ronellenfitsch,* in: Marschall/Schroeter/Kastner, FStrG, § 17 Rn. 158. § 14 Abs. 1 PrEisenbG lautete: „Außer der Geldentschädigung ist die Gesellschaft auch zur Errichtung und Unterhaltung aller Anlagen verpflichtet, welche die Regierung an Wegen, Überfahrten, Triften, Einfriedungen, Bewässerungs- oder Vorfluts-Anlagen etc. nötig findet, damit die benachbarten Grundbesitzer gegen Gefahren und Nachteile in Benutzungen ihrer Grundstücke gesichert werden." § 14 PrEnteigG bestimmte unter anderem: „Der Unternehmer ist zugleich zur Einrichtung derjenigen Anlagen an Wegen, Überfahrten, Triften, Einfriedungen, Bewässerungs- und Verlustanstalten usw. verpflichtet, welche für die benachbarten Grundstücke oder im öffentlichen Interesse zur Sicherung gegen Gefahren und Nachteile notwendig werden. Auch die Unterhaltung dieser Anlagen liegt ihm ob, insoweit dieselbe über den Umfang der bestehenden Verpflichtung zur Unterhaltung vorhandener, demselben Zweck dienender Anlagen hinausgeht.", wiedergegeben nach *Blümel,* VerwArch. 1992, 146 (151 f.).

314 BVerwG, Urt. v. 14.12.1979, 4 C 10.77, BVerwGE 59, 253 = NJW 1980, 2368 (2369) unter Hinweis auf BVerwG, Urt. v. 02.11.1973, IV C 55.70, BVerwGE 44, 148 = Buchholz 442.08 § 36 BbG Nr. 4, juris, Rn. 19 f. Das Bundesverwaltungsgericht stützte seine Auffassung allerdings auf § 36 Abs. 1 S. 2 BbG, wonach die Planfeststellung die Entscheidung über alle von der Planfeststellung berührten Interessen umfasst.

315 BVerwG, Urt. v. 16.03.2006, 4 A 1075.04, BVerwGE 125, 116 = NVwZ 2006, Beilage zu Heft Nr. 8, S. 21, Rn. 268 – Verkehrsflughafen Berlin-Schönefeld; BVerwG, Urt. v. 27.10.1998, 11 A 1.97, BVerwGE 107, 313 = NVwZ 1999, 644 – Flughafen Erfurt; BVerwG, Urt. v. 29.01.1991, 4 C 51.89, BVerwGE 87, 332 = NVwZ-RR 1991, 601 (604), Ls. 11 – Verkehrsflughafen München II; BVerwG, Urt. v. 07.07.1978, 4 C 79.76 u.a., BVerwGE 56, 110 = NJW 1979, 64 (66) – Verkehrsflughafen Frankfurt/Main, jew. zu § 9 Abs. 2 LuftVG; BVerwG, Urt. v. 14.09.1992, 4 C 34-38.89, BVerwGE 91, 17 = NVwZ 1993, 362 zu § 74 Abs. 2 S. 2 VwVfG; BVerwG, Urt. v. 09.03.1979, 4 C 41.75, BVerwGE 57, 297 = NJW 1980, 413; BVerwG, Urt. v. 21.05.1976, IV C 80.74, BVerwGE 51, 15 = NJW 1976, 1760 (1762) – B 27 (Stuttgart-Degerloch) zu § 17 Abs. 4 FStrG a.F.

316 Statt vieler *Durner,* Konflikte räumlicher Planungen, S. 61; *Kühling/Herrmann,* Fachplanungsrecht, Rn. 413; *Glemulla/Rathgeb,* DVBl. 2008, 669 (676 f.); *Jarass,* DÖV 2004, 633 (634 u. 635); *Michler,* VerwArch. 1999, 21 (25); *Quaas,* NVwZ 1991, 16 (18).

gaben, die strikte Beachtung verlangen und die deswegen nicht im Rahmen der planerischen Abwägung überwunden werden können.[317] Sie sind somit „zwingendes“[318] bzw. „striktes Recht“[319].

Im Anschluss an die Formulierung im B 27-Urteil, wonach § 17 Abs. 4 FStrG a.F. Ausprägung des allgemeinen Abwägungsgebots sei, wird in der Literatur teilweise die Auffassung vertreten, die Vorschriften der §§ 41 f. BImSchG, § 74 Abs. 2 S. 2 u. 3 VwVfG seien trotz ihrer strikten Formulierung nicht im eigentlichen Sinne strikt bindendes, d.h. der Abwägung vorgelagertes Recht, weil die Erforderlichkeit des Ausgleichs, die den Schutzanspruch auslöse, ihrerseits von der Abwägung abhänge, dieser also nicht vorgelagert sei.[320] Dem ist jedenfalls für §§ 41 f. BImSchG in Verbindung mit §§ 1 ff. der 16. BImSchV nicht zu folgen. Bei diesen Vorschriften handelt es sich um striktes, der Abwägung vorgelagertes Recht und damit um – wenn auch nicht planzielbestimmende[321] – „externe“ Planungsleitsätze im Sinne des heutigen Begriffsverständnisses.[322]

---

[317] BVerwG, Beschl. v. 07.07.2000, 4 B 94.99, juris, Rn. 18; BVerwG, Beschl. v. 21.08.1990, 4 B 104.90, NVwZ 1991, 69 (70) – A 7; BVerwG, Urt. v. 22.03.1985, 4 C 73.82, BVerwGE 71, 163 = NJW 1986, 82 (83) – B 16; ferner BVerwG, Beschl. v. 22.05.2008, 9 B 34.07, Rn. 4 – Stuttgart 21; BVerwG, Urt. v. 16.03.2006, 4 A 1075.04, BVerwGE 125, 116 = NVwZ 2006, Beilage zu Heft Nr. 8, S. 13, Rn. 164 a.E. – Verkehrsflughafen Berlin-Schönefeld; BVerwG, Beschl. v. 28.06.1993, 4 NB 23.93, NVwZ 1994, 291 f.; aus der Literatur nur *Stüer/Probstfeld,* Planfeststellung, Rn. 148 u. 413; *Kloepfer,* Umweltrecht, § 14 Rn. 290; *Uechtritz,* DVBl. 1999, 198 (199 f. u. 201); *Michler,* VerwArch. 1999, 21 (42 f.); *Rieger,* VBlBW 1998, 41 (42), Fn. 14 m.w.N.; *Nedden,* DVBl. 1977, 265 (267). Vgl. ferner Ziff. 8 Abs. 4 PF-RL (Fn. 178 a.E.). – Siehe aber auch die Formulierung in BVerwG, Beschl. v. 13.07.1989, 4 NB 20.89, wiedergegeben nach juris, Os. 2: Gebe es „weniger belastende Möglichkeiten“ (hier: als eine Verkehrsberuhigung durch Straßenpflasterung), so erhalte „das *Optimierungsgebot des § 41 Abs. 1 BImSchG* alsdann die Kraft eines absoluten Verbotes.“ Ein Optimierungsgebot „steckt neben anderen Bestimmungen den rechtlichen Rahmen ab, innerhalb dessen geplant werden darf“. Die Missachtung eines Optimierungsgebotes führe „stets zur Unzulässigkeit der geplanten Maßnahme.“ (Herv. d. Verf.)

[318] BVerwG, Urt. v. 28.01.1999, 4 CN 5.98, BVerwGE 108, 248 = NVwZ 1999, 1222 (1224) zu § 41 BImSchG u. § 74 Abs. 2 VwVfG; *Jarass,* BImSchG, § 41 Rn. 5.

[319] BVerwG, Beschl. v. 17.05.1995, 4 NB 30.94, NJW 1995, 2572 zur Straßenplanung durch Bebauungsplan; im Anschluss an diese Entscheidung VGH Bad.-Württ., Urt. v. 13.03.1996, 5 S 1743/95, ESVGH 46, 234 = VBlBW 1996, 423, Ls. 1 S. 1, juris, Rn. 56.

[320] So *Wickel,* in: Hk-VerwR/VwVfG, § 74 Rn. 36 m.w.N. (zu § 74 Abs. 2 S. 2 u. 3 VwVfG).

[321] Offen gelassen von BVerwG, Urt. v. 22.03.1985, 4 C 63.80, BVerwGE 71, 150 = NJW 1985, 3034 (3035) – B 455.

[322] *Storost,* in: Ule/Laubinger, BImSchG, § 41 B 3; *Schulze-Fielitz,* in: GK-BImSchG, § 41 Rn. 1 u. 16 ff.: „Planungsleitsatz“, der allerdings infolge seiner un-

Der nicht sonderlich glückliche Begriff des „Planungsleitsatzes“[323] wurde in Rechtsprechung und Schrifttum zunächst mit unterschiedlichem Inhalt verwandt. So wurde er entsprechend seinem nahe liegenden Wortsinn teilweise zur Kennzeichnung von Abwägungsdirektiven gebraucht.[324] Zum Teil wurden unter ihn – wie etwa im B 42-Urteil – nur solche zwingenden Vorgaben gefasst, die das „eigentliche Ziel“ der Planung bestimmen. Schließlich diente er als Oberbegriff für alle zwingenden gesetzlichen Vorgaben, unabhängig davon, ob diese einen planzielbestimmenden Charakter aufweisen. Diese Unklarheiten aufgreifend hat das Bundesverwaltungsgericht deshalb im B 16-Urteil vom 22. März 1985[325] vorgeschlagen, den Begriff „Planungsleitsatz“ der terminologischen Klarheit wegen im Fachplanungsrecht ausschließlich für solche gesetzlichen Regelungen zu verwenden, die „bei öffentlichen Planungen *strikte Beachtung verlangen* und deswegen nicht im Rahmen der planerischen Abwägung überwunden werden können.“ Planungsleitsätze sind dementsprechend „außerhalb des Abwägungsgebotes“ zu beachten.[326] Das Bundesverwaltungsgericht verwendet

bestimmten Rechtsbegriffe einen breiten Auslegungsspielraum eröffne; *Korbmacher,* DÖV 1976, 1 (4); vgl. ferner *Hofmann,* Verkehrslärmschutz, S. 123 ff.; siehe auch Nds. OVG, Urt. v. 26.10.2006, 7 KS 251/03, NVwZ-RR 2007, 379; *Kopp/Ramsauer,* VwVfG, § 74 Rn. 96 u. *Ramsauer/Bieback,* NVwZ 2000, 277 (282) (beide zu § 74 Abs. 2 S. 2 VwVfG). – Demgegenüber verlangen nicht alle planzielbestimmenden Vorgaben strikte Beachtung und sind deshalb nicht stets als (zwingende) Planungsleitsätze zu qualifizieren und damit außerhalb des Abwägungsgebots zu beachten. Typisch für Zielvorgaben, die keine strikte Beachtung verlangen, sind Optimierungsgebote, deren Bedeutung darin besteht, „den in ihnen enthaltenen Zielvorgaben ein besonderes Gewicht zuzumessen und insoweit die planerische Gestaltungsfreiheit einzuschränken“, BVerwG, Urt. v. 22.03.1985, 4 C 73.82, BVerwGE 71, 163 = NJW 1986, 82 f. – B 16. Zur Frage, ob § 50 S. 1 BImSchG als Optimierungsgebot angesehen werden kann unten C.II.3.

323 Der Begriff legt nämlich eine Zuordnung zum planerischen Abwägungsmaterial nahe, *Ronellenfitsch,* VerwArch. 1989, 92 (110 f.); ebenfalls krit. *Wickel,* in: Hk-VerwR/VwVfG, § 74 Rn. 96.

324 So wohl *Nedden,* DVBl. 1977, 265 (267), nach dem § 41 Abs. 1 BImSchG „nicht als *bloßer* Planungsleitsatz“ (Herv. d. Verf.) zu verstehen ist, sondern ein „striktes Gebot“ enthalte.

325 4 C 73.82, BVerwGE 71, 163 = NJW 1986, 82 (83) (Herv. d. Verf.); zust. *Ronellenfitsch,* VerwArch. 1989, 92 (110 f.).

326 BVerwG, Urt. v. 22.03.1985, 4 C 73.82, BVerwGE 71, 163 = NJW 1986, 82 (83) – B 16. Vgl. aber auch BVerwG, Urt. v. 30.06.2004, 4 CN 7.03, BVerwGE 121, 192 = NVwZ 2004, 1352 (1354), das die Vorschrift des § 1 Abs. 6 Nr. 8 lit. d) BauGB, wonach bei der Aufstellung der Bauleitpläne die Belange des Post- und Fernmeldewesens zu berücksichtigen sind, als einen Planungsleitsatz bezeichnet. – Zu den Planungsleitsätzen etwa *Vallendar,* in: Hermes/Sellner, AEG, § 18 Rn. 101 ff.; *Steinberg/Berg/Wickel,* Fachplanung, § 3 Rn. 8 ff.; *Dürr,* in: Knack/Henneke, VwVfG, § 74 Rn. 95 ff.; *Ziekow,* in: Ziekow, Fachplanungsrecht, Rn. 634 ff.

den Begriff des Planungsleitsatzes in den letzten Jahren jedoch nur noch zurückhaltend.[327]

Hiervon ausgehend handelt es sich bei den §§ 41 f. BImSchG in Verbindung mit §§ 1 ff. der 16. BImSchV um Planungsleitsätze, d. h. um zwingende rechtliche Vorgaben, die der Abwägung vorgelagert und durch sie nicht überwindlich sind. Der Begriff der Erheblichkeit im Sinne der §§ 41 f., 3 Abs. 1 BImSchG ist seit Inkrafttreten der 16. BImSchV durch die in § 2 Abs. 1 der Verordnung enthaltenen Immissionsgrenzwerte rechtlich verbindlich konkretisiert. Die Erforderlichkeit des Ausgleichs, die den Schutzanspruch auslöst, hängt damit nicht von einer Abwägung ab.[328] Für eine Einzelfallbetrachtung in Bezug auf das Merkmal „erheblich" ist daher jedenfalls im Grundsatz[329] kein Raum mehr.

### 2. Bau und wesentliche Änderung von Eisenbahnen

Die §§ 41 ff. BImSchG gelten nur „für" (so § 2 Abs. 1 Nr. 4 BImSchG) bzw. „bei" (so § 41 Abs. 1 BImSchG) dem „Bau" oder der „wesentlichen Änderung" von Eisenbahnen.

#### *a) Bau von Eisenbahnen*

##### aa) Begriff

Bau meint nach allgemeiner Meinung in Rechtsprechung[330] und Schrifttum[331] den *Neubau* bzw. die *Neuerrichtung* eines Verkehrswegs an einer

[327] So etwa im Anschluss an das Beschwerdevorbringen in BVerwG, Beschl. v. 22.05.2008, 9 B 34.07, Rn. 4 – Stuttgart 21 sowie in den Berlin-Schönefeld-Entscheidungen, insb. BVerwG, Urt. v. 16.03.2006, 4 A 1075.04, BVerwGE 125, 116 = NVwZ 2006, Beilage zu Heft Nr. 8, S. 13, Rn. 164 a. E. – Verkehrsflughafen Berlin-Schönefeld. Vgl. auch *Wickel,* in: Hk-VerwR/VwVfG, § 74 Rn. 96.

[328] Zum umstrittenen Rechtscharakter der Vorschrift des § 41 Abs. 2 BImSchG näher unten B.I.5.b).

[329] Zur Frage des Bestehens eines „Lärmminimierungsanspruchs" unten B.I.3.b)dd) u. C.II.2.

[330] BVerwG, Urt. v. 23.11.2005, 9 A 28.04, BVerwGE 124, 334 = NVwZ 2006, 331 (332), Rn. 20–22; BVerwG, Urt. v. 03.03.1999, 11 A 9.97, NVwZ-RR 1999, 720 – Eisenbahntrasse Hamburg–Büchen–Berlin.

[331] *Jarass,* BImSchG, § 41 Rn. 18; *ders.*, Verkehrsimmissionsschutz, S. 236; *ders.*, UPR 1998, 415; *Bracher,* in: LR, § 41 BImSchG Rn. 27 m. w. N.; *Reese,* in: BeckOK-BImSchG, § 41 Rn. 13; *Schulze-Fielitz,* in: GK-BImSchG, § 41 Rn. 30; *Schmidt-Eichstaedt,* in: Kotulla, BImSchG, Vor § 41 Rn. 3 u. § 41 Rn. 4; *Storost,* in: Ule/Laubinger, BImSchG, § 41 C 7; *Schulte,* ZUR 2002, 195 (197); *Michler,* VerwArch. 1999, 21 (30); *ders.*, Verkehrsimmissionsschutz, S. 93; *Giesler/Wende/Nolle,* ZfL 1995, 121; *Ullrich,* DVBl. 1985, 1159 (1163); *Nedden,* DVBl. 1977, 265

Stelle, an der bisher kein Verkehrsweg vorhanden war[332].[333] Gemeint ist die erstmalige Verknüpfung oder zusätzliche Verbindung zweier geographischer Punkte. Ein Neubau ist auch dann anzunehmen, soweit eine bestehende Trasse „nicht nur punktuell, sondern auf einem längeren Stück verlassen wird"; Trassenverschiebungen auf „kurzer Distanz", wie sie etwa für Kurvenstreckungen typisch sind, stellen demgegenüber jedenfalls in der Regel eine bauliche Änderung dar [zur Abgrenzung des Neubaus von der baulichen Änderung näher unten c)].[334]

### bb) „Heranrücken" eines Baugebiets an einen bestehenden Verkehrsweg

Die §§ 41 ff. BImSchG setzen den Bau oder die wesentliche Änderung eines *Verkehrswegs* voraus. Die §§ 41 ff. BImSchG sind deshalb nicht auf die Planung bzw. die Errichtung eines neuen *Baugebiets* neben einem vorhandenen Verkehrsweg anwendbar.[335] Das „Heranrücken" von Baugebieten

(266); *Fickert,* KdL 1974, 65 (69). – Der (Neu-)Bau entspricht dabei dem Begriff der „Errichtung" im Anlagenrecht, *Jarass,* Verkehrsimmissionsschutz, S. 236; *Storost,* in: Ule/Laubinger, BImSchG, § 41 C 7.

332 *Jarass,* BImSchG, § 41 Rn. 18; *ders.*, Verkehrsimmissionsschutz, S. 236 m.w.N.; *ders.*, UPR 1998, 415 f.; *Reese,* in: BeckOK-BImSchG, § 41 Rn. 13; *Czajka,* in: Feldhaus, BImSchG, § 41 Rn. 34.

333 Vgl. auch Anhang 2 Ziff. 2.1 Abs. 1 PF-RL (Fn. 178 a.E.). – Der Bedarfsplan für die Bundesschienenwege, der dem Ersten Gesetz zur Änderung des Bundesschienenwegeausbaugesetzes – BSchwAbG (Gesetz über den Ausbau der Schienenwege des Bundes vom 15.11.1993, BGBl I., S. 1874) vom 15.11.2004, BGBl. I, S. 2322 angehängt ist, weist ganz überwiegend Ausbaustrecken (ABS) und nur einige wenige Neubaustrecken (NBS) – diese (mit Ausnahme der Strecke Rhein/Main-Rhein/Neckar) zugleich als ABS – aus. Als NBS gekennzeichnet sind die Eisenbahntrassen Nürnberg–Erfurt, Erfurt–Leipzig/Halle, Hanau–Nantenbach, Stuttgart–Ulm–Augsburg, Nürnberg–Ingolstadt–München, Karlsruhe–Offenburg–Freiburg–Basel (1. Baustufe), Hamburg/Bremen–Hannover, Hanau–Würzburg/Fulda–Erfurt, Rhein/Main-Rhein/Neckar, Karlsruhe–Offenburg–Freiburg–Basel (2. Baustufe), (Roermond-)Grenze D/NL-Mönchengladbach–Rheydt („Eiserner Rhein"). Gleiches gilt für den BVWP 2003 (vgl. dort S. 51 ff.).

334 BVerwG, Urt. v. 10.11.2004, 9 A 67.03, NVwZ 2005, 591 (592 f.) – S 25 (S-Bahn Berlin): eine „deutliche optische Trennung" (und damit einen Neubau) *verneint* für einen Abstand zwischen einem S-Bahn-Gleis einem Fernbahngleis von zunächst ca. 15 bis 20 m und einer Aufweitung im letzten Drittel des Abschnitts auf bis zu 30 m. Vgl. auch Anhang 2 Ziff. 2.1 Abs. 2 PF-RL (Fn. 178 a.E.); *Storost,* in: Ule/Laubinger, BImSchG, § 41 C 12.

335 Allg. Meinung, siehe nur *Heilshorn,* NVwZ 2009, 137 (140); *Jaeger,* BauR 2008, 313 (315); *Schink,* NVwZ 2003, 1041 (1042 u. 1047); *Söfker,* in: EZBK, § 1 Rn. 244. Zur Abwägungserheblichkeit der Zunahme des (Straßen-)Verkehrs (Zu- und Abfahrtsverkehr) und des damit einhergehenden Verkehrslärms *als Folge* der Ausweisung von neuen Baugebieten *Hoffmann/Kassow,* NVwZ 2007, 149 ff.

an bestehende Verkehrswege wird somit von den §§ 41 ff. BImSchG nicht erfasst, sondern nur das „Heranrücken“ von Verkehrswegen an bestehende Baugebiete.

Normativ festgelegte Immissionsgrenz- oder -richtwerte für den Fall des „Heranrückens“ von Baugebieten an bestehende Verkehrswege bestehen nicht.[336] Die Immissionsgrenzwerte des § 2 der 16. BImSchV sind nicht unmittelbar anwendbar, weil die 16. BImSchV nach ihrem § 1 Abs. 1 ebenfalls nur für den Bau und die wesentliche Änderung von Straßen und Schienenwegen gilt und zudem § 43 Abs. 1 S. 1 Nr. 1 BImSchG nur zum Erlass der zur „Durchführung des § 41 und des § 42 Abs. 1 und 2“ BImSchG erforderlichen Vorschriften ermächtigt. Auch eine analoge Anwendung[337] scheidet nach zutreffender Auffassung aus, weil die Immissionsgrenzwerte des § 2 Abs. 1 der 16. BImSchV aufgrund einer Privilegierung von Verkehrsvorhaben[338] höher liegen als die Grenz- oder Richtwerte in anderen Regelwerken, etwa der 18. BImSchV[339] und der TA Lärm.[340] Diese Privilegierung ist bei der Planung bzw. beim Bau von Wohngebäuden nicht gerechtfertigt, so dass es an einer vergleichbaren Interessenlage fehlt. Auch die TA Lärm ist für die von Verkehrswegen ausgehenden Geräusche grundsätzlich nicht anwendbar. Nach Ziff. 1 Abs. 2 gilt sie nur für Geräusche von genehmigungsbedürftigen oder nicht genehmigungsbedürftigen Anlagen nach dem zweiten Teil des Bundes-Immissionsschutzgesetzes (§§ 4 ff., 22 ff. BImSchG), also nur für den im Zusammenhang mit dem Betrieb einer Anlage entstehenden Verkehrslärm, der nach Nr. 7.4 Abs. 1 der TA Lärm der Anlage zuzurechnen ist[341], also von Anlagen herrührt, die dem Anlagenrecht des Bundes-Immissionsschutzgesetzes unterliegen (z.B. private Straßen).[342] Welche Lärmbelastung einem Wohngebiet unterhalb der Grenze zu Gesundheitsgefahren zugemutet werden darf, richtet sich somit nach den Umständen des Einzelfalls; im Rahmen der bauleitplanerischen Abwägung nach § 1 Abs. 7 BauGB können aber die Werte der *DIN 18005* „Schallschutz im Städtebau“ als Orientierungshilfe herangezogen werden.[343] Die Bauleitplanung darf nicht zu städtebaulichen

---

[336] *Schink,* NVwZ 2003, 1041 (1042 u. 1047).

[337] Zu den Voraussetzungen einer Analogie z.B. BVerwG, Urt. v. 17.02.2005, 7 C 14.04, BVerwGE 123, 7 = NVwZ 2005, 691 f.; BVerwG, Beschl. v. 12.01.2009, 8 B 84.08, LKV 2009, 224.

[338] Siehe oben Teil 1, B.I. sowie unten B.I.2.b)bb)(2)(b).

[339] Zur Berücksichtigung von Sportlärm in der Bauleitplanung etwa *Gaentzsch,* NVwZ 2000, 993 (994 f.).

[340] Eine gute Übersicht über die Grenz- und Richtwerte wichtiger Regelwerke findet sich bei *Schink,* NVwZ 2003, 1041 (1042), *Kuschnerus,* Der sachgerechte Bebauungsplan, Rn. 323 (S. 200) u. bei *Stüer,* in: Hoppenberg/de Witt, B Rn. 388.

[341] Dazu unten B.I.4.c)bb)(2) mit Nachw. in Fn. 950.

[342] Zur Abgrenzung von Verkehrswegelärmschutzrecht und Anlagenrecht oben A.II.

[343] BVerwG, Beschl. v. 24.05.2007, 4 BN 16.07 u.a., BauR 2007, 2041 = BeckRS 2007, 24337, Rn. 6; BVerwG, Urt. v. 22.03.2007, 4 CN 2.06, BVerwGE 128, 238 = NVwZ 2007, 831, Rn. 15; BVerwG, Beschl. v. 18.12.1990, 4 N 6.88, NVwZ 1991, 881 (883), Ls. 3 u. 4: Die Werte der DIN 18005 können nur als „Orientierungshilfe“ gelten, weil „normative Festlegungen gebietsbezogener Grenz-

Missständen führen, die auch im Falle von Lärmeinwirkungen entstehen können (vgl. § 136 Abs. 3 Nr. 1 lit. f) BauGB). Es obliegt der Gemeinde, die Vorbelastung durch bestehende Verkehrswege zu ermitteln und zu berücksichtigen sowie gesunde Wohn- und Arbeitsverhältnisse in der Bauleitplanung zu gewährleisten, wenn sie Baugebiete in der Nähe vorhandener Schienenwege ausweist.[344]

Von der vorgenannten Fallkonstellation (Planung eines *Baugebiets* durch Bebauungsplan in der Nähe eines bestehenden Verkehrswegs) ist der Fall zu unterscheiden, dass eine *Straße* durch *planfeststellungsersetzenden Bebauungsplan* (vgl. § 17b Abs. 2 S. 1 FStrG sowie die entsprechenden Vorschriften der Landesstraßengesetze[345]) in der Nähe einer bestehenden (Wohn-)Be-

werte" „nur im Wege demokratisch legitimierter Rechtsetzung" getroffen werden könnten (Festhaltung am Meersburg-Urteil des BVerwG, Urt. v. 22.05.1987, 4 C 33-35.83, BVerwGE 77, 285 = NJW 1987, 2886 (2887) – B 31), was bei der DIN nicht der Fall sei. Zudem bezeichne die DIN 18005 die im Beiblatt 1 Teil 1 enthaltenen Werte selbst nur als schalltechnische „Orientierungswerte"; dazu aus der Literatur *Heilshorn,* NVwZ 2009, 137 (139 f.); *Schink,* NVwZ 2003, 1041 (1042 u. 1047); *Stüer,* in: Hoppenberg/de Witt, B Rn. 380 ff., 903; *Söfker,* in: EZBK, § 1 Rn. 244; *Kuschnerus,* Der sachgerechte Bebauungsplan, Rn. 294; *Michler,* Verkehrsimmissionsschutz, S. 107 ff. (117 f.); *Hofmann,* Verkehrslärmschutz, S. 90 ff. – Nach § 9 Abs. 1 Nr. 24 BauGB können die Gemeinden in Bebauungsplänen unter anderem Flächen für besondere Anlagen und Vorkehrungen zum Schutz vor schädlichen Umwelteinwirkungen festsetzen [dazu *Löhr,* in: Battis/Krautzberger/Löhr, BauGB, § 9 Rn. 87 ff.; *Spannowsky/Baumann,* in: BeckOK-BauGB, § 9 Rn. 98 ff.; *Kuschnerus,* Schutzauflagen, S. 104; *Dürr,* UPR 1992, 241 ff.; *Peine,* DÖV 1988, 937 (943)]; zur Zulässigkeit von Lärmgrenzwerten in Bebauungsplänen BVerwG, Beschl. v. 18.12.1990, 4 N 6.88, NVwZ 1991, 881, Ls. 1 m. Anm. *Mayen,* NVwZ 1991, 842 ff.: § 9 Abs. 1 Nr. 24 BBauG/BauGB gestatte nicht die Festsetzung von Emissionsgrenzwerten durch einen flächenbezogenen Schallleistungspegel; derartige Festsetzungen könnten aber nach § 1 Abs. 4 S. 1 Nr. 2 und S. 2 BauNVO 1977/1990 getroffen werden, ebenso bereits *Menke,* NuR 1985, 137 ff. (139 f.). – § 127 Abs. 2 Nr. 5 BauGB bestimmt, dass auch Anlagen zum Schutz vor Baugebieten gegen schädliche Umwelteinwirkungen im Sinne des Bundes-Immissionsschutzgesetzes Erschließungsanlagen sind, vgl. dazu *Löhr,* in: Battis/Krautzberger/Löhr, BauGB, § 127 Rn. 37 ff.: Stets erforderlich sei, dass die Anlagen von der Gemeinde in Erfüllung ihrer Erschließungslast nach § 123 Abs. 1 errichtet wurden. Werde die Bebauung nahe einer vorhandenen Fernstraße oder einem vorhandenen Gewerbegebiet zugelassen und dadurch eine Immissionsschutzanlage erforderlich, so seien die hierfür entstehenden Kosten beitragsfähig. Schiebe sich dagegen ein Gewerbegebiet an eine bestehende Bebauung heran, seien die Kosten notwendiger Immissionsschutzanlagen keine beitragsfähigen Kosten im Hinblick auf das Baugebiet"; ferner *Kuschnerus,* NVwZ 1989, 528 ff.; *Klausing,* DVBl. 1988, 1166 f.; *Engelken/Rose,* VBlBW 1986, 86 ff., jew. noch zum BBauG.

[344] Vgl. *Kuschnerus,* Schutzauflagen, S. 99 u. 104; *ders.*, Der sachgerechte Bebauungsplan, Rn. 280 ff. Ausführlich zur Bewältigung von Verkehrslärm in der Bauleitplanung auch *Stüer,* Bau- und Fachplanungsrecht, Rn. 711 ff. u. 742 ff.; *Hofmann,* Verkehrslärmschutz, S. 208 ff.; *Uechtritz,* DVBl. 1999, 198 ff.; *Ramsauer,* NuR 1990, 349 ff.

[345] Z.B. § 37 Abs. 3 S. 1 StrG Bad.-Württ.

bauung geplant wird. In diesem Fall gelten die Vorschriften der §§ 41 ff. BImSchG für die Bauleitplanung uneingeschränkt. Denn für ihre Anwendbarkeit ist es unerheblich, auf welcher Rechtsgrundlage (Planfeststellung oder Bebauungsplan) der Verkehrsweg geplant wird. Das Allgemeine Eisenbahngesetz kennt jedoch – anders als das Bundesfernstraßengesetz – keine Planung durch planfeststellungsersetzenden Bebauungsplan.[346]

### *b) Wesentliche Änderung von Eisenbahnen*

#### aa) Änderung

##### *(1) Begriff*

Zur Auslegung des Begriffs der „Änderung" im Sinne von § 41 Abs. 1 BImSchG hat der 4. Senat des Bundesverwaltungsgerichts in seinem B 464-Urteil vom 9. Februar 1995[347] grundlegend Stellung genommen: Die Änderung einer Straße im Sinne des § 41 Abs. 1 BImSchG – für Schienenwege gilt nichts anderes – verlange einen „*inneren Bezug der beabsichtigten Maßnahme zu der bereits vorhandenen Verkehrsfunktion*" des Verkehrswegs. Die Änderung der Straße müsse sich „*auf deren vorausgesetzte und planerisch gewollte Leistungsfähigkeit beziehen*". Dazu sei es notwendig, dass die vorgesehene Maßnahme zu einer „vermehrten Aufnahme des Straßenverkehrs" führe. In der „beabsichtigten Steigerung der Leistung" des Verkehrswegs liege der gesetzgeberische Grund, nunmehr erneut sicherzustellen, dass die Änderung keine nach dem Stand der Technik vermeidbaren schädlichen Umwelteinwirkungen durch Verkehrsgeräusche hervorrufe. Für dieses „funktionale Verständnis" des § 41 Abs. 1 BImSchG spreche neben dem Wortsinn die systematische Nähe zu dem in § 41 Abs. 1 BImSchG ebenfalls vorgesehenen Bau einer Straße. Die Entstehungsgeschichte bestätige diese Deutung. Der Bundesgesetzgeber wollte nämlich jedenfalls die „schleichende", nicht durch Maßnahmen des Baulastträgers veranlasste oder ausgelöste Veränderung der Verkehrsfunktion und die damit verbundene Steigerung des Verkehrslärms nur als eine Frage künftiger „Lärmsanierung" erfasst sehen[348]. Diese Aufgabe der Lärmsanierung sollte von vornherein aus dem Regelungsbereich des Gesetzes herausfallen. Die danach gebotene Auslegung erfordere deshalb den Ausschluss solcher Maßnahmen, die sich auf die Verkehrsfunktion der Straße nicht auswirken könnten.[349]

---

346 Vgl. auch *Kühling/Herrmann,* Fachplanungsrecht, Rn. 93.

347 4 C 26.93, BVerwGE 97, 367 = NVwZ 1995, 907 f. (Herv. d. Verf.).

348 Dazu unten B.I.4.

Das bedeutet, dass nur eine Änderung des Schienenwegs eine Änderung im Sinne des § 41 Abs. 1 BImSchG sein kann, nicht aber eine Änderung sonstiger Betriebsanlagen der Eisenbahn. Diese fallen vielmehr unter das Anlagenrecht. So stellt der Bau eines Haltepunkts oder eines Bahnsteigs keine und damit auch keine wesentliche Änderung eines Schienenwegs dar[350]; gleiches gilt für den Bau eines Außenbahnsteigs mit Bahnsteigunterführung anstelle eines Mittelbahnsteigs[351]. Aus dem Umstand, dass die Änderung dieser Betriebsanlagen dem Planfeststellungsvorbehalt des § 18 S. 1 AEG unterfällt, kann daher nicht geschlossen werden, dass auch eine Änderung im Sinne von § 41 BImSchG gegeben ist.[352] Bezugspunkt der Änderung ist jeweils ein anderer.

Offen gelassen hat der 4. Senat, ob damit etwa auch *verkehrslenkende oder verkehrsregelnde Maßnahmen*, die keine Änderung baulicher Substanz zur Voraussetzung haben, als Änderung im Sinne des § 41 Abs. 1 BImSchG ausgeschlossen sind. Dies ist richtigerweise zu bejahen. Bezugspunkt der Änderung ist nach dem Dargelegten[353] der *Schienenweg*. Dass die Änderung einen *Eingriff in die bauliche Substanz des Verkehrswegs* voraussetzt[354], legt auch die vom Bundesverwaltungsgericht angesprochene syste-

---

[349] Ebenso *Schulze-Fielitz,* DÖV 2001, 181 (186); *Michler,* VerwArch. 1999, 21 (29 u. 32); *Storost,* in: Ule/Laubinger, BImSchG, § 41 C 9; *Bracher,* in: LR, § 41 BImSchG Rn. 34 u. 36; *Jarass,* Verkehrsimmissionsschutz, S. 237; *ders.*, UPR 1998, 415 (416); *Stüer,* Bau- und Fachplanungsrecht, Rn. 726; *ders./Probstfeld,* Planfeststellung, Rn. 227; BayVGH, Urt. v. 25.02.2003, 22 A 02.40013, juris, Rn. 23. – Nach Anhang 2 Ziff. 2.2 Abs. 1 PF-RL (Fn. 178 a.E.) ist unter Änderung „jede bauliche Maßnahme an einer bestehenden Eisenbahnbetriebsanlage zu verstehen, die zu planungsrechtlich relevanten Veränderungen im Grund- und/oder Aufriss dieser Anlage führt und mit dem Ziel erfolgt, die bestehende Anlage zu verlegen, neu zu dimensionieren, deren Funktion oder Gestalt zu ändern oder die Anlage zurück zu bauen".

[350] BayVGH, Urt. v. 12.03.2007, 22 A 06.40020, juris, Rn. 24.

[351] BVerwG, Urt. v. 20.05.1998, 11 C 3.97, NVwZ 1999, 67 – Eisenbahntrasse München–Kiefersfelden: kein erheblicher baulicher Eingriff im Sinne von § 1 Abs. 2 S. 1 Nr. 2 der 16. BImSchV.

[352] BVerwG, Urt. v. 21.05.2003, 9 A 40.02, NVwZ 2003, 1381 – Lehrter Bahnhof: Verkürzung des Bahnsteigdachs (zu § 1 Abs. 2 S. 1 Nr. 2 und S. 2 der 16. BImSchV).

[353] Oben A.II.

[354] Ebenso *Ronellenfitsch,* in: Marschall/Schroeter/Kastner, FStrG, § 17 Rn. 148; *Jarass,* Verkehrsimmissionsschutz, S. 237; *Schulze-Fielitz,* DÖV 2001, 181 (186); *ders.*, UPR 1994, 1; *Alexander,* NVwZ 1991, 318 (319); *Hölder,* Verordnung, S. 179 f. m.w.N., der ergänzend darauf hinweist, eine Ausdehnung der (wesentlichen) Änderung auf verkehrsrechtliche und betriebliche Maßnahmen würde zudem Streitigkeiten zwischen der Verwaltung und den Betroffenen herausfordern, denn anders als bei baulichen Eingriffen werde eine Lärmsteigerung durch verkehrslenkende bzw. verkehrsregelnde und betriebliche Maßnahmen nicht ohne weiteres von Lärmsteigerungen infolge allgemeiner Verkehrszunahmen zu unterscheiden sein. Mit einer der-

matische Nähe zur Variante des Baus (§ 41 Abs. 1 Var. 1 BImSchG) nahe. Diese Nähe wird durch die Vorschrift des § 2 Abs. 1 Nr. 4 BauGB bestätigt. Sie steckt den Regelungsumfang des Bundes-Immissionsschutzgesetzes für das Verkehrswegelärmschutzrecht ab. Sie spricht – anders als § 41 Abs. 1 BImSchG – nur von dem „Bau", nicht aber auch von der Änderung.[355] Der Begriff des „Baus" im Sinne von § 2 Abs. 1 Nr. 4 BauGB erfasst auch die Änderung, weil andernfalls die – neben dem Bau auch auf die Änderung abstellende – Vorschrift des § 41 Abs. 1 BImSchG insoweit leer laufen würde.[356] Dementsprechend sind verkehrslenkende, verkehrsregelnde und sonstige betriebliche Maßnahmen, auch wenn sie zu einer Erhöhung der Streckengeschwindigkeit oder der Verkehrsdichte durch Verkürzung der Taktzeiten, etwa als Folge der Verbesserung der Signaltechnik führen, keine Änderungen im Sinne von § 41 Abs. 1 BImSchG.[357]

*(2) Verkehrsprojekte Deutsche Einheit*

Eine besondere Situation fand die Rechtsprechung im Rahmen der Verkehrsprojekte Deutsche Einheit (VDE) vor, mit denen sich das Bundesver-

---

artigen Ausdehnung der (wesentlichen) Änderung ginge zugleich die notwendige klare Abgrenzung zu der im Bundes-Immissionsschutzgesetz nicht geregelten Lärmsanierung verloren, wenngleich umweltpolitisch ein Bedürfnis dafür bestehen möge, eine (wesentliche) Änderung auch bei anderen als baulichen Maßnahmen als gegeben anzusehen.

355 Vgl. *Storost,* in: Ule/Laubinger, BImSchG, § 41 C 10; *Jarass,* Verkehrsimmissionsschutz, S. 237; *ders.*, UPR 1998, 415 (416); *Schulze-Fielitz,* UPR 1994, 1; *Alexander,* NVwZ 1991, 318 (319); *Hofmann,* Verkehrslärmschutz, S. 133 f.

356 Siehe etwa *Schulte,* in: BeckOK-UmwR, § 2 BImSchG Rn. 10; *Dietlein,* in: LR, § 2 BImSchG Rn. 11; *Alexander,* NVwZ 1991, 318 (319).

357 Ebenso *Ronellenfitsch,* in: Marschall/Schroeter/Kastner, FStrG, § 17 Rn. 148; *Storost,* in: Ule/Laubinger, BImSchG, § 41 C 10; *Schulze-Fielitz,* in: GK-BImSchG, § 41 Rn. 31 ff. m. w. N. auch zur Gegenauffassung; *Czajka,* in: Feldhaus, BImSchG, § 41 Rn. 10, 22 u. 36; *Michler,* VBlBW 1998, 201 f.; *Jarass,* UPR 1998, 415 (416); *ders.*, Verkehrsimmissionsschutz, S. 237, der darauf hinweis, dass die Frage, ob verkehrsregelnde Maßnahmen eine „Änderung" im Sinne des § 41 Abs. 1 BImSchG darstellen, nicht mit der Frage verwechselt werden darf, ob die Anforderungen des § 41 BImSchG auch *durch* Maßnahmen der Verkehrsregelung erfüllt werden können (dazu unten B.I.7.c) u. die Nachw. in Fn. 1283); *Steenhoff,* DVBl. 1996, 1236 (1241) m. w. N.; *Nedden,* DVBl. 1977, 265 (266); *Krüger* u. a., Schall- und Erschütterungsschutz, S. 111 (aber krit. auf S. 123); a. A. *Schmidt-Eichstaedt,* in: Kotulla, BImSchG, § 41 Rn. 9 weil die Verkehrsregelung durch Einplanung in das Bauprogramm gleichsam zum Bestandteil des Baus bzw. der Änderung des Verkehrswegs geworden sei und andernfalls die Gefahr einer Umgehung der Pflicht zum Bau von Schutzvorkehrungen bestehe, wenn z. B. Geschwindigkeitsbegrenzungen aufgehoben würden; ebenso im Grundsatz *Hofmann,* Verkehrslärmschutz, S. 133 f. m. w. N., aber aufgrund des Wortlauts von § 41 BImSchG einschränkend auf Änderungen, die sich auf den Verkehrweg beziehen und von Dauer sind.

waltungsgericht in mehreren Verfahren zu befassen hatte[358]. Dabei ging es um die Wiederinbetriebnahme[359] von infolge der deutschen Teilung nach dem Zweiten Weltkrieg stillgelegten Verkehrswegen. Die insgesamt 17 Verkehrsprojekten Deutsche Einheit bestanden aus neun Eisenbahnvorhaben, sieben Autobahnvorhaben und einem Wasserstraßenvorhaben. Im Zuge der deutschen Teilung wurden wesentliche Strecken – vor allem in Ost-West-Richtung – ganz oder teilweise abgebaut oder stillgelegt. Sie sollten im Rahmen der Verkehrsprojekte Deutsche Einheit zeitnah und kostengünstig reaktiviert werden.[360] Mittlerweile sind fast alle 17 Verkehrsprojekte Deutsche Einheit fertiggestellt oder stehen vor dem Abschluss.[361] Eine der zentralen Rechtsfragen im Bereich der Eisenbahnvorhaben war der Lärmschutz der Betroffenen nach der Wiederinbetriebnahme der Gleise. Im Mittelpunkt stand dabei die Frage, ob die Wiederinbetriebnahme der stillgelegten Schienenwege einen (zumindest teilweisen) Neubau oder jedenfalls eine (wesentliche) Änderung darstellt.[362] Denn nur wenn ein Neubau oder eine wesentliche Änderung zu bejahen ist, könnten die Betroffenen Lärmschutzansprüche nach §§ 41 ff. BImSchG und der 16. BImSchV geltend machen. Im Ergebnis hat das Bundesverwaltungsgericht einen Neubau und eine wesentliche Änderung abgelehnt. Die Belange der Lärmbetroffenen waren danach nur im Rahmen der planerischen Abwägung zu berücksichtigen; Ergebnis der Abwägung musste die Vermeidung einer Gesundheits- bzw. Eigentumsbeeinträchtigung sein („kleiner Lärmschutz"[363]).[364] Die zwingenden recht-

---

[358] Grundlegend BVerwG, Urt. v. 31.08.1995, 7 A 19.94, BVerwGE 99, 166 = NVwZ 1996, 394 – Eisenbahntrasse Berlin–Hamburg; bestätigt durch BVerwG, Urt. v. 28.10.1998, 11 A 3.98, BVerwGE 107, 350 = NVwZ 1999, 539 – Eisenbahntrasse Stendal–Uelzen; BVerwG, Urt. v. 03.03.1999, 11 A 9.97, NVwZ-RR 1999, 720 f. – Eisenbahntrasse Hamburg–Büchen–Berlin; BVerwG, Urt. v. 17.11.1999, 11 A 4.98, BVerwGE 110, 81 = NVwZ 2000, 567 – Eisenbahntrasse Stendal–Uelzen; BVerwG, Urt. v. 12.04.2000, 11 A 18.98, BVerwGE 111, 108 = NVwZ 2001, 82 – Eisenbahntrasse Wieren–Uelzen; BVerwG, Urt. v. 23.10.2002, 9 A 22.01, juris – Anhalter Bahn; siehe bereits *Ronellenfitsch,* VerwArch. 1993, 537 ff.; ferner *Vallendar,* in: Hermes/Sellner, AEG, § 18 Rn. 65 ff.; *Schulte,* ZUR 2002, 195 (198); *Vallendar,* UPR 2001, 171 (174 ff.); *ders.*, UPR 1996, 121 (126); *Sellmann,* NVwZ 2001, 1360 (1361); *ders.*, NVwZ 1996, 857 (858 f.); *Koch,* NVwZ 2000, 490 (497); *ders.*, Verkehrsumweltrecht, S. 904 f.; *Silagi,* UPR 1997, 272 (276); BVWP 2003, S. 25 f.

[359] Zum Begriff *Ronellenfitsch,* VerwArch. 1993, 537 (547), Fn. 85.

[360] Ausführlich zu den Rechtsfragen der Wiederinbetriebnahme *Ronellenfitsch,* VerwArch. 1993, 537 ff.; ferner *Stüer/Probstfeld,* Planfeststellung, Rn. 391 ff.

[361] Siehe im Einzelnen den Sachstandsbericht unter <http://www.bmvbs.de/Verkehr/Programme-,3045/Verkehrsprojekte-Deutsche-Einh.htm> (Stand: 31.12.2009).

[362] Dazu *Ronellenfitsch,* VerwArch. 1993, 537 (547 ff.) im Hinblick auf die Planfeststellungsbedürftigkeit.

[363] So *Vallendar,* UPR 2001, 171 (175 f.) u. *ders.*, in: Hermes/Sellner, AEG, § 18 Rn. 70.

lichen Vorgaben der §§ 41 ff. BImSchG und der 16. BImSchV („großer Lärmschutz“[365]) sollten somit nicht gelten.

In der grundlegenden Entscheidung des 7. Senats des Bundesverwaltungsgerichts vom 31. August 1995[366] (Eisenbahntrasse Berlin–Hamburg) ging es um die Wiedererrichtung eines zweiten Streckengleises, dessen Demontage von der Sowjetischen Militäradministration in Deutschland (SMAD) im Frühjahr 1946 angeordnet worden war. Der Senat ist davon ausgegangen, dass eine bauliche Erweiterung eines Schienenweges im Sinne des § 1 Abs. 2 Nr. 1 der 16. BImSchV und damit eine wesentliche Änderung der bestehenden Schienenstrecke nur dann vorliegt, wenn es sich bei der – nach der Demontage des zweiten Gleises betriebenen – Bahnlinie „nicht nur tatsächlich, sondern auch *rechtlich* nur noch um eine eingleisige Strecke gehandelt hat.“ Grundlage dieser Auffassung war unter anderem das Urteil des 4. Senats des Bundesverwaltungsgerichts vom 16. Dezember 1988[367], nach dem eine „Entwidmung“, sofern dafür kein Planfeststellungsverfahren erfolge, nur durch „*eindeutige und bekanntgemachte Erklärungen* der Bahn“, die für jedermann klare Verhältnisse schafften, erfolgen könne[368]; die bestehende Fachplanung einer Fläche als Bahnanlage könne aber auch „*funktionslos*“ werden. Entscheidende Merkmale, anhand derer die Rechtsprechung das *rechtliche* Kriterium eines Neubaus und einer wesentlichen Änderung zu prüfen hatte, waren daher das Vorliegen eines „eindeutigen Hoheitsaktes“ und/oder der Eintritt einer „Funktionslosigkeit“[369].[370] Auf dieser Grundlage hat das Bundesverwaltungsgericht in seiner erwähnten Entscheidung vom 31. August 1995 angenommen, die Gestaltungswirkung früherer Planungen sei nicht schon dadurch teilweise beseitigt worden, dass die Besatzungsmacht die Demontage des zweiten Gleises im Befehlswege *angeordnet* habe. Diese *Willensäußerung der sowjetischen Militärverwaltung* zielte nicht darauf, die Bahnanlage rechtlich umzugestalten. Der Befehl sei ausschließlich Grundlage für die Wegnahme von Anlagen-

---

364 *Vallendar,* UPR 2001, 171 (176) m. w. N.; *Schulze-Fielitz,* DÖV 2001, 181 (187); *Silagi,* UPR 1997, 272 (276).

365 *Vallendar,* in: Hermes/Sellner, AEG, § 18 Rn. 69.

366 7 A 19.94, BVerwGE 99, 166 = NVwZ 1996, 394 (395) (Herv. d. Verf.).

367 4 C 48.86, BVerwGE 81, 111 = NVwZ 1989, 655 (657), Ls. 3 S. 1 (Herv. d. Verf.), zust. *Ronellenfitsch,* VerwArch. 1993, 537 (548).

368 Ein (bloß) formloser Willensakt der Bahn mit nachfolgender tatsächlicher Außerdienststellung genügt danach nicht, vgl. *Ronellenfitsch,* VerwArch. 1993, 537 (548).

369 Zur Funktionslosigkeit grundlegend BVerwG, Urt. v. 29.04.1977, IV C 39.75, BVerwGE 54, 5 = NJW 1977, 2325 f., Ls. (zu Bebauungsplänen). Danach tritt eine bauplanerische Festsetzung außer Kraft, „wenn und soweit die Verhältnisse, auf die sie sich bezieht, in der tatsächlichen Entwicklung einen Zustand erreicht haben, der eine *Verwirklichung der Festsetzung auf unabsehbare Zeit ausschließt und die Erkennbarkeit dieser Tatsache einen Grad erreicht hat, der einem etwa dennoch in die Fortgeltung der Festsetzung gesetzten Vertrauen die Schutzwürdigkeit nimmt.*“ (Herv. d. Verf.)

370 Ferner BVerwG, Urt. v. 23.10.2002, 9 A 22.01, juris – Anhalter Bahn; BVerwG, Urt. v. 28.10.1998, 11 A 3.98, BVerwGE 107, 350 = NVwZ 1999, 539 f. – Eisenbahntrasse Stendal–Uelzen.

teilen zum Zwecke der Reparation gewesen; auf das rechtliche Schicksal der Verkehrseinrichtung als solcher und des dazugehörigen Geländes habe er keinen Einfluss genommen. Es sei auch nicht erkennbar, dass die *Deutsche Reichsbahn oder andere Behörden der DDR* jemals erklärt haben, den Teil der Strecke, auf dem der Betrieb infolge der Demontage eingestellt worden sei, endgültig einer neuen Nutzung zuführen oder auch nur von der bisherigen Nutzung ausschließen zu wollen. Schließlich sei auch eine *Funktionslosigkeit* nicht eingetreten. Eine solche könne nur angenommen werden, wenn die Verhältnisse wegen der tatsächlichen Entwicklung einen Zustand erreicht hätten, der die Verwirklichung der bestehenden Planung (hier: die Wiederaufnahme des Streckenbetriebs) auf unabsehbare Zeit ausschließe. Diese Voraussetzungen seien im zu entscheidenden Fall nicht erfüllt.[371] Eine Entwidmung sei daher weder durch eindeutigen Hoheitsakt noch durch Funktionslosigkeit erfolgt. Dementsprechend liege in der Wiedererrichtung keine Änderung und auch kein Neubau.[372]

Der 11. Senat des Bundesverwaltungsgerichts hat diese Rechtsprechung des 7. Senats in seiner Entscheidung vom 28. Oktober 1998[373] zur Eisenbahntrasse Stendal–Uelzen bestätigt und fortgeführt. Auch wenn die §§ 41 ff. BImSchG und die 16. BImSchV nach den vom 7. Senat herausgearbeiteten Grundsätzen nicht anwendbar seien, ergebe sich aus der gesetzlich vorgeschriebenen Notwendigkeit einer Planfeststellung die rechtliche Verpflichtung der Planfeststellungsbehörde, „in eine neue Abwägung einzutreten, die tatsächliche oder plangegebene Vorbelastungen nicht von vornherein ausblendet, sondern in den Blick nimmt und bewertend berücksichtigt“. Schutzwürdigkeit und Schutzbedürftigkeit der von solchen Vorbelastungen betroffenen Belange seien jedoch grundsätzlich geringer als bei nicht derart vorbelasteten Belangen. Führe bei der Beurteilung von Lärmimmissionen eine *tatsächliche* Vorbelastung der Umgebung dazu, dass von dem Vorhaben selbst keine *zusätzlichen* nachteiligen Auswirkungen ausgehen, dann bestehe mangels Schutzwürdigkeit des Interesses am Unterbleiben des Vorhabens kein Anlass, Schutzvorkehrungen zu treffen oder einen Ausgleich in Geld zu gewähren.[374] Fehle wie im

---

371 Wenn auch das Gleis bereits unmittelbar nach dem Krieg demontiert worden sei, sei die Bahntrasse seither keiner anderen Nutzung zugeführt worden. Die tatsächliche Verfügungsgewalt liege nach wie vor bei der Bahn. Es blieben daher lediglich der nicht unerhebliche Zeitablauf seit der Entfernung der Gleisanlage und die dadurch bedingte, ohne weiteres behebbare Änderung der Erdoberfläche (Unkrautbewuchs, Verwitterung des Gleisbetts). Sie allein könnten jedoch nicht die Annahme rechtfertigen, die Wiederaufnahme der ursprünglichen Nutzung sei durch die vorgegebene tatsächliche Situation ausgeschlossen und daher planungsrechtlich nicht mehr gedeckt (BVerwG, a. a. O.). Vgl. auch BVerwG, Urt. v. 03.03.1999, 11 A 9.97, NVwZ-RR 1999, 720 f. – Eisenbahntrasse Hamburg–Büchen–Berlin; *Koch,* NVwZ 2000, 490 (497).

372 Nach BVerwG, Urt. v. 17.11.1999, 11 A 4.98, BVerwGE 110, 81 = NVwZ 2000, 567 (569), Ls. 3 – Eisenbahntrasse Stendal–Uelzen (ebenfalls zum Merkmal des erheblichen baulichen Eingriffs im Sinne von § 1 Abs. 2 der 16. BImSchV) gilt dies auch dann, wenn die Bauarbeiten aus technischer Sicht „einem Neubau nahe kommen“.

373 11 A 3.98, BVerwGE 107, 350 = NVwZ 1999, 539, Ls. 2; zust. *Koch,* NVwZ 2000, 490 (497).

zu entscheidenden Fall eine solche *tatsächliche* Vorbelastung, dann könne dem zum notwendigen Abwägungsmaterial gehörenden Interesse von Anwohnern an der Vermeidung einer tatsächlichen Zunahme der Umgebungsbelastung die Schutzwürdigkeit nicht stets schon allein deshalb abgesprochen werden, weil sich diese Zunahme im Rahmen der bereits bisher bestehenden planungsrechtlichen Situation halte. Vielmehr ergebe sich „die Grenze der Berücksichtigung der bisherigen planungsrechtlichen Situation als schutzmindernde Vorbelastung" jedenfalls dort, „wo die zu erwartenden Einwirkungen Eigentums- oder Gesundheitsbeeinträchtigungen darstellen."[375] Die Anwohner haben – so der 11. Senat in seinem ebenfalls zur Eisenbahntrasse Stendal–Uelzen ergangenen Urteil vom 17. November 1999[376] – jedenfalls dann, „wenn die zu erwartenden Immissionen für sie eine Eigentums- oder Gesundheitsbeeinträchtigung darstellen können", einen „Anspruch darauf, dass diese Belange in die Abwägung eingestellt und angemessen berücksichtigt werden". Die Feststellung, dass der Lärm nicht zunehme, beruhe hier – so der 11. Senat in dieser Entscheidung – auf einem „Vergleich des nach der Planfeststellung zu erwartenden tatsächlichen Zustandes mit einem *unterstellten Zustand* des zuvor vorhandenen Schienenweges, der der Wirklichkeit offensichtlich nicht entspricht". Es handele sich mithin um eine „*juristische Fiktion*", d.h. um die gewollte Gleichsetzung von Zuständen, deren Ungleichheit bekannt sei.[377] Diese Gleichsetzung eines durch die deutsche Teilung jahrzehntelang unterbrochenen, teilweise abgebauten und im Übrigen heruntergekommenen Schienenweges mit einer ununterbrochen betriebenen, laufend instandgehaltenen und im plangegebenen Rahmen modernisierten Trasse beruhe nicht nur auf dem rechtlichen Gesichtspunkt des *Bestandsschutzes für die nicht entwidmete Bahnanlage,* sondern auch auf der wertenden Erwägung, dass, solle die zur Befriedigung der aktuellen Sicherheits- und Verkehrsbedürfnisse der Allgemeinheit notwendige Rekonstruktion eines solchen Schienenwegs nicht nachhaltig verzögert und verteuert werden, die damit verbundenen, durch die deutsche Wiedervereinigung bedingten *Belastungen nicht allein dem Träger des Rekonstruktionsvorhabens auferlegt werden dürfen.* Zwar würden mit dem Ausschluss von Ansprüchen nach der 16. BImSchV und der 24. BImSchV auch der anwohnenden Nachbarschaft zusätzliche Belastungen aufgebürdet.[378] Die Begrenzung der Reichweite der dar-

---

374 BVerwG, Urt. v. 28.10.1998, 11 A 3.98, BVerwGE 107, 350 = NVwZ 1999, 539 (541), Ls. 3 – Eisenbahntrasse Stendal–Uelzen.

375 BVerwG, Urt. v. 28.10.1998, 11 A 3.98, BVerwGE 107, 350 = NVwZ 1999, 539 (541), Ls. 4 – Eisenbahntrasse Stendal–Uelzen. Der 11. Senat verweist dazu auf die aus Art. 2 Abs. 2 S. 1 GG u. Art. 14 Abs. 1 GG folgende staatliche Schutzpflicht und insoweit auf die Fluglärm (Düsseldorf-Lohausen)-Entscheidung des BVerfG, Beschl. v. 14.01.1981, 1 BvR 612/72, BVerfGE 56, 54 = NJW 1981, 1655 (1656), dort zu Art. 2 Abs. 2 GG und m.w.N.; ferner BVerwG, Urt. v. 12.04.2000, 11 A 18.98, BVerwGE 111, 108 = NVwZ 2001, 82 (85), Ls. 1 – Eisenbahntrasse Wieren–Uelzen; BVerwG, Urt. v. 17.11.1999, 11 A 4.98, BVerwGE 110, 81 = NVwZ 2000, 567 (569) – Eisenbahntrasse Stendal–Uelzen.

376 BVerwG, Urt. v. 17.11.1999, 11 A 4.98, BVerwGE 110, 81 = NVwZ 2000, 567 (569), Ls. 3 (Herv. d. Verf.) u. bereits BVerwG, Urt. v. 28.10.1998, 11 A 3.98, BVerwGE 107, 350 = NVwZ 1999, 539 (541).

377 BVerwG, Urt. v. 17.11.1999, 11 A 4.98, BVerwGE 110, 81 = NVwZ 2000, 567 (568) – Eisenbahntrasse Stendal–Uelzen (Herv. d. Verf.).

gestellten Fiktion wahre jedoch einerseits die genannten Interessen des Vorhabenträgers, belasse aber andererseits auch den Anwohnern jedenfalls dann, wenn die zu erwartenden Einwirkungen für sie Eigentums- oder Gesundheitsbeeinträchtigungen darstellen könnten und dies substantiiert geltend machten oder diese sich der Planfeststellungsbehörde angesichts der konkreten Situation aufdrängen mussten, den Anspruch auf Einstellung und angemessene Berücksichtigung ihrer Interessen in der Abwägung.[379] Die Rechtsprechung des Bundesverwaltungsgerichts stellt im Ergebnis einen sachgerechten Kompromiss zur Bewältigung der teilungsbedingten Lasten dar, die nicht einseitig dem Vorhabenträger Deutsche Bahn auferlegt werden dürfen, deren Bewältigung aber zugleich die grundrechtlichen Schutzinteressen der betroffenen Anwohner wahren muss.

### bb) Wesentlichkeit der Änderung

Die §§ 41 ff. BImSchG erfassen nur solche Änderungen von Verkehrswegen, die „wesentlich" sind (vgl. § 41 Abs. 1 BImSchG).[380] Wann eine Änderung wesentlich ist, bestimmen die §§ 41 ff. BImSchG – anders als das Anlagenrecht (dort § 16 Abs. 1 S. 1 BImSchG) – nicht.[381] Nach § 1 Abs. 2 der 16. BImSchV ist die Änderung eines Schienenwegs wesentlich, wenn er um ein oder mehrere durchgehende Gleise *baulich erweitert* wird [§ 1 Abs. 2 S. 1 Nr. 1 der 16. BImSchV, dazu nachfolgend (1)] oder wenn ein *erheblicher baulicher Eingriff* vorgenommen wird [nachfolgend (2)], durch den der Beurteilungspegel *um* mindestens 3 dB(A) oder *auf* mindestens 70 dB(A) am Tage oder mindestens 60 dB(A) in der Nacht erhöht wird [§ 1 Abs. 2 S. 1 Nr. 2 der 16. BImSchV, nachfolgend (2)(b)] oder durch den grundsätzlich der Beurteilungspegel *von* mindestens 70 dB(A) am Tage oder 60 dB(A) in der Nacht erhöht wird [§ 1 Abs. 2 S. 2 der

---

378 BVerwG, Urt. v. 17.11.1999, 11 A 4.98, BVerwGE 110, 81 = NVwZ 2000, 567 (568) – Eisenbahntrasse Stendal–Uelzen. – Das UBA, Hinweise, S. 10 spricht treffend von einer „teilungsbedingten Sonderlast" der Anlieger dieser Bahnstrecken.

379 BVerwG, Urt. v. 17.11.1999, 11 A 4.98, BVerwGE 110, 81 = NVwZ 2000, 567 (569) – Eisenbahntrasse Stendal–Uelzen, vgl. auch BVerwG, Urt. v. 09.07.2008, 9 A 5.07, NVwZ 2009, 50 (51), Ls. 2, Rn. 18 – Umbau des Bahnhofs Berlin Ostkreuz: In dieser besonderen Situation, in der es um die Bewältigung der Folgen der deutschen Teilung gehe, entspreche es einer angemessenen, die gegenläufigen Interessen der Allgemeinheit an einer schnellen und finanzierbaren Rekonstruktion der unterbrochenen Schienenwege einerseits und der Anwohner an wirksamem Lärmschutz andererseits berücksichtigenden Lastenverteilung, die erwähnte „Fiktion auf Lärmbelastungen unterhalb der Schwelle der Grundrechtsbeeinträchtigung zu begrenzen". Der Sache nach handele es sich um einen „Billigkeitsausgleich für nachgeholte Erhaltungsmaßnahmen", die sich in ihrem Umfang kaum von einem Neubau oder einer Erweiterung unterschieden.

380 Krit. zu diesem Erfordernis *Krüger* u.a., Schall- und Erschütterungsschutz, S. 123: keine lärmwirkungsgerechte Regelung; *Jarass*, DVBl. 1995, 589 (591).

381 *Storost*, in: Ule/Laubinger, BImSchG, § 41 C 10.

16. BImSchV, nachfolgend (2)(c)]. Anders als ein Neubau und eine bauliche Erweiterung löst ein (sonstiger) erheblicher baulicher Eingriff Schutzansprüche der Lärmbetroffenen somit nur dann aus, wenn zu ihrem Nachteil eine relevante Erhöhung des Beurteilungspegels eintritt.[382]

Die Bundesregierung führte in ihrer Begründung zum Entwurf des § 1 Abs. 2 der 16. BImSchV aus[383]: § 1 Abs. 2 der 16. BImSchV

> „beschreibt die ‚wesentliche Änderung' i.S. von § 41 BImSchG als einen *baulichen Eingriff* in den Verkehrsweg und eine durch ihn verursachte *spürbare* Verschlechterung der bisherigen Lärmsituation.
>
> Der bauliche Eingriff muss *erheblich* sein und zu einer *erkennbaren* Veränderung des bisherigen Verkehrsweges führen, um die Lärmvorsorge deutlich zu der Lärmsanierung abzugrenzen. Erheblich ist ein baulicher Eingriff nur, wenn *in die Substanz des Verkehrsweges eingriffen* wird. Dies ist immer der Fall, wenn an eine Straße ein durchgehender Fahrstreifen angefügt oder ein Schienenweg um ein durchgehendes Gleis erweitert wird. Als wesentliche Änderung können *nicht* verstanden werden *Erhaltungs- und Unterhaltungsmaßnahmen sowie nur kleinere Baumaßnahmen* wie z.B. an Straßen das Versetzen von Bordsteinen, das Anlegen einer Verkehrsinsel und das Anbringen von verkehrsregelnden Einrichtungen sowie an Schienenwegen das Versetzen von Signalanlagen, Auswechseln von Schwellen, der Einbau von Weichen oder das Ändern der Fahrleitung.
>
> *Grundsätzlich* muss der bauliche Eingriff zu einer *spürbaren* Steigerung der Belästigung durch Verkehrslärm führen. Eine spürbare Verschlechterung ist *immer* dann gegeben, wenn der bisher vorhandene *Beurteilungspegel um mindestens 3 dB(A) erhöht* wird. Auf eine Steigerung um mindestens 3 dB(A) kann es aber nicht mehr ankommen, wenn infolge des baulichen Eingriffes der *Beurteilungspegel auf 70/60 dB(A) erhöht* wird *oder* er *vor dem baulichen Eingriff bereits über 70/60 dB(A) lag*. Bei einer derartigen Belastung durch Verkehrslärm ist auch bei einer geringeren Lärmsteigerung, verursacht durch einen erheblichen baulichen Eingriff, Lärmvorsorge erforderlich. Das gleiche gilt, wenn durch eine Verbreiterung einer vorhandenen Straße um durchgehende Fahrstreifen für den Kraftfahrzeugverkehr oder eines vorhandenen Schienenweges um durchgehende Gleise *der Verkehr optisch an die Betroffenen näher heranrückt und zumindest subjektiv als deutlich lauter empfunden wird*."

### *(1) Bauliche Erweiterung*

Nach § 1 Abs. 2 S. 1 Nr. 1 der 16. BImSchV ist eine Änderung wesentlich, wenn ein Schienenweg um ein oder mehrere durchgehende Gleise baulich erweitert wird.[384] Anders als die anderen Fallgruppen des § 1 Abs. 2

[382] BVerwG, Urt. v. 23.11.2005, 9 A 28.04, BVerwGE 124, 334 = NVwZ 2006, 331 (333), Rn. 26.

[383] Abgedruckt in BR-Drs. 661/89, S. 32 f. (Herv. d. Verf.).

[384] Dazu auch *Storost,* in: Ule/Laubinger, BImSchG, § 41 C 13.

der 16. BImSchV[385] verlangt § 1 Abs. 2 S. 1 Nr. 1 der 16. BImSchV nicht die Feststellung einer bestimmten Zunahme des Lärms. Die Vorschrift beruht vielmehr auf der Annahme, dass die Errichtung eines zusätzlichen Gleises typischerweise zu mehr Verkehr und deshalb auch zu stärkerem Lärm führt.[386] Der Vorschrift liegt zudem die Erwägung zugrunde, dass der Verkehr im Falle der Verbreiterung eines vorhandenen Schienenwegs um durchgehende Gleise optisch an die Betroffenen näher heranrückt und dadurch von ihnen zumindest subjektiv als lauter empfunden wird.[387]

*(2) Erheblicher baulicher Eingriff*

(a) Grundsätzliches

Neben einer baulichen Erweiterung erfasst § 1 Abs. 2 der 16. BImSchG auch (sonstige) erhebliche bauliche Eingriffe in den Verkehrsweg. Die Bundesregierung geht nach dem Dargelegten davon aus, dass ein baulicher Eingriff nur dann erheblich ist, wenn „in die *Substanz* des Verkehrsweges eingegriffen wird", wobei „Erhaltungs- und Unterhaltungsmaßnahmen sowie nur kleinere Baumaßnahmen" keine wesentliche Änderung sind.[388] Im Anschluss an diese Verordnungsbegründung der Bundesregierung nimmt auch die ständige Rechtsprechung zu Recht an, dass ein erheblicher baulicher Eingriff eine „*bauliche* Änderung" voraussetzt, die „in die Gleisanlage mit ihrem Unter- und Überbau einschließlich der Oberleitung" eingreift und über Erhaltungs- und Unterhaltungsmaßnahmen sowie über kleinere Baumaßnahmen hinausgeht, indem sie die „Funktionsfähigkeit" des Verkehrsweges steigert.[389] Als Erhaltungs- oder Unterhaltungsmaßnahmen bzw. le-

---

385 Zur Abgrenzung der baulichen Erweiterung vom erheblichen baulichen Eingriff nach § 1 Abs. 2 S. 1 Nr. 2 u. S. 2 der 16. BImSchV nachfolgend B.I.2.b)bb)(2)(a).

386 Vgl. auch *Nolte,* jurisPR-BVerwG 13/2008 Anm. 6 C.

387 BR-Drs. 661/89, S. 34; zust. *Alexander,* NVwZ 1991, 318 (319).

388 Siehe oben B.I.2.b)bb) (Herv. d. Verf.).

389 BVerwG, Urt. v. 23.11.2005, 9 A 28.04, BVerwGE 124, 334 = NVwZ 2006, 331 (332), Rn. 24 für Straßen (Herv. d. Verf.); BVerwG, Urt. v. 10.11.2004, 9 A 67.03, NVwZ 2005, 591 (593) – S 25 (S-Bahn Berlin); BVerwG, Urt. v. 14.11.2001, 11 A 31.00, BVerwGE 115, 237 = NVwZ 2002, 733 (734) – Eisenbahntrasse Berlin–Stralsund für Schienenwege, m. w. N. auf BVerwG, Urt. v. 12.04.2000, 11 A 18.98, BVerwGE 111, 108 = NVwZ 2001, 82 (87) – Eisenbahntrasse Wieren–Uelzen, das die dargestellten Kriterien allerdings unter dem Merkmal der Erheblichkeit des Eingriffs behandelt; BVerwG, Urt. v. 17.11.1999, 11 A 4.98, BVerwGE 110, 81 = NVwZ 2000, 567 (568) u. BVerwG, Urt. v. 28.10.1998, 11 A 3.98, BVerwGE 107, 350 = NVwZ 1999, 539 (540), jew. Eisenbahntrasse Stendal–Uelzen; BVerwG, Urt. v. 20.05.1998, 11 C 3.97, NVwZ 1999, 67 – Eisenbahntrasse

diglich kleinere Baumaßnahmen sieht die Regierungsbegründung etwa das Versetzen von Signalanlagen, das Auswechseln von Schwellen[390] und den Einbau von Weichen oder das Ändern der Fahrleitung an.[391] Auch eine Bahndammverbreiterung von 1,30 m bzw. 2,30 m wurde vom Bundesverwaltungsgericht als kleinere Baumaßnahme angesehen.[392]

---

München–Kiefersfelden; BVerwG, Urt. v. 09.02.1995, 4 C 26.93, BVerwGE 97, 367 = NVwZ 1995, 907 f. – B 464; aus der obergerichtlichen Rspr. nur VGH Bad.-Württ., Urt. v. 20.11.2008, 5 S 1694/07, juris, Rn. 41 – Bahnübergang Trappensee der Eisenbahntrasse Crailsheim–Eppingen; BayVGH, Urt. v. 25.02.2003, 22 A 02.40013, juris, Rn. 24; *Schulze-Fielitz,* in: GK-BImSchG, § 41 Rn. 41; *ders.*, UPR 1994, 1; *Storost,* in: Ule/Laubinger, BImSchG, § 41 C 12; *Krüger* u. a., Schall- und Erschütterungsschutz, S. 111; *Jarass,* UPR 1998, 415 (416); *Michler,* VBlBW 1998, 201 f.

390 Nach der im einstweiligen Rechtsschutzverfahren getroffenen Entscheidung des BVerwG, Beschl. v. 27.08.1996, 11 VR 10.96, NVwZ-RR 1997, 208 (209) – Eisenbahntrasse Berlin–Hamburg (Altona) soll dies (jedenfalls „auf den ersten Blick") auch bei einem Austausch von Holzschwellen gegen – *lärmerhöhende* (vgl. BR-Drs. 661/89, S. 46 a.E.) – Betonschwellen gelten und deshalb auch insoweit eine bloße Unterhaltungsmaßnahme vorliegen; ebenso bereits OVG NRW, Urt. v. 08.12.1994, 20 A 1776/92, NWVBl. 1995, 256, juris, Rn. 48.

391 BR-Drs. 661/89, S. 32; ferner *Jarass,* BImSchG, § 41 Rn. 22; *ders.*, Verkehrsimmissionsschutz, S. 238; *Schink,* NVwZ 2003, 1041 (1044); *Schulte,* ZUR 2002, 195 (198); *Schulze-Fielitz,* DÖV 2001, 181 (187); *Michler,* VerwArch. 1999, 21 (32 f.); *ders.*, Verkehrsimmissionsschutz, S. 152 f.; *Maier,* BWVP 1991, 101 (102); a. A. (nämlich erheblicher baulicher Eingriff) für den Einbau von Straßenbahngleisen *Krüger* u. a., Schall- und Erschütterungsschutz, S. 111. – Bejaht auch für die Sanierung eines Bahndamms und der Einschnittsböschungen zur Nachholung jahrelang versäumter Erhaltungs- und Unterhaltungsmaßnahmen, BVerwG, Urt. v. 12.04.2000, 11 A 18.98, BVerwGE 111, 108 = NVwZ 2001, 82 (87) – Eisenbahntrasse Wieren–Uelzen. – Nach OVG NRW, Urt. v. 08.12.1994, 20 A 1776/92, NWVBl. 1995, 256, Ls. 4, juris, Rn. 48 ff. ist die Wesentlichkeit einer baulichen Änderung im Sinne des § 41 Abs. 1 BImSchG aus einer „wertenden Gegenüberstellung" von der – durch die Baumaßnahmen bewirkten – Änderung der Immissionssituation und ihrem (baulichen) Umfang auf der einen, mit ihrem Charakter als Unterhaltungsmaßnahme zur Aufrechterhaltung oder Änderung der Betriebsabläufe auf der anderen Seite zu ermitteln, wobei sie, sofern dabei der Charakter der Maßnahme als Unterhaltungsmaßnahme überwiege, „regelmäßig" keine wesentliche bauliche Änderung im Sinne des § 41 Abs. 1 BImSchG enthalte, „ohne dass es im Einzelnen auf ihren Umfang oder auf die durch sie ermöglichte Lärmsteigerung ankommt"; krit. *Schulze-Fielitz,* DÖV 2001, 181 (187), weil es diese wertende Betrachtung ermögliche, selbst umfangreiche bauliche Eingriffe vom Anwendungsbereich der 16. BImSchV auszuschließen, obwohl der Verordnungsgeber lediglich „kleinere" bauliche Eingriffe vom Geltungsbereich der 16. BImSchV ausschließen wollte.

392 BVerwG, Urt. v. 14.11.2001, 11 A 31.00, BVerwGE 115, 237 = NVwZ 2002, 733 (734) m. w. N. – Eisenbahntrasse Berlin–Stralsund; BVerwG, Urt. v. 12.04.2000, 11 A 18.98, BVerwGE 111, 108 = NVwZ 2001, 82 (87) – Eisenbahntrasse Wieren–Uelzen; BVerwG, Beschl. v. 27.08.1996, 11 VR 10.96, NVwZ-RR 1997, 208 (209) – Eisenbahntrasse Berlin–Hamburg (Altona).

Keinen Eingriff in die Substanz des Verkehrswegs und damit auch keinen erheblichen baulichen Eingriff stellen bloße *Betriebsänderungen* dar.[393] Kein erheblicher baulicher Eingriff ist auch die *Errichtung einer Schallschutzwand* zur Lärmsanierung an einem vorhandenen Verkehrsweg, weil die Errichtung der Schallschutzwand als Maßnahme des aktiven Lärmschutzes nicht auf eine Änderung der Verkehrsfunktion des Verkehrswegs gerichtet ist, sondern erst eine *Folge* aus dieser Funktion und der mit ihr verbundenen, aus der Sicht des § 3 BImSchG nachteiligen Begleiterscheinungen.[394] Fraglich ist, ob die *Elektrifizierung* einer Bahnstrecke, also ihre Umstellung vom Dampf- oder Dieselbetrieb auf den Betrieb mit elektrischen Triebfahrzeugen durch Anbringung von Oberleitungen oder Stromschienen, ein erheblicher baulicher Eingriff sein kann. Dies ist zu bejahen, weil die Elektrifizierung den Schienenweg als Bezugsobjekt für eine bauliche Änderung betrifft. Zum Schienenweg gehört nach dem Dargelegten[395] die Gleisanlage mit ihrem Unter- und Überbau einschließlich einer Oberleitung. Das Anbringen einer Oberleitung stellt damit einen Eingriff in die bauliche Substanz des Verkehrswegs dar und hat auch einen inneren Bezug zu der bereits vorhandenen Verkehrsfunktion des Verkehrswegs, sofern sie sich auf dessen vorausgesetzte und planerisch gewollte Leistungsfähigkeit bezieht. Das Bundesverwaltungsgericht hat allerdings in seinem Beschluss vom 27. August 1996 zur Eisenbahntrasse Berlin–Hamburg (Altona)[396] ausgeführt, es leuchte ein, dass „die Elektrifizierung als solche kaum dazu angetan ist, die Lärmsituation für die Streckenanlieger nachteilig zu verändern, solange sie nicht mit einer Geschwindigkeitserhöhung einhergeht. Eine Erhöhung der durchschnittlich gefahrenen Geschwindigkeit dürfte bei dem hier in Rede stehenden Wechsel der Antriebsart – von Diesel- zu Elektroloks – nicht der Erfahrung entsprechen."[397]

---

393 Siehe bereits oben B.I.2.b)aa)(1).

394 BVerwG, Urt. v. 09.02.1995, 4 C 26.93, BVerwGE 97, 367 = NVwZ 1995, 907 f., Ls. 1 – B 464, dazu *Vallendar,* UPR 1995, 296 (297 f.); Nds. OVG, Urt. v. 27.03.2008, 7 KS 158/04, BImSchG-Rspr. § 41 Nr. 91, juris, Rn. 21.

395 Oben A.II.

396 11 VR 10.96, NVwZ-RR 1997, 208 (209); vgl. auch BVerwG, Beschl. v. 13.10.1994, 7 VR 10.94, NVwZ 1995, 379 (380) – Eisenbahntrasse Drewitz-Berlin/Charlottenburg; *Stüer/Probstfeld,* Planfeststellung, Rn. 409.

397 Ebenso *Steenhoff,* DVBl. 1996, 1236 (1241) unter Hinweis darauf, dass die Anzahl der Züge nicht von der Art der Triebfahrzeuge (Diesel oder elektrisch) abhängt und auch die zulässige Kapazität einer Strecke durch die Elektrifizierung nicht geändert wird; a. A. UBA, Hinweise, S. 9, weil die Elektrifizierung regelmäßig die Leistungssteigerung der Bahnstrecke zum Ziel habe und mit ihr eine Kapazitätssteigerung durch einen erheblichen baulichen Eingriff, der auch zu höheren Lärmbelastungen führe; vgl. ferner *Schulze-Fielitz,* UPR 1994, 1 (6), der auf die unterschiedlichen Lästigkeitsgrade von Diesel- und Elektrolokomotiven hinweist. Siehe auch unten B.I.3.c)aa).

Bedeutung erlangen kann die Abgrenzung zwischen einer baulichen Erweiterung im Sinne von § 1 Abs. 2 S. 1 Nr. 1 der 16. BImSchV und einem (sonstigen) erheblichen baulichen Eingriff im Sinne des § 1 Abs. 2 S. 1 Nr. 2 u. S. 2 der 16. BImSchV, weil im Fall einer baulichen Erweiterung Lärmvorsorge unabhängig von einer dadurch bewirkten Erhöhung des Verkehrslärms (des Beurteilungspegels) gewährt wird, während bei einem sonstigen baulichen Eingriff eine – im konkreten Fall zu bestimmende – Erhöhung des Beurteilungspegels erforderlich ist.[398] Maßgebend für die Abgrenzung ist das Merkmal der „durchgehenden“ Gleise in § 1 Abs. 2 S. 1 Nr. 1 der 16. BImSchV. Ist dieses Merkmal erfüllt, liegt eine bauliche Erweiterung vor. Nur dann besteht ein Grund dafür, Lärmvorsorgeansprüche bereits an diese bauliche Maßnahme zu knüpfen, und zwar unabhängig von einer Erhöhung des Beurteilungspegels. Hiervon ausgehend liegt eine bauliche Erweiterung im Sinne von § 1 Abs. 2 S. 1 Nr. 1 der 16. BImSchV vor, wenn es sich um ein neues Gleis handelt, das verkehrswirksam ist, indem es durchgehend zusätzlichen Verkehr ermöglicht, während etwa ein neues *Ausweich-, Rangier- oder Überholgleis* lediglich einen erheblichen baulichen Eingriff darstellt.[399]

#### (b) Erhöhung des Beurteilungspegels um mindestens 3 dB(A) oder auf mindestens 70/60 dB(A)

Nach § 1 Abs. 2 S. 1 Nr. 2 der 16. BImSchV ist eine Änderung wesentlich, wenn durch den erheblichen baulichen Eingriff der Beurteilungspegel des *von dem zu ändernden Verkehrsweg ausgehenden* Verkehrslärms um mindestens 3 dB(A) oder auf mindestens 70 dB(A) am Tage oder mindestens 60 dB(A) in der Nacht erhöht wird. Maßstab für die Steigerung des Verkehrslärms ist der Beurteilungspegel[400], und zwar der Beurteilungspegel des von dem zu ändernden Verkehrsweg ausgehenden Verkehrslärms. Diese Einschränkung hat erhebliche rechtliche Relevanz. In ihr kommt die – auch an anderen Stellen der 16. BImSchV, insbesondere in den Berechnungsvorschriften der Anlagen 1 u. 2 zu findende – grundsätzliche Absage an eine summative Betrachtung („Gesamtlärmbetrachtung“) mit anderen Geräuschquellen, insbesondere anderen Schienen- und Verkehrswegen sowie emittierenden Anlagen[401] zum Ausdruck [dazu näher unten 4.c)].

---

[398] Dazu nachfolgend B.I.2.b)bb)(2)(b) u. (c).

[399] Vgl. *Storost,* in: Ule/Laubinger, BImSchG, § 41 C 13 m. w. N.; *Jarass,* Verkehrsimmissionsschutz, S. 238 m. w. N.; *Schulze-Fielitz,* DÖV 2001, 181 (186).

[400] Zu diesem allg. oben Teil 1, B.IV. sowie im Besonderen unten B.I.3.c).

[401] Lediglich die Beurteilungspegel mehrerer Gleise sind nach dem Diagramm V (zu Anlage 2) zu einem „Gesamtbeurteilungspegel“ für den Schienenweg zusammenzufassen (siehe Anlage 2 drittletzter Absatz).

Maßgebend für die Beurteilung der Lärmerhöhung ist ein Vergleich der prognostizierten Situation nach der baulichen Maßnahme mit dem *planungsrechtlichen Bestand.*[402] Zu ermitteln ist die Differenz der im maßgeblichen Prognosezeitpunkt[403] zu erwartenden Beurteilungspegel am Immissionsort für den Zustand mit und ohne der Baumaßnahme.[404] Der Wesentlichkeit einer Änderung liegt nach § 1 Abs. 2 S. 1 Nr. 2 u. S. 2 der 16. BImSchV ein relatives Verständnis zugrunde.[405] Wird beispielsweise ein Gleis um einige Meter an einen Immissionsort (z. B. eine Wohnbebauung) herangerückt, dadurch aber zugleich von einem anderen Immissionsort weggerückt und erhöht sich deshalb der Beurteilungspegel am einen Immissionsort um mindestens 3 dB(A), während sich der Beurteilungspegel am anderen Immissionsort sogar verringert (oder sich an einem weiteren Immissionsort um weniger als 3 dB(A) erhöht), so liegt gleichwohl eine wesentliche Änderung des Schienenweges vor. Soweit Autoren deshalb die Frage aufwerfen, ob es deswegen eine „relative Änderung" gebe, weil die Trassenverschiebung für den einen Immissionsort eine wesentliche Änderung darstelle und für den anderen nicht[406], so ist zu ergänzen, dass *dieselbe* bauliche Maßnahme nicht zugleich eine wesentliche Änderung und keine wesentliche Änderung sein kann. Denn § 1 Abs. 2 S. 1 Nr. 2 u. S. 2 der 16. BImSchV fragen ausschließlich danach, ob an *irgendeinem* Immissionsort die Voraussetzungen für eine wesentliche Änderung vorliegen, unabhängig davon, ob an anderen Stellen diese Voraussetzungen nicht gegeben sind oder sich die Immissionssituation sogar verbessert. Liegen die Voraussetzungen für eine wesentliche Änderung vor, so ist die Maßnahme *einheitlich* als wesentliche Änderung zu qualifizieren. Dies kommt auch in § 41 Abs. 1 BImSchG in Verbindung mit § 3 Abs. 1 BImSchG zum Ausdruck. Durch die Erwähnung der „Nachbarschaft" in § 3 Abs. 1 BImSchG sind nicht nur die Auswirkungen – hier: der Trassenverlegung – auf die Allgemeinheit, sondern gerade auch auf den Einzelnen in der Nachbarschaft maßgebend. Bereits die Betroffenheit eines Einzelnen kann daher eine Änderung zu einer wesentlichen machen.

Grund für den Auslöse-Wert von 3 dB(A) in § 1 Abs. 2 S. 1 Nr. 2 Var. 1 der 16. BImSchV ist, dass damit nach herkömmlicher Auffassung die Hörbarkeitsschwelle für das menschliche Ohr beschrieben wird.[407] Mittlerweile dürfte erwiesen sein, dass auch Pegelerhöhungen um weniger als 3 dB(A)

---

402 VGH Bad.-Württ., Urt. v. 20.11.2008, 5 S 1694/07, juris, Rn. 41 m. w. N. – Bahnübergang Trappensee der Eisenbahntrasse Crailsheim–Eppingen.

403 Dazu unten B.I.3.c)aa).

404 *Storost,* in: Ule/Laubinger, BImSchG, § 41 C 14.

405 Vgl. *Vallendar,* Sanierungsansprüche, S. 259.

406 *Vallendar,* Sanierungsansprüche, S. 254; ferner *Storost,* in: Ule/Laubinger, BImSchG, § 41 C 14.

vom menschlichen Ohr wahrgenommen werden können, z. B. wenn die Einwirkungszeit verlängert wird oder die Erhöhung des Geräuschpegels im Beurteilungszeitraum ungleichmäßig erfolgt; darüber hinaus können auch vom menschlichen Ohr nicht wahrnehmbare Geräuscherhöhungen zu physiologischen Belastungen führen.[408]

Es stellt sich deshalb die Frage, ob die Vorschrift des § 1 Abs. 2 S. 1 Nr. 2 Var. 1 der 16. BImSchV den Begriff der „Wesentlichkeit" im Sinne von § 41 Abs. 1 BImSchG abschließend konkretisiert hat.[409] Im rechtswissenschaftlichen Schrifttum wird zu Recht darauf hingewiesen, dass der durch § 41 BImSchG für eine wesentlichen Änderung gewährte Schutzanspruch nicht durch die 16. BImSchV eingeschränkt werden kann.[410] Dies folgt bereits aus der verfassungsrechtlich, insbesondere in der Zusammenschau der Art. 1 Abs. 3, 20 Abs. 3, 79 Abs. 3 u. 80, 100 Abs. 1 GG verankerten Normenhierarchie[411] sowie aus der tatbestandlich auf die „zur Durchführung des § 41 und des § 42 Abs. 1 und 2 erforderlichen Vorschriften" begrenzten Ermächtigung des § 43 Abs. 1 S. 1 BImSchG.

Das *Bundesverwaltungsgericht* geht davon aus, dass § 1 Abs. 2 der 16. BImSchV für seinen Anwendungsbereich das Tatbestandsmerkmal der wesentlichen Änderung im Sinne von § 41 Abs. 1 BImSchG *abschließend konkretisiert* hat.[412] Nach der *herrschenden Meinung in der Literatur* ent-

---

[407] *Alexander,* NVwZ 1991, 318 (319). Krit zur 3 dB(A)-Regelung *Ortscheid/Wende,* Pegeländerungen, S. 1 ff. (9); *Jarass,* UPR 1998, 415 (417).

[408] Siehe oben Teil 1, A. (S. 28).

[409] Dazu etwa *Schulze-Fielitz,* UPR 1994, 1 f.; *Jarass,* Verkehrsimmissionsschutz, S. 239 m. w. N.

[410] Vgl. nur *Czajka,* in: Feldhaus, BImSchG, § 41 Rn. 34 f.; *Silagi,* UPR 1997, 272 (277); *Michler,* Verkehrsimmissionsschutz, S. 162; ebenso das Bundesland Nordrhein-Westfalen in der Begründung seines Antrags zur Änderung des § 1 Abs. 2 S. 1 der 16. BImSchV-E, BR-Drs. 661/2/89, S. 1.

[411] Vgl. allg. etwa *Grzeszick,* in: MD, GG, Art. 20 Rn. 25.

[412] BVerwG, Urt. v. 23.11.2005, 9 A 28.04, BVerwGE 124, 334 = NVwZ 2006, 331 (333), Rn. 27 zu § 1 Abs. 2 S. 1 Nr. 2 der 16. BImSchV unter Hinweis unter anderem auf die Entscheidung BVerwG, Urt. v. 03.03.1999, 11 A 9.97, NVwZ-RR 1999, 720 (721) – Eisenbahntrasse Hamburg–Büchen–Berlin; in diese Richtung auch BVerwG, Urt. v. 17.03.2005, 4 A 18.04, BVerwGE 123, 152 = NVwZ 2005, 811 (812) – A 73 (Suhl-Lichtenfels); VGH Bad.-Württ., Urt. v. 21.03.1997, 5 S 1568/96, BImSchG-Rspr. § 41 Nr. 35, Ls. 1, juris, Rn. 28 m. w. N. (unter anderem BVerwG, Beschl. v. 27.08.1996, 11 VR 10.96, NVwZ-RR 1997, 208 (209) – Eisenbahntrasse Berlin–Hamburg (Altona); es gilt das zur Hamburg–Büchen–Berlin-Entscheidung Gesagte); ebenso der Planfeststellungsbeschluss des Eisenbahn-Bundesamts vom 30.04.2008 für das Projekt Stuttgart 21, Planfeststellungsabschnitt 1.4, Filderbereich bis Wendlingen, B. III. Ziff. 4.3.1 (S. 145); vgl. auch *Jarass,* BImSchG, § 41 Rn. 23: Konkretisierung mit dem „Ziel" einer abschließenden Regelung, dann aber Rn. 26a und unten Fn. 413; nicht eindeutig *Alexander,* NVwZ 1991,

hält § 1 Abs. 2 der 16. BImSchV demgegenüber keine abschließende Konkretisierung des Begriffs der „Wesentlichkeit“ im Sinne von § 41 Abs. 1 BImSchG; da es Fälle einer wesentlichen Änderung im Sinne von § 41 Abs. 1 BImSchG gebe, die nicht unter eine der Varianten des § 1 Abs. 2 der 16. BImSchV subsumiert werden könnten, könne und müsse insoweit auf § 41 Abs. 1 BImSchG zurückgegriffen werden, etwa im Bereich unterhalb der verfassungsrechtlichen Zumutbarkeitsgrenze bei (mehrfachen) Erhöhungen des Beurteilungspegels um weniger als 3 dB(A), die insgesamt aber den Auslösewert von 3 dB(A) erreichen oder überschreiten.[413] Zu folgen ist der Rechtsprechung. Die Bedenken der herrschenden Literatur treffen aus mehreren Gründen nicht zu:

Ausgangspunkt ist die Vorschrift des § 41 Abs. 1 BImSchG. Sie setzt eine „wesentliche“ Änderung voraus. Der Begriff der „Wesentlichkeit“ verlangt bereits nach seinem Wortlaut nicht, generell auch Pegelerhöhungen von unter 3 dB(A) und damit jede nur denkbare Belastung zu erfassen. Bei nicht wesentlichen Änderungen greift das Schutzregime der §§ 41 ff. BImSchG somit nicht. Für diese Fälle musste – und durfte (vgl. die Ermächtigung in § 43 Abs. 1 S. 1 Halbs. 1 BImSchG: „zur Durchführung des § 41 und des § 42 Abs. 1 und 2 erforderlichen Vorschriften“) – der Verordnungsgeber keine Regelungen erlassen.

Der Verordnungsgeber hat in § 1 Abs. 2 der 16. BImSchV ein differenziertes Regelungssystem geschaffen. Pegelerhöhungen von unter 3 dB(A) hat er in den Fällen des § 1 Abs. 2 S. 1 Nr. 2 Var. 2 u. S. 2 der 16. BImSchV [zu letzterem nachfolgend (c)] und damit im grundrechtsrelevanten Bereich genügen lassen. Und auch für die bauliche Erweiterung (§ 1 Abs. 2 S. 1 Nr. 1 der 16. BImSchV) sowie – bereits der Natur der Sache nach – für den Neubau (§ 1 Abs. 1 Var. 1 der 16. BImSchV) kommt es nicht auf eine Pegelerhöhung an. Die Feststellung einer Pegelerhöhung um mindestens 3 dB(A) ist mithin nur in den unterhalb der verfassungsrechtlichen Zumutbarkeitsschwelle angesiedelten Fällen des § 1 Abs. 2 S. 1 Nr. 2 Var. 1 der 16. BImSchV erforderlich. *Czajka*[414] weist insoweit zutreffend darauf hin, dass § 1 Abs. 2 der 16. BImSchV den Rahmen des Begriffs der „wesentlichen Änderung“ in solchem Maße ausfüllt, dass Fälle einer „wesentlichen Änderung“ im Sinne von § 41 BImSchG „kaum denkbar“ sind.

---

318 (319), nach dem der Begriff der wesentlichen Änderung in § 1 Abs. 2 der 16. BImSchV „näher definiert“ wird.

[413] *Jarass,* BImSchG, § 41 Rn. 23 u. 26a; *ders.*, UPR 1998, 415 (417); *ders.*, DVBl. 1995, 589 (592); *ders.*, Verkehrsimmissionsschutz, S. 239; *Bracher,* in: LR, § 41 BImSchG Rn. 35; *Czajka,* in: Feldhaus, BImSchG, § 41 Rn. 34 f.; *Silagi,* UPR 1997, 272 (277); *Schulze Fielitz,* UPR 1994, 1 f.; krit. auch *Reese,* in: BeckOK-UmwR, § 41 BImSchG Rn. 16 f.

[414] In: Feldhaus, BImSchG, § 41 Rn. 39.

Auch wenn solche Fälle „denkbar“ sind, vermag dies nichts an dem abschließenden Charakter von § 1 Abs. 2 der 16. BImSchV zu ändern. Bei dem Begriff der „Wesentlichkeit“ im Sinne von § 41 Abs. 1 BImSchG handelt es sich um einen unbestimmten Rechtsbegriff, welcher der Konkretisierung bedarf. Das Bundesverwaltungsgericht hat in seinem Urteil vom 3. März 1999 zur Eisenbahntrasse Hamburg–Büchen–Berlin[415] zutreffend ausgeführt, dem Verordnungsgeber stehe bei der „Festsetzung von Immissionsgrenzwerten“ ein *„erheblicher Einschätzungs-, Wertungs- und Gestaltungsspielraum“* zu.[416] Für die Konkretisierung des Begriffs der „Wesentlichkeit“ im Sinne von § 41 Abs. 1 BImSchG gilt nichts anderes.[417] Der Begriff der „Wesentlichkeit“ ist – ähnlich dem Begriff der „erheblichen“ Belästigungen und dem Begriff der schädlichen Umwelteinwirkungen – unbestimmt und (wenn auch nicht im selben Maße) konkretisierungsbedürftig. Nicht nur die Festlegung von Immissionsgrenzwerten beruht – wie es das Bundesverwaltungsgericht in der vorgenannten Entscheidung formuliert – auf einer „abstrakt-generellen Abwägung widerstreitender Interessen“. Vielmehr kommen die widerstreitenden Interessen auch im Begriff der Wesentlichkeit zum Ausdruck. Die Ausgestaltung des Begriffs der Wesentlichkeit erfordert deshalb ebenfalls eine „abstrakt-generelle Abwägung widerstreitender Interessen“ und eröffnet damit dem Verordnungsgeber einen gewissen Spielraum, mag dieser auch eingeschränkter sein als bei der Konkretisierung des Begriffs der erheblichen Belästigung. Die Konkretisierung des unbestimmten Begriffs des Wesentlichkeit ist daher ebenfalls im Sinne des § 43 Abs. 1 S. 1 Halbs. 1 BImSchG zur „Durchführung“ des § 41 Abs. 1 BImSchG „erforderlich“.[418] Der Gesetzgeber hat dem Verordnungsgeber insofern den „Regelungsauftrag“[419] erteilt, „Einzelheiten“ durch Rechtsverordnung „zu regeln“[420]. Zutreffend hat das Bundesverwaltungsgericht in seiner Äußerung vom 29. Juni 1987[421] gegenüber dem Bundesverfassungsgericht im Verfassungsbeschwerdeverfahren zum Straßenverkehrslärm[422]

---

[415] 11 A 9.97, NVwZ-RR 1999, 720 (723 f.); ebenso *Schulze-Fielitz,* UPR 1994, 1 (2).

[416] Vgl. auch *Jarass,* Verkehrsimmissionsschutz, S. 243; *ders.*, UPR 1998, 415 (418).

[417] Zutr. *Michler,* Verkehrsimmissionsschutz, S. 157.

[418] A. A. *Hansmann,* in: LR, § 43 BImSchG Rn. 7 m. w. N.; ferner *Michler,* Verkehrsimmissionsschutz, S. 158, nach dem Inhalt, Zweck und Ausmaß der Ermächtigung im Hinblick auf Art. 80 Abs. 1 S. 2 GG nicht hinreichend bestimmbar ist.

[419] BVerfG, Beschl. v. 30.11.1988, 1 BvR 1301/84, BVerfGE 79, 174 = NJW 1989, 1271 (1272 f.) – Erbbaurecht, Straßenverkehrslärm, dazu ausführlich unten B.I.3.b)aa).

[420] So die Begründung des Innenausschusses, BT-Drs. 7/1513, S. 3.

[421] 4 ER 500.86.

[422] Oben Fn. 419.

betont, die Verordnungsermächtigung könne dahin verstanden werden, „dass dem Verordnungsgeber – bei genereller Beachtung des *durch §§ 1, 3, 41 BImSchG vorgegebenen Niveaus* – ein *gewisser Handlungsspielraum* bei der politischen Bewertung des Verhältnisses von zumutbarem Verkehrslärm und finanzieller Machbarkeit zustehen soll".[423] Das „durch §§ 1, 3, 41 BImSchG vorgegebene Niveau". wird auch durch den Begriff der „Wesentlichkeit" mitbestimmt.

Hinzu kommt, dass – wie es das Bundesverwaltungsgericht in seinem erwähnten Urteil vom 3. März 1999 hervorgehoben hat – „Vereinfachungen und Pauschalierungen" unumgänglich und schon deshalb zulässig sind. Dies aufgreifend hat das Bundesverwaltungsgericht auch in seiner Entscheidung vom 20. Dezember 2000 zur Eisenbahntrasse Leipzig/Leutzsch-Probstzella[424] nochmals ausdrücklich betont, dem Verordnungsgeber stehe bei der Bewertung des veränderten Lärmgeschehens „ein Einschätzungs-, Wertungs- und Gestaltungsspielraum" zu. Dieser erlaube es ihm, eine Veränderung des Lärmgeschehens insgesamt als irrelevant einzustufen, soweit dies nicht zur Folge habe, dass „die rechnerisch ermittelte Lärmbelastung die Wirklichkeit nur noch völlig unzulänglich abbildet", wobei davon auch „Vereinfachungen und Pauschalierungen" gedeckt seien. Vor diesem Hintergrund hat die Bundesregierung den ihr zustehenden Spielraum nicht überschritten, indem sie die typische Hörbarkeitsschwelle von 3 dB(A), wie bereits in § 1 Abs. 3 Nr. 1 des Entwurfs des Verkehrslärmschutzgesetzes (VLärmSchG-E)[425] vorgesehen, zur Grundlage für die Konkretisierung der „Wesentlichkeit" gemacht hat.

Hinzu kommt, dass nach den Rundungsregelungen in Anlage 1 (letzter Absatz) und in Anlage 2 (vorletzter Absatz) im Falle des § 1 Abs. 2 S. 1 Nr. 2 der 16. BImSchV die Differenz der Beurteilungspegel aufzurunden ist, das 3 dB(A)-Kriterium mithin bereits bei einer Pegelerhöhung um mehr als 2,0 dB(A) erfüllt ist.[426]

Eine Erfassung aller nur denkbaren Belastungen wäre ebenfalls nicht mit dem Zweck der §§ 41 ff. BImSchG vereinbar, nämlich öffentliche Verkehrsanlagen auch aufgrund der von ihr wahrgenommenen Daseinsvorsorgefunktion gegenüber dem Anlagenrecht zu privilegieren. Die weitere Absenkung des Auslösewerts von 3 dB(A), insbesondere bei Berücksichtigung der Rundungsregelung, könnte dazu führen, dass bereits bei einer nur ge-

---

423 Zit. nach BR-Drs. 661/89, S. 34 f.

424 11 A 7.00, NVwZ-RR 2001, 360 (361).

425 BT-Drs. 8/1671, S. 4. Näher zum VLärmSchG-E unten B.I.3.b)aa).

426 Vgl. etwa auch den Planfeststellungsbeschluss des Eisenbahn-Bundesamts vom 30.08.2007 für das Bauvorhaben ABS 38 – München-Mühldorf-Freilassing, C. IV. Ziff. 6.3.3 (S. 79 f.).

ringfügigen Erhöhung des Beurteilungspegels erhebliche Kosten zur Einhaltung der Immissionsgrenzwerte des § 2 Abs. 1 der 16. BImSchV aufzuwenden wären.

Die nach Maßgabe des § 1 Abs. 2 der 16. BImSchV nicht wesentlich Betroffenen sind zudem nicht schutzlos, da ihre Belange jedenfalls im Rahmen der planerischen Abwägung (unten C.) zu berücksichtigen sind. Dass der Verordnungsgeber vor diesem Hintergrund eine wesentliche Änderung abgelehnt und die Betroffenen auf das Abwägungsgebot verwiesen hat, begegnet keinen rechtlichen Bedenken.

Die gegenteilige Auffassung würde letztlich auch den Sinn des Verordnungssystems, „Rechtssicherheit in einem Bereich (zu schaffen), der in besonderem Maße von Wertungen geprägt und daher höchst unterschiedlicher Beurteilung im Einzelfall ausgesetzt ist“ – so das Bundesverwaltungsgericht[427] in seiner zur 18. BImSchV ergangenen, aber auf die 16. BImSchV übertragbaren[428] Rechtsprechung – generell in Frage stellen, wenn und weil in nicht geregelten Fällen stets auf die allgemeinen Gesetzesvorschriften zurückgegriffen werden könnte und müsste.

Schließlich hat sich der Gesetzgeber trotz der in der Literatur hinsichtlich der Vereinbarkeit des § 1 Abs. 2 der 16. BImSchV mit den Vorgaben des § 41 BImSchG geltend gemachten Kritik auch mittlerweile rund 20 Jahre nach Inkrafttreten der 16. BImSchV zum 21. Juni 1990 nicht zu einem korrigierenden Einschreiten (z. B. durch Erlass einer eigenen teilweisen oder umfassenden gesetzlichen Regelung des Verkehrswegelärmschutzrechts) veranlasst gesehen. Auch dies lässt darauf schließen, dass der Verordnungsgeber die gesetzlichen Vorgaben insoweit nicht verfehlt hat.

Soweit in der Literatur schließlich auf Schutzlücken hingewiesen wird, die entstehen können, sofern zeitlich eng aufeinander folgende Baumaßnahmen zu Beurteilungspegeln von jeweils knapp unterhalb der 3 dB(A)-Grenze führen[429], vermag dies an der Beurteilung nichts zu ändern. Solche Lücken sind letztlich Folge der gebotenen und zulässigen Vereinfachungen und Pauschalierungen und daher hinzunehmen. Im Übrigen ist stets zu prüfen, ob verschiedene bauliche Maßnahmen aufgrund ihres sachlichen, räumlichen und zeitlichen Zusammenhangs als eine Einheit und damit als einheitliches Vorhaben zu behandeln sind.[430] Zusammengehörige Maßnahmen

---

[427] Beschl. v. 08.11.1994, 7 B 73.94, NVwZ 1995, 993 f., Ls.

[428] *Czajka,* in: Feldhaus, BImSchG, § 41 Rn. 47.

[429] *Schulze-Fielitz,* UPR 1994, 1 f.; *Jarass,* DVBl. 1995, 589 (592).

[430] Zutr. *Schulze-Fielitz,* DÖV 2001, 181 (189); *Jarass,* Verkehrsimmissionsschutz, S. 238; *ders.*, UPR 1998, 415 (416); siehe auch BVerwG, Beschl. v. 27.08.1996, 11 VR 10.96, NVwZ-RR 1997, 208 (209) – Eisenbahntrasse Berlin–

sind zusammen zu betrachten. Durch eine künstliche Aufspaltung von Maßnahmen in mehrere Vorhaben können die Vorgaben des § 1 Abs. 2 S. 1 Nr. 2 Var. 1 der 16. BImSchV daher nicht unterlaufen werden.

Festzuhalten ist also, dass dem Verordnungsgeber ein Konkretisierungsspielraum zur Verfügung steht und dieser Spielraum auch den Begriff der „Wesentlichkeit" umfasst. Auch wenn etwa eine Pegelerhöhung von unter 3 dB(A) wahrnehmbar und damit „spürbar" ist, war der Verordnungsgeber nicht gehalten, dies als eine „wesentliche" Änderung im Sinne von § 41 Abs. 1 BImSchG zu definieren [zur Summationsproblematik unten 4.c)].

Die Grenzwerte von 70 dB(A)/60 dB(A) im Sinne von § 1 Abs. 2 S. 1 Nr. 2 Var. 2 der 16. BImSchV beruhen auf der langjährigen Rechtsprechung des Bundesgerichtshofs und des Bundesverwaltungsgerichts zur verfassungsrechtlichen Zumutbarkeitsschwelle[431], bei deren Überschreiten ein enteignender Eingriff vorliegt.[432] Eine normative Festlegung dieser Zumutbarkeitsgrenze besteht nicht.[433] Der Bundesgerichtshof hält es in ständiger Rechtsprechung für sachgerecht, diese Grenze in Wohngebieten im Allgemeinen bei Mittelungspegeln von 70 dB(A) bis 75 dB(A) tagsüber und von 60 bis 65 dB(A) nachts anzusetzen.[434] Der 9. (früher 11.) Senat des

---

Hamburg (Altona) in einem einstweiligen Rechtsschutzverfahren: Zuzugeben ist, dass die „Ertüchtigung des Streckenabschnitts" bei unbefangener Betrachtung „zusammen mit seiner Elektrifizierung und den zusätzlichen ‚Linienkorrekturen'" (durch Gleislageverschiebungen) ein „einheitliches Änderungsvorhaben" darstellt. Daher dränge sich die Frage auf, ob bei der Beurteilung der Kausalität des baulichen Eingriffs für die befürchtete Lärmerhöhung zwischen den verschiedenen, zeitgleich in Angriff genommenen Maßnahmen differenziert werden dürfe oder ob hier eine „Gesamtbetrachtung" geboten sei, die dann etwa auch die lärmerhöhende Wirkung der Betonschwellen berücksichtigen müsste. Andererseits erscheine die Position der Beigeladenen (Vorhabenträgerin), ihr könne das zeitliche und damit aus ihrer Sicht eher „zufällige Zusammentreffen" der Streckenertüchtigung mit der Elektrifizierung und den Linienkorrekturen „nicht zum Nachteil gereichen", bei summarischer Betrachtung durchaus vertretbar. Dazu auch unten B.I.4.c)cc)(4).

431 Zum Teil wird der Begriff der *enteignungsrechtlichen* Zumutbarkeitsschwelle für irreführend gehalten und statt dessen der Begriff der *eigentumsrechtlichen* Zumutbarkeitsschwelle verwendet, siehe d. Nachw. bei *Peine,* DÖV 1988, 937 (945), Fn. 93. Diese Kritik erscheint berechtigt, weil der Begriff der „enteignungsrechtlichen" Zumutbarkeitsschwelle auf Art. 14 GG abzielt, die verfassungsrechtliche Grenze indessen auch durch Art. 2 Abs. 2 S. 1 GG bestimmt wird. Um auch die durch dieses Grundrecht gezogene Grenze sprachlich zu erfassen, wird im Folgenden der Begriff der verfassungsrechtlichen Zumutbarkeitsgrenze verwendet.

432 *Dürr,* UPR 1992, 241 (246).

433 Vgl. BGH, Urt. v. 10.12.1987, III ZR 204/86, NJW 1988, 900 (901) zur Enteignungsentschädigung.

434 BGH, Urt. v. 25.03.1993, III ZR 60/91, BGHZ 122, 76 = NJW 1993, 1700 (1701 f.); BGH, Urt. v. 16.03.1995, III ZR 166/93, BGHZ 129, 124 = NJW 1995, 1823 (1824); BGH, Urt. v. 10.12.1987, III ZR 204/86, NJW 1988, 900 (901 f.) un-

Bundesverwaltungsgerichts ist dem gefolgt[435], ebenso der 4. Senat, nach dem bei einem solchen Dauerschallpegel der „verfassungsrechtlich kritische Bereich“ beginnt[436].[437] Neuere Erkenntnisse, die zu einer Korrektur oder einer Fortentwicklung dieser Rechtsprechung nötigen, bestehen nach dem 4. Senat des Bundesverwaltungsgerichts im Urteil vom 16. März 2006 zum Verkehrsflughafen Berlin-Schönefeld[438] nicht. Das Bundesverwaltungsgericht hat wiederholt betont, dass die Werte nicht als starre Regeln, sondern als relative Annäherungswerte aufzufassen sind; maßgebend sei eine individuelle Betrachtungsweise.[439] Der Verordnungsgeber hat diese Recht-

---

ter ausdrücklicher Betonung, dass sich die enteignungsrechtliche Zumutbarkeitsschwelle im Wege der Rechtsanwendung nicht in einem für alle Fallgestaltungen zutreffenden bestimmten Geräuschpegel ausdrücken lässt; BGH, Urt. v. 17.04.1986, III ZR 202/84, BGHZ 97, 361 = NJW 1986, 2421; BGH, Urt. v. 06.02.1986, III ZR 96/84, BGHZ 97, 114 = NJW 1986, 1980 (1982) = DVBl. 1986, 766 (768) m. Anm. *Berkemann,* DVBl. 1986, 768 ff.; ferner *Kämper,* in: BeckOK-VwVfG, § 74 Rn. 100; *Berkemann,* Lärmgrenzwerte, S. 92; *Bürgel,* NJW 1996, 1804 (1805).

[435] Vgl. BVerwG, Urt. v. 13.05.2009, 9 A 72.07, DVBl. 2009, 1307, Rn. 69 – A 4; BVerwG, Urt. v. 10.11.2004, 9 A 67.03, NVwZ 2005, 591 (594) – S 25 (S-Bahn Berlin); BVerwG, Beschl. v. 13.11.2001, 9 B 57.01, NVwZ-RR 2002, 178 (179); BVerwG, Urt. v. 12.04.2000, 11 A 18.98, BVerwGE 111, 108 = NVwZ 2001, 82 (88) – Eisenbahntrasse Wieren–Uelzen; BVerwG, Urt. v. 17.11.1999, 11 A 4.98, BVerwGE 110, 81 = NVwZ 2000, 567 (569); BVerwG, Urt. v. 28.10.1998, 11 A 3.98, NVwZ 1999, 539 (541); BVerwG, Urt. v. 20.05.1998, 11 C 3.97, NVwZ 1999, 67 (68) – Eisenbahntrasse München–Kiefersfelden.

[436] BVerwG, Beschl. v. 07.05.2008, 4 A 1009.07 u.a., NVwZ 2008, 1007 (1009), Rn. 22 a.E. – Verkehrsflughafen Berlin-Schönefeld; BVerwG, Urt. v. 09.11.2006, 4 A 2001.06, BVerwGE 127, 95 = NVwZ 2007, 445 (458), Rn. 140 – Verkehrsflughafen Leipzig/Halle; BVerwG, Urt. v. 16.03.2006, 4 A 1075.04, BVerwGE 125, 116 = NVwZ 2006, Beilage zu Heft Nr. 8, S. 34, Rn. 376 f. – Verkehrsflughafen Berlin-Schönefeld; BVerwG, Urt. v. 23.02.2005, 4 A 4.04, BVerwGE 123, 37 = NVwZ 2005, 803 (807) m.w.N. – A72; BVerwG, Urt. v. 06.06.2002, 4 A 44.00, NVwZ 2003, 209 (210); BVerwG, Urt. v. 29.01.1991, 4 C 51.89, BVerwGE 87, 332 = NVwZ-RR 1991, 601 (620) – Verkehrsflughafen München II; BVerwG, Beschl. v. 20.08.1990, 4 B 146-148.89, NVwZ-RR 1991, 8 (10) – Flughafen Düsseldorf; BVerwG, Urt. v. 21.05.1976, IV C 80.74, BVerwGE 51, 15 = NJW 1976, 1760 (1762) – B 27 (Stuttgart-Degerloch); siehe auch BVerwG, Beschl. v. 02.07.2008, 4 A 1025.06 u.a., NVwZ 2008, 1113 (1114), Rn. 14 – Verkehrsflughafen Berlin-Schönefeld.

[437] Krit. *Michler,* VBlBW 2004, 361 (366), nach dem diese Rechtsprechung eher selten „greifen“ dürfte, da ein solcher Pegel aufgrund der Besonderheiten des „Rechnens mit Dezibel“ (dazu oben Teil 1) kaum denkbar sei; krit. auch *Berberich,* Rechtsschutz, S. 114 u. 117, nach dem kein Zweifel bestehen dürfte, dass Werte von 65/55 dB(A) (tags/nachts) den verfassungsrechtlichen Schutzbereich des Art. 2 Abs. 1 GG in Verbindung mit Art. 1 GG markieren; diese Grenzwerte seien im Wohnbereich „gerade noch zulässig“; krit. ebenfalls *Peine,* DÖV 1988, 937 (945) m.w.N.

[438] 4 A 1075.04, BVerwGE 125, 116 = NVwZ 2006, Beilage zu Heft Nr. 8, S. 34, Rn. 377.

sprechung aufgegriffen und in rechtlich nicht zu beanstandender Weise zur Grundlage seiner Normierung in § 1 Abs. 2 S. 1 Nr. 2 Var. 2 u. S. 2 der 16. BImSchV gemacht.

Der Bundesrat hat bei seiner Zustimmung zur 16. BImSchV (vgl. § 43 Abs. 1 S. 1 Halbs. 1 BImSchG) den Vorschlag des Finanzausschusses, die Worte „oder auf mindestens 70 dB(A) am Tage oder mindestens 60 dB(A) in der Nacht" und damit die Vorschrift des § 1 Abs. 2 S. 1 Nr. 2 Var. 2 der 16. BImSchV zu streichen[440], nicht übernommen. Der Finanzausschuss hatte diesen Vorschlag damit begründet, dass Regelungsgegenstand der 16. BImSchV entsprechend der Ermächtigung in § 41 BImSchG in Verbindung mit § 43 Abs. 1 S. 1 Nr. 1 BImSchG die „Lärmvorsorge" beim Bau und der wesentlichen Änderung von Straßen- und Schienenwegen ist. Bei der vorgenannten Beschreibung der wesentlichen Änderung stehe demgegenüber die „Lärmsanierung" , für die das Bundes-Immissionsschutzgesetz keine Ermächtigung enthalte, im Vordergrund. Danach könnten selbst minimalste Pegelerhöhungen durch einen erheblichen baulichen Eingriff bei entsprechend hoher Lärmvorbelastung erhebliche Verkehrslärmschutzmaßnahmen auslösen. Die Fälle, in denen Lärmvorsorgemaßnahmen erforderlich seien, weil der bauliche Eingriff zu merklichen Pegelerhöhungen führe, seien bereits durch § 1 Abs. 2 S. 2 Nr. 2 Var. 1 der 16. BImSchV abgedeckt.[441] Dieser Empfehlung hatten der Verkehrsausschuss und der Umweltausschuss mit der Begründung widersprochen, die Rechtsprechung habe zur Lärmvorsorge immer auch gezählt, dass *bei Gelegenheit* eines erheblichen baulichen Eingriffs ein unzumutbarer Zustand in Bezug auf Verkehrslärm beseitigt werden muss, selbst wenn hörbare Lärmerhöhungen nicht eintreten.[442] Dieser Verpflichtung könne sich auch der Verordnungsgeber nicht entziehen.[443] Auch der Bundesrat hat sich der Empfehlung des Finanzausschusses nicht angeschlossen. Sie hat letztlich auch keinen Eingang in den Verordnungstext gefunden. Erreicht also der Beurteilungspegel des von dem zu ändernden Verkehrsweg ausgehenden Verkehrslärms durch einen erheblichen baulichen Eingriff diese Schwelle, so kommt es nicht darauf an, ob der Beurteilungspegel die „Hörbarkeitsschwelle" von 3 dB(A) überschreitet. Auch eine Erhöhung um weniger als 3 dB(A) stellt dann eine wesentliche Änderung des Verkehrswegs dar.

#### (c) Erhöhung des Beurteilungspegels von mindestens 70/60 dB(A)

Nach § 1 Abs. 2 S. 2 der 16. BImSchV ist eine Änderung auch dann wesentlich, wenn der Beurteilungspegel des von dem zu ändernden Verkehrsweg ausgehenden Verkehrslärms von mindestens 70 dB(A) am Tag oder

---

439 BVerwG, Urt. v. 20.05.1998, 11 C 3.97, NVwZ 1999, 67 (68) – Eisenbahntrasse München–Kiefersfelden; BVerwG, Urt. v. 29.01.1991, 4 C 51.89, BVerwGE 87, 332 = NVwZ-RR 1991, 601 (619 ff.) – Verkehrsflughafen München II.

440 BR-Drs. 661/1/89, S. 4 f.

441 BR-Drs. 661/1/89, S. 4.

442 Siehe aber B.I.4.c)aa)(2) a. E.

443 BR-Drs. 661/1/89, S. 5.

60 dB(A) in der Nacht durch einen erheblichen baulichen Eingriff erhöht wird.[444] Auch diese Vorschrift setzt einen „erheblichen baulichen Eingriff" voraus [zu diesem oben (a)]. Der Beurteilungspegel von 70 dB(A) am Tag oder 60 dB(A) in der Nacht muss durch den erheblichen baulichen Eingriff erhöht werden. Auf den Umfang der Erhöhung kommt es wie bei § 1 Abs. 2 S. 1 Nr. 2 Var. 2 der 16. BImSchV nicht an.[445] Insbesondere ist unerheblich, ob der Beurteilungspegel die „Hörbarkeitsschwelle" von 3 dB(A) überschreitet. Auch eine Erhöhung um weniger als 3 dB(A) stellt eine wesentliche Änderung des Verkehrswegs dar, da der verfassungsrechtlich kritische Bereich erreicht ist. Auf die Ausführungen zu § 1 Abs. 2 S. 1 Nr. 2 Var. 2 der 16. BImSchV[446] kann daher Bezug genommen werden.

Wie bei § 1 Abs. 2 S. 1 Nr. 2 der 16. BImSchV kommt es auch für § 1 Abs. 2 S. 2 der 16. BImSchV ausschließlich auf den Beurteilungspegel des „von einem bestehenden Verkehrsweg ausgehenden Verkehrslärms" an. Diese Wendung war im Regierungsentwurf dieser Vorschrift zwar noch nicht enthalten. Sie hatte damals noch folgende Fassung: „Eine Änderung ist auch wesentlich, wenn ein Beurteilungspegel von mindestens 70 dB(A) am Tage oder 60 dB(A) in der Nacht durch einen erheblichen baulichen Eingriff erhöht wird".[447] Der Bundesrat hat dem Entwurf der 16. BImSchV – im Anschluss an den Vorschlag des Verkehrs- und des Innenausschusses[448] – seine Zustimmung erteilt, aber unter anderem mit der Maßgabe, in § 1 Abs. 2 S. 2 der 16. BImSchV die Worte „ein Beurteilungspegel" durch die Worte „der Beurteilungspegel des von dem zu ändernden Verkehrsweg ausgehenden Verkehrslärms" zu ersetzen.[449] Der Bundesrat hat dies – ebenfalls im Anschluss an die Begründung des Vorschlags des Verkehrs- und des Innenausschusses[450] – damit begründet, dass für die Beurteilung nach § 1 Abs. 2 der 16. BImSchV, ob eine wesentliche Änderung vorliegt, sowie für die Bemessung des Schallschutzes nach § 2 der 16. BImSchV ausschließlich der Beurteilungspegel „des von dem neu zu bauenden oder zu ändernden Verkehrsweg ausgehenden Verkehrslärms" maßgeblich ist. Dies müsse in § 1 Abs. 2 S. 2 der 16. BImSchV ebenso klargestellt sein, wie bereits in § 1 Abs. 2 S. 1 Nr. 2 der 16. BImSchV-E. Bei einem unterschiedlichen Wortlaut der beiden Sätze bestehe sonst die Gefahr, dass auf einen

---

[444] Die Vorschrift gilt nach ihrem letzten Halbsatz nicht in Gewerbegebieten (§ 8 BauNVO). Grund hierfür ist die typischerweise höhere Lärmvorbelastung und die geringere Schutzwürdigkeit von Gewerbegebieten.

[445] BR-Drs. 661/89, S. 33.

[446] Oben B.I.2.b)bb)(2)(b).

[447] BR-Drs. 661/89, S. 1.

[448] BR-Drs. 661/1/89, S. 6.

[449] BR-Drs. 661/89 (Beschluss), Anlage S. 1.

[450] BR-Drs. 661/1/89, S. 6.

unterschiedlichen Inhalt geschlossen wird. Insbesondere sei zu vermeiden, dass „Summenpegel aus der Überlagerung mit dem Verkehrslärm vorhandener Verkehrswege der Beurteilung nach § 1 Abs. 2 S. 2 zugrunde gelegt werden". Dies liefe nämlich „auf eine Lärmsanierung bestehender Verkehrswege hinaus", für die § 41 BImSchG in Verbindung mit § 43 Abs. 1 S. 1 Nr. 1 BImSchG „keine Ermächtigung" enthalte.[451] Die Bundesregierung hat sich diesem Vorschlag angeschlossen und den Entwurf der Verordnung entsprechend angepasst.

Nicht angeschlossen hat sich der Bundesrat und ihm folgend auch die Bundesregierung indessen der Empfehlung des Finanzausschusses, die Vorschrift des § 1 Abs. 2 S. 2 des 16. BImSchV-E vollständig zu streichen.[452] Der Finanzausschuss begründete seinen Vorschlag damit, dass die Vorschrift einen Fall der Lärmsanierung darstellt, für den § 43 Abs. 1 S. 1 Nr. 1 BImSchG keine Ermächtigung enthält.[453] Zudem sei ihr Regelungsgehalt unklar.[454] Im Übrigen sei die Vorschrift des § 1 Abs. 2 S. 2 der 16. BImSchV überflüssig, weil sie bereits in § 1 Abs. 2 S. 1 Nr. 2 Var. 2 der 16. BImSchV („... oder auf mindestens ... erhöht wird") enthalten sei. Der Bundesrat und ihm folgend die Bundesregierung sind diesen Einwänden insofern nachgekommen, als sie – wie dargelegt – auch in § 1 Abs. 2 S. 2 der 16. BImSchV die Wendung „des von dem zu ändernden Verkehrsweg ausgehenden Verkehrslärms" aufgenommen haben. Gestrichen haben sie die Vorschrift jedoch nicht.[455]

Nicht gefolgt sind der Bundesrat und die Bundesregierung dem Vorschlag des Gesundheits- und des Umweltausschusses, § 1 Abs. 2 S. 1 Nr. 2 Var. 2 u. S. 2 der 16. BImSchV als § 1 Abs. 2 S. 2 Nr. 3 zusammenfassen, wonach Lärmvorsorge dann zu gewähren ist, wenn der Beurteilungspegel des

---

451 BR-Drs. 661/89 (Beschluss), Anlage S. 1.

452 BR-Drs. 661/1/89, S. 4.

453 Siehe bereits oben B.I.2.b)bb)(2)(b).

454 Nach dem Wortlaut seien bei der Ermittlung des Beurteilungspegels auch externe, nicht mit dem Verkehrsweg zusammenhängende Lärmquellen zu berücksichtigen, da § 1 Abs. 2 S. 2 der 16. BImSchV im Gegensatz zu § 1 Abs. 2 S. 1 Nr. 2 der 16. BImSchV nicht auf den Beurteilungspegel des von dem zu ändernden Verkehrsweg ausgehenden Verkehrslärms abstellte. Diese extensive Definition der wesentlichen Änderung sei abzulehnen. Die Straßenbaulastträger würden damit aus Anlass baulicher Maßnahmen zu Lärmsanierungsmaßnahmen verpflichtet, die durch andere Lärmquellen ausgelöst würden (BR-Drs., a. a. O.).

455 Dass § 1 Abs. 2 S. 2 der 16. BImSchV keinen von der Ermächtigung des § 43 Abs. 1 S. 1 BImSchG nicht gedeckten Fall der Lärmsanierung regelt, zeigt die Begründung des Widerspruchs des Verkehrs- und des Umweltausschusses zur Empfehlung des Finanzausschusses zur Streichung des § 1 Abs. 2 S. 1 Nr. 2 Var. 2 der 16. BImSchV [BR-Drs. 661/1/89, S. 4, siehe oben B.I.2.b)bb)(2)(b)], die für § 1 Abs. 2 S. 2 der 16. BImSchV gleichermaßen gilt; ebenso *Michler,* Verkehrsimmissionsschutz, S. 150 f., 155 u. 156 ff., Nachw. in Fn. 23 bis 25, weil die Zulassungsbehörde in den Fällen des § 1 Abs. 2 S. 2 der 16. BImSchV eine Situation vorfinde, die der grundrechtlichen Wertentscheidung widerspreche; dieses Problem habe sie im Rahmen der „Änderungsplanung" zu bewältigen.

von dem zu ändernden Verkehrsweg ausgehenden Verkehrslärms „nach dem Eingriff auf Dauer die Immissionsgrenzwerte nach § 2 Abs. 1 um 3 dB(A) übersteigt; es sei denn, bei den betroffenen Gebieten handelt es sich um Industriegebiete."[456] Der Finanzausschuss hatte – neben dem Verkehrsausschuss – dieser Empfehlung unter anderem mit der Begründung widersprochen, sie sähe gegenüber der Regierungsvorlage eine wesentliche Erhöhung der Lärmschutzanforderungen vor und führe deshalb zu erheblichen Haushaltsmehrbelastungen.[457]

Die unterschiedlichen Vorschläge der verschiedenen Ausschüsse in Bezug auf die Regelung des § 1 Abs. 2 der 16. BImSchV, insbesondere des Gesundheits- und Umweltausschusses auf der einen und des Finanzausschusses auf der anderen Seite, zeigen deutlich das einleitend beschriebene Grundproblem des Verkehrslärmschutzes unterhalb der verfassungsrechtlichen Zumutbarkeitsschwelle, nämlich den Konflikt zwischen den Interessen der Betroffenen und der Allgemeinheit an einem möglichst weitgehenden Lärmschutz einerseits und der Finanzierbarkeit des Lärmschutzes andererseits. Der Verordnungsgeber hat letztlich einen Kompromiss geschaffen, um den sich gegenüberstehenden Belangen angemessen Rechnung zu tragen.

#### c) Abgrenzung zwischen Bau und Änderung

Der Abgrenzung zwischen dem Bau und einer Änderung kann seit Inkrafttreten der 16. BImSchV eine erhebliche Bedeutung zukommen[458], weil sich in beiden Fällen die Voraussetzungen unterscheiden, welche die 16. BImSchV an einen Anspruch auf Schallschutzmaßnahmen stellt. Während der *Neubau* ohne weiteres Schutzansprüche auslöst (vgl. § 1 Abs. 1 Var. 1 der 16. BImSchV), vermag eine *Änderung* Schutzansprüche nur zu begründen, sofern sie nach § 41 Abs. 1 BImSchG „wesentlich" ist, was sich nach der differenzierten Regelung des § 1 Abs. 2 der 16. BImSchV bestimmt.[459] Ob die Betroffenen einen Anspruch auf Schallschutz besitzen, kann deshalb davon abhängen, ob es sich bei einem Vorhaben um einen Neubau oder um eine Änderung des Schienenwegs handelt. Unterschiede zwischen einem Neubau und einer Änderung ergeben sich auch in Bezug auf die in die Schallbeurteilung *einzubeziehenden Lärmquellen*. Beim Neu-

[456] BR-Drs. 661/1/89, S. 2.

[457] BR-Drs. 661/1/89, S. 3.

[458] BVerwG, Urt. v. 10.11.2004, 9 A 67.03, NVwZ 2005, 591 (592) – S25 (S-Bahn Berlin); ferner *Czajka,* in: Feldhaus, BImSchG, § 41 Rn. 34. Krit. *Hendlmeier,* NuR 1992, 463 (466), da die Begriffe nur schwer voneinander abgegrenzt werden könnten.

[459] BVerwG, Urt. v. 10.11.2004, 9 A 67.03, NVwZ 2005, 591 (592) – S 25 (S-Bahn Berlin).

bau kommt es allein auf die durch ihn bedingten Lärmimmissionen an, während bei der Änderung die durch den Betrieb des veränderten Schienenwegs verursachten Lärmimmissionen *einschließlich* derjenigen der – gegebenenfalls unverändert bleibenden – Bestandsgleise maßgeblich sind.[460] Der 11. Senat (jetzt 9. Senat) des Bundesverwaltungsgerichts hat zur Abgrenzung zwischen einem Neubau und einer wesentlichen Änderung in seinem zur Eisenbahntrasse Hamburg–Büchen–Berlin ergangenen Urteil vom 3. März 1999[461] ausgeführt, die Möglichkeit, den Neubau von der wesentlichen Änderung eines Verkehrswegs abzugrenzen, habe der Gesetzgeber in § 41 Abs. 1 BImSchG als „unproblematisch und deswegen nicht als regelungsbedürftig angesehen". Auch die 16. BImSchV äußere sich dazu nicht. Nr. 10.1 Abs. 1 der *Verkehrslärmschutzrichtlinien* vom 2. Juni 1997[462] bestimme für Bundesfernstraßen, dass „von einem Neubau auszugehen ist, wenn eine bestehende Trasse auf einer längeren Strecke verlassen wird". Maßgeblich sei nach den Richtlinien das *„räumliche Erscheinungsbild im Gelände*". Die Einbeziehung von Teilen der vorhandenen Straße, z. B. bei Kurvenstrecken, sei ein „Indiz für eine Änderung, nicht für einen Neubau". Diese Umschreibung des Neubaus durch die Verkehrslärmschutzrichtlinien beurteilt der 11. Senat als „praktikabel und auf Schienenwege übertragbar." Das Bundesverwaltungsgericht hat diese Ausführungen in weiteren Entscheidungen aufgegriffen und verfeinert. Dabei ging es vor allem um die Unterscheidung zwischen einem Neubau und einer baulichen Erweiterung im Sinne von § 1 Abs. 2 S. 1 Nr. 1 der 16. BImSchV als einem Unterfall der wesentlichen Änderung.[463] Der 9. Senat des Bundesverwaltungsgerichts hat in seinem Urteil vom 10. November 2004 zur S-Bahn Berlin (S 25)[464] die Aussagen des 11. Senats im Urteil zur Eisenbahntrasse Hamburg–Büchen–Berlin wie folgt präzisiert: Die Abgrenzung zwischen einem Neubau und einer Änderung habe *„bei dem Begriff des Schienenwegs anzusetzen,* der Gegenstand sowohl des Neubaus als auch der baulichen Änderung ist (§ 1 Abs. 1 der 16. BImSchV)". Der Senat habe diesen Begriff in seiner bisherigen Rechtsprechung in Anlehnung an Nr. 10.1 Abs. 1 der Verkehrs-

---

460 BVerwG, Urt. v. 10.11.2004, 9 A 67.03, NVwZ 2005, 591 (592) – S 25 (S-Bahn Berlin); *Schulze-Fielitz,* DÖV 2001, 181 (186); *Michler,* VerwArch. 1999, 21 (31).

461 11 A 9.97, NVwZ-RR 1999, 720 (Herv. d. Verf.).

462 Richtlinien für den Verkehrslärmschutz an Bundesfernstraßen in der Baulast des Bundes (VLärmSchR 97), VkBl. 1997, 434. Die VLärmSchR 97 sind ferner abrufbar unter <https://umweltbundesamt.de/laermprobleme/publikationen/vlschr97.pdf> (Stand: 01.01.2010). Siehe dazu auch das allgemeine Rundschreiben betreffend die Verbesserung des Lärmschutzes an bestehenden Bundesfernstraßen im Rahmen der Lärmsanierung, VkBl. 2006, 665.

463 Vgl. auch *Michler,* VerwArch. 1999, 21 (31).

464 9 A 67.03, NVwZ 2005, 591 (592), Ls. (Herv. d. Verf.).

lärmschutzrichtlinien „*trassenbezogen*" (und nicht „funktionsbezogen") verstanden.[465] Hiernach sei auf das „räumliche Erscheinungsbild der Gleisanlagen im Gelände abzustellen" und danach abzugrenzen, ob die zu betrachtenden Gleise „*optisch* als Einheit auf gemeinsamer Trasse oder als jeweils selbständige Anlagen mit getrennter Trassenführung in Erscheinung treten". Um den Bau eines neuen Schienenwegs handele es sich mithin, soweit eine bestehende Trasse „*auf einer längeren Strecke verlassen*" werde; von der Änderung eines bestehenden Schienenweges sei dagegen auszugehen, wenn Gleise „*parallel zu bereits vorhandenen Eisenbahngleisen ohne deutlich trennende Merkmale* (z. B. größere Abstandsflächen, trennende Gehölze, Wasserflächen) geführt" würden. Das räumliche Erscheinungsbild sei auch dann maßgeblich, wenn „verschiedene Eisenbahnstrecken mit je unterschiedlicher Funktion nebeneinander verlaufen", wie es insbesondere für eine Parallelführung von S- und Fernbahn zutreffe.[466] Eine das „äußere Erscheinungsbild der Gleisanlagen vernachlässigende Abgrenzung von Neubau und baulicher Änderung" würde sich – so der 9. Senat zutreffend – dem Vorwurf aussetzen, die Störquellen künstlich aufzuspalten, zumal die 16. BImSchV insoweit für die Ermittlung der Beurteilungspegel ein einheitliches Berechnungsverfahren bereithalte und verantwortlicher Träger des Streckennetzes der Eisenbahnen in der Regel dieselbe Rechtsperson sei.

Aus der Abgrenzung von Neubau und Änderung unter Würdigung des räumlichen Erscheinungsbildes folgt, dass sich *für verschiedene Teilabschnitte einer Strecke eine unterschiedliche Einordnung* als Neubau oder Änderung ergeben kann; maßgebend – so der 9. Senat – sei eine „natürliche Betrachtungsweise".[467]

Ob und inwieweit ein Verkehrsweg als vorhanden anzusehen ist, bestimmt sich nach dem *planungsrechtlichen Bestand.*[468] Wird ein *bestehender* Verkehrsweg neu gebaut, ohne dass dabei die bestehende Trasse optisch

---

[465] Ebenfalls krit. zu einer (verkehrs-)funktionsbezogenen Betrachtungsweise *Schulze-Fielitz,* DÖV 2001, 181 (186), nach dem ausgehend vom Zweck des Bundes-Immissionsschutzgesetzes darauf abzustellen ist, ob der „Einwirkungsbereich" des von dem Neubau ausgehenden Lärms räumlich mehr als nur unwesentlich verändert wird; diese „einwirkungsbezogene" Betrachtungsweise entspreche dem „Summationsgedanken" des § 3 Abs. 1 u. 2 BImSchG; ebenso bereits *Jarass,* Verkehrsimmissionsschutz, S. 236; *ders.,* UPR 1998, 415 (416); a. A. *Steenhoff,* DVBl. 1996, 1236 (1241) (Verkehrsfunktion maßgebend) m. w. N. u. BayVGH, Urt. v. 21.02.1995, 20 A 93.40080 u. a., n. v., zit. nach *Michler,* VerwArch. 1999, 21 (31).

[466] Hiervon ausgehend hat der 9. Senat die Errichtung einer S-Bahnstrecke in „enger Parallellage" zu einer vorhandenen Fernbahnstrecke als Änderung eines Schienenwegs qualifiziert, siehe bereits oben Fn. 334.

[467] BVerwG, Urt. v. 10.11.2004, 9 A 67.03, NVwZ 2005, 591 (592) – S 25 (S-Bahn Berlin).

[468] *Storost,* in: Ule/Laubinger, BImSchG, § 41 C 8.

deutlich verändert wird, sich also die Erneuerung im Rahmen des planungsrechtlichen Bestands hält, so ist deshalb selbst in der *vollständigen technischen Erneuerung eines Verkehrswegs kein Neubau* im Rechtssinne zu sehen[469], sondern nach der „trassenbezogenen" Betrachtungsweise eine Änderung. Schallschutzansprüche nach § 41 BImSchG bestehen in einem solchen Fall nur, wenn die Änderung wesentlich ist. Da die Nachbarn durch den „Neubau" des bestehenden Verkehrswegs nicht notwendig stärker belastet werden, macht die Anwendung der Wesentlichkeitsgrenze Sinn.[470]

Weiter stellt sich die Frage, ob die *Verlegung einer bestehenden Trasse* eines Verkehrswegs als Neubau oder als Änderung einzustufen ist. Entscheidend ist auch insoweit, ob die bestehende Trasse deutlich, also „nicht nur punktuell, sondern auf einem längeren Stück verlassen wird"[471].

### 3. Schädliche Umwelteinwirkungen

Nach § 41 Abs. 1 BImSchG ist bei dem Bau oder der wesentlichen Änderung von Verkehrswegen sicherzustellen, dass durch diese keine „schädlichen Umwelteinwirkungen" durch Verkehrsgeräusche hervorgerufen werden können.[472] Das Bundes-Immissionsschutzgesetz definiert den Begriff der schädlichen Umwelteinwirkungen in § 3 Abs. 1 als „Immissionen, die nach Art, Ausmaß oder Dauer geeignet sind, Gefahren, erhebliche Nachteile oder erhebliche Belästigungen für die Allgemeinheit oder die Nachbarschaft herbeizuführen".[473] Der Gesetzgeber hat damit die den Begriff der schädlichen Umwelteinwirkungen definierenden Merkmale „Gefahren, erhebliche Nachteile oder erhebliche Belästigungen" des § 3 Abs. 1 BImSchG in die Verkehrslärmschutzregelungen des Bundes-Immissionsschutzgesetzes übernommen.[474]

---

469 Vgl. *Storost,* in: Ule/Laubinger, BImSchG, § 41 C 8.

470 So zutr. *Jarass,* Verkehrsimmissionsschutz, S. 236.

471 Siehe oben B.I.2.a)aa).

472 Krit. zur Übertragung des in gewerberechtlicher Tradition stehenden, auf einer unterschiedlichen Interessenlage beruhenden Begriffs der schädlichen Umwelteinwirkungen in die Verkehrslärmschutzregelungen der §§ 41 ff. BImSchG *Korbmacher* in einem anlässlich der Podiumsdiskussion der Fachtagung „Lärm in der Stadt" am 29./30.11.1976 vorgelegten Thesenpapier, wiedergegeben nach *Nedden,* DVBl. 1978, 389 (390 u. 391).

473 Zu diesem „zentraler Gesetzesbegriff" (*Hansmann,* UPR 1982, 353) des Bundes-Immissionsschutzgesetzes ausführlich *Kutscheidt,* Schädliche Umwelteinwirkungen, S. 1 ff.; *Couzinet,* Immissionen, S. 302 ff.; *Hofmann,* Verkehrslärmschutz, S. 138 ff.; *Storost,* in: Ule/Laubinger, BImSchG, § 41 C 16.

474 Vgl. auch BVerwG, Urt. v. 23.01.1981, 4 C 4.78, BVerwGE 61, 295 = NJW 1981, 2137. Die Definition in § 3 Abs. 1 BImSchG ist dementsprechend auch für

### a) *Gefahren, erhebliche Nachteile, erhebliche Belästigungen*

Nach der Regierungsbegründung zum Entwurf des Bundes-Immissionsschutzgesetzes[475] ist unter *Gefahr* die „objektive Möglichkeit eines Schadenseintritts" zu verstehen. Der Gesetzgeber hat damit die ständige Rechtsprechung zum Gefahrenbegriff des Polizeirechts aufgegriffen, wonach maßgebliches Kriterium zur Feststellung einer konkreten Gefahr die hinreichende Wahrscheinlichkeit des Schadenseintritts ist, eine konkrete Gefahr mithin vorliegt, wenn in dem zu beurteilenden konkreten Einzelfall in überschaubarer Zukunft mit dem Schadenseintritt hinreichend wahrscheinlich gerechnet werden kann.[476] Der Gefahrenbegriff des § 3 Abs. 1 BImSchG und des § 41 Abs. 1 BImSchG ist somit der des Polizeirechts.[477] Das bedrohte Rechtsgut wird – so die Regierungsbegründung[478] – in aller Regel die menschliche Gesundheit sein, doch kommt auch jede andere Rechtsgutsverletzung in Betracht.[479] Unter *Nachteilen* sind nach der Regierungsbegründung vor allem Vermögenseinbußen zu verstehen, die durch physische Einwirkungen hervorgerufen werden, ohne zu einem unmittelbaren Schaden zu führen.[480] *Belästigungen* definiert die Regierungsbegründung[481] schließlich als „*Beeinträchtigungen des körperlichen und seelischen Wohlbefindens des Menschen*".

Bereits die Gesetzesverfasser haben hervorgehoben, dass die Übergänge zwischen Belästigungen, Gesundheitsgefahren und Gesundheitsschäden fließend und oft nicht exakt abgrenzbar sind.[482] Die Unterscheidung zwischen Belästigungen und Gefahren ist für den Sektor des Verkehrslärms gleichwohl wegweisend.[483] Der Verkehrslärmschutz nach §§ 41 ff. BImSchG greift nicht erst ein, wenn durch Verkehrsgeräusche Gefahren hervorgerufen

---

§ 41 BImSchG maßgeblich, zutr. *Schulze-Fielitz,* in: GK-BImSchG, § 41 Rn. 46 m.w.N. auch zur Gegenauffassung; *Jarass,* UPR 1998, 415 (417 f.).

475 BT-Drs. 7/179, S. 29.

476 Siehe nur BVerwG, Urt. v. 28.06.2004, 6 C 21.03, Buchholz 402.41 Allgemeines Polizeirecht Nr. 76, juris, Rn. 25; *Kutscheidt,* Schädliche Umwelteinwirkungen, S. 12 m.w.N.

477 *Kutscheidt,* Schädliche Umwelteinwirkungen, S. 13; *Michler,* Verkehrsimmissionsschutz, S. 38; *Berberich,* Rechtsschutz, S. 63. Ausführlich zum Gefahrenbegriff des § 3 Abs. 1 BImSchG *Couzinet,* Immissionen, S. 311 ff.

478 BT-Drs. 7/179, S. 29.

479 Vgl. aus medizinischer Sicht *Klosterkötter,* KdL 1977, 61, nach dem „Gefahren" als Gesundheitsgefährdung im engeren Sinne interpretiert werden können.

480 BT-Drs. 7/179, S. 29.

481 BT-Drs. 7/179, S. 29 (Herv. d. Verf.).

482 BT-Drs. 7/179, S. 29; ferner *Kutscheidt,* Schädliche Umwelteinwirkungen, S. 10.

483 Zutr. *Vallendar,* Sanierungsansprüche, S. 260.

werden (können), sondern bereits dann, wenn Verkehrsgeräusche geeignet sind, zu – wenn auch erheblichen – Belästigungen zu führen. Mit der Aufnahme der alten gewerberechtlichen Trias von Gefahr, erheblichem Nachteil und erheblicher Belästigung in das Bundes-Immissionsschutzgesetz hat der Gesetzgeber ein Schutzniveau unterhalb des Gefahrenbereichs festgeschrieben.[484] Belästigungen grenzen sich von den Nachteilen dadurch ab, dass sie unmittelbar auf den Menschen, nicht aber auf sonstige Rechtsgüter einwirken; von den Gefahren unterscheiden sie sich dadurch, dass bei ihrem Auftreten noch keine Schäden drohen.[485] Nach dem (weiten) Gesundheitsbegriff der *Welt-Gesundheits-Organisation* (*WHO*), die sie in der Präambel ihrer Satzung vom 22. Juli 1946[486] niedergelegt hat, ist Gesundheit ein Zustand vollkommenen körperlichen, geistigen und sozialen Wohlbefindens und nicht nur das Freisein von Krankheit und Gebrechen („Health is a state of complete physical, mental and social well-being and not merely the absence of disease or infirmity.").[487] Das Grundgesetz gewährt in Art. 2 Abs. 2 S. 1 jedem das Recht auf Leben und körperliche Unversehrtheit. Die Reichweite dieses Grundrechts ist bis heute nicht abschließend geklärt. Die Auslegung des Begriffs „körperlich" wirft die Frage nach dem Umfang seines Schutzbereichs auf. Dabei geht es im Kern um die Frage, ob Art. 2 Abs. 2 S. 1 GG auf den Schutz der körperlichen Unversehrtheit in biologisch-physiologischer Hinsicht beschränkt ist oder sich auch auf den geistig-seelischen Bereich, also das psychische Wohlbefinden erstreckt oder sogar das soziale Wohlbefinden umfasst. Der Erste Senat des Bundesverfassungsgerichts hat hierzu in seiner zum Verkehrsflughafen Düsseldorf Lohausen ergangenen Fluglärm-Entscheidung vom 14. Januar 1981[488] Stellung genommen, allerdings ohne diese Frage einer abschließenden Klärung zugeführt zu haben[489].[490] Ausgehend vom Gesundheitsbegriff der WHO

---

[484] *Berkemann,* Lärmgrenzwerte, S. 75 f.

[485] *Kutscheidt,* Schädliche Umwelteinwirkungen, S. 16 f.

[486] Abrufbar unter <http://www.who.int/entity/governance/eb/who_constitution_en.pdf> (Stand: 14.11.2009).

[487] Vgl. auch *Jansen,* Wirkungsforschung, S. 9; *Klosterkötter,* KdL 1977, 61; *ders.*, KdL 1974, 29 (30); *ders.*, KdL 1973, 113; *ders.*, KdL 1972, 42 (45); *Fickert,* KdL 1974, 65 (66).

[488] Beschl. v. 14.01.1981, 1 BvR 612/72, BVerfGE 56, 54 = NJW 1981, 1655 (1656 f.) (Herv. d. Verf.).

[489] Dementsprechend ist der Begriff der Gesundheit weiter umstritten, BVerwG, Urt. v. 21.03.1996, 4 C 9.95, BVerwGE 101, 1 = NVwZ 1996, 1003 (1005 a.E.) – A 99.

[490] Gegenstand des Verfassungsbeschwerdeverfahrens war die Frage, ob die staatlichen Organe ihre verfassungsrechtliche Pflicht auf Schutz vor Lärmbelästigungen, die vom Betrieb des Flughafens ausgehen, durch Unterlassen verletzt haben (so die Rüge der Beschwerdeführer). Das Bundesverfassungsgericht hat die Verfassungsbeschwerden verworfen, weil der Vorwurf, der Gesetzgeber habe eine etwaige

führt der Senat aus, werde der Begriff der körperlichen Unversehrtheit in Art. 2 Abs. 2 GG mit dem der Gesundheit gleichgesetzt, wie ihn die Weltgesundheitsorganisation in ihrer Satzung vom 22. Juli 1946 definiert habe, dann „wären Fluglärmfolgen nicht nur wegen somatischer (also körperlicher), sondern bereits wegen solcher psychischer und das soziale Wohlbefinden beeinträchtigender Auswirkungen zu bekämpfen, die über die Grenzen des sozial Adäquaten hinausgehen". Denn in der genannten Satzung werde als Gesundheit der Zustand des vollständigen körperlichen, geistigen und sozialen Wohlbefindens und nicht nur das Freisein von Krankheit und Gebrechen bezeichnet. Als „gesundheitliche Beeinträchtigung in diesem Sinne" wäre Fluglärm schon deswegen geeignet, weil er „die *Kommunikation im weitesten Sinne stört, den Erholungswert des Zuhause herabsetzt, Konzentration und Aufmerksamkeit mindert, Nervosität und Irritiertheitsgefühle verursacht sowie Erschrecken, Verärgerung und Furchtassoziationen auslöst*". *Gegen die Zugrundelegung des weiten Gesundheitsbegriffs der Weltgesundheitsorganisation* ließe sich allerdings – so das Bundesverfassungsgericht – einwenden, es sei „– wenn das dem Willen des Verfassungsgesetzgebers entsprochen hätte – *schwer erklärlich, dass der Parlamentarische Rat diesen seit 1946 bekannten Begriff nicht übernommen, sondern statt dessen nur die ‚körperliche Unversehrtheit' grundrechtlich geschützt hat*".[491]

Andererseits – so das Bundesverfassungsgericht weiter – dürfte *eine Beschränkung des Schutzes allein auf solche Einwirkungen, die Verletzungen des Körpers darstellen,* der *Bedeutung dieses Grundrechts* jedenfalls dann *nicht gerecht werden,* wenn es im Lichte des Art. 1 GG und der darin verbürgten Unantastbarkeit der Menschenwürde ausgelegt werde. Dabei könne dahinstehen, ob eine solche Beschränkung überhaupt mit dem Verständnis des Menschen als einer Einheit von Leib, Seele und Geist und mit der Wechselwirkung zwischen psychischen und physischen Gesundheitsstörungen vereinbar wäre. Deshalb würden „*zumindest solche nicht körperliche Einwirkungen von Art. 2 Abs. 2 GG erfasst*", die „*ihrer Wirkung nach körperlichen Eingriffen gleichzusetzen seien.*" Im Übrigen liege den neueren Lärmschutzvorschriften durchweg ein weites Verständnis zugrunde. Das Bundesverfassungsgericht führte hierbei vor allem das Bundes-Immissionsschutzgesetz vom 15. März 1974 an, das Geräusche, die nach Art, Ausmaß

---

Pflicht zur Nachbesserung (während des Verfassungsbeschwerdeverfahrens war das Gesetz zum Schutz gegen Fluglärm vom 30.03.1971, BGBl. I, S. 282 erlassen worden) evident verletzt, „offensichtlich" unbegründet sei.

[491] *Hofmann,* Verkehrslärmschutz, S. 47 f. weist ergänzend darauf hin, dass man die Begriffsbestimmung in der Präambel nicht als rechtsverbindliche Definition ansehen kann, sondern lediglich als Absichtserklärung (politische Zielvorstellung) zur Erbringung staatlicher Leistungen.

oder Dauer geeignet seien, Gefahren, erhebliche Nachteile oder erhebliche Belästigungen für die Allgemeinheit oder die Nachbarschaft herbeizuführen, als schädliche Umwelteinwirkungen bezeichnet. Letztlich hat das Bundesverfassungsgericht die Antwort auf die eingangs gestellte Frage nach dem Schutzbereich des Grundrechts auf körperliche Unversehrtheit offen gelassen und ausgeführt, selbst wenn „der in Art. 2 Abs. 2 GG verwendete Begriff ‚körperliche Unversehrtheit' im engen Sinn auszulegen wäre, ließe sich die *staatliche Schutzpflicht* nicht schon mit der Begründung verneinen, dass der durch den Betrieb von Verkehrsflughäfen entstehende Fluglärm keinerlei somatische Folgen haben könne, sondern sich in einer Beeinträchtigung des psychischen und sozialen Wohlbefindens erschöpfe. *Zumindest in Gestalt von Schlafstörungen lassen sich Einwirkungen auf die körperliche Unversehrtheit schwerlich bestreiten.*" Auch die 3. Kammer des Ersten Senats des Bundesverfassungsgerichts hat die Frage des Schutzumfangs des Art. 2 Abs. 2 S. 1 GG in ihrem (Nichtannahme-)Beschluss vom 29. Juli 2009[492] betreffend den Verkehrsflughafen Berlin-Schönefeld – unter Hinweis auf die vorstehenden Ausführungen in der Düsseldorf Lohausen-Entscheidung – erneut offen gelassen. Der in seiner Fluglärm-Entscheidung vom 14. Januar 1981 zum Ausdruck gebrachten Auffassung des Bundesverfassungsgerichts ist aus den vom Gericht dargelegten Gründen zu folgen. Über die körperliche Integrität hinaus ist auch das psychische Wohlbefinden in den Schutzbereich einzubeziehen, soweit die Einwirkung zu mit körperlichen Beeinträchtigungen vergleichbaren Wirkungen führt; dementsprechend ist der Schutzbereich auch bei Beeinträchtigungen durch Lärmimmissionen mit diesen Wirkungen eröffnet.[493] Dagegen schützt Art. 2 Abs. 2 S. 1 GG nicht das bloße Wohlbefinden, insbesondere das soziale Wohlbefinden und enthält auch kein „Grundrecht auf Gesundheit".[494]

Das Bundesverfassungsgericht hat in seiner Fluglärm-Entscheidung vom 14. Januar 1981 die Ergebnisse der Lärmwirkungsforschung aufgegriffen, wonach Hörschädigungen, die durch kurzzeitige extreme Geräuschbelastung über 110 dB(A) oder durch einen andauernden Mittelungspegel von 85 dB(A) eintreten und zu einer (Lärm-)Schwerhörigkeit führen können, die einzige unmittelbar gesundheitsschädigende Wirkung von Schallereignissen sind[495], Lärm aber jedenfalls einen *Risikofaktor für Gesundheits-*

---

[492] 1 BvR 1606/08, NVwZ 2009, 1494 f., juris, Rn. 9.

[493] *Di Fabio,* in: MD, GG, Art. 2 Rn. 55 m.w.N.

[494] *Di Fabio,* in: MD, GG, Art. 2 Rn. 56 f. m.w.N.

[495] Was vor allem ein Problem der Arbeitswelt, insbesondere vor allem der Arbeiter in Industriebetrieben, darstellt, dazu auch *Ronellenfitsch,* in: Marschall/Schroeter/Kastner, FStrG, § 17 Rn. 142 m.w.N.: Lärmbedingte Schwerhörigkeit trete mit hoher Wahrscheinlichkeit erst nach jahrelanger Belastung mit über 85 dB(A) auf; ferner *Kutscheidt,* NVwZ 1989, 193 (194). – Siehe auch die Richt-

*beeinträchtigungen* darstellt[496]. Hiervon ausgehend hat das Bundesverfassungsgericht in seiner Entscheidung ausgeführt, würden diese Untersuchungen zugrunde gelegt, dann bewirke zwar der Fluglärm möglicherweise noch keine Verletzung der körperlichen Unversehrtheit im engeren Sinne. Jedoch sei eine „*nicht unerhebliche Gefährdung dieses durch Art. 2 Abs. 2 GG geschützten Rechtsguts zu befürchten.*“[497]

Zwar hatte das Bundesverfassungsgericht in seiner rund zweieinhalb Jahre zuvor ergangenen Kalkar I-Entscheidung vom 8. August 1978[498] hervorgehoben, „vom Gesetzgeber im Hinblick auf seine Schutzpflicht eine Regelung zu fordern, die mit absoluter Sicherheit Grundrechtsgefährdungen ausschließt, die aus der Zulassung technischer Anlagen und ihrem Betrieb möglicherweise entstehen können, hieße die Grenzen menschlichen Erkenntnisvermögens verkennen und würde weithin jede staatliche Zulassung der Nutzung von Technik verbannen“. Für die Gestaltung der Sozialordnung müsse es insoweit „bei Abschätzungen anhand praktischer Vernunft bewenden. Ungewissheiten jenseits dieser Schwelle praktischer Vernunft sind unentrinnbar und insofern als sozialadäquate Lasten von allen Bürgern zu tragen“. Zugleich hatte das Bundesverfassungsgericht jedoch betont, auch Regelungen, die zu einer nicht unerheblichen „*Grundrechtsgefährdung*“ führten[499], könnten mit dem Grundgesetz in Widerspruch geraten. Nach ständiger Rechtsprechung des Bundesverfassungsgerichts (grundlegend war insoweit das Lüth-Urteil vom 15. Januar 1958[500]) enthielten die grundrechtlichen Verbürgungen nicht lediglich subjektive

linie 2003/10/EG des Europäischen Parlaments und des Rates vom 06.02.2003 über Mindestvorschriften zum Schutz von Sicherheit und Gesundheit der Arbeitnehmer vor der Gefährdung durch physikalische Einwirkungen (Lärm) (17. Einzelrichtlinie im Sinne des Art. 16 Abs. 1 der Richtlinie 89/391/EWG), Abl. EU Nr. L 42/38 vom 15.02.2003; dazu *Müggenborg/Duikers,* NVwZ 2007, 623 ff. (630 f.).

[496] *Klosterkötter,* KdL 1977, 61 (62); *Jansen,* Wirkungsforschung, S. 11 u. 13 mit guter Übersicht über alle bisher bekannten wichtigen Lärmwirkungen aufgrund bestimmter Anhaltswerte auf S. 14 (Bild 4) u. auf S. 16 (Bild 5); *Kutscheidt,* NVwZ 1989, 193 (194); ferner *Ronellenfitsch,* in: Marschall/Schroeter/Kastner, FStrG, § 17 Rn. 142; siehe auch die in BVerfG, Beschl. v. 14.01.1981, 1 BvR 612/72, BVerfGE 56, 54 = NJW 1981, 1655 (1657) – Fluglärm, Düsseldorf-Lohausen wiedergegebenen Forschungsergebnisse.

[497] Ebenso BVerfG, 3. Kammer des Ersten Senats, Beschl. v. 29.07.2009, 1 BvR 1606/08, NVwZ 2009, 1494 f., juris, Rn. 9 – Verkehrsflughafen Berlin-Schönefeld unter Hinweis auf das Berlin-Schönefeld-Urteil des Bundesverwaltungsgerichts, wonach nach heutigem Forschungsstand feststehe, dass Fluglärm ab einer bestimmten Einwirkungsintensität gesundheitsgefährdende Auswirkungen hat.

[498] Beschl. v. 08.08.1978, 2 BvL 8/77, BVerfGE 49, 89 = NJW 1979, 359 (363), Ls. 6 (Herv. d. Verf.).

[499] BVerfG, 3. Kammer des Ersten Senats, Beschl. v. 29.07.2009, 1 BvR 1606/08, NVwZ 2009, 1494 (1495 u. 1498), juris, Rn. 10 u. 35 – Verkehrsflughafen Berlin-Schönefeld spricht von einer „auf Grundrechtsgefährdungen bezogene(n) *Risikovorsorge*“ (Herv. d. Verf.); ebenso BVerfG, 3. Kammer des Ersten Senats, Beschl. v. 15.10.2009, NVwZ 2009, 1489 – Flughafen Leipzig/Halle, Nachtfluggegner.

[500] 1 BvR 400/57, BVerfGE 7, 198 = NJW 1958, 257.

Abwehrrechte des Einzelnen gegen die öffentliche Gewalt, sondern stellten zugleich „*objektivrechtliche Wertentscheidungen* der Verfassung“ dar, die für alle Bereiche der Rechtsordnung gelten und Richtlinien für Gesetzgebung, Verwaltung und Rechtsprechung geben. Dies werde am deutlichsten in Art. 1 Abs. 1 S. 2 GG ausgesprochen, wonach es die Verpflichtung aller staatlichen Gewalt sei, die Würde des Menschen zu achten und zu schützen. Daraus könnten sich „*verfassungsrechtliche Schutzpflichten*“ ergeben, die es „gebieten, rechtliche Regelungen so auszugestalten, dass auch die Gefahr von Grundrechtsverletzungen eingedämmt bleibt“. „Ob, wann und mit welchem Inhalt sich eine solche Ausgestaltung von Verfassungs wegen gebietet, hängt von der Art, der Nähe und dem Ausmaß möglicher Gefahren, der Art und dem Rang des verfassungsrechtlich geschützten Rechtsguts sowie von den schon vorhandenen Regelungen ab.“ Bereits in dem zehn Monate vor der Kalkar I-Entscheidung ergangenen Schleyer-Urteil vom 16. Oktober 1977[501] hatte das Bundesverfassungsgericht – unter Hinweis auf das Schwangerschaftsabbruch I-Urteil vom 25. Februar 1975[502] – ausgeführt, Art. 2 Abs. 2 S. 1 GG in Verbindung mit Art. 1 Abs. 1 S. 2 GG „verpflichtet den Staat, jedes menschliche Leben zu schützen.“ Diese Schutzpflicht sei „umfassend“. Sie gebiete dem Staat, sich „schützend und fördernd vor dieses Leben zu stellen“. An diesem Gebot hätten sich „alle staatlichen Organe, je nach ihren besonderen Aufgaben, auszurichten“.

Das Bundesverfassungsgericht hat auf der Grundlage seiner vorstehenden Ausführungen in seiner Fluglärm-Entscheidung zumindest „unterstellt“, dass die „*aus Art. 2 Abs. 2 GG herleitbare Schutzpflicht*“ auch „die *Pflicht zur Bekämpfung von gesundheitsgefährdenden Auswirkungen des Fluglärms umfasst*“.[503]

Der nicht selten anzutreffenden tatsächlichen Unsicherheit über die Einzelheiten der Ursache-Wirkungs-Zusammenhänge trägt auch das Bundes-Immissionsschutzgesetz mit dem Begriff der schädlichen Umwelteinwirkungen Rechnung. Nach § 3 Abs. 1 BImSchG müssen die Immissionen, vorliegend die Verkehrsgeräusche, lediglich „geeignet“ sein, Gefahren, erhebliche Nachteile oder erhebliche Belästigungen für die Allgemeinheit oder die Nachbarschaft herbeizuführen.[504] Das Gesetz bringt damit zum Ausdruck, dass bereits die *Möglichkeit* des Eintritts einer Gefahr, eines Nachteils oder einer Belästigung ausreicht, um Umwelteinwirkungen als schädlich anzusehen.[505] Der *Nachweis* einer Störung braucht nicht erbracht zu werden; vielmehr ist, sofern die Beeinträchtigung nicht bereits eingetreten ist, eine

501 1 BvQ 5/77, BVerfGE 46, 160 = NJW 1977, 2255.

502 1 BvF 1 – 6/74, BVerfGE 39, 1 = NJW 1975, 573.

503 Ebenso BVerfG, 3. Kammer des Ersten Senats, Beschl. v. 29.07.2009, 1 BvR 1606/08, NVwZ 2009, 1494 (1495), juris, Rn. 10 – Verkehrsflughafen Berlin-Schönefeld.

504 Vgl. auch BT-Drs. 7/179, S. 29.

505 Vgl. *Kutscheidt,* Schädliche Umwelteinwirkungen, S. 11. – Für die Gefahr ergibt sich dies zudem aus dem Gefahrenbegriff selbst.

*Wahrscheinlichkeitsprognose* zu treffen.[506] Das Bundes-Immissionsschutzgesetz dient damit gerade auch dem *vorbeugenden* Immissionsschutz.[507]

Da § 3 Abs. 1 BImSchG auch erhebliche Belästigungen erfasst, Art. 2 Abs. 2 S. 1 GG indessen nur körperliche Einwirkungen sowie nicht körperliche Einwirkungen, die ihrer Wirkung nach körperlichen Eingriffen gleichzusetzen sind, gewährt das einfache Recht mehr als verfassungsrechtlich geboten wäre; der Gesetzgeber ist daher mit dem in §§ 41 ff. BImSchG in Verbindung mit § 3 Abs. 1 BImSchG festgeschriebenen Schutzniveau über seine nach Art. 2 Abs. 2 S. 1 GG verfassungsrechtlich gebotene Schutzpflicht hinausgegangen.[508] Insofern ist es zutreffend, von einem *einfachrechtlich gewährleisteten Schutz unter Billigkeitsgesichtspunkten* zu sprechen.[509] Auch das Bundesverwaltungsgericht hat in seinem Schießplatz-Urteil vom 23. Mai 1991[510] (auch zur Eigentumsgarantie des Art. 14 Abs. 1 S. 1 GG) betont, der Maßstab der erheblichen Belästigung (bzw. des erheblichen Nachteils) liege „unterhalb der Grenze, ab der Immissionen z.B. durch Geräusche eine Gesundheitsgefahr darstellen oder die Nutzung eines Grundstücks in einer Weise einschränken, die mit der Gewährleistung privatnützigen Eigentums (Art. 14 Abs. 1 S. 1 GG) nicht mehr zu vereinbaren ist.“[511]

In den vergangenen Jahren mehren sich die Stimmen, wonach sich aus den Erkenntnissen der Lärmwirkungsforschung ein Zusammenhang zwischen Verkehrslärmbelastungen und dem Entstehen bestimmter Krankheiten nachweisen lasse.[512] Allgemein anerkannte konkrete Grenzwerte (Mittelungs- oder Maximalpegel) bestehen – mit Ausnahme der bereits erwähnten Lärmschwerhörigkeit – derzeit aber soweit ersichtlich noch nicht. Ungeachtet dessen hat die Beurteilung des Verkehrslärms jedenfalls bereits

---

506 *Kutscheidt,* Schädliche Umwelteinwirkungen, S. 11 m.w.N.

507 *Kutscheidt,* Schädliche Umwelteinwirkungen, S. 11 m.w.N.

508 *Berberich,* Rechtsschutz, S. 110 f.; nach *Haakh,* BWVP 1989, 25 (27) stellt dies letztlich nur eine Konkretisierung des Sozialstaatsprinzips dar; offen BVerwG, Urt. v. 22.05.1987, 4 C 17-19.84, BVerwGE 77, 295 = NJW 1987, 2884 (2885) zu § 74 Abs. 2 S. 2 VwVfG.

509 *Haakh,* BWVP 1989, 25 (27); *Michler,* Verkehrsimmissionsschutz, S. 73 f.

510 7 C 19.90, BVerwGE 88, 210 = NVwZ 1991, 886 (887).

511 Vgl. auch *Czajka,* in: Feldhaus, BImSchG, § 41 Rn. 16.

512 Vgl. nur *Mechel,* ZUR 2007, 561 (562); ferner *Kilian,* NVwZ 1998, 142 m.w.N., der von „eindeutigen Beweisen“ der medizinischen Forschung für Gesundheitsschäden durch Fluglärmimmissionen oberhalb von 55 dB(A) spricht. Nach dem Umweltgutachten 2004 des Rates von Sachverständigen für Umweltfragen, BT-Drs. 15/3600, S. 321 (Ziff. 634) ist es unbestritten, dass akute und chronische Lärmbelastungen zu einer Beeinträchtigung der Gesundheit führen können, auch wenn der Schallpegel unterhalb der Schwelle für Gehörschäden liegt.

bei den „Belästigungen“ im Sinne von §§ 3 Abs. 1, 41 Abs. 1 BImSchG anzusetzen.[513]

### *b) Konkretisierung des Begriffs der schädlichen Umwelteinwirkungen durch die Immissionsgrenzwerte (IGW) des § 2 Abs. 1 der 16. BImSchV*

#### aa) Grundsätzliches

Verkehrsgeräusche sind nicht bereits dann schädliche Umwelteinwirkungen im Sinne der §§ 41 f., 3 Abs. 1 BImSchG, wenn sie belästigend wirken, sondern erst, wenn sie eine „erhebliche“ Belästigung darstellen.[514] Der Begriff der „erheblichen Belästigung“ und damit auch der Begriff der „schädlichen Umwelteinwirkungen“ sind unbestimmte Rechtsbegriffe.[515] Mit dem Begriff der „Erheblichkeit“ ist die „zentrale Frage“[516] des Schutz-

---

513 Vgl. auch BVerwG, Beschl. v. 19.02.1992, 4 NB 11.91, NJW 1992, 2844.

514 Vgl. auch BT-Drs. 7/179, S. 29. – Das *private* Immissionsschutzrecht verwendet demgegenüber nicht den Begriff der „Erheblichkeit“, sondern den der „Wesentlichkeit“ (siehe § 906 BGB). Sachliche Unterschiede zwischen beiden Begriffen bestehen indessen nicht, vgl. dazu BVerwG, Urt. v. 29.04.1988, 7 C 33.87, BVerwGE 79, 254 = NJW 1988, 2396 (2397) m.w.N. – Feueralarmsirene; BVerwG, Urt. v. 19.01.1989, 7 C 77.87, BVerwGE 81, 197 = NJW 1989, 1291 – „Tegelsbarg-Urteil“ zum Sportlärm: „Wie im Urteil vom 29.4.1988 (BVerwGE 79, 254 = NJW 1988, 2396 = NVwZ 1988, 918 L) für den Abwehranspruch gegen unzumutbaren Lärm einer Feuerwehrsirene kann der Senat auch hier offen lassen, welches die Grundlage eines nachbarlichen Abwehranspruchs gegen Immissionen einer hoheitlich betriebenen Anlage ist: der grundrechtliche Abwehranspruch aus Art. 2 Abs. 2 S. 1 und Art. 14 Abs. 1 S. 1 GG oder die §§ 1004, 906 BGB analog oder gar ein öffentlich-rechtlicher Folgenbeseitigungsanspruch. Der Maßstab für die Beurteilung der Zumutbarkeit oder Unzumutbarkeit des Lärms bleibt jeweils der gleiche.“ Und BGH, Urt. v. 23.03.1990, V ZR 58/89, BGHZ 111, 63 = NJW 1990, 2465 f., Ls. 1 – Volksfestlärm: „Wesentliche“ Geräuschimmissionen im Sinne von § 906 Abs. 1 BGB sind „identisch“ mit den „erheblichen“ Geräuschbelästigungen und damit schädlichen Umwelteinwirkungen im Sinne von §§ 3 Abs. 1, 22 Abs. 1 BImSchG. Es „besteht kein Anlass, die grundlegenden Maßstäbe, mit denen das private und das öffentliche Immissionsschutzrecht die Grenze für eine Duldungspflicht bestimmen, nämlich einerseits Wesentlichkeit und andererseits Erheblichkeit, unterschiedlich auszulegen“ (unter Hinweis auf das Feueralarmsirene- und das Sportlärm-Urteil des Bundesverwaltungsgerichts); vgl. aus der obergerichtlichen Rspr. nur OVG Bremen, Urt. v. 19.01.1993, 1 BA 11/92, NVwZ-RR 1993, 468 (469); Nds. OVG, Urt. v. 13.09.1993, 12 L 68/90, NVwZ 1994, 713; aus der Literatur *Wahl/Dreier,* NVwZ 1999, 606 (619 f.); ebenso wohl bereits *Klosterkötter,* KdL 1974, 29 (31 u. 36); krit. demgegenüber *Wagner,* NJW 1991, 3247 ff.

515 Siehe nur *Kutscheidt,* Schädliche Umwelteinwirkungen, S. 22 f.; *Berkemann,* Lärmgrenzwerte, S. 82; *Michler,* Verkehrsimmissionsschutz, S. 3 u. 148; *Fickert,* KdL 1974, 65 (66 u. 67); krit. zur Unbestimmtheit *Korbmacher,* DÖV 1976, 1 (4).

niveaus des Verkehrslärmschutzes angesprochen. In der Regierungsbegründung heißt es dazu, diese Einschränkung des Begriffs der Belästigung sei das „Ergebnis einer Güterabwägung“, auf die in einem hochindustrialisierten und dichtbesiedelten Lande nicht verzichtet werden könne.[517] Die von der Bundesregierung angesprochene Güterabwägung betrifft indessen lediglich die vom Gesetzgeber auf *abstrakt-genereller* Ebene vorgenommene und für *alle* Immissionen geltende Abwägung der sich gegenüberstehenden Interessen. Was damit in Bezug auf die einzelnen Immissionen, wie Geräusche (vgl. § 3 Abs. 2 BImSchG) und sonach bezogen auf den Verkehrslärmschutz als „erheblich“ anzusehen ist, bleibt unbeantwortet. Der unbestimmte Rechtsbegriff der Erheblichkeit bedarf daher der Konkretisierung.[518] Der Gesetzgeber hat in § 43 Abs. 1 S. 1 Nr. 1 BImSchG die Bundesregierung ermächtigt, die zur Durchführung der §§ 41, 42 Abs. 1 u. 2 BImSchG erforderlichen Vorschriften zu erlassen, insbesondere über bestimmte *Grenzwerte,* die zum Schutz der Nachbarschaft vor schädlichen Umwelteinwirkungen durch Geräusche nicht überschritten werden dürfen sowie über das *Verfahren* zur Ermittlung der Emissionen und Immissionen.[519] Gleichwohl unterblieb bis zum Inkrafttreten der 16. BImSchV am 21. Juni 1990[520] eine in Ausfüllung dieser Ermächtigung ergangene Verordnungsregelung. Was im Sinne der §§ 41 ff., 3 Abs. 1 BImSchG als erheblich anzusehen ist, war somit seit Inkrafttreten des Bundes-Immissionsschutzgesetzes zum 1. April 1974, mithin über 16 Jahre lang, normativ nicht bestimmt.[521] Die §§ 41 ff. BImSchG wurden dementsprechend von Teilen der Literatur auch als „lex imperfecta“ bezeichnet.[522] Das Bundesverwaltungsgericht hatte deshalb seit seinem B 27-Urteil vom 21. Mai 1976[523] den Begriff der Erheblichkeit (im Sinne von § 17 Abs. 4 FStrG a. F.) aus seiner Beziehung zur „Zumutbarkeit“[524] im Sinne einer Einzelfallbetrachtung bestimmt, ausgehend von dem

[516] *Schulze-Fielitz,* in: GK-BImSchG, § 41 Rn. 9; ferner *Michler,* Verkehrsimmissionsschutz, S. 39, 72 u. 158: „zentrales Problem“; *Hansmann,* NuR 1997, 53 (54): „Kernproblem“; *Jansen,* ZfL 1986, 2 (3): „Schlüsselproblem“.

[517] BT-Drs. 7/179, S. 29.

[518] Vgl. auch *Kutscheidt,* Schädliche Umwelteinwirkungen, S. 22 f.; *Hofmann,* Verkehrslärmschutz, S. 171 ff.

[519] Herv. d. Verf.

[520] § 5 der 16. BImSchV.

[521] *Peine,* DÖV 1988, 937 spricht sogar von einem „Versagen“ des Verordnungsgebers und *Blocher,* DÖV 1981, 660 (661) prophezeite Anfang der 1980er Jahre, die Verordnung nach § 43 Abs. 1 BImSchG werde wohl nie kommen. – Ausführlich zur historischen Entwicklung *Hölder,* Verordnung, S. 171 bis 178; BR-Drs. 661/89, S. 28 ff.; *Ronellenfitsch,* in: Marschall/Schroeter/Kastner, FStrG, § 17 Rn. 144.

[522] *Nedden,* DVBl. 1978, 389; *Peine,* DÖV 1988, 937 (938) m. w. N.; vgl. auch *Silagi,* UPR 1997, 272 (274).

[523] IV C 80.74, BVerwGE 51, 15 = NJW 1976, 1760.

Baugebietscharakter und unter Berücksichtigung der – gegebenenfalls durch eine tatsächliche und/oder plangegebene Vorbelastung geminderten – Schutzbedürftigkeit und Schutzwürdigkeit, und die Grenze des noch zumutbaren Verkehrslärms in einem nicht vorbelasteten Wohngebiet im Sinne der §§ 3 u. 4 BauNVO bei einem äquivalenten Dauerschallpegel (Außenpegel) von etwa 55 dB(A) am Tag und von 45 dB(A) in der Nacht gezogen (näher oben A.III.).

Der Bundesminister für Verkehr hatte zwar noch im Jahr 1974 den Referentenentwurf einer *Straßenschallschutzverordnung* für den Bau und die wesentliche Änderung von öffentlichen Straßen erstellt.[525] Die Höhe der einzuhaltenden Immissionsgrenzwerte war in dem Entwurf indessen nicht bestimmt.[526] Von Anfang an zeigte sich, dass die Bestimmung der Immissionsgrenzwerte schwierig und insbesondere auch aufgrund der damit unmittelbar zusammenhängenden Kosten für Schallschutzmaßnahmen umstritten war, so dass die Bundesregierung von einer Verordnungsregelung Abstand nahm.[527] An die Stelle einer Verordnungslösung sollte eine gesetzliche (Neu-)Regelung des Verkehrslärmschutzrechts treten. Im Frühjahr

---

[524] Es entsprach der ständigen Rechtsprechung, die Erheblichkeit der Beeinträchtigungen an deren Zumutbarkeit auszurichten, *Kutscheidt,* Schädliche Umwelteinwirkungen, S. 17 m.w.N. aus der Rechtsprechung, insbesondere BVerwG, Urt. v. 27.02.1958, I C 162.57, Buchholz 451.20 § 16 GewO Nr. 2; zust. *Kloepfer,* Umweltrecht, § 14 Rn. 295; *Czajka,* in: Feldhaus, BImSchG, § 41 Rn. 41; *Dolde,* Gesamtlärmbewertung, S. 466 m.w.N.; *Berkemann,* Lärmgrenzwerte, S. 91; *Berberich,* Rechtsschutz, S. 89 ff. (90); *Klosterkötter,* KdL 1974, 29 (36); *ders.*, KdL 1973, 113 (115); krit. demgegenüber *Michler,* Verkehrsimmissionsschutz, S. 39 ff., 43 ff., 47 a.E., 48 ff., 50 Mitte u. 105 f. mit ausführlicher Begründung. Insbesondere meine der Begriff der „Erheblichkeit" nach allgemeinem Sprachgebrauch eine Beeinträchtigung, die nicht unbedeutend sei, worin er sich zugleich erschöpfe und daher keinen Raum für Wertungen lasse. *Kutscheidt,* Schädliche Umwelteinwirkungen, S. 18 weist demgegenüber zutreffend darauf hin, dass der Gesetzgeber die ständige Rechtsprechung zur Erheblichkeit, die auf einen Ausgleich widerstreitender Interessen im Einzelfall gerichtet war, vorgefunden hat und diese ersichtlich übernehmen wollte. So heißt es in der Regierungsbegründung zu § 20 BImSchG-E (heute § 22 BImSchG), dass durch die Verwendung der in Nummer 2 enthaltenen „unbestimmten Rechtsbegriffe", womit auch der Begriff der „schädlichen Umwelteinwirkungen" gemeint war, ein „ausreichend weiter Spielraum" für die „Berücksichtigung der Umstände des Einzelfalls" eröffnet wird, wobei „dem nachbarlichen Interessenausgleich eine besondere Bedeutung zukommt" (BT-Drs. 7/179, S. 38). Eine schutzzweckbezogene normative und damit wertende Betrachtung steht auch nicht in Widerspruch zum natürlichen Wortsinn des Begriffs „erheblich".

[525] Vgl. BR-Drs. 661/89, S. 28; dazu auch *Czajka,* in: Feldhaus, BImSchG, § 41 Rn. 3; *Schmidt-Eichstaedt,* in: Kotulla, BImSchG, Vor § 41 Rn. 13; *Hofmann,* Verkehrslärmschutz, S. 67 ff.; *Stich,* UPR 1985, 265 f.

[526] Vgl. *Nedden,* DVBl. 1977, 265 (268); *Stich,* UPR 1985, 265.

[527] Vgl. BR-Drs. 661/89, S. 28; zur Entwicklung, die zur Aufgabe der Straßenschallschutzverordnung geführt hat, *Hofmann,* Verkehrslärmschutz, S. 68 f.

1978 brachte die Bundesregierung dazu den Entwurf eines *Verkehrslärmschutzgesetzes* (VLärmSchG) auf den Weg.[528] Der Entwurf sah die Aufhebung der im Jahr 1974 und damit keine vier Jahre zuvor in Kraft getretenen §§ 41 bis 43 BImSchG vor. Das Verkehrslärmschutzgesetz sollte die „Regelungen zum Schutz gegen Verkehrslärm an Straßen und Schienenwegen" in einem eigenen Gesetz für Straßen und Schienenwege niederlegen und dazu insbesondere Immissionsgrenzwerte, die beim Bau und der wesentlichen Änderung von Straßen und Schienenwegen nicht überschritten werden dürfen (vgl. § 1 Abs. 2 VLärmSchG-E[529]), festlegen. Das Verkehrslärmschutzgesetz scheiterte letztlich jedoch an der Zustimmung des Bundesrats zu den ebenfalls im Entwurf (dort § 6[530]) vorgesehenen Grenzwerten für die *Lärmsanierung* an bestehenden Bundesfernstraßen. Der Bundesrat empfand diese (Sanierungs-)Grenzwerte als zu niedrig und die sich deshalb daraus ergebenden finanziellen Fragen als nicht hinreichend geklärt.[531] Eine rechtssatzmäßige Festlegung von Immissionsgrenzwerten schien damit zu Beginn der 1980er Jahre nicht mehr möglich. Im Interesse einer einheitlichen Handhabung des Lärmschutzes bei der Planung und beim Bau von Bundesfernstraßen veröffentlichte der Bundesminister für Verkehr im Jahr 1983 Richtlinien für den Verkehrslärmschutz an Bundesfernstraßen in der Baulast des Bundes (VLärmSchR 83)[532], in denen die im Gesetzgebungsverfahren zum Verkehrslärmschutzgesetz gewonnenen Erkenntnisse umgesetzt wurden.[533] Demgegenüber erließ die Deutsche Bundesbahn für ihre Schienenwege keine vergleichbaren Richtlinien, weil sie befürchtete, diese würden von den Lärmbetroffenen nicht akzeptiert werden, so dass ihr Erlass keinen Nutzen mit sich bringe.[534] Allerdings legte die Deutsche Bundesbahn für den Lärmschutz die (Vorsorge-)Grenzwerte nach § 1 Abs. 2 des

---

[528] Siehe den Regierungsentwurf in BT-Drs. 8/1671; ferner die Beschlussempfehlung und den Bericht des Ausschusses für Verkehr und für das Post- und Fernmeldewesen in BT-Drs. 8/3730 und den Bericht der 205. Sitzung des Bundestags in BT Sten. Ber. 8/205, S. 16391; *Czajka,* in: Feldhaus, BImSchG, § 41 Rn. 3 f.; zum VLärmSchG-E auch *Hofmann,* Verkehrslärmschutz, S. 69 ff.; *Stich,* UPR 1985, 265 (266 f.); dem Entwurf im Grundsatz zust. *Nedden,* DVBl. 1978, 389 ff.

[529] BT-Drs. 8/1671, S. 4.

[530] BT-Drs. 8/1671, S. 5.

[531] Zum Ganzen *Czajka,* in: Feldhaus, BImSchG, § 41 Rn. 3 f.; *Hölder,* Verordnung, S. 173 f.; *Berberich,* Rechtsschutz, S. 76 ff.; *Silagi,* UPR 1997, 272 (274); *Alexander,* NVwZ 1991, 318 (318 u. 324); *Maier,* BWVP 1991, 101 (102); *Burkard,* VBlBW 1988, 41 f.; *Kentmann,* DÖV 1980, 204 ff.

[532] VkBl. 1983, 306. Siehe dazu auch die Richtlinien zur Erstattung der Aufwendungen für Lärmschutzmaßnahmen an baulichen Anlagen bei Lärmvorsorge und Lärmsanierung im Bereich von Bundesfernstraßen in der Baulast des Bundes (Verkehrslärmschutz-Erstattungsrichtlinien – VLärmSchErstR), VkBl. 1987, 740.

[533] BR-Drs. 661/89, S. 29.

[534] Vgl. *Hofmann,* Verkehrslärmschutz, S. 84.

VLärmSchG-E zugrunde, um auf diesem Wege eine einheitliche Handhabung zu erreichen.[535] Überlegungen zu einer normativen Festsetzung von Immissionsgrenzwerten wurden in den 1980er Jahren zurückgestellt, um Erfahrungen für die Festlegung einerseits umweltpolitisch und andererseits finanziell angemessener Immissionsgrenzwerte zu sammeln.[536] In Politik, Rechtsprechung und Literatur bestand weiterhin Unsicherheit gegenüber der Festlegung bestimmter verbindlicher Grenzwerte, was seinen Grund auch darin hatte, dass gesicherte wissenschaftliche Erkenntnisse über die Ursache-Wirkungs-Zusammenhänge von Verkehrslärm nicht vorlagen und eine Einigung über das Lärmschutzniveau aufgrund der mit ihm unmittelbar zusammenhängenden Kosten des Verkehrslärmschutzes schwierig war.[537] So scheiterte auch der Gesetzesantrag des Landes Hessen für ein Gesetz zum Schutz gegen Verkehrslärm an Straßen und Schienenwegen vom 1. April 1985[538] („zweiter Versuch").[539] Der Bundesrat beschloss in seiner 557. Sitzung am 29. November 1985, den Entwurf nicht beim Deutschen Bundestag einzubringen, weil gegen den Entwurf aufgrund der mit der vorgesehenen Regelung verbundenen hohen Kosten erhebliche Bedenken sprächen, mit ihm insbesondere für die Lärmsanierung an bestehenden Straßen langfristig nicht sicher absehbare finanzielle Lasten für die kommunalen Baulastträger gesetzlich festgeschrieben würden und die verfügbaren Finanzmittel der öffentlichen Hand gegenwärtig für andere, vorrangige Umweltschutzmaßnahmen (insbesondere für die Luftreinhaltung und den Gewässerschutz) eingesetzt werden müssten.[540] In seiner dem Beschluss beigefügten Entschließung bat der Bundesrat die Bundesregierung jedoch, unverzüglich eine Rechtsverordnung nach § 43 Abs. 1 BImSchG zu erlassen, die angemessene Grenzwerte für die Lärmvorsorge beim Bau oder der wesentlichen Änderung öffentlicher Straßen sowie von Eisenbahnen und Straßenbahnen festlegt.

---

[535] BR-Drs. 661/89, S. 29; siehe auch *Hofmann,* Verkehrslärmschutz, S. 84.

[536] BR-Drs. 661/89, S. 29.

[537] Vgl. auch *Peine,* DÖV 1988, 937 (938); siehe ferner *Ronellenfitsch,* in: Marschall/Schroeter/Kastner, FStrG, § 17 Rn. 144.

[538] BR-Drs. 135/85.

[539] Die Immissionsgrenzwerte für die Lärmvorsorge nach § 5 Abs. 1 des Entwurfs entsprachen für Schienenwege denen des § 1 Abs. 2 VLärmSchG-E; für Straßen waren sie um 5 dB(A) abgesenkt. Der Entwurf sah in § 10 ebenfalls eine Vorschrift zur Lärmsanierung vor, die jedoch anders als § 6 VLärmSchG-E auch Schienenwege erfasste. – Auch der „dritte Versuch", ein Verkehrslärmschutzgesetz in Kraft zu setzen (siehe den Antrag der SPD-Fraktion und weiterer Bundestagsabgeordneter auf Erlass eines Verkehrslärmschutzgesetzes, BT-Drs. 12/6688, S. 1 ff.), scheiterte schließlich.

[540] BR-Drs. 135/85 (Beschluss).

In den 1980er Jahren ergingen nach dem Scheitern des Verkehrslärmschutzgesetzes grundlegende höchstrichterliche Entscheidungen des Bundesverfassungsgerichts und des Bundesverwaltungsgerichts.[541]

Der 4. Senat des Bundesverwaltungsgerichts verkündete in seinem bereits erwähnten Urteil vom 23. Januar 1981[542], der im Verhältnis zum Straßenrecht (gleiches gilt für das Eisenbahnrecht) „externe“ Planungsleitsatz des § 41 Abs. 1 BImSchG vermöge „die ihm vom Gesetzgeber offenbar zugedachte *planzielbestimmende Funktion in Wahrheit nicht zu erfüllen*“. Ihm *fehle „das für eine praktische Rechtsanwendung unerlässliche Mindestmaß an konkretem Regelungsgehalt.*“ Mit dem Tatbestandsmerkmal der „schädlichen Umwelteinwirkungen durch Verkehrsgeräusche“ seien zwar die Merkmale „Gefahren, erhebliche Nachteile oder erhebliche Belästigungen“ (§ 3 Abs. 1 BImSchG) in die Verkehrslärmschutzregelungen des Bundes-Immissionsschutzgesetz übernommen worden. Damit sei jedoch „nichts für die hier maßgebende Frage gewonnen, nach welchen Kriterien die danach ausschlaggebende Grenze zwischen den noch hinzunehmenden und den nicht mehr zumutbaren, weil ‚erheblich belästigenden Verkehrsgeräuschen‘ zu ziehen, insbesondere in durch Zahlen ausgedrückte Lärmpegel umzusetzen ist.“ Die Frage nach einem die Lärmerheblichkeit rechtlich-verbindlich festlegenden Grenzwert könne bei der gegenwärtigen Rechtslage, d.h. solange es an einer Bestimmung durch Gesetz oder Rechtsverordnung fehle, „allein im Wege der Rechtsanwendung nicht weiter geklärt werden“. Diese Frage müsse daher von den Tatsachengerichten als *„außerrechtliche Fachfrage“*[543] im Wege der Sachverhaltsermittlung – in der Regel unter Hinzuziehung von Sachverständigen[544] – entschieden werden (was der 4. Senat im Übrigen bereits in seinem Urteil vom 7. Juli 1978 zum Verkehrsflughafen Frankfurt/Main[545] hervorgehoben hatte[546]).[547] Entsprechendes gelte

---

541 Zur Entwicklung der Rechtsprechung zusammenfassend *Wahl,* NVwZ 1990, 426 (439 f.).

542 4 C 4.78, BVerwGE 61, 295 = NJW 1981, 2137 f. (Herv. d. Verf.); krit. *Sendler,* UPR 2002, 281 (284 f.); dazu auch *Haakh/Maier,* BWVP 1987, 25 (27).

543 Ebenso *Haakh/Maier,* BWVP 1987, 25 (32); demgegenüber zu Recht krit. *Kuschnerus,* DVBl. 1986, 429: auch rechtliche Frage.

544 Krit. *Blocher,* DÖV 1981, 660 (663), mit dem berechtigten Einwand, die Lösung, jeweils im gerichtlichen Verfahren einen Sachverständigen zu fragen, welcher Grenzwert zumutbar sei, könne wohl kaum als Dauerlösung angesehen werden.

545 4 C 79.76 u.a., BVerwGE 56, 110 = NJW 1979, 64 (69) (Herv. d. Verf.).

546 Danach lasse sich die Frage, ob und in welcher Weise eine danach äußerstenfalls zumutbare Geräuscheinwirkung in einem bestimmten Geräuschpegel ausgedrückt werden könne, „im Wege der Rechtsanwendung nicht weiter klären“. Solange der Gesetzgeber in der Kollision zwischen Immissionsschutz und anderen öffentlichen Interessen nicht die „gerade ihm obliegende – politische – Entscheidung über das Maß des Zumutbaren trifft“, werden die Gerichte die Frage als *„außer-*

für § 41 Abs. 1 BImSchG. Auch die Vorschrift des § 42 BImSchG sei ihrerseits „unvollziehbar". Ihre Anwendbarkeit hänge vom Erlass der in § 43 BImSchG dafür vorgesehenen Rechtsverordnungen ab, an denen es bisher fehle.

An dieser Beurteilung hat der 4. Senat in der Folge jedoch nicht festgehalten. Bereits rund vier Jahre später hat er in seinem B 455-Urteil vom 22. März 1985[548] von seiner vormaligen Auffassung Abstand genommen und ausgeführt: § 41 Abs. 1 BImSchG verwende „mit dem Begriff ‚schädliche Umwelteinwirkungen durch Verkehrsgeräusche' einen *unbestimmten Rechtsbegriff,* der Behörden und Gerichte *nicht vor wesentlich andere Probleme stellt als sonstige Regelungen, in denen der Gesetzgeber unbestimmte Rechtsbegriffe verwendet*". Der Begriff bedürfe der Auslegung und seine Anwendung durch die Gerichte setze eine „tatrichterliche Würdigung der Gegebenheiten des Einzelfalles voraus"; insofern gelte Gleiches wie für die Anwendung des § 3 Abs. 1 BImSchG, der schädliche Umwelteinwirkungen als Immissionen definiere, die nach Art, Ausmaß oder Dauer geeignet seien, Gefahren, erhebliche Nachteile oder erhebliche Belästigungen für die Allgemeinheit oder die Nachbarschaft herbeizuführen. Ähnlich unbestimmte Rechtsbegriffe verwende auch § 17 Abs. 4 FStrG (a. F.) mit dem Tatbestandsmerkmal „Sicherung der Benutzung der benachbarten Grundstücke gegen Gefahren, erhebliche Nachteile oder erhebliche Belästigungen", das der Senat in ständiger Rechtsprechung ausgelegt und angewendet habe und über das von den Tatsachengerichten als außerrechtliche Fachfrage im

---

*rechtliche Fachfrage*" im Wege der Sachverhaltsermittlung – in aller Regel durch Sachverständige – klären müssen. Als Anhaltspunkt habe der erkennende Senat im Urteil vom 21. Mai 1976 (B 27-Urteil) allerdings darauf hingewiesen, es erscheine nach den Äußerungen in der medizinischen Fachliteratur einleuchtend, davon auszugehen, dass für ein von anderen Störfaktoren nicht vorbelastetes Wohngebiet die Grenze des innerhalb der Gebäude noch zumutbaren Verkehrslärms etwa bei einem äquivalenten Dauerschallpegel (Außenpegel) von 55 dB(A) am Tage und von 45 dB(A) in der Nacht erreicht werde. Die Angemessenheit dieser „*nicht in Beantwortung einer Rechtsfrage*", sondern „in Erwägung eines *außerrechtlichen Maßstabes* genannten Werte" seien damit ebenso weiterer Ermittlung durch die Tatsacheninstanzen offen wie die im hier vorliegenden medizinischen Gutachten aufgeworfene Frage, „ob der Fluglärm ebenso wie der Straßenlärm" sachgerecht „allein mit einem äquivalenten Dauerschallpegel bemessen werden kann, oder ob nicht daneben die Spitzenschallpegel in besonderer Weise berücksichtigt werden müssen (BVerwG, a. a. O.).

547 Auch nach dem Umweltgutachten 2004 des Rates von Sachverständigen für Umweltfragen, BT-Drs. 15/3600, S. 335 (Ziff. 664) bedarf die Fixierung von Lärmqualitäts- und Lärmhandlungszielen politischer Entscheidungen, da sich Ziel- und Grenzwerte wissenschaftlich nicht definitiv bestimmen ließen.

548 4 C 63.80, BVerwGE 71, 150 = NJW 1985, 3034 (3035) – B 455 (Herv. d. Verf.); zust. *Hofmann,* Verkehrslärmschutz, S. 120 f.; dazu auch *Broß,* VerwArch. 1989, 395 (410); *Haakh/Maier,* BWVP 1987, 25 (27).

Wege der Sachverhaltsermittlung – in der Regel unter Hinzuziehung von Sachverständigen – entschieden werden müsse[549]. Ob § 41 Abs. 1 BImSchG den Anforderungen genüge, die der Senat an einen „gesetzlichen Planungsleitsatz als ‚planzielbestimmenden' Rechtssatz" aufgestellt habe, könne dahinstehen; jedenfalls hänge von der Beantwortung dieser Frage nicht schlechthin die Anwendbarkeit dieser Vorschrift ab. Die Anwendbarkeit des § 41 Abs. 1 BImSchG sei auch nicht dadurch ausgeschlossen, dass „die Bundesregierung von der ihr nach § 43 Abs. 1 S. 1 Nr. 1 BImSchG eingeräumten Ermächtigung keinen Gebrauch gemacht hat, Grenzwerte zum Schutze der Nachbarschaft vor Verkehrsgeräuschen festzusetzen". Solange die Zumutbarkeit von Verkehrsgeräuschen nicht durch Grenzwerte rechtssatzmäßig bestimmt sei, gelten die vom Senat entwickelten allgemeinen Maßstäbe, also die Einzelfallrechtsprechung des Bundesverwaltungsgerichts, wie sie der 4. Senat in seinem B 27-Urteil herausgearbeitet hatte.

Zwei Jahre später hat der 4. Senat in seinem B 31-Urteil vom 22. Mai 1987 (Meersburg-Urteil)[550] jedoch betont, die vom Senat im B 27-Urteil für ein nicht von anderen Störfaktoren vorbelastetes Wohngebiet im Sinne der §§ 3 u. 4 BauNVO angenommene Grenze des noch zumutbaren Straßenverkehrslärms eines äquivalenten Dauerschallpegels (Außenpegel) von 55 dB(A) am Tag und 45 dB(A) in der Nacht sei *„kein Normersatz"*. *„Normative Festlegungen gebietsbezogener Grenzwerte"* könnten *„nur im Wege demokratisch legitimierter Rechtssetzung getroffen werden."*[551] Bei diesen „Orientierungswerten" handelte es sich ersichtlich um „Disziplinierungsmaßnahmen" gegen den Gesetzgeber.[552]

Der Erste Senat des Bundesverfassungsgerichts hat sodann in seiner Straßenverkehrslärm-Entscheidung vom 30. November 1988[553], der nach der Fluglärm-Entscheidung aus dem Jahr 1981 zweiten grundlegenden Entschei-

---

549 Urteil des Senats vom 23.01.1981, a. a. O.

550 4 C 33-35.83, BVerwGE 77, 285 = NJW 1987, 2886 (2887) (Herv. d. Verf.).

551 § 43 BImSchG ermächtige die Bundesregierung unter anderem dazu, Grenzwerte zum Schutz der Nachbarschaft vor schädlichen Umwelteinwirkungen durch Geräusche festzulegen. Bereits der damit vorgegebene „Handlungsrahmen" reiche „über das hinaus, was die Gerichte – auch das Bundesverwaltungsgericht – bei ihren stets auf den Einzelfall beschränkten und auf das konkrete Schutzbedürfnis eines betroffenen Bürgers bezogenen Erkenntnissen feststellen können." Die für die vorliegende Entscheidung maßgeblichen Werte dürften daher „nicht als Vorgaben für eine Bestimmung von Grenzwerten durch den Verordnungsgeber missverstanden werden." (BVerwG, a. a. O.)

552 So krit. *Ronellenfitsch,* in: Marschall/Schroeter/Kastner, FStrG, § 17 Rn. 138 u. 145.

553 Beschl. v. 30.11.1988, 1 BvR 1301/84, BVerfGE 79, 174 = NJW 1989, 1271 (1272 f.) (Herv. d. Verf.), dazu ausführlich *Broß,* VerwArch. 1989, 395 ff. (400 ff.); *Hölder,* Verordnung, S. 176; *Berkemann,* Lärmgrenzwerte, S. 77 u. 81.

dung des Bundesverfassungsgerichts zum Verkehrslärmschutz[554], die Einzelfallrechtsprechung des Bundesverwaltungsgerichts zwar verfassungsrechtlich gebilligt, jedoch über die bisherige Rechtsprechung hinaus hervorgehoben, dem Verordnungsgeber sollte in §§ 41 ff. BImSchG „nicht nur eine Ermächtigung, sondern ein *Regelungsauftrag* erteilt werden".[555] Der Gesetzgeber sei von Verfassungs wegen nicht gehindert, dem Verordnungsgeber einen solchen Regelungsauftrag zu erteilen. Allerdings begründe der Regelungsauftrag, der dem Verordnungsgeber in § 43 BImSchG erteilt worden sei, „von Verfassungs wegen *keine Rechtsanwendungssperre*" hinsichtlich der auszufüllenden Vorschriften des Bundes-Immissionsschutzgesetzes bis zum Erlass der Verordnung.[556] Eine Rechtsanwendungssperre bis zum

---

[554] Siehe darüber hinaus die Flughafen Memmingen-Entscheidung des BVerfG, Beschl. v. 07.10.1980, 2 BvR 584 u.a., BVerfGE 56, 298 = NJW 1981, 1659, in der das Bundesverfassungsgericht feststellte, dass Art. 28 Abs. 2 S. 1 GG dem Staat eine gesetzliche Einschränkung der Planungshoheit einzelner Gemeinden nur erlaubt, wenn und soweit sich bei der vorzunehmenden Güterabwägung ergibt, dass schutzwürdige überörtliche Interessen diese Einschränkungen erfordern (Ls. 1). Des Weiteren erkannte das Bundesverfassungsgericht, dass die Regelungen der §§ 1 bis 5 des Gesetzes zum Schutz gegen Fluglärm verfassungsrechtlich nicht zu beanstanden sind (Ls. 2); vgl. ferner die Flughafen Salzburg-Entscheidung des BVerfG, Beschl. v. 12.03.1986, 1 BvL 81/79, BVerfGE 72, 66 = NJW 1986, 2188, in der es um Abwehransprüche deutscher Grundeigentümer gegen den aus Fluglärm des österreichischen Flughafens Salzburg ging; und aus neuerer Zeit die Fluglärm-Entscheidung der 1. Kammer des Ersten Senats des BVerfG, Beschl. v. 02.04.1997, 1 BvR 446/96, NVwZ 1998, 169 m. Anm. *Kilian,* NVwZ 1998, 142, welche die Frage nach dem Rechtsschutz gegen Bundes-Rechtsverordnungen (hier: Festlegung der Abflugstrecken) zum Gegenstand hatte (dazu auch BVerwG, Urt. v. 28.06.2000, 11 C 13.99, BVerwGE 111, 276 = NJW 2000, 3584 m. Anm. *Kukk,* NVwZ 2001, 408 ff.; *Rupp,* NVwZ 2002, 286 ff.) sowie die Nichtannahmebeschlüsse der 3. Kammer des Ersten Senats des BVerfG, Beschl. v. 20.02.2008, 1 BvR 2722/06, NVwZ 2008, 780 sowie Beschl. v. 29.07.2009, 1 BvR 1606/08, NVwZ 2009, 1494 – jew. Verkehrsflughafen Berlin-Schönefeld.

[555] Dies komme vor allem darin zum Ausdruck, dass § 43 Abs. 1 S. 1 BImSchG als Gegenstand der Rechtsverordnung die zur Durchführung des § 41 und des § 42 Abs. 1 u. 2 BImSchG „erforderlichen" Vorschriften bezeichne. Darüber hinaus werde in § 42 Abs. 1 u. Abs. 2 BImSchG die Begründung des Anspruchs auf Entschädigung für passive Schallschutzmaßnahmen und dessen Höhe ausdrücklich von den in der Rechtsverordnung festzulegenden Grenzwerten sowie von den Bestimmungen dieser Verordnung über Art und Umfang der notwendigen Schallschutzmaßnahmen abhängig gemacht (BVerfG, a.a.O.).

[556] Auch wenn der Gesetzgeber zwingend die Ausfüllung einer gesetzlichen Regelung durch eine Rechtsverordnung vorschreibe, sei es Verwaltung und Rechtsprechung nicht ausnahmslos verwehrt, die Vorschriften des Gesetzes unmittelbar anzuwenden, wenn der Verordnungsgeber untätig bleibe. Eine solche Lösung scheide freilich von vornherein aus, wenn die gesetzliche Regelung ohne die ausstehende Rechtsverordnung nicht vollziehbar sei oder wenn sie dem verfassungsrechtlichen Bestimmtheitsgebot nicht genüge. Erlaube die gesetzliche Regelung jedoch eine unmittelbare Anwendung auf den Einzelfall, so seien Verwaltung und Gerichte daran

Erlass der vorgesehenen Rechtsverordnung brächte „schwerwiegende Folgen“ mit sich. Das Bundesverfassungsgericht warnte vor einem „Planungsstillstand“, der jedenfalls bei längerer Dauer die städtebauliche Entwicklung und Ordnung sowie die Belange einer geordneten Verkehrsentwicklung und -lenkung fühlbar hemmen und beeinträchtigen könnte.

Dieser „Regelungsauftrag“, den das Bundesverfassungsgericht den §§ 41 ff. BImSchG in seiner Straßenverkehrslärm-Entscheidung vom 30. November 1988 entnahm, führte schließlich zur normativen Festlegung von Grenzwerten durch Erlass der 16. BImSchV, die zum 21. Juni 1990 in Kraft trat (zur zeitlichen Anwendbarkeit oben A.III.).[557] Mit dem Erlass der

---

nur gehindert, wenn der Wille des Gesetzgebers, einen bestimmten Lebensbereich unter allen Umständen einer normativen Regelung durch Rechtsverordnung vorzubehalten, im Gesetz zum Ausdruck gekommen sei und wenn die damit verbundene Rechtsanwendungssperre keine unerträglichen Auswirkungen auf die Verfolgung öffentlicher Belange oder den Schutz von Grundrechten habe. Nach diesen Grundsätzen seien die §§ 41 ff., 3 Abs. 1 BImSchG unmittelbar anwendbar. Der Gesetzgeber sei auch bei der Ausgestaltung des Eigentums nach Art. 14 Abs. 1 S. 2 GG nicht daran gehindert, sich unbestimmter Rechtsbegriffe zu bedienen. Auch wenn danach die gesetzlichen Vorschriften einer unmittelbaren Anwendung zugänglich seien, verbleibe dabei für Verwaltung und Rechtsprechung ein so großer Spielraum, dass dem Streben nach Rechtssicherheit und Gleichbehandlung, welches dem Regelungsauftrag an den Verordnungsgeber zugrunde liege, ein erhebliches Gewicht zukomme. Außerdem würde sich die vom Gesetzgeber vorgeschriebene Verordnungsregelung nach der Art ihres Zustandekommens von der Rechtsfindung im Wege der einzelfallbezogenen Entscheidung unterscheiden. Die Bundesregierung als Ermächtigungsadressat sei nach § 43 Abs. 1 BImSchG in Verbindung mit § 51 BImSchG verpflichtet, vor dem Erlass der Verordnung Vertreter der Wissenschaft, der Betroffenen, der beteiligten Wirtschaft, des beteiligten Verkehrswesens und der für den Immissionsschutz zuständigen obersten Landesbehörden anzuhören. Daraus könne zwar nicht gefolgert werden, dass damit ein sachlich „besseres“ Ergebnis gewährleistet sei als bei einer Rechtsfindung im Einzelfall. Jedenfalls wollte der Gesetzgeber aber grundsätzlich sicherstellen, dass die Regelung auf dem von ihm vorgeschriebenen qualifizierten Weg gefunden werde (BVerfG, a. a. O.).

[557] Vgl. auch BR-Drs. 661/89, S. 29 f. Dem Erlass der 16. BImSchV lag folgendes Verfahren zugrunde, siehe <http://dip.bundestag.de> – Stichwort: „Drs. 661/89“ (Stand: 19.09.2009):

- Verordnungsentwurf der Bundesregierung vom 27.11.1989
  → BR-Drs. 661/89, S. 1 ff.
- Zuweisung an den (federführenden) Ausschuss für Verkehr und Post (VP), an den Finanzausschuss (Fz), den Ausschuss für Jugend, Familie, Frauen und Gesundheit (G), den Ausschuss für Innere Angelegenheiten (In) und den Ausschuss für Umwelt, Naturschutz und Reaktorsicherheit (U)
- (umfangreiche) Empfehlungen der Ausschüsse vom 05.03.1990
  → BR-Drs. 661/1/89, S. 1 ff.
- Antrag des Landes Nordrhein-Westfalen vom 15.03.1990 zur Änderung des § 1 Abs. 2 S. 1 der 16. BImSchV
  → BR-Drs. 661/2/89, S. 1

16. BImSchV ist der Verordnungsgeber somit seinem gesetzlichen Auftrag, verbindliche Lärmgrenzwerte zur Konkretisierung des Begriffs der schädlichen Umwelteinwirkungen festzulegen, nachgekommen.[558]

### bb) Zulässigkeit der Konkretisierung der Erheblichkeitsschwelle durch Rechtsverordnung

Bereits *Korbmacher*[559] hat unter Hinweis auf die mit dem Lärmschutz verbundenen enormen Kosten hervorgehoben, dass es bei der Festlegung von Immissionsgrenzwerten um eine geradezu „fundamentale Grundentscheidung des Immissionsschutzrechts“ geht, in der in einer rechtspolitisch bedeutsamen Frage der wahre Stellenwert des Immissionsschutzes im Vergleich zu anderen Belangen festzulegen sei.[560] Hiervon ausgehend haben Teile des rechtswissenschaftlichen Schrifttums die Frage aufgeworfen, ob der Gesetzgeber aus verfassungsrechtlichen Gründen berechtigt gewesen sei, die Bestimmung von Grenzwerten zur Konkretisierung des Begriffs der schädlichen Umwelteinwirkungen nach § 43 Abs. 1 S. 1 Nr. 1 BImSchG auf die Bundesregierung als Verordnungsgeber zu übertragen.[561] Ihre Bedenken haben sie vor allem auf die *Wesentlichkeitstheorie* bzw. den *Parlamentsvorbehalt* gestützt. Die Wesentlichkeitstheorie besagt, dass die wesentlichen Entscheidungen vom unmittelbar demokratisch legitimierten Parlament zu treffen sind, wobei für die Wesentlichkeit unter anderem die Grundrechtsrelevanz eines Sachverhalts spricht.[562]

Verkehrsimmissionen werden unmittelbar erst von den Nutzern der Verkehrswege verursacht. Die Verkehrswege, auf deren Bau oder wesentliche

---

- Zustimmung des Bundesrats zur Verordnung gem. Art. 80 Abs. 2 GG vom 16.03.1990 nach Maßgabe der vom Bundesrat vorgeschlagenen Änderungen und der Entschließung
  → Plenarprotokoll der 610. Sitzung des Bundesrats vom 16.03.2009, S. 119 D bis 120 B; BR-Drs. 661/89 (Beschluss) mit Anlage und Entschließung
- Verkündung der Verordnung vom 12.06.1990 im BGBl.
  → BGBl. I vom 20.06.1990 (Nr. 27), S. 1036 ff.

558 Vgl. auch *Michler,* Verkehrsimmissionsschutz, S. 1 u. 149.

559 DÖV 1976, 1 (6).

560 Ferner *Berberich,* Rechtsschutz, S. 67.

561 Vgl. dazu etwa *Schulze-Fielitz,* in: GK-BImSchG, § 41 Rn. 11 u. 13 f.; *Michler,* Verkehrsimmissionsschutz, S. 158; *Peine,* DÖV 1988, 937 (938 ff.) m.w.N.; bereits *Korbmacher,* DÖV 1976, 1 (6 f.); *Fickert,* KdL 1974, 65.

562 Vgl. *Grzeszick,* in: MD, GG, Art. 20 Rn. 105 ff. – Verfassungsrechtliche Grundlage der Wesentlichkeitstheorie und des Parlamentsvorbehalts ist vor allem das Demokratieprinzip (Art. 20 Abs. 2 GG), weil die wesentlichen Entscheidungen durch das Parlament als einzigem unmittelbar demokratisch legitimierten Organ getroffen werden sollen.

Änderung die §§ 41 ff. BImSchG abheben, stellen deshalb *indirekte Lärmquellen* dar. Wird ein Schienenweg oder eine Straße von Privaten genutzt, so stellt sich deshalb die Frage, ob der Anwendungsbereich der Wesentlichkeitstheorie insoweit überhaupt eröffnet sein kann. Denn nur wenn die Immissionen letztlich öffentlich-rechtlich zu beurteilen, d.h. zumindest einem Hoheitsträger zuzurechnen sind, könnte die Wesentlichkeitstheorie Geltung beanspruchen. Der 3. Zivilsenat des Bundesgerichtshofs hat in seinem Reuterstraßen-Urteil vom 20. März 1975[563] zur Frage der Anwendbarkeit der zivilrechtlichen Vorschrift des § 906 Abs. 2 S. 2 BGB ausgeführt, die Beeinträchtigung eines Grundstücks durch Verkehrsimmissionen sei die „*unmittelbare Folge der Eröffnung der Straße für den durchfließenden Verkehr*". Diese Zweckbestimmung beruhe „*auf der Widmung der Straße für diesen Gebrauch*", wodurch zugleich die Pflicht der Anlieger begründet werde, die Verkehrsimmissionen zu dulden. Die Lärmeinwirkungen stellten sich daher als „*unmittelbarer hoheitlicher Eingriff in das Anliegereigentum dar*".[564] Diese Grundsätze gelten auch für planfestgestellte Eisenbahnstrecken, selbst wenn der Vorhabenträger – wie nach der Bahnreform die Deutsche Bahn AG bzw. ihre Tochtergesellschaften – ein Privatrechtssubjekt ist.[565] Verkehrsimmissionen als Realakte erfahren ihre rechtliche Beurteilung sonach ausgehend von den sie erlaubenden bzw. auslösenden Rechtsakten (Planfeststellungsbeschluss oder – planfeststellungsersetzender – Bebauungsplan).[566] Sie sind Folge hoheitlicher Verkehrseröffnung[567] bzw. der *Zulassung des Vorhabens durch die öffentliche Hand bzw. in einem hoheit-*

---

[563] III ZR 215/71, BGHZ 64, 220 = NJW 1975, 1406 (Herv. d. Verf.).

[564] Zust. *Peine,* DÖV 1979, 812 (814 ff.); siehe auch *Boujong,* UPR 1987, 207.

[565] Dazu und zur Bahnreform näher unten F. – In diesem Sinne geht die Rechtsprechung etwa auch davon aus, dass einer Gemeinde, die eine öffentliche Einrichtung betreibt, grundsätzlich die von den Benutzern ausgehenden Lärmimmissionen zuzurechnen sind, vgl. VGH Bad.-Württ., Urt. v. 11.04.1994, 1 S 1081/93, NVwZ 1994, 920, Ls. 2 S. 1 zu einem als öffentliche Einrichtung betriebenen Grillplatz (aber offen gelassen, ob der Anspruch gegen die Immissionen der grundrechtliche Abwehranspruch aus Art. 2 Abs. 1 S. 1 GG und Art. 14 Abs. 1 S. 1 GG oder die §§ 1004, 906 BGB analog oder ein öffentlich-rechtlicher Folgenbeseitigungsanspruch ist, da der Maßstab für die Beurteilung der Zumutbarkeit bzw. Unzumutbarkeit des Lärms jeweils der Gleiche bleibe); ferner VGH Bad.-Württ., Urt. v. 08.02.2000, 10 S 72/99, ESVGH 50, 303 L = VBlBW 2000, 483, juris.

[566] So zutr. *Peine,* DÖV 1988, 937 (939) m.w.N.; a.A. (wohl) noch BGH, Urt. v. 22.12.1967, V ZR 11/67, BGHZ 49, 148 = NJW 1968, 549 zu § 906 Abs. 2 S. 2 BGB und unter Hinweis u.a. auf BGH, Urt. v. 18.02.1959, V ZR 11/57, BGHZ 29, 314 = NJW 1959, 936 – Ablauf von Oberflächenwasser von einer Autobahn: In Fällen von Lärm- und ähnlichen Beeinträchtigungen sei dann, wenn sie nicht unmittelbar durch Eingriffe von hoher Hand ausgelöst waren, eine Herbeiführung durch hoheitliche Maßnahmen verneint worden, und die daraus abgeleiteten Ansprüche seien dem privaten Nachbarrecht unterstellt worden.

[567] *Silagi,* UPR 1997, 272 (273); siehe auch *Berberich,* Rechtsschutz, S. 46 ff.

*lichen Verfahren*[568]. Denn nach dem einleitend Dargelegten kann regelmäßig nur die öffentliche Hand die rechtlichen und tatsächlichen Voraussetzungen für den Bau von Verkehrswegen mit der Folge von Lärmimmissionen schaffen; nur der Staat kann von Privaten geplante Verkehrsvorhaben zwangsweise durchsetzen[569]; demgemäß ist der Straßen- und Schienenlärm, obwohl faktisch von anderen, zumeist Privaten verursacht, jedenfalls auch der öffentlichen Hand unmittelbar zuzurechnen.[570]

Bereits das Reichsgericht hatte in seinem Urteil vom 9. Januar 1939[571] zur Störereigenschaft des Unternehmens „Reichsautobahn" im Sinne von § 1004 BGB in Bezug auf von der Autobahn ausgehende Geräusche und andere Einwirkungen Stellung genommen. Der Entscheidung lag die Klage einer Eigentümerin eines an der neu gebauten Reichsautobahn Köln-Düsseldorf liegenden Grundstücks auf Schadensersatz wegen unzumutbarer Geräusche und anderer Einwirkungen zugrunde. Das Reichsgericht führte aus: Als Störer im Sinne des § 1004 BGB sei nicht nur derjenige anzusehen, der die störende Einwirkung unmittelbar hervorbringe, sondern auch der, durch dessen maßgebenden Willen der die Eigentumsbeeinträchtigung herbeiführende Zustand geschaffen worden ist und aufrechterhalten wird. Im zugrunde liegenden Fall beschwere sich die Klägerin nicht darüber, dass einzelne Betriebsvorgänge auf der Autobahn für sich störend wirkten; vielmehr solle die Häufung des Verkehrs die schädigenden Wirkungen hervorbringen, über die sie sich beklage. Deswegen sei das beklagte Unternehmen „Reichsautobahn" der Störer bei etwaigen vom Betrieb der Autobahn ausgehenden unzulässigen Einwirkungen und ein darauf gegründeter Anspruch müsse sich gegen ihn richten.

Auch wenn danach der Anwendungsbereich der Wesentlichkeitstheorie eröffnet ist, steht sie einer Ermächtigung des Verordnungsgebers zur Festsetzung von Immissionsgrenzwerten zur Bestimmung der Erheblichkeitsschwelle nicht entgegen.[572] Auch das Bundesverfassungsgericht hatte in seinen Entscheidungen zum Verkehrslärmschutz keine Bedenken erhoben. In der Straßenverkehrslärm-Entscheidung[573] hat das Bundesverfassungsgericht zu den §§ 41 ff. BImSchG hervorgehoben, dass sich weitergehende Anforderungen an die Konkretisierung der gesetzlichen Regelung auch nicht aus dem allgemeinen Vorbehalt des Gesetzes ergeben, der insbesondere im grundrechtlichen Bereich verlange, dass der Gesetzgeber alle wesentlichen

568 So auch *Michler,* Verkehrsimmissionsschutz, S. 136 f., der zutreffend darauf hinweist, dass die Widmung keine Entscheidung über Art und Umfang der von der Nachbarschaft hinzunehmenden Immissionen trifft; Duldungspflichten begründe vielmehr der Planfeststellungsbeschluss.

569 *Ronellenfitsch,* in: FS für Püttner, S. 75.

570 *Berkemann,* Lärmgrenzwerte, S. 74 m. w. N.; *Hofmann,* Verkehrslärmschutz, S. 27 f. u. 32 ff.; a. A. *Michler,* VBlBW 1998, 201 (202) zur Lärmsanierung.

571 V 154/38, RGZ 159, 129 (136 f.).

572 Wie hier etwa *Czajka,* in: Feldhaus, BImSchG, § 41 Rn. 15 u. § 42 Rn. 10.

573 Beschl. v. 30.11.1988, 1 BvR 1301/84, BVerfGE 79, 174 = NJW 1989, 1271 (1273).

Entscheidungen selbst trifft. Dabei könne dahingestellt bleiben, „ob der Gesetzgeber unter diesem Gesichtspunkt den Verkehrslärmschutz überhaupt bei der Ausgestaltung des Eigentums über die allgemein für Immissionen im privaten und öffentlichen Recht geltenden Grundsätze hinaus besonders regeln musste“. Jedenfalls würden die in den §§ 3 Abs. 1, 41 ff. BImSchG enthaltenen Regelungen insoweit ausreichen. Auch der 11. Senat des Bundesverwaltungsgerichts hat in seiner Wentdorf-Entscheidung (Eisenbahntrasse Hamburg–Büchen–Berlin) vom 5. März 1997[574] unter Hinweis auf diese Aussage des Bundesverfassungsgerichts betont, § 43 Abs. 1 S. 1 Nr. 1 BImSchG stehe mit dem Vorbehalt des Gesetzes in Einklang. Die Festlegung von Lärmgrenzwerten zur Konkretisierung des Erheblichkeits-Begriffs ist auch nach in der Literatur überwiegend vertretener Auffassung nicht derart „wesentlich“, dass sie nur vom Gesetzgeber vorgenommen werden kann.[575] Dem ist zu folgen. Allein der Umstand, dass die Ausformung eines bestimmten Tatbestandsmerkmals (hier: des Begriffs der schädlichen Umwelteinwirkung und der erheblichen Belästigung durch normative Festsetzung von Immissionsgrenzwerten) das Kernelement eines Regelungsbereichs ist, kann noch nicht die Annahme begründen, dass die Regelung deshalb auch notwendig durch den Gesetzgeber selbst getroffen werden muss. Entscheidend ist vielmehr, ob die jeweils durch Verordnung zu regelnde (konkrete) Sachfrage, d. h. nicht notwendig auch der gesamte Sachbereich, derart wesentlich ist, dass er nur vom unmittelbar demokratisch legitimierten Gesetzgeber getroffen werden kann. Danach ist es dem Gesetzgeber nicht verwehrt, die Exekutive mit der Konkretisierung des Begriffs der erheblichen Belästigung zu ermächtigen. Der einfach-rechtliche Schutz setzt insoweit unterhalb der verfassungsrechtlichen Zumutbarkeitsschwelle an und geht damit über das nach Art. 2 Abs. 2 S. 1 u. Art. 14 Abs. 1 S. 1 GG verfassungsrechtlich gebotene Maß an Schutz vor Verkehrslärm hinaus.[576] § 43 Abs. 1 S. 1 Nr. 1 BImSchG ist deshalb mit der Wesentlichkeitstheorie und den Grundrechten vereinbar.

---

574 Urt. v. 05.03.1997, 11 A 25.95, BVerwGE 104, 123 = NVwZ 1998, 513 (515).

575 Zutr. *Peine,* DÖV 1988, 937 (939 f.); *ders.*, DVBl. 1977, 265 (268); *Berkemann,* Lärmgrenzwerte, S. 76 f. unter weiterführendem Hinweis auf BVerfG, Beschl. v. 08.08.1978, 2 BvL 8/77, BVerfGE 49, 89 = NJW 1979, 359 – Kalkar I; im Erg. ebenso wohl *Kutscheidt,* NVwZ 1989, 193 (197); a. A. *Ekardt/Seidel,* NVwZ 2007, 421 (424) zum Fluglärm: Gesetzgeber und Bundesverwaltungsgericht gingen offenbar davon aus, dass es dem legislativen Gestaltungsspielraum unterliegt, ob die Grenzwerte in einem Parlamentsgesetz, in einer Verwaltungsvorschrift oder nicht geregelt würden; da Grenzwerte das Kernelement, nämlich die Durchführung der Grundrechtsabwägung und damit das „wesentliche“ von umweltbezogenen Rechtsakten sein dürften, sei diese Sichtweise nur schwer mit dem Wesentlichkeitsgrundsatz des Bundesverfassungsgerichts vereinbar.

576 Siehe oben B.I.3.a).

Teile der Literatur haben des Weiteren Bedenken gegen die Rechtmäßigkeit der konkreten Formulierung des § 43 BImSchG im Hinblick auf die an Verordnungsermächtigungen zu stellenden verfassungsrechtlichen Anforderungen des Art. 80 Abs. 1 S. 2 GG erhoben.[577] Diesen Bedenken ist ebenfalls nicht zu folgen. Nach Art. 80 Abs. 1 S. 2 GG müssen Inhalt, Zweck und Ausmaß der Ermächtigung im Gesetz bestimmt werden. Der *Inhalt der Ermächtigung* ist in Bezug auf die Festlegung von Immissionsgrenzwerten sowie in Bezug auf das Verfahren der Ermittlung der Immissionen in § 43 Abs. 1 S. 1 Nr. 1 BImSchG ausdrücklich festgelegt. Danach ermächtigt die Vorschrift zum Erlass von Grenzwerten, die zum Schutz der Nachbarschaft vor schädlichen Umwelteinwirkungen durch Geräusche nicht überschritten werden dürfen und zum Erlass von Vorschriften über das Verfahren zur Ermittlung der Emissionen oder Immissionen. Auch der *Zweck der Ermächtigung* lässt sich der Vorschrift des § 43 Abs. 1 S. 1 BImSchG entnehmen. Nach § 43 Abs. 1 S. 1 Halbs. 1 BImSchG ermächtigt die Vorschrift zum Erlass der „zur Durchführung des § 41 und de § 42 Abs. 1 und 2 BImSchG erforderlichen Vorschriften“, wobei § 43 BImSchG in den Nummern 1 bis 3 selbst die jedenfalls erforderlichen Vorschriften bezeichnet. Schließlich ergibt sich aus § 43 BImSchG auch das *Ausmaß der Ermächtigung*. Das Gesetz muss danach die Grenzen der verordnungsgeberischen Regelungsmacht, also den Ermächtigungsumfang erkennen lassen.[578] Das ist der Fall, da sich die Grenzen der Ermächtigung nach dem Vorgenannten durch den Hinweis auf §§ 41 und 42 Abs. 1 u. 2 BImSchG ebenfalls ohne weiteres bestimmen lassen. Eine nähere Konkretisierung war von Verfassungs wegen nicht geboten. Die Verordnungsermächtigung des Art. 43 BImSchG steht daher auch in ihrer konkreten Ausgestaltung mit den Vorgaben des Grundgesetzes, insbesondere mit dem Bestimmtheitsgebot des Art. 80 Abs. 1 S. 2 GG, in Einklang.

#### cc) Die Immissionsgrenzwerte im Einzelnen

§ 2 Abs. 1 der 16. BImSchV sieht im Anschluss an die Formulierung des § 41 Abs. 1 BImSchG vor, dass zum Schutz der Nachbarschaft vor schädlichen Umwelteinwirkungen durch Verkehrsgeräusche beim Bau oder der wesentlichen Änderung sicherzustellen ist, dass der Beurteilungspegel einen der folgenden „Immissionsgrenzwerte“[579] nicht überschreitet, und zwar:

---

[577] Vgl. *Berberich,* Rechtsschutz, S. 66 f.; *Nedden,* DVBl. 1977, 265 (267 f.): „nicht unbedenklich“.

[578] *Uhle,* in: BeckOK-GG, Art. 80 Rn. 23 m.w.N.

[579] Krit. zur Bezeichnung als Grenzwerte *Krüger* u.a., Schall- und Erschütterungsschutz, S. 112, da die in § 2 Abs. 1 der 16. BImSchV festgelegten (Lärm-)Immissionsgrenzwerte streng genommen keine Grenzwerte seien, sondern Auslösewerte für den Anspruch auf Lärmschutzmaßnahmen.

- an Krankenhäusern, Schulen, Kur- und Altenheimen 57/47 dB(A) tags/nachts (Nr. 1),
- in reinen und allgemeinen Wohngebieten und Kleinsiedlungsgebieten 59/49 dB(A) tags/nachts (Nr. 2),
- in Kern-, Dorf- und Mischgebieten 64/54 dB(A) tags/nachts (Nr. 3) und
- in Gewerbegebieten 69/59 dB(A) tags/nachts (Nr. 4).

Diese Grenzwerte wollen – wie sich aus § 41 Abs. 1 u. § 3 Abs. 1 BImSchG in Verbindung mit § 2 Abs. 1 der 16. BImSchV ergibt – bereits vor erheblichen Belästigungen schützen. Sie markieren deshalb nicht den Übergang zur Gesundheitsgefährdung[580], sondern sind „bewusst niedriger angesetzt".[581]

§ 2 Abs. 1 der 16. BImSchV unterscheidet bestimmte, besonders schutzwürdige bauliche Anlagen (Nr. 1)[582] sowie drei Gebietskategorien (Nr. 2 bis 4).[583] Der Verordnungsgeber hat mit diesem, nach verschiedenen Baugebietsarten unterscheidenden System die bisherige Rechtsprechung des Bundesverwaltungsgerichts übernommen, welche die Erheblichkeit der Belästigung in ihrer Beziehung zur Zumutbarkeit bestimmte und insoweit vom Baugebietscharakter ausging. Diese Grundsätze hatte das Bundesverwaltungsgericht in seiner B 27-Entscheidung vom 21. Mai 1976 für den (Straßen-)Verkehrslärm grundlegend herausgearbeitet und seither in ständiger Rechtsprechung bestätigt. Diese nach Baugebietsarten erfolgende Differenzierung lag bereits der Baunutzungsverordnung von 1962[584] zugrunde[585]

---

[580] Oben B.I.2.b)bb)(2)(b).

[581] BVerwG, Urt. v. 23.02.2005, 4 A 5.04, BVerwGE 123, 23 = NVwZ 2005, 808 (809) – A 72; BVerwG, Urt. v. 26.02.2003, 9 A 1.02, BeckRS 2003, 30431139.

[582] Nach *Dürr,* UPR 1992, 241 (246) ist die aus der Gleichstellung von Schulen mit Kurheimen und vergleichbaren Einrichtungen folgende Privilegierung der Schulen gegenüber Wohngebieten wohl nicht gerechtfertigt; siehe auch *Schulze-Fielitz,* UPR 1994, 1 (3).

[583] Dazu auch *Vallendar,* in: Hermes/Sellner, AEG, § 18 Rn. 163 f.

[584] Verordnung über die bauliche Nutzung der Grundstücke (BauNVO) vom 26.06.1962, BGBl. I, S. 429.

[585] So bestimmte § 3 Abs. 3 BauNVO 1962 (§ 3 Abs. 3 Nr. 1 BauNVO 1990), dass „nicht störende Handelsbetriebe", „die zur Deckung des täglichen Bedarfs für die Bewohner des Gebiets dienen" in reinen Wohngebieten (nur) ausnahmsweise zugelassen werden können. § 4 Abs. 3 Nr. 2 BauNVO 1962/1990 regeln, dass „nicht störende Gewerbebetriebe" in allgemeinen Wohngebieten ebenfalls nur ausnahmsweise zugelassen werden können. Nach § 6 Abs. 1 BauNVO 1962/1990 dienen Mischgebiete unter anderem „der Unterbringung von Gewerbebetrieben", die das Wohnen „nicht wesentlich" stören. Gem. § 8 Abs. 1 BauNVO 1962/1990 dienen Gewerbegebiete „vorwiegend" der Unterbringung von „nicht erheblich belästigenden" Gewerbebetrieben und nach § 9 Abs. 1 BauNVO 1962/1990 dienen Industriegebiete „ausschließlich" der Unterbringung von Gewerbebetrieben, „und zwar vor-

und war auch in § 1 Abs. 2 des Entwurfs des Verkehrslärmschutzgesetzes sowie in Ziff. 3 der VLärmSchR 83 vorgesehen[586]. Dieses bewährte System hat der Verordnungsgeber in § 2 Abs. 1 der 16. BImSchV übernommen.[587] Die Bundesregierung bemerkte hierzu in ihrer Begründung zum Verordnungsentwurf[588]: § 2 Abs. 1 der 16. BImSchV lege die Immissionsgrenzwerte jeweils nach dem „Grad der Schutzbedürftigkeit" fest. Die Gebiete seien der Baunutzungsverordnung entnommen. Die bisher praktizierte Einteilung in vier Schutzkategorien werde beibehalten; sie habe sich bewährt. Das Bundesverwaltungsgericht habe wiederholt betont, dass sich die Höhe der Immissionsgrenzwerte „nach der bebauungsrechtlichen Situation der zu schützenden Grundstücke richte" (Urteile vom 21. Mai 1976 – B 27 und vom 22. Mai 1987 – B 31, Meersburg[589]).[590]

---

wiegend solcher Betriebe, die in anderen Baugebieten unzulässig sind" (dazu im Einzelnen *Stock,* in: König/Roeser/Stock, BauNVO, § 3 Rn. 37 ff., § 4 Rn. 70 ff., § 8 Rn. 6 ff. (9 f.), § 9 Rn. 6 ff. (8 ff.) u. *Roeser,* in: König/Roeser/Stock, BauNVO § 6 Rn. 3 u. 6). Aus der Zusammenschau dieser Bestimmungen wird die abgestufte Störempfindlichkeit der verschiedenen Baugebiete gegenüber Geräuschimmissionen deutlich. – Auch der Bundesgerichtshof hatte in seinem Reuterstraßen-Urteil vom 20.03.1975, III ZR 215/71, BGHZ 64, 220 = NJW 1975, 1406 (1407), Ls. a) der Wertentscheidung des Bundes-Immissionsschutzgesetzes vom 1. April 1974 eine verstärkte Anerkennung der Wohnfunktion des Eigentums entnommen: Bei der „Würdigung, welches Maß von Straßenlärm dem Eigentümer eines Wohngrundstücks entschädigungslos zugemutet werden kann", sei „nunmehr die Wertentscheidung des Bundesimmissionsschutzgesetzes für den Schutz von Wohngebieten vor schädlichen Umwelteinwirkungen zu beachten". Diese „Wertentscheidung" schließe es „grundsätzlich aus, eine unzumutbare Beeinträchtigung nur ganz ausnahmsweise, bei besonders schwerer Einwirkung, anzunehmen"; vgl. auch *Burkard,* VBlBW 1988, 41 (42).

586 Oben B.I.3.b)aa); zust. *Nedden,* DVBl. 1978, 389 (390).

587 Nach *Michler,* Verkehrsimmissionsschutz, S. 163 sprechen für die nach Baugebietstypen abgestufte Schutzwürdigkeit der Nachbarschaft auch Gründe der Praktikabilität und Rechtssicherheit. Diese auch in allen privaten und öffentlichen Regelwerken (TA Lärm, VDI-Richtlinie 2085; DIN 18005; RLS) übliche Praxis der differenzierenden Pauschalierung entlastet insbesondere die Verwaltung von Einzelfallentscheidungen, *Schulze-Fielitz,* UPR 1994, 1 (2).

588 BR-Drs. 661/89, S. 33 ff. zu § 2 Abs. 1 (Herv. d. Verf.).

589 Siehe oben B.I.3.b)aa).

590 Bereits bei den Beratungen des Entwurfes eines Verkehrslärmschutzgesetzes seien Krankenhäuser, Schulen, Kur- und Altenheime als „besonders schutzbedürftig" anerkannt worden. Dieser erhöhten Schutzbedürftigkeit trage Nummer 1 Rechnung. Ebenfalls besonders schutzbedürftig seien Gebiete, die vorwiegend dem Wohnen dienen. Auch sie würden bevorzugt geschützt. Nicht in gleicher Weise schutzbedürftig seien dagegen Gebiete, in denen schon nach ihrer Zweckbestimmung in der Regel eine deutlich merkbare Geräuschvorbelastung vorhanden sei. Dabei würden wiederum Kerngebiete, Dorfgebiete und Mischgebiete, in denen auch die Wohnnutzung eine nicht nur untergeordnete Rolle spiele, gegenüber Gewerbegebieten, in denen die Wohnnutzung eine Ausnahme bilde, besser geschützt (BR-Drs., a. a. O.).

Die Art der Anlagen und Gebiete im Sinne des § 2 Abs. 1 der 16. BImSchV ergibt sich aus den Festsetzungen des für das betroffene Grundstück geltenden Bebauungsplans zur Art der baulichen Nutzung (§ 2 Abs. 2 S. 1 der 16. BImSchV i.V.m. §§ 2 ff. BauNVO).[591] § 2 Abs. 2 S. 2 der 16. BImSchV bestimmt, dass sonstige in Bebauungsplänen festgesetzte Flächen für Anlagen und Gebiete (Var. 1) sowie Anlagen und Gebiete, für die keine Festsetzungen bestehen (Var. 2), nach § 2 Abs. 1 der 16. BImSchV entsprechend der (tatsächlichen) Schutzbedürftigkeit zu beurteilen sind. Ein „numerus clausus" des Lärmschutzes für die in § 2 Abs. 1 der 16. BImSchV genannten Gebiete und Anlagen besteht demnach nicht.[592] Im *Innenbereich* (§ 34 BauGB) bemisst sich der Nachbarschutz nach den für festgesetzte Baugebiete geltenden Maßstäben.[593] Für bauliche Anlagen im *Außenbereich* (§ 35 BauGB) gilt die besondere Regelung des § 2 Abs. 2 S. 2 Halbs. 2 der 16. BImSchV. Danach sind bauliche Anlagen im Außenbereich entsprechend ihrer Schutzbedürftigkeit nur nach § 2 Abs. 1 Nr. 1, 3 u. 4 der 16. BImSchV zu beurteilen.[594] Die Vorschrift weist für die Bestimmung der Schutzbedürftigkeit lediglich auf § 2 Abs. 1 Nr. 1, 3 u. 4 der 16. BImSchV und klammert § 2 Abs. 1 Nr. 2 der 16. BImSchV (Kategorie „reines und allgemeines Wohngebiet und Kleinsiedlungsgebiet") aus. Sofern also eine Wohnnutzung im Außenbereich von Verkehrsgeräuschen betroffen wird, kann sich die Schutzbedürftigkeit dieser Nutzung nicht nach § 2 Abs. 1 Nr. 2 der 16. BImSchV richten. Die Immissionsgrenzwerte, die § 2 Abs. 1 Nr. 2 der 16. BImSchV für reine und allgemeine Wohngebiete sowie Kleinsiedlungsgebiete festlegt, müssen daher nicht eingehalten werden. Vielmehr soll sich die Schutzbedürftigkeit von Wohngebieten im Außenbereich nach der Vorstellung des Verordnungsgebers praktisch immer nach der Schutzkategorie 3 (Kern-, Dorf- und Mischgebiete) richten.[595] Grund dafür ist, dass der Außenbereich grundsätzlich

---

591 Vgl. auch BR-Drs. 661/89, S. 35; ferner *Michler,* Verkehrsimmissionsschutz, S. 166 f.

592 BVerwG, Beschl. v. 13.03.1992, 4 B 39.92, NVwZ 1993, 268 (269); vgl. auch *Stüer,* Bau- und Fachplanungsrecht, Rn. 731; *ders./Probstfeld,* Planfeststellung, Rn. 231 ff. Siehe aber auch nachfolgend.

593 *Vallendar,* in: Hermes/Sellner, AEG, § 18 Rn. 164 auch zur *Mittelwertbildung* bei *Gemengelagen.*

594 Siehe *Alexander,* NVwZ 1991, 318 (319 f.) mit Beispielen.

595 So BR-Drs. 661/89, S. 36. Sind Wohngebiete im Außenbereich nicht wie Wohn- und Kleinsiedlungsgebiete geschützt, dann können sie erst recht nicht wie Krankenhäuser, Schulen, Kur- und Altenheime und damit nach Nummer 1 geschützt sein. Andererseits sind diese Wohngebiete nach dem Willen des Verordnungsgebers auch nicht auf den gleichen Schutz wie Gewerbegebiete (Nummer 4) verwiesen. Damit bleibt lediglich der Schutz nach Nummer 3, ebenso BVerwG, Urt. v. 26.05.1994, 7 A 21.93, NVwZ 1994, 1002 (1003) – Eisenbahntrasse Bahnstrecke Vorsfelde-Lehrte; *Jarass,* BImSchG, § 41 Rn. 33: nur Nr. 3; *Stüer/Probstfeld,* Plan-

nicht für eine Bebauung bestimmt ist[596] und deshalb auch Wohnhäuser im Außenbereich weniger schutzbedürftig sind[597]. Zudem dient der Außenbereich gerade auch der Aufnahme von immissionsintensiven Anlagen und Verkehrswegen.[598] Die Eigentümer von im Außenbereich belegenen Grundstücken müssen damit rechnen, dass außerhalb ihres Grundstücks öffentliche Verkehrswege gebaut werden.[599] Der Außenbereich ist deshalb in Bezug auf den Lärmschutz insgesamt geringer einzustufen.[600]

Die tatsächliche Schutzbedürftigkeit der Anlagen und Gebiete nach § 2 Abs. 2 S. 2 der 16. BImSchV ist allgemein aus einem Vergleich mit den in § 2 Abs. 1 aufgezählten Anlagen und Gebieten zu ermitteln[601], wobei für bauliche Anlagen im Außenbereich die erwähnte Regelung des § 2 Abs. 2 S. 2 Halbs. 2 der 16. BImSchV gilt. Entsprechend der so ermittelten Schutzbedürftigkeit ist der jeweilige Immissionsgrenzwert nach § 2 Abs. 1 der 16. BImSchV einzuhalten.[602] Dies gilt auch für *Industriegebiete,* für die § 2 Abs. 1 der 16. BImSchV – anders als etwa die TA Lärm[603] und der Entwurf des Verkehrslärmschutzgesetzes[604] – keinen Immissionsgrenzwert festgesetzt hat.[605] Die fehlende Festsetzung eines Immissionsgrenzwerts für Industriegebiete beruht auf dem typischerweise nur sehr geringen Schutzbedürfnis von Anlagen in Industriegebieten.[606] Sind in einem Industriegebiet im Einzelfall Nutzungen schutzbedürftig, werden sie wie in Gewerbegebieten geschützt.[607] Maßgebend für das zu gewährleistende Schutzmaß

feststellung, Rn. 230; dazu auch *Vallendar,* in: Hermes/Sellner, AEG, § 18 Rn. 164; siehe aber auch BVerwG, Urt. v. 01.10.1997, 11 A 10.96, UPR 1998, 147, Ls. 2, juris, Rn. 60 – Eisenbahntrasse Hamburg–Büchen–Berlin: Nr. 3 oder Nr. 4; zu praktischen Problemen im Fall der Einordnung *einzelner* Wohnbauten im Außenbereich mangels Bebauungszusammenhangs *Schulze-Fielitz,* UPR 1994, 1 (3 f.).

596 BR-Drs. 661/89, S. 36; ferner *Vallendar,* in: Hermes/Sellner, AEG, § 18 Rn. 164.

597 BVerwG, Urt. v. 01.10.1997, 11 A 10.96, UPR 1998, 147, juris Rn. 60 – Eisenbahntrasse Hamburg–Büchen–Berlin; BVerwG, Urt. v. 26.05.1994, 7 A 21.93, NVwZ 1994, 1002 (1003) – Eisenbahntrasse Vorsfelde-Lehrte; *Jarass,* BImSchG, § 41 Rn. 33; *Schulze-Fielitz,* UPR 1994, 1 (2) m.w.N.

598 Vgl. *Peine,* DÖV 1988, 937 (943 f.) m.w.N.

599 BVerwG, Urt. v. 24.05.1996, 4 A 39.95, NVwZ 1997, 165 L = NJW 1997, 142 (413) Ls. 2 S. 2; *Stüer/Hermanns,* DVBl. 2002, 514 (518).

600 Vgl. BR-Drs. 661/89, S. 36 unter Hinweis auf die st. Rspr.

601 BR-Drs. 661/89, S. 35 f.

602 Vgl. BR-Drs. 661/89, S. 36.

603 Vgl. den Immissionsrichtwert nach Ziff. 6.1 lit. a).

604 Dort § 1 Abs. 2 S. 1 Nr. 3.

605 Vgl. BR-Drs. 661/89, S. 36.

606 *Dürr,* UPR 1992, 241 (246); *Schulze-Fielitz,* UPR 1994, 1 (2).

607 So BR-Drs. 661/89, S. 36.

ist die bauliche Qualität des betroffenen Gebiets im Zeitpunkt des Erlasses des Planfeststellungsbeschlusses.[608]

Bei nicht beplanten Gebieten ist ähnlich wie bei § 34 Abs. 2 BauGB vorzugehen und auf den tatsächlich vorhandenen Gebietscharakter abzustellen.[609] Im Rahmen des § 2 Abs. 2 S. 2 der 16. BImSchV sind zur Bestimmung des Charakters der näheren Umgebung – ebenso wie beim Merkmal des „Einfügens" in die „nähere Umgebung" im Sinne von § 34 BauGB[610] – nicht lediglich die baulichen Verhältnisse auf dem betroffenen Grundstück und den angrenzenden Grundstücken in den Blick zu nehmen. Nach der Rechtsprechung des Bundesverwaltungsgerichts ist in die Betrachtung vielmehr die „gesamte Umgebung" mit einzubeziehen, auf die sich die bauliche Nutzung, die auf dem Grundstück ausgeübt wird, auswirken kann und die ihrerseits den bodenrechtlichen Charakter dieses Grundstücks prägt.[611]

§ 2 Abs. 1 der 16. BImSchV erfasst schließlich nicht alle schutzbedürftigen Anlagen und Gebiete, sondern nur die dort enumerativ aufgeführten Anlagen und Gebietskategorien.[612] Auch über § 2 Abs. 2 S. 2 der 16. BImSchV sind – trotz des Wortlauts – nicht alle Anlagen und Gebiete in den Regelungsbereich der 16. BImSchV mit einbezogen. Die Bundesregierung hat hierzu in ihrer Regierungsbegründung darauf hingewiesen, dass sich die in § 2 Abs. 2 der 16. BImSchV getroffene Regelung „aus dem Schutzobjekt ‚*Nachbarschaft*' der §§ 3, 41 ff. BImSchG" ergibt. Nachbarschaft sei der „Personenkreis, der sich regelmäßig im Einwirkungsbereich des Verkehrsweges aufhält oder Rechte an dort befindlichen Sachen hat". Soweit keine Nachbarschaft bestehe, sei Lärmschutz nicht erforderlich.[613] Der Umweltausschuss hat daraufhin vorgeschlagen, die Vorschrift des § 2 Abs. 2 S. 2 wie folgt zu fassen[614]: „Sonstige in Bebauungsplänen festgesetzte Flächen sowie Flächen, für die keine der tatsächlichen Nutzung entsprechenden Festsetzungen bestehen, sind nach Absatz 1 unter Berücksichtigung der vorgesehenen baulichen Entwicklung des Gebietes entsprechend der Schutzbedürftigkeit zu beurteilen." Der Umweltausschuss begründete seinen Vorschlag damit, § 2 Abs. 2 des Verordnungsentwurfs und die Begründung der Bundesregierung hierzu erweckten den Eindruck, dass le-

---

608 Vgl. auch *Silagi,* UPR 1997, 272 (274).

609 *Jarass,* BImSchG, § 41 Rn. 33.

610 Dazu grundlegend BVerwG, Urt. v. 26.05.1978, IV C 9.77, BVerwGE 55, 369 = NJW 1978, 2564 ff.

611 BVerwG, Urt. v. 21.03.1996, 4 A 11.95, NVwZ 1996, 1008 (1009) – A 9; ferner BVerwG, Urt. v. 24.09.2003, 9 A 69.02, NVwZ 2004, 340 (341) – Anhalter Bahn.

612 Vgl. *Hölder,* Verordnung, S. 182.

613 BR-Drs. 661/89, S. 36.

614 BR-Drs. 661/1/89, S. 13.

diglich bauliche Anlagen und Gebiete im Sinne der Baunutzungsverordnung schutzwürdig sind. Die geänderte Formulierung solle sicherstellen, dass „auch Kleingartenanlagen, Friedhöfe und bestimmte Erholungsgebiete – insbesondere in Ballungsgebieten – vor Lärm geschützt“ werden, damit unter anderem ihre „Erholungsfunktion“ erhalten bleibe. Lärmschutz für die genannten Flächen stelle „zugleich einen Beitrag zum Schutz der Gesundheit der Besucher und Erholungssuchenden“ dar.[615] Der Finanzausschuss hat diese „gebietsmäßige Ausweitung“ des Vorschlags des Umweltausschusses abgelehnt, weil auch beim Verkehrslärmschutz die verfügbaren Mittel auf die unbedingt notwendigen Maßnahmen konzentriert werden müssten.[616] Weder Bundesrat noch Bundesregierung sind den Empfehlungen des Umweltausschusses gefolgt. Dementsprechend bleibt es dabei, wie im Verordnungsentwurf der Bundesregierung vorgesehen, dass die Immissionsgrenzwerte für lediglich der Allgemeinheit dienende Anlagen wie öffentliche Parkanlagen, Erholungsgebiete, Grünflächen und ähnlich genutzte Anlagen sowie für Sportstätten[617] nicht gelten.[618] Dies bedeutet jedoch nicht, dass diese Anlagen nicht vor Verkehrslärm zu schützen sind. Da § 41 BImSchG neben der von der Bundesregierung hervorgehobenen „Nachbarschaft“ auch die „Allgemeinheit“ schützt und die 16. BImSchV nach dem ausdrücklichen Willen des Verordnungsgebers nur die zuerst genannte Gruppe schützen wollte, kann und muss insoweit unmittelbar auf die §§ 41 ff. BImSchG und dementsprechend auf die dazu ergangene Einzelfallrechtsprechung des Bundesverwaltungsgerichts zurückgegriffen werden, weil es um einen Fall geht, den die 16. BImSchV zu regeln nicht in Anspruch nimmt.[619] Insoweit gilt

[615] Die Regelungen über die Zuordnung zu den Immissionsgrenzwerten in § 2 Abs. 1 der 16. BImSchV seien darüber hinaus auch für vom Bebauungsplan abweichende, tatsächliche bauliche Nutzungen zu treffen. Hierbei und auch beim Fehlen von Bebauungsplänen sei ebenfalls eine „vorgesehene bauliche Entwicklung zu berücksichtigen“. Insofern werde auch die Auffassung der Bundesregierung in der Begründung zur Verordnung nicht geteilt, wonach Lärmschutz nicht erforderlich sei, soweit keine Nachbarschaft bestehe. Im Übrigen sollte Wohngebieten unabhängig von ihrer Lage im Innen- oder Außenbereich der gleiche Schutzanspruch zukommen (BR-Drs. 661/1/89, S. 13).

[616] BR-Drs. 661/1/89, S. 14.

[617] Dazu die 18. BImSchV (oben Fn. 156).

[618] Vgl. *Kloepfer,* Umweltrecht, § 14 Rn. 293; *Hölder,* Verordnung, S. 183 f.; *Schulze-Fielitz,* UPR 1994, 1 (2 f.); *Dürr,* UPR 1992, 241 (246).

[619] Vgl. *Storost,* in: Ule/Laubinger, BImSchG, § 41 C 16; *Czajka,* in: Feldhaus, BImSchG, § 41 Rn. 49; *Kloepfer,* Umweltrecht, § 14 Rn. 293; *Dürr,* UPR 1992, 241 (246); *Hölder,* Verordnung, S. 183 f. Der Hinweis darauf, dass nach dem Wortlaut von § 43 Abs. 1 BImSchG nur Grenzwerte zum Schutz der „Nachbarschaft“ festgesetzt werden können, dürfte indessen nicht zutreffen. Zwar spricht § 43 Abs. 1 S. 1 Nr. 1 BImSchG nur von Grenzwerten zum Schutz der „Nachbarschaft“. Allerdings ist die Aufzählung der Regelungsmaterien in den Nummern 1 bis 3, wie der Begriff „insbesondere“ zeigt, nicht abschließend. Ferner *Jarass,* UPR 1998, 415

der Grundsatz des § 74 Abs. 2 S. 2 VwVfG, wonach eine unzumutbare Beeinträchtigung zu vermeiden ist; lediglich an normativ festgelegten Grenzwerten fehlt es insoweit.

Wird die zu schützende Nutzung lediglich am Tag oder nur in der Nacht ausgeübt, so ist nach § 2 Abs. 3 der 16. BImSchV nur der Immissionsgrenzwert für diesen Zeitraum anzuwenden. Diese Regelung kommt vor allem für den Außenwohnbereich (Balkone, Terrassen usw.)[620] in Betracht[621] sowie für Schulen und Bürogebäude[622].[623]

§ 2 Abs. 1 u. 2 S. 2 der 16. BImSchV normiert somit ein abgestuftes Schutzniveau.[624] Durch dieses differenzierende System wird in typisierter Weise der Situationsgebundenheit der Schutzgegenstände (Anlagen und Gebiete) Rechnung getragen.[625]

Zur Höhe der Immissionsgrenzwerte führte die Bundesregierung in der Begründung zum Verordnungsentwurf aus[626]:

> „Die in der Verordnung festgesetzten Immissionsgrenzwerte sind *gegenüber der bisherigen Verwaltungspraxis*[627] *um 3 dB(A) abgesenkt* worden.[628] Darin liegt eine deutliche Verbesserung des Lärmschutzes. Gegenüber der bisherigen Praxis wird Lärmschutz bereits bei einer um 50 % geringeren Verkehrsstärke erforderlich.
>
> Der zur Einhaltung der Immissionsgrenzwerte erforderliche Lärmschutz gewährleistet eine den jeweiligen Besonderheiten der zu schützenden Anlagen bzw. Gebiete entsprechende Nutzung sowohl des Innen- als auch des Außenwohnbereichs.
>
> Die festgesetzten Immissionsgrenzwerte halten sich in dem durch das BImSchG vorgegebenen Rahmen. Der Verordnungsgeber hat ... einen größeren *Spielraum bei der Festlegung der Grenzwerte* als die Gerichte bei der Entscheidung über

---

(418 f.) mit dem Hinweis, dass die Vorgaben der 16. BImSchV regelmäßig im Ergebnis auch unzulässige Belastungen der Allgemeinheit verhindern dürften, so dass insoweit ein Rückgriff auf § 41 BImSchG nicht erforderlich sei.

620 Zu diesem unten B.III.6.c).

621 *Alexander,* NVwZ 1991, 318 (320).

622 *Schulze-Fielitz,* UPR 1994, 1 (3).

623 *Schulze-Fielitz,* UPR 1994, 1 (3) m.w.N. hebt hervor, da die Hauptstrecken der Bundesbahn tags und nachts annähernd gleich stark ausgelastet seien, seien für Schienenwege regelmäßig die Nachtwerte maßgebend.

624 *Hoppe/Schlarmann/Buchner/Deutsch,* Rechtsschutz, Rn. 680.

625 *Alexander,* NVwZ 1991, 318 (320).

626 BR-Drs. 661/89, S. 34 f. (Herv. d. Verf.).

627 Siehe Ziff. 3 der VLärmSchR 83 (oben Fn. 532).

628 § 2 Abs. 2 des Entwurfs des Verkehrslärmschutzgesetzes sah sogar um 6 dB(A) höhere Werte als § 2 Abs. 1 der 16. BImSchV vor, nämlich für reine und allgemeine Wohngebiete sowie für Kleinsiedlungsgebiete 65/55 dB(A), für Kern-, Dorf-, Misch- und besondere Wohngebiete 70/60 dB(A) und für Gewerbe- und Industriegebiete 75/65 dB(A).

das konkrete Schutzbedürfnis eines betroffenen Bürgers im Einzelfall ... Das Bundesverwaltungsgericht hat diese Festlegung in der Äußerung vom 29. Juni 1987 gegenüber dem Bundesverfassungsgericht in dem Beschwerdeverfahren 1 BvR 1301/84 (BVerwG 4 ER 500.86) konkretisiert, indem es ausführt: ‚Die Verordnungsermächtigung kann immerhin dahin verstanden werden, dass dem Verordnungsgeber – bei genereller Beachtung des durch §§ 1, 3, 41 BImSchG vorgegebenen Niveaus – ein gewisser Handlungsspielraum bei der politischen Bewertung des Verhältnisses von zumutbarem Verkehrslärm und finanzieller Machbarkeit zustehen solle.‘ Die in der Verordnung vorgesehenen IGW (Anm.: Immissionsgrenzwerte) sind das Ergebnis der – unter Berücksichtigung des für das Wohl der Allgemeinheit notwendigen Verkehrswegenetzes – vorgenommenen *Bewertung des Verhältnisses von zumutbaren Verkehrsgeräuschen und finanzieller Belastung der öffentlichen Haushalte.*

Die festgesetzten IGW sind *Grenzwerte* und *keine Orientierungswerte,* sie dürfen nicht überschritten werden. Das schließt im Einzelfall nicht aus, dass die bauende Verwaltung bei der Bestimmung des Umfanges des zu treffenden Lärmschutzes die Grenzwerte nicht voll ausschöpft, wenn dies mit vertretbarem Aufwand, z. B. bei Verwendung von Überschussmaterial, erreicht werden kann.

Die IGW sind unterschiedlich für den Tag und die Nacht festgesetzt, der Unterschied beträgt jeweils 10 dB(A). Diese Unterscheidung trägt der Tatsache Rechnung, dass der Mensch in der Nacht besonders lärmempfindlich ist. Jeweils nach der Nutzung der betroffenen Anlage ist unter Umständen nur der Tagwert bzw. der Nachtwert bei der Entscheidung über Lärmschutz heranzuziehen. In der Regel werde für den Lärmschutz der Nachtwert maßgebend sein. Bei einem Bürogebäude dagegen, das in der Nacht leersteht, kann der Nachtwert keine Rolle spielen.“

Der Festsetzung der Immissionsgrenzwerte lag im weiteren Verordnungsgebungsverfahren – ebenso wie der bereits beschriebenen Frage der Bestimmung der wesentlichen Änderung im Sinne von § 1 Abs. 2 der 16. BImSchV[629] – ein Ringen um einen möglichst weitgehenden Schutz der Betroffenen einerseits und der Finanzierbarkeit andererseits zugrunde. So empfahl der *Gesundheitsausschuss* dem Bundesrat, der 16. BImSchV nur mit der Maßgabe der Festsetzung (jedenfalls für nicht lärmvorbelastete Gebiete wesentlich) niedrigerer Grenzwerte zuzustimmen, wobei zwischen nicht lärmvorbelasteten und lärmvorbelasteten Gebieten unterschieden werden sollte.[630] Die Empfehlung sah für nicht lärmvorbelastete Gebiete an Krankenhäusern, Schulen, Kurheimen und Altenheimen um 7 dB(A) niedrigere Grenzwerte und im Übrigen um 4 dB(A) niedrigere Grenzwerte vor.[631] Für lärmvorbelastete Gebiete sollten an Krankenhäusern, Schulen,

629 Siehe hierzu oben B.I.2.b)bb)(2).

630 BR-Drs. 661/1/89, S. 7 f.

631 Nach der Empfehlung sollte ein Gebiet als nicht lärmvorbelastet gelten, wenn die vor dem Bau vorhandene Lärmbelastung den jeweils einschlägigen Immissionsgrenzwert nicht übersteigt.

Kurheimen und Altenheimen um 3 dB(A) niedrigere Grenzwerte eingehalten werden. Der Gesundheitsausschuss begründete seine Empfehlung damit, die im Verordnungsentwurf genannten Immissionsgrenzwerte seien für lärmvorbelastete Gebiete ein „gerade noch tragbarer" Kompromiss zwischen den Belangen des Immissionsschutzes und den Belangen des Verkehrswesens. Bei besonders schutzwürdigen Gebieten solle grundsätzlich sichergestellt werden, dass ungestörte Kommunikation am Tage und ungestörter Schlaf bei Nacht für den durchschnittlich empfindlichen Lärmbetroffenen möglich ist. Nach Ergebnissen der Lärmwirkungsforschung sollte daher ein „Mittelungspegel von 55 dB(A) am Tage bzw. 45 dB(A) bei Nacht" nicht überschritten werden. Die Grenzwerte des Verordnungsentwurfs überschritten diese Werte insbesondere für Wohngebiete erheblich. Die erhöhte Schutzwürdigkeit der besonders schutzwürdigen Einrichtungen vor Lärmeinwirkungen erfordere darüber hinaus deutlich geringere Immissionsgrenzwerte als für reine Wohngebiete vorgesehen seien.[632] Auch der *Umweltausschuss* empfahl, zwischen nicht lärmvorbelasteten und lärmvorbelasteten Gebieten zu unterscheiden und die im Verordnungsentwurf vorgesehenen Grenzwerte abzusenken, wenngleich nicht in dem Umfang, wie es der Gesundheitsausschuss gefordert hatte.[633] An Krankenhäusern und in Kurgebieten sollten die Grenzwerte um 2 dB(A) abgesenkt werden, ebenfalls an nicht lärmvorbelasteten Schulen und Altenheimen; an lärmvorbelasteten Schulen und Altenheimen sollten sie jedoch um 2 dB(A) angehoben werden. Im Übrigen seien die Grenzwerte in nicht lärmvorbelasteten Gebieten um 4 dB(A) abzusenken. Der Umweltausschuss begründete dies mit denselben Erwägungen wie der Gesundheitsausschuss.[634] Diesen Empfehlungen des Gesundheits- und des Umweltausschusses widersprach jedoch – wie zu erwarten war – der *Finanzausschuss*.[635] Zur Begründung verwies er zunächst auf seinen Widerspruch zu den Vorschlägen des Gesundheits- und des Umweltausschusses zur Neufassung des § 1 Abs. 2 der 16. BImSchV [oben 2.b)bb)(2)]. Im Besonderen führte er weiter aus, bereits die Grenzwerte der Regierungsvorlage seien gegenüber den Werten der geltenden Verwaltungspraxis erheblich abgesenkt. Die bisherigen Praxiswerte seien das Ergebnis wissenschaftlicher und praktischer Erkenntnisse aus dem Gesetzgebungsverfahren zum gescheiterten Verkehrslärmschutzgesetz, die bereits 1980 einen Kompromiss zwischen den Forderungen der Umweltseite einerseits und der Finanzierbarkeit andererseits bildeten. Ferner seien die Immissionsgrenzwerte nur zusammen mit dem Verfahren zur Ermittlung der Immissionen aussagekräftig. Die in der Regierungsvorlage vorgesehenen

---

632 BR-Drs. 661/1/89, S. 8 f.
633 BR-Drs. 661/1/89, S. 9 f.
634 BR-Drs. 661/1/89, S. 11.
635 BR-Drs. 661/1/89, S. 12 f.

Änderungen hierzu führten bereits zu einer Verschärfung der Lärmschutzanforderungen um durchschnittlich 3 dB(A)[636]. Eine weitere Absenkung sei nicht vertretbar, weil technisch nicht mehr realisierbar. Die von dem Gesundheits- und Umweltausschuss empfohlene Absenkung der Grenzwerte würde die ohnehin schon hohen Mehrkosten der Regierungsvorlage um bis zu 50% weiter erhöhen. Der *Bundesrat* folgte den Empfehlungen des Gesundheits- und des Umweltausschusses nicht und stimmte der Regierungsvorlage zu.

Auch von der Literatur wurden die Grenzwerte sehr unterschiedlich bewertet.[637] Zutreffend wird darauf hingewiesen, dass die Festsetzung der Grenzwerte jedenfalls unterhalb der verfassungsrechtlichen Zumutbarkeitsschwelle auch eine politisch-ökonomische Entscheidung darstellt[638], die nach eingehenden Beratungen unter sorgfältiger Abwägung des Für und Wider sachgerecht getroffen worden sei[639].

Die Grenzwerte des § 2 Abs. 1 der 16. BImSchV liegen – zu Gunsten der Vorhabenträger von Verkehrswegebaumaßnahmen und zum Nachteil der Lärmbetroffenen – höher als in anderen Regelwerken (vgl. z.B. die Immissionsrichtwerte nach § 2 Abs. 2 der 18. BImSchV und gem. Ziff. 6 der TA Lärm)[640]. Verkehrsvorhaben werden somit gegenüber anderen emittierenden Vorhaben privilegiert.[641] In der Literatur wurde bereits zum Entwurf des Verkehrslärmschutzgesetzes die Frage aufgeworfen, ob die Zumutbarkeit von Belästigungen durch Anlagen, die dem öffentlichen Interesse dienen – wozu insbesondere auch öffentliche Verkehrswege gehören, die ein im Bereich der Daseinsvorsorgeaufgabe liegendes besonderes öffentliches Interesse erfüllen –, objektiv anderen Maßstäben folgen darf oder sogar muss.[642] Aufgrund der Daseinsvorsorgefunktion der öffentlichen Verkehrs-

---

636 Siehe vorstehend und oben Fn. 527.

637 *Fromm/Sellmann,* NVwZ 1994, 547 (548) bezeichnen sie als „sehr streng"; andere, etwa der Bund für Umwelt und Naturschutz Deutschland e.V. (BUND), hielten die Grenzwerte für viel zu hoch, vgl. *Maier,* BWVP 1991, 101 (104).

638 Vgl. SRU 1999, BT-Drs. 14/2300, S. 164 (Ziff. 406); Umweltgutachten 2004 des Rates von Sachverständigen für Umweltfragen, BT-Drs. 15/3600, S. 335 (Ziff. 664); *Kuschnerus,* Der sachgerechte Bebauungsplan, Rn. 319; *Fickert,* KdL 1974, 65 (66 u. 69); *Klosterkötter,* KdL 1977, 61 (68) unter Hinweis darauf, dass es keine wissenschaftlichen Kriterien gibt, aufgrund derer man bei höheren Geräuschpegeln entscheiden könnte, ab welchem Pegel, welchem Grad an Belästigung und welchem Prozentsatz an Belästigten „erhebliche Belästigung" für die Allgemeinheit oder die Nachbarschaft angenommen werden sollte, was letztlich eine politische und/oder rechtliche Entscheidung sei.

639 *Hölder,* Verordnung, S. 179; krit. demgegenüber *Berberich,* Rechtsschutz, S. 3, 8, 20 u. 95 f., 126.

640 Siehe die Nachweise zu vergleichenden Übersichten in Fn. 340.

641 Siehe auch oben Teil 1, B.I.

wege ist davon auszugehen, dass der Verordnungsgeber diese Verkehrswege gegenüber anderen Anlagen „privilegieren“ durfte.[643] Die Privilegierung beruht letztlich auf einer politischen Entscheidung des Gesetzgebers, auch um die Träger der Straßenbaulast bzw. die Bahnunternehmen nicht mit zu hohen Kosten zu belasten.[644] Zudem durfte der Verordnungsgeber die in der Bevölkerung grundsätzlich höhere Toleranzbreite in Bezug auf Verkehrslärm gegenüber Geräuschimmissionen von stationären Lärmquellen (wie Industrie- und Gewerbebetrieben) zu Gunsten der Verkehrsvorhaben berücksichtigen.[645]

Bundesrat und Bundesregierung sind des Weiteren nicht der Empfehlung des Gesundheits- und des Umweltausschusses gefolgt, unterschiedliche Grenzwerte für lärmvorbelastete und nicht lärmvorbelastete Gebiete festzusetzen. § 2 der 16. BImSchV unterscheidet deshalb nicht zwischen lärmvorbelasteten und nicht vorbelasteten Gebieten.[646] Die 16. BImSchV weicht insoweit von der vormaligen Einzelfallrechtsprechung des Bundesverwaltungsgerichts ab.[647] Die Vorbelastung wurde jedoch vom Verordnungsgeber – wenn auch verborgen – in der Definition der wesentlichen Änderung im Sinne von § 1 Abs. 2 S. 2 Nr. 2 und S. 2 der 16. BImSchV berücksichtigt, nämlich in dem Erfordernis der Kausalität („durch“) des erheblichen baulichen Eingriffs für einen relevanten Lärmanstieg.[648] Zudem kommt sie in typisierter Form in den unterschiedlichen Grenzwerten des § 2 Abs. 1 der 16. BImSchV zum Ausdruck, die ihre Grundlage in der typischerweise unterschiedlichen Vorbelastung der Gebiete haben.[649] Lediglich eine Berück-

---

642 Siehe *Nedden,* DVBl. 1978, 389 (390) unter Hinweis auf ein von *Korbmacher* anlässlich der Podiumsdiskussion der Fachtagung „Lärm in der Stadt“ am 29./30.11.1976 vorgelegtes Thesenpapier.

643 A. A. *Berberich,* Rechtsschutz, S. 98 f. (zum Entwurf des Verkehrslärmschutzgesetzes), nach dem aufgrund der erheblich höheren Grenzwerte ein Verstoß gegen das Gleichheitsprinzip des Art. 3 GG kaum von der Hand zu weisen sein dürfte. Da die Grenzwerte des § 2 Abs. 1 der 16. BImSchV um 6 dB(A) und damit deutlich niedriger liegen als die Vorsorgewerte im Entwurf des Verkehrslärmschutzgesetzes (siehe bereits oben Fn. 628), liegt kein Verstoß gegen den allgemeinen Gleichheitssatz des Art. 3 Abs. 1 GG vor.

644 *Kuschnerus,* Der sachgerechte Bebauungsplan, Rn. 319.

645 Siehe bereits oben Teil 1, B.I.

646 Siehe auch *Jarass,* BImSchG, § 41 Rn. 37; *Schulze-Fielitz,* DÖV 2001, 181 (189). – *Nedden,* DVBl. 1977, 265 (269) weist zu Recht darauf hin, dass von nicht vorbelastete Wohngebiete jedenfalls in Verdichtungsräumen nicht gerade häufig sein werden.

647 Siehe dazu *Silagi,* UPR 1997, 272 (277 f.); *Schulze-Fielitz,* UPR 1994, 1 (3); *Dürr,* UPR 1992, 241 (246); *Vallendar,* Sanierungsansprüche, S. 252 u. 258; a. A. *Michler,* Verkehrsimmissionsschutz, S. 164 ff. für *gleichartige* Schallquellen; vgl. auch *ders.*, VerwArch. 1999, 21 (34 f.).

648 Zutr. *Vallendar,* Sanierungsansprüche, S. 258.

sichtigung der Vorbelastung im konkreten Einzelfall im Sinne der Einzelfallrechtsprechung erfolgt nicht mehr.[650] Diese Wertentscheidung des Verordnungsgebers soll einerseits der planenden und bauenden Verwaltung rasche und sichere Entscheidungen ermöglichen sowie andererseits im öffentlichen Interesse die Finanzierungsmittel für den Lärmschutz begrenzen.[651]

Die 16. BImSchV sieht – anders als § 6 des Entwurfs des Verkehrslärmschutzgesetzes für bestehende Bundesfernstraßen – *keine Lärmsanierungswerte* vor, also keine Grenzwerte, ab deren Erreichen oder Überschreiten Lärmschutzmaßnahmen an *bestehenden* Verkehrswegen vorzunehmen sind. Die Immissionsgrenzwerte des § 2 Abs. 1 der 16. BImSchV sind vielmehr Lärmvorsorgewerte[652]. Dies ergibt sich aus §§ 41 ff. BImSchG und §§ 1 f. der 16. BImSchV, die nur „bei dem Bau oder der wesentlichen Änderung" von Verkehrswegen gelten.

Die Grenzwerte des § 2 Abs. 1 Nr. 2 der 16. BImSchV von 59 dB(A) tags und 49 dB(A) nachts liegen zwar um 4 dB(A) höher als die vom Bundesverwaltungsgericht in seiner B 27-Entscheidung angenommenen und in der Folge, etwa im B 31-Urteil, bestätigten Werte für nicht vorbelastete Wohngebiete von 55 dB(A) tags und 45 dB(A) nachts. Das Bundesverwaltungsgericht hatte indessen in der bereits erwähnten Oberursel II-Entscheidung vom 20. Oktober 1989[653] angedeutet und hiervon ausgehend in seiner A 99-Entscheidung vom 21. März 1996[654] (Autobahnring München) zu Recht ausgeführt, Lärmgrenzwerte erlangten ihre Aussagekraft „nur im Zusammenspiel mit einem Mess- oder Berechnungsverfahren, in dem sie zu ermitteln sind". Ohne Bezugnahme auf ein derartiges Verfahren wären die Grenzwerte unbestimmt. Ihnen fehlte „die maßgebende Bezugsebene". Dementsprechend können die Immissionsgrenzwerte des § 2 Abs. 1 der 16. BImSchV und die von der Rechtsprechung entwickelten Werte sinnvollerweise nur unter Beachtung des jeweiligen Ermittlungsverfahrens verglichen werden. Dies zugrunde gelegt bestehen keine relevanten Unterschiede zwischen beiden Werten, weil das der 16. BImSchV zugrunde liegende Berechnungsverfahren[655] zu ca. 4 dB(A) höheren Werten führt.[656]

---

649 Vgl. *Schulze-Fielitz,* UPR 1994, 1 (3).

650 Siehe *Schulze-Fielitz,* UPR 1994, 1 (3).

651 Zutr. *Schulze-Fielitz,* UPR 1994, 1 (3) m. w. N.

652 *Michler,* VerwArch. 1999, 21 (30).

653 Urt. v. 20.10.1989, 4 C 12.87, BVerwGE 84, 31 = NJW 1990, 925 (928).

654 Urt. v. 21.03.1996, 4 C 9.95, BVerwGE 101, 1 = NVwZ 1996, 1003 (1004).

655 Dazu unten B.I.3.c).

656 *Dürr,* UPR 1992, 241 (246) m. w. N.; wohl auch *Schulze-Fielitz,* UPR 1994, 1 (2) m. w. N.; anders wohl *Hölder,* Verordnung, S. 181 f.

#### dd) Abschließender Charakter der Immissionsgrenzwerte?

In Rechtsprechung und Literatur kam nach Erlass der 16. BImSchV die Frage auf, ob die Immissionsgrenzwerte des § 2 Abs. 1 der 16. BImSchV den Begriff der schädlichen Umwelteinwirkungen im Sinne der §§ 41 Abs. 1, 3 Abs. 1 BImSchG abschließend konkretisieren.[657] Damit hängt die Frage zusammen, ob ein unmittelbarer Rückgriff auf § 41 BImSchG mit der Begründung zulässig oder möglicherweise sogar geboten ist, dass schädliche Umwelteinwirkungen im Sinne von § 41 Abs. 1 BImSchG vorliegen, obwohl die Immissionsgrenzwerte des § 2 Abs. 1 der 16. BImSchV eingehalten sind oder dass umgekehrt schädliche Umwelteinwirkungen im Sinne des § 41 Abs. 1 BImSchG nicht bestehen, obwohl die Immissionsgrenzwerte des § 2 Abs. 1 der 16. BImSchV überschritten werden.

Im rechtlichen Ausgangspunkt ist dazu festzuhalten, dass die Werte des § 2 Abs. 1 der 16. BImSchV – wie bereits die amtliche Überschrift und der Text der Vorschrift („Immissionsgrenzwerte“) zeigen – nicht lediglich Richtwerte, sondern Grenzwerte darstellen. Dies entspricht auch dem Willen der Bundesregierung, die hierauf in ihrer Begründung zu § 2 der 16. BImSchV ausdrücklich hingewiesen hatte[658]: Die festgesetzten Immissionsgrenzwerte seien „Grenzwerte“ und „keine Orientierungswerte“, sie dürften „nicht überschritten“ werden.[659] Hiervon ausgehend bilden die Immissionsgrenzwerte des § 2 Abs. 1 der 16. BImSchV jedenfalls eine Grenze, die nicht *überschritten* werden darf. Dies entspricht auch der ausdrücklichen Forderung des § 2 Abs. 1 der 16. BImSchV, wonach „sicherzustellen“ ist, dass der Beurteilungspegel den jeweils einschlägigen Immissionsgrenzwert nicht überschreitet. Die Grenzwerte in § 2 Abs. 1 der 16. BImSchV enthalten also nach Wortlaut, Sinn und Zweck sowie gesetzgeberischem Willen strikte *Mindestanforderungen* an den Lärmschutz, von denen nicht durch Zugrundelegung höherer Werte nach oben abgewichen und dadurch das Lärmschutzniveau zu Lasten der Betroffenen abgesenkt werden darf.[660] Dies schließt es zugleich aus, dass unter Rückgriff auf § 41 Abs. 1 BImSchG trotz Überschreitens der Immissionsgrenzwerte des § 2 Abs. 1 der 16. BImSchV aufgrund einer Einzelfallbetrachtung schädliche Umwelteinwirkungen und damit Schutzansprüche zu verneinen sind. Der

---

[657] Zum ähnlich gelagerten Problem der Konkretisierung des Begriffs der wesentlichen Änderung im Sinne von § 41 Abs. 1 BImSchG durch § 1 Abs. 2 der 16. BImSchV oben B.I.2.b)bb)(2)(b).

[658] BR-Drs. 661/89, S. 35.

[659] Vgl. auch *Alexander,* NVwZ 1991, 318 (320); *Maier,* BWVP 1991, 101 (103).

[660] *Silagi,* UPR 1997, 272 (278); a.A. *Czajka,* in: Feldhaus, BImSchG, § 41 Rn. 47.

Verordnungsgeber hat insoweit von seinem Regelungsermessen[661] ordnungsgemäß und abschließend Gebrauch gemacht [zur Summationsproblematik unten 4.c)].

Fraglich ist, ob im Einzelfall unter Rückgriff auf § 41 Abs. 1 BImSchG das Vorliegen von schädlichen Umwelteinwirkungen bejaht werden kann, wenn die Immissionsgrenzwerte des § 2 Abs. 1 der 16. BImSchV nicht erreicht werden. Die Bundesregierung hat dazu in ihrer Regierungsbegründung zu § 2 Abs. 1 der 16. BImSchV ausdrücklich betont, dass die Immissionsgrenzwerte nicht überschritten werden dürfen, schließe es „im Einzelfall" nicht aus, dass die „bauende Verwaltung" bei der Bestimmung des Umfangs des zu treffenden Lärmschutzes „die Grenzwerte nicht voll ausschöpft", wenn dies mit vertretbarem Aufwand, z.B. bei Verwendung von Überschussmaterial, erreicht werden kann.[662] Nach der Regierungsbegründung soll die Verwaltung also „im Einzelfall" auch niedrigere Grenzwerte als sie in § 2 Abs. 1 der 16. BImSchV bestimmt sind, zugrunde legen dürfen. Zu der damit angesprochenen Frage, ob die Immissionsgrenzwerte des § 2 Abs. 1 der 16. BImSchV den Begriff der schädlichen Umwelteinwirkungen im Sinne der §§ 41 Abs. 1 u. 3 Abs. 1 BImSchG auch im Sinne von „*Höchstanforderungen*" an den Lärmschutz abschließend konkretisieren oder ob schädliche Umwelteinwirkungen unter Rückgriff auf § 41 Abs. 1 BImSchG gegebenenfalls auch unterhalb der in § 2 Abs. 1 der 16. BImSchV festgesetzten Immissionsgrenzwerte vorliegen können, mit der Folge, dass die Zulassungsbehörde im Einzelfall möglicherweise sogar niedrigere Grenzwerte ansetzen *muss,* hat der 5. Senat des Verwaltungsgerichtshofs Baden-Württemberg in einem Urteil aus dem Jahr 1996[663] Stellung genommen: Danach legten die Lärmgrenzwerte des § 2 Abs. 1 der 16. BImSchV verbindlich und grundsätzlich abschließend die Intensitätsgrenze fest, ab der schädliche Umwelteinwirkungen durch Verkehrsgeräusche im Sinne des § 41 Abs. 1 BImSchG hervorgerufen werden. Nur in „atypischen Sonderfällen" könnten Verkehrsgeräusche auch „unterhalb der Lärmgrenzwerte des § 2 Abs. 1 der 16. BImSchV" zu schädlichen Umwelteinwirkungen führen. Zur Begründung führte der Verwaltungsgerichtshof aus, die Konkretisierung der schädlichen Umwelteinwirkungen durch Verkehrsgeräusche in § 2 Abs. 1 der 16. BImSchV sei „*für den Regelfall abschließend* erfolgt".[664] Schädliche Lärmeinwirkungen im Sinne des

[661] Dazu oben B.I.2.b)bb)(2)(b).

[662] BR-Drs. 661/89, S. 35.

[663] Urt. v. 13.03.1996, 5 S 1743/95, VBlBW 1996, 423, Ls. 2, juris, Rn. 57 (Herv. d. Verf.); siehe ferner die Nachweise bei *Michler,* VerwArch. 1999, 21 (34 f.), Fn. 69.

[664] Vgl. auch *Schulze-Fielitz,* in: GK-BImSchG, § 41 Rn. 59 u. § 43 Rn. 81 ff.: § 2 Abs. 1 der 16. BImSchV reiche zwar für den „Regelfall", nicht aber ausnahms-

§ 41 Abs. 1 BImSchG „unterhalb der Grenzwerte des § 2 Abs. 1 der 16. BImSchV" kämen daher „*nur ausnahmsweise*" in „*atypischen Fällen*" in Betracht. In diesen Fällen seien „unter direktem Rückgriff auf die gesetzliche Bestimmung in § 41 Abs. 1 BImSchG gegebenenfalls zusätzliche aktive Schallschutzmaßnahmen zu ergreifen". Solche atypischen Fälle könnten vorliegen, wenn Verkehrslärmbelastungen absehbar seien, die wegen besonderer örtlicher Gegebenheiten oder mit Rücksicht auf die in der 16. BImSchV festgelegten Berechnungsmethoden zur Bestimmung der maßgeblichen Beurteilungspegel auch unter Berücksichtigung des Kompromisscharakters der in der 16. BImSchV bestimmten Lärmgrenzwerte und ihrer bewussten Pauschalierung „erkennbar in ihrer Belastungsintensität nicht angemessen erfasst" würden, etwa wegen der Nichtberücksichtigung von Schallspitzen oder der ungelösten Frage der Summierung von Verkehrsgeräuschen. Auch der 8. Senat des Verwaltungsgerichtshofs habe einen Anspruch Lärmbetroffener auf Schutzvorkehrungen bei Beeinträchtigungen unterhalb der Grenzwerte der 16. BImSchV „im Ausnahmefall" zugebilligt.[665] Lägen keine Anhaltspunkte für eine solche, im Hinblick auf die Aussagekraft der Lärmgrenzwerte des § 2 Abs. 1 der 16. BImSchV atypische Konstellation vor, bestehe „für die Behörde grundsätzlich auch kein Anlass, in eine nähere Prüfung einzutreten, ob der verursachte Verkehrslärm nicht gleichwohl schädliche Umwelteinwirkungen im Sinne des § 41 Abs. 1 BImSchG hervorruft". Der Auffassung vom ausnahmsweisen Bestehen eines solchen „*Lärmminimierungsanspruchs*" (so die Bezeichnung des 5. Senats)[666] sind auch Teile der Literatur gefolgt.[667] Demgegenüber schließt

los als Interpretation von § 41 Abs. 1 BImSchG aus; *Jarass,* BImSchG, § 41 Rn. 31 u. 37a: „grundsätzlich bindend konkretisiert" bzw. „grundsätzlich abschließend" u. *ders.*, UPR 1998, 415 (417 f.), nach dem die Beschränkung der Bewertung auf die von dem fraglichen Verkehrsweg ausgehenden Geräusche „im Regelfall" noch eine zulässige Konkretisierung des § 41 BImSchG sei, wobei diese Standardisierung auch hinnehmbar sei, wenn in „Sonderfällen" auf die Regelung des § 41 BImSchG zurückgegriffen werden könne, vor allem in den Fällen einer „ganz erheblichen Erhöhung" bzw. „wesentlichen Veränderungen der Gesamtbelastung" sowie in den Fällen eines zeitlichen und funktionalen Zusammenhangs mehrerer Verkehrswege; ferner *ders.*, DVBl. 1995, 589 (592).

[665] Urt. v. 11.07.1995, 8 S 434/95, NVwZ-RR 1996, 69 (71), Ls. 4, juris, Rn. 33, wonach auch eine deutliche Unterschreitung der in der 16. BImSchV enthaltenen Immissionsgrenzwerte die Planfeststellungsbehörde nicht von vornherein von der „im Rahmen der ihr aufgegebenen Abwägung" vorzunehmenden Prüfung entbinde, ob im Hinblick auf die besonderen Umstände des Einzelfalls ausnahmsweise darüber hinausgehende Schutzvorkehrungen anzuordnen seien. Grundlage der Auffassung des 8. Senats war damit das Abwägungsgebot.

[666] Der 5. Senat bezieht diesen Begriff allerdings auf das Abwägungsergebnis (dazu auch nachfolgend).

[667] So etwa *Karkaj,* Gesamtlärmbewertung, S. 182; *Silagi,* UPR 1997, 272 (278) m.w.N., nach dem der „Lärmminimierungsanspruch" gebiete, aufgrund von § 41

nach der (auf die 16. BImSchV übertragbaren[668]) Rechtsprechung des Bundesverwaltungsgerichts[669] § 2 der 18. BImSchV (Immissionsrichtwerte) als normative Festlegung der Zumutbarkeitsschwelle im Sinne des § 3 Abs. 1 BImSchG grundsätzlich die tatrichterliche Beurteilung aus, dass „Lärmimmissionen, die die festgelegten Immissionsrichtwerte unterschreiten, im Einzelfall gleichwohl als erheblich eingestuft werden". Das normative Regelungskonzept lasse dabei für eine „einzelfallbezogene Beurteilung der Zumutbarkeitsschwelle" aufgrund tatrichterlicher Würdigung nur insoweit Raum als „die 18. BImSchV durch Verweis auf weitergehende Vorschriften generell (vgl. § 4 der 18. BImSchV) oder durch Sollvorschriften für atypisch gelagerte Fälle Abweichungen zulässt". Die verbindliche Festlegung von Immissionsrichtwerten und Beurteilungsgrundsätzen, die auf abstrakt-genereller Abwägung der widerstreitenden Interessen beruhten, diene – so das Bundesverwaltungsgericht überzeugend – der „Rechtssicherheit in einem Bereich, der in besonderem Maße von Wertungen geprägt und daher höchst unterschiedlicher Beurteilung im Einzelfall ausgesetzt ist". Die Abweichung von den normierten Maßstäben und Grundsätzen im Einzelfall wäre „mit dem Normzweck, eine gleichmäßige Rechtsanwendung sicherzustellen, unvereinbar". Die Bundesregierung hat im Übrigen lediglich für die „bauende Verwaltung" ausgeführt, dass diese die Grenzwerte nicht voll ausschöpfen muss. Ein sonstiger Vorhabenträger besitzt demnach einen Anspruch auf Zulassung des Vorhabens unter den in § 2 Abs. 1 der 16. BImSchV genannten Voraussetzungen und muss sich nicht auf niedrigere Grenzwerte verweisen lassen.[670]

Zu der Frage, ob im Rahmen der fachplanerischen *Abwägung* über die Vorgaben des § 2 Abs. 1 der 16. BImSchV hinausgehende Schutzinteressen der Lärmbetroffenen zu berücksichtigen und dementsprechend auf dieser Grundlage weitergehende Schutzmaßnahmen angeordnet werden können, hat der 5. Senat des Verwaltungsgerichtshofs Baden-Württemberg ausgeführt[671]: Auch wenn ein Straßenbauvorhaben die Lärmgrenzwerte einhalte und „kein atypischer Fall" vorliege, sei die Planfest-

---

Abs. 1 BImSchG beim Lärmschutz gegebenenfalls auch über die Anforderungen der 16. BImSchV hinaus zu gehen; siehe ferner *Kloepfer,* Umweltrecht, § 14 Rn. 293 u. 296 f., nach dem die Grenzwerte der Verordnung *nicht* als abschließend zu betrachten sind, sondern *Mindestanforderungen* festlegten, über die im (atypischen) Einzelfall aufgrund der Anforderungen des § 41 BImSchG hinausgegangen werden könne; die Zumutbarkeitsschwelle könne im Einzelfall auch unter den in der 16. BImSchV festgelegten Werten liegen; allerdings böte die Einhaltung der Grenzwerte der 16. BImSchV ein Indiz dafür, dass den Anforderungen des § 41 BImSchG entsprochen sei.

668 *Czajka,* in: Feldhaus, BImSchG, § 41 Rn. 47.

669 Vgl. Beschl. v. 08.11.1994, 7 B 73.94, NVwZ 1995, 993 f., Ls.; ebenso *Czajka,* in: Feldhaus, BImSchG, § 41 Rn. 46.

670 Zutr. *Czajka,* in: Feldhaus, BImSchG, § 41 Rn. 76.

671 Urt. v. 13.03.1996, 5 S 1743/95, VBlBW 1996, 423, Ls. 3, juris, Rn. 58.

stellungsbehörde dadurch dennoch nicht der Notwendigkeit enthoben, den von dem Straßenneubau verursachten Verkehrslärm „im Rahmen der allgemeinen fachplanerischen Abwägung“ zu berücksichtigen. Dies könne „im Einzelfall“ Anlass geben, „bei der Abwägung“ zu bedenken, ob den Lärmbetroffenen weitergehender Lärmschutz unterhalb der Schwelle der Lärmgrenzwerte zuzubilligen sei. Regelmäßig werde bei Einhaltung der Lärmgrenzwerte der 16. BImSchV für einen solchen zusätzlichen Abwägungsschritt kein Anlass bestehen. Gerade bei „nicht oder wenig lärmvorbelasteten Gebieten“ sei es jedoch durchaus denkbar, dass eine mit einem Neubauvorhaben verbundene gravierende Verschlechterung der Lärmsituation bis an die Grenzwerte der 16. BImSchV heran möglicherweise mit wenig aufwendigen (zusätzlichen) Lärmschutzmaßnahmen spürbar gemindert werden könne. *Es sei nicht erkennbar, „weshalb die Planfeststellungsbehörde den Vorhabensträger in einem solchen Fall im Rahmen der allgemeinen fachplanerischen Interessenabwägung nicht zu derartigen zusätzlichen Schutzmaßnahmen auch unterhalb der Schwelle schädlicher Umwelteinwirkungen im Sinne des § 41 Abs. 1 BImSchG verpflichten können sollte“, wenn sie sich im Rahmen der Abwägung aller für und gegen das Vorhaben sprechenden Belange dazu veranlasst sehe.* Dem entspreche ein „*gleichgerichteter Anspruch der Lärmbetroffenen auf Berücksichtigung ihrer Belange bei der Abwägung*“; nur insoweit könne von einem „*(Lärm-)Minimierungsanspruch*“ unterhalb der Grenzwerte des § 2 Abs. 1 der 16. BImSchV gesprochen werden. Die Planfeststellungsbehörde habe bei dem so umschriebenen „Minimierungsanspruch“ freilich über finanzielle Verhältnismäßigkeitserwägungen hinaus sämtliche für und gegen solche schalltechnischen Zusatzmaßnahmen sprechenden Gründe, insbesondere auch städtebauliche Belange, in ihre Abwägung einzubeziehen.[672]

Der Bayerische Verwaltungsgerichtshof[673] hat demgegenüber für den Fall, dass der zu beurteilende Lärmwert unterhalb des nach der 16. BImSchV zu ermittelnden Grenzwerts liegt, ein subjektives „Recht auf Abwägung“ abgelehnt. Werde ein Grundstück von nachteiligen Wirkungen eines planfeststellungspflichtigen Straßenbauvorhabens *unterhalb* der gesetzlichen Zumutbarkeitsschwelle betroffen, so habe der Eigentümer keinen Anspruch auf gerechte Abwägung. Begründet hat der Verwaltungsgerichtshof seine Auffassung damit, dass ein Abwägungsdefizit grundsätzlich – ausnahmsweise könne es an der Kausalität fehlen – zur Aufhebung des Planfeststellungsbeschlusses führt, wodurch das Ungleichgewicht entstehe, dass der schwerer (also unzumutbar im Sinne von § 2 Abs. 1 der 16. BImSchV) Betroffene nur die ihm gesetzlich gewährte materielle Rechtsposition verteidigen könne, während der weniger (unterhalb der Zumutbarkeitsschwelle) Belastete gerade wegen des Fehlens einer materiellen Regelung ein Recht auf fehlerfreie Ermessensausübung geltend machen könne. Ein derartiges Ungleichgewicht widerstreite dem Gedanken eines ausgewogenen Rechtsschutzes. Dieses Bedenken könnte zwar ausgeräumt werden, indem der von den Auswirkungen eines planfestgestellten Vorhabens negativ, aber nicht unzumutbar Betroffene darauf verwiesen werde, die Verpflichtung der Planfeststellungsbehörde zu begehren, nach pflichtgemäßem Ermessen über allgemeine Auflagen zu befinden, die die Beschwer des Klägers ausräumen (§ 113

---

[672] Zu dieser Auffassung neigend auch *Schulze-Fielitz,* DÖV 2001, 181 (189): „wohl zu Recht“; zur Problematik auch *Michler,* VerwArch. 1999, 21 (40 f.); *Steinberg/Berg/Wickel,* Fachplanung, § 4 Rn. 38.

[673] Urt. v. 16.03.1993, 8 A 92.40089, ZUR 1994, 81, Ls., juris, Rn. 18 ff.

Abs. 5 S. 2 VwGO). Dabei handele es sich indessen um eine „im Kern systemwidrige und nicht tragfähige Lösung". Wer durch eine Ermessensentscheidung negativ betroffen sei, könne deren Aufhebung verlangen, wenn seine Belange nicht, verkürzt oder ihrem objektiven Gewicht nicht entsprechend abgewogen worden seien. Seien sie von solchem Gewicht, dass sie im Wege der Abwägung nicht überwunden werden könnten[674], könne die Behörde die Planfeststellung versagen oder dem Vorhabenträger entsprechende Auflagen machen.

Das Bundesverwaltungsgericht[675] hat die Frage in dem vom Verwaltungsgerichtshof zugelassenen Revisionsverfahren offen gelassen (zu dieser näher unten C.II.2.).

### *c) Das Verfahren der Berechnung des Beurteilungspegels*

#### aa) Grundsätzliches

Das Bundesverwaltungsgericht hat in seiner A 99-Entscheidung betont, dass Lärmgrenzwerte ihre Aussagekraft „nur im Zusammenspiel mit einem Mess- oder Berechnungsverfahren, in dem sie zu ermitteln sind", erlangen.[676] Nach § 3 S. 1 der 16. BImSchV ist der Beurteilungspegel für Straßen nach Anlage 1 und für Schienenwege nach Anlage 2 zu berechnen. Der Beurteilungspegel ist sowohl für den Anwendungsbereich der 16. BImSchV (vgl. § 1 Abs. 2 S. 1 Nr. 2 u. S. 2 der 16. BImSchV) von Bedeutung als auch für die Frage, ob die Immissionsgrenzwerte des § 2 Abs. 1 der 16. BImSchV eingehalten sind.

Die Bundesregierung hat in ihrer Regierungsbegründung[677] zum Verfahren der Ermittlung des Beurteilungspegels ausgeführt:

„Bei der Feststellung der Belastung durch Verkehrsgeräusche wird von Beurteilungspegeln ausgegangen. *Der Beurteilungspegel ergibt sich aus dem Mittelungspegel,* von dem für besondere, in der Regel durch Messung nicht erfassbare Geräuschsituationen *Zu- bzw. Abschläge* gemacht werden, und zwar an Straßen für erhöhte Störwirkungen bei lichtzeichengeregelten Kreuzungen und Einmündungen und an Schienenwegen zur Berücksichtigung der geringeren Lästigkeit des Schienenverkehrslärms. Beim Mittelungspegel, der in DIN 45 641 ‚Mittelungspegel und Beurteilungspegel zeitlich schwankender Schallvorgänge' vom Juni 1976[678] definiert ist, wird der Schalldruckpegel während eines bestimmten Zeitraumes gemittelt (*energetische Mittelung*), wodurch eine stärkere Berücksichtigung der Spitzenpegel erreicht wird. Dadurch ergeben sich höhere Mittelungspegel als bei der rechnerischen (arithmetischen) Mittelwertbildung.

---

674 Sei dies der Fall, müsse der Betroffene die ihn treffenden Nachteile ohne weiteres hinnehmen.

675 Urt. v. 16.12.1993, 4 C 11.93, NVwZ 1994, 691 (692).

676 Oben B.I.3.b)cc).

677 BR-Drs. 661/89, S. 36 f. u. (zur Anlage 2) S. 44 (Herv. d. Verf.).

678 Derzeit Ausgabe Juni 1990, siehe oben Fn. 136.

Der Beurteilungspegel wird grundsätzlich *berechnet,* weil die Verkehrsbelastung stark schwanken kann, erhebliche Pegelschwankungen bei größeren Abständen zwischen dem Verkehrsweg und dem Immissionsort, insbesondere durch Wind und Temperatur, auftreten könnten und bei geplanten Verkehrswegen nicht gemessen werden kann. Bei der Berechnung des Beurteilungspegels wird von leichtem Wind (bis etwa 3 m/s) von dem Verkehrsweg zum Immissionsort und von Temperaturinversion ausgegangen.

Dagegen sind nur selten geringfügige Überschreitungen des so berechneten Beurteilungspegels zu erwarten. Die Berechnung ermöglicht zudem, die prognostizierte Verkehrsstärke in das Rechenverfahren einzugeben. Die Prognosewerte werden im allgemeinen erst nach 10 bis 20 Jahren erreicht. Der berechnete Beurteilungspegel sei daher in der Regel für die Betroffenen günstiger als ein gemessener Pegel."

Nach der Vorgabe des § 3 S. 1 der 16. BImSchV und dem Willen des Verordnungsgebers ist der Beurteilungspegel somit zu berechnen und nicht zu messen.[679] Eine Messung der tatsächlich vorhandenen Lärmbelastung lässt die 16. BImSchG nicht zu.[680] Der rechnerisch ermittelte Beurteilungspegel kann insbesondere nicht durch abweichende Messergebnisse in Frage gestellt werden.[681] Die Vorschrift schreibt darüber hinaus vor, dass der Beurteilungspegel für Schienenwege nach der Anlage 2 zur 16. BImSchV zu berechnen ist.[682] Streitigkeiten über die Methode der Lärmermittlung sind somit obsolet geworden, nachdem das Berechnungsverfahren durch § 3 der 16. BImSchV in Verbindung mit den Anlagen zur Rechtsvorschrift geworden ist.[683] Für die Entscheidung des Verordnungsgebers, den Beurteilungspegel zu berechnen und nicht zu messen, sprechen folgende Erwägungen:

---

679 *Jarass,* BImSchG, § 41 Rn. 34 ff.; *Hoppe/Schlarmann/Buchner/Deutsch,* Rechtsschutz, Rn. 683; *Kuschnerus,* Der sachgerechte Bebauungsplan, Rn. 310; *Michler,* Verkehrsimmissionsschutz, S. 59; *Hölder,* Verordnung, S. 184; *Silagi,* UPR 1997, 272 (275); *Schulze-Fielitz,* UPR 1994, 1 (5); *Maier,* BWVP 1991, 101 (102, 103 f.).

680 BVerwG, Beschl. v. 06.02.1992, 4 B 147.91, BImSchG-Rspr. § 41 Nr. 18, juris, Rn. 3, aber offen gelassen, ob etwas anderes gilt, wenn die berechneten Werte mit gemessenen Werten in eklatantem Widerspruch stehen; *Jarass,* BImSchG, § 41 Rn. 34; *Czajka,* in: Feldhaus, BImSchG, § 41 Rn. 52; *Vallendar,* in: Hermes/Sellner, AEG, § 18 Rn. 156; *Alexander,* NVwZ 1991, 318 (321 f.).

681 *Czajka,* in: Feldhaus, BImSchG, § 41 Rn. 52.

682 BVerwG, Urt. v. 31.08.1995, 7 A 19.94, BVerwGE 99, 166 = NVwZ 1996, 394 (396) – Eisenbahntrasse Berlin–Hamburg; vgl. auch *Hendlmeier,* NuR 1992, 463 (465). Siehe auch den Planfeststellungsbeschluss des Eisenbahn-Bundesamts vom 30.04.2008 für das Projekt Stuttgart 21, Planfeststellungsabschnitt 1.4, Filderbereich bis Wendlingen, B. III. Ziff. 4.3.1 (S. 148): Bei der Ermittlung der Beurteilungspegel sei die Anwendung der in der 16. BImSchV bzw. der Schall 03 vorgesehenen Berechnungsverfahren gesetzlich vorgeschrieben. Die Grenzwerte in § 2 der 16. BImSchV beruhten auf diesen Verfahren und stünden damit in unmittelbarem Zusammenhang. Die Anwendung anderer möglicher Berechnungsmethoden stimme nicht mit der durch die 16. BImSchV vorgesehenen Systematik überein.

683 *Alexander,* NVwZ 1991, 318 (321 f.).

Der Beurteilungspegel, der die maßgebliche Grundlage für die Anordnung und den Umfang von Lärmschutzmaßnahmen bildet, muss aus rechtlichen Gründen überprüfbar und damit reproduzierbar sein, was nur im Falle seiner Berechnung gewährleistet ist.[684] Denn Messungen werden von zahlreichen (Umwelt-)Faktoren beeinflusst. Messungen unterliegen – worauf auch die Bundesregierung hingewiesen hatte – insbesondere Witterungseinflüssen und Verkehrsbelastungsschwankungen (Sommer–Winter, Werktag–Wochenende, Ferienzeiten usw.).[685] So schließen es die verschiedenen Verkehrsstärken und -zusammensetzungen sowie die sich häufig verändernden Wind- und Temperaturverhältnisse aus, dass (Kurzzeit-)Messungen zu verschiedenen Zeiten zu gleichen Ergebnissen führen.[686] Messungen können daher mit erheblichen Unsicherheiten belastet sein. Die Berechnung des Beurteilungspegels verhindert Streit darüber, ob die Häufigkeit und die Stärke der gemessenen Einzelgeräusche sowie die zugrunde liegenden Umweltbedingungen repräsentativ sind.[687] Langzeitmessungen würden zwar zu repräsentativeren Ergebnissen führen. Sie sind jedoch aufwendig und teuer.[688] Die Berechnung der Lärmwerte ist demgemäß weitaus zuverlässiger und genauer.[689] Ferner können – worauf die Bundesregierung ebenfalls hingewiesen hatte – bei geplanten Verkehrswegen keine Messungen durchgeführt werden.[690] Zudem ermöglicht ein einheitliches Berechnungsverfahren vergleichbare Ergebnisse.[691] Schließlich sind die Rechenverfahren nach den Anlagen 1 u. 2 zu § 3 der 16. BImSchV so angelegt, dass die Ergebnisse von Messungen in nahezu allen Fällen unter denen von Berechnungen liegen, also grundsätzlich zu Gunsten der Lärmbetroffenen gerechnet wird.[692] Zwischenzeitlich durchgeführte Untersuchungen haben nicht ergeben, dass

---

684 *Maier,* BWVP 1991, 101 (102); *Krüger* u. a., Schall- und Erschütterungsschutz, S. 111; *Michler,* Verkehrsimmissionsschutz, S. 59; *Hendlmeier,* NuR 1992, 463 (465); *Haakh/Maier,* BWVP 1987, 25 (28).

685 *Krüger* u. a., Schall- und Erschütterungsschutz, S. 147; *Bürgel,* NJW 1996, 1804.

686 *Maier,* BWVP 1991, 101 (102 f.); *Kuschnerus,* DVBl. 1986, 429 (430); *Ullrich,* DVBl. 1985, 1159 (1161); *Michler,* Verkehrsimmissionsschutz, S. 59.

687 *Kuschnerus,* DVBl. 1986, 429 (431).

688 *Hölder,* Verordnung, S. 184; *Alexander,* NVwZ 1991, 318 (321 f.).

689 *Kuschnerus,* DVBl. 1986, 429 (430) m. w. N.; ferner *Schulze-Fielitz,* UPR 1994, 1 (5).

690 Siehe auch *Krüger* u. a., Schall- und Erschütterungsschutz, S. 111; *Michler,* Verkehrsimmissionsschutz, S. 59; *Hofmann,* Verkehrslärmschutz, S. 10; *Schulze-Fielitz,* UPR 1994, 1 (5); *Maier,* BWVP 1991, 101 (103.); *Haakh/Maier,* BWVP 1987, 25 (28); *Kuschnerus,* DVBl. 1986, 429 (430 u. 431); *Ullrich,* DVBl. 1985, 1159 (1161).

691 *Kuschnerus,* DVBl. 1986, 429 (430).

692 Vgl. *Schulze-Fielitz,* in: GK-BImSchG, § 43 Rn. 95; *ders.*; UPR 1994, 1 (6); *Möhler* u. a., ZfL 2000, 144 (147).

das Rechenverfahren der 16. BImSchV den Schienenverkehrslärm zu Lasten der Lärmbetroffenen unzutreffend erfasst.[693]

Der Beurteilungspegel wird für Schienenwege nach der Anlage 2 zu § 3 der 16. BImSchV berechnet. Die Anlage unterscheidet den Beurteilungspegel für den Tag (6.00 Uhr bis 22.00 Uhr) $L_{r,T}$ und den Beurteilungspegel für die Nacht (22.00 Uhr bis 6.00 Uhr) $L_{r,N}$. Die Beurteilungspegel werden nach folgender Formel berechnet:

(1) $$L_{r,T} = L_{m,T}^{(25)} + D_{Fz} + D_{l,v} + D_{Fb} + D_{S\perp} + D_{BM} + D_B + S \,\mathrm{dB(A)}$$

und

(2) $$L_{r,N} = L_{m,N}^{(25)} + D_{Fz} + D_{l,v} + D_{Fb} + D_{S\perp} + D_{BM} + D_B + S \,\mathrm{dB(A)},$$

wobei $L_m$ für die Mittelungspegel[694] Tag/Nacht steht und die D- und S-Variablen für bestimmte Korrekturfaktoren (Zu- und Abschläge), nämlich für die Fahrzeugart ($D_{Fz}$), für die Zuglänge und die Geschwindigkeit ($D_{l,v}$), für unterschiedliche Fahrbahnen ($D_{Fb}$), für den Abstand zwischen dem Emissionsort und dem maßgeblichen Immissionsort ($D_{S\perp}$), für Boden- und Meteorologiefaktoren ($D_{BM}$), für topographische Gegebenheiten, bauliche Maßnahmen und Reflexionen ($D_B$) sowie für den sog. Schienenbonus ($S$).[695]

Der Mittelungspegel $L_{m,T}(25)$ bzw. $L_{m,N}(25)$ bestimmt sich nach der dem Diagramm I der Anlage 2 zugrunde liegenden Formel

$$L_{m,T}^{(25)} \text{ bzw. } L_{m,N}^{(25)} = 51 + 10 \cdot \lg[n \cdot (5 - 0{,}04 \cdot p)] \,\mathrm{dB(A)},$$

wobei $n$ für die mittlere Anzahl der Züge einer Zugklasse[696] pro Stunde steht und $p$ für den Anteil der Fahrzeuge mit Scheibenbremsen in Prozent des gesamten Zuges einer Zugklasse. Im Bereich des Schienenverkehrs wird als sog. *Grundwert* der Mittelungspegel pro Stunde bezeichnet, der sich bei freier Schallausbreitung in einem seitlichen Abstand von 25 m von der Gleisachse ergibt, wenn ein Zug pro Stunde mit einer Länge von 100 m

---

693 *Vallendar,* in: Hermes/Sellner, AEG, § 18 Rn. 154 unter Hinweis auf die Antwort der Bundesregierung auf die Kleine Anfrage der Abgeordneten *Kauch, Friedrich* (Bayreuth), *Homburger* u.a. sowie der FDP-Fraktion, BT-Drs. 15/3038, S. 3.

694 Zu diesem allg. bereits oben Teil 1, B.III.

695 Vgl. auch BT-Drs. 661/89, S. 36 u. 44 f. – Siehe ferner die Änderungsvorschläge des Bundesrats, BR-Drs. 661/89 (Beschluss), S. 5 ff.

696 Nach Anlage 2 sind die Züge zu Zugklassen zusammenzufassen, die sowohl nach Tabelle A derselben Fahrzeugart (also z.B. Fahrzeuge mit Scheibenbremsen) angehören als auch gleiche mittlere Zuglängen und Geschwindigkeiten und zusätzlich einen gleichen Anteil an scheibengebremsten Fahrzeugen aufweisen.

und einer Geschwindigkeit von 100 km/h außerhalb von Kurven, Bahnübergängen oder Brücken vorbeifährt, wobei vorausgesetzt wird, dass der Zug zu 100% mit Scheibenbremsen ausgestattet ist und der Fahrweg einen durchschnittlich guten Schienenzustand aufweist[697],[698] denn mit $n = 1$ und $p = 100\%$ ergibt sich in diesem Fall ein Mittelungspegel von

$$L_{m,T}^{(25)} \text{ bzw. } L_{m,N}^{(25)} = 51 + 10 \cdot \lg[1 \cdot (5 - 0{,}04 \cdot 100)]\,\text{dB(A)}$$
$$= 51 + 10 \cdot \lg(1) = 51\ \text{dB(A)}.$$

Die Einführung eines Grundwertes ermöglicht eine Vergleichbarkeit unterschiedlich konstruierter Züge (z. B. unterschiedliche Bestückung mit Scheibenbremsen) und gegebenenfalls weiterer Einflussgrößen durch Hinzunahme bestimmter Korrekturwerte (z. B. für Fahrzeug- und Fahrbahnarten, Zuglängen und -geschwindigkeiten).

Der Korrekturwert $D_{Fz}$ berücksichtigt die unterschiedliche Lärmwirkung von verschiedenen Fahrzeugarten.[699] So sieht die Tabelle A der Anlage 2 für Fahrzeuge mit Scheibenbremsen einen Abschlag in Höhe von 2 dB(A) vor, da scheibengebremste Züge leiser sind als klotzgebremste.

Der Korrekturwert $D_{l,v}$ steht für die Zuglänge $(l)$ und für die Geschwindigkeit $(v)$. Der Korrekturwert wird gemäß dem Diagramm II der Anlage 2 mit der Formel

$$D_{l,v} = 10 \cdot \lg(l \cdot v^2) - 60\,\text{dB(A)}$$

berechnet, so dass beispielsweise für einen Zug mit einer Länge von 200 m und einer Geschwindigkeit von 100 km/h ein Aufschlag von $D_{l,v} \approx$ 3 dB(A) zum Grundwert vorzunehmen ist und für einen Zug mit gleicher Länge, aber einer Geschwindigkeit von 200 km/h ein Aufschlag von $\approx$ 9 dB(A). Sind Länge und Geschwindigkeit der Züge nicht bekannt, so können diese der Tabelle B der Anlage 2 entnommen werden. Die Tabelle sieht beispielsweise für ICE-Züge eine maximale Geschwindigkeit $(v)$ von 250 km/h und eine mittlere Zuglänge $(l)$ von 420 m vor, für IC- und IR-Züge von 200 km/h bzw. 240/205 m Länge und für Güterzüge im Fern-/Nahverkehr 100/90 km/h und einer Länge von 500/200 m. Ist die zulässige Geschwindigkeit auf einer bestimmten Eisenbahnstrecke niedriger, so ist diese zulässige Geschwindigkeit anzusetzen. Ausbauvorhaben (z. B. die Ver-

---

697 BT-Drs. 661/89, S. 47; *Jäger/Onnich,* ZfL 2000, 206.

698 Siehe Diagramm I der Anlage 2; BT-Drs. 661/89, S. 45 u. (zur Riffelbildung) 47; *Jäger/Onnich,* ZfL 2000, 206.

699 Dazu BT-Drs. 661/89, S. 45 f.

größerung der Kurvenradien) haben vielfach auch das Ziel, die zulässigen Geschwindigkeiten zu erhöhen, um die Fahrzeiten zu verkürzen.[700]

Der weitere Korrekturwert $D_{Fb}$ berücksichtigt die unterschiedlichen Fahrbahnen. So sieht die Tabelle C für Betonschwellen einen Zuschlag in Höhe von 2 dB(A) vor und für Gleiskörper mit Raseneindeckung einen Abschlag von 2 dB(A).[701] Betonschwellen verhindern durch ihre gegenüber Holzschwellen höhere Impedanz (Widerstand) ein Ableiten von Schwingungen in den Boden, die somit als Luftschall abgestrahlt werden und den Oberbau lauter machen.[702]

In den Korrekturwert $D_{S\perp}$ geht der Abstand zwischen dem Emissionsort (Achse des betrachteten Gleises in Höhe der Schienenoberkante) und dem maßgeblichen Immissionsort (z.B. Haus des Lärmbetroffenen) ein. Als Immissionsort wird der Punkt bezeichnet, für den der Beurteilungspegel ermittelt wird. Der Immissionsort richtet sich nach den Umständen des Einzelfalls, d.h. nach der vorhandenen oder geplanten Nutzung der Grundstücke[703], wobei er sich vor Gebäuden in Höhe der jeweils zu beurteilenden Geschossdecke (0,2 m über der Fensteroberkante) des zu schützenden Raumes befindet[704] und bei Außenwohnbereichen (z.B. Balkon, Terrasse) 2 m über der Mitte der als Außenwohnbereich genutzten Fläche (siehe Satz 2 der Erläuterung zum Korrekturwert $D_{S\perp}$). Bei nicht überbauten Grundstücken ist der maßgebende Immissionsort dort, wo nach dem Bau- und Planungsrecht Gebäude mit zu schützenden Räumen erstellt werden dürfen.[705] Das Diagramm III der Anlage 2 der 16. BImSchV enthält eine Kurve, in der nach der Formel

$$D_{S\perp} = 15{,}8 - 10 \cdot \lg(s_\perp) - 0{,}0142 \cdot (s_\perp)^{0,9}\ \mathrm{dB(A)}$$

die Zu- bzw. Abschläge in Abhängigkeit von dem jeweiligen Abstand ($s_\perp$) zwischen Emissions- und Immissionsort dargestellt sind. So ist beispielsweise bei einem Abstand $s_\perp$ von 10 m ein Zuschlag von $DS_\perp \approx 5{,}69$ dB(A) in Ansatz zu bringen und bei einem Abstand von 200 m ein Abschlag von $\approx 8{,}88$ dB(A). Die vorgenannte Formel wirkt sich in etwa so aus, dass im „Nahbereich" (bis ca. 200 m) je Entfernungsverdoppelung ein Abschlag um jeweils ca. 3 dB(A) erfolgt, im „mittleren Bereich" (ca. 200 bis ca. 400 m)

---

[700] Siehe den BVWP 2003 (S. 52 ff.).

[701] Dazu BT-Drs. 661/89, S. 46 f. Nach *Giesler/Wende/Nolle,* ZfL 1995, 121 ff. ist eine Besserstellung des Holzschwellengleises gegenüber dem Betonschwellengleis (vgl. Tabelle C Nr. 2 u. 3) nicht gerechtfertigt; a.A. *Stüber,* KdL 1974, 71.

[702] BT-Drs. 661/89, S. 46.

[703] BT-Drs. 661/89, S. 47.

[704] BT-Drs. 661/89, S. 47.

[705] BT-Drs. 661/89, S. 47.

um jeweils ca. 4 dB(A) und im „Fernbereich" (ca. 500 m bis ca. 1000 m) um jeweils ca. 6 dB(A).[706]

Der Korrekturwert $D_{BM}$ berücksichtigt Pegeländerungen durch Boden- und Meteorologiedämpfung nach Diagramm IV der Anlage 2 und der Korrekturwert $D_B$ Pegeländerungen durch topographische Gegebenheiten, bauliche Maßnahmen und Reflexionen, also insbesondere durch Lärmschutzwälle und -wände, Einschnitte, Bodenerhebungen und die Abschirmwirkung baulicher Anlagen. Die Pegeländerung $D_B$ ist nach der Richtlinie zur Berechnung der Schallimmissionen von Schienenwegen – Ausgabe 1990 – Schall 03[707] zu berechnen. Die Schall 03 enthält hierzu in Ziff. 7.1 bis Ziff. 7.7 (S. 21 ff.) Berechnungsverfahren zur Berücksichtigung der auf dem Ausbreitungsweg bestehenden Einflüsse auf den Beurteilungspegel.[708] Ihre Aktualisierung ist in Vorbereitung.[709]

706 Die *Schallintensität I* als Schallenergiegröße nimmt (bei einer punktförmigen Schallquelle) mit $1/r^2$ der Entfernung ab (Abstandsgesetz). Bei einer Verdoppelung der Entfernung verringert sich die Schallintensität mithin auf ein Viertel. Bei einer Entfernung von z.B. 4 m beträgt die Schallintensität $1/4^2 = 1/16$, während die Schallintensität bei einer Entfernung von 8 m nur noch $1/8^2 = 1/64$, mithin ein Viertel von 1/16 beträgt. Dies entspricht einer Pegelabnahme um 6 dB [vgl. auch *Klosterkötter,* KdL 1972, 42 (43)], denn nach dem Dargelegten (Teil 1, A.) verringert bzw. erhöht sich die Schallintensität bei ihrer Halbierung bzw. Verdoppelung um jeweils 3 dB. – Demgegenüber nimmt der *Schalldruck* $L_p$ als Schallfeldgröße lediglich mit 1/r der Entfernung von ab. – Je nach Länge eines Zuges und des Abstands zum Immissionsort stellen Zugvorbeifahrten mehr Linienschallquellen (geringerer Abstand) oder mehr Punktschallquellen (größerer Abstand) dar, vgl. *Krüger* u.a., Schall- und Erschütterungsschutz, S. 56 u. 85 ff.; nach *Möhler,* ZfL 1988, 10 (11) ist der Schienenverkehr den Linienschallquellen zuzuordnen. Für eine Linienschallquelle bis 500 m Abstand sind ca. 4 dB Abnahme Entfernungsverdoppelung anzusetzen ($13 \times \lg(n)$), *Krüger* u.a., a.a.O., S. 87.

707 Siehe oben Fn. 137.

708 Zum abschließenden Charakter der Aufzählung in Ziff. 7.7 der Schall 03 sowie zu den deshalb nicht erfassten Reflexionen durch Bahnsteige BVerwG, Urt. v. 20.12.2000, 11 A 7.00, NVwZ-RR 2001, 360 (361) – Eisenbahntrasse Leipzig/Leutzsch-Probstzella, nach dem die Schall 03 in Ziff. 7.7 drei Fälle vorsehe, in denen Reflexionen zu berücksichtigen seien. Es leuchte aber ein, dass es vielfältige andere Möglichkeiten für das Auftreten von Reflexionen gebe. Wenn derartige Situationen in der Schall 03 nicht behandelt würden, obwohl dazu in der VDI 2714 Rechenvorschriften vorlägen, spreche dies dafür, dass die Aufzählung abschließend sein sollte. Die Zurückhaltung, die die Schall 03 gegenüber der Anwendbarkeit der VDI 2714 an den Tag lege, erkläre sich damit, dass im Jahr 1990, als die Neufassung dieses technischen Regelwerks in Kraft trat, die Vorstellung vorherrschte, die Ausbreitungsrechnung müsse noch ohne den – damals relativ aufwendigen – Computereinsatz zu bewältigen sein. Die in der Zwischenzeit in der Entwicklung rechnergestützter Ausbreitungsmodelle erzielten Fortschritte lieferten auch keinen Grund für die Annahme, die vom Verordnungsgeber angeordnete Anwendung der Schall 03 sei insoweit nicht (mehr) ermächtigungskonform. Die *Festsetzung von Immissionsgrenzwerten* beruhe auf einer *abstrakt-generellen Abwägung widerstreitender Inte-*

Schließlich enthält der Korrekturfaktor *S* einen Abschlag von 5 dB(A) zur Berücksichtigung der geringeren Störwirkung des Schienenverkehrslärms[710] [sog. Schienenbonus, zu diesem im Einzelnen unten cc)(1)].

Im Teil 1[711] wurde auf die Oberursel II-Entscheidung des Bundesverwaltungsgerichts hingewiesen, in der das Gericht eine Reihe von Faktoren für die Bewertung der Lästigkeit von Geräuschereignissen angeführt hat. Darunter befanden sich auch subjektive Faktoren, wie die individuelle Lärmempfindlichkeit, die persönliche Einstellung zur Lärmquelle, das persönliche Umweltbewusstsein und das subjektive Lärmbewältigungsvermögen.

---

*ressen.* Dieser Interessenkonflikt sei nur dann einem Ausgleich zuzuführen, der der Rechtssicherheit diene, wenn *dem Verordnungsgeber ein erheblicher Einschätzungs-, Wertungs- und Gestaltungsspielraum zugestanden* werde. Die Immissionsgrenzwerte bildeten dabei eine untrennbare Einheit mit den zugehörigen Immissionskenngrößen. Der Gestaltungsspielraum des Verordnungsgebers erstrecke sich aus diesem Grunde auch auf die *Festlegung des Verfahrens* zur Ermittlung der Immissionsbelastung, die mit den Immissionsgrenzwerten zu vergleichen sei. *Vereinfachungen und Pauschalierungen seien gerade in diesem Bereich unumgänglich.* Im Fall der Erfassung von Reflexionen nach Maßgabe der Schall 03 führe diese Vereinfachung und Pauschalierung *nicht dazu, dass die rechnerisch ermittelte Lärmbelästigung die Wirklichkeit nur noch völlig unzulänglich abbildet.* Ferner zu Reflexionen durch eine Lärmschutzwand BVerwG, Urt. v. 03.03.1999, 11 A 9.97, NVwZ-RR 1999, 720 (722 ff.) – Eisenbahntrasse Hamburg–Büchen–Berlin. – Die Bundesvereinigung gegen Schienenlärm e.V. kritisiert die Inbezugnahme der Schall 03 in der 16. BImSchV. Nach ihrer Auffassung sollten „technische Regelwerke, auf die in Rechtsverordnungen Bezug genommen wird, grundsätzlich allgemein anerkannte Regelwerke des Deutschen Normausschusses (DIN Normen) oder des Vereins Deutscher Ingenieure (VDI-Richtlinien) sein". Die Schall 03 sei hingegen als „privates Regelwerk der Bahn quasi ein Parteigutachten". Dessen Einbeziehung in die 16. BImSchV werde zum Teil als nicht rechtmäßig und damit nicht wirksam angesehen, weil den *„Publizitätsanforderungen technischer Regelwerke* nicht Rechnung getragen worden sei". Nach § 7 Abs. 5 Nr. 2 BImSchG (dazu *Dietlein,* in: LR, § 7 BImSchG Rn. 115 ff.; *Jarass,* BImSchG, § 7 Rn. 25 f.) – der gem. § 43 Abs. 2 BImSchG für die Rechtsverordnungen nach § 43 Abs. 1 BImSchG entsprechend gilt – sind Bekanntmachungen technischer Regelwerke beim Deutschen Patentamt archivmäßig gesichert niederzulegen. Diese Voraussetzungen seien in der 16. BImSchV nicht erfüllt. Zudem sollte bei der Erstellung und Überarbeitung technischer Regelwerke eine transparente und offene Diskussion stattfinden sowie eine *„pluralistische Zusammensetzung*" der jeweiligen Arbeitsgremien unter Beteiligung auch der Betroffenen vorgenommen werden, siehe <http://www.schienenlaerm.de/Forum/Schall%2003/Schall%2003.htm> (Stand: 16.08.2009) (Herv. d. Verf.). *Vallendar,* in: Hermes/Sellner, AEG, § 18 Rn. 169 m.w.N. hält die Verweisung in der 16. BImSchV auf die Schall 03 für verfassungsrechtlich unbedenklich.

[709] Siehe S. 10 f. des Nationalen Verkehrslärmschutzpakets II des Bundesministeriums für Verkehr, Bau und Stadtentwicklung vom 27.08.2009 (oben Fn. 1).

[710] Zur unterschiedlichen Störwirkung zwischen Straßen- und Schienenverkehrslärm bereits oben Teil 1, B.I.

[711] Dort B.I.

Solche individuellen Faktoren werden indessen von der 16. BImSchV und dem Berechnungsverfahren nach der Anlage 2 nicht berücksichtigt.[712] Berücksichtigt werden nur die in den Korrekturwerten (*D*-Werten) der Anlage 2 und in der Schall 03 (soweit auf diese verwiesen wird) festgelegten objektiven Faktoren. Auch der Schienenbonus (*S*-Wert) berücksichtigt nicht die individuelle, sondern nur eine typischerweise angenommene geringere Lästigkeit des Schienenverkehrslärms.

Aber auch andere objektive Faktoren als die D-Werte werden von der 16. BImSchV nicht berücksichtigt. Dies spielt etwa bei der Frage eine Rolle, ob für *schlecht gewartete Weichen* ein *„Lästigkeitszuschlag"* zu machen ist. Das Bayerische Landesamt für Umweltschutz hatte auf Anfrage des Bayerischen Verwaltungsgerichtshofs[713] für einen solchen Lästigkeitszuschlag von 1 bis 3 dB(A) in Abhängigkeit von der Entfernung plädiert. Das Landesamt für Umweltschutz hat seinen Vorschlag mit dem Auftreten impulsartiger lästiger Schlaggeräusche bei schlecht gewarteten Weichen mit starren Herzstücken begründet. Messungen hätten gezeigt, dass die Maximalpegel der Schlaggeräusche im Mittel (Abstand von 25 m von der Gleismitte) etwa 5 dB(A) über den Vorbeifahrpegeln der Schienenfahrzeuge liegen, während bei klotzgebremsten Fahrzeugen die Pegeldifferenzen etwas niedriger seien.[714] Der Bayerische Verwaltungsgerichtshof ist dem Vorschlag des Landesamts jedoch auf der Grundlage des geltenden Rechts zu Recht nicht gefolgt und hat zur Begründung ausgeführt[715]: Wollte man diesen Lästigkeitszuschlag berücksichtigen, würde man von der Anlage 2 zur 16. BImSchV abweichen, die ebenso wenig wie die Schall 03 eine Lärmerhöhung durch Weichen berücksichtige. Die Voraussetzungen für ein solches Abweichen von einer bestehenden Norm seien nicht erfüllt. Zunächst deute der vom Landesamt gewählte Ausdruck „Lästigkeitszuschlag" darauf hin, dass es nicht nur um rein energetische, also im engeren Sinn *naturwissenschaftlich* erfassbare, sondern auch und vor allem um *psychologische* Lärmwirkungen geht, bei denen „im höheren Maße die Wertung des Verordnungsgebers verlangt ist" und bei denen sich „im geringeren Maß die Möglichkeit eröffnet, dass diese Wer-

[712] Krit. *Ekardt/Seidel,* NVwZ 2007, 421 (424), nach denen es mit dem grundrechtlichen Schutz der Freiheit von Lebens- und Gesundheitsbeeinträchtigungen nur schwer vereinbar sei, dass die Grenzwertfindung im Wesentlichen auf den „Durchschnittsmenschen" abstellt; es erscheine nicht einsichtig, warum – zumal in einer alternden und zugleich wenig kinderfreundlichen Gesellschaft – Alte, Pflegebedürftige, Kranke, Kinder und Schwangere in ihren speziellen Belastungslagen grundrechtlich ausgeblendet werden dürften; a. A. *Kutscheidt,* NVwZ 1989, 193 (195); *Fickert,* KdL 1974, 65 (68) (jew. zur Rechtslage vor Erlass der 16. BImSchV).

[713] Im Verfahren Az. 20 A 01.40016 u. a.

[714] Wiedergegeben nach BayVGH, Urt. v. 12.04.2002, 20 A 01.40016 u. a., DVBl. 2002, 1140 f. = ZUR 2002, 359, juris, Rn. 130. – Einen „Lästigkeitszuschlag" sieht etwa Nr. 6.6.3 der AVV Baulärm (unten Fn. 1164) vor. Danach ist dem mittleren Pegel ein „Lästigkeitszuschlag" bis zu 5 dB(A) hinzuzufügen, wenn in dem Geräusch deutlich hörbare Töne (z. B. Singen, Heulen, Pfeifen, Kreischen) hervortreten.

[715] Urt. v. 12.04.2002, 20 A 01.40016 u. a., DVBl. 2002, 1140 f. = ZUR 2002, 359, juris, Rn. 130 ff.

tung durch wissenschaftliche Erkenntnisse widerlegt wird". In jedem Fall könnten Regelungen einer Verordnung nur aufgrund *gesicherter* Erkenntnisfortschritte in Wissenschaft und Technik obsolet werden.[716] Solche gesicherten Erkenntnisse lägen jedoch im Zeitpunkt der Entscheidung nicht vor. Die 16. BImSchV setze ordnungsgemäß gewartete Schienenwege mit Weichen voraus. Dies lege die Annahme nahe, dass Wartungsmängel besondere „Abhilfeansprüche der Anlieger" auslösen und die Mängel nicht stattdessen vorsorglich bei der Lärmprognose zu unterstellen sind.

Ein weiteres Beispiel für die Berücksichtigungsfähigkeit nur der in der Anlage 2 zu § 3 der 16. BImSchV genannten Faktoren ist die bereits oben[717] angesprochene *Elektrifizierung* von Eisenbahnstrecken. Solange die Elektrifizierung keinen Einfluss auf die in dieser Anlage genannten Einflussgrößen hat, sich beispielsweise die durchschnittlich gefahrene Geschwindigkeit auf der Strecke (Faktor v) nach der Elektrifizierung nicht erhöht, ist die Baumaßnahme nicht kausal für eine mögliche Lärmerhöhung; anders ist es jedoch, wenn die Elektrifizierung zu einer verbesserten Streckenausnutzung führt, also etwa eine höhere Zugfolge zur Folge hat, weil sich dann die mittlere Zugzahl pro Stunde (Faktor n) und damit eine der in Anlage 2 zu § 3 der 16. BImSchV genannten maßgeblichen Einflussgrößen für den Beurteilungspegel ändert.[718]

Erst recht nicht verlangt werden können in Abweichung von der Schall 03 nicht erprobte Verfahren.[719]

Zu beachten ist schließlich, dass die oben genannten Gleichungen (1) und (2) nur zur Berechnung des Beurteilungspegels für lange, gerade Gleise gelten, die auf ihrer Länge konstante Emissionen und unveränderte Ausbreitungsbedingungen aufweisen (so ausdrücklich die Anlage 2).[720] Liegen diese Voraussetzungen nicht vor, muss das Gleis in einzelne Abschnitte unterteilt werden, deren Beurteilungspegel sich nach der Schall 03 bestimmen. Die Schall 03 hält hierzu ein umfangreiches Berechnungsverfahren bereit (siehe insbesondere die Berechnungsverfahren zur Zerlegung der Gleise bzw. Bereiche in Teilstücke nach Ziff. 6, S. 17 ff.). Bei der Bestimmung der Beurteilungspegel sind auch die in der Schall 03 genannten Besonderheiten für Brücken (Ziff. 5.6), Bahnübergänge (Ziff. 5.7), Bahnhöfe (Ziff. 8) usw. zu beachten. Schließlich sind für die Berechnung des Beurteilungspegels des Lärms, der von Schienenwegen ausgeht, auf denen in erheblichem Umfang Güterzüge gebildet oder zerlegt werden, die anerkannten Berechnungsverfahren anzuwenden, welche die Besonderheiten der Lärmquellenverteilung und der Lärmausbreitungsbedingungen solcher Anlagen berücksichtigen (vgl. letzter Absatz der Anlage 2 zu § 3 der 16. BImSchV).

---

[716] Der Verwaltungsgerichtshof verweist insoweit auf BVerwG, Urt. v. 21.06. 2001, 7 C 21.00, BVerwGE 114, 342 = NVwZ 2001, 1165 (1166) zur TA-Luft.

[717] B.I.2.b)bb)(2).

[718] So zutr. *Michler,* VerwArch. 1999, 21 (39).

[719] Vgl. *Vallendar,* in: Hermes/Sellner, AEG, § 18 Rn. 169.

[720] Vgl. auch Ziff. 1.1 der Schall 03 (S. 33 f.).

Das Berechnungsverfahren ergibt sich aus der Richtlinie für schalltechnische Untersuchungen bei der Planung von Rangier- und Umschlagbahnhöfen – Ausgabe 1990 – Akustik 04[721].

Der oben genannte Grundwert von 51 dB(A) geht von einem einzigen Zug pro Stunde ($n = 1$) aus. Nach Anlage 2 ist aus den für den Beurteilungszeitraum ermittelten Zugzahlen die *mittlere Zugzahl n pro Stunde* für die jeweilige Zugklasse zu bestimmen (Anlage 1 spricht für den Straßenverkehrslärm von der „der Planung zugrunde liegenden, prognostizierten durchschnittlichen täglichen Verkehrsstärke (DTV)"). Maßgebend sind die „für den Beurteilungszeitraum ermittelten Zugzahlen".[722] Da die künftige Verkehrsauslastung nicht gemessen werden kann, ist eine *(Verkehrs-)Prognose* erforderlich. Die Prognose der zukünftigen Verkehrsbelastung ist ein Kernstück jeder Planung.[723]

Für die Prognose entscheidend ist zunächst der *Prognosemaßstab*. Dabei geht es um die Frage, ob eine maximale Auslastung des Verkehrswegs, d.h. bis an die Kapazitätsgrenze heran, zugrunde zu legen ist oder ob eine mittlere Auslastung genügt. Nach Ziff. 4 der Schall 03 ist bei Neu- und Ausbaustrecken mit den Zugzahlen zu rechnen, die der „Vollauslastung der Strecke" entsprechen. Anlage 2 der 16. BImSchV legt demgegenüber der Beurteilung ausdrücklich die „mittlere" Zugzahl pro Stunde zugrunde. Die Anlage 2 verweist insoweit auch nicht auf Ziff. 4 der Schall 03. Prognosemaßstab ist deshalb die durchschnittliche Auslastung der Strecke. Hiervon geht – sowohl für die Anlage 1 als auch für die Anlage 2 der 16. BImSchV – auch das Bundesverwaltungsgericht aus. Der 4. Senat hat in seiner A 9-Entscheidung vom 21. März 1996[724] zum Straßenverkehrslärm und damit zur Anlage 1 ausgeführt, nach der Wertung des Verordnungsgebers sei bei der Prognose nicht auf eine „Spitzenbelastung" abzustellen. Anhang 1 hebe vielmehr auf die der Planung zugrunde liegende „durchschnittliche tägliche Verkehrsstärke" ab. Dass die Verkehrsmenge, die den Berechnungsvorgaben der Verordnung entspreche, realistischerweise nicht so bemessen sein kann, dass sie die Kapazität der projektierten Straße voll ausschöpft, liege auf der Hand. Es wäre grundsätzlich ein planerischer Missgriff, wenn eine Straße so dimensioniert würde, dass sie gerade noch ausreicht, um dem erwarteten durchschnittlichen Verkehrsbedarf zu genügen, da jedes Mal dann, wenn die Belastung das Durchschnittsmaß übersteige, ein Zusammenbruch des Verkehrs geradezu vorprogrammiert wäre. Es verstehe sich von selbst, dass

---

[721] Bekanntgemacht im ABl. der Deutschen Bundesbahn Nr. 14 vom 04.04.1990 unter lfd. Nr. 134.

[722] Dazu BT-Drs. 661/89, S. 46.

[723] *Blocher,* DÖV 1991, 660 (665).

[724] Urt. v. 21.03.1996, 4 A 10.95, NVwZ 1996, 1006 (1007 f.).

eine Straße über Reserven verfügen muss, damit sie ihre Funktion auch dann noch erfüllen könne, wenn sie über das normale Maß hinaus in Anspruch genommen werde. Dieser Rechtsprechung des 4. Senats hat sich der 11. Senat des Bundesverwaltungsgerichts in seinem Wentdorf-Urteil vom 5. März 1997[725] implizit angeschlossen. In einer weiteren, ebenfalls zur Eisenbahntrasse Hamburg–Büchen–Berlin ergangenen Entscheidung vom 3. März 1999[726] hat der 11. Senat unter Hinweis auf die beiden vorgenannten Entscheidungen zum Schienenverkehrslärm und damit zur Anlage 2 ausgeführt, in Ziff. 4 bestimme die Schall 03 zwar, dass bei Neu- und Ausbaustrecken mit den Zugzahlen zu rechnen ist, die der Vollauslastung der Strecke entspricht. Dieser Abschnitt der Schall 03 sei „in der Anlage 2 zu § 3 der 16. BImSchV aber nicht in Bezug genommen worden". Der Senat habe sich in seinem Urteil vom 5. März 1997 (Wentdorf) deswegen der Rechtsprechung des 4. Senats (A 9) angeschlossen, wonach sich der Lärmschutz nach der 16. BImSchV „grundsätzlich nicht an – technisch möglichen – Spitzenauslastungen, sondern an der vorausschätzbaren Durchschnittsbelastung des Verkehrswegs auszurichten hat".[727]

Weiter stellt sich die Frage nach dem *Prognosezeitraum* (Prognosehorizont). Der Prognosezeitraum ist nicht ausdrücklich normativ geregelt.[728] Zu ihm hat der 4. Senat ebenfalls in seiner A 9-Entscheidung Stellung genommen und zunächst festgehalten, dass es insofern an „jeglicher normativen Fixierung fehlt". Die 16. BImSchV lasse die Frage ungeregelt. Lediglich in der Begründung finde sich ein Hinweis, der gewisse Rückschlüsse auf den Prognosezeitraum zulasse, von dem der Verordnungsgeber ausgegangen sei. Dort heiße es nämlich: „Die Prognosewerte werden im allgemeinen erst nach 10 bis 20 Jahren erreicht"[729]. Nach § 75 Abs. 3 S. 2 Halbs. 2 VwVfG seien Anträge auf eine nachträgliche Planergänzung gem. § 75 Abs. 2 S. 2 VwVfG[730] ausgeschlossen, wenn nach Herstellung des dem Plan entspre-

---

[725] 11 A 25.95, BVerwGE 104, 123 = NVwZ 1998, 513 (517), juris, Rn. 132 – Eisenbahntrasse Hamburg–Büchen–Berlin.

[726] 11 A 9.97, NVwZ-RR 1999, 720 (723).

[727] Ebenso z.B. die Planfeststellungsbeschlüsse des Eisenbahn-Bundesamts vom 30.04.2008 für das Projekt Stuttgart 21, Planfeststellungsabschnitt 1.4, Filderbereich bis Wendlingen, B. III. Ziff. 4.3.1 (S. 147) und vom 27.06.2007 für das Bauvorhaben POS Süd, Planfeststellungsabschnitt 1, Rheinbrücke Kehl mit Westkopf Bf. Kehl, Strecke 4260 Appenweier-Kehl, B. Ziff. 3.9.1.1 (S. 49 f.); *Alexander,* NVwZ 1991, 318 (321 f.). – Gleiches galt bereits für den Entwurf des Verkehrslärmschutzgesetzes, vgl. § 1 Abs. 2 des VLärmSchG-E i.V.m. Anlage 1 u. 2, siehe dazu *Nedden,* DVBl. 1978, 389 (390).

[728] Vgl. *Vallendar,* in: Hermes/Sellner, AEG, § 18 Rn. 166 u. 191; *Storost,* in: Ule/Laubinger, BImSchG, § 41 C 18.

[729] BR-Drs. 661/89, S. 37.

[730] Dazu Ziff. 34 PF-RL (Fn. 178 a.E.).

chenden Zustandes 30 Jahre verstrichen seien. Mit dieser Vorschrift – so der 4. Senat – sei es nicht in Einklang zu bringen, der Prognose einen Zeitraum von mehr als 30 Jahren zugrunde zu legen. Das bedeute aber nicht umgekehrt, dass es dem Planungsträger verwehrt ist, den Prognosezeitraum kürzer zu bemessen. Prognosen, die sich über mehrere Jahrzehnte erstreckten, trügen in hohem Maße die Gefahr in sich, fehlzuschlagen. Denn es sei offensichtlich, dass Vorhersagen desto unsicherer werden, je weiter sie in die Zukunft weisen. Diese Erkenntnis lege es nahe, bei Anwendung der 16. BImSchV den durch § 75 Abs. 3 S. 2 Halbs. 2 VwVfG auch für die Lärmschutzberechnung abgesteckten zeitlichen Rahmen nicht voll auszuschöpfen. Insofern sei es naheliegend, wenn nicht gar geboten, bei Vorhaben, die im Bedarfsplan als vordringlicher Bedarf dargestellt sind, bei Anwendung der 16. BImSchV auf denselben Zeitpunkt abzustellen (auf der Grundlage des Bedarfsplans 1993 also auf das Jahr 2010).[731] Auch diesen zum Straßenverkehrslärm entwickelten Grundsätzen ist der 11. Senat in seinen beiden zur Eisenbahntrasse Hamburg–Büchen–Berlin ergangenen Entscheidungen vom 5. März 1997 (Wentdorf) und vom 3. März 1999 zu Recht gefolgt.[732]

Der *Prognoseinhalt* hat schließlich den Anforderungen zu genügen, die das Bundesverwaltungsgericht in seinem zum Verkehrsflughafen Frankfurt/

---

[731] Der Prognosezeitraum beträgt mithin im Allgemeinen 10 bis 20 Jahre, *Krüger* u. a., Schall- und Erschütterungsschutz, S. 111; *Schmidt-Eichstaedt,* in: Kotulla, BImSchG, Vor § 41 Rn. 9: Prognosezeitraum üblicherweise 10 bis 15 Jahre; *Vallendar,* in: Hermes/Sellner, AEG, § 18 Rn. 166: Zeitraum von 10 Jahren nicht zu beanstanden; krit. zu diesem Zeitraum *Schulze-Fielitz,* in: GK-BImSchG, § 43 Rn. 95 u. *ders.*, UPR 1994, 1 (6) aufgrund der erheblichen Unsicherheiten; ebenfalls krit. *Blocher,* DÖV 1991, 660 (666): nahezu unlösbare Aufgabe. Vgl. auch *Storost,* in: Ule/Laubinger, BImSchG, § 41 C 18; *Dürr,* in: Knack/Henneke, VwVfG, § 75 Rn. 53; BayVGH, Beschl. v. 17.06.2002, 1 NE 02.1158, NVwZ-RR 2003, 176 (178): 8 Jahre wohl zu kurz.

[732] Zur luftverkehrsrechtlichen Planfeststellung BVerwG, Urt. v. 16.03.2006, 4 A 1075.04, BVerwGE 125, 116 = NVwZ 2006, Beilage zu Heft Nr. 8, S. 31 f., Rn. 354 ff. – Verkehrsflughafen Berlin-Schönefeld: Für „die Lärmberechnungen lassen sich nicht abstrakte Kapazitätserwägungen fruchtbar machen. Die Kapazität, mit der die äußersten Leistungsgrenzen eines Verkehrsträgers beschrieben werden, kann nicht mit der für die Lärmbeurteilung maßgeblichen Verkehrsbelastung gleichgesetzt werden. Der Schutz vor Lärmimmissionen hat sich nicht an bloß theoretisch denkbaren Beeinträchtigungen auszurichten. Die maximale technische Kapazität gibt keine unmittelbaren Aufschlüsse über die eigentliche Quelle etwaiger Lärmprobleme. Abzustellen ist vielmehr *auf das tatsächliche Verkehrsaufkommen, das in einem überschaubaren Zeitraum zu erwarten ist*" (Herv. d. Verf., unter Hinweis auf die A 9-Entscheidung vom 21.03.1996 und die Hamurg-Berlin-Büchen-Entscheidung vom 03.03.1999). Siehe auch den Planfeststellungsbeschluss des Eisenbahn-Bundesamts vom 27.06.2007 für das Bauvorhaben POS Süd, Planfeststellungsabschnitt 1, Rheinbrücke Kehl mit Westkopf Bf. Kehl, Strecke 4260 Appenweier-Kehl, B. Ziff. 3.9.1.1 (S. 48).

Main ergangenen Urteil vom 7. Juli 1978[733] herausgearbeitet hat. Danach sind planerische Entscheidungen, die aufgrund einer prognostischen Einschätzung zukünftiger tatsächlicher Entwicklungen getroffen werden müssen, hinsichtlich ihrer Prognose rechtmäßig, wenn diese „unter Berücksichtigung aller verfügbaren Daten in einer der Materie angemessenen und methodisch einwandfreien Weise erarbeitet worden ist“. Diese Grundsätze gelten auch für die Verkehrsprognose nach der 16. BImSchV.[734] Maßgeblich dafür ist das Szenario, von dem die Prognose ausgeht, sowie die Faktoren, insbesondere Verkehrsmenge, Zugarten, Länge der Züge und Anteil der Wagen mit Scheibenbremsen und maximale Geschwindigkeit, die in sie eingestellt werden.[735] Zwar besteht die Möglichkeit, dass sich das Betriebsprogramm zukünftig ändert; dies rechtfertigt eine im Planfeststellungsbeschluss als Auflagenvorbehalt (§ 74 Abs. 3 VwVfG) festgelegte *„Lärmschutzgarantie“*[736] jedoch nicht.[737] Der Betroffene kann aber unter den Voraussetzungen des § 75 Abs. 2 S. 2 bis 4 VwVfG nachträgliche Schutz-

---

[733] 4 C 79.76 u.a., BVerwGE 56, 110 = NJW 1979, 64 (67), Ls. 3; ferner bereits BVerwG, Urt. v. 17.02.1978, 1 C 102.76, BVerwGE 55, 250 = NJW 1978, 1450 (1453 f.) – Kohlekraftwerk Voerde.

[734] Vgl. BVerwG, Beschl. v. 10.10.1995, 11 B 100.95, NVwZ-RR 1997, 336 (338) – S-Bahn entlang der Bahnstrecke München–Rosenheim; *Schulze-Fielitz,* UPR 1994, 1 (6) m.w.N.; *Quaas,* NVwZ 1991, 16 (18 f.) zur luftverkehrsrechtlichen Planfeststellung; *Haakh,* BWVP 1989, 25 (27 f.) zur straßenrechtlichen Planfeststellung.

[735] BT-Drs. 661/89, S. 46.

[736] Im Fall BVerwG, Urt. v. 22.11.2000, 11 C 2.00, BVerwGE 112, 221 = NVwZ 2001, 429, Ls. 1 – Eisenbahntrasse Mainz–Mannheim lautete diese: „Zur Absicherung der Einhaltung der Immissionsgrenzwerte nach Inbetriebnahme der Strecke wird festgesetzt, dass *bei berechtigtem Zweifel* Nachberechnungen zu Lasten des Vorhabenträgers erfolgen und auf Grund dieser Kontrollmaßnahme die erforderlichen Nachbesserungen hinsichtlich des Lärmschutzes vom Vorhabenträger zu leisten sind.“ (Herv. d. Verf.)

[737] BVerwG, Urt. v. 22.11.2000, 11 C 2.00, BVerwGE 112, 221 = NVwZ 2001, 429 (430) – Eisenbahntrasse Mainz–Mannheim, mit der Begründung, dass die Planfeststellungsbehörde solchen nachteiligen Wirkungen des Vorhabens nicht Rechnung tragen kann und muss, die sich erst später zeigen und mit denen die Beteiligten verständigerweise nicht rechnen können, weil sich ihr Eintritt im Zeitpunkt des Planfeststellungsbeschlusses noch nicht einmal als möglich abzeichnet. Für den Schutz gegen derartige, nicht voraussehbare Wirkungen müssen sich die davon Betroffenen auf die Ansprüche verweisen lassen, die ihnen § 75 Abs. 2 S. 2 bis 4 VwVfG gewährt. Dazu gehören auch solche nachteiligen Wirkungen, deren zukünftiger Eintritt zwar theoretisch denkbar ist, sich aber mangels besonderer Anhaltspunkte noch nicht konkret absehen lässt; ferner *Vallendar,* in: Hermes/Sellner, AEG, § 18 Rn. 166; *Stüer,* Bau- und Fachplanungsrecht, Rn. 766; *ders./Probstfeld,* Planfeststellung, Rn. 240; vgl. aber auch *Dürr,* in: Knack/Henneke, VwVfG, § 75 Rn. 50. – Zur Festschreibung betriebsregelnder Maßnahmen im Planfeststellungsbeschluss unten B.I.7.c).

auflagen bzw. Entschädigung verlangen.[738] Da Verkehrsprognosen dementsprechend auch Bedeutung für den Fall haben, dass sie fehlschlagen, müssen sie *dokumentiert* werden.[739]

Der Beurteilungspegel nach der 16. BImSchV ist ein *Außenpegel.* Nach der Anmerkung zum Korrekturwert $D_{S\perp}$ richtet sich der maßgebende Immissionsort nach den Umständen des Einzelfalls. Vor Gebäuden liegt er in Höhe der Geschossdecke[740] des zu schützenden Raumes. Die Berechnungsverfahren nach den Anlagen 1 u. 2 der 16. BImSchV enthalten (selbst für einen Immissionsort innerhalb eines Gebäudes) keinen Korrekturwert für die Dämmwirkung von Fenstern, Wänden und Decken[741]; auch sonst wird die Dämmwirkung nicht berücksichtigt. Andere Regelwerke, etwa zum Gewerbe- und Sportlärm, stellen ebenfalls auf den Außenpegel ab.[742] Für die Lärmbetroffenen ist jedoch (abgesehen vom Außenwohnbereich) die Innenbelastung (Innenpegel), insbesondere im Wohnbereich und während der Nachtzeit in den Schlafräumen typischerweise der entscheidende Maßstab für den Umfang der Lärmbetroffenheit. Maßgebend für die Lästigkeit von Lärm ist vor allem die Erwartung der Betroffenen an eine störungsfreie Wohnumgebung. Das Bundesverwaltungsgericht hat hierzu bereits im B 27-Urteil[743] festgehalten, für Wohngebiete, die nicht einer durch andere Störfaktoren verursachten Geräuschvorbelastung ausgesetzt sind und deren Schutzwürdigkeit deshalb nicht nach den aufgezeigten Gesichtspunkten eingeschränkt ist, setze die „angemessene Befriedigung der Wohnbedürfnisse" insbesondere voraus, dass innerhalb der Gebäude eine „durch Außengeräusche nicht beeinträchtigte Entfaltung des Lebens der Bewohner" möglich ist. Dazu „gehöre – vornehmlich am Tage und in den Abendstunden – die *Möglichkeit einer ungestörten Kommunikation* im weitesten Sinn unter Einschluss der Mediennutzung (Telefon, Rundfunk, Fernsehen[744]) und – für die Nacht – die *Möglichkeit des störungsfreien Schlafens*". Dementspre-

---

[738] Siehe etwa den Planfeststellungsbeschluss des Eisenbahn-Bundesamts vom 27.06.2007 für das Bauvorhaben POS Süd, Planfeststellungsabschnitt 1, Rheinbrücke Kehl mit Westkopf Bf. Kehl, Strecke 4260 Appenweier-Kehl, B. Ziff. 3.9.1.1 (S. 49). Dazu unten E.

[739] UBA, Hinweise, S. 12.

[740] 0,2 m über der Fensteroberkante, vgl. bereits vorstehend.

[741] Insbesondere geht in den Korrekturwert $D_{S\perp}$ nur der *Abstand* zwischen Emissions- und Immissionsort ein.

[742] *Stüer,* Bau- und Fachplanungsrecht, Rn. 793.

[743] Urt. v. 21.05.1976, IV C 80.74, BVerwGE 51, 15 = NJW 1976, 1760 (1764) – B 27 (Stuttgart-Degerloch) (Herv. d. Verf.); st. Rspr., siehe nur BVerwG, Urt. v. 21.09.2006, 4 C 4.05, BVerwGE 126, 340 = NVwZ 2007, 219 (220), Ls. 1 u. 2, Rn. 26 – Flughafen Köln/Bonn; ferner *Michler,* Verkehrsimmissionsschutz, S. 75; *Haakh/Maier,* BWVP 1987, 25 (31).

[744] Und heute auch die Nutzung von Telemediendiensten wie dem Internet.

chend geht das Bundesverwaltungsgericht zutreffend davon aus, dass Innenpegel zu gewährleisten sind, die verkehrslärmbedingte Kommunikations- oder Schlafstörungen ausschließen.[745] Denn die berechtigte (Wohn-)Erwartung besteht normalerweise darin, innerhalb von Wohnräumen ungestörte sprachliche Kommunikation ohne Anhebung des Stimmpegels betreiben zu können[746] und die Möglichkeit zu haben, ungestört schlafen zu können. Kommunikationsstörungen treten nicht auf, wenn „im Wohnbereich eine gute Sprachverständlichkeit auch bei entspannter Unterhaltung über größere Entfernungen gegeben ist“; nach den Erkenntnissen der Lärmwirkungsforschung wird diesen Anforderungen Genüge getan, wenn der „Innenpegel in Wohnräumen 40 dB(A) und in Schlafräumen 30 dB(A) nicht übersteigt“.[747] Allgemein lässt sich sagen, dass der Innenpegel bei *geöffnetem* Fenster ca. 10 dB(A), bei gekipptem Fenster ca. 15 dB(A) und bei *geschlossenem* Fenster ca. 20 bis 25 dB(A) niedriger ist als der Außenpegel.[748] Die Vorgehensweise, „bei gekipptem Fenster“ (bzw. „spaltbreit geöffneten Fens-

---

[745] BVerwG, Beschl. v. 17.05.1995, 4 NB 30.94, NJW 1995, 2572, Ls. 3 zur Straßenplanung durch Bebauungsplan (zum passiven Schallschutz); ferner BVerfG, 3. Kammer des Ersten Senats, Beschl. v. 29.07.2009, 1 BvR 1606/08, NVwZ 2009, 1494 (1497), juris, Rn. 30 – Verkehrsflughafen Berlin-Schönefeld; siehe zur Beeinträchtigung der Kommunikation durch Lärm UBA, ZfL 1985, 95 ff. und zur Beeinträchtigung des Schlafs UBA, ZfL 1982, 13 ff.

[746] *Berberich,* Rechtsschutz, S. 19.

[747] BVerwG, Beschl. v. 17.05.1995, 4 NB 30.94, NJW 1995, 2572 (2573) m.w.N., zur Straßenplanung durch Bebauungsplan (zum passiven Schallschutz); ebenso bereits *Nedden,* DVBl. 1978, 389 (390) unter Hinweis auf *Klosterkötter*; siehe auch BVerwG, Urt. v. 26.04.2007, 4 C 12.05, BVerwGE 128, 358 = NVwZ 2007, 1074 (1079) Rn. 65 – Sonderflugplatz Mühlenberger Loch (Erweiterung des Airbus-Werks in Hamburg-Finkenwerder zur Herstellung des Großraumflugzeugs A380). Nach dem Umweltgutachten 2004 des Rates von Sachverständigen für Umweltfragen, BT-Drs. 15/3600, S. 331 f. (Ziff. 654), gewährleistet das Wertepaar 30/40 dB(A) innen ohne hinzutretende Beiträge anderer Lärmquellen ungestörte Kommunikation und ungestörten Schlaf; mit Blick auf die naturwissenschaftlichen Einschätzungen liege das Wertepaar 30/40 dB(A) auf der „sicheren Seite“ für einen präventiven Schutz. Ferner SRU 1999, BT-Drs. 14/2300, S. 165 (Ziff. 409); *Storost,* in: Ule/Laubinger, BImSchG, § 41 C 22 (sowie Pegelspitzen in der Größenordnung von 40 dB(A) dürfen nicht überschritten werden); *Stüer,* in: Hoppenberg/de Witt, B Rn. 415; *Koch,* Verkehrsumweltrecht, S. 901; zu Störungen von Schlaf und Entspannung durch Lärm auch *Klosterkötter,* KdL 1977, 61 (63 ff.); siehe aber auch die Nachweise für niedrigere Werte bei *Michler,* VBlBW 1998, 201 (208) in Fn. 72; vgl. bereits oben Fn. 102.

[748] *Jarass,* BImSchG, § 3 Rn. 5 m.w.N.; SRU 1999, BT-Drs. 14/2300, S. 178 (Ziff. 443) u. S. 184 (Ziff. 466) m.w.N.; *Michler,* Verkehrsimmissionsschutz, S. 71; *Jansen,* Wirkungsforschung, S. 17 u. 19 (siehe auch die Bilder 6 u. 7 auf S. 18); *Kuschnerus,* DVBl. 1986, 429 (434) m.w.N.; vgl. bereits *Nedden,* DVBl. 1977, 265 (270): Dämmwirkung eines geschlossenen Normalfensters ca. 25 dB(A); *Klosterkötter,* KdL 1977, 61 (63); *ders.*, KdL 1976, 1 (2); *ders.*, KdL 1974, 29 (31); *ders.*, KdL 1972, 113 (115); *ders.*, KdL 1972, 42 (43). Siehe auch unten Fn. 750.

tern“[749]) einen Innenpegel in Ansatz zu bringen, der um 15 dB(A) niedriger ist als der Außenpegel, entspricht weithin gängiger Praxis, die das Bundesverwaltungsgericht zu Recht nicht beanstandet hat.[750] Sie liegt auch dem Gesetz zur Verbesserung des Schutzes vor Fluglärm in der Umgebung von Flugplätzen vom 1. Juni 2007 zugrunde (vgl. S. 2 der Anlage zu § 3 des geänderten Gesetzes zum Schutz gegen Fluglärm)[751] und wird ebenso vom Rat von Sachverständigen für Umweltfragen geteilt[752].

### bb) Der Beurteilungspegel als Mittelungspegel

Die Lärmimmissionen sind nach der 16. BImSchV aufgrund der (prognostizierten) „durchschnittlichen“ täglichen Verkehrsstärke (Anlage 1) bzw. der „mittleren“ Zugzahl *n* pro Stunde (Anlage 2) zu ermitteln.[753] Der Beurteilungspegel nach der 16. BImSchV ist somit ein Mittelungspegel (auch energieäquivalenter Dauerschallpegel genannt).[754] Für die Frage, ob erhebli-

---

749 BVerwG, Urt. v. 23.04.1997, 11 A 17.96, NVwZ 1998, 846 (847) – Eisenbahntrasse Hamburg–Büchen–Berlin.

750 BVerwG, Urt. v. 16.03.2006, 4 A 1075.04, BVerwGE 125, 116 = NVwZ 2006, Beilage zu Heft Nr. 8, S. 30, Rn. 338 ff. – Verkehrsflughafen Berlin-Schönefeld (mit Ausführungen dazu, dass das Dämmmaß von vielen Faktoren abhängt, das Dämmmaß eines gekippten Fensters je nach der Qualität des Fensters und der Breite der Spaltöffnung für sich genommen zwar nicht mehr als 9 dB(A) bis 11 dB(A) betragen dürfte, dies aber nicht mit dem Gesamtdämmmaß gleichgesetzt werden könne, bei dem nicht nur das Fenster, sondern auch die übrigen Umfassungsbauteile berücksichtigt werden müssten und die 15 dB(A)-Marke kein willkürlich gegriffener wirklichkeitsfremder Wert sei, durch die ohne eine Einzelfallprüfung ein Grundstandard, insbesondere ohne Berücksichtigung einer Vorbelastung, zugestanden werde, „15 dB(A)-Vergünstigung“); siehe ferner BVerwG, Urt. v. 21.09.2006, 4 C 4.05, BVerwGE 126, 340 = NVwZ 2007, 219 (220) = ZUR 2007, 140 (141), Rn. 27 – Flughafen Köln/Bonn: typischer Dämmwert eines gekippten Fensters 15 dB(A) inzwischen gefestigte Auffassung; BVerwG, Urt. v. 20.04.2005, 4 C 18.03, BVerwGE 123, 261 = NVwZ 2005, 933 (639) – Flughafen München; BVerwG, Urt. v. 23.04.1997, 11 A 17.96, NVwZ 1998, 846 (847) – Eisenbahntrasse Hamburg–Büchen–Berlin.

751 Oben Fn. 153; BT-Drs. 16/508, S. 23 f.: Für die Bestimmung der Maximalpegel in Innenräumen wird ein Pegelunterschied zwischen außen und innen von 15 dB(A) zugrunde gelegt. Dies entspricht nach den vorliegenden Erkenntnissen dem typischen Dämmwert eines zu Lüftungszwecken gekippten Fensters, dazu auch *Reidt/Fellenberg,* in: LR, § 3 FlugLärmG Rn. 30 f.; *Giemulla/Rathgeb,* DVBl. 2008, 669 (672).

752 Umweltgutachten 2004, BT-Drs. 15/3600, S. 335 (Ziff. 664), wonach ein Außenpegel von 45 dB(A) bei gekipptem Fenster zu einem Pegel von ca. 30 dB(A) am Ohr des Schläfers führt.

753 Siehe vorstehend B.I.3.c)aa).

754 BVerwG, Urt. v. 21.03.1996, 4 A 10.95, NVwZ 1996, 1006 – A 9; BVerwG, Urt. v. 18.03.1998, 11 A 55.96, BVerwGE 106, 241 = NVwZ 1998, 1071 (1072) –

che Verkehrslärmimmissionen zu erwarten sind, kommt es allein darauf an, ob diese Durchschnittswerte die Immissionsgrenzwerte des § 2 Abs. 1 der 16. BImSchV überschreiten.[755] Einzelne besondere Schallereignisse (Spitzen-/Maximalpegel $L_{max}$) bleiben – anderes als etwa nach der TA Lärm[756] und der 18. BImSchV[757] – unberücksichtigt.[758] Denn das Berechnungsverfahren nach den Anlagen 1 u. 2 der 16. BImSchV berücksichtigt Maximalpegel nicht. Die Immissionsgrenzwerte des § 2 Abs. 1 der 16. BImSchV werden also selbst dann nicht im rechtlich relevanten Sinne überschritten, wenn die Grenzwerte zwar durch einzelne hohe Geräusche überschritten werden, nicht aber durch den Mittelungspegel, in den die Geräuschspitzen eingehen.[759] Der Einsatz des Mittelungspegels kann zum „Wegmitteln" von Geräuschspitzen führen, insbesondere je länger der Beurteilungszeitraum angesetzt wird.[760] Das alleinige Abstellen auf den Mittelungspegel erfasst deshalb die tatsächliche Geräuschsituation mitunter nicht vollständig.[761] Aus Lärmschutzgründen wäre es deshalb zu begrüßen, auch die Spitzenpegel in die Betrachtung mit einzubeziehen (vgl. auch den Antrag des Landes Rheinland-Pfalz vom 17. November 2009 für eine Entschließung des Bundesrates zu Verbesserungen beim Verkehrslärmschutz[762]).[763] Dies gilt ins-

---

Eisenbahntrasse Nürnberg–Ebensfeld–Erfurt; *Sparwasser/Rombach,* NVwZ 2007, 1135 (1136); *Silagi,* UPR 1997, 272 (275).

[755] *Hoppe/Schlarmann/Buchner/Deutsch,* Rechtsschutz, Rn. 683; *Kuschnerus,* Der sachgerechte Bebauungsplan, Rn. 311; *Schulze-Fielitz,* UPR 1994, 1 (5).

[756] Vgl. dort etwa Nr. 2.8 zu kurzzeitigen Geräuschspitzen u. A.2.3.5 sowie Nr. 2.9 zum Taktmaximalpegel.

[757] Dort etwa § 2 Abs. 4 und Ziff. 1.3.1 Abs. 3 des Anhangs zu einzelnen kurzzeitigen Geräuschspitzen.

[758] *Kuschnerus,* Der sachgerechte Bebauungsplan, Rn. 311; *Hendlmeier,* NuR 1992, 463 (464).

[759] Vgl. auch *Hoppe/Schlarmann/Buchner/Deutsch,* Rechtsschutz, Rn. 683.

[760] Siehe auch oben Teil 1, B.III.

[761] Siehe dazu auch *Schulze-Fielitz,* DÖV 2001, 181 (183 u. 188) m.w.N.; *ders.,* UPR 1994, 1 (5) weist darauf hin, dass sich die Nichtberücksichtigung von Maximalpegeln bzw. Vorbeifahrpegeln wohl grundsätzlich aus dem Gedanken des allgemeinen Lebensrisikos rechtfertigen lässt.

[762] BR-Drs. 834/09, S. 4 (dort Ziff. 8) u. S. 6 (Begründung).

[763] Siehe dazu bereits *Klosterkötter,* KdL 1977, 61 (64 f.) u. *ders.,* KdL 1972, 42 (43); ferner *Sparwasser/Rombach,* Gutachten, S. 1 ff., die in einem den Regionalverbänden Hochrhein-Bodensee und Südlicher Oberrhein sowie der IG BOHR erstatteten Gutachten die Anwendung des die Maximalpegel berücksichtigenden *Jansen*-Kriteriums (oben Teil 1, B.I.) auch für den Schienenverkehrslärm befürworten; demgegenüber krit. *Kuschnerus,* DVBl. 1986, 429 (431 ff.) zur Berücksichtigung von Maximalpegeln bei Straßenverkehrslärm, da sich kaum verlässlich ermitteln lasse, ob die Spitzenpegel auf eine ordnungswidrige Benutzung der Straße oder auf ein rechtswidriges Verhalten der Verkehrsteilnehmer zurückzuführen sind. Es ist indessen fraglich, ob diese Argumentation auf den Schienenverkehr übertragen wer-

besondere für Spitzenpegel während der Nachtzeit, die über der Aufweckschwelle". liegen.[764] Soweit in der Literatur darauf hingewiesen wird, dass es selbst von Verfassungs wegen nicht geboten erscheint, allein auf hohe Einzelgeräusche abzustellen[765], kann dies jedenfalls dann nicht gelten, wenn die Schwelle zu einer Gesundheitsgefahr im Sinne des Art. 2 Abs. 2 S. 1 GG überschritten wird. Insoweit wäre über die 16. BImSchV hinaus unmittelbar auf § 41 Abs. 1 BImSchG zurückzugreifen. Auch die Rechtsprechung geht davon aus, dass das Abstellen der 16. BImSchV allein auf den Mittelungspegel rechtlich nicht zu beanstanden ist. Diesbezüglich hat der 4. Senat des Bundesverwaltungsgerichts in seiner bereits erwähnten A 9-Entscheidung vom 21. März 1996[766] hervorgehoben, es ließen sich im Falle von Verkehrsbelastungen, die das ermittelte Durchschnittsmaß deutlich übersteigen, Schallpegel nicht ausschließen, die über den in § 2 der 16. BImSchV normierten dB(A)-Werten liegen. Diese Folge sei „normimmanent". Es gehöre zu den „Wesensmerkmalen eines Mittelungspegels", dass der tatsächliche Lärmpegel zu bestimmten Zeiten höher, zu anderen Zeiten niedriger liege. Deshalb sei es absehbar, dass gelegentlich eine Lärmbelastung zu verzeichnen ist, die über die im Planfeststellungsbeschluss genannten Werte hinausgeht. Hieraus lasse sich ein Verstoß gegen höherrangiges Recht indes nicht herleiten. § 41 BImSchG nötige nicht zu einem Schutzsystem, das die Gewähr dafür biete, dass bestimmte Grenzwerte, die unterhalb der Grenze gesundheitlicher Gefahren (Art. 2 Abs. 2 S. 1 GG) liegen, ausnahmslos eingehalten werden. Der 11. Senat des Bundesverwaltungsgerichts hat dazu in seinem Wentdorf-Urteil vom 5. März 1997[767] auf die öffentliche Anhörung des Bundestagsausschusses für Verkehr vom 17. Januar 1996 zur Minderung des Verkehrslärms an Straßen und Schienen hingewiesen, in der die anwesenden Sachverständigen im Wesentlichen übereinstimmend geäußert hatten, dass der international angewandte energieäquivalente Dauerschallpegel (Mittelungspegel), der Stärke, Dauer und Häufigkeit der Schallereignisse berücksichtige, grundsätzlich ein geeignetes und praktikables Maß für die Beurteilung von Verkehrslärmimmissionen sei.[768] Zwar hätten neuere Untersuchungen zu den Auswirkungen

---

den kann, da dieser sich besser steuern lässt, so dass auch eine Gleichbehandlung von Straßen- und Schienenverkehrslärm nicht zwingend ist, vgl. *Schulze-Fielitz,* DÖV 2001, 181 (188); *Koch,* NVwZ 2000, 490 (497); *ders.*, Verkehrsumweltrecht, S. 903 f.

764 Ebenso *Dolde,* Gesamtlärmbewertung, S. 466.

765 So *Kuschnerus,* DVBl. 1986, 429 (432).

766 Urt. v. 21.03.1996, 4 A 10.95, NVwZ 1996, 1006 (1008).

767 11 A 25.95, BVerwGE 104, 123 = NVwZ 1998, 513 (516) – Eisenbahntrasse Hamburg–Büchen–Berlin.

768 Siehe auch den Planfeststellungsbeschluss des Eisenbahn-Bundesamts vom 27.06.2007 für das Bauvorhaben POS Süd, Planfeststellungsabschnitt 1, Rheinbrü-

von Nachtfluglärm ergeben, dass während des Schlafs bereits 16 Überflugereignisse mit Innenraum-Maximalpegeln von 55 dB(A) signifikante Stresshormonerhöhungen sowie deutliche Verschlechterungen der subjektiven Schlafqualität und der objektiven Schlaftiefe bewirken. Solche Untersuchungen über Stressreaktionen seien jedoch mit Eisenbahnlärm noch nicht gemacht worden. Der 11. Senat hat hiervon ausgehend festgehalten, unter diesen Umständen könne nicht festgestellt werden, dass der Verordnungsgeber mit dem von ihm gewählten Verfahren, ausschließlich auf die jeweiligen Mittelungspegel abzüglich eines Schienenbonus von 5 dB(A) abzustellen und Maximalpegel oder mittlere Maximalpegel nicht gesondert zu berücksichtigen, sein normatives Ermessen bei der Festsetzung von Immissionsgrenzwerten überschritten hat. In seinem Urteil zur Eisenbahntrasse Nürnberg–Ebensfeld–Erfurt vom 18. März 1998[769] hat der Senat seine Rechtsprechung bestätigt und ausgeführt, es entspreche nach wie vor „dem Stand der Lärmwirkungsforschung, den – im Übrigen auch international angewandten – Stärke, Dauer und Häufigkeit der Schallereignisse berücksichtigenden Dauerschallpegel als geeignetes und praktikables Maß für die Beurteilung von Schienen- und Straßenverkehrslärm anzusehen“. Dementsprechend blieben Maximalpegel, denen allerdings erheblicher Einfluss auf die Höhe des Dauerschallpegels zukomme, als gesonderte Größe bei der Lärmschutzuntersuchung außer Betracht. Nach der zutreffenden Auffassung der Rechtsprechung ist der Mittelungspegel demnach unterhalb der verfassungsrechtlichen Zumutbarkeitsschwelle von der Ermächtigung in § 43 Abs. 1 S. 1 Nr. 1 BImSchG gedeckt und mit höherrangigem Recht vereinbar, wenngleich – wie ausgeführt – eine stärkere Berücksichtigung von Spitzenpegeln wünschenswert wäre.

### cc) Einzelne Korrekturwerte

#### *(1) Korrekturwert* S *(Schienenbonus)*

Nach der Anlage 2 zu § 3 der 16. BImSchV ist der Beurteilungspegel um minus 5 dB(A) „zur Berücksichtigung der geringeren Störwirkung des Schienenverkehrslärms“ zu korrigieren (Korrekturwert *S*, sog. *Schienenbonus*).[770] Der Schienenbonus wurde auf der Grundlage der *Stuttgarter Stu-*

---

cke Kehl mit Westkopf Bf. Kehl, Strecke 4260 Appenweier-Kehl, B. Ziff. 3.9.1.1 (S. 42).

[769] 11 A 55.96, BVerwGE 106, 241 = NVwZ 1998, 1071 (1072).

[770] Dazu SRU 1999, BT-Drs. 14/2300, S. 190 (Ziff. 481); *Vallendar,* in: Hermes/Sellner, AEG, § 18 Rn. 167; *Krüger* u.a., Schall- und Erschütterungsschutz, S. 12 ff.; *Puls,* Verkehrslärm, S. 49; *Michler,* Verkehrsimmissionsschutz, S. 62 f.; *Stüer/Probstfeld,* Planfeststellung, Rn. 408 f.; *Berkemann,* Lärmgrenzwerte, S. 92

*die*[771] und der *IF-Studie*[772], die in den 1970er und 1980er Jahren durchgeführt wurden, festgelegt.[773] Die Studien ergaben, dass die vom Schienenverkehr herrührenden Geräusche von den Betroffenen gegenüber gleich lauten Geräuschen des Straßenverkehrs grundsätzlich als weniger lästig empfunden werden. Auch wenn die in diesen Studien gefundenen Ergebnisse in neueren Studien im Wesentlichen (im Einzelnen mitunter differenzierter, etwa nach Tages- und Nachtzeit, Tätigkeitsbereich, Pegelstärke, Zugfrequenz, Innen-/Außenbereich) bestätigt wurden[774], ist der Schienenbonus

---

(zum Entwurf des Verkehrslärmschutzgesetzes); *Berberich,* Rechtsschutz, S. 38 f. (zur Rechtslage vor Erlass der 16. BImSchV); *Sparwasser/Rombach,* NVwZ 2007, 1135 f.; *Schulte,* ZUR 2002, 195 (196); *Zettinig,* Der Städtetag 2002, 20; UBA, Hinweise, S. 12 u. 22.

[771] *Heimerl/Holzmann,* KdL 1979, 64 ff.

[772] Interdisziplinäre Feldstudie II über die Besonderheiten des Schienenverkehrslärms gegenüber dem Straßenverkehrslärm (Erweiterte Untersuchung). Bericht über ein Forschungsvorhaben zum Verkehrslärmschutzgesetz im Auftrag des Bundesministers für Verkehrs (Forschungs-Nr. 70081/80), Planungsbüro Obermeyer, München 1983.

[773] *Möhler* u. a., ZfL 2000, 144; *Jäger/Onnich,* ZfL 2000, 206 (209).

[774] Vgl. etwa S. 10 f. des Nationalen Verkehrslärmschutzpakets II vom 27.08. 2009, abrufbar unter <http://www. bmvbs.de/Anlage/original_1093999/Nationales-Verkehrslaerm-schutzpaket-II.pdf> (Stand: 30.01.2010); S. 3 ff. des Berichts des Bundesministeriums für Verkehr, Bau und Stadtentwicklung vom 26.09.2008 zur Verkehrsministerkonferenz der Länder (VMK) am 07./08.10.2008 in Dessau, abrufbar unter <http://www.bundesrat.de/DE/gremien-konf/fachministerkonf/vmk/Sitzungen/08-10-07-08-VMK/08-10-07-08-bericht-bmvbs-8-2,templateId=raw,property=publicationFile.pdf/08-10-07-08-bericht-bmvbs-8-2.pdf> (Stand: 30.01.2010); Antwort des Innenministeriums Baden-Württemberg auf die Kleine Anfrage der Abgeordneten *Gustav-Adolf Haas* und *Christoph Bayer* (SPD), LT-Drs. 13/4917 vom 01.12.2005, S. 3; *Möhler* u. a., ZfL 2000, 144 ff. (151 mit Übersicht auf S. 148): Gesamtgestörtheit zu Gunsten von Schienenlärm von ca. 4 dB(A) und in der Nacht im Mittel von ca. 10 dB(A); vgl. ferner SRU 1999, BT-Drs. 14/2300, S. 190 (Ziff. 481) u. S. 165 (Ziff. 408), wonach sich der Schienenverkehr in den meisten Untersuchungen im Vergleich mit Straßenverkehr als Lärmquelle mit insgesamt geringerer Belästigungswirkung darstelle, allerdings in Abhängigkeit von Tageszeit, Pegelstärke und Zugfrequenz; *Krüger* u. a., Schall- und Erschütterungsschutz, S. 12; *Dolde,* Gesamtlärmbewertung, S. 468; *Berkemann,* Lärmgrenzwerte, S. 92; *Hölder,* Verordnung, S. 184; *Michler,* Verkehrsimmissionsschutz, S. 36, 63, 78; *Tegeder,* ZfL 2001, 72; UBA, ZfL 1990, 1 (5 a. E.). Vgl. ferner die Zusammenstellung nationaler und internationaler Feldstudien zur unterschiedlichen Lästigkeit von Schienenverkehrs- und Straßenverkehrslärm bei *Schuemer/Schuemer-Kohrs,* ZfL 1991, 1 ff. (S. 4 mit Übersicht auf S. 5) u. *Möhler/Schuemer/Knall/Schuemer-Kohrs,* ZfL 1986, 132 ff. (mit Übersicht auf S. 139), nach denen Schienenverkehrslärm in den meisten Gestörtheitsbereichen weniger lästig sei als Straßenverkehrslärm, wobei der Lästigkeitsunterschied zugunsten der Schiene bei Nachtstörungen [ca. 10 dB(A)] deutlicher sei als bei Tagstörungen [ca. 5 dB(A)] [so bereits *Heimerl/Holzmann,* KdL 1979, 64 (67 f.)] und bei höheren Pegelstufen die Lästigkeitsunterschiede bei vielen Gestörtheitsbereichen größer seien als bei niedrigen Pegelstufen (demgegenüber

umstritten geblieben[775]. Der Koalitionsvertrag zwischen CDU, CSU und FDP vom 26. Oktober 2009[776] sieht vor, den Lärmschutz ausweiten. Dazu soll der Schienenbonus schrittweise reduziert werden mit dem Ziel, ihn ganz abzuschaffen.[777] Darüber hinaus hat das Land Rheinland-Pfalz am

---

wird nach *Heimerl/Holzmann,* KdL 1979, 64 (67) der Unterschied mit steigendem Schallpegel geringer); bei den Kommunikationsstörungen liege hingegen ein Schienenmalus vor [um ca. –1 bis –5 dB(A), so im Erg. bereits *Heimerl/Holzmann,* KdL 1979, 64 (68)]; *Jansen,* ZfL 1986, 2 (4); *Blocher,* DÖV 1981, 660 (661) zum Entwurf des Verkehrslärmschutzgesetzes; *Fickert,* KdL 1974, 65 (69).

775 Krit. etwa *Sparwasser/Rombach,* NVwZ 2007, 1135, nach denen der Schienenbonus aufgrund neuerer Erkenntnisse überholt sei; darauf gestützte Planfeststellungsbeschlüsse seien rechtswidrig; siehe auch den Vorschlag *ders.*, Gutachten, S. 1 ff., in einem den Regionalverbänden Hochrhein-Bodensee und Südlicher Oberrhein sowie der IG BOHR erstatteten Gutachten zur Einschränkung des Schienenbonus; danach soll der Schienenbonus keine Anwendung finden, wenn es sich um eine Haupteisenbahnstrecke im Sinne der Umgebungslärmrichtlinie handelt, wenn die Zugfrequenz in der Nacht (22 bis 6 Uhr) über 10.000 Züge pro Jahr beträgt oder wenn die Zugfrequenz über fünf Güterzügen pro Stunde liegt; krit. zur pauschalen Korrektur des Beurteilungspegels um 5 dB(A) ohne Berücksichtigung der tatsächlichen Belastung einer Eisenbahnlinie *Steinberg/Berg/Wickel,* Fachplanung, § 4 Rn. 56; krit. auch *Windelberg,* ZfL 1995, 42 (49), weil auch der Güterverkehrsanteil mit der „Zahl der Vorbeifahrten" und mit den „Einwirkungszeiten" die Lästigkeit wesentlich beeinflussten; *Schulze-Fielitz,* DÖV 2001, 181 (188) meint, die Annahme einer höheren sozialen Akzeptanz von Schienenverkehrslärm beruhe auf recht alten Untersuchungen und sei von der Lärmwirkungsforschung wenig valide erklärt; der Schienenbonus sei aber „nicht willkürlich" und deshalb jedenfalls unterhalb der Schwelle der Gesundheitsgefährdung verfassungskonform; *ders.*, UPR 1994, 1 (6) betont, der Schienenbonus halte sich im Rahmen des Einschätzungsspielraums nach § 43 Abs. 1 S. 2 BImSchG, wenngleich die Angemessenheit der Höhe des Schienenbonus zu bezweifeln sei und stärker nach Tageszeiten differenziert werden sollte; vgl. auch *ders.*, in: GK-BImSchG, § 41 Rn. 53 u. § 43 Rn. 45 u. 93; *Puls,* Verkehrslärm, S. 49 f. m. w. N.: Schienenbonus „ziemlich umstritten", da es medizinisch und physikalisch keinen feststellbaren Unterschied zwischen Schienen- und Straßenlärm gebe; nach *Michler,* Verkehrsimmissionsschutz, S. 63 bestehe keine Übereinstimmung hinsichtlich der Höhe des Schienenbonus. – Zum Hochgeschwindigkeitsverkehr SRU 1999, BT-Drs. 14/2300, S. 203 (Ziff. 500) u. *Vallendar,* in: Hermes/Sellner, AEG, § 18 Rn. 167, wonach zu überprüfen sei, ob der Schienenbonus von 5 dB(A) auch für den Hochgeschwindigkeitsverkehr über 200 km/h bzw. von 300 km/h im Hinblick auf die bei diesen Geschwindigkeiten in den Vordergrund tretenden aerodynamischen Geräusche berechtigt sei; nach *Jäger/Onnich,* ZfL 2000, 206 (210) m. w. N. sind Lärmstörungen durch den ICE tendenziell nicht stärker als die aus dem herkömmlichen Bahnverkehr. Die Magnetschwebebahn-Lärmschutzverordnung, in Kraft gesetzt durch Art. 2 der Magnetschwebebahnverordnung vom 23.09.1997, BGBl. I, S. 2329, jedenfalls sieht für den Hochgeschwindigkeitsverkehr mit Magnetschwebebahnen bis zur Höchstgeschwindigkeit von 300 km/h einen Schienenbonus von 5 dB(A) vor [vgl. den Anhang zur Magnetschwebebahn-Lärmschutzverordnung, dort Gleichung (5) u. lit. h)].

776 Abrufbar unter <http://www.cdu.de/portal2009/29145.htm> (Stand: 30.01.2010).

777 S. 40 des Koalitionsvertrags.

17. November 2009 einen Antrag in den Bundesrat für eine Entschließung zu Verbesserungen beim Verkehrslärmschutz eingebracht, wonach die Bundesregierung aufgefordert werden soll, den Schienenbonus abzuschaffen.[778] Auf die schriftliche Frage des Abgeordneten *Bonde* (Bündnis 90/Die Grünen)[779] antwortete der Parlamentarische Staatssekretär *Ferlemann* am 24. November 2009, ein definitiver Zeitplan für die schrittweise Reduzierung des Schienenbonus liege bislang nicht vor[780]. Auch wenn Forderungen nach einer Abschaffung des Schienenbonus bestehen, ist er derzeit noch geltendes Recht.[781]

Die Regierungsbegründung zum Entwurf der 16. BImSchV[782] verwies zur Begründung des Schienenbonus auf die „allgemeinen Erkenntnisse", wonach die von Schienenwegen ausgehenden Verkehrsgeräusche gegenüber Straßenverkehrsgeräuschen als weniger lästig und störend empfunden werden. Rechtsgrundlage für die Berücksichtigung der Besonderheiten des Schienenverkehrs im Rahmen der 16. BImSchV ist § 43 Abs. 1 S. 2 BImSchG. Auch wenn die Gründe des Schienenbonus nicht abschließend geklärt sind[783], lassen sich auf der Grundlage der in der Oberursel II-Entscheidung des Bundesverwaltungsgerichts[784] angeführten Lästigkeitsfaktoren Unterschiede zwischen Schienen- und Straßenverkehrslärm feststellen[785]: Zunächst herrscht

---

778 BR-Drs. 834/09, S. 4 (dort Ziff. 8) u. S. 6 (Begründung). Vgl. auch die zugehörige Erklärung von Staatsministerin *Margit Conrad* in der Bundesratssitzung vom 27. November 2009, Plenarprot. 864, S. 434 u. 445 (Anlage 11).

779 BT-Drs. 17/160, S. 56 f. (Ziff. 83 u. 84).

780 BT-Drs. 17/160, S. 57.

781 Demgegenüber findet der Schienenbonus in der Richtlinie 2002/49/EG des Europäischen Parlaments und des Rates über die Bewertung und Bekämpfung von Umgebungslärm vom 25.06.2002, Abl. EG Nr. L 189/12 vom 18.07.2002 (Umgebungslärmrichtlinie) keine Berücksichtigung und ist auch in der – auf der Grundlage von § 5 Abs. 1 der Vierunddreißigsten Verordnung zur Durchführung des Bundes-Immissionsschutzgesetzes (Verordnung über die Lärmkartierung – 34. BImSchV) vom 06.03.2006, BGBl. I, S. 516 erlassenen – „Vorläufigen Berechnungsmethode für den Umgebungslärm an Schienenwegen (VBUSch)" vom 22.05.2006, bekannt gemacht im BAnz. Nr. 154a vom 17.08.2006, abrufbar unter <http://www.bmu.de/files/pdfs/allgemein/application/pdf/bundesanzeiger_154a.pdf> (Stand: 21.11.2009) nicht vorgesehen (siehe S. 8 Abs. 4 Spiegelstrich 3). Die VBUSch gilt allerdings ausdrücklich nicht für die Schallberechnung nach der 16. BImSchV (vgl. Ziff. 1 Anwendungsbereich und Zielsetzung, dort Abs. 2).

782 BT-Drs. 661/89, S. 37.

783 *Schuemer/Schuemer-Kohrs,* ZfL 1991, 1 (6); UBA, ZfL 1982, 13 (15); Planfeststellungsbeschluss des Eisenbahn-Bundesamts für den Umbau des Bahnknotens Stuttgart „Projekt Stuttgart 21", Planfeststellungsabschnitt 1.1 (Talquerung mit neuem Hauptbahnhof) vom 28.01.2005, B. III. Ziff. 4.4.3.2 (S. 301 f.).

784 Siehe oben Teil 1, B.I.

785 Siehe etwa auch die Zusammenstellung im Planfeststellungsbeschluss des Eisenbahn-Bundesamts für den Umbau des Bahnknotens Stuttgart „Projekt Stutt-

auf Schienenwegen typischerweise ein erheblich geringeres Verkehrsaufkommen, welches sich zudem aufgrund der Fahrpläne häufig regelmäßig wiederholt, was zu einem stärkeren Gewöhnungseffekt führt bzw. führen kann; mit dem geringeren Verkehrsaufkommen verbunden sind geringere Einwirkungszeiten (längere Lärm- und damit Ruhepausen)[786] und weniger Einzelschallereignisse.[787] Schienenverkehrsgeräusche sind zudem stetiger, in sich homogener und weisen darüber hinaus einen geringeren Informationsgehalt auf als Straßenverkehrsgeräusche, die sich aus Überlagerungen verschiedener, teilweise manipulierbarer Einzelschallquellen zusammensetzen.[788] Sie treten bezüglich Lautstärke, Frequenzzusammenhang, Einwirkdauer, Zeitpunkt des Auftretens „geordneter"[789] und zumeist deutlicher voneinander abgegrenzt[790] auf. Sie sind mithin „vorhersagbarer"[791] und damit „berechenbarer" als Straßenverkehrsgeräusche und bieten deshalb aus psychobiologischer Sicht bessere Bedingungen für eine Adaption als diese[792] sowie Industrie- und Gewerbelärm. Ihr breitbandiges, einem Rauschen entsprechendes Frequenzspektrum enthält zudem unter normalen Betriebsbedingungen keine als besonders lästig zu beurteilenden Komponenten.[793] Auch nicht akustische Unterschiede lassen sich anführen. So werden Eisenbahnen mitunter als sympathischer empfunden, weil sie weniger Abgase emittieren und als sicherer gelten.[794] Zudem gehen Schienenverkehrsgeräusche nicht von einem „rücksichtslosen" oder „gewinnsüchtigen" Störer aus; vielmehr treten sie beim Betrieb eines Verkehrsmittels auf, dessen Nutzen für jedermann evident und dessen Ausfallen für jedermann nachteilig ist.[795] Schienenverkehrslärm besitzt damit eine grundsätzlich höhere soziale Akzeptanz.[796]

Andererseits weisen Schienenverkehrsgeräusche ein anderes Frequenzspektrum (1.000 bis 2.000 Hz) auf als Straßenverkehrslärm (100 bis

---

gart 21", Planfeststellungsabschnitt 1.1 (Talquerung mit neuem Hauptbahnhof) vom 28.01.2005, B. III. Ziff. 4.4.3.2 (S. 301 f.).

786 *Berkemann,* Lärmgrenzwerte, S. 92; *Hofmann,* Verkehrslärmschutz, S. 248 f.

787 *Michler,* Verkehrsimmissionsschutz, S. 63; *Berkemann,* Lärmgrenzwerte, S. 92; *Schuemer/Schuemer-Kohrs,* ZfL 1991, 1 (6); *Möhler,* ZfL 1988, 10 ff. u. 14 f.; *Heimerl/Holzmann,* KdL 1979, 64 (64 u. 68).

788 *Berkemann,* Lärmgrenzwerte, S. 92; *Hofmann,* Verkehrslärmschutz, S. 248 f.; *Heimerl/Holzmann,* KdL 1979, 64.

789 Vgl. auch *Klosterkötter,* KdL 1976, 1 (2).

790 *Schuemer/Schuemer-Kohrs,* ZfL 1991, 1 (6).

791 Vgl. *Schuemer/Schuemer-Kohrs,* ZfL 1991, 1 (6).

792 *Klosterkötter,* KdL 1976, 1 (2).

793 *Klosterkötter,* KdL 1976, 1 (2).

794 *Michler,* Verkehrsimmissionsschutz, S. 63; *Möhler,* ZfL 1988, 10.

795 So *Klosterkötter,* KdL 1976, 1 (2).

796 Vgl. *Schulze-Fielitz,* DÖV 2001, 181 (183); *Bürgel,* NJW 1996, 1804; *Kämper,* in: BeckOK-VwVfG, § 74 Rn. 101; UBA, Hinweise, S. 7.

200 Hz)[797], wobei angenommen wird, dass das Lästigkeitsempfinden mit höherer Frequenz steigt[798]. Die hervorgerufenen Frequenzen liegen zudem im empfindlichsten Hörbereich des Menschen.[799] Darüber hinaus entstehen durch einen vorbeifahrenden Zug zum Teil deutlich höhere Spitzenschallpegel als durch ein vorbeifahrendes Auto.[800] Eine weitere Besonderheit des Schienenverkehrslärms besteht darin, dass auf den hochbelasteten überregionalen Strecken nachts sehr hohe Güterverkehrsströme abgewickelt werden[801], um das Schienennetz in den Hauptverkehrszeiten für den Personenverkehr freizuhalten[802]. Dies führt dazu, dass die Nachtpegel mitunter – anders als bei nahezu allen anderen wesentlichen Geräuschquellen – über denen des Tages liegen.[803] Die Belastungsspitzen fallen sonach häufig in die lärmsensiblen Ruhezeiten der Anwohner.[804]

Das Bundesverwaltungsgericht hat den Schienenbonus in seiner bisherigen Rechtsprechung rechtlich nicht beanstandet. So hat der 11. Senat in seinem Wentdorf-Urteil vom 5. März 1997[805] in Leitsatz 2 unter anderem festgehalten, das in § 3 der 16. BImSchV vorgeschriebene Verfahren zur Berechnung des Beurteilungspegels für Schienenwege verstoße nicht gegen Art. 2 Abs. 2 S. 1 GG. In den Entscheidungsgründen hat es ausgeführt, bei der Festlegung des Schienenbonus seien der Gesetz- und Verordnungsgeber davon ausgegangen, dass die von dem Schienenverkehr ausgehenden Geräusche gegenüber gleich lauten Immissionen des Straßenverkehrs grundsätzlich als weniger lästig empfunden werden. Diese Annahme sei durch mehrere Lärmwirkungsstudien aus den 1970er und 1980er Jahren bestätigt worden. Aufgrund der Ergebnisse dieser Studien habe der Verordnungsgeber davon ausgehen dürfen, dass ein Bonus von 5 dB(A) jedenfalls nicht über die ihm durch § 43 Abs. 1 S. 2 BImSchG erteilte Ermächtigung hinausgeht.[806] Das Bundesverwaltungsgericht hat diese Aussagen auch in nachfol-

---

797 *Möhler* u.a., ZfL 2000, 144 (147); *Schuemer/Schuemer-Kohrs,* ZfL 1991, 1 (6); *Möhler,* ZfL 1988, 10; *Heimerl/Holzmann,* KdL 1979, 64 (64 u. 68).

798 Siehe Teil 1, B.II.

799 *Michler,* Verkehrsimmissionsschutz, S. 63.

800 *Klosterkötter,* KdL 1976, 1 (2).

801 *Puls,* Verkehrslärm, S. 66.

802 *Puls,* Verkehrslärm, S. 66.

803 UBA, Hinweise, S. 7. Nach *Möhler* u.a., ZfL 2000, 144 (147) nimmt die Lärmbelastung beim Straßenverkehr in der Nacht deutlich [um ca. 10 dB(A)] gegenüber dem Tageszeitraum ab, während beim Schienenverkehr tags und nachts in etwa die gleiche Lärmbelastung besteht.

804 *Puls,* Verkehrslärm, S. 66 u. 79.

805 11 A 25.95, BVerwGE 104, 123 = NVwZ 1998, 513 (516) – Eisenbahntrasse Hamburg–Büchen–Berlin.

806 Neue, den jetzigen Kenntnisstand gesichert wiedergebende Forschungsergebnisse, die insoweit zu einer anderen Beurteilung führen müssten, lägen – soweit er-

genden Entscheidungen bestätigt.[807] Insoweit sei höchstrichterlich geklärt, dass dem Verordnungsgeber im Rahmen der ihm durch § 43 Abs. 1 S. 2 BImSchG auferlegten Verpflichtung, bei der Bestimmung von Grenzwerten, die zum Schutz der Nachbarschaft vor schädlichen Umwelteinwirkungen durch Geräusche nicht überschritten werden dürften, den Besonderheiten des Schienenverkehrs Rechnung zu tragen, ein „normatives Ermessen" zukommt, das angesichts fortbestehender technisch-wissenschaftlicher Unsicherheiten in der Lärmwirkungsforschung einen „weiten Gestaltungsspielraum" in sich schließt.[808] Der Normgeber bleibe aber – so das Bundesverwaltungsgericht in seiner Nürnberg–Ebensfeld–Erfurt-Entscheidung[809] – verpflichtet, die Fortentwicklung der Lärmwirkungsforschung zu beobachten[810], was seiner Verantwortung entspreche, eine zahlenförmige Norm wie den Schienenbonus unter Kontrolle zu halten und gegebenenfalls entstehende neue Erkenntnisse zu bewerten und zu gewichten.[811]

sichtlich – nicht vor. Zwischen einzelnen Fachwissenschaftlern ausgetragene Kontroversen über die methodischen Grundlagen der angeführten Lärmwirkungsstudien reichten dafür ebenso wenig aus wie die geäußerten Zweifel an der Repräsentativität der den Studien zugrundeliegenden Untersuchungen. Derartige Zweifel mögen Anlass zu ergänzenden speziellen Lärmwirkungsstudien sein. Sie rechtfertigten es jedoch nicht, die durch die normative Festlegung des Schienenbonus in der 16. BImSchV bewirkte Verbindlichkeit bereits jetzt in Frage zu stellen. Dies gelte um so mehr, als entsprechende Wirkungsuntersuchungen in anderen Staaten Mitteleuropas zu ähnlichen Ergebnissen geführt hätten und eine psychoakustische Untersuchung den Schienenbonus erneut bestätigt habe (BVerwG, a. a. O.).

[807] BVerwG, Beschl. v. 11.02.2003, 9 B 49.02, juris, Rn. 18; BVerwG, Urt. v. 18.03.1998, 11 A 55.96, BVerwGE 106, 241 = NVwZ 1998, 1071 (1073), Ls. 1 – Eisenbahntrasse Nürnberg–Ebensfeld–Erfurt: „Der in der Anlage 2 zu § 3 der 16. BImSchV festgelegte Schienenbonus als Ausdruck einer geringeren Störwirkung von Schienenverkehrslärm gegenüber Straßenverkehrslärm hält sich innerhalb des durch das Bundesimmissionsschutzgesetz gesetzten Rahmens und ist mit Art. 2 Abs. 2 S. 1 GG vereinbar" (im Anschluss an die Wentdorf-Entscheidung); ferner *Schulze-Fielitz,* DÖV 2001, 181 (188); *ders.*, UPR 1994, 1 (6); *Stüer,* Bau- und Fachplanungsrecht, Rn. 3399; *Kämper,* in: BeckOK-VwVfG, § 74 Rn. 101.

[808] So BVerwG, Beschl. v. 11.02.2003, 9 B 49.02, juris, Rn. 18; vgl. ferner BVerwG, Urt. v. 18.03.1998, 11 A 55.96, BVerwGE 106, 241 = NVwZ 1998, 1071 (1073) – Eisenbahntrasse Nürnberg–Ebensfeld–Erfurt; BVerwG, Urt. v. 05.03.1997, 11 A 25.95, BVerwGE 104, 123 = NVwZ 1998, 513 (515 f.) – Eisenbahntrasse Hamburg–Büchen–Berlin (Wentdorf).

[809] Urt. v. 18.03.1998, 11 A 55.96, BVerwGE 106, 241 = NVwZ 1998, 1071 (1074) – Eisenbahntrasse Nürnberg–Ebensfeld–Erfurt; dem folgend BVerwG, Beschl. v. 11.02.2003, 9 B 49.02, juris, Rn. 18.

[810] Vgl. auch BVerfG, 3. Kammer des Ersten Senats, Beschl. v. 29.07.2009, 1 BvR 1606/08, NVwZ 2009, 1494 (1495), juris, Rn. 11 m. w. N. – Verkehrsflughafen Berlin-Schönefeld.

[811] Das Bundesministerium für Verkehr, Bau und Stadtentwicklung hat dies in seinem Nationalen Verkehrslärmschutzpaket II vom 27.08.2009 (oben Fn. 1) auf-

Der Schienenbonus ist nach der Rechtsprechung des Bundesverwaltungsgerichts unabhängig davon anzusetzen, ob durch die Zugvorbeifahrten gleichzeitig Erschütterungen entstehen und als Folge davon Körperschall ausgelöst wird.[812] Des Weiteren hat das Bundesverwaltungsgericht entschieden, es begegne keinen rechtlichen Bedenken, dass der Korrektursummand *S* auch im Bereich eines Bahnhofs oder Haltepunkts Anwendung findet. Aus den fachwissenschaftlichen Untersuchungen, die durchgeführt worden sind, um die Besonderheiten des Schienenverkehrslärms gegenüber dem Straßenverkehrslärm zu ermitteln, ließen sich hiergegen keine Einwände herleiten. Das für den Schienenverkehr charakteristische Lärmgeschehen, welches den Ansatz des Schienenbonus rechtfertige, werde durch Bahnhöfe und Haltepunkte nicht so weitgehend verändert, dass der Verordnungsgeber gezwungen gewesen wäre, diese von der Anwendung des Korrektursummanden *S* auszunehmen.[813] Der Schienenbonus gilt aber nach § 3 S. 2 der 16. BImSchV nicht für Schienenwege, auf denen in erheblichem Umfang Güterzüge gebildet oder zerlegt werden. Er findet deshalb keine Anwendung auf *Rangierbahnhöfe,* da der von ihnen ausgehende Lärm ebenso lästig ist wie Straßenverkehrslärm[814].

Im Ergebnis ist festzuhalten, dass eine vollständige Aufgabe des Schienenbonus nach dem Dargelegten rechtlich nicht geboten ist und daher eine entsprechende Handlungspflicht des Verordnungsgebers jedenfalls nicht besteht. Dem Verordnungsgeber bleibt es gleichwohl unbenommen, den Schienenbonus vollständig abzuschaffen. Eine rechtliche Verpflichtung zu einer unterschiedlichen Behandlung von Straßen- und Schienenverkehrslärm besteht insoweit nicht. Sofern sich der Verordnungsgeber dafür entscheidet, den Schienenbonus beizubehalten, wäre jedenfalls eine die bestehenden Lärmwirkungsstudien und Vorschläge der fachwissenschaftlichen Literatur aufgreifende und diese nachvollziehende differenzierende Regelung des Schienenbonus wünschenswert. Insbesondere sollte die Höhe des Schienenbonus in Abhängigkeit von der Tageszeit, der Streckenauslastung[815] und der Gesamtgeräuschbelastung[816] festgelegt werden.

---

gegriffen und erklärt, die wissenschaftliche Diskussion sorgfältig zu beobachten (S. 11).

812 BVerwG, Beschl. v. 25.01.2005, 9 B 38.04, NVwZ 2005, 447 (448), Ls. 1; BVerwG, Beschl. v. 13.11.2001, 9 B 57.01, NVwZ-RR 2002, 178 (179), Ls. 2.

813 BVerwG, Urt. v. 20.12.2000, 11 A 7.00, NVwZ-RR 2001, 360 (361) – Eisenbahntrasse Leipzig/Leutzsch-Probstzella.

814 BT-Drs. 661/89, S. 37 f.; ferner *Berkemann,* Lärmgrenzwerte, S. 92; *Bürgel,* NJW 1996, 1804.

815 Vgl. *Sparwasser/Rombach,* Gutachten, S. 1 ff. (oben Fn. 775); *Windelberg* <http://www.schienenlaerm.de/Forum/Schall%2003/Schall03-Anm.htm> (Stand: 16.08. 2009) zur Überarbeitung der Schall 03.

*(2) Das besonders überwachte Gleis (Gleispflegeabschlag)*

Anders als der Schienenbonus ist der sog. Gleispflegeabschlag[817] nach der 16. BImSchV nicht stets in Ansatz zu bringen und auch seiner Höhe nach nicht ausdrücklich bestimmt. Nach der amtlichen Anmerkung in der Fußnote zum Korrekturwert $D_{Fb}$ (Fahrbahnart) nach Tabelle C der Anlage 2 der 16. BImSchV können für Fahrbahnen, bei denen „aufgrund besonderer Vorkehrungen" eine „weitergehende dauerhafte Lärmminderung *nachgewiesen* ist"[818] (Lärmminderung dem Grunde nach), die „der Lärmminderung entsprechenden Korrekturwerte" zusätzlich zu den Korrekturwerten $D_{Fb}$ berücksichtigt werden (Lärmminderung der Höhe nach).[819] In der Regierungsbegründung[820] heißt es hierzu, die Fußnote zu Tabelle C ermögliche die Berücksichtigung lärmmindernder Maßnahmen am Fahrweg. Hiermit werde ein Anreiz gegeben, technische Möglichkeiten zur Dämpfung des Lärms an der Quelle auszuschöpfen. Dies beruht auf folgendem Hintergrund: Wie in Teil 1, C. beschrieben, sind Rad-Schiene-Geräusche die Hauptursache für die Geräuschentwicklung an Eisenbahnstrecken.[821] Durch die Inanspruchnahme der Gleise werden diese abgenutzt, wodurch Unebenheiten (Erhöhungen und Vertiefungen) in den Gleisen entstehen (sog. Riffelungen). Der Einsatz von Graugussklotzbremsen, die vor allem bei Güterwaggons verwendet werden, führt zudem zu Riffeln auf den Radlaufflächen. Durch die Verriffelungen werden die Schienenverkehrsgeräusche zum Teil drastisch erhöht.[822] Das Bundesverwaltungsgericht spricht in seiner Leitentscheidung vom 15. März 2000 zur Eisenbahntrasse Hamburg–Büchen–Berlin (Aumühle)[823] von „wellenartigen Unebenheiten (Riffeln)", die einen – bei zunehmender Geschwindigkeit proportional ansteigenden – „Heulton" erzeugen. Je glatter die Fahrfläche der Schienen und der Radlaufflächen ist, umso geringer ist das Rad-Schiene-Geräusch und damit die Schallabstrahlung der vorbeifahrenden Züge.[824] Bei der Festlegung des sog. Grundwertes von 51 dB(A) hat der Verordnungsgeber einen durchschnittlich guten Schienenzustand zugrunde gelegt. Ein Verfahren, bei dem

---

816 Siehe bereits *Blocher,* DÖV 1981, 660 (661) zur Überlagerung von Straßen- und Eisenbahnlärm.

817 Dazu *Vallendar,* in: Hermes/Sellner, AEG, § 18 Rn. 168.

818 Herv. d. Verf.

819 Krit. zu dieser „Fußnotenregelung" im Hinblick auf die durch sie entstehende Rechtsunsicherheit *Vallendar,* in: Hermes/Sellner, AEG, § 18 Rn. 168.

820 BT-Drs. 661/89, S. 47.

821 Vgl. auch *Sparwasser/Rombach,* NVwZ 2007, 1135 (1138) m. w. N.

822 *Puls,* Verkehrslärm, S. 67; *Sparwasser/Rombach,* NVwZ 2007, 1135 (1138); *Jäger/Onnich,* ZfL 2000, 206; *Stüber,* KdL 1974, 71.

823 11 A 42.97, BVerwGE 110, 370 = NVwZ 2001, 71 (72).

824 *Jäger/Onnich,* ZfL 2000, 206.

eine „weitergehende" (also überdurchschnittliche) dauerhafte Lärmminderung in Betracht kommt und somit einen entsprechenden Abschlag von dem ansonsten gegebenen Beurteilungspegel rechtfertigt, ist das Verfahren *besonders überwachtes Gleis* (*büG*). Bei diesem Verfahren werden die Gleise regelmäßig auf etwaige Schallpegelsteigerungen hin kontrolliert und dann gegebenenfalls geschliffen, um so den Fahrgeräuschpegel zu vermindern. Aufgrund zahlreicher Messungen wurde festgestellt, dass bei – mit einer bestimmten Qualität – geschliffenen Schienenflächen Pegel erzielt werden, die um 3 dB(A), teilweise sogar um bis zu 7 dB(A) unter dem Grundwert von 51 dB(A) liegen.[825]

Voraussetzung für die Anerkennung eines Abschlags von dem Grundwert ist nach der amtlichen Anmerkung zur Tabelle C, dass eine „dauerhafte" Lärmminderung „nachgewiesen" ist. Die Bemühungen der Deutschen Bahn AG, im Falle des Einsatzes des Verfahrens büG einen – über den Schienenbonus[826] hinausgehenden – weiteren Bonus in Höhe von 3 dB(A) zu erhalten, waren zunächst an dieser Voraussetzung gescheitert.[827] Der 11. Senat des Bundesverwaltungsgerichts hatte in seinem Wentdorf-Urteil vom 5. März 1997[828] entschieden, dass dieser Abzug mit dem durch § 3 der 16. BImSchV vorgeschriebenen Verfahren zur Berechnung des Beurteilungspegels nicht in Einklang steht. Im Zeitpunkt des der Entscheidung zugrunde liegenden Planfeststellungsbeschlusses vom 19. Mai 1995 sei „weder nachgewiesen, dass aufgrund des in diesem Beschluss beschriebenen Gleispflegeverfahrens eine weitergehende dauerhafte Lärmminderung gesichert war, noch dass diese einen Korrekturwert von 3 dB(A) rechtfertigte". Vielmehr habe dieser Nachweis ausweislich der einschlägigen Fachliteratur bis zur Entscheidung des Gerichts nicht geführt werden können.[829]

---

825 *Jäger/Onnich,* ZfL 2000, 206 f.; SRU 1999, BT-Drs. 14/2300, S. 189 (Ziff. 480).

826 Oben B.I.3.c)cc)(1).

827 Siehe SRU 1999, BT-Drs. 14/2300, S. 189 (Ziff. 480); *Koch,* Verkehrsumweltrecht, S. 904; *Schulze-Fielitz,* DÖV 2001, 181 (188 f.).

828 11 A 25.95, BVerwGE 104, 123 = NVwZ 1998, 513 (517 f.) – Eisenbahntrasse Hamburg–Büchen–Berlin.

829 Insbesondere sei noch nicht geklärt gewesen, ob eine durch das Schleifen der Gleise erzielte Pegelabsenkung nicht relativ bald wieder zurückgeht, so dass das im Planfeststellungsbeschluss vorgesehene Überwachungsintervall von sechs bis zwölf Monaten empirisch bisher nicht gerechtfertigt werden könne. Bei ICE- und IC-Zügen sei eine Minderung um 3 dB(A) durch das Verfahren büG nach den bisherigen Ergebnissen oft nicht erreicht worden. Bei klotzgebremsten Zügen auf Gleisen, die in einem Zeitraum von zwei bis acht Monaten vor der Messung geschliffen worden seien, würden sowohl kleinere als auch größere Werte als der in der Richtlinie Schall 03 für Betonschwellen angegebene Wert von 53 dB(A) festgestellt; bei gleich lange (ca. neun Monate) zurückliegendem Pflegetermin würden Unterschiede bis zu 8 dB(A) beobachtet. Für Güterzüge sei ein Emissionspegel von 50 dB(A) für den

Nachdem der 11. Senat die Frage der Anerkennung eines Abschlags bei Einsatz des Verfahrens büG in einer weiteren Entscheidung vom 16. Dezember 1998 zunächst offen gelassen hatte[830], hat er in seiner nachfolgenden, ebenfalls zur Eisenbahntrasse Hamburg–Büchen–Berlin ergangenen Leitentscheidung vom 15. März 2000[831] (Aumühle) in Leitsatz 1 festgehalten, es sei nunmehr „nachgewiesen", dass das Verfahren „Besonders überwachtes Gleis" eine dauerhafte Lärmminderung erzielt, die zusätzlich zu den Korrekturwerten $D_{Fb}$ der Tabelle C der Anlage 2 zu § 3 der 16. BImSchV zu berücksichtigen ist. In den Entscheidungsgründen heißt es, Sinn der Fußnotenregelung in Tabelle C der Anlage 2 zu § 3 der 16. BImSchV sei es, der Verordnungsgeber habe den Grundwert von 51 dB(A) – auf der Grundlage eines durchschnittlich guten Schienenzustandes – gewissermaßen mit einem „Zuschlag" für eine Riffelbildung festgelegt. Dieser Zuschlag könne bei einer akustischen Gleispflege wieder entfallen.[832] Das Erfordernis der Fußnote zu Tabelle C der Anlage 2 zu § 3 der 16. BImSchV, eine „dauerhafte" Lärmminderung nachzuweisen, sei dahin gehend zu interpretieren, dass die Verbesserung der Lärmsituation auf Grund besonderer Vorkehrungen ebenso anhaltend sein muss, wie die Entscheidung bei der Wahl einer Fahrbahnart. Die akustische Gleispflege müsse deswegen lärmwirksam sein, solange die Strecke mit ihrer Fahrbahnart in Betrieb sei. Dem werde die in der Verfügung des Eisenbahn-Bundesamtes vom 16. März 1998[833] getroffene Regelung zur Überwachung des Gleiszustandes und zum Nachschleifen der Gleise gerecht. Durch diese Nebenbestimmungen zur Verfügung vom 16. März 1998 werde die akustische Gleispflege bautechnischen Lärmschutzmaßnahmen (wie Lärmschutzwänden und Schallschutzfenstern) gleichwertig. Was die Standzeit des Lärmminderungseffekts angehe, habe die Beweisaufnahme keinen Anhaltspunkt dafür ergeben, dass die vorgesehenen Kontrollen in Abständen von sechs Monaten unzulänglich sind. Auch das Umweltbundesamt fordere ein Nach-

---

fiktiven Normzug auf Betonschwellen durch Schienenschleifen nur ausnahmsweise erreicht worden. Allerdings – so der 11. Senat in der Entscheidung – seien die Untersuchungen zum Nachweis von Umfang und Dauerhaftigkeit der Wirkungen des Verfahrens büG noch nicht abgeschlossen (BVerwG, a. a. O.).

[830] Vgl. BVerwG, Urt. v. 16.12.1998, 11 A 44.97, Buchholz 406.25 § 41 BImSchG Nr. 24, juris, Rn. 51, Ls. 1 – Eisenbahntrasse Hamburg–Büchen–Berlin.

[831] Urt. v. 15.03.2000, 11 A 42.97, BVerwGE 110, 370 = NVwZ 2001, 71 (72 ff.).

[832] Eine Mittelung sämtlicher Messergebnisse ergebe einen Lärmminderungseffekt von 4,5 dB(A). Dabei beeinflussten die klotzgebremsten Nahverkehrszüge [im Mittel 2,8 dB(A)] das Ergebnis negativ; ohne sie wäre im Mittel ein wesentlich größerer Lärmminderungseffekt feststellbar, nämlich in Höhe von 6,5 dB(A). Bei isolierter Betrachtung der scheibengebremsten Fahrzeuge ergebe sich im Mittel ein Lärmminderungseffekt, der über 6 dB(A) liege (BVerwG, a. a. O.).

[833] VkBl. 1998, 262.

schleifen frühestens nach einem oder einem halben Jahr. Hiervon ausgehend habe der Senat im Grundsatz keine Bedenken dagegen, wenn in der Verfügung des Eisenbahn-Bundesamtes vom 16. März 1998 eine Eingriffsschwelle bei $L_m = 51$ dB(A) angesetzt worden sei. Hierdurch entstehe zwischen zwei Schleifzyklen zwar eine so genannte „Sägezahnkurve“. Eine am Mittelwert orientierte Betrachtung, wie sie die Fußnote zu Tabelle C der Anlage 2 zu § 3 der 16. BImSchV zulasse, zeige aber, dass der Lärmminderungseffekt des akustischen Schienenschleifens zumindest dann, wenn man die – noch im Einsatz befindlichen – klotzgebremsten Nahverkehrszüge vernachlässigt, dafür hinreichenden Spielraum lasse. Der Lärmanstieg nehme dann nämlich seinen Ausgang von –6,5 dB(A), so dass auch bei einer Zunahme des Lärms um 3 dB(A) – an der Spitze der „Sägezahnkurve“ – noch ein rechnerischer Lärmminderungseffekt von mehr als 3 dB(A) verbleibe.[834] Der 11. Senat hat deshalb den zugrunde liegenden Planfeststellungsbeschluss des Eisenbahn-Bundesamtes, der als zusätzliche aktive Schallschutzmaßnahme das Verfahren büG mit einem Pegelabschlag von *2 dB(A)* zugelassen hatte, nicht beanstandet.

Das Bundesverwaltungsgericht hat in der Folge auch einen *Gleispflegeabschlag* von *3 dB(A)* nicht beanstandet.[835]

Sofern ein Gleispflegeabschlag durch Einsatz des Verfahrens büG in Ansatz gebracht und dem Planfeststellungsbeschluss verbindlich zugrunde gelegt wird[836], haben die Betroffenen auf die turnusmäßige Überwachung und gegebenenfalls auf das Nachschleifen einen Anspruch.[837]

---

834 Vgl. auch BVerwG, Beschl. v. 22.08.2007, 9 B 8.07, NVwZ 2007, 1427 L, wonach die dauerhafte Gewährleistung der Lärmminderung, die mit der Anordnung des büG verbunden sein muss, jedoch nicht verlangt, dass zu jedem Zeitpunkt des Schleifzyklus ein Abstand von mindestens 3 dB(A) zum Grundwert von 51 dB(A) eingehalten werden muss, sondern vielmehr, dass dieser *Durchschnittswert* dauerhaft und im Mittel auf einen um 3 dB(A) niedriger liegenden Wert abgesenkt werden muss.

835 BVerwG, Beschl. v. 22.08.2007, 9 B 8.07, NVwZ 2007, 1427; BVerwG, Beschl. v. 11.02.2003, 9 B 49.02, juris, Rn. 7 ff.; BVerwG, Urt. v. 14.11.2001, 11 A 31.00, BVerwGE 115, 237 = NVwZ 2002, 733 (735) – Eisenbahntrasse Berlin–Stralsund; vgl. auch *Vallendar,* in: Hermes/Sellner, AEG, § 18 Rn. 168; *ders.*, UPR 2001, 171 (174); *Nolte,* jurisPR-BVerwG 6/2008 Anm. 2; *Puls,* Verkehrslärm, S. 79 f.; *Stüer,* Bau- und Fachplanungsrecht, Rn. 3400 f.; *Sparwasser/Rombach,* NVwZ 2007, 1135 (1138); *Schulte,* ZUR 2002, 195 (197); *Zettinig,* Der Städtetag 2002, 20 f.; *Schulze-Fielitz,* DÖV 2001, 181 (188 f.); *Steenhoff,* DVBl. 1996, 1236 (1243); *Giesler/Wende/Nolle,* ZfL 1995, 121 ff. – Bedenken an der Wirksamkeit des büG werden demgegenüber zum Teil bei Güterzügen, bei hohen Geschwindigkeiten (wegen der Dominanz aerodynamischer Quellen, siehe dazu oben Teil 1, C.) sowie bei der sog. „Festen Fahrbahn“ (oben Fn. 162) erhoben, vgl. UBA, Hinweise, S. 19.

### d) *Emissionsgrenzwerte*

Für § 3 Abs. 1 u. 2 BImSchG und damit auch für §§ 41 ff. BImSchG kommt es nach allgemeiner Meinung auf die Geräusche am Einwirkungsort an (akzeptorbezogene Betrachtungsweise).[838] Die Vorschriften beruhen somit auf dem *Immissionsprinzip*. § 2 Abs. 1 der 16. BImSchV legt deshalb – gestützt auf § 43 Abs. 1 S. 1 Nr. 1 BImSchG *Immissions*grenzwerte (und keine Emissionsgrenzwerte) fest. Dies bedeutet allerdings nicht, dass das *Emissionsprinzip*, also die Reduktion der Emissionen (§ 3 Abs. 3 BImSchG), im Verkehrslärmschutzrecht keine Berücksichtigung findet. Der akzeptorbezogene Begriff der schädlichen Umwelteinwirkungen schließt auch Maßnahmen zur Begrenzung der Emissionen ein.

Der Vorschrift des § 43 Abs. 1 S. 1 Nr. 1 Halbs. 2 BImSchG, wonach unter anderem Vorschriften über das „Verfahren zur Ermittlung der Emissionen" erlassen werden dürfen (weil die auftretenden Geräuschimmissionen auch aus den Emissionen berechnet werden können[839]), lässt sich nicht entnehmen, dass *Emissionsgrenzwerte* nicht auf der Grundlage von § 43 BImSchG verordnungsrechtlich festgesetzt werden könnten. Denn die Aufzählung in § 43 Abs. 1 S. 1 BImSchG ist nicht abschließend, wie sich aus der Wendung „insbesondere" ergibt. Der Erlass von nicht in der Aufzählung enthaltenen, also unbenannten Vorschriften, steht allerdings unter dem Vorbehalt, dass diese Vorschriften zur Durchführung der §§ 41 und 42 (Abs. 1 u. 2) BImSchG „erforderlich" sein müssen. Daraus wird zum Teil geschlossen, die Festlegung von *Emissions*grenzwerten sei auf der Grundlage von § 43 BImSchG nicht möglich, da sie zur Durchführung *dieser* Vorschriften nicht erforderlich seien.[840] Diese Auffassung dürfte jedoch nach dem Dargelegten nicht zutreffend, da das Immissionsprinzip der §§ 41 f. BImSchG auch durch Emissionsgrenzwerte verwirklicht werden kann. Richtigerweise ist deshalb davon auszugehen, dass die Vorschrift des § 43 BImSchG auch zum Erlass von Emissionsgrenzwerten ermächtigt.[841] Bestätigt wird dies auch durch die Vorschrift des § 43 Abs. 1 S. 1 Nr. 2 BImSchG,

---

836 Demgegenüber hat das Eisenbahn-Bundesamt das Verfahren beispielsweise im Planfeststellungsbeschluss vom 30.08.2007 für das Bauvorhaben ABS 38 – München-Mühldorf-Freilassing, C. IV. Ziff. 6.1.4.2 (S. 64 f.) als nicht verhältnismäßig § 41 Abs. 2 BImSchG) angesehen, weil die Kosten des Schienenschleifens im relevanten Planbereich ca. 983.000 EUR betragen würden und dem – unter Beibehaltung der ursprünglich geplanten Schallschutzwandhöhen – Einsparungen beim passiven Schallschutz von lediglich ca. 55.000 EUR gegenüber stünden; ebenfalls Planfeststellungsbeschluss des Eisenbahn-Bundesamts vom 27.06.2007 für das Bauvorhaben POS Süd, Planfeststellungsabschnitt 1, Rheinbrücke Kehl mit Westkopf Bf. Kehl, Strecke 4260 Appenweier-Kehl, B. Ziff. 3.9.1.2 (S. 57 f.). Siehe insoweit auch die Verfügung des Eisenbahn-Bundesamts vom 16.03.1998, VkBl. 1998, 262 (264).

837 Vgl. UBA, Hinweise, S. 12.

838 Dazu näher unten B.I.4.c)bb)(1).

839 *Hansmann,* in: LR, § 43 BImSchG Rn. 8.

840 So etwa *Hansmann,* in: LR, § 43 BImSchG Rn. 8.

wonach zur Durchführung des § 41 BImSchG und des § 42 Abs. 1 u. 2 BImSchG bestimmte technische Anforderungen an den Bau unter anderem von Eisenbahnen zur Vermeidung von schädlichen Umwelteinwirkungen durch Geräusche erlassen werden können. Auch in dieser Vorschrift kommt das Emissionsprinzip zum Ausdruck. Von der Ermächtigung hat die Bundesregierung bislang allerdings noch keinen Gebrauch gemacht.[842]

Auch sonst waren für Eisenbahnen bislang kaum Emissionsgrenzwerte rechtlich vorgegeben[843], während für Kraft- und Luftfahrzeuge Geräuschemissionen nach dem Stand der Technik (§ 3 Abs. 6 BImSchG) beschränkt sind (vgl. für Kraftfahrzeuge § 49 StVZO[844] und für Luftfahrzeuge § 2 Abs. 1 S. 2 Nr. 4 LuftVG[845])[846]. Dabei ist die Minderung des Schalls an der Quelle besonders effektiv, da sie überall wirkt, während andere Lärmschutzmaßnahmen, d.h. Maßnahmen auf dem Weg von der Quelle zum Wirkungsort oder am Wirkungsort selbst, nur lokal wirksam sind und zudem, wie etwa bei Errichtung von Schallschutzwänden, das Landschafts- und

---

841 Ebenso *Reese,* in: BeckOK-UmwR, § 43 BImSchG Rn. 5 (zugleich als Anforderungen nach § 43 Abs. 1 S. 1 Nr. 2 BImSchG) m.w.N.

842 Vgl. *Hansmann,* in: LR, § 43 BImSchG Rn. 13.

843 Siehe auch *Koch,* NVwZ 2000, 490 (494); *ders.*, Verkehrsumweltrecht, S. 896 f.

844 Nach § 49 Abs. 1 StVZO müssen Kraftfahrzeuge und ihre Anhänger so beschaffen sein, dass die Geräuschentwicklung das nach dem jeweiligen Stand der Technik unvermeidbare Maß nicht übersteigt. § 49 Abs. 2 Nr. 1 verweist dazu auf die Richtlinie 70/157/EWG, die durch zahlreiche Richtlinien geändert worden ist (siehe im Einzelnen den Anhang zu § 49 Abs. 2 Nr. 1 StVZO). Eine Übersicht zu den nach dieser Richtlinie und den Änderungsrichtlinien geltenden Emissionsgrenzwerten findet sich unter <https://umweltbundesamt.de/verkehr/laerm/strassen-und-schienen-verkehr.htm#laerm> (Stand: 20.09.2009); vgl. schließlich *Schulte/Schröder,* DVBl. 2000, 1085 (1086 f.) zum europäischen Lärmschutzrecht betr. Kraftfahrzeuge.

845 Danach darf ein Luftfahrzeug zum Verkehr nur zugelassen werden, wenn die technische Ausrüstung des Luftfahrzeugs so gestaltet ist, dass das durch seinen Betrieb entstehende Geräusch das nach dem jeweiligen Stand der Technik unvermeidbare Maß nicht übersteigt. – Vgl. ferner die Verordnungsermächtigung in § 32 Abs. 1 S. 1 Nr. 15 LuftVG für Maßnahmen zur Geräuschminderung am Luftfahrzeug. Nach § 3 Abs. 2 Nr. 2 LuftVZO muss für die Zulassung eines Luftfahrzeugs der Nachweis erbracht werden, dass die technische Ausrüstung eines motorgetriebenen Luftfahrzeugs so gestaltet ist, dass die durch seinen Betrieb entstehenden Lärm- und Abgasemissionen das nach dem jeweiligen Stand der Technik unvermeidbare Maß nicht übersteigen. Gem. § 3 Abs. 3 LuftVZO gibt das Luftfahrt-Bundesamt die dem § 3 Abs. 2 Nr. 2 LuftVZO entsprechenden Lärm- und Abgasemissionsgrenzwerte nach Anhörung der Luftfahrtindustrie in den Nachrichten für Luftfahrer bekannt. – Nach § 29b Abs. 1 S. 1 LuftVG sind Flugplatzunternehmer, Luftfahrzeughalter und Luftfahrzeugführer verpflichtet, beim Betrieb von Luftfahrzeugen in der Luft und am Boden vermeidbare Geräusche zu verhindern und die Ausbreitung unvermeidbarer Geräusche auf ein Mindestmaß zu beschränken, wenn dies erforderlich ist, um die Bevölkerung vor Gefahren, erheblichen Nachteilen und erheblichen Belästigungen durch Lärm zu schützen.

846 Krit. zu dieser Ungleichbehandlung *Schulze-Fielitz,* DÖV 2001, 181 (182).

Ortsbild beeinträchtigen können.[847] Vorschriften zur Schallminderung an der Quelle würden auch dem Verursacherprinzip entsprechen.[848] Regelungen für einen Lärmschutz an der Quelle (bei Eisenbahnen z.B. betreffend die Antriebselemente, die Bremsen, die Waggonachsen und das Gleisbett) sind deshalb zu Recht angemahnt worden[849], zumal vom Umweltbundesamt in Auftrag gegebene wissenschaftliche Studien deutliche Lärmminderungspotentiale aufgezeigt haben[850].

Nach § 2 Abs. 1 Nr. 3 BImSchG gelten die Vorschriften des Bundes-Immissionsschutzgesetzes auch für die Beschaffenheit, die Ausrüstung, den Betrieb und die Prüfung von Schienenfahrzeugen nach Maßgabe der §§ 38 bis 40 BImSchG. Nach § 38 Abs. 1 S. 1 BImSchG müssen Schienenfahrzeuge so *beschaffen* sein, dass ihre durch die Teilnahme am Verkehr verursachten Emissionen bei bestimmungsgemäßem Betrieb die zum Schutz vor schädlichen Umwelteinwirkungen einzuhaltenden Grenzwerte nicht überschreiten. Nach § 38 Abs. 1 S. 2 BImSchG müssen sie so *betrieben* werden, dass vermeidbare Emissionen verhindert und unvermeidbare Emissionen auf ein Mindestmaß beschränkt bleiben.[851] Das Bundesministerium für Verkehr, Bau und Stadtentwicklung und das Bundesministerium für Umwelt, Naturschutz und Reaktorsicherheit bestimmen nach Anhörung der beteiligten Kreise (§ 51 BImSchG) durch Rechtsverordnung mit Zustimmung des Bundesrates die zum Schutz vor schädlichen Umwelteinwirkungen notwendigen Anforderungen an die Beschaffenheit, die Ausrüstung, den Betrieb und die Prüfung der in § 38 Abs. 1 S. 1 BImSchG genannten Fahrzeuge und Anlagen, auch soweit diese den verkehrsrechtlichen Vorschriften des Bundes unterliegen (§ 38 Abs. 2 S. 1 BImSchG). Dabei kön-

---

[847] SRU 1999, BT-Drs. 14/2300, S. 202 f. (Ziff. 498 u. 500); Umweltbericht 2002, BT-Drs. 14/8755, S. 45; ferner *Kloepfer,* Umweltrecht, § 14 Rn. 254 u. § 4 Rn. 13; *Krüger* u.a., Schall- und Erschütterungsschutz, S. 122; *Böhm,* NVwZ 2006, 427 (428); *Schulze-Fielitz,* DÖV 2001, 181 (182) m.w.N.; *Koch,* NVwZ 2000, 490 (494 u. 501); *Jäger/Onnich,* ZfL 2000, 206; *Maier,* BWVP 1991, 101 (104); *Ullrich,* DVBl. 1985, 1159.

[848] Vgl. *Storost,* in: Ule/Laubinger, BImSchG, § 41 B 5.

[849] Vgl. *Schulze-Fielitz,* DÖV 2001, 181 (182); *Koch,* NVwZ 2000, 490 (496 u. 501); *ders.*, Verkehrsumweltrecht, S. 896 f.; *Maier,* BWVP 1991, 101 (104); *Ullrich,* DVBl. 1985, 1159; *Krüger* u.a., Schall- und Erschütterungsschutz, S. 121; SRU 1999, BT-Drs. 14/2300, S. 203 (Ziff. 500).

[850] Siehe die Nachweise bei *Koch,* Verkehrsumweltrecht, S. 897. Über positive Erfolge bei der Verringerung von Geräuschemissionen im Bereich des Schienenverkehrs berichten bereits *Feldhaus/Eisenbarth,* UPR 1988, 405 (409).

[851] Das Bundesverfassungsgericht entnimmt unter anderem der Vorschrift des § 38 BImSchG eine Grundlage für die Anordnung von Maßnahmen für den Betrieb (hier: von Flughäfen), vgl. BVerfG, Beschl. v. 14.01.1981, 1 BvR 612/72, BVerfGE 56, 54 = NJW 1981, 1655 (1659) – Fluglärm, Düsseldorf-Lohausen. – Siehe auch VG Stuttgart, Urt. v. 08.11.2006, 3 K 3286/05, NVwZ-RR 2007, 514 (516). Das Verwaltungsgericht hat übrigens die in den Bauvorlagen enthaltene Bezeichnung „Neubau der Garage" als fehlerhaft beurteilt, wenn in den Bauvorlagen nicht zugleich erwähnt wird, dass es sich bei dem Vorhaben um eine Anlage für Hubschrauber handelt! Denn eine „Garage" diene der Kfz-Abstellung (vgl. die gesetzliche Definition in § 2 Abs. 8 S. 2 LBO Bad.-Württ.) und nicht der Unterbringung von Hubschraubern.

nen „Emissionsgrenzwerte“ unter Berücksichtigung der technischen Entwicklung auch für einen Zeitpunkt nach Inkrafttreten der Rechtsverordnung festgesetzt werden (§ 38 Abs. 2 S. 2 BImSchG). Die Vorschrift des § 38 BImSchG stellt anders als die §§ 41 ff. BImSchG, die an den Bau bzw. die wesentliche Änderung von Verkehrswegen anknüpfen, eine „vorhabenunabhängige“ kompensatorische Maßnahme dar.[852] Sie enthält keine erschöpfende und abschließende bundesgesetzliche Regelung dieses Immissionsschutzbereichs, sondern nur eine Teilregelung durch Normierung von Grundpflichten in § 38 Abs. 1 BImSchG und Ermächtigungsgrundlagen für ausfüllende Rechtsverordnungen des Bundesministeriums für Verkehr, Bau und Stadtentwicklung und des Bundesministeriums für Umwelt, Naturschutz und Reaktorsicherheit in § 38 Abs. 2 BImSchG; die Generalklausel ist im Zusammenhang mit diesen Ermächtigungsgrundlagen zu sehen, was sich der Bußgeldvorschrift des § 62 Abs. 1 Nr. 7 u. Abs. 3 BImSchG entnehmen lässt, wonach nicht schon ein Verstoß gegen die Generalklausel des § 38 Abs. 1 BImSchG, sondern erst die Zuwiderhandlung gegen eine nach § 38 Abs. 2 BImSchG erlassene Rechtsverordnung bußbewehrt ist.[853] Auch von dieser Verordnungsermächtigung ist bislang noch kein Gebrauch gemacht worden. § 38 Abs. 1 S. 1 BImSchG läuft deshalb derzeit leer.[854] Allerdings müssen die Verkehrsunternehmen schon gegenwärtig nach § 38 Abs. 1 S. 2 BImSchG beim Betrieb von Schienenfahrzeugen vermeidbare Emissionen auf ein Mindestmaß beschränken; diese Vorschrift ist jedoch schwer quantifizierbar und deshalb rechtlich kaum einzufordern.[855]

Auf europäischer Ebene sind mittlerweile Emissionsgrenzwerte in Kraft gesetzt worden, nachdem die Kommission einen Vorschlag aus dem Jahr 1983 für eine Richtlinie über die zulässigen Geräuschpegel von Schienenfahrzeugen im Jahr 1993 noch zurückgezogen hatte[856]. Ziff. 2.6.1 des Anhangs III der Richtlinie 96/48/EG des Rates vom 23. Juli 1996 über die *In-*

---

852 BVerwG, Urt. v. 26.05.2004, 9 A 6.03, BVerwGE 121, 57 = NVwZ 2004, 1237 (1239) – B 170. – Die Vorschrift gilt nur für Beförderungs- und Transportfahrzeuge im Verkehr, nicht aber, wenn diese als Arbeitsgeräte dienen und daher Anlagen im Sinne von § 3 Abs. 5 Nr. 2 BImSchG sind, vgl. VGH Bad.-Württ., Urt. v. 08.11.2000, 10 S 2317/99, NVwZ 2001, 1184 m.w.N.; vgl. bereits VG Koblenz, Urt. v. 03.10.1975, 7 K 81/75, juris, Rn. 3, nach dem der Anwendungsbereich der Vorschrift nach ihrem Wortlaut und ihrem Sinn und Zweck auf die „mit dem Betrieb eines Fahrzeuges typischerweise verbundenen Emissionen“ beschränkt sei, d.h. nur die mit dem typischen Fortbewegungsvorgang untrennbar verbundenen Teile und Maschinen eines Fahrzeuges, wie etwa den Motor erfasse, nicht dagegen solche, die zwar auch dem bestimmungsmäßigen Gebrauch des Fahrzeugs dienten, aber nicht in einem unmittelbaren Zusammenhang mit seinem charakteristischen Wesen als Beförderungs- oder Transportmittel stünden.

853 OLG Hamm, Beschl. v. 04.07.1979, 6 Ss OWi 1435/79, juris, Rn. 5 zu § 38 S. 3 und S. 4 BImSchG a.F. (jetzt § 38 Abs. 2 BImSchG).

854 *Koch,* NVwZ 2000, 490 (496); *Kloepfer,* Umweltrecht, § 14 Rn. 255; *Krüger* u.a., Schall- und Erschütterungsschutz, S. 121; krit. auch *Storost,* in: Ule/Laubinger, BImSchG, § 41 B 5.

855 *Krüger* u.a., Schall- und Erschütterungsschutz, S. 122.

856 Vgl. *Schulte/Schröder,* DVBl. 2000, 1085 (1089 u. 1092 f.); *Schmidt-Eichstaedt,* in: Kotulla, BImSchG, Vor § 41 Rn. 24.

*teroperabilität des transeuropäischen Hochgeschwindigkeitsbahnsystems*[857] bestimmt, dass beim Betrieb des transeuropäischen Hochgeschwindigkeitsbahnsystems die vorgeschriebenen Lärmgrenzen eingehalten werden müssen. Ebenso regelt Ziff. 1.4.4. des Anhangs III der Richtlinie 2001/16/EG des Europäischen Parlaments und des Rates vom 19. März 2001[858] über die *Interoperabilität des konventionellen transeuropäischen Eisenbahnsystems,* dass beim Betrieb des konventionellen transeuropäischen Eisenbahnsystems die vorgeschriebenen Lärmgrenzen eingehalten werden müssen. Mit den Richtlinien sollen die Bedingungen festgelegt werden, die im Gebiet der Europäischen Gemeinschaft für die Verwirklichung der Interoperabilität des transeuropäischen Hochgeschwindigkeitsbahnsystems bzw. des konventionellen transeuropäischen Eisenbahnsystems erfüllt sein müssen (Art. 1 Abs. 1 der Richtlinien). Art. 5 Abs. 1 S. 1 der Richtlinien bestimmt, dass für jedes Teilsystem (vgl. Art. 2 lit. c) der Richtlinien), zu denen nach Anhang II Ziff. 1.1 bzw. Ziff. 1 lit. a) unter anderem die Infrastruktur und die Fahrzeuge gehören, *technische Spezifikationen für die Interoperabilität* (*TSI*) erstellt werden. TSI sind nach Art. 2 lit. g) die Spezifikationen, die für jedes Teilsystem oder Teile davon im Hinblick auf die Erfüllung der grundlegenden Anforderungen gelten und die zwischen den Teilsystemen des transeuropäischen Hochgeschwindigkeitsbahnsystems erforderlichen wechselseitigen funktionalen Beziehungen herstellen sowie die Kohärenz des Systems bzw. die Interoperabilität des konventionellen transeuropäischen Eisenbahnsystems gewährleisten. Nach § 4 S. 1 der TEIV[859] sind die TSI nach Maßgabe der Anlage 2 anzuwenden. Die Anlage 2, geändert durch die Erste Verordnung zur Änderung der TEIV vom 23. Juni 2008[860], enthält eine Liste der Entscheidungen der Kommission über die TSI. Unter anderem verweist sie in Ziff. 3.1 (Hochgeschwindigkeitsbahnsystem) auf die Entscheidung 2008/232/EG der Kommission vom 21. Februar 2008 über die TSI des Teilsystems „Fahrzeuge“ des transeuropäischen Hochgeschwindigkeitssystems[861]. Der danach zulässige Geräuschpegel darf insbesondere bei Geschwindigkeit 250 km/h maximal 87 dB(A) und bei Geschwindigkeit 300 km/h maximal 91 dB(A) betragen (Ziff. 4.2.6.5, S. 196 ff.). Er entspricht damit denen nach Ziff. 4.1.8 lit. b) des Anhangs zur früheren Entscheidung 2002/735/EG der Kommission vom 30. Mai 2002 über die TSI des Teilsystems „Fahrzeuge“ des transeuropäischen

---

857 ABl. EG Nr. L 235/6 vom 17.09.1996.

858 ABl. EG Nr. L 110/1 vom 20.04.2001.

859 Verordnung über die Interoperabilität des transeuropäischen Eisenbahnsystems (Transeuropäische-Eisenbahn-Interoperabilitätsverordnung) vom 05.07.2007, BGBl. I, S. 1305.

860 BGBl. I, S. 1092.

861 ABl. EU Nr. L 84/132 vom 26.03.2008.

Hochgeschwindigkeitssystems[862]. Ferner verweist die Anlage 2 zur TEIV in Ziff. 3.2 (Konventionelles Eisenbahnsystem) auf die Entscheidung 2006/66/EG der Kommission vom 23. Dezember 2005 über die TSI zum Teilsystem „Fahrzeuge-Lärm“ des konventionellen transeuropäischen Bahnsystems[863], die auf Triebfahrzeuge, Reisezugwagen und Güterwagen Anwendung findet. Diese TSI enthalten in ihrem Anhang (dort Ziff. 4.2) ebenfalls Emissionsgrenzwerte, insbesondere für Güterwagen (Ziff. 4.2.1) sowie für Lokomotiven, Triebzügen und Reisezugwagen (Ziff. 4.2.2).[864] Die TSI-Grenzwerte gelten allerdings nicht für den heutigen Fahrzeugbestand, sondern erfassen nur Schienenfahrzeuge, die nach dem 23. Juni 2006 (dem Inkrafttreten der Entscheidung der Kommission, siehe Art. 5 der Entscheidung) angeschafft wurden.[865] Ältere Fahrzeuge können im Fall eines Umbaus oder einer Erneuerung ebenfalls unter die TSI fallen; allerdings liegen die Grenzwerte in diesem Fall pauschal um 2 dB(A) höher.[866] Da ein Güterwaggon durchschnittlich 40 Jahre lang im Einsatz ist und sich deshalb neue, lärmarme Fahrzeuge im Bestand nur langsam (insbesondere langsamer als im Straßenverkehr) durchsetzen, hat diese Stichtagsregelung eine hohe Relevanz für die Wirksamkeit der TSI Lärm.[867] Leise Güterwaggons würde man erst dann wahrnehmen können, wenn 80 bis 85 % eines Zuges aus solchen Waggons bestehen; unter den Annahmen, dass leise Neufahrzeuge im Vergleich mit den derzeitigen Modellen um 10 dB(A) geringere Schallemissionen aufweisen und der Fahrzeugbestand linear ersetzt wird, würden etwa 20 Jahre vergehen, bis sich der Mittelungspegel wahrnehmbar verringert, so dass die vollen 10 dB(A) erst nach Ablauf der durchschnittlichen Lebenserwartung der Waggons, mithin nach 40 Jahren, erreicht würden.[868] Das lange Zeit völlige Fehlen von Emissionsgrenzwerten hat die Entwicklung von leisen Schienenfahrzeugen in der Vergangenheit deutlich behindert.[869] Erst die TSI in Ziff. 4.1.8 lit. b) des Anhangs zur Entschei-

---

862 ABl. EG Nr. L 245/402 vom 12.09.2002.

863 ABl. EU 2006 Nr. L 37/1 vom 08.02.2006.

864 Vgl. auch S. 5 des Nationalen Verkehrslärmschutzpakets II des Bundesministeriums für Verkehr, Bau und Stadtentwicklung vom 27.08.2009 (oben Fn. 1); Antwort der Bundesregierung auf die Kleine Anfrage der Abgeordneten *Kauch, Friedrich* (Bayreuth), *Homburger* u. a. sowie der FDP-Fraktion, BT-Drs. 15/3038, S. 4; *Schmidt-Eichstaedt,* in: Kotulla, BImSchG, Vor § 41 Rn. 24; *Puls,* Verkehrslärm, S. 48 u. 78; *Krüger* u. a., Schall- und Erschütterungsschutz, S. 97 u. 102 ff.; *Stüer/Probstfeld,* Planfeststellung, Rn. 389; *Schulte/Schröder,* DVBl. 2000, 1085 (1089 u. 1092 f.).

865 *Puls,* Verkehrslärm, S. 48 u. 78.

866 *Puls,* Verkehrslärm, S. 48 u. 78.

867 *Puls,* Verkehrslärm, S. 48, 66 u. 78.

868 *Puls,* Verkehrslärm, S. 66.

869 Vgl. *Puls,* Verkehrslärm, S. 78.

dung 2002/735/EG der Kommission vom 30. Mai 2002 setzte Emissionsgrenzwerte fest.

Einen Anreiz zum Einsatz lärmarmer Fahrzeuge soll die Einführung eines geräuschemissionsabhängigen Trassenpreissystems bieten. Nach § 21 Abs. 2 S. 1 der Verordnung über den diskriminierungsfreien Zugang zur Eisenbahninfrastruktur und über die Grundsätze der Erhebung von Entgelt für die Benutzung der Eisenbahninfrastruktur (Eisenbahninfrastruktur-Benutzungsverordnung – EIBV) vom 3. Juni 2005[870] kann das Wegeentgelt einen Entgeltbestandteil umfassen, der den Kosten umweltbezogener Auswirkungen des Zugbetriebs Rechnung trägt.[871]

## 4. Kausalität

Nach § 41 Abs. 1 BImSchG ist „bei" dem Bau oder der wesentlichen Änderung von Verkehrswegen sicherzustellen, dass „durch diese", d.h. durch die Verkehrswege[872], keine schädlichen Umwelteinwirkungen „durch" Verkehrsgeräusche hervorgerufen werden. Entsprechend bestimmt § 2 Abs. 1 der 16. BImSchV, dass bei dem Bau oder der wesentlichen Änderung von Verkehrswegen zum Schutze der Nachbarschaft durch Verkehrsgeräusche sicherzustellen ist, dass der Beurteilungspegel einen der in der Vorschrift genannten Immissionsgrenzwerte nicht überschreitet.

### *a) Adäquater Ursachenzusammenhang*

Die Rechtsprechung ist bereits vor Erlass der 16. BImSchV und der §§ 41 f. BImSchG, namentlich in der noch zu § 17 Abs. 4 FStrG a.F. ergangenen B 42-Entscheidung vom 17. November 1972[873], davon ausgegan-

---

[870] BGBl. I, S. 1566.

[871] Dazu S. 10 des Nationalen Verkehrslärmschutzpakets II des Bundesministeriums für Verkehr, Bau und Stadtentwicklung vom 27.08.2009 (oben Fn. 1); vgl. ferner die Antwort der Bundesregierung auf die Kleine Anfrage der Abgeordneten *Kauch, Friedrich* (Bayreuth), *Homburger* u.a. sowie der FDP-Fraktion, BT-Drs. 15/3038, S. 3); *Krüger* u.a., Schall- und Erschütterungsschutz, S. 97. – Siehe des Weiteren die Förderung der Erprobung neuer Verfahren zur Lärmminderung an der Quelle durch das Konjunkturprogramm von 2009 bis 2011 (z.B. niedrige Schallschutzwände, Brückenabsorber, präventive Behandlungsmethoden an der Schienenoberfläche, Unterschottermatten, automatische Schienenschmierung), vgl. <http://www.bmvbs.de/Verkehr-,1405.1094452/Konjunkturprogramm-Zusaetzlich.htm> (Stand: 03.10.2009).

[872] *Ronellenfitsch,* in: Marschall/Schroeter/Kastner, FStrG, § 17 Rn. 148; *Storost,* in: Ule/Laubinger, BImSchG, § 41 C 20; *Czajka,* in: Feldhaus, BImSchG, § 41 Rn. 57; *Jarass,* UPR 1998, 415 (417).

[873] Urt. v. 17.11.1972, IV C 21.69, BVerwGE 41, 178 = NJW 1973, 915 (917), Ls. lit. c) – B 42 (Herv. d. Verf.); bestätigt etwa durch BVerwG, Urt. v. 21.05.1976, IV C 80.74, BVerwGE 51, 15 = NJW 1976, 1760 (1762 a.E.) – B 27 (Stuttgart-De-

gen, dass für die Anordnung von Schutzanlagen ein „*adäquater Ursachenzusammenhang*“ zwischen dem Verkehrsweg und den Gefährdungen, deren Abwendung oder Verminderung die Anlagen dienen sollen, erforderlich ist und „wie in der Rechtsordnung allgemein“, auch für § 17 Abs. 4 FStrG ein „bloßer Ursachenzusammenhang“ im „logisch-naturwissenschaftlichen Sinne“ nicht genügt. Begründet hat das Bundesverwaltungsgericht dies damit, dass die Regelung des § 17 Abs. 4 FStrG „einem konkreten, vom Gesetz hier für erforderlich gehaltenen Ausgleich widerstreitender Interessen“ dient. Sie habe es deshalb mit der Frage zu tun, ob und unter welchen Voraussetzungen Schädigungen, die von einer Straße auf ihre Umgebung ausgehen können und insofern in ihr ihre Ursache haben, dem Träger der Straßenbaulast mit der Folge „*zuzurechnen*“ sind, dass er zu ihrer Abwendung oder doch zu ihrer Verminderung verpflichtet werden kann. Insoweit sei ein adäquater Ursachenzusammenhang zu fordern, und zwar in dem Sinne, dass einerseits die schädlichen Auswirkungen in „typischer Weise“ mit dem Bau oder der Änderung der Straße, mit der Straßenanlage oder mit dem Betrieb der Straße verbunden sind und dass andererseits die eingetretenen oder zu erwartenden Schädigungen nach ihrer Art als Folgewirkung der Straße nicht außerhalb aller Erfahrung liegen, insbesondere nicht ganz überwiegend durch andere Umstände bedingt sind. Der vom Bundesverwaltungsgericht geforderte Ursachenzusammenhang ist damit kein rein tatsächlicher, sondern ein „adäquater“, mithin normativer. Das Bundesverwaltungsgericht hat seine zu § 17 Abs. 4 FStrG ergangene Rechtsprechung auch auf die §§ 41 f. BImSchG und die 16. BImSchV übertragen. Diese Grundsätze – so das Bundesverwaltungsgericht[874] – seien übertragbar auf die Fragestellung, ob das planfestgestellte Änderungsvorhaben zu relevanten Lärmsteigerungen führt. Letztlich gehe es um eine „Zurechnungsfrage“, nämlich darum, welche Lärmsteigerungen derart mit dem Vorhaben zusammenhängen, dass der Baulastträger für sie einzustehen hat.

gerloch); BVerwG, Urt. v. 15.04.1977, IV C 3.74, NJW 1978, 1278 L = BeckRS 1977, 30434111 – Wildschutzzaun, BVerwG, Urt. v. 07.09.1979, 4 C 58.76 u.a., BVerwGE 58, 281 = NJW 1980, 2266 f. – B 481; alle ebenfalls zu § 17 Abs. 4 FStrG a.F.; sowie BVerwG, Beschl. v. 11.11.1996, 11 B 65.96, NVwZ 1997, 394 – Eisenbahntrasse Neufahrn–Flughafen München (Verbindungsspange Neufahrn).

[874] Urt. v. 23.11.2005, 9 A 28.04, BVerwGE 124, 334 = NVwZ 2006, 331 (333), Rn. 29 ff., zu dem von § 1 Abs. 2 S. 1 Nr. 2 der 16. BImSchV geforderten Kausalzusammenhang zwischen dem baulichen Eingriff und der Lärmsteigerung; Sächs. OVG, Urt. v. 29.04.2009, 1 B 563/06, juris, Rn. 45; VGH Bad.-Württ., Urt. v. 28.07.2003, 5 S 1399/02, juris, Rn. 54; VGH Bad.-Württ., Urt. v. 24.07.2003, 5 S 1399/02, juris, Rn. 54; OVG NRW, Urt. v. 23.01.1997, 7a D 70/93.NE, NVwZ 1997, 694 (696 f.), Ls. 7; vgl. ferner BVerwG, Beschl. v. 15.01.2008, 9 B 7.07, NVwZ 2008, 675 (676), Ls. 1, Rn. 9 m. Anm. *Nolte,* jurisPR-BVerwG 13/2008 Anm. 6; *Kuschnerus,* Schutzauflagen, S. 95; *Michler,* Verkehrsimmissionsschutz, S. 76 f.

### *b) Unerheblichkeit der allgemeinen Zunahme des Verkehrs*

An einem solchen adäquaten Ursachenzusammenhang fehlt es nach der zutreffenden Auffassung der Rechtsprechung, wenn lediglich „weiträumige Änderungen des Verkehrsaufkommens und der Verkehrsströme“ und *dadurch* bedingte Lärmbelästigungen vorliegen.[875] Eine erhöhte Lärmbelastung als Folge allgemeiner („schleichender“) Zunahme des Verkehrs, z.B. durch Zunahme der Zugfrequenzen, modernen Hochgeschwindigkeitsverkehr oder die veränderte Zusammensetzung der Zugarten (Fern-/Güterverkehr), wird somit von den §§ 41 ff. BImSchG nicht erfasst.[876] Die §§ 41 ff. BImSchG gelten vielmehr nur für eine Zunahme des Lärms als Folge des

---

[875] BVerwG, Beschl. v. 11.11.1996, 11 B 65.96, NVwZ 1997, 394 – Eisenbahntrasse Neufahrn–Flughafen München (Verbindungsspange Neufahrn), im Anschluss an BVerwG, Beschl. v. 09.02.1989, 4 B 234.88, juris (nur Os.).

[876] Vgl. BVerwG, Urt. v. 17.09.1998, 4 CN 1.97, BRS 60 Nr. 45 (1998), juris, Rn. 15 f. zum Bebauungsplan, aber unter Hinweis, dass im Rahmen der Abwägung die durch einen Bebauungsplan in einer „spezifisch planbedingten Weise“ nachteilig veränderte Verkehrssituation zu berücksichtigen ist; OVG Thüringen, Urt. v. 02.12.2003, 1 N 290/99, BRS 66 Nr. 60 (2003), juris, Rn. 38 m.w.N. zur Straßenplanung durch Bebauungsplan; *Czajka,* in: Feldhaus, BImSchG, § 41 Rn. 9; *Storost,* in: Ule/Laubinger, BImSchG, § 41 C 9; *Schmidt-Eichstaedt,* in: Kotulla, BImSchG, § 41 Rn. 8; *Kloepfer,* Umweltrecht, § 14 Rn. 292; *Vallendar,* Sanierungsansprüche, S. 252; *Kuschnerus,* Der sachgerechte Bebauungsplan, Rn. 309; *Schulze-Fielitz,* ZUR 2002, 190 (193 f.); *Michler,* VBlBW 1998, 201 (202); *Krüger* u.a., Schall- und Erschütterungsschutz, S. 118 unter Hinweis darauf, dass bei einer schleichenden Zunahme des Verkehrs eher eine Gewöhnung möglich sei, als wenn die Verkehrsimmissionen aufgrund eines Neubaus oder einer wesentlichen Änderung des Verkehrswegs sprunghaft anstiegen; demgegenüber krit. *Schulte,* ZUR 2002, 195 (199 f.); *Jarass,* DVBl. 1995, 589 (590 f.), vgl. aber auch *ders.*, UPR 1998, 415 (416); *Bürgel,* NJW 1996, 1804 f.; *Hendlmeier,* NuR 1992, 463 (465 f.); SRU 1999, BT-Drs. 15/3600, S. 334 (Ziff. 660): Offenbar werde es als „unproblematische Selbstverständlichkeit“ angesehen, dass die Bahn auf „ihrem“ Schienennetz fahren kann, „wann und wie sie es betriebstechnisch und betriebswirtschaftlich für sinnvoll hält“. Das verstehe sich aber nicht von selbst. In stark lärmbelasteten Konstellationen stelle sich vielmehr die Frage, ob die nächtliche Zughäufigkeit und Fahrgeschwindigkeit auch am Ziel noch zumutbarer Lärmbelastung zu orientieren sei. Die „Grenzen der betrieblichen Autonomie der Bahn“ würden gegenwärtig „durch mögliche Ansprüche auf Lärmsanierung gezogen“, die jedoch nur unter strengen Voraussetzungen gewährt würden. Um ein „Höchstmaß an betrieblicher Autonomie zu wahren“ und „hinderliche Betriebsbeschränkungen in einem zumeist stark ausgelasteten Netz zu vermeiden“, erscheine es umso wichtiger, die „festgestellten Regelungsdefizite hinsichtlich der Lärmminderung an der Quelle und in der Planung zu beheben“. Zudem sei „über Instrumente der Beeinflussung der Verkehrslenkung“ etwa durch das Eisenbahn-Bundesamt nachzudenken. – Siehe bereits RG, Urt. v. 09.01.1939, V 154/38, RGZ 159, 129 (137 ff.) ausdrücklich auch zu Einwirkungen, die vom allgemeinen Fahrbetrieb von Eisenbahnstrecken ausgehen, die „einfach die Folge des Zusammenlebens von Menschen und des Fortschritts in der Technik der Verkehrsmittel“ seien.

Baus neuer oder der wesentlichen Änderung bestehender Verkehrswege.[877] Der Bundesgesetzgeber – so das Bundesverwaltungsgericht im B 464-Urteil vom 9. Februar 1995[878] – wollte die „schleichende", nicht durch Maßnahmen des Baulastträgers veranlasste oder ausgelöste Veränderung der Verkehrsfunktion und die *damit* verbundene Steigerung des Verkehrslärms nur als eine Frage künftiger Lärmsanierung erfasst sehen. Diese Aufgabe sollte von vornherein aus dem Regelungsbereich des Gesetzes herausfallen. Die Vorschrift des § 41 BImSchG ist daher – anders als die Vorschriften des Anlagenrechts[879] – nicht als Dauerpflicht ausgestaltet, also nicht als eine Pflicht, die über den Bau und die wesentliche Änderung eines Verkehrswegs hinaus auch in der Folgezeit zu beachten wäre.[880]

Ein Rechtsanspruch auf *Lärmsanierung* an bestehenden Verkehrswegen und damit außerhalb eines Planfeststellungsverfahrens für den Bau oder die wesentliche Änderung von Eisenbahnbetriebsanlagen besteht derzeit grundsätzlich nicht.[881]

Eisenbahninfrastrukturunternehmen können aber nach haushaltsrechtlichen Grundsätzen eine Förderung von Lärmsanierungsmaßnahmen nach Maßgabe der *Richtlinie des Bundesministeriums für Verkehr, Bau- und Wohnungswesen für die Förderung von Maßnahmen zur Lärmsanierung an bestehenden Schienenwegen der Eisenbahnen des Bundes* erhalten, die mit der Bekanntgabe an das Eisenbahn-Bundesamt am

---

877 Siehe auch *Peine,* DÖV 1988, 937 (947).

878 BVerwG, Urt. v. 09.02.1995, 4 C 26.93, BVerwGE 97, 367 = NVwZ 1995, 907 f. – B 464 (Herv. d. Verf.) [oben B.I.2.b)aa)(1)]; ferner BVerwG, Beschl. v. 05.06.2003, 4 BN 19.03, BeckRS 2003, 23594; *Vallendar,* Sanierungsansprüche, S. 252; *Jarass,* Verkehrsimmissionsschutz, S. 237 m.w.N. auch zur Gegenauffassung; *Maier,* BWVP 1991, 101 (102).

879 Vgl. insb. §§ 17, 20 f., 24 f. BImSchG.

880 *Jarass,* Verkehrsimmissionsschutz, S. 235; *ders.*, UPR 1998, 415.

881 Nds. OVG, Urt. v. 30.04.2002, 7 K 875/00, juris, Rn. 39. Krit. zum Fehlen eines Anspruchs auf Lärmsanierung an lauten Straßen und Schienenwegen *Krüger* u. a., Schall- und Erschütterungsschutz, S. 122; *Hendlmeier,* NuR 1992, 463. – Siehe auch den Antrag des Landes Nordrhein-Westfalen im Bundesrat auf Erweiterung des § 41 BImSchG um Maßnahmen der Lärmsanierung, siehe BR-Drs. 463/2/96, S. 1. Ferner die Entschließung des Bundesrats zur Lärmsanierung, abgedruckt in BR-Drs. 661/89, Anlage S. 9 ff. (10), wonach der Bundesrat ergänzend zur 16. BImSchV eine gesetzliche Regelung der Lärmsanierung an Straßen- und Schienenwegen für dringend erforderlich halte. Vgl. auch die Antwort des Staatssekretärs *Dr. Knittel* auf die Anfrage des Abgeordneten *Koschyk* (CDU/CSU), ob die Bundesregierung im Hinblick auf die ICE-Trasse Nürnberg-Bamberg-Coburg-Erfurt in den Bereichen, in denen diese Trasse durch Wohnbereiche führt, zusätzliche Lärmschutzmaßnahmen, die über den gesetzlich geforderten Mindeststandard hinausgehen (BT-Drs. 12/3027, S. 52 f.): „Die 16. BImSchV schreibt bereits sehr strenge Grenzwerte vor. Darüber hinausgehende Forderungen können im Hinblick auf eine ausgewogene und sparsame Verwendung der zur Verfügung stehenden Steuermittel weder von der Deutschen Bahn finanziert werden noch kann der Bundesminister für Verkehr solche Maßnahmen bezuschussen. Zusätzliche Maßnahmen bedingen demnach die gleichzeitige Verpflichtung Dritter, die Mehrkosten zu übernehmen."

7. März 2005 in Kraft getreten ist.[882] Die Förderrichtlinie konkretisiert die Förderbedingungen für die Vergabe der im Bundeshaushalt Kapitel 1222 Titel 891 05 „Maßnahmen zur Lärmsanierung an bestehenden Schienenwegen der Eisenbahnen des Bundes“ und Kapitel 1222 Titel 682 05 ausgewiesenen Mittel. Nach § 1 Abs. 1 S. 1 der Förderrichtlinie gewährt der Bund Zuwendungen für die Lärmsanierung an Schienenwegen der Eisenbahnen des Bundes nach Maßgabe dieser Richtlinie sowie der Allgemeinen Verwaltungsvorschriften (VV-BHO) zu § 44 BHO, wenn der Lärmpegel die Immissionswerte der Lärmsanierung überschreitet. Lärmsanierung im Sinne der Förderrichtlinie ist die „Verminderung der Lärmbelastung an *bestehenden* Eisenbahnstrecken, *ohne* dass die Voraussetzungen zur Lärmvorsorge (§§ 41 bis 43 BImSchG) gegeben sind“ (§ 1 Abs. 3 lit. a) der Richtlinie, Herv. d. Verf.). Zuwendungen nach der Förderrichtlinie werden auf Antrag des Zuwendungsempfängers durch Zuwendungsbescheid der Bewilligungsbehörde gewährt (§ 4 Abs. 1 der Richtlinie). Zuwendungsempfänger sind gem. § 3 Abs. 1 der Richtlinie Eisenbahninfrastrukturunternehmen des Bundes (zum Begriff § 2 Abs. 1 u. 3 AEG[883]). Bewilligungsbehörde ist nach § 7 Abs. 1 das Eisenbahn-Bundesamt. Eine Lärmsanierungsmaßnahme kann gem. § 4 Abs. 3 gefördert werden, wenn sie im Lärmsanierungsprogramm enthalten ist und der Beurteilungspegel die im Bundeshaushalt aufgeführten maßgebenden Immissionsgrenzwerte für Lärmsanierung überschreitet. Der Beurteilungspegel ist nach Anlage 2 zu § 3 der 16. BImSchV zu berechnen (§ 4 Abs. 4 S. 1 der Richtlinie). In den Erläuterungen zu Kapitel 1222 Titel 891 05 des Bundeshaushalts 2009[884] sind folgende Immissionsgrenzwerte für die Lärmsanierung bestimmt[885]:

- für Krankenhäuser, Schulen, Kindertagesstätten, Altenheime, reine und allgemeine Wohngebiete sowie Kleinsiedlungsgebiete: 70/60 dB(A) tags/nachts (Nr. 1);
- für Kern-, Dorf- und Mischgebiete: 72/62 dB(A) tags/nachts (Nr. 2);
- für Gewerbegebiete: 75/65 dB(A) tags/nachts (Nr. 3).

---

[882] Der Text der Richtlinie kann abgerufen werden unter <http://www.bmvbs.de/Anlage/original_1002099/Foerderrichtlinie-Laermsanierung-Schiene-barrierefrei.pdf> (Stand: 19.09.2009). Zum Lärmsanierungsprogramm an Bundesschienenwegen siehe <http://www.bmvbs.de/Verkehr/Schiene/Laermschutz-,1460.920060/Laermsanierungs programm-an-Bun.htm> (Stand: 03.10.2009). Zur Lärmsanierung auch S. 8 ff. des Nationalen Verkehrslärmschutzpakets II des Bundesministeriums für Verkehr, Bau und Stadtentwicklung vom 27.08.2009 (oben Fn. 1); Umweltbericht 2002, BT-Drs. 14/8755, S. 45; vgl. auch die Antwort der Bundesregierung auf die Kleine Anfrage der Abgeordneten *Kauch, Friedrich* (Bayreuth), *Homburger* u. a. sowie der FDP-Fraktion, BT-Drs. 15/3038, S. 1 ff.; *Puls,* Verkehrslärm, S. 50.

[883] Eisenbahninfrastrukturunternehmen sind nach § 2 Abs. 1 AEG Unternehmen, die eine Eisenbahninfrastruktur betreiben. Nach § 2 Abs. 3 AEG umfasst die Eisenbahninfrastruktur die Betriebsanlagen der Eisenbahnen einschließlich der Bahnstromfernleitungen.

[884] Der hier relevante Einzelplan des Bundesverkehrsministeriums ist im Internet abrufbar unter <http://www.bundesfinanzministerium.de/bundeshaushalt2009/pdf/epl12.pdf> (Stand: 19.09.2009).

[885] Vgl. auch die Wiedergabe in Anhang 1 der Förderrichtlinie.

Diese Lärm*sanierungs*grenzwerte liegen damit deutlich über den Lärm*vorsorge*grenzwerten des § 2 Abs. 1 der 16. BImSchV, etwa für Wohngebiete um 11 dB(A). In Deutschland bestehen rund 3.400 Streckenkilometer mit Lärmsanierungsbedarf.[886] Gegenstand der Förderung sind Maßnahmen des aktiven Lärmschutzes an Bahnanlagen (z. B. Errichtung von Lärmschutzwänden oder -wällen, das „besonders überwachte Gleis“, Maßnahmen zur Lärmminderung an Brückenbauwerken und der Einbau von Schienenschmiereinrichtungen in engen Gleisbögen) sowie Maßnahmen des passiven Lärmschutzes an baulichen Anlagen (z. B. Einbau von Schallschutzfenstern und Lüftungseinrichtungen), vgl. § 2 Abs. 1 der Richtlinie.[887] Grundsätzlich können nur Maßnahmen gefördert werden, deren lärmmindernde Wirkung belegt ist und die zum Zeitpunkt der Förderungszusage noch nicht realisiert waren.[888] Ein Rechtsanspruch auf Förderung nach der Förderrichtlinie besteht nicht (vgl. § 1 Abs. 1 S. 2 der Richtlinie). Vielmehr entscheidet die Bewilligungsbehörde aufgrund pflichtgemäßen Ermessens (siehe § 1 Abs. 1 S. 3). Die Gewährung der Zuwendung ist nach der Förderrichtlinie eine freiwillige Leistung und steht nach § 1 Abs. 1 S. 4 unter dem Vorbehalt der Verfügbarkeit der veranschlagten Haushaltsmittel.[889] Kapitel 1222 Titel 891 05 des Bundeshaushalts 2009 stellt für die Lärmsanierung an bestehenden Schienenwegen der Eisenbahnen des Bundes für das Haushaltsjahr 2009 Mittel im Umfang von insgesamt 100 Mio. EUR bereit.[890] Während für die Lärmsanierung an Bundesfernstraßen in den Jahren 1978 bis 1998 1,26 Mrd. DM (60 Mio. DM = 31 Mio. EUR im langjährigen Durchschnitt) aufgewandt wurden, wurde mit der Lärmsanierung an Schienenwegen erst 1999 begonnen.[891]

„Lärmsanierungsansprüche“ können sich auch aus anderen Rechtsgrundlagen ergeben. Teilweise wird in nachträglichen Schutzanordnungen gem. § 75 Abs. 2 S. 2 VwVfG (dazu unten E.) ein Fall der Lärmsanierung gesehen.[892] Ferner kommen Ansprüche aus zivilrechtlichem Nachbarrecht nach §§ 1004, 906 BGB[893] (unten F.)

---

886 Siehe *Puls,* Verkehrslärm, S. 66 m. w. N.

887 Nicht förderfähig sind aufgrund der Vorbehalte des Finanzministeriums Maßnahmen an den Fahrzeugen (u. a. Ersatz von Grauguss-Bremsklötzen durch solche aus Kunststoff), krit. insoweit *Krüger* u. a., Schall- und Erschütterungsschutz, S. 107.

888 UBA, Hinweise, S. 11.

889 Krit. SRU 1999, BT-Drs. 14/2300, S. 208 (Ziff. 510).

890 Vgl. auch Kapitel 1202 Titel 891 91 – Innovations- und Investitionsprogramm für den Schienenverkehr mit einer Ausweisung von 170 Mio. EUR für die Verbesserung des Schienennetzes, der Personenbahnhöfe und der Lärmsanierung sowie Titel 682 05 – Zuschuss für Maßnahmen zur Lärmsanierung an bestehenden Schienenwegen der Eisenbahnen des Bundes; krit. *Krüger* u. a., Schall- und Erschütterungsschutz, S. 97, 106 f., 115 f. u. 122, wonach die Haushaltsmittel für die Lärmsanierung deutlich zu gering bemessen seien.

891 Wobei jährlich zunächst 100 Mio. DM (51 Mio. EUR) und seit 2007 100 Mio. EUR zur Verfügung gestellt wurden, siehe <https://umweltbundesamt.de/verkehr/laerm/strassen-und-schienen-verkehr.htm#rg> (Stand: 20.09.2009); <http://www.bmvbs.de/Klima_-Umwelt-Energie/Mobilitaet-Verkehr/Laermschutz-,2862.920060/Laermsanierungsprogramm-an-Bun.htm> (Stand: 03.10.2009).

892 *Michler,* Verkehrsimmissionsschutz, S. 84; a. A. *Ronellenfitsch,* in: Marschall/Schroeter/Kastner, FStrG, § 17 Rn. 148 (siehe auch unten Fn. 1797).

sowie Ansprüche unmittelbar aus den Grundrechten der Art. 2 Abs. 2 S. 1 u. 14 Abs. 1 GG [siehe auch unten c)aa)(2)][894] in Betracht.[895] Denkbar ist ferner als „ultima ratio" ein Anspruch auf (Teil-)Widerruf des Planfeststellungsbeschlusses gem. § 49 Abs. 2 S. 1 Nr. 3 oder 5 VwVfG, wenn Schutzauflagen nach § 75 Abs. 2 S. 2 VwVfG nicht als Abhilfe ausreichen.[896] Ein Wiederaufgreifen des Verwaltungsver-

---

893 UBA, Hinweise, S. 11: „Sonderfall der Lärmsanierung" (siehe auch unten Fn. 1846).

894 Offen gelassen von BVerwG, Beschl. v. 27.12.1993, 7 B 121.93, UPR 1994, 261, juris, Rn. 10 – Eisenbahntrasse Hannover–Bremerhaven. – Zur Anwendung des Gleichbehandlungsgrundsatzes (Art. 3 Abs. 1 GG), wenn eine „freiwillige" Lärmsanierung nicht allen Anliegern des Verkehrsweges zuteil wird, *Vallendar,* Sanierungsansprüche, S. 262 m.w.N. sowie zur „Umverteilung" von Lärm zu Lasten von Trassenanliegern *ders.*, in: Hermes/Sellner, AEG, § 18 Rn. 116 m.w.N.; ferner BVerwG, Beschl. v. 24.08.1999, 4 B 58.99, NVwZ 2000, 70 (71) zu einem Anspruch auf Lärmsanierung aus Art. 3 Abs. 1 GG in Verbindung mit den – den Charakter von Verwaltungsvorschriften aufweisenden – „Hinweisen zum Lärmschutz und zur Erstattung von Aufwendungen für Lärmschutzmaßnahmen an bestehenden Bundesstraßen in der Baulast des Bundes"; vgl. aber auch *Czajka,* in: Feldhaus, BImSchG, § 41 Rn. 24. – Ein Eingriff in den Schutzbereich von Art. 13 Abs. 1 GG (Unverletzlichkeit der Wohnung) durch Umwelteinwirkungen ist ablehnt, BVerfG, 3. Kammer des Ersten Senats, Beschl. v. 29.07.2009, 1 BvR 1606/08, NVwZ 2009, 1494 (1498), juris, Rn. 34 – Verkehrsflughafen Berlin-Schönefeld: „Mit Art. 13 Abs. 1 GG wird dem Einzelnen im Hinblick auf seine Menschenwürde und im Interesse der freien Entfaltung der Persönlichkeit ein elementarer Lebensraum gewährleistet. Der Einzelne hat in seinen Wohnräumen das Recht, in Ruhe gelassen zu werden ... In dieses Recht wird jedoch nicht durch Umwelteinwirkungen eingegriffen ... Dies zeigt sich schon daran, dass die Eingriffsrechtfertigungen des Art. 13 GG ersichtlich davon ausgehen, dass solche Fälle nicht zum Schutzbereich des Art. 13 GG zählen."

895 Zum Anspruch auf Aufstellung von Lärmaktionsplänen nach § 47d BImSchG unten Fn. 956. – Zum Anspruch von Straßenanwohnern nach Anordnung von Tempo 30 auf verkehrsbeschränkende Maßnahmen zur Lärmreduzierung OVG Berlin-Brandenburg, Beschl. v. 16.09.2009, 1 N 71/09, NVwZ-RR 2010, 15 ff.

896 Nach § 49 Abs. 2 S. 1 Nr. 3 und 5 VwVfG darf ein rechtmäßiger begünstigender Verwaltungsakt, auch nachdem er unanfechtbar geworden ist, ganz oder teilweise mit Wirkung für die Zukunft (nur) widerrufen werden, wenn die Behörde auf Grund nachträglich eingetretener Tatsachen berechtigt wäre, den Verwaltungsakt nicht zu erlassen, und wenn ohne den Widerruf das öffentliche Interesse gefährdet würde (Nr. 3) oder um schwere Nachteile für das Gemeinwohl – wozu auch die ernsthafte Gefährdung oder Beeinträchtigung des Lebens und der Gesundheit Einzelner gehört, da auch deren Schutz unter Berücksichtigung von Art. 1 u. 2 GG eine vorrangige Aufgabe der Gemeinschaft ist (*Kopp/Ramsauer,* VwVfG, § 49 Rn. 56 u. *Meyer,* in: Knack/Henneke, VwVfG, § 49 Rn. 62, jew. m.w.N.) – zu verhüten oder zu beseitigen (Nr. 5). Nach BVerwG, Urt. v. 21.05.1997, 11 C 1.96, BVerwGE 105, 6 = NVwZ 1998, 281 (282 f.) – Endlager Morsleben schließe § 72 Abs. 1 VwVfG die Vorschrift des § 49 VwVfG – im Gegensatz zu einigen anderen ausdrücklich genannten Normen wie etwa § 51 VwVfG – nicht von der Anwendbarkeit auf Planfeststellungsbeschlüsse aus. Auch § 75 Abs. 2 VwVfG stehe (im Fall: der Anwendbarkeit von § 49 Abs. 2 Nr. 5 VwVfG) nicht entgegen. Die Vorschrift

beschränke sich auf die Regelung der Auswirkungen der Bestandskraft von Planfeststellungsbeschlüssen; sie enthalte keine Aussage zu der in § 49 VwVfG geregelten Durchbrechung der Bestandskraft selbst. Das entspreche der Funktion von § 75 Abs. 2 VwVfG: Sie bestehe in der Anordnung einer besonderen, insbesondere privatrechtlichen Duldungswirkung des bestandskräftigen Planfeststellungsbeschlusses, die Ansprüche auf Unterlassung, Änderung oder Beseitigung des unanfechtbar festgestellten Vorhabens ausschließe, für den Fall nicht voraussehbarer Folgen aber Ansprüche auf Schutzvorkehrungen gewähre. Allerdings betont das Bundesverwaltungsgericht, dass § 75 Abs. 2 S. 2 VwVfG die Auslegung und Anwendung von § 49 VwVfG beeinflusse: Die Widerrufsmöglichkeit nach § 49 VwVfG erweise sich – entsprechend dem Grundsatz der Verhältnismäßigkeit – als „*ultima ratio*". Ein Widerruf könne von Dritten nur verlangt werden, *wenn Schutzauflagen nach § 75 Abs. 2 S. 2 VwVfG nicht als Abhilfe ausreichten.* In dieser Modifikation der Widerrufsnorm, nicht hingegen im Ausschluss des § 49 VwVfG zeige sich die erhöhte Bestandskraft des Planfeststellungsbeschlusses; ebenso BVerwG, Beschl. v. 26.02.2004, 4 B 95.03, NVwZ 2004, 869 m.w.N. – Flughafen Köln/Bonn, BVerwG, Beschl. v. 16.12.2003, 4 B 75.03, NVwZ 2004, 865 (867) – Flughafen Frankfurt/Main u. BVerwG, Beschl. v. 10.10.2003, 4 B 83.03, NVwZ 2004, 97 f., Ls. 2 m.w.N.: Ein (Teil-)Widerruf eines Planfeststellungsbeschlusses kommt erst in Betracht, wenn nachträgliche Schutzauflagen nicht ausreichten, um Gefahren für grundrechtlich geschützte Rechtsgüter abzuwehren. Ein Rückgriff auf die Widerrufsvorschrift des § 49 VwVfG komme nicht schon deshalb in Betracht, weil Ansprüche aus § 75 Abs. 2 S. 2 u. 4 VwVfG wegen Versäumung der Drei-Jahres-Frist nicht mehr geltend gemacht werden könnten. Es verstehe sich von selbst, dass der durch die Planfeststellung Begünstigte nicht deshalb der schärferen Sanktion des Widerrufs ausgesetzt sein darf, weil es der Betroffene in Vernachlässigung seiner eigenen Belange unterlassen habe, den weniger belastenden Einsatz von Schutzauflagen zeitnah zu fordern; im Erg. ebenso VGH Bad.-Württ.: Urt. v. 21.12.2006, 8 S 1827/06, BeckRS 2007, 21210 Ls. m.w.N. – Beseitigung eines Bahnübergangs: Der Antrag eines Dritten auf Widerruf eines bestandskräftigen Planfeststellungsbeschlusses wegen nachträglicher Änderung der Sach- und Rechtslage könne nur dann Erfolg haben, wenn bei Antragstellung evident sei, dass ein außerordentlicher Ausnahmefall vorliege, weil Schutzauflagen nicht ausreichten, um nachteilige Auswirkungen des Plans auf besonders schutzwürdige eigene Rechtspositionen des Dritten auszuschließen; tendenziell strenger wohl BayVGH, Beschl. v. 12.10.1995, 20 B 94.1188, NVwZ 1996, 1125 (1128) m.w.N. auch zur Gegenansicht: Aus der speziellen und abschließenden Regelung des § 75 Abs. 2 S. 1 u. 2 VwVfG (nämlich die nur ausnahmsweise Einschränkung der Sicherungs- und Duldungswirkung einer bestandskräftigen Planfeststellung auf Fälle nicht voraussehbarer Wirkungen des Vorhabens) folge, dass weitere Einschränkungen, insbesondere durch Rücknahme oder Widerruf einer bestandskräftigen Planfeststellung, nicht oder nur in besonders gelagerten Ausnahmefällen möglich seien. Die §§ 48, 49 VwVfG fänden auf bestandskräftige Planfeststellungen nicht uneingeschränkt Anwendung; denn sonst käme es zu einer weitgehenden Aushöhlung der Verfahrensgarantie einer Planfeststellung, die aber gerade durch die speziellen Regelungen des § 75 Abs. 2 S. 1 u. 2 VwVfG gesichert sein solle (siehe auch den Ausschluss des § 51 VwVfG in § 72 Abs. 1 Halbs. 2 VwVfG). Erfahre die Anwendbarkeit der §§ 48, 49 VwVfG insoweit zumindest eine Modifikation, so müsse sich diese im Sinne einer restriktiven Handhabung bezüglich § 48 VwVfG auf „krasse Ausnahmefälle" beschränken, in denen im Einzelfall zur Bewältigung nicht hinnehmbarer Härten die Rücknahme eines bestandskräftigen Planfeststellungsbeschlusses geboten sei; eine Anwendbarkeit des § 49 fahrens nach § 51 VwVfG ist demgegenüber gem. § 72 Abs. 1 Halbs. 2 VwVfG für die Planfeststellung ausdrücklich ausgeschlossen.[897] Wegen der Wertung des § 2 Abs. 1 Nr. 4 BImSchG scheidet auch eine Lärmsanierung auf der Grundlage des öffentlich-rechtlichen Immissionsabwehranspruchs aus.[898] Fraglich ist, ob etwaige Ansprüche aufgrund der Immissionsschutzgesetze der Länder in Betracht kommen; dies setzt voraus, dass es sich bei dem Verkehrslärm um verhaltensbezogenen Lärm handelt.[899] Nach der ständigen Rechtsprechung des Bundesverwaltungsgerichts und des Bundesgerichtshofs besteht *jedenfalls im Rahmen der durch das Vorhaben ausgelösten Konfliktbewältigung* ausnahmsweise ein Anspruch auf Sanierung der bereits

---

VwVfG scheitere regelmäßig an einem Fehlen der Voraussetzungen des § 49 Abs. 2 VwVfG; strenger wohl auch OVG Berlin-Brandenburg, Urt. v. 02.05.1996, 2 A 5/92, LSK 1997, 130054 Ls. 3 – Flughafen Berlin-Tegel: Einem Anspruch auf vollständigen oder teilweisen Widerruf des Planfeststellungsbeschlusses oder auf fehlerfreie Ausübung des Widerrufsermessens nach Maßgabe der allgemeinen Widerrufsvorschriften gem. § 49 Abs. 2 VwVfG stünden dagegen prinzipiell die planfeststellungsrechtlichen Spezialvorschriften des § 9 Abs. 2 LuftVG in Verbindung mit § 72 Abs. 1 VwVfG und § 75 VwVfG entgegen; vgl. auch *Kopp/Ramsauer,* VwVfG, § 49 Rn. 42, nach dem § 49 Abs. 2 S. 1 Nr. 3 VwVfG nicht anwendbar sei, wenn das Gesetz besondere Regelungen für den Fall einer Änderung der Verhältnisse treffe, etwa zum Erlass nachträglicher (Schutz-)Auflagen (gem. § 75 Abs. 2 S. 2 u. 3 VwVfG); ebenso *Meyer,* in: Knack/Henneke, VwVfG, § 49 Rn. 61 m. w. N. (mit Beispiel zu nachträglichen Schutzauflagen nach § 9b Abs. 3 S. 2 AtG) zu § 49 Abs. 2 S. 1 Nr. 5 VwVfG, der gegenüber speziellen Normen, die Eingriffe in entsprechende Situationen von bestimmten Voraussetzungen abhängig machen – wie § 75 Abs. 2 S. 2 VwVfG etwa durch das Merkmal der Unvorhersehbarkeit – zurücktritt.

[897] Vgl. auch vorstehend Fn. 896 sowie unten Fn. 1805.

[898] Dies gilt jedenfalls im Rahmen der einfach-rechtlichen Zumutbarkeitsschwelle, vgl. OVG Bremen, Urt. v. 19.01.1993, 1 BA 11/92, NVwZ-RR 1993, 468 (469 f.), bestätigt durch BVerwG, Beschl. v. 27.12.1993, 7 B 121.93, UPR 1994, 261, juris, Rn. 9 – Eisenbahntrasse Hannover–Bremerhaven (die gegen die Entscheidung erhobene Verfassungsbeschwerde hat das Bundesverfassungsgericht nicht zur Entscheidung angenommen); *Michler,* VBlBW 1998, 201 (203) auch zu §§ 1004, 906 BGB (unten Fn. 1858).

[899] Durch Art. 1 Ziff. 2 des Dreißigsten Gesetzes zur Änderung der Grundgesetzes (Art. 74 GG – Umweltschutz) vom 12.04.1972, BGBl. I, S. 593, wurde in Art. 74 Abs. 1 GG die Nummer 24 angefügt und damit dem Bund die konkurrierende Gesetzgebungskompetenz unter anderem für die „Lärmbekämpfung" übertragen. Art. 1 Nr. 7 lit. a) mm) des Gesetzes zur Änderung des Grundgesetzes vom 28.08.2006, BGBl. I, S. 2034 („Föderalismusreformgesetz") hat indessen den Schutz vor *verhaltensbezogenem* Lärm ausdrücklich von der konkurrierenden Gesetzgebungskompetenz des Bundes ausgenommen (vgl. dazu die unterschiedlichen Auslegungen der Vorschrift durch *Hansmann,* NVwZ 2007, 17 ff. und *Huber/Wollenschläger,* NVwZ 2009, 1513 ff.). Den Ländern wurde somit – über die schon bislang bestehenden „Öffnungsklauseln" für Landesrecht [§§ 22 Abs. 2, 23 Abs. 2, 49 Abs. 3 BImSchG, dazu *Hansmann,* NVwZ 2007, 17 (20)], die auch für den Schienenverkehr und auch für die Deutsche Bahn AG gelten (vgl. *Bürgel,* NJW 1996, 1804 (1805), hinaus – die Möglichkeit eigener materiell-rechtlicher Regelungen des verhaltensbezogenen Immissionsschutzes eröffnet.

bestehenden Lärmsituation, wenn diese zu einer Verletzung des Rechts auf körperliche Unversehrtheit (Art. 2 Abs. 2 S. 1 GG) führt oder im Hinblick auf das Grundeigentum (Art. 14 Abs. 1 GG) eine Belastung darstellt, die als „*schwer und unerträglich*" zu qualifizieren ist und damit die sog. Enteignungsschwelle überschreitet.[900] Denn für die Erreichung der verfassungsrechtlichen Zumutbarkeitsgrenze[901] kann nicht danach unterschieden werden, ob die Verkehrsimmissionen von bestehenden oder neuen Verkehrswegen ausgehen.[902] Der verfassungsrechtliche Lärmsanierungsanspruch besteht neben den Ansprüchen aus §§ 41, 42 BImSchG und setzt im Gegensatz zu diesen keine bauliche Veränderung des Verkehrswegs voraus.[903] Unter welchen Voraussetzungen die Anlieger von Bestandsstrecken auch unabhängig von baulichen Maßnahmen einen Anspruch auf Lärmschutz haben, ist indessen noch nicht abschließend geklärt.[904]

Dass sowohl zivilrechtliche als auch verfassungsrechtliche Ansprüche in Betracht kommen, ist kein Widerspruch. Bereits das Reichsgericht hat in seinem Urteil vom 9. Januar 1939[905] zum Unternehmen „Reichsautobahn", welches als juristische Person des öffentlichen Rechts ausgestaltet war, ausgeführt, auch wenn das Unternehmen mit dem Bau und dem Betrieb der Autobahnen öffentliche und hoheitsrechtliche Aufgaben erfülle, stehe es „doch auch mit seinem Grundbesitz im Bereich des privatrechtlichen Eigentums und ist mit diesem den Regeln des bürgerlichen Rechts, insbesondere denen des Nachbarrechts, unterworfen"; das sei „in bezug auf andere Betriebe, die Staatsaufgaben erfüllen, wie z. B. die Eisenbahn und die Post, niemals zweifelhaft gewesen. Sie stehen wie alle anderen Personen in der nachbarlichen Ge-

---

900 BVerwG, Urt. v. 29.01.1991, 4 C 51.89, BVerwGE 87, 332 = NVwZ-RR 1991, 601 (610) m. w. N. – Verkehrsflughafen München II; ferner BGH, Urt. v. 20.03.1975, III ZR 215/71, BGHZ 64, 220 = NJW 1975, 1406 (1408 f.) – Reuterstraße; BGH, Urt. v. 10.12.1987, III ZR 204/86, NJW 1988, 900 (901 f.); Hess. VGH, Urt. v. 26.03.2003, 2 UE 2873/02, juris, Rn. 71 m. w. N. – Zum Verhältnis des Art. 2 Abs. 2 S. 1 GG und des Art. 14 Abs. 1 GG *Michler,* Verkehrsimmissionsschutz, S. 84 ff., nach dessen zutr. Ausführungen Art. 2 Abs. 2 GG das Maß dessen bestimme, was im Rahmen von Art. 14 Abs. 1 und 2 GG als schwerer und unerträglicher Eingriff in das Grundeigentum zu werten sei; ferner *Dolde,* Gesamtlärmbewertung, S. 465; *ders.*, ZfL 2001, 100 (106 f.), nach dem der Nachbar einer Schienenstrecke der Deutschen Bahn daher einen Anspruch auf Schutzmaßnahmen habe, wenn er schweren und unerträglichen Lärmeinwirkungen ausgesetzt sei. Maßstab sei die Möglichkeit der Grundstücksnutzung, ohne in der Gesundheit beeinträchtigt zu werden. Grundlage des Anspruchs sei Art. 14 GG, wobei sich die Rechtsfolgen aus einer Analogie zu § 74 Abs. 2 S. 2 u. 3 VwVfG, § 41 u. § 42 Abs. 1 BImSchG ergäben.

901 Oben B.I.2.b)bb)(2)(b).

902 Vgl. BGH, Urt. v. 10.12.1987, III ZR 204/86, NJW 1988, 900 (901) m. w. N., zu Straßen; *Berkemann,* Lärmgrenzwerte, S. 89: Ungeklärt ist in der Rechtsprechung, ob insoweit ein Anspruch auf Unterlassung besteht; verneinend RG, Urt. v. 09.01.1939, V 154/38, RGZ 159, 129 (135).

903 Hess. VGH, Urt. v. 26.03.2003, 2 UE 2873/02, juris, Rn. 71.

904 Vgl. *Vallendar,* in: Hermes/Sellner, AEG, § 18 Rn. 153; *Schulze-Fielitz,* in: GK-BImSchG, § 41 Rn. 43; ausführlich *Michler,* VBlBW 1998, 201 ff. Siehe auch d. Nachw. in Fn. 894.

905 V 154/38, RGZ 159, 129 (131 f.).

meinschaft“. Nur erlange dabei „ihre sich aus ihren Aufgaben ergebende Sonderstellung Beachtung“. Erst recht gilt dies nach der Privatisierung der Deutschen Bahn. Die Ansprüche richten sich zudem gegen unterschiedliche Rechtssubjekte, die Ansprüche aus § 75 Abs. 2 S. 2 VwVfG und Art. 2 Abs. 2 S. 1, 14 Abs. 1 GG gegen den planenden bzw. zulassenden Staat (Rechtsträger der Planfeststellungsbehörde) und die Ansprüche aus §§ 1004, 906 BGB gegen die privatrechtlich organisierten Eisenbahnunternehmen.[906]

### *c) Einzel- oder Summenpegel? – Zur Berücksichtigung von Lärmvorbelastungen*

#### aa) Die Rechtsprechung des Bundesverwaltungsgerichts

*(1) Grundsatz*

Die Regelungen des § 41 Abs. 1 BImSchG und der 16. BImSchV werfen die Frage auf, ob als Beurteilungsgrundlage für das Vorliegen von „schädlichen Umwelteinwirkungen“ und damit für den Verkehrslärmschutz der Betroffenen nur auf den von dem zu bauenden oder zu ändernden Verkehrsweg ausgehenden Lärm abzustellen ist („Einzelpegel“) oder ob auch der Lärm von anderen (geplanten oder bestehenden) Verkehrswegen und von sonstigen Geräuschquellen (z.B. Gewerbe- und Industrieanlagen, Sportstätten, Kindergärten) in die Betrachtung mit einzubeziehen, also eine summative Betrachtung anzustellen ist („Summenpegel“ bzw. „Gesamtbeurteilungspegel“[907]).[908] Wie bereits dargelegt[909], hatte der 4. Senat des Bundesverwaltungsgerichts in seinem B 27-Urteil vom 21. Mai 1976[910] den Begriff der „erheblichen“ Belästigung im Sinne von § 17 Abs. 4 FStrG a.F. auch unter Berücksichtigung einer tatsächlichen und/oder plangegebenen Vorbelastung ausgelegt und diese zu Lasten der Lärmbetroffenen schutzmindernd berücksichtigt. Für die Rechtslage nach § 41 Abs. 1 BImSchG und der 16. BImSchV hatte sich der 4. Senat mit dieser Frage erneut zu be-

906 Zutr. *Michler,* VBlBW 1998, 201 ff. u. 208. – Noch nicht abschließend geklärt ist demgegenüber, ob auch die privatrechtlichen Eisenbahnunternehmen, die in der (mehrheitlichen) Hand des Staates stehen, grundrechtsverpflichtet sind, zum Streitstand *Remmert,* in: BeckOK-GG, Art. 87e Rn. 12 ff.; vgl. auch einen hoheitlichen Eingriff verneinend *Bürgel,* NJW 1996, 1804 (1805).

907 Die TA Lärm spricht von „Gesamtbelastung“. Gesamtbelastung ist nach Nr. 2.4 Abs. 3 der TA Lärm die Belastung eines Immissionsortes, die von allen Anlagen hervorgerufen wird. Gem. Nr. 2.4 Abs. 4 der TA Lärm sind Fremdgeräusche alle Geräusche, die nicht von der zu beurteilenden Anlage ausgehen.

908 Ausführlich dazu *Karkaj,* Gesamtlärmbewertung, S. 159 ff.

909 Oben A.III.

910 IV C 80.74, BVerwGE 51, 15 = NJW 1976, 1760.

fassen. In seiner Leitentscheidung vom 21. März 1996[911] (A 99, Autobahnring München) ist der Senat zu dem Ergebnis gekommen, dass lediglich auf den Verkehrslärm abzustellen ist, der von dem zu bauenden oder zu ändernden Verkehrsweg ausgeht, also auf den Einzelpegel. Eine summative Betrachtungsweise finde grundsätzlich nicht statt. Der Senat hat seine Entscheidung wie folgt begründet: Lärmgrenzwerte erlangten ihre Aussagekraft nur im Zusammenspiel mit einem Mess- oder Berechnungsverfahren, in dem sie zu ermitteln seien.[912] Die für Straßen geltende Anlage 1 zur 16. BImSchV (aus der für Schienenwege geltenden Anlage 2 ergibt sich nichts anderes) lasse „*in die Berechnung des Beurteilungspegels nur Faktoren eingehen, welche sich auf die neue oder zu ändernde Straße beziehen. Auswirkungen, die von anderen Verkehrswegen ausgehen, bleiben gänzlich unberücksichtigt. Für die Ermittlung eines wie auch immer gearteten Summenpegels stellt die 16. BImSchV jedenfalls für den Regelfall kein Verfahren bereit.*" Das ergebe sich mit Eindeutigkeit auch aus dem Diagramm V der Anlage 1. Dort werde die Berechnungsweise eines Gesamtbeurteilungspegels dargestellt. Dieser betreffe nur die zusammenfassende Berechnung zweier Beurteilungspegel der beiden äußeren Fahrstreifen derselben Straße. Dies lege den Umkehrschluss nahe, für alle anderen Fallbereiche den Ausschluss einer summativen Berechnung als verordnungsrechtlich gewollt anzusehen. Weder eine *systematische Auslegung* noch die *Entstehungsgeschichte* ergäben etwas anderes. Wollte der Verordnungsgeber gleichwohl zugunsten der Beachtung vorhandener Vorbelastungen mit § 2 Abs. 1 der 16. BImSchV großzügig sein, so *hätte eine derartige auch politische Entscheidung im Verordnungstext seinen Ausdruck finden müssen.*[913]

---

[911] Urt. v. 21.03.1996, 4 C 9.95, BVerwGE 101, 1 = NVwZ 1996, 1003 ff. – A 99 (Herv. d. Verf.).

[912] Ohne Bezugnahme auf ein derartiges Verfahren wären die Grenzwerte unbestimmt. Ihnen fehlte die maßgebende Bezugsebene (BVerwG, a.a.O.), siehe bereits oben B.I.3.b)cc).

[913] Gerade der *Entstehungsgeschichte* der 16. BImSchV sei anderes zu entnehmen. Im Entwurf der Bundesregierung zur 16. BImSchV sei der Zusatz „des von dem zu ändernden Verkehrsweg ausgehenden Verkehrslärms" nur in S. 1 Nr. 2 des § 1 Abs. 2 enthalten gewesen. Die in S. 2 enthaltene Ergänzung um dieselbe Wendung beruhe auf dem Vorschlag des Bundesrates [BR-Drs. 661/89 – Beschluss, Anlage Nr. 1, zu § 1 Abs. 2 S. 2, siehe bereits oben B.I.2.b)bb)(2)(c)]. Der Bundesrat habe seinen Ergänzungsvorschlag wie folgt begründet: „Für die Beurteilung nach § 1 Abs. 2, ob eine wesentliche Änderung vorliegt, *sowie für die Bemessung des Schallschutzes nach § 2* ist *ausschließlich der Beurteilungspegel des von dem zu bauenden oder zu ändernden Verkehrsweg ausgehenden Verkehrslärms maßgeblich.* Dies muss in § 1 Abs. 2 S. 2 ebenso klargestellt sein, wie bereits jetzt in § 1 Abs. 2 S. 1 Nr. 2. Bei einem unterschiedlichen Wortlaut dieser beiden Sätze besteht sonst die Gefahr, dass insoweit auf einen unterschiedlichen Inhalt geschlossen wird. Insbesondere ist zu vermeiden, dass *Summenpegel* aus der Überlagerung mit dem Verkehrslärm vorhandener Verkehrswege der Beurteilung nach § 1 Abs. 2 S. 2 zugrun-

Dieser Beurteilung durch den 4. Senat ist zuzustimmen.[914] Es wurde bereits dargelegt, dass die Anlagen 1 u. 2 der 16. BImSchV hinsichtlich des Berechnungsverfahrens abschließend sind und keine Variablen für die Berücksichtigung anderer Faktoren wie Gesamtgeräuschpegel enthalten. Lediglich die für mehrere Fahrstreifen bzw. Gleise jeweils ermittelten Beurteilungspegel sind nach Diagramm V der Anlagen zu einem Gesamtbeurteilungspegel für den Verkehrsweg zusammenzufassen.

Der 11. Senat des Bundesverwaltungsgerichts ist dem Erkenntnis des 4. Senats – unter Hinweis auf dessen A 99-Entscheidung – in seinem Urteil vom 3. März 1999[915] zur Eisenbahntrasse Hamburg–Büchen–Berlin für das Eisenbahnrecht gefolgt und hat ausgeführt, der 16. BImSchV sei „ein *Verbot der Summenpegelbildung* zu entnehmen", das „mit § 41 Abs. 1 BImSchG in Einklang steht." Dies gelte auch, wenn die Verkehrsgeräusche von zwei Eisenbahnlinien ausgingen (im zu entscheidenden Fall die Geräusche von der Strecke Hamburg–Büchen–Berlin und der Strecke Hannover–Berlin).[916]

Lässt die 16. BImSchV somit keine Summenpegelbildung zu, stellt sich die Frage, ob unmittelbar auf § 41 Abs. 1 BImSchG zurückgegriffen werden kann bzw. sogar muss. Der 4. Senat verneint dies in seiner A 99-Entscheidung: Nach § 41 Abs. 1 BImSchG sei bei dem Bau oder der wesent-

---

degelegt werden. Dies liefe nämlich auf eine *Lärmsanierung* bestehender Verkehrswege hinaus, *für die § 41 i. V. mit § 43 Abs. 1 S. 1 Nr. 1 BImSchG keine Ermächtigung enthält*". Es sollte nach der Vorstellung des Bundesrates auch für § 2 ausschließlich der Beurteilungspegel des von dem zu bauenden oder zu ändernden Verkehrsweg ausgehenden Verkehrslärms maßgebend sein. Zwar sei nur § 1 Abs. 2, nicht aber auch § 2 Abs. 1 der 16. BImSchV textlich ergänzt worden. Der Bundesrat habe dies in seinem Vorschlag versäumt. Die Bundesregierung habe diese Konsequenz ersichtlich nicht bemerkt, als sie dem Vorschlag des Bundesrates folgte. Es möge auch sein, dass die Bundesregierung es als selbstverständlich angenommen hatte, dass es bei § 2 der Ergänzung nicht bedürfe. Jedenfalls lasse sich aus der Entstehungsgeschichte nicht entnehmen, dass der Verordnungsgeber mit § 2 Abs. 1 der 16. BImSchV bei vorhandenen Vorbelastungen eine Regelung zugunsten eines Gesamtbeurteilungspegels schaffen wollte (BVerwG, a. a. O.).

914 Ebenso *Ronellenfitsch,* in: Marschall/Schroeter/Kastner, FStrG, § 17 Rn. 146; *Dürr,* in: Knack/Henneke, VwVfG, § 75 Rn. 52.

915 11 A 9.97, NVwZ-RR 1999, 720 (723) (Herv. d. Verf.); vgl. auch *Koch,* NVwZ 2000, 490 (497).

916 Der der Entscheidung zugrunde liegende Planfeststellungsbeschluss hatte jedoch eine Ausnahme von dem Verbot der Summenpegelbildung zugestanden, wenn mehrere Eisenbahnstrecken als „einheitlicher Verkehrsweg" zu betrachten sind, wozu sie parallel verlaufen müssten und nicht durch erkennbar trennende Merkmale wie größere Abstandsflächen, Gehölze oder Wasserflächen das Bild äußerlich getrennter Verkehrswege darstellen dürften. Der 11. Senat hat dies nicht beanstandet; vgl. auch *Vallendar,* in: Hermes/Sellner, AEG, § 18 Rn. 158.

lichen Änderung öffentlicher Straßen sicherzustellen, dass „*durch diese*" keine schädlichen Umwelteinwirkungen hervorgerufen werden, die nach dem Stand der Technik vermeidbar sind. Als schädliche Umwelteinwirkungen gelten gem. § 3 Abs. 1 BImSchG allerdings Immissionen, die nach Art, Ausmaß oder Dauer geeignet seien, Gefahren, erhebliche Nachteile oder erhebliche Belästigungen für die Allgemeinheit oder für die Nachbarschaft herbeizuführen. § 3 Abs. 2 BImSchG verdeutliche – so der Senat –, „dass es hierzu nicht darauf ankommt, woher die zu beurteilende Beeinträchtigung stammt". Maßgebend sei der Zustand. Grundsätzlich sei für den Begriff der Immissionen daher auch keinerlei Zuordnung zu irgendeiner Anlage erforderlich. *§ 3 Abs. 2 BImSchG gehe damit „von der immissionsschutzrechtlichen Vorstellung einer ‚Summation' aus*" und grenze diese – wie § 3 Abs. 3 BImSchG verdeutliche – gerade von dem Begriff der Emission ab. Jedoch regele das Bundes-Immissionsschutzgesetz den Immissionsschutz für Verkehrsanlagen – anders als für gewerbliche Anlagen – nicht umfassend, sondern nur für einen Teilausschnitt. Dies ergebe sich aus § 41 Abs. 1 BImSchG. *Das Gesetz normiere „nicht den Lärmschutz für den Gesamtbestand der vorhandenen Straßen und Schienenwege*". Es *enthalte sich einer Regelung zu Fragen der Lärmsanierung.* § 2 Abs. 1 Nr. 4 BImSchG stelle dies ausdrücklich klar. Eine einheitliche Zumutbarkeitsschwelle gegenüber jeglichem Verkehrslärm auf dem Niveau etwa der Grenzwerte der 16. BImSchV hätte nach der Einschätzung des Gesetzgebers die öffentlichen Haushalte überfordert. Wenn sich der Gesetzgeber bei dieser Sachlage dazu entschied, in erster Linie einen Lärmschutz auf höherem Schutzniveau zunächst in solchen Fällen anzustreben, in denen der Staat eine neue Eingriffslage schaffe, nämlich durch den Bau oder die wesentliche Änderung von Verkehrswegen, so sei dies verfassungsrechtlich hinzunehmen. *Der Gesetzgeber habe „bewusst keine Regelung zur Lärmsanierung des Gesamtbestandes von Straßen und Schienenwegen getroffen*". Im Kern bleibe es „eine politisch zu entscheidende Frage, ob in vorbelasteten Bereichen der Lärmschutz allein zu Lasten der neu anzulegenden bzw. wesentlich zu ändernden Verkehrsanlage geht oder auch vorhandene Verkehrsanlagen zu sanieren sind".

Dies entspricht der seither ständigen Rechtsprechung des Bundesverwaltungsgerichts. Danach erfassen § 41 BImSchG und die 16. BImSchV *nur den Lärm, der von dem zu bauenden oder zu ändernden Verkehrsweg selbst ausgeht.*[917] Lärmprobleme an *bestehenden* Straßen- und Schienenwegen

[917] BVerwG, Urt. v. 17.03.2005, 4 A 18.04, BVerwGE 123, 152 = NVwZ 2005, 811 (812), Ls. 1 – A 73 (Suhl-Lichtenfels), dazu *Gatz,* jurisPR-BVerwG 12/2005 Anm. 5; BVerwG, Urt. v. 23.02.2005, 4 A 5.04, BVerwGE 123, 23 = NVwZ 2005, 808 (809) – A 72; BVerwG, Beschl. v. 11.11.1996, 11 B 65.96, NVwZ 1997, 394 – Eisenbahntrasse Neufahrn–Flughafen München (Verbindungsspange Neufahrn);

werden daher nicht erfasst.[918] Die Beurteilungspegel sind danach grundsätzlich *nicht* als *Summenpegel* zu ermitteln, also *ohne Einbeziehung der bestehenden Lärmvorbelastungen* durch bereits vorhandene Verkehrswege.[919] Die Vorschriften enthalten somit *keine allgemeine Pflicht zur Lärmsanierung,* sondern nur eine Pflicht zum Lärmschutz aus Anlass baulicher Maßnahmen am Verkehrsweg (sog. *Lärmvorsorge*), so dass Ansprüche auf Lärmschutz nach diesen Vorschriften nur dort entstehen können, wo eine (Verkehrswege-)Baumaßnahme erfolgt.[920] Eine Pflicht zur Verbesserung der vorgefundenen Situation obliegt der Planungsbehörde also grundsätzlich nicht.[921] Überschreiten Verkehrslärmimmissionen bereits vor Ausführung

---

VGH Bad.-Württ., Urt. v. 20.11.2008, 5 S 1694/07, juris, Rn. 40 – Bahnübergang Trappensee der Eisenbahntrasse Crailsheim–Eppingen; VGH Bad.-Württ., Urt. v. 28.07.2003, 5 S 1399/02, juris, Rn. 54; *Storost,* in: Ule/Laubinger, BImSchG, § 41 C 21 zur 16. BImSchV; *Steenhoff,* DVBl. 1996, 1236 (1241); krit. *Schulte,* ZUR 2002, 195 (199); *Jarass,* DVBl. 1995, 589 (590 f.).

[918] So krit. *Jarass,* DVBl. 1995, 589 (590).

[919] BVerwG, Urt. v. 23.02.2005, 4 A 4.04, BVerwGE 123, 37 = NVwZ 2005, 803 (807) und 4 A 5.04, BVerwGE 123, 23 = NVwZ 2005, 808 (809) – jew. A 72; BVerwG, Beschl. v. 05.06.2003, 4 BN 19.03, BeckRS 2003, 23594; *Czajka,* in: Feldhaus, BImSchG, § 41 Rn. 54 u. 56; *Dürr,* in: Knack/Henneke, VwVfG, § 75 Rn. 52; *Kloepfer,* Umweltrecht, § 14 Rn. 293; *Kuschnerus,* Der sachgerechte Bebauungsplan, Rn. 320; *Halama,* VBlBW 2006, 132 (136 f.); *Michler,* VerwArch. 1999, 21 (35 ff.); *Alexander,* NVwZ 1991, 318 (320).

[920] BVerwG, Urt. v. 23.11.2005, 9 A 28.04, BVerwGE 124, 334 = NVwZ 2006, 331 (333), Rn. 31; BVerwG, Urt. v. 14.11.2001, 11 A 31.00, BVerwGE 115, 237 = NVwZ 2002, 733 (735) – Eisenbahntrasse Berlin–Stralsund; BVerwG, Urt. v. 15.03.2000, 11 A 42.97, BVerwGE 110, 370 = NVwZ 2001, 71 (75) Ls. 3 – Eisenbahntrasse Hamburg–Büchen–Berlin (Aumühle); BVerwG, Beschl. v. 01.09.1999, 4 BN 25.99, NVwZ-RR 2000, 146 (147); BVerwG, Beschl. v. 24.08.1999, 4 B 58.99, NVwZ 2000, 70 (71); BVerwG, Urt. v. 20.05.1998, 11 C 3.97, NVwZ 1999, 67 (68) – Eisenbahntrasse München–Kiefersfelden; BVerwG, Urt. v. 09.02.1995, 4 C 26.93, BVerwGE 97, 367 = NVwZ 1995, 907 (908) – B 464; BVerwG, Urt. v. 22.03.1985, 4 C 63.80, BVerwGE 71, 150 = NJW 1985, 3034 (3035) – B 455; BVerwG, Urt. v. 12.09.1980, 4 C 74.77, BVerwGE 61, 1 = NJW 1981, 835 (836); BVerwG, Urt. v. 14.12.1979, 4 C 10.77, BVerwGE 59, 253 = NJW 1980, 2368 (2371); BVerwG, Urt. v. 07.07.1978, 4 C 79.76 u.a., BVerwGE 56, 110 = NJW 1979, 64 (69) – Verkehrsflughafen Frankfurt/Main; ferner Hess. VGH, Urt. v. 26.03.2003, 2 UE 2873/02, juris, Rn. 71: allenfalls aus Art. 14 GG bzw. aus „enteignendem" oder „enteignungsgleichem" Eingriff, wenn die Lärmbelastung die Enteignungsschwelle überschreitet; Nds. OVG, Urt. v. 30.04.2002, 7 K 875/00, juris, Rn. 39; aus dem Schrifttum *Schulze-Fielitz,* in: GK-BImSchG, § 41 Rn. 42; *Steinberg/Berg/Wickel,* Fachplanung, § 4 Rn. 54; *Nolte,* jurisPR-BVerwG 13/2008 Anm. 6 B; *Kämper,* in: BeckOK-VwVfG, § 74 Rn. 100; *Schink,* NVwZ 2003, 1041 (1044 f.); *Roth,* NVwZ 2001, 34 ff.; *Uechtritz,* DVBl. 1999, 198 (202); *Alexander,* NVwZ 1991, 318 (325); *Maier,* BWVP 1991, 101 (102).

[921] BVerwG, Beschl. v. 23.06.1989, 4 B 100.89, NVwZ 1990, 263, Ls. 1 – Verkehrsflughafen Stuttgart; *Kuschnerus,* Schutzauflagen, S. 98.

des Planvorhabens das Maß des Zumutbaren, so müssen gewissermaßen „*nicht ‚wegen', sondern ‚aus Anlass'* der notwendigen Planfeststellung" erforderliche Schutzmaßnahmen angeordnet werden.[922]

*(2) Ausnahme*

Der 4. Senat des Bundesverwaltungsgerichts hat in seiner A 99-Entscheidung jedoch zugleich folgendes Gebot der Summenpegelbildung angenommen: „Eine Berechnung der Lärmbeeinträchtigung nach Maßgabe eines *Summenpegels* könnte geboten sein, *wenn der neue oder der zu ändernde Verkehrsweg in Zusammenwirkung mit vorhandenen Vorbelastungen anderer Verkehrswege insgesamt zu einer Lärmbelastung führt, die mit Gesundheitsgefahren oder einem Eingriff in die Substanz des Eigentums verbunden ist.* Der Staat darf durch seine Entscheidungen keine verkehrlichen Maßnahmen zulassen, die im Ergebnis einen nicht rechtfertigungsfähigen Eingriff in Leben, Gesundheit oder Eigentum auslösen. Dies gebieten die in Art. 2 Abs. 2 S. 1 oder 14 Abs. 1 S. 1 GG enthaltenen Gewährleistungen. §§ 41 Abs. 1 u. 43 Abs. 1 S. 1 Nr. 1 BImSchG ermächtigen den Verordnungsgeber – was selbstverständlich ist – nicht, durch seine Berechnungsverfahren grundrechtswidrige Eingriffe zuzulassen".[923]

---

922 BVerwG, Urt. v. 07.07.1978, 4 C 79.76 u.a., BVerwGE 56, 110 = NJW 1979, 64 (69) – Verkehrsflughafen Frankfurt/Main (zu § 9 Abs. 2 LuftVG) (Herv. d. Verf.); ferner BVerwG, Urt. v. 23.11.2005, 9 A 28.04, BVerwGE 124, 334 = NVwZ 2006, 331 (333), Rn. 31.

923 Der Senat begründet seine Auffassung weiter wie folgt:

„Der Gesetzgeber hat Art. 2 Abs. 2 S. 1 GG zu beachten. Er darf durch sein Verhalten die Gesundheit des Einzelnen nicht verletzen. Dem Staat obliegt darüber hinaus im Schutzbereich des Art. 2 Abs. 2 S. 1 GG eine *grundrechtliche Schutzpflicht* (...). Er verstieße gegen diese verfassungsrechtliche Pflicht, ließe er es zu, dass durch den Bau oder durch die wesentliche Änderung eines öffentlichen Verkehrswegs eine die menschliche Gesundheit gefährdende Verkehrslärmbelastung entsteht, und sei es auch nur durch die Erhöhung einer bereits vorhandenen Vorbelastung. Der zum Schutz verpflichtete Staat darf sich dieser Verpflichtung auch nicht dadurch entziehen, dass er summierte Immissionen bereits konzeptionell unbeachtet lässt (...). Vielmehr gebietet die grundrechtliche Schutzpflicht dem Staat, sich durch geeignete Maßnahmen schützend vor den einzelnen zu stellen, wenn für diesen die Gefahr einer Schädigung der körperlichen Unversehrtheit besteht. Diese Verpflichtung trifft ihn erst recht, wenn der Eingriff auf seinem eigenen Verhalten beruht. Dabei kann sich der Staat nicht ohne weiteres mit vorhandenen Erkenntnisdefiziten ‚entschuldigen'. Dies ist bereits dann nicht zulässig, wenn die *Risiken einer Gesundheitsbeeinträchtigung* bereits als solche bekannt sind [Anm.: dazu bereits oben B.I.3.a)]. Die Gesundheitsschädlichkeit muss nicht erst bewiesen werden, um eine Regelungspflicht des Staates auszulösen. Auch Gesundheitsgefährdungen – werden sie erkannt oder als im Risikobereich liegend für hinreichend wahrscheinlich angesehen – verpflichten zum Handeln. Auch hier mögen vielfache Erkenntnisdefizite

Es ist seither ständige Rechtsprechung des Bundesverwaltungsgerichts, dass der von einem vorhandenen Verkehrsweg ausgehende Verkehrslärm und die durch den Bau oder durch die wesentliche Änderung einer öffentlichen Straße oder eines Schienenwegs entstehende zusätzliche Lärmbeeinträchtigung (*Lärmsummation*) gem. Art. 2 Abs. 2 S. 1 GG zu keiner Gesamtbelastung führen dürfen, die eine *Gesundheitsbeeinträchtigung* darstellt oder die in die *Substanz des Eigentums* im Sinne des Art. 14 Abs. 1 S. 1 GG eingreift [zu den richterlich entwickelten Grenzwerten für diese verfassungsrechtliche Zumutbarkeitsschwelle oben 2.b)bb)(2)(b)].[924] Nach ständiger Rechtspre-

---

bestehen. Der Staat muss ihnen – etwa bei der Festsetzung von Grenzwerten – durch *Sicherheitsmargen* zu begegnen suchen.

Für die Auslegung und Anwendung der §§ 41 Abs. 1, 43 Abs. 1 S. 1 Nr. 1 BImSchG folgt aus dieser verfassungsrechtlichen Vorgabe: *Der Gesetzgeber ermächtigt den Verordnungsgeber nicht, Immissionsgrenzwerte festzulegen, die im Falle einer summierten Immission zu einer Gesundheitsgefährdung der Betroffenen führen.* Es bedarf hier keiner näheren Erörterung, ob die Verkehrslärmschutzverordnung restriktiv auszulegen wäre, wenn der Fall einträte, dass das neue Vorhaben eine solche Wirkung auslöst. Unterschiedliche Lösungen wären denkbar, um einen verfassungskonformen Zustand zu gewährleisten. Dazu könnte die Pflicht zählen, das neue Vorhaben zu unterlassen oder die Vorbelastung durch eine gleichzeitig eingeleitete Lärmsanierung zu verringern. Nur das Ziel ist verfassungsrechtlich vorgegeben, nicht jedoch die einzusetzenden Mittel. Für den Bereich des Art. 14 Abs. 1 GG lässt sich ähnliches erwägen."

[924] Vgl. BVerwG, Urt. v. 09.11.2006, 4 A 2001.06, BVerwGE 127, 95 = NVwZ 2007, 445 (457), Rn. 122 – Verkehrsflughafen Leipzig/Halle; BVerwG, Urt. v. 16.03.2006, 4 A 1075.04, BVerwGE 125, 116 = NVwZ 2006, Beilage zu Heft 8, S. 35, Rn. 390 – Verkehrsflughafen Berlin-Schönefeld; BVerwG, Urt. v. 23.02.2005, 4 A 4.04, BVerwGE 123, 37 = NVwZ 2005, 803 (807) und 4 A 5.04, BVerwGE 123, 23 = NVwZ 2005, 808 (809) – jew. A 72; BVerwG, Beschl. v. 05.06.2003, 4 BN 19.03, BeckRS 2003, 23594; BVerwG, Urt. v. 11.01.2001, 4 A 13.99, NVwZ 2001, 1154 (1159), Ls. 5 – A 71; BVerwG, Urt. v. 03.03.1999, 11 A 9.97, NVwZ-RR 1999, 720 (725) – Eisenbahntrasse Hamburg–Büchen–Berlin; und bereits vor der A 99-Entscheidung BVerwG, Urt. v. 22.03.1985, 4 C 63.80, BVerwGE 71, 150 = NJW 1985, 3034 (3035) – B 455; aus der obergerichtlichen Rspr. Sächs. OVG, Beschl. v. 15.12.2005, 5 BS 300/05, LKV 2006, 373 und Beschl. v. 08.12.2005, 5 BS 159/05, LKV 2006, 362 – Waldschlösschenbrücke Dresden; BayVGH, Urt. v. 25.05.2004, 22 A 03.40009, juris, Rn. 48 u. Urt. v. 11.03.2004, 22 B 02.1653, NVwZ-RR 2005, 797 (799), Ls.; VGH Bad.-Württ., Urt. v. 28.01.2002, 5 S 2328/99, BImSchG-Rspr. § 41 Nr. 71; aus der Literatur *Jarass,* BImSchG, § 41 Rn. 38 ff.; *Czajka,* in: Feldhaus, BImSchG, § 41 Rn. 55; *Storost,* in: Ule/Laubinger, BImSchG, § 41 C 22; *Vallendar,* in: Hermes/Sellner, AEG, § 18 Rn. 158; *ders.*, Verkehrsimmissionsschutz, S. 82 ff.; *ders.*, Sanierungsansprüche, S. 261 f.; *ders.*, UPR 2001, 171 (175 f.); *ders.*, VerwArch. 1999, 21 (36); *Kämper,* in: BeckOK-VwVfG, § 74 Rn. 100; *Stüer/Probstfeld,* Planfeststellung, Rn. 222; *Steinberg/Berg/Wickel,* Fachplanung, § 4 Rn. 62; *Dolde,* Gesamtlärmbewertung, S. 456 u. 465; *ders.*, ZfL 2001, 100 (102 u. 106); *Krüger* u.a., Schall- und Erschütterungsschutz, S. 113 u. 116 ff.; *Schröer,* NZBau 2007, 568; *Fickert,* DVBl. 2004, 1253 (1262); *Michler,* VBlBW 2004, 361 (366 ff.); *Halama/Stüer,* NVwZ 2003, 137 (141 ff.);

chung obliegt dem Staat eine *grundrechtliche Schutzpflicht.*[925] Hierzu hat das Bundesverwaltungsgericht im Berlin-Schönefeld-Urteil vom 16. März 2006[926] festgehalten: Ist diese Schwelle des kritischen Bereichs der Gesundheitsgefährdung überschritten, so „sind Schutzmaßnahmen zu ergreifen. Drohe – und sei es erst auf Grund der Summationswirkungen verschiedener Lärmquellen – ein Verfassungsverstoß (vgl. Art. 2 Abs. 2 GG), so darf es mit einer bloß sektoralen Lärmbeurteilung nicht sein Bewenden haben“. Etwaige Sanierungsansprüche Planbetroffener wurzeln damit in der aus Art. 2 Abs. 2 S. 1 GG und Art. 14 Abs. 1 GG folgenden grundrechtlichen Schutzpflicht des Staates.[927] Aus diesem verfassungsrechtlichen Zusammenhang folgt, dass Ansprüche auf nachträgliche Schutzvorkehrungen dann nicht an der fehlenden Anwendbarkeit des § 75 Abs. 2 S. 2 VwVfG scheitern dürfen, wenn die Immissionsbelastung die Enteignungs- bzw. Gesundheitsgefährdungsschwelle überschreitet.[928] Das Bundesverwaltungsgericht hat jedoch in einer jüngeren Entscheidung betont, eine in der Planfeststellung zu befolgende grundrechtliche Pflicht, Schutzvorkehrungen zu treffen, setze „eine *Kausalität* zwischen dem Bau bzw. der Änderung des Verkehrswegs und der gesundheitsgefährdenden Verkehrsbelastung voraus.“ Eine Pflicht, „gesundheitlich bedenkliche Immissionslagen *bei Gelegenheit* der Planfeststellung zu sanieren“, werde somit nicht zum Ausdruck gebracht.[929]

---

*Stüer/Hermanns,* DVBl. 2002, 514 (519); *Peine,* DÖV 1988, 937 (939). – Zur Grundrechtsdogmatik ausführlich *Couzinet,* Immissionen, S. 129 ff. (zu Art. 2 Abs. 2 S. 1 GG) u. 235 ff. (zu Art. 14 GG); *Hofmann,* Verkehrslärmschutz, S. 34 ff. (auch zu Art. 2 Abs. 1 u. Art. 13 Abs. 1 GG).

925 Vgl. nur BVerwG, Urt. v. 21.03.1996, 4 C 9.95, BVerwGE 101, 1 = NVwZ 1996, 1003 (1005) m. w. N. – A 99: zu Art. 2 Abs. 2 S. 1 GG. Siehe bereits oben B.I.3.a). Ausführlich *Couzinet,* Immissionen, S. 45 ff.; ferner *Koch,* Verkehrsumweltrecht, S. 889 ff., nach dem die Schutzpflicht durch die Normierung des Staatsziels „Umweltschutz“ in Art. 20a GG (siehe oben Einführung, S. 20) eine wesentliche Stärkung erfahren hat; *Berberich,* Rechtsschutz, S. 107 ff.; allg. zu staatlichen Schutzpflichten *Hoppe/Beckmann/Kauch,* Umweltrecht, § 4 Rn. 72 ff.; *Schmidt/Kahl,* Umweltrecht, § 2 Rn. 6 ff.; *Schulze-Fielitz/Berger,* DVBl. 1992, 389 (390): „Verfassungsauftrag“ zur Lärmminderung. – Nach dem EGMR in der Rechtssache Hatton (oben Fn. 32) kann in Fragen, die den Umweltschutz betreffen, Art. 8 EMRK anwendbar sein, und zwar sowohl wenn die Umweltverschmutzung direkt auf den Staat zurückgeht (Eingriff), als auch dann, wenn der Staat es unterlassen hat, angemessene Vorschriften für private Unternehmungen zu erlassen („positive Handlungspflicht“), wobei die anzuwendenden Grundsätze im Wesentlichen gleich seien; es müsse ein gerechter Ausgleich zwischen den einander widersprechenden Interessen des Einzelnen und der Gemeinschaft insgesamt hergestellt werden.

926 4 A 1075.04, BVerwGE 125, 116 = NVwZ 2006, Beilage zu Heft 8, S. 35, Rn. 390 m. w. N.

927 *Vallendar,* Sanierungsansprüche, S. 262.

928 Hess. VGH, Urt. v. 13.06.2007, 11 A 2061/06, NVwZ-RR 2008, 88 (90) m. w. N. – Flughafen Frankfurt/Main.

### bb) Kritik der Literatur

Die vorstehende Rechtsprechung des Bundesverwaltungsgerichts, die eine summative Betrachtung nach § 41 BImSchG unterhalb der Schwelle zur Gesundheitsgefahr bzw. der Enteignungsschwelle ablehnt, ist in der Literatur auf Kritik gestoßen.

#### *(1) Akzeptorbezogene Betrachtungsweise des § 3 Abs. 1 u. 2 BImSchG*

Ausgangspunkt der Kritik der Literatur ist der in § 41 Abs. 1 BImSchG in Bezug genommene und in § 3 Abs. 1 BImSchG definierte Begriff der „schädlichen Umwelteinwirkungen". Schädliche Umwelteinwirkungen sind danach Immissionen, die geeignet sind, Gefahren, erhebliche Nachteile oder erhebliche Belästigungen herbeizuführen, wobei Immissionen gem. § 3 Abs. 2 BImSchG unter anderem auf Menschen „einwirkende" Geräusche sind. Der Begriff der schädlichen Umwelteinwirkung wird nach allgemeiner Meinung im rechtswissenschaftlichen Schrifttum nicht quellen-, sondern *akzeptorbezogen* verstanden.[930] Ob schädliche Umwelteinwirkungen vorliegen, hängt danach allein davon ab, wie groß eine etwaige Gesamtlärmbelastung[931] an einem bestimmten Einwirkungsort ist.[932] Unerheblich ist, ob

[929] BVerwG, Beschl. v. 15.01.2008, 9 B 7.07, NVwZ 2008, 675 (676) (Herv. d. Verf.) m. Anm. *Nolte,* jurisPR-BVerwG 13/2008 Anm. 6; *Kämper,* in: BeckOK-VwVfG, § 74 Rn. 92; vgl. auch *Schulze-Fielitz,* UPR 1994, 1 (4 f.) u. *Michler,* Verkehrsimmissionsschutz, S. 156 mit Beispielen in Fn. 45 u. 46 und S. 164 f.: grundsätzlich nur Ausgleich für die *änderungsbedingte* Verschlechterung der Lärmsituation erforderlich. Denn der Bau bzw. die Änderung einer Verkehrsanlage sei für die Vorbelastung nicht ursächlich und der Vorhabenträger würde andernfalls zu einer Lärmsanierung verpflichtet. Die §§ 41 ff. BImSchG und die 16. BImSchV regelten nur die Lärmvorsorge. Etwas anderes gelte in den Fällen des § 1 Abs. 2 S. 2 der 16. BImSchV. In diesen seien die über 70 dB(A) tags/60 dB(A) nachts liegenden Beeinträchtigungen zu kompensieren.

[930] Statt vieler *Koch,* NVwZ 2000, 490 (493); *ders.*, Lärmsummation, S. 217 ff.; *ders.*, Verkehrsumweltrecht, S. 902; *Steinberg/Berg/Wickel,* Fachplanung, § 4 Rn. 60; *Dolde,* Gesamtlärmbewertung, S. 452; *ders.*, ZfL 2001, 100, jew. m.w.N.; *Ketteler,* DVBl. 2008, 220 (224); *Schröer,* NZBau 2007, 568; *Schink,* NVwZ 2003, 1041 (1045); *Ortscheid/Wende,* ZfL 2001, 75; *Tegeder,* ZfL 2001, 72; *Jarass,* UPR 1998, 415 (417 f.); *Hansmann,* NuR 1997, 53 (54).

[931] *Jarass,* Systematik, S. 392 u. 394; *ders.*, BImSchG, § 3 Rn. 19.

[932] *Koch,* NVwZ 2000, 490 (493); ebenso *Kutscheidt,* Schädliche Umwelteinwirkungen, S. 3; *ders.*, NVwZ 1999, 577 (580 f.); *Jarass,* Verkehrsimmissionsschutz, S. 243 m.w.N.; *ders.*, UPR 1998, 415 (417 f.); vgl. auch die Aufforderung des Bundesrats in seiner Entschließung zur 24. BImSchV an die Bundesregierung, durch eine Änderung des § 41 BImSchG dafür Sorge zu tragen, dass auf die Gesamteinwirkung der Verkehrsgeräusche abgestellt wird, BR-Drs. 463/96 (Beschluss), S. 3.

diese Lärmbelastung von einer oder mehreren, auch verschiedenen Quellen (Anlagen, Verkehrswege usw.) verursacht wird.[933] Diese summative Betrachtungsweise hat für das deutsche Immissionsschutzrecht – so *Koch*[934] – geradezu „paradigmatischen Charakter“. Denn nur eine summative Betrachtungsweise sei geeignet, den Schutzauftrag des Bundes-Immissionsschutzgesetzes zu erfüllen.[935] Sie stellt eine der „zentralen konzeptionellen Leitideen“[936] des Bundes-Immissionsschutzgesetzes dar und weist eine „fundamentale konzeptionelle Bedeutung“[937] auf. Diese akzeptorbezogene und damit summative Betrachtungsweise findet auch in den Gesetzesmaterialien eine deutliche Bestätigung.[938] Im Bericht des Innenausschusses[939] heißt es dazu: Der Ausschuss habe sich eingehend mit der vom Bundesrat aufgeworfenen Frage beschäftigt, ob gewährleistet sei, dass bei der Genehmigung von Anlagen auch die zahlreichen Umwelteinwirkungen berücksichtigt werden, die im Zusammenwirken der Anlagen mit anderen, insbesondere auch erst künftig zu errichtenden Anlagen, entstehen können. Der Ausschuss sei der Auffassung, dass eine Änderung des § 6 BImSchG (Genehmigungsvoraussetzungen) und des § 22 BImSchG (§ 20 BImSchG-E, Pflichten der Betreiber nicht genehmigungsbedürftiger Anlagen) insoweit nicht erforderlich ist. Im Genehmigungsverfahren nach den §§ 4 ff. BImSchG (§§ 5 ff. BImSchG-E) und bei Maßnahmen gegenüber nicht genehmigungsbedürftigen Anlagen aufgrund der §§ 22 und 24 BImSchG (§§ 20 und 22 BImSchG-E) seien „auch Umwelteinwirkungen zu berücksichtigen, die nicht von der Anlage selbst hervorgerufen“ werden. Entscheidend sei, ob überhaupt schädliche Umwelteinwirkungen, d. h. bedenkliche Immissionen hervorgerufen würden. Anders als die Emissionen seien „die *Immissionen* nach der Legaldefinition in § 3 Abs. 2 BImSchG *nicht anlagenbezogen*“. *Von welchen Anlagen diese Immissionen hervorgerufen würden, spiele keine Rolle*. Dass auch die zu erwartende Immissionsbelastung durch künftig zu errichtende Anlagen berücksichtigt werden müsse, ergebe sich bereits aus dem erweiterten Schutzzweck des § 1 BImSchG.[940]

---

933 *Koch*, NVwZ 2000, 490 (493).

934 NVwZ 2000, 490 (493).

935 Ebenso *Koch/Kahle*, NVwZ 2006, 1124 (1128); *Wahl/Hönig*, NVwZ 2006, 161 (169 f.); *Schulze-Fielitz*, DÖV 2001, 181 (187).

936 *Koch*, Lärmsummation, S. 227.

937 *Koch*, Verkehrsumweltrecht, S. 902.

938 *Koch*, Lärmsummation, S. 218 f.

939 BT-Drs. 7/1513, S. 3 (Herv. d. Verf.).

940 Diese Ausführungen des Innenausschusses befassen sich indessen unmittelbar nur mit dem Anlagenrecht. Sie gehen auf die Stellungnahme des Bundesrates zum Regierungsentwurf des Bundes-Immissionsschutzgesetzes ein, der noch keine den §§ 42 ff. BImSchG entsprechenden Regelungen zum Verkehrswegelärmschutzrecht enthielt.

Auch der 4. Senat des Bundesverwaltungsgerichts geht indessen grundsätzlich von einer akzeptorbezogenen, summativen Betrachtungsweise des § 3 Abs. 2 BImSchG aus. In seiner A 99-Entscheidung hat er ausdrücklich hervorgehoben, § 3 Abs. 2 BImSchG verdeutliche, dass es „nicht darauf ankommt, woher die zu beurteilende Beeinträchtigung stammt". Maßgebend sei der Zustand. Grundsätzlich sei daher für den Begriff der Immissionen auch „keinerlei Zuordnung zu irgendeiner Anlage erforderlich". § 3 Abs. 2 BImSchG gehe damit „von der immissionsschutzrechtlichen Vorstellung einer ‚Summation' aus" und grenze diese – wie § 3 Abs. 3 BImSchG verdeutliche – gerade von dem Begriff der Emission ab.

##### *(2) Segmentierung von Lärmquellen im geltenden Immissionsschutzrecht*

So deutlich die akzeptorbezogene Betrachtungsweise in § 3 Abs. 1 u. 2 BImSchG verankert ist, so rudimentär wird sie letztlich im Immissionsschutzrecht verwirklicht. Dies gilt zunächst für den Anwendungsbereich des Bundes-Immissionsschutzgesetzes. Der 4. Senat des Bundesverwaltungsgerichts hat im Berlin-Schönefeld-Urteil[941] zu Recht festgehalten, das Bundes-Immissionsschutzgesetz lege „mit seiner Definition der schädlichen Umwelteinwirkungen zwar eine akzeptorbezogene Sicht nahe, die unabhängig von der Zahl der Emittenten ausschließlich auf das Maß der Immissionsbelastung abstellt". Es messe sich jedoch keine umfassende Geltung bei. Auf den Straßen- und den Schienenbau sei es ausweislich des § 2 Abs. 1 Nr. 4 BImSchG nur nach Maßgabe der §§ 41 bis 43 BImSchG[942] sowie auf Flugplätze bloß in den engen Grenzen des § 2 Abs. 2 BImSchG anwendbar. Im Übrigen unterscheide das Bundes-Immissionsschutzgesetz zwar zwischen Gefahren und erheblichen Belästigungen. Im Unterschied zum Gefahrenbegriff, mit dem es an Kategorien anknüpfe, die aus dem Polizeirecht geläufig seien, erläutere es jedoch nicht näher, was es unter einer erheblichen Belästigung verstehe. Vielmehr bleibe es „untergesetzlicher Regelung durch Verordnung oder Verwaltungsvorschrift überlassen, den Begriff bereichsspezifisch zu konkretisieren (vgl. §§ 7, 23, 43, 48 BImSchG)". Auch der Sachverständigenrat für Umweltfragen[943] weist darauf hin, dass das Bundes-Immissionsschutzgesetz für die Festsetzung von Lärmgrenzwerten für Straßen und Schienenwege eine separate Ermächtigung (§ 43 BImSchG) vorsieht. Dies gilt ferner für die auf der Grundlage des Bundes-

[941] Urt. v. 16.03.2006, 4 A 1075.04, BVerwGE 125, 116 = NVwZ 2006, Beilage zu Heft 8, S. 35, Rn. 389 f.

[942] Zu privaten Verkehrswegen oben A.II.

[943] SRU 1999, BT-Drs. 14/2300, S. 204 (Ziff. 504).

Immissionsschutzgesetzes erlassenen untergesetzlichen Regelwerke. So bestehen für gewerbliche Anlagen (geregelt in der TA Lärm), Straßen- und Schienenverkehr (16. BImSchV), Sportanlagen (18. BImSchV) und Freizeitanlagen (Ländererlasse) gesonderte Regelwerke, welche die verschiedenen Geräuschquellen isoliert betrachten.[944] Selbst innerhalb der 16. BImSchV wird nur der durch den zu bauenden oder zu ändernden Verkehrsweg neu erzeugten Lärm berücksichtigt, nicht aber der Lärm bereits vorhandener anderer Verkehrswege.[945] Das „überkommene Lärmschutzsystem" – so der 4. Senat im Berlin-Schönefeld-Urteil weiter – sei daher durch ein „Nebeneinander von Regelwerken" gekennzeichnet, die jeweils nur auf bestimmte Lärmarten abstellen, bereichsfremde Geräuschquellen aber aus der Betrachtung ausblenden. Zu Recht wird deshalb von einer „Segmentierung von Lärmquellen"[946] bzw. einer „quellenbezogenen" oder „sektoralen Betrachtungsweise"[947] gesprochen.

Nur vereinzelt finden sich in den untergesetzlichen Regelwerken *Ansätze für eine Gesamtlärmbetrachtung*:

So heißt es etwa in Nr. 3.2.1 Abs. 1 der TA Lärm, der Schutz vor schädlichen Umwelteinwirkungen durch Geräusche (§ 5 Abs. 1 Nr. 1 BImSchG) sei vorbehaltlich der Regelungen in den Absätzen 2 bis 5 sichergestellt, wenn die „Gesamtbelastung" am maßgeblichen Immissionsort die Immissionsrichtwerte nach Nr. 6 nicht überschreite.[948] Dabei definiert Nr. 2.4 Abs. 3 der TA Lärm die Gesamtbelastung

---

944 Siehe die Bestandsaufnahme bei *Dolde,* Gesamtlärmbewertung, S. 452 ff. u. *ders.*, ZfL 2001, 100 ff.; ferner *Hansmann,* NuR 1997, 53 (54 u. 59).

945 *Schulze-Fielitz,* DÖV 2001, 181 (187).

946 *Koch,* NVwZ 2000, 490 (493); *ders.*, Lärmsummation, S. 225; *ders.*, Verkehrsumweltrecht, S. 902 u. 913; *Dolde,* Gesamtlärmbewertung, S. 452 u. 457 f.; *ders.*, ZfL 2001, 100; *Müggenborg,* NVwZ 2003, 1025 (1026).

947 *Schröer,* NZBau 2007, 568.

948 Zu den Elementen einer summativen Betrachtungsweise in der TA Lärm 1998 *Koch,* Lärmsummation, S. 227 ff.; *Kutscheidt,* NVwZ 1999, 577 (580 ff.) u. *Müggenborg,* NVwZ 2003, 1025 (1026); ferner *Schröer,* NZBau 2007, 568; SRU 1999, BT-Drs. 14/2300, S. 204 (Ziff. 504). Nach *Schulze-Fielitz,* DÖV 2001, 181 (187) ist die TA Lärm 1998 dem Ansatz einer summativen Betrachtungsweise zwar ein erhebliches Stück entgegengekommen, wenngleich auch noch nicht ausreichend; nach *Koch,* NVwZ 2000, 490 (493) zeigt die TA Lärm 1998 erfreuliche Ansätze zur summativen Betrachtungsweise; siehe auch VGH Bad.-Württ., Beschl. v. 11.10. 2006, 5 S 1904/06, NVwZ-RR 2007, 178 (170) – „Fabrikinsel-Entscheidung" zum Heranrücken einer Wohnbebauung an ein errichtetes Wasserkraftwerk: Gegen einen Gewerbebetrieb, der (allein) auf Außenwohnbereichsflächen eines an ihn herangerückten Wohnbauvorhabens zu hohe Lärmimmissionen verursacht, kann jedenfalls dann nicht eingeschritten werden, wenn die gewerblichen Lärmimmissionen durch Verkehrslärm überlagert werden und der Gewerbelärm nicht in besonderer Weise störend wirkt; im Erg. zust. *Schröer,* NZBau 2007, 568 (569); siehe auch VGH Bad.-Württ., Urt. v. 27.06.2002, 14 S 2736/01, NVwZ-RR 2003, 745 (748 f.) – Movie Dick Esslingen.

als die Belastung eines Immissionsorts, die von „allen Anlagen hervorgerufen wird, für die die Technische Anleitung gilt“. Da nach dieser Definition zur Bestimmung dieser Gesamtbelastung somit alle, aber auch nur die Lärmquellen herangezogen werden, die dem Anwendungsbereich der TA Lärm unterfallen, gelten die Immissionsrichtwerte nicht für die in Nr. 1 lit. a) bis h) aufgeführten acht Anlagenarten (insbesondere Sportanlagen und sonstige nicht genehmigungsbedürftige Freizeitanlagen sowie Baustellen) und nicht für Verkehrsgeräusche[949], mit Ausnahme des im Zusammenhang mit dem Betrieb einer Anlage entstehenden Verkehrslärms, der nach Nr. 7.4 Abs. 1 der TA Lärm der Anlage zuzurechnen ist[950].

Gem. Nr. 6.7.2 Abs. 1 der AVV Baulärm – Geräuschimmissionen – sind die einzelnen Beurteilungspegel zu einem „Gesamtbeurteilungspegel“ zusammenzufassen, soweit nicht das Gesamtgeräusch der Baumaschinen, sondern das Geräusch einzelner Baumaschinen gemessen wird.

Nach der Anlage 2 zu § 3 der 16. BImSchV sind die Beurteilungspegel mehrerer Gleise nach Diagramm V zum „Gesamtbeurteilungspegel“ für den Schienenweg zusammenzufassen; gleiches gilt nach Anlage 1 für die beiden äußeren Fahrstreifen einer Straße.

Eine summative Betrachtungsweise liegt ferner der Lärmminderungsplanung nach §§ 47a ff. BImSchG zugrunde, die vom Begriff „Umgebungslärm“ ausgeht, der die verschiedenen Lärmquellen zusammenfasst. „Umgebungslärm“ sind nach der Legaldefinition in § 47b Nr. 1 BImSchG belästigende oder gesundheitsschädliche Geräusche im Freien, die durch Aktivitäten von Menschen verursacht werden, einschließlich des Lärms, der von Verkehrsmitteln, Straßenverkehr, Eisenbahnverkehr, Flugverkehr sowie Geländen für industrielle Tätigkeiten ausgeht. Dass die Europäische Union im Bereich des Umgebungslärms eine Gesamtlärmbetrachtung vornehmen möchte, zeigt Art. 3 lit. r) der Umgebungslärmrichtlinie[951], der unter einer strategischen Lärmkarte eine Karte zur „Gesamtbewertung der auf verschiedene Lärmquellen zurückzuführenden Lärmbelastung in einem bestimmten Gebiet“ oder für die „Gesamtprognosen für ein solches Gebiet“ versteht.[952] Allerdings hat der Hessische Verwaltungsgerichtshof mit Urteil vom 17. Juni 2008 zum Verkehrslandeplatz Kassel-Calden[953] zu Recht entschieden, dass weder aus der Umgebungslärmrichtlinie noch aus den ihrer Umsetzung dienenden Vorschriften der §§ 47a ff. BImSchG[954] eine Verpflichtung der Planfeststellungsbehörde oder des Vorhabenträgers zur

---

949 *Dolde,* Gesamtlärmbewertung, S. 453; *ders.*, ZfL 2001, 100 (101); *Müggenborg,* NVwZ 2003, 1025 (1026); *Koch,* Lärmsummation, S. 232 f.

950 Dazu OVG Berlin-Brandenburg, Beschl. v. 18.07.2001, 2 S 1/01, NVwZ-RR 2001, 722 (724); Hess. VGH, Urt. v. 04.11.1992, 14 UE 21/88, NVwZ 1993, 1004 (1005) m.w.N., nach dem die auf dem Betriebsgelände verursachten Geräuschimmissionen (im Fall: auf einem Betriebsgrundstück erfolgender Einsatz von Kraftfahrzeugen) ausschließlich betriebsbezogen und deshalb der Betriebsstätte als Anlage im Sinne des § 3 Abs. 5 Nr. 1 BImSchG zuzuordnen sind.

951 Oben Fn. 781; dazu *Schmidt-Eichstaedt,* in: Kotulla, BImSchG, Vor § 41 Rn. 25 ff.

952 Vgl. *Schröer,* NZBau 2007, 568 (569); *Mechel,* ZUR 2007, 561 (567); *Cancik,* ZUR 2007, 169 (170); ferner Umweltgutachten 2004 des Rates von Sachverständigen für Umweltfragen, BT-Drs. 15/3600, S. 327 (Ziff. 644).

Durchführung einer „*summativen Gesamtlärmbetrachtung*" auf der Grundlage von sich aus der Umgebungslärmrichtlinie ergebenden Berechnungsmethoden oder unter Beachtung dort festgelegter Grenzwerte folgt. Die Vorschriften der §§ 47a ff. BImSchG sähen eine derartige ausdrückliche Verpflichtung für Planfeststellungsverfahren nicht vor und eine solche ergebe sich auch nicht aus den Zwecken und Zielen der ihnen zugrunde liegenden Umgebungslärmrichtlinie. Bei den Instrumenten der strategischen Lärmkarten (§ 47c BImSchG, Art. 7 der Richtlinie)[955] und den

[953] 11 C 2089/07.T, ZUR 2009, 42 (44) (Herv. d. Verf.); ebenso OVG NRW, Urt. v. 16.05.2007, 20 D 128/05.AK u.a., juris, Rn. 127, bestätigt durch BVerwG, Beschl. v. 14.05.2008, 4 B 46.07, juris, Rn. 3 – jew. Verkehrsflughafen Düsseldorf.

[954] Vgl. das Gesetz zur Umsetzung der EG-Richtlinie über die Bewertung und Bekämpfung von Umgebungslärm vom 24.06.2005, BGBl. I S. 1794. – Regelungen zu Lärmminderungsplänen enthielt das Bundes-Immissionsschutzgesetz bereits zuvor in § 47a BImSchG (a.F.), der durch Art. 1 Nr. 27 des Dritten Gesetzes zur Änderung des Bundes-Immissionsschutzgesetzes vom 11.05.1990, BGBl. I, S. 870 in das Bundes-Immissionsschutzgesetz eingefügt worden war (demgegenüber sah bereits der Entwurf der Bundesregierung zum Bundes-Immissionsschutzgesetz in § 39 BImSchG-E Vorschriften zu Luftreinhalteplänen vor, siehe BT-Drs. 7/179, S. 12). Zur historischen Entwicklung der Lärmminderungsplanung *Schulze-Fielitz/Berger,* DVBl. 1992, 389 f. – Die §§ 47a bis 47f BImSchG gelten nach § 47a S. 1 BImSchG für den *Umgebungslärm,* dem Menschen insbesondere in bebauten Gebieten, in öffentlichen Parks oder anderen ruhigen Gebieten eines Ballungsraums, in ruhigen Gebieten auf dem Land, in der Umgebung von Schulgebäuden, Krankenhäusern und anderen *lärmempfindlichen Gebäuden und Gebieten* ausgesetzt sind. Die Vorschriften gelten gem. § 47a S. 2 BImSchG *nicht* für Lärm, der von der davon betroffenen Person selbst oder durch Tätigkeiten innerhalb von Wohnungen verursacht wird, für Nachbarschaftslärm, Lärm am Arbeitsplatz, *in* Verkehrsmitteln oder Lärm, der auf militärische Tätigkeiten in militärischen Gebieten zurückzuführen ist. Bei den Lärmminderungsplänen handelt es sich um eine umweltspezifische Fachplanung (*Schmidt/Kahl,* Umweltrecht, § 1 Rn. 25; *Schulze-Fielitz/Berger,* DVBl. 1992, 389 m.w.N.: „raumbezogene Spezialplanung"). Vgl. dazu *Kloepfer,* Umweltschutzrecht, § 8 Rn. 72, der die Lärmminderungsplanung gem. §§ 47a ff. BImSchG für ein „vielversprechendes Instrument gerade für die Bekämpfung von Verkehrslärm" hält; ferner *ders.*, Umweltrecht, § 14 Rn. 349.

[955] Nach § 47c Abs. 1 S. 1 BImSchG arbeiten die zuständigen Behörden (§ 47e BImSchG, nach Abs. 3 für die Erstellung der Lärmkarten entlang des Streckennetzes der Eisenbahnen des Bundes das Eisenbahn-Bundesamt) bis zum 30.06.2007 bezogen auf das vorangegangene Kalenderjahr Lärmkarten für Ballungsräume (§ 47b Nr. 2 BImSchG) mit mehr als 250.000 Einwohnern sowie für Hauptverkehrswege (insb. *Haupteisenbahnstrecken,* § 47b Nr. 4 BImSchG, mit einem Verkehrsaufkommen von über 60.000 Zügen pro Jahr) aus. Gleiches gilt nach § 47c Abs. 1 S. 2 BImSchG bis zum 30.06.2012 und danach alle fünf Jahre für sämtliche Ballungsräume sowie für sämtliche Hauptverkehrswege (u.a. Haupteisenbahnstrecken). „Haupteisenbahnstrecke" ist gem. § 47b Nr. 4 BImSchG ein Schienenweg von Eisenbahnen nach dem AEG mit einem Verkehrsaufkommen von über 30.000 Zügen pro Jahr. Die Lärmkarten dienen als informationelle Grundlage für die Lärmaktionspläne und stellen die (geschätzte bzw. rechnerisch modellierte) Lärmbelastung der jeweiligen Gebiete aus verschiedenen Lärmquellen dar, vgl. *Cancik,* NVwZ 2008, 167.

Lärmaktionsplänen (§ 47d BImSchG, Art. 8 der Richtlinie)[956] handele es sich um „vorhabenunabhängige Pläne", die im Fall der Aufstellung lediglich als *„in die Ab-*

---

[956] Die zuständigen Behörden (§ 47e BImSchG) stellen bis zum 18.07.2008 Lärmaktionspläne auf, mit denen *Lärmprobleme* und *Lärmauswirkungen* für Orte in der Nähe der Hauptverkehrswegen (insb. *Haupteisenbahnstrecken* mit einem Verkehrsaufkommen von über 60.000 Zügen pro Jahr) sowie für Ballungsräume mit mehr als 250.000 Einwohnern geregelt werden (§ 47d Abs. 1 S. 1 Nr. 1 u. 2 BImSchG, *Schmidt/Kahl,* Umweltrecht, § 3 Rn. 140 bezeichnen diese als das „Kernstück" der Lärmminderungsplanung). Gleiches gilt nach § 47d Abs. 1 S. 2 BImSchG bis zum 18.07.2013 für sämtliche Ballungsräume sowie für sämtliche Hauptverkehrswege (u. a. Haupteisenbahnstrecken). Die Festlegung von Maßnahmen in den Plänen ist in das *Ermessen* der zuständigen Behörden gestellt, sollte aber auch unter Berücksichtigung der Belastung durch mehrere Lärmquellen insbesondere auf die Prioritäten eingehen, die sich gegebenenfalls aus der Überschreitung relevanter Grenzwerte oder aufgrund anderer Kriterien ergeben, und insbesondere für die wichtigsten Bereiche gelten, wie sie in den Lärmkarten (oben Fn. 955) ausgewiesen werden (§ 47d Abs. 1 S. 3 BImSchG). – Nach dem Verwaltungsgericht Ansbach (Urt. v. 07.12.2007, AN 10 K 06.02910 u. a., juris, Rn. 32, Herv. d. Verf.) enthalten Lärmaktionspläne „den Bürgern gegenüber jedoch *keine unmittelbare Außenwirkung*". Die *„lediglich behördeninterne Wirkung* eines Lärmaktionsplanes" habe auch zur Folge, dass „der Einzelne keinen einklagbaren Anspruch auf Durchführung bestimmter Maßnahmen eines Lärmaktionsplanes hat", ebenso wenig wie ein *„subjektiv öffentliches Recht auf Aufstellung eines Lärmaktionsplanes" „nicht besteht"*. Soweit für die gleichfalls durch das genannte Umsetzungsgesetz statuierten Luftreinhaltepläne teilweise etwas anderes vertreten werde, sei diese Auffassung auf die Lärmaktionsplanung schon deshalb nicht übertragbar, weil es hier gerade nicht um die Einhaltung europarechtlich vorgegebener Grenzwerte gehe, sondern um die Förderung von Lärmqualitätszielen, die auf eine Verbesserung der gesamten Belastungssituation gerichtet seien. Zur Frage des Bestehens eines Anspruchs auf Planerstellung, auf Aufnahme konkreter Maßnahmen in einen aufgestellten Plan, auf Durchsetzung von in einem Plan vorgesehenen Maßnahmen sowie auf planunabhängige Maßnahmen *Cancik,* ZUR 2007, 169 (171 ff.); zur Durchsetzung von Lärmminderungsplänen auch *Schulze-Fielitz,* UPR 1992, 41 ff. – Zur SUP-Pflicht von Lärmaktionsplänen nach Ziff. 2.1 der Anlage 3 zum UVPG in Verbindung mit § 14b Abs. 1 Nr. 2 UVPG *Scheidler,* NuR 2005, 628 ff. – Nicht abschließend geklärt ist schließlich, unter welchen Voraussetzungen Lärmaktionspläne zu erstellen sind (*Cancik,* NVwZ 2008, 167 f.). Dies lässt sich weder aus §§ 47a ff. BImSchG noch aus der Umgebungslärmrichtlinie mit Eindeutigkeit entnehmen (so das Land Baden-Württemberg in der Begründung seines im April 2006 gestellten Antrags, in die 34. BImSchV einen neuen § 8 einzufügen, der Auslöswerte vorsieht, ab denen eine Pflicht zur Lärmaktionsplanung besteht, abgedruckt in BR-Drs. 280/06, S. 1). Vorgeschlagen wurde folgende Fassung des § 8 Abs. 1 u. 2 (vgl. BR-Drs. 280/06, S. 6):

> „Lärmprobleme und Lärmauswirkungen im Sinne des § 47 d Abs. 1 des Bundes-Immissionsschutzgesetzes liegen vor, wenn an Wohnungen, Schulen, Krankenhäusern oder anderen schützwürdigen Gebäuden ein $L_{den}$ von 70 dB(A) oder ein $L_{night}$ von 60 dB(A) erreicht oder überschritten wird. Dies gilt nicht in Gewerbe- oder Industriegebieten nach §§ 8 und 9 der Baunutzungsverordnung sowie in Gebieten nach § 34 Abs. 2 des Baugesetzbuches mit entsprechender Eigenart.
>
> Die Bundesregierung prüft erstmals im Hinblick auf die Lärmaktionspläne des Jahres 2018 und gegebenenfalls danach alle 5 Jahre, ob es erforderlich ist, die

*wägung einzustellender Belang* Wirkung in einem Planfeststellungsverfahren entfalten".[957] Das Bundesverwaltungsgericht hat dies ebenfalls bereits in seiner Entscheidung zum Neu- und Ausbau des Verkehrsknotens Neefestraße/Südring in Chemnitz vom 23. November 2005[958] entschieden. Im Übrigen verweist § 47d Abs. 6 BImSchG nunmehr – jedenfalls für Lärmaktionspläne – auf § 47 Abs. 6 BImSchG, dessen Satz 2 bestimmt, dass die zuständigen Planungsträger die planungsrechtlichen Festlegungen in den (Lärmaktions-)Plänen zu berücksichtigen haben.[959] Für

---

Werte nach Abs. 1 S. 1 auf einen $L_{\text{den}}$ von 67 dB(A) oder 65 dB(A) und einen $L_{\text{night}}$ von 57 dB(A) oder 55 dB(A) zu senken."
Dem Antrag lag damit eine Stufenlösung zugrunde, die es über die Auslösewerte ermöglicht, zunächst die hoch- und höchstbelasteten Bereiche zu erfassen und hierfür gezielt eine Lärmaktionsplanung durchzuführen (vgl. die Werte in § 8 Abs. 1 des Entwurfs). Abhängig von den Erfolgen dieser ersten Stufe ist in einer weiteren Stufe die Absenkung der Auslösewerte zu überprüfen (vgl. die Werte in § 8 Abs. 2 des Entwurfs) (vgl. BR-Drs. 280/06, S. 1 u. 8). Zum Entwurf und den Bedenken in Bezug auf seine Vereinbarkeit mit den Vorgaben der Umgebungslärmrichtlinie *Cancik,* NVwZ 2008, 167 (168 f.).

957 Vgl. *Dürr,* UPR 1992, 241 (247) zur Bauleitplanung (Optimierungsgebot); *Krautzberger,* in: Battis/Krautzberger/Löhr, BauGB, § 1 Rn. 66a; *Stüer,* in: Hoppenberg/de Witt, B Rn. 525; nach § 1 Abs. 6 Nr. 7 lit. g) BauGB sind bei der Bauleitplanung unter anderem auch die Darstellungen von Plänen des Immissionsschutzrechts zu berücksichtigen sind. – Auch sei „die Planfeststellungsbehörde" – so der Hessische Verwaltungsgerichtshof (a.a.O.) weiter – „nicht gehalten, die nach §§ 47a ff. BImSchG zu erstellende Lärmkartierung oder die Aufstellung eines Lärmaktionsplanes abzuwarten und ihrer Lärmermittlung und -bewertung zugrunde zu legen".

958 Urt. v. 23.11.2005, 9 A 28.04, BVerwGE 124, 334 = NVwZ 2006, 331 (335), Rn. 48.

959 Hinsichtlich der Rechtswirkungen der Lärmminderungspläne verwies § 47a Abs. 4 BImSchG ursprünglich auf § 47 Abs. 3 BImSchG a.F. Nach § 47 Abs. 3 S. 1 BImSchG a.F. waren die Maßnahmen des (Lärmminderungs-)Plans durch Anordnungen oder sonstige Entscheidungen der zuständigen Träger öffentlicher Verwaltung nach dem Bundes-Immissionsschutzgesetz oder nach anderen Rechtsvorschriften durchzusetzen. Sofern in dem (Lärmminderungs-)Plan planungsrechtliche Festlegungen vorgesehen waren, hatten die zuständigen Planungsträger zu befinden, *ob und inwieweit* Planungen in Betracht zu ziehen sind (§ 47 Abs. 3 S. 2 BImSchG a.F.). Die Vorschrift des § 47 BImSchG wurde in der Folge durch Art. 1 Ziff. 9 des Siebten Gesetzes zur Änderung des Bundes-Immissionsschutzgesetzes vom 11.09.2002, BGBl. I, S. 3622 geändert. § 47 Abs. 6 S. 2 BImSchG bestimmt nunmehr anstelle von § 47 Abs. 3 S. 2 BImSchG a.F.: Sind in den Plänen planungsrechtliche Festlegungen vorgesehen, *haben* die zuständigen Planungsträger dies bei ihren Planungen zu berücksichtigen. Zugleich wurde der Verweis in § 47a Abs. 4 BImSchG geändert; die Vorschrift verweist nunmehr auf § 47 Abs. 6 BImSchG (siehe Art. 1 Ziff. 10 lit. b) des Siebten Gesetzes zur Änderung des Bundes-Immissionsschutzgesetzes). Das Gesetz zur Umsetzung der EG-Richtlinie über die Bewertung und Bekämpfung von Umgebungslärm vom 24.06.2005 (oben Fn. 954) übernahm die so geänderte Regelung des § 47a Abs. 4 BImSchG in § 47d Abs. 6 BImSchG (dazu auch die Regierungsbegründung, BT-Drs. 15/3782, S. 26 re. Sp., allerdings noch zu § 47d Abs. 4 S. 2 BImSchG-E). In der Regierungsbegründung

die Kartierung von Umgebungslärm hat der Verordnungsgeber in § 2 der 34. BImSchV[960] bestimmte Lärmindizes definiert.[961] Das Bundesverwaltungsgericht hat hierzu in einer jüngeren Entscheidung vom 14. Mai 2008[962] zum Verkehrsflughafen Düsseldorf ebenfalls entschieden, aus den §§ 47a ff. BImSchG ergebe sich nicht, dass diese Lärmindizes auch im Verfahren der Vorhabenzulassung für die Beurteilung der Lärmauswirkungen des Vorhabens zu benutzen seien. Ein Umsetzungsdefizit bestehe insoweit nicht.[963]

Schließlich finden sich auch im UVPG[964] Ansätze einer summativen Betrachtung (vgl. z.B. §§ 2 Abs. 1 S. 4, 3b Abs. 2 u. 3, 14 Abs. 2 S. 1 UVPG).[965]

---

(a.a.O.) heißt es dazu weiter: „Soweit danach planungsrechtliche Festlegungen Gegenstand der Abwägung durch die zuständigen Planungsträger sind, so dass gegebenenfalls andere Belange vorrangig in die Planungen eingehen, entspricht dies dem geltenden Recht."

960 Vierunddreißigste Verordnung zur Durchführung des Bundesimmissionsschutz-Gesetzes (Verordnung über die Lärmkartierung) vom 06.03.2006, BGBl. I, S. 516.

961 Die Lärmindizes werden berechnet, wobei die Berechnungsverfahren für die Lärmkarten für Straßen- und Schienenwege nach § 5 Abs. 1 S. 2 Nr. 1 der 34. BImSchV durch das Bundesministerium für Verkehr, Bau und Standortentwicklung durch Veröffentlichung im Bundesanzeiger konkretisiert werden. Dies ist für Schienenwege mit der „Vorläufigen Berechnungsmethode für den Umgebungslärm an Schienenwegen (VBUSch)" vom 22.05.2006 geschehen; die VBUSch ist an die Schall 03 angelehnt, aber an die Erfordernisse der Umgebungslärmrichtlinie angepasst, sie gilt aber ausdrücklich nicht für die Schallberechnung nach der 16. BImSchV, vgl. Ziff. 1 Anwendungsbereich und Zielsetzung, dort Abs. 2 u. 3 (zu dieser oben Fn. 781).

962 Beschl. v. 14.05.2008, 4 B 43.07, Rn. 5.

963 Siehe dazu auch treffend die Beurteilung im Planfeststellungsbeschluss des Eisenbahn-Bundesamts vom 27.06.2007 für das Bauvorhaben POS Süd, Planfeststellungsabschnitt 1, Rheinbrücke Kehl mit Westkopf Bf. Kehl, Strecke 4260 Appenweier-Kehl, B. Ziff. 3.9.1.2 (S. 58): Die Umgebungslärmrichtlinie stelle hinsichtlich des Lärmschutzes an Verkehrswegen keinen Ersatz für die 16. BImSchV dar und führe keine neuen Grenzwerte ein, sondern wolle einheitliche Maßstäbe zur schwellenwertunabhängigen Betroffenheitsermittlung erreichen. Ziel sei es, den Umgebungslärm insgesamt zu bekämpfen und nicht nur bis zu einem bestimmten Grenzwert. Die Lärmminderungsplanung stehe insoweit neben der Lärmvorsorge in der Fachplanung.

964 Gesetz zur Umsetzung der Richtlinie des Rates vom 27.06.1985 über die Umweltverträglichkeitsprüfung bei bestimmten öffentlichen und privaten Projekten (85/337/EWG) vom 12.02.1990, BGBl. I, S. 205. Zur Umweltverträglichkeitsprüfung *Vallendar,* in: Hermes/Sellner, AEG, § 18 Rn. 75 ff.; *Stüer/Probstfeld,* Planfeststellung, Rn. 396; *Kloepfer,* Umweltschutzrecht, § 4 Rn. 16 ff.; *Schmidt/Kahl,* Umweltrecht, § 1 Rn. 33 ff.; *Himmelmann,* in: Himmelmann/Tünnesen-Harmes, Umweltrecht, § 2; *Krüger* u.a., Schall- und Erschütterungsschutz, S. 109 f.; zu den Rechtsfolgen einer unterlassenen Umweltverträglichkeitsprüfung *Gassner,* NVwZ 2008, 1203 ff.

965 Zum Ganzen *Karkaj,* Gesamtlärmbewertung, S. 248 ff.; zu kumulierenden Vorhaben nach § 3b Abs. 2 u. 3 UVPG *Koch/Siebel-Huffmann,* NVwZ 2001, 1081 (1086); ferner *Krüger* u.a., Schall- und Erschütterungsschutz, S. 110; skeptisch in

Im Anschluss an die A 99-Entscheidung hat das Bundesverwaltungsgericht in seinem Urteil vom 16. Mai 2001[966] zusammenfassend ausgeführt, Gesamtbetrachtungen seien „nur nach Maßgabe dessen erlaubt, was gesetzliche Vorgaben und die daran anknüpfenden Regelwerke zulassen". Selbst wenn man anerkenne, „dass es für die Schädlichkeit von Umwelteinwirkungen nach der Definition des § 3 Abs. 2 BImSchG nicht darauf ankommt, woher, insbesondere aus wie vielen Quellen, die zu beurteilende Beeinträchtigung stammt[967]", folge daraus nicht, dass „dem nur durch die Bildung eines alle Geräusche erfassenden Summenpegels Rechnung getragen werden kann". Das gelte „selbst dann, wenn der Lärm einzelner Anlagen dominiert". Die Frage, wie der Lärmbeitrag anderer, insbesondere andersartiger Anlagen zu berücksichtigen sei, ist danach „vorrangig nach dem für die jeweilige Anlagenart einschlägigen Regelwerk zu beantworten".

*(3) Auffassung der Literatur*

Diese segmentierende Betrachtungsweise und die sie billigende Rechtsprechung des Bundesverwaltungsgerichts würden – so Teile der Literatur – dem Schutzauftrag des Bundes-Immissionsschutzgesetzes nicht gerecht.[968] Dem Ansatz des § 3 Abs. 1 u. 2 BImSchG einer anlagenunabhängigen Bewertung der jeweiligen Immissionsverhältnisse müssten die untergesetzlichen Regelwerke entsprechen.[969] Dies sei jedoch nicht der Fall, da die einzelnen Regelwerke allenfalls Ansätze einer Gesamtlärmbetrachtung zeigten und nicht insgesamt auf eine Gesamtlärmbetrachtung angelegt seien. Die Verordnungsgeber dürften indessen das vom Bundes-Immissionsschutzgesetz in § 3 Abs. 1 BImSchG vorgegebene (akzeptorbezogene und damit summative) Schutzniveau nicht verändern.[970] Die Kritik der Literatur an der Auslegung der Verkehrslärmschutzvorschriften der §§ 41 f. BImSchG durch das Bundesverwaltungsgericht beruht auf der Ansicht, das Gericht interpretiere den Begriff der „schädlichen Umwelteinwirkungen" in § 41 Abs. 1 BImSchG und in § 3 Abs. 1 u. 2 BImSchG jeweils unterschiedlich, indem es in § 3 Abs. 1 u. 2 BImSchG von einer akzeptorbezogenen, summativen Betrachtungsweise ausgehe, während es in § 41 Abs. 1 BImSchG

---

Bezug auf die praktische Erfassung von Summationswirkungen im Rahmen der Umweltverträglichkeitsprüfung *Soell/Dirnberger,* NJW 1990, 705 (712).

[966] 7 C 16.00, NVwZ 2001, 1167 (1168) zu Geräuschimmissionen durch den Betrieb öffentlicher Einrichtungen.

[967] Es folgt ein Hinweis auf die A 99-Entscheidung.

[968] Vgl. etwa *Koch,* NVwZ 2000, 490 (492 ff.), der von einer „Fehlentwicklung des Lärmschutzrechts" spricht.

[969] *Koch,* Lärmsummation, S. 216.

[970] *Michler,* Verkehrsimmissionsschutz, S. 162 zur 16. BImSchV.

nur auf den jeweils zu bauenden oder zu ändernden Verkehrsweg abstelle. Demgegenüber müsse der Begriff der schädlichen Umwelteinwirkungen in § 3 Abs. 1 und § 41 Abs. 1 BImSchG – so namhafte Literaturstimmen (*Koch*[971], *Schulze-Fielitz*[972] und *Jarass*[973]) – auf dieselbe akzeptorbezogene Weise gebraucht werden. Die „fundamentale konzeptionelle Bedeutung" des summativen Ansatzes für das Bundes-Immissionsschutzgesetz gebiete nicht zwingend eine abweichende Beurteilung vom Wortlaut des § 2 Abs. 1 Nr. 4 BImSchG. Gerade wenn und weil der Wortsinn des § 41 BImSchG für eine Interpretation im Sinne einer summativen Betrachtungsweise offen sei, dränge sich – so *Koch*[974] – eine „gesetzessystematische Betrachtungsweise" geradezu auf. Nun meine das Bundesverwaltungsgericht anscheinend, dass diese konzeptionelle Idee erst an der „Schwelle zur verfassungsrechtlich relevanten Gesundheitsgefährdung" maßgeblich wird. Das wäre jedoch insofern unzutreffend, weil „diese Schwelle nur unter Zugrundelegung einer normativ operationalisierten summativen Betrachtungsweise systematisch erkannt werden kann." Dementsprechend – so *Koch* weiter[975] – sei die in der Literatur verbreitete und auch in der Rechtsprechung des Bundesverwaltungsgerichts für richtig gehaltene Behauptung, dass der Begriff der schädlichen Umwelteinwirkungen in verschiedenen Kontexten Verschiedenes bedeute, unzutreffend. Demnach – so heißt es bei *Koch* an anderer Stelle[976] – werde durch eine derart restriktive Interpretation einzelner Pflichten des Bundes-Immissionsschutzgesetzes der konzeptionelle Anspruch des Gesetzes, vor schädlichen Umwelteinwirkungen und damit nicht nur vor Gesundheitsgefahren, sondern auch vor erheblichen Belästigungen zu schützen, in systemwidriger Weise ausgehöhlt. Auch nach *Jarass*[977] es sei „dogmatisch konsequenter", den Begriff der schädlichen Umwelteinwirkungen im Sinne von § 41 Abs. 1 BImSchG – entgegen der Auffassung des Bundesverwaltungsgerichts – wie in § 3 Abs. 1 BImSchG zu bestimmen und dementsprechend „auch bei § 41 BImSchG auf eine Gesamtlärmbelastung abzuheben".[978] Gleicher Auffassung ist *Schulze-Fielitz*[979], nach dem der Begriff

[971] Lärmsummation, S. 217.

[972] DÖV 2001, 181 (188).

[973] UPR 1998, 415 (417 f.).

[974] Lärmsummation, S. 225 f.; *ders.*, Verkehrsumweltrecht, S. 902.

[975] Lärmsummation, S. 217 f. m. w. N. zur Gegenauffassung.

[976] NVwZ 2000, 490 (493).

[977] BImSchG, § 41 Rn. 40 f.; ferner *ders.*, UPR 1998, 415 u. 417 f.

[978] An anderer Stelle führt *Jarass,* Verkehrsimmissionsschutz, S. 242 f. u. *ders.*, UPR 1998, 415 (417 f.) aus, nach Auffassung des Bundesverwaltungsgerichts stelle die Vorschrift des § 41 BImSchG allein auf die von dem in Frage stehenden Verkehrsweg ausgehenden Geräusche ab. Die als Begründung angeführten Entstehungsgeschichte und die Regelung des § 2 Abs. 1 Nr. 4 BImSchG lieferten jedoch keinen Anhaltspunkt dafür, dass der Begriff der schädlichen Umwelteinwirkungen in § 41

der schädlichen Umwelteinwirkung in § 3 Abs. 1 und § 41 Abs. 1 BImSchG nach der konstitutiven Konzeption des Gesetzes „einheitlich auf dieselbe akzeptorbezogene Weise gebraucht“ werden müsse und funktional-vollzugspraktisch die Schwelle zur Gesundheitsgefährdung überhaupt nur erkannt werden könne, wenn man von vornherein einer summativen Betrachtung folgte. Nach *Schulte*[980] sei die Auslegung des § 41 Abs. 1 BImSchG durch das Bundesverwaltungsgericht nicht zwingend, da die Vorschrift, soweit sie an den Begriff der Verkehrsgeräusche anknüpfe, auch so verstanden werden könne, dass sie „nur klarstellen wolle, dass die Geräusche des baulich betroffenen Verkehrsweges einen relevanten Beitrag zur Immissionsbelastung erbringen müssten“.

Weiter heißt es bei *Koch*[981]: Besonders bedenklich sei der Umstand, dass das Verkehrswegeplanungsrecht des Bundes-Immissionsschutzgesetzes durch die 16. BImSchV und in seiner gegenwärtigen Auslegung durch die Rechtsprechung geradezu „auf die Erzeugung sanierungsbedürftiger Lärmsituationen gerichtet erscheint“.[982] Ein erhebliches Defizit des geltenden Rechts, so *Koch*[983] und ihm folgend *Schulze-Fielitz*[984], liege zudem darin, dass es „an effektiven Instrumentarien für die Sanierung unzumutbarer Be-

Abs. 1 BImSchG so gravierend von der Legaldefinition des § 3 Abs. 1 BImSchG abweichen soll. Zudem sei eine sachliche Rechtfertigung dafür, dass der von mehreren Verkehrswegen oder von Verkehrslärm und von sonstigem Lärm Betroffene sehr viel schlechter gestellt ist als ein allein von *einem* Verkehrsweg Betroffener, nicht auszumachen. Insgesamt sei daher festzuhalten, dass § 41 BImSchG den Immissionsbegriff des § 3 Abs. 1 BImSchG verwendet und nicht einen reduzierten Begriff.

979 ZUR 2002, 190 (194) m.w.N.

980 ZUR 2002, 195 (199 f.).

981 NVwZ 2000, 490 (494 u. 501).

982 Wenn nämlich bei der wesentlichen Änderung oder der erstmaligen Errichtung einer Straße oder eines Schienenweges ausschließlich der Lärm dieses Verkehrsweges zu berücksichtigen sein solle, nicht jedoch der am maßgeblichen Einwirkungsort zugleich auftretende Lärm anderer Verkehrswege oder von Industrieanlagen, so führe dies konzeptionell notwendig dazu, dass nach der Eröffnung des neuen oder wesentlich geänderten Verkehrsweges eventuell Lärmbelastungen vorliegen, die über den Grenzwerten der 16. BImSchV und erst recht über den Immissionsrichtwerten der TA Lärm liegen. Insofern entstünden grundsätzlich „sanierungsbedürftige Situationen“, weil – wie auch das Bundesverwaltungsgericht zutreffend ausgeführt habe – bei Überschreitung der Grenzwerte der 16. BImSchV damit zugleich entschieden sei, dass die Zumutbarkeitsgrenze im Sinne des § 3 Abs. 1 BImSchG überschritten sind. Dies solle aber nach der Rechtsprechung und nach dem Berechnungsmodell der 16. BImSchV gleichwohl rechtlich irrelevant sein. Die Entstehung schädlicher Umwelteinwirkungen werde insofern „konzeptionell und bis an die Grenze der Gesundheitsgefährdungen in Kauf genommen“ (*Koch,* a.a.O.).

983 NVwZ 2000, 490 (494).

984 DÖV 2001, 181 (191).

lastungslagen fehlt". Dies betreffe insbesondere den Verkehr, der trotz Verbesserungen an den Fahrzeugen durch das ungebrochene Mengenwachstum zu einer „zunehmenden ‚schleichenden' Lärmbelastung führe".[985] *Jarass*[986] fügt hinzu: Das Verwaltungsverfahrensgesetz enthalte eine Ermächtigung allein für den Fall, dass die Überschreitung des prognostizierten Verkehrsaufkommens „nicht voraussehbar" gewesen sei (§ 75 Abs. 2 S. 2 VwVfG, dazu unten E.).[987] Da die 16. BImSchV nicht den Lärm anderer Quellen berücksichtige – sei es anderer Verkehrswege, sei es von Anlagen – und dementsprechend die Vorgaben der Vorschrift des § 41 BImSchG nicht vollständig umsetze, könne sie – so *Jarass* weiter[988] – auch insoweit „nicht mehr als eine *Regelkonkretisierung* sein". Dementsprechend sei ein Rückgriff auf das Bundes-Immissionsschutzgesetz geboten, wenn es zu „gravierenden Kumulationen" komme.[989]

Auch der Rat von Sachverständigen für Umweltfragen hat in seinem Umweltgutachten 2004 vor dem Hintergrund der Wiederertüchtigung von durch die Teilung Deutschlands betroffener Schienenwege eine summative Betrachtungsweise angemahnt[990]: Es sei – so der Umweltrat – in „hohem Maße problematisch", dass im Zuge der Wiederertüchtigung zahlreicher Schienenwege in Ostdeutschland „auf der Grundlage zweifelhafter rechtsdogmatischer Konstruktionen" und „offensichtlicher finanzpolitischer Motivationen" ein adäquater Lärmschutz versagt werde und damit „die Sanierungsfälle der nahen Zukunft geschaffen werden". Hierzu empfehle der Umweltrat entsprechende rechtliche Klarstellungen in der 16. BImSchV. Deshalb sollte die „extrem quellenseparierende Betrachtungsweise der 16. BImSchV aufgegeben werden". Es bleibe ein Wunschgegenstand „mit

---

985 Anders als im Anlagenrecht, in dem jedenfalls grundsätzlich ein klares Instrumentarium für den Erlass nachträglicher Anordnungen zum Schutz vor Lärm vorhanden sei (§§ 17, 24, 25 BImSchG, Nr. 5 der TA Lärm), fehle es für den Straßen-, Schienen- und Fluglärm an entsprechend wirkungsvollen Eingriffsermächtigungen. Weder sei eine ergänzende Planfeststellung wegen gewachsenem Verkehrsaufkommens vorgesehen, noch sei etwa das Verkehrsrecht hinreichend geeignet, Probleme des Verkehrswachstums und damit verbundene Lärmbelastungen angemessen und durchgreifend zu bewältigen (vgl. *Koch,* a. a. O.).

986 DVBl. 1995, 589 (591).

987 Dazu unten E.

988 DVBl. 1995, 589 (592); *ders.*, Verkehrsimmissionsschutz, S. 241 ff.; *ders.*, Systematik, S. 395 (Herv. d. Verf.).

989 *Jarass,* Systematik, S. 395 kritisiert deshalb die Bezeichnung der Grenzwerte in § 2 der 16. BImSchV als „Immissions"-Grenzwerte, da Immissionen aus der Gesamteinwirkung bestünden; zudem hätte der Verordnungsgeber darauf hinweisen müssen, dass die Verordnung nicht abschließend und daher ein Rückgriff auf das Gesetz geboten sei, wenn es zu gravierenden Kumulationen komme. Zur weiteren Kritik am Begriff oben Fn. 579.

990 BT-Drs. 15/3600, S. 333 u. 335 f. (Ziff. 660 u. 664).

einer an den noch unsicheren Erträgen der Lärmwirkungsforschung und der im geltenden Immissionsschutzrecht verankerten akzeptorbezogenen Betrachtungsweise auf dem Weg zu einer Gesamtlärmbeurteilung voranzuschreiten".

Das Bundesverwaltungsgericht hält dazu im Berlin-Schönefeld-Urteil fest, dass bei isolierter Betrachtung der verschiedenen Lärmquellen „die kritischen Werte einer Gesundheitsgefahr deutlich unterschritten" werden. Die für die unterschiedlichen Lärmsektoren einschlägigen Regelungen seien indessen „nicht geeignet zu verhindern, dass trotz Einhaltung der Grenz- oder Richtwerte der tatsächliche Lärmpegel vielfach höher liegt als durch das jeweilige Regelwerk suggeriert wird". Bei einer „Summierung verschiedener Lärmquellen über die normativ oder administrativ festgelegten Grenzen hinweg" könne „die Belastung den kritischen Bereich der Gesundheitsgefährdung durchaus erreichen". In diesem Fall greift dann jedoch die grundrechtliche Schutzpflicht des Staates.

### *(4) Tatsächliche Grenzen der Gesamtlärmbetrachtung*

Folgt man demgegenüber den Teilen der Literatur, die im Rahmen der §§ 41 ff. BImSchG eine summative Betrachtungsweise auch unterhalb der verfassungsrechtlichen Zumutbarkeitsschwelle befürworten bzw. sogar für gesetzlich vorgegeben und daher für notwendig halten, so stellt sich die schwierige Aufgabe der Bewertung der verschiedenen Geräuschquellen. Die damit zusammenhängenden tatsächlichen Probleme sind noch nicht im Einzelnen geklärt.[991] Wie in Teil 1 dargelegt, beruht die Lästigkeit von Geräuschen auf zahlreichen Faktoren, was Ursache für ein unterschiedliches Lästigkeitsempfinden in Bezug auf Geräusche aus verschiedenen Schallquellen ist.[992] Die Lärmwirkungsforschung hat bislang noch keinen einheitlichen Maßstab für die Bewertung von Geräuschen aus verschiedenen Quellen aufgezeigt. Dementsprechend bestehen nach den geltenden gesetzlichen und untergesetzlichen Regelwerken für verschiedene Geräuschquellen unterschiedliche Mess- und Berechnungsverfahren.[993] Da die in den Regelwerken enthaltenen Immissionsricht- und -grenzwerte nur in der Zusammenschau mit dem jeweiligen Beurteilungsverfahren aussagekräftig sind, können die verschiedenen Immissionswerte nicht ohne weiteres miteinander verglichen oder einfach „addiert" werden.[994] Die voneinander ab-

---

[991] Vgl. dazu Umweltgutachten 2004 des Rates von Sachverständigen für Umweltfragen, BT-Drs. 15/3600, S. 327 ff. (Ziff. 644 ff.); so aber *Michler,* DVBl. 1988, 229 (zum Straßenverkehr).

[992] Vgl. auch *Kutscheidt,* Schädliche Umwelteinwirkungen, S. 4.

[993] Siehe auch *Vallendar,* in: Hermes/Sellner, AEG, § 18 Rn. 159.

weichenden Mess- und Bewertungsverfahren zur Lärmerfassung spiegeln die unterschiedlichen Geräuschcharakteristiken wider und stehen daher einem rein schematischen Zusammenrechnen der ermittelten Geräuschpegel entgegen.[995] Vereinheitlicht werden muss indessen nicht nur das Verfahren für die Beurteilung von Geräuschen, sondern auch das Zeitschema.[996] Es ist Aufgabe der Lärmwirkungsforschung, Antworten auf die Frage zu finden, wie sich die Überlagerung mehrerer Schallquellen auf einen Rezipienten auswirkt.[997]

Eine Summation unterschiedlicher Immissionsarten ist nur dann geboten, wenn sie in ihrer Schädlichkeit oder Gefährlichkeit bzw. Lästigkeit kumulieren.[998] Ein „Geräusch-Mix“ muss nicht immer lästiger empfunden werden als die Einzelgeräusche.[999] Von einer Kumulation der Geräuschwirkungen ist auszugehen, wenn die Geräusche wegen ihrer Charakteristik vergleichbar sind.[1000] Je „gleichartiger“ die Lärmquellen sind, umso eher wird eine Gesamtlärmbeurteilung möglich sein.[1001] Bei gleichartigen Lärmquellen (z. B. mehreren Schienenwegen oder mehreren Straßen) ist eine Gesamtlärmbetrachtung ohne weiteres möglich.[1002] Bei ungleichartigen Lärmquellen besteht das Problem der Bewertung des Gesamtlärms.[1003] Erforderlich

---

[994] Siehe *Dolde,* Gesamtlärmbewertung, S. 458 ff. u. *ders.*, ZfL 2001, 100 ff.; *Schröer,* NZBau 2007, 568 m. w. N.; *Wahl/Hönig,* NVwZ 2006, 161 (170); *Michler,* VBlBW 2004, 361 ff.; *Koch,* Lärmsummation, S. 220; *Kutscheidt,* NVwZ 1989, 193.

[995] So zutr. BayVGH, Urt. v. 11.03.2004, 22 B 02.1653, NVwZ-RR 2005, 797 (799).

[996] Dazu *Dolde,* Gesamtlärmbewertung, S. 460 f.; *ders.*, ZfL 2001, 100 (104).

[997] So *Dolde,* Gesamtlärmbewertung, S. 462 f.; *ders.*, ZfL 2001, 100 (105 f.).

[998] Vgl. *Kutscheidt,* Schädliche Umwelteinwirkungen, S. 3 f.; *Koch,* Lärmsummation, S. 222 f. u. (zur Mitursächlichkeit) S. 220 ff.

[999] *Michler,* VBlBW 2004, 361 ff. Im Extremfall können sich mehrere Geräusche durch Überlagerung ihrer Schwinungen (Interferenz) sogar gegenseitig „aufheben“ (Stichwort: Antischall), zum Einsatz von Gegenschall auch SRU 1999, BT-Drs. 14/2300, S. 189 (Ziff. 480).

[1000] *Kutscheidt,* Schädliche Umwelteinwirkungen, S. 4.

[1001] *Dolde,* Gesamtlärmbewertung, S. 469; *ders.*, ZfL 2001, 100 (109).

[1002] Vgl. SRU 1999, BT-Drs. 14/2300, S. 205 (Ziff. 505): Bei *gleichartigen* Geräuschen erscheine dem Umweltrat über die bestehenden Ansätze der TA Lärm, der 18. BImSchV und der DIN 18005 hinaus eine summative Betrachtungsweise geboten; Umweltgutachten 2004 des Rates von Sachverständigen für Umweltfragen, BT-Drs. 15/3600, S. 327 (Ziff. 645); *Schulze-Fielitz,* in: GK-BImSchG, § 41 Rn. 54 f.; *Wahl/Hönig,* NVwZ 2006, 161 (170).

[1003] Vgl. *Dolde,* Gesamtlärmbewertung, S. 469; *ders.*, ZfL 2001, 100 (109). Nach SRU 1999, BT-Drs. 14/2300, S. 205 (Ziff. 505) ist sie indessen auch bei *ungleichartigen* Geräuschen nicht völlig ausgeschlossen. Für die Bewertung von Lärm sei die Entwicklung einheitlicher Bewertungsverfahren und davon abgeleiteter Kennwerte anzustreben. Mit Hilfe derartig ermittelter Kennwerte sei durch energetische ist die Entwicklung eines gemeinsamen Verfahrens für die Geräuschbeurteilung sowie einheitlicher Kennwerte für alle Geräuscharten, wobei unterschiedliche Störgrößen durch geeignete Zuschläge zu berücksichtigen sind.[1004] Ansätze hierfür gibt es freilich, etwa die im Auftrag der Landesanstalt für Umweltschutz Baden-Württemberg erstellte Studie zur Beurteilung und Bewertung von Gesamtlärm („Gesamtlärmstudie") des TÜV Rheinland vom 27. November 2000[1005]. Aber auch ohne solche Verfahren wird man auch bei unterschiedlichen Lärmquellen von einer „Sonderfallprüfung" typischerweise jedenfalls dann ausgehen können, wenn verschiedene Schallquellen die jeweils für sie bestehenden Richt- oder Grenzwerte zumindest nahezu erreichen.[1006]

---

Addition die Gesamtbewertung auch von gemeinsam einwirkenden ungleichartigen Geräuschen möglich. Die so gewonnenen Beurteilungspegel für die Gesamtlärmbelastung in den jeweiligen Beurteilungszeiträumen seien in erster Linie für die *Beurteilung der Gesundheitsgefährdung* maßgeblich, da es hierfür vor allem auf die Lautstärke ankomme. Möglicherweise führe die energetische Addition zu einer Überschätzung der *Gesundheitsgefährdung*. Dies sei aber aus Gründen der Vorsorge hinzunehmen. *Unterhalb* der Werte zur Kennzeichnung der Gesundheitsgefährdung sollten dagegen zunächst weiterhin geräuschartspezifische Immissionsrichtwerte festgesetzt werden. Ergänzend sei nach den Vorschlägen im Schrifttum eine Einzelfallprüfung zu erwägen, bei der auf Schutzwürdigkeit, Grad der Lästigkeit und Verursachungsanteil abzustellen sei.

1004 SRU 1999, BT-Drs. 14/2300, S. 201 (Ziff. 497) unter Hinweis auf die noch erforderlichen grundlegenden wissenschaftlichen Untersuchungen.

1005 Bearbeiter: *Tegeder/Schneider/Sonder/Feldhaus*. Die Studie unterscheidet Gesamtimmissions*grenz*werte (die sich an der Schwelle der Gesundheitsgefährdung und der Enteignungsschwelle orientieren) und Gesamtimmissions*richt*werte (die den Beginn der schädlichen Umwelteinwirkungen indizieren). Für die Gesamtimmissionsgrenzwerte stellt die Studie Werte von 70 bis 75 dB(A) tags und 60 bis 65 dB(A) nachts zur Diskussion (S. 27). Für die Immissionsrichtwerte schlägt die Studie die in der 16. BImSchV enthaltenen Immissionsgrenzwerte vor, wobei sich der Beurteilungspegel des Gesamtlärms $L_{Ar,G}$ durch energetische Addition der Beurteilungspegel $L_{Ar,i}$ der einzelnen Geräuscharten ergeben soll, wobei diese aus den Mittelungspegeln $L_{Aeq,i}$ durch Addition von Zuschlägen für Auffälligkeit und Bonus-/Maluswerte ermittelt werden sollen (S. 27 f. u. 30 ff.). Als Bonus-/Maluswerte schlägt die Studie etwa einen Bonus für Schienenverkehrslärm von –5 dB vor und für Gewerbe- und Industrielärm sowie Sport- und Freizeitlärm von +4 dB (S. 31). Zur Vereinheitlichung der in den Regelwerken unterschiedlich geregelten Beurteilungszeiträume schlägt sie schließlich eine Unterteilung in Kern-Nachtzeit (23 bis 5 Uhr), Ruhezeit 1 (5 bis 7 Uhr), Tageszeit (7 bis 20 Uhr) und Ruhezeit 2 (20 bis 23 Uhr) vor (S. 22 f.); dazu auch Umweltgutachten 2004 des Rates von Sachverständigen für Umweltfragen, BT-Drs. 15/3600, S. 330 (Ziff. 649), der den Ansatz der Gesamtlärmstudie des TÜV Rheinland trotz seiner Vereinfachung für eine „sinnvolle vorläufige Methode" hält, mit der eine Bewertung des Gesamtlärms erfolgen kann. Siehe ferner *Tegeder,* ZfL 2001, 72 ff. sowie die Übersicht über die in der Literatur diskutierten Wirkungsmodelle bei *Ortscheid/Wende,* ZfL 2001, 75.

1006 *Dolde,* Gesamtlärmbewertung, S. 469; *ders.*, ZfL 2001, 100 (109).

Eine weitere Frage betrifft die *Zurechnung* und in ihrer Folge die Kostenbelastung für Maßnahmen der Lärmminderung. Maßgebend ist, ob die zu beurteilende Anlage zu der Gesamtbelastung in rechtserheblicher Weise beiträgt.[1007] Dabei ist zu berücksichtigen, dass sich bei einem Bündel verschiedener Lärmquellen lediglich die dominanten Quellen von dem restlichen

[1007] Vgl. *Dolde,* Gesamtlärmbewertung, S. 470; *ders.*, ZfL 2001, 100 (109). Ferner Umweltgutachten 2004 des Rates von Sachverständigen für Umweltfragen, BT-Drs. 15/3600, S. 327 ff. (Ziff. 64f ff.); SRU 1999, BT-Drs. 14/2300, S. 33 f. (Ziff. 99) u. S. 205 f. (Ziff. 505) unter Hinweis auf die Musterverwaltungsvorschrift Geräusche von 1995; dazu auch *Vallendar,* in: Hermes/Sellner, AEG, § 18 Rn. 159. – Kostenverteilungsmaßstäbe enthält *Ziff. 29 VLärmSchR 97*: „(1) Sofern getrennt zu betrachtende Vorhaben in zeitlichem und räumlichem Zusammenhang stehen, gegenüber jedem Vorhaben die Ansprüche auf Lärmvorsorge bestehen und zu den erforderlichen Lärmminderungen gemeinsame Lärmschutzeinrichtungen durchgeführt werden, kann eine gemeinsame Kostenteilung vereinbart werden. Beispiele: Zeitgleich und parallel zum Bau oder der wesentlichen Änderung der Schienenwege einer Eisenbahn wird eine Straße gebaut oder wesentlich geändert. Zur Einhaltung der Immissionsgrenzwerte reicht eine Lärmschutzwand aus. Beträgt z. B. die Pegelüberschreitung der einzelnen Verkehrswege jeweils im Mittel 7 dB (A) bzw. 5 dB (A), so kann eine Kostenteilung von 7/12 bzw. 5/12 für die erforderliche Lärmschutzwand zwischen den Vorhabenträgern vereinbart werden. Gegebenenfalls ist der von jedem Verkehrsträger zu tragende Anteil durch Fiktiventwurf zu ermitteln. (2) Soweit die einzuhaltenden IGW nur an einem Verkehrsweg überschritten werden, hat der Träger dieses Verkehrsweges alle Kosten der für diesen Verkehrsweg erforderlichen Lärmschutzeinrichtungen zu tragen. (3) Im Falle des Zusammentreffens mehrerer Vorhaben im Sinne des § 78 Abs. 1 VwVfG finden die Absätze 1 und 2 Anwendung." Und in Ziff. 30 heißt es: „Sofern parallel zu einem vorhandenen Verkehrsweg eine Straße gebaut oder wesentlich geändert wird, ist Kostenträger für die infolge des Baus oder der wesentlichen Änderung erforderlichen Lärmschutzmaßnahmen ... ausschließlich der Träger der neu hinzukommenden bzw. wesentlich geänderten Straße". *Ziff. 7 der VLärmSchR 83* (oben Fn. 532) bestimmte: „(1) Werden mehrere selbständige Straßenbauvorhaben in zeitlichem und räumlichem Zusammenhang geplant oder ausgeführt, und treffen die von jeder Straße ausgehenden Beeinträchtigungen durch Verkehrslärm zusammen, so tragen die Baulastträger die Kosten des Lärmschutzes zu gleichen Teilen, wenn der Mittelungspegel jeder der beteiligten Straßen einen Immissionsgrenzwert nach Nr. 3 überschreitet. Das gleiche gilt, wenn ein Immissionsgrenzwert durch das Zusammentreffen von jeweils unter dem Immissionsgrenzwert liegenden Mittelungspegeln der beteiligten Straßen überschritten wird. (2) Treffen Beeinträchtigungen durch Verkehrslärm von mehreren neuen oder wesentlich geänderten Straßen mit unterschiedlichen Mittelungspegeln zusammen und überschreitet der Mittelungspegel einer Straße einen Immissionsgrenzwert nicht, so trägt der Baulastträger dieser Straße Kosten des Lärmschutzes nur insoweit, als sie durch Lärmschutzmaßnahmen entstehen, die wegen seiner Straße zusätzlich erforderlich werden." Und *§ 3 des VLärmSchG-E* sah vor, dass wenn selbständige Vorhaben mehrerer Baulastträger in zeitlichem und räumlichem Zusammenhang geplant und ausgeführt werden und der von beiden Verkehrswegen ausgehende Lärm einen Immissionsgrenzwert übersteigt, die Verpflichtungen zur Lärmvorsorge hinsichtlich beider Verkehrswege den Baulastträger treffen, „dessen Verkehrsweg den höheren Mittelungspegel aufweist".

Hintergrundlärm abheben.[1008] In Teil 1[1009] wurde dargelegt, dass ab einem Pegelunterschied von rund 10 dB(A) die leisere Quelle kaum mehr ins Gewicht fällt. Dies liegt auch den Diagrammen V der Anlagen 1 u. 2 der 16. BImSchV zugrunde. Die leisere Quelle wird dann also sowohl bei ihrem Hinzutreten zu der bereits bestehenden lauten Quelle oder umgekehrt bei einem Hinzutreten der lauten Quelle zu der bereits bestehenden leisen Quelle grundsätzlich keinen rechtlich relevanten Verursachungsbeitrag zur Gesamtlärmbelastung leisten, jedenfalls sofern sich die Einwirkzeiten der verschiedenen Geräusche decken.

Formell-rechtliche Voraussetzung für die nachträgliche Anordnung von Lärmsanierungsmaßnahmen wäre schließlich eine gegenüber den verschiedenen Quellen bestehende Eingriffsmöglichkeit, etwa nach dem Vorbild des § 17 BImSchG; an einer solchen Möglichkeit fehlt es für den Schienen- und Straßenverkehr bislang.[1010] Bislang können nach § 75 Abs. 2 S. 2 VwVfG nachträgliche Anordnungen nur ergehen, wenn bestimmte Lärmbelastungen im Zeitpunkt der Planfeststellung nicht vorhersehbar waren. Allerdings müssen für Altanlagen auch Gesichtspunkte des Bestandsschutzes herangezogen werden[1011], da für sie typischerweise eine Gestattung (Planfeststellungsbeschluss) besteht, die bereits nach allgemeinen verwaltungsverfahrensrechtlichen Grundsätzen Bestandskraft vermittelt (vgl. §§ 43 Abs. 2, 49 Abs. 2 S. 1 Nr. 4 VwVfG).

#### cc) Einzelfälle

##### *(1) Planung mehrerer selbständiger Verkehrswege in einem einheitlichen Planfeststellungsverfahren*

Fraglich ist, ob ein Summenpegel dann gerechtfertigt ist, wenn mehrere rechtlich selbständige Verkehrswege nach § 78 VwVfG in einem einheitlichen Planfeststellungsverfahren[1012] geplant werden. Das Bundesverwaltungsgericht hat hierzu in seinem A 72-Urteil vom 23. Februar 2005[1013]

---

[1008] *Schröer,* NZBau 2007, 568 m.w.N.

[1009] Dort unter B.III.

[1010] *Dolde,* Gesamtlärmbewertung, S. 470; *ders.*, ZfL 2001, 100 (109).

[1011] Vgl. *Dolde,* Gesamtlärmbewertung, S. 469; *ders.*, ZfL 2001, 100 (109), jew. m.w.N.

[1012] Dazu *Ronellenfitsch,* VerwArch. 1997, 175 ff. (178 ff.); *ders.*, in: Marschall/Schroeter/Kastner, FStrG, § 17 Rn. 219 ff.; *Steinberg/Berg/Wickel,* Fachplanung, § 1 Rn. 141 ff.; BVerwG, Beschl. v. 28.11.1995, 11 VR 38.95, NVwZ 1996, 389 ff., bestätigt durch BVerwG, Urt. v. 18.04.1996, 11 A 86.95, BVerwGE 101, 73 = NVwZ 1996, 901 ff. – beide Bauvorhaben „Verkehrsanlagen im Zentralen Bereich Berlin“ (VZB).

Stellung genommen und diese Frage mit überzeugender Begründung verneint: Danach können mehrere rechtlich selbständige Verkehrswege, wenn für ihren Bau gem. § 78 Abs. 1 VwVfG nur ein Planfeststellungsverfahren stattfindet, nicht als ein Verkehrsweg im Sinne der 16. BImSchV angesehen werden. Die Errichtung oder Änderung mehrerer selbständiger Verkehrswege, die unabhängig von ihrer verfahrensrechtlichen Verbindung in einem „zeitlichen und funktionalen Zusammenhang" stehen, führt dementsprechend nicht zur Bildung eines Summenpegels. Treffen mehrere selbständige Vorhaben, für deren Durchführung Planfeststellungsverfahren vorgeschrieben sind, derart zusammen, dass für diese Vorhaben nur eine einheitliche Entscheidung möglich ist, findet gem. § 78 VwVfG für diese Vorhaben nur ein Planfeststellungsverfahren statt.[1014] Das Zusammentreffen mehrerer Vorhaben in der genannten Weise hat jedoch – so das Bundesverwaltungsgericht – Rechtsfolgen nur für die Zuständigkeit der Behörden und das Verfahrensrecht. Das im Planfeststellungsverfahren anzuwendende materielle Recht, zu dem auch die 16. BImSchV gehört, wird durch § 78 VwVfG nicht modifiziert. § 78 VwVfG kommt im Übrigen nur zur Anwendung, wenn „selbständige" Vorhaben zusammentreffen. Verbunden werden die Vorhaben also nur im „Verfahren". Im Übrigen bleibt ihre Selbständigkeit unberührt.[1015]

### *(2) Verkehrsvorhaben als Folgemaßnahme*

Der Bau einer Eisenbahntrasse kann weitere Verkehrsvorhaben (z.B. eine Straße zur Anbindung eines Bahnhofs an das Straßennetz) zur Folge haben.[1016] Es wurde bereits dargelegt[1017], dass durch die Planfeststellung die Zulässigkeit eines Vorhabens einschließlich der notwendigen Folgemaßnahmen im Hinblick auf alle von ihm berührten öffentlichen Belange festgestellt wird (Zulassungswirkung, § 75 Abs. 1 S. 1 Halbs. 1 VwVfG).[1018] Insoweit gelten ebenfalls die vom Bundesverwaltungsgericht zu § 78 VwVfG entwickelten Grundsätze. Allein die verfahrensrechtliche Verbindung mehrerer Verkehrswege – hier über § 75 Abs. 1 S. 1 VwVfG – ver-

---

[1013] 4 A 5.04, BVerwGE 123, 23 = NVwZ 2005, 808 (809), Ls. 3.

[1014] Anders als § 78 VwVfG des Bundes setzten die entsprechenden Bestimmungen der Verwaltungsverfahrensgesetze der Länder nicht voraus, dass eines der Planfeststellungsverfahren bundesrechtlich geregelt ist.

[1015] Ebenso bereits *Michler,* VerwArch. 1999, 21 (37); siehe auch *Storost,* in: Ule/Laubinger, BImSchG, § 41 C 21.

[1016] Dazu *Ronellenfitsch,* VerwArch. 1997, 175 ff. (178 ff.).

[1017] Oben Teil 2.

[1018] Dazu auch *Steinberg/Berg/Wickel,* Fachplanung, § 1 Rn. 129 ff.; *Fischer,* in: Ziekow, Fachplanungsrecht, Rn. 429 ff.

mag nichts an der selbständigen materiell-rechtlichen Beurteilung der Verkehrswege hinsichtlich der durch sie bewirkten Geräuschimmissionen zu ändern.[1019]

*(3) Abschnittsbildung*

Fraglich ist ferner die immissionsschutzrechtliche Beurteilung in den Fällen der Abschnittsbildung. Das Bundesverwaltungsgericht hat dazu in einem Urteil vom 23. November 2005[1020] ausgeführt: Bestehe ein „enger räumlicher und konzeptioneller Zusammenhang" zwischen dem nach § 1 Abs. 2 S. 1 Nr. 2 der 16. BImSchV zu beurteilenden erheblichen baulichen Eingriff in einen Verkehrsweg und einem während des Prognosezeitraums absehbaren Weiterbau oder weiteren Ausbau dieses Verkehrswegs, handele es sich also aufgrund des „*einheitlichen Gesamtkonzepts*" der Maßnahmen der Sache nach um eine „*in Planungsabschnitte aufgeteilte Gesamtplanung*", so rechtfertige dies, „die durch den Neu- bzw. Ausbau des Folgeabschnitts ausgelösten Lärmsteigerungen der baulichen Veränderung des vorangehenden Abschnitts zuzurechnen". Bei einer „am Gleichheitssatz orientierten Auslegung" dürfe „die Zuerkennung von Ansprüchen auf Lärmschutz nicht von der jeweiligen Abschnittsbildung abhängig gemacht werden". Abschnittsbildungen dienten dem Zweck, die vielfältigen Schwierigkeiten, die mit einer detaillierten Streckenneu- oder -ausbauplanung einhergingen, praktikabel und effektiv zu bewältigen. Dieses Anliegen habe keinen Bezug zur Schutzbedürftigkeit und Schutzwürdigkeit der Lärmbetroffenen. Es wäre deshalb nicht sachgerecht, nach Maßgabe der Abschnittsbildung zu entscheiden, ob und in welchem Umfang die Betroffenen Schallschutz erhielten. Sei ein solcher Zusammenhang zu bejahen, so sei „die durch den Eingriff bewirkte Erhöhung des Beurteilungspegels zu ermitteln aus der Differenz der im maßgeblichen Prognosezeitpunkt zu erwartenden Beurteilungspegel am Immissionsort für den Zustand ohne die konzeptionell verknüpften Maßnahmen und für den Zustand mit ihnen". Dieser Sichtweise – so das Bundesverwaltungsgericht weiter – könne nicht entgegengehalten

---

[1019] Vgl. auch *Michler,* VerwArch. 1999, 21 (37), der zutreffend darauf hinweist, dass es nicht maßgeblich ist, ob die Planungen verfahrensrechtlich, sei es über § 75 Abs. 1 S. 1 VwVfG, sei es über § 78 VwVfG eine Einheit bilden. Entscheidend sei vielmehr, ob es *materiell-rechtlich* geboten sei, aus den Pegeln mehrerer, gleichzeitig geplanter Verkehrswege einen Summenpegel zu bilden, der dann mit den Grenzwerten des § 2 Abs. 1 der 16. BImSchV zu vergleichen sei. Siehe aus der Planungspraxis dazu etwa den Planfeststellungsbeschluss des Eisenbahn-Bundesamts vom 30.04.2008 für das Projekt Stuttgart 21, Planfeststellungsabschnitt 1.4, Filderbereich bis Wendlingen, B. III. Ziff. 4.3.1 (S. 145 ff.).

[1020] 9 A 28.04, BVerwGE 124, 334 = NVwZ 2006, 331 (333 f.), Ls., Rn. 30 ff. (Herv. d. Verf.); vgl. auch *Stüer,* in: Hoppenberg/de Witt, B Rn. 387.

werden, sie führe zu einem „sachlich unangemessenen Problemtransfer" von dem einen auf das andere Vorhaben, der dem Grundsatz widerspreche, die Probleme im Zuge desjenigen Vorhabens zu bewältigen, durch das sie aufgeworfen würden. Von einem Problemtransfer könne schon deshalb nicht gesprochen werden, weil „im Hinblick auf den geforderten Kausalzusammenhang die Lärmsteigerung jedenfalls auch ein Problem des zu beurteilenden Vorhabens darstellt". Darüber hinaus sei zu beachten, dass „nach Wortlaut und Systematik der immissionsschutzrechtlichen Regelung Bau bzw. Änderung eines Verkehrswegs und Lärmschutz räumlich miteinander verknüpft sind". Da § 41 Abs. 1 BImSchG in Verbindung mit § 1 der 16. BImSchV keine allgemeine Pflicht zur Lärmsanierung, sondern nur zum Lärmschutz aus Anlass baulicher Maßnahmen am Verkehrsweg begründe, könnten Ansprüche auf Lärmschutz nach diesen Vorschriften nur dort entstehen, wo eine Verkehrswegebaumaßnahme stattfinde. Würde die Problembewältigung dem räumlich anschließenden – gleichgültig ob vorher oder nachher planfestgestellten – Planungsabschnitt zugewiesen, so schieden Ansprüche nach der immissionsschutzrechtlichen Regelung von vornherein aus, mit der Folge, dass der Lärmbetroffene auf die wesentlich schwächere Rechtsposition beschränkt wäre, die Berücksichtigung seiner Lärmschutzbelange nach Maßgabe des Abwägungsgebots (für die eisenbahnrechtliche Planfeststellung § 18 S. 2 AEG) beanspruchen zu können.[1021] Dieser Beurteilung durch das Bundesverwaltungsgericht ist vollauf zuzustimmen.

---

[1021] Im Übrigen sei zu berücksichtigen, dass eine abschließende Entscheidung über die im Zuge eines Verkehrswegeausbaus vorzunehmenden Lärmschutzmaßnahmen „sachgerecht nur im Zusammenhang mit der Zulassung des Ausbauvorhabens getroffen werden kann". Nur im Rahmen der Planfeststellung für den Ausbau des betreffenden Verkehrswegeabschnitts lasse sich das Ausmaß der mit dem Gesamtkonzept verbundenen Lärmbelastung bestimmen, weil diese Belastung von der Feintrassierung und sonstigen Detailgestaltung des Abschnitts abhänge. Außerdem könne die typischerweise notwendige bauliche Abstimmung der Schutzmaßnahmen auf die Umgestaltung des Verkehrswegs sachgerecht ebenfalls nur in diesem Stadium geleistet werden. Ein *zurechenbarer Kausalzusammenhang* zwischen dem zu beurteilenden und einem weiteren Vorhaben werde schließlich nicht dadurch in Frage gestellt, dass die Planfeststellung für das weitere Vorhaben derjenigen für das zu beurteilende Vorhaben vorangeht. Für Planungen, die auf einem einheitlichen Gesamtkonzept beruhten, sei typisch, dass die Reihenfolge ihrer Zulassung und Verwirklichung nicht strikt vorgegeben ist. Entscheidend für die Zurechnung sei nicht die zeitliche Reihenfolge der Zulassungsakte, sondern eine „*konzeptionelle Verknüpfung dergestalt, dass ohne das eine Vorhaben das andere nicht geplant und verwirklicht würde*" (vgl. BVerwG, a. a. O.).

### *(4) Zusammentreffen von Baumaßnahmen*

Sind im Falle der Abschnittsbildung [vorstehend (3)] die durch den Neu- bzw. Ausbau des Folgeabschnitts ausgelösten Lärmsteigerungen der baulichen Veränderung des vorangehenden Abschnitts zuzurechnen, so muss dies erst recht für Baumaßnahmen im *selben* Planfeststellungsabschnitt gelten. Voraussetzung ist aber – wie bei der Abschnittsbildung –, dass die verschiedenen verkehrsbaulichen Maßnahmen in einem *engen zeitlichen und funktionalen Zusammenhang* stehen.[1022] Eine andere Auffassung würde zu einer unnatürlichen Aufspaltung eines einzigen Vorhabens in mehrere oder sogar zahlreiche Einzelbaumaßnahmen führen. Aus dem etwaigen Einwand eines Vorhabenträgers, der Betroffene stehe dann besser, als wenn die Maßnahmen (zufällig) zeitlich nacheinander durchgeführt würden (insbesondere weil die 3 dB(A)-Grenze nach § 1 Abs. 2 S. 1 Nr. 2 Var. 1 der 16. BImSchV jeweils unterschritten ist)[1023], ergibt sich nichts anderes. Er ließe sich auch umkehren: Es ist nicht ersichtlich, warum der Betroffene schlechter stehen soll, wenn und weil die Maßnahmen (zufällig) nacheinander durchgeführt werden. Dem weiteren Einwand, der sicherzustellende Lärmschutz hänge dann vom Zufall ab, ob eine Bau- und Änderungsmaßnahme gleichzeitig oder kurz hintereinander durchgeführt werde, steht entgegen, dass mitunter selbst bei einer zeitlich gestaffelten Bauausführung aufgrund eines zeitlichen Zusammenhangs noch von demselben Vorhaben (und daher von einer „summativen" Betrachtung) ausgegangen werden muss, weil durch eine zeitliche Staffelung nicht der Auslösewert von 3 dB(A) in § 1 Abs. 2 S. 1 Nr. 2 Var. 1 BImSchG umgangen werden darf (dazu bereits oben 2.b)bb)(2)(b) und vorstehend zur Abschnittsbildung).

---

[1022] So zutr. *Schulze-Fielitz,* UPR 1994, 1 (4 f.). – Der Bayerische Verwaltungsgerichtshof hat in seinem Urteil vom 21.02.1995, 10 A 93.40080, n.v., nachgewiesen bei *Michler,* VerwArch. 1999, 21 (37), die Annahme eines Summenpegels auch im Fall des Neubaus und gleichzeitigen Umbaus eines vorhandenen, parallel geführten Schienenwegs unter Hinweis auf § 1 Abs. 2 S. 1 Nr. 1 der 16. BImSchV bejaht; zust. *Steenhoff,* DVBl. 1996, 1236 (1241) m.w.N., weil es sich um eine notwendige Einschränkung des Verbots der Summenbildung handele, die aus schallschutztechnischen Gründen geboten sei und eine Lücke im Anwendungsbereich der 16. BImSchV schließe; *Krüger* u.a., Schall- und Erschütterungsschutz, S. 113, nach denen eine Gesamtpegelbetrachtung ausnahmsweise geboten sei, wenn Verkehrswege (z.B. Straße und Straßenbahn) gleichzeitig gebaut oder umgebaut würden; *Schulze-Fielitz,* UPR 1994, 1 (4 f.); *Hendlmeier,* NuR 1992, 463 (466).

[1023] Dazu auch oben Fn. 430.

### *d) Unerheblichkeit baulicher Veränderungen an anderer Stelle (Verkehrsverlagerungen)*

Die Rechtsprechung des 4. Senats des Bundesverwaltungsgerichts im A 99-Urteil hat der 11. Senat in seinem zur Eisenbahntrasse Neufahrn–Flughafen München (Verbindungsspange Neufahrn) ergangenen Beschluss vom 11. November 1996[1024] aufgenommen und zu der Frage, ob sich aus der 16. BImSchV Ansprüche auf Schallschutzmaßnahmen für Eigentümer von solchen Grundstücken ergeben könnten, die nicht in der Nähe der Neubaustrecke, aber in der Nähe eines bestehenden Schienenwegs liegen, auf dem infolge der Neubaustrecke mit einer Verkehrs- und somit Lärmsteigerung zu rechnen ist. Der 11. Senat hat diese Frage zu Recht verneint. Nach § 2 Abs. 1 der 16. BImSchV sei bei dem Bau oder der wesentlichen Änderung von öffentlichen Straßen oder Schienenwegen sicherzustellen, dass der Beurteilungspegel einen der dort genannten Immissionsgrenzwerte nicht überschreitet. Dabei komme es, wie sich aus § 1 Abs. 1 der 16. BImSchV und der Entstehungsgeschichte der Verordnung ergebe – und wie der 4. Senat bereits in seiner A 99-Entscheidung ausgeführt hatte – allein auf den „von dem zu bauenden oder zu ändernden Verkehrsweg ausgehenden Verkehrslärm“ an. Lärm, der „nicht gerade auf der zu bauenden oder zu ändernden Strecke entsteht“, werde von der 16. BImSchV nicht berücksichtigt. Insofern sei die Frage, ob es im Rahmen der 16. BImSchV ein „ungeschriebenes Tatbestandsmerkmal der Ortsbezogenheit“[1025] gebe, unerheblich.[1026] Von diesen Grundsätzen ist die Rechtsprechung auch in der Folge ausgegangen. Die Lärmsteigerung muss dementsprechend von dem zu bauenden oder zu ändernden Verkehrsweg ausgehen. Schutzanspruch und Neubau- bzw. Änderungsmaßnahme sind also „räumlich miteinander verknüpft“. Schallschutz wird sonach nur im „räumlichen Zusammenhang“[1027] mit der Bau- bzw. Änderungsmaßnahme gewährt. Lärmsteigerungen, die infolge der baulichen Veränderung des Verkehrswegs „an anderer Stelle im Verkehrsnetz auftreten“, können demgegenüber nicht anspruchsbegründend wirken.[1028] Aktiver Lärmschutz wird danach nur in den „räumlichen Gren-

---

[1024] 11 B 65.96, NVwZ 1997, 394.

[1025] Dazu *Bürgel,* NJW 1996, 1804 unter Hinweis darauf, dass diese Frage von den Verwaltungsgerichten entschieden werden muss.

[1026] BVerwG, Beschl. v. 11.11.1996, 11 B 65.96, NVwZ 1997, 394 – Eisenbahntrasse Neufahrn–Flughafen München (Verbindungsspange Neufahrn).

[1027] BayVGH, Urt. v. 05.03.1996, 20 B 92.1055, NVwZ-RR 1997, 159 (161), Ls. 1 spricht vom „räumlichen Bereich des erheblichen baulichen Eingriffs“, in dem allein – jedenfalls „in der Regel“ – Ansprüche auf Lärmschutz bestünden.

[1028] So BVerwG, Urt. v. 23.11.2005, 9 A 28.04, BVerwGE 124, 334 = NVwZ 2006, 331 (333), Rn. 28 zu § 1 Abs. 2 S. 1 Nr. 2 und S. 2 der 16. BImSchV; ebenso *Czajka,* in: Feldhaus, BImSchG, § 41 Rn. 59; *Storost,* in: Ule/Laubinger, zen der jeweiligen Planung und Planfeststellung" gewährleistet, reicht aber nicht darüber hinaus und erstreckt sich nicht auf „Fernwirkungen"[1029] oder mittelbare Folgen der Baumaßnahme.[1030] Unerheblich ist somit eine Erhöhung des Verkehrslärms, der infolge von Verkehrsverlagerungen eintritt[1031], da an anderer Stelle des Verkehrsweges oder an anderen Verkehrswegen auftretende zusätzliche Belastungen nicht erfasst werden.[1032] Nicht nur bei Straßen, sondern auch bei Eisenbahnstrecken kann jedes planfestgestellte Vorhaben dazu führen, dass sich die verkehrliche Situation in anderen Bereichen, also auf anderen bestehenden Eisenbahnstrecken ändert und der Verkehrslärm zunimmt.[1033]

Diese Grundsätze hat der 4. Senat in seinem jüngeren Urteil vom 17. März 2005 zur A 73 (Suhl-Lichtenfels)[1034] bestätigt und die vor allem auf die 16. BImSchV abstellenden Ausführungen in der A 99-Entscheidung und der Eisenbahntrasse Neu-

---

BImSchG, § 41 C 9; *Jarass,* BImSchG, § 41 Rn. 28 m.w.N. auch zur Gegenauffassung; *ders.*, Verkehrsimmissionsschutz, S. 240 u. 241; *ders.*, UPR 1998, 415 (417); krit. zum Ausgangspunkt *Schulte,* ZUR 2002, 195 (199 f.); *Jarass,* DVBl. 1995, 589 (592 f.).

1029 Vgl. auch *Kuschnerus,* Schutzauflagen, S. 95.

1030 So Nds. OVG, Urt. v. 21.06.2000, 7 K 3716/98, NVwZ 2001, 99 (100); ebenso *Stüer,* in: Hoppenberg/de Witt, B Rn. 395; *ders.*, Bau- und Fachplanungsrecht, Rn. 730; *ders./Probstfeld,* Planfeststellung, Rn. 220; *Vallendar,* in: Hermes/Sellner, AEG, § 18 Rn. 170; *Dürr,* in: Knack/Henneke, VwVfG, § 75 Rn. 54 unter Hinweis auf die praktischen Schwierigkeiten, wenn im Einzelfall festgestellt werden müsse, ob die Zunahme des Verkehrslärms außerhalb der Baustrecke noch auf den Ausbau zurückzuführen sei; *Jarass,* UPR 1998, 415 (417); *Hendlmeier,* NuR 1992, 463 (466 f.). Weitergehend wohl *Michler,* VerwArch. 1999, 21 (37 ff.), nach dem im Fall eines „unmittelbaren funktionalen Zusammenhangs" der bestehenden Straße mit dem zu bauenden oder zu ändernden Verkehrsweg eine Zunahme des Verkehrs in dem „unmittelbar anschließenden und räumlich abgrenzbaren Abschnitt der bereits vorhandenen Straße" noch „als von der Neubau- bzw. Änderungsmaßnahme ausgehend" werde ansehen müssen, mit der Folge, dass auch dort für Lärmschutz zu sorgen ist; weitergehend wohl auch BayVGH, Urt. v. 05.03.1996, 20 B 92.1055, NVwZ-RR 1997, 159 (161 f.), der es – ohne dass er darüber abschließend entscheiden musste – für denkbar hält, dass sich „die Ausstrahlung erheblicher baulicher Eingriffe – im Sinne der Bewirkung von Lärmschutzansprüchen – ausnahmsweise über die jeweiligen Einwirkungsbereiche hinaus auf die gesamte Strecke (als verkehrswirksamen Abschnitt) erweitert, und zwar, wenn durch ein Gesamtkonzept eine längere Strecke insgesamt verändert oder angepasst werden solle, um die Streckenkapazität zu erhöhen, den Betrieb zu beschleunigen oder zu optimieren". Dann „erweitert sich der in § 1 Abs. 2 S. 1 Nr. 2 der 16. BImSchV bezeichnete ‚zu verändernde Verkehrsweg' über die einzelne Baumaßnahme hinaus auf einen größeren verkehrswirksamen Abschnitt".

1031 Vgl. *Alexander,* NVwZ 1991, 318 (319).

1032 *Kämper,* in: BeckOK-VwVfG, § 74 Rn. 100 zur 16. BImSchV. Siehe aber auch *Michler* (oben Fn. 1030).

1033 BVerwG, Beschl. v. 11.11.1996, 11 B 65.96, NVwZ 1997, 394 – Eisenbahntrasse Neufahrn–Flughafen München (Verbindungsspange Neufahrn).

fahrn–Flughafen München-Entscheidung ausdrücklich auch auf § 41 BImSchG bezogen. Denn – so der Senat – der Tatbestand der Vorschrift des § 41 BImSchG reiche „nicht weiter als die 16. BImSchV", die „nach § 43 Abs. 1 S. 1 Nr. 1 BImSchG zur Durchführung des § 41 BImSchG und des § 42 Abs. 1 u. 2 BImSchG erlassen worden ist". Dafür spreche bereits ihr Wortlaut. Die Formulierung, dass die Verpflichtung zum Immissionsschutz „bei" dem Bau oder der wesentlichen Änderung von Verkehrswegen zu erfüllen ist, lasse erkennen, dass der erforderliche Lärmschutz „im Rahmen und als Bestandteil des in Rede stehenden Vorhabens" realisiert werden soll und „Maßnahmen des aktiven Lärmschutzes" nur „in den Grenzen der jeweiligen Planung und Planfeststellung" zu treffen sind Auch ergebe sich aus der „Zusammenschau von §§ 41 Abs. 1 und 43 Abs. 1 S. 1 Nr. 1 BImSchG", dass der Schutz vor Lärm, der infolge eines neuen oder geänderten Verkehrswegs entsteht, „auf dessen Nachbarschaft beschränkt" sein soll. Anlieger an anderen, vorhandenen Verkehrswegen, auf denen sich „infolge der Baumaßnahme das Verkehrsaufkommen erhöht", ließen sich „regelmäßig nicht zur Nachbarschaft" der neuen oder geänderten Strecke zählen. Hinzu komme die Regelung des § 2 Abs. 1 Nr. 4 BImSchG. Die in ihr enthaltene Einschränkung, dass die Vorschriften des Bundes-Immissionsschutzgesetzes für den Bau öffentlicher Straßen und Schienenwege nur „nach Maßgabe der §§ 41 bis 43" gelten, bedeute eine „Abkehr von dem für genehmigungsbedürftige Anlagen geltenden Grundsatz", dass eine solche Anlage „nicht errichtet oder betrieben werden darf, wenn unter Einbeziehung der Vorbelastung durch bereits vorhandene Anlagen schädliche Umwelteinwirkungen hervorgerufen werden können (vgl. § 5 Abs. 1 S. 1 Nr. 1 BImSchG)". Anders als für gewerbliche Anlagen „regelt das Bundes-Immissionsschutzgesetz den Immissionsschutz für Verkehrsanlagen nicht umfassend", sondern nur für einen Teilausschnitt. Den Ausführungen des 4. Senats ist zuzustimmen. Allerdings dürfte sich aus den vom Senat unter anderem herangezogenen Vorschriften der §§ 41 Abs. 1 und 43 Abs. 1 S. 1 Nr. 1 BImSchG nicht ergeben, dass der Schutz vor Lärm, der infolge eines neuen oder geänderten Verkehrswegs entsteht, auf dessen *Nachbarschaft* beschränkt sein soll. Die Vorschrift des § 41 Abs. 1 BImSchG erfasst durch die Bezugnahme auf den Begriff der schädlichen Umwelteinwirkungen auch den Schutz der „Allgemeinheit" (§ 3 Abs. 1 BImSchG).

Entscheidend ist damit, wie weit im konkreten Fall der „räumliche Zusammenhang" bzw. die „räumlichen Grenzen" der Planung zu ziehen sind.[1035] Das Niedersächsische Oberverwaltungsgericht[1036] hat dazu entschieden, dass Lärmschutz insoweit nicht nur für die „innerhalb der Planfeststellungsgrenzen – wenn man diese senkrecht zur Achse des Verkehrsweges verlängert – liegenden Grundstücke" zu gewähren ist, sondern auch

---

[1034] 4 A 18.04, BVerwGE 123, 152 = NVwZ 2005, 811 (812), dazu *Gatz,* jurisPR-BVerwG 12/2005 Anm. 5; BVerwG, Urt. v. 23.02.2005, 4 A 5.04, BVerwGE 123, 23 = NVwZ 2005, 808 (809) – A 72.

[1035] Vgl. auch *Czajka,* in: Feldhaus, BImSchG, § 41 Rn. 59; *Storost,* in: Ule/Laubinger, BImSchG, § 41 C 19; *Jarass,* Verkehrsimmissionsschutz, S. 240 f. unter Hinweis auf BayVGH, Urt. v. 05.03.1996, 20 B 92.1055, NVwZ-RR 1997, 159 (161), Ls. 1 (siehe oben Fn. 1027).

[1036] Urt. v. 21.06.2000, 7 K 3716/98, NVwZ 2001, 99 (100).

für die „außerhalb liegenden“ Grundstücke, wenn dort durch Geräuschimmissionen „ausgehend von dem Streckenabschnitt innerhalb der Planfeststellungsgrenzen“ die in § 2 Abs. 1 der 16. BImSchV genannten Immissionsgrenzwerte überschritten werden. Zu unterscheiden sind also Emissions- und Immissionsort. Emissionsort ist der *innerhalb* der Planfeststellungsgrenzen befindende Bauabschnitt („*Baugrubenmodell*“), wobei der Immissionsort auch *außerhalb* dieser Grenzen liegen kann.[1037]

Werden nur in einem Teilbereich eines Verkehrswegs Änderungen vorgenommen, so wird dadurch nicht etwa die gesamte Strecke zum geänderten Verkehrsweg.[1038] Andererseits muss jedoch nicht jeder Meter des Verkehrswegs geändert werden.[1039] Entscheidend ist eine natürliche Betrachtungsweise. Maßgebend ist, ob die Einzelmaßnahmen so konzipiert oder so dicht lokalisiert sind, dass der Eindruck eines einheitlichen Ausbaus entsteht.[1040]

Selbst wenn §§ 41 ff. BImSchG nach den vorstehenden Grundsätzen Verkehrsverlagerungen nicht erfassen, bedeutet dies jedoch nicht, dass solche Auswirkungen der Planung im Rahmen der Planfeststellung unberücksichtigt bleiben können. Ist der Lärmzuwachs an einem anderen Verkehrsweg mehr als nur unerheblich und besteht ein „eindeutiger Ursachenzusammenhang“ zwischen dem planfestgestellten Verkehrsbauvorhaben und der zu erwartenden Verkehrszunahme auf dem anderen Verkehrsweg, so ist der Lärmzuwachs im Rahmen der *Abwägung* zu berücksichtigen.[1041] Keine Lö-

---

1037 Vgl. auch X. Ziff. 27 (S. 22) der VLärmSchR 97 (oben Fn. 462). Krit. *Krüger* u.a., Schall- und Erschütterungsschutz, S. 113, wonach das sog. Baugrubenmodell der Deutschen Bahn AG, das nur die Gleisabschnitte innerhalb des Planfeststellungsbereiches berücksichtige, nicht zu wirklichkeitsgerechten Teilbeurteilungspegeln führe. Dementsprechend sei für die Berechnung der Beurteilungspegel an Immissionsorten im Bau- bzw. Planfeststellungsbereich immer der Verkehrsweg, nicht der Verkehrswegeabschnitt zugrunde zu legen. Die Anwendung der 16. BImSchV auf den Ausbaustrecken in ihrer gesamten Länge würde indessen zu erheblichen finanziellen Folgen führen, vgl. *Bürgel,* NJW 1996, 1804. Es ist indessen fraglich, ob der Gesetz- und Verordnungsgeber vor dem Hintergrund des das Verkehrslärmschutzrecht seit seinen Anfängen bestimmenden Konflikts zwischen Umweltschutz und Finanzierbarkeit auch durch Verkehrsverlagerungen bewirkte Lärmsteigerungen erfassen wollte.

1038 *Jarass,* Verkehrsimmissionsschutz, S. 240; *ders.*, UPR 1998, 415 (417). Siehe aber auch weitergehend BayVGH (oben Fn. 1030) und *Krüger* u.a. (oben Fn. 1037).

1039 *Jarass,* Verkehrsimmissionsschutz, S. 240; *ders.*, UPR 1998, 415 (417); *Storost,* in: Ule/Laubinger, BImSchG, § 41 C 19.

1040 *Storost,* in: Ule/Laubinger, BImSchG, § 41 C 19.

1041 BVerwG, Urt. v. 17.03.2005, 4 A 18.04, BVerwGE 123, 152 = NVwZ 2005, 811 (812 f.), Ls. 2 – A 73 (Suhl-Lichtenfels), dazu *Gatz,* jurisPR-BVerwG 12/2005 Anm. 5 u. *Koch/Kahle,* NVwZ 2006, 1124 (1128); vgl. bereits BVerwG, Beschl. v. 11.11.1996, 11 B 65.96, NVwZ 1997, 394 – Eisenbahntrasse Neufahrn–Flughafen sung des Lärmproblems im Sinne des Konfliktbewältigungsgebots wäre es nämlich, wenn das Lärmgeschehen verlagert wird, so dass andere, im Ergebnis aber gleichartige Betroffenheiten ausgelöst werden.[1042] Die Abwägung ist dann fehlerfrei, wenn die in § 2 Abs. 1 Nr. 3 der 16. BImSchV für Dorf- und Mischgebiete festgelegten Werte eingehalten werden, weil diese Vorschrift der gesetzgeberischen Wertung Rechnung trägt, dass Dorf- und Mischgebiete neben der Unterbringung von (nicht wesentlich) störenden Gewerbebetrieben auch dem Wohnen dienen und die hierauf zugeschnittenen Immissionsgrenzwerte für den Regelfall gewährleisten, dass die Anforderungen an gesunde Wohnverhältnisse (vgl. § 1 Abs. 6 Nr. 1 BauGB) gewahrt sind.[1043]

### 5. Ausschluss des Anspruchs auf aktiven Lärmschutz nach § 41 Abs. 2 BImSchG

Der Anspruch des Betroffenen auf aktive Schallschutzmaßnahmen ist nach § 41 Abs. 2 BImSchG ausgeschlossen, „soweit die Kosten der Schutzmaßnahme außer Verhältnis zu dem angestrebten Schutzzweck stehen würden".[1044] Die Vorschrift konkretisiert das aus dem Rechtsstaatsprinzip (Art. 20 Abs. 3 GG) folgende Verhältnismäßigkeitsprinzip.[1045] Der Betroffene hat zwar nach dem Dargelegten prinzipiell einen Anspruch auf *Vollschutz* durch aktive Schutzmaßnahmen. Von diesem Schutzniveau sind aber nach Maßgabe des § 41 Abs. 2 BImSchG „Abstriche" möglich.[1046] Soweit

---

München (Verbindungsspange Neufahrn); ferner *Stüer,* in: Hoppenberg/de Witt, B Rn. 388 u. 395; *ders.*, Bau- und Fachplanungsrecht, Rn. 730; *Dürr,* in: Knack/Henneke, VwVfG, § 75 Rn. 54; *Storost,* in: Ule/Laubinger, BImSchG, § 41 C 9 u. 19. Siehe aus der Planungspraxis z.B. den Planfeststellungsbeschluss des Eisenbahn-Bundesamts vom 27.06.2007 für das Bauvorhaben POS Süd, Planfeststellungsabschnitt 1, Rheinbrücke Kehl mit Westkopf Bf. Kehl, Strecke 4260 Appenweier-Kehl, B. Ziff. 3.9.1 (S. 41 f.).

[1042] *Vallendar,* in: Hermes/Sellner, AEG, § 18 Rn. 157 m.w.N.

[1043] BVerwG, Urt. v. 17.03.2005, 4 A 18.04, BVerwGE 123, 152 = NVwZ 2005, 811 (813), Ls. 4 – A 73 (Suhl-Lichtenfels); *Stüer,* in: Hoppenberg/de Witt, B Rn. 386.

[1044] Krit. zur Formulierung *Korbmacher,* DÖV 1976, 1 (5) m.w.N.: „bemerkenswertes Beispiel für ein kaum noch erträgliches Maß an gesetzgeberischer Entscheidungsabstinenz" und ein „verfassungsrechtlich bedenkliches ‚Defizit an Funktionswilligkeit' des Parlaments"; ebenfalls krit. *Peine,* DÖV 1988, 937 (943) m.w.N., nach dem der Begriff selbst kaum Aussagekraft habe und der Schutzzweck materiell schwer zu veranschlagen sei; vgl. auch *Schulze-Fielitz,* in: GK-BImSchG, § 41 Rn. 11; *Nedden,* DVBl. 1977, 265 (267).

[1045] Vgl. *Berberich,* Rechtsschutz, S. 64.

[1046] BVerwG, Urt. v. 09.06.2004, 9 A 14.03, juris, Rn. 47 – Ortsumgehung Michendorf; BVerwG, Urt. v. 03.03.2004, 9 A 15.03, NVwZ 2004, 986 (987) – S 3 die Kosten der Schutzmaßnahme außer Verhältnis zu dem angestrebten Schutzzweck stehen, kann der Betroffene lediglich Entschädigung für passive Schallschutzmaßnahmen nach § 42 BImSchG verlangen.

### *a) Kosten-Nutzen-Analyse*

Nach § 41 Abs. 2 BImSchG ist der Nutzen einer Schallschutzmaßnahme mit ihren Kosten in Beziehung zu setzen. Nach dem Wortlaut der Vorschrift kann die Unverhältnismäßigkeit aktiver Schallschutzmaßnahmen nur mit dem *Kostenaufwand* begründet werden.[1047] Nach der ständigen Rechtsprechung des Bundesverwaltungsgerichts ist eine hinreichend differenzierte *„Kosten-Nutzen-Analyse"* geboten, die insbesondere den mit § 41 Abs. 1 BImSchG *angestrebten Schutzzweck,* den grundsätzlichen *Vorrang des aktiven vor dem passiven Lärmschutz,* die *Zahl der Lärmbetroffenen,* das *Maß der Grenzwertüberschreitung* und den *Lärmminderungseffekt* der unterschiedlichen Minderungsmaßnahmen berücksichtigt.[1048]

---

(S-Bahn Berlin-Charlottenburg); siehe auch BVerwG, Beschl. v. 22.12.2004, 4 B 75.04, Buchholz 406.25 § 41 BImSchG Nr. 42, juris, Rn. 10; BVerwG, Urt. v. 24.09.2003, 9 A 69.02, NVwZ 2004, 340 (342) – Anhalter Bahn; OVG NRW, Urt. v. 11.02.2009, 11 D 45/06.AK, juris, Rn. 179.

1047 *Hoppe/Schlarmann/Buchner/Deutsch,* Rechtsschutz, Rn. 686.

1048 Vgl. BVerwG, Urt. v. 13.05.2009, 9 A 72.07, DVBl. 2009, 1307, Rn. 61 ff. (v.a. Ls. 4, Rn. 64) – A 4; BVerwG, Urt. v. 23.11.2005, 9 A 28.04, BVerwGE 124, 334 = NVwZ 2006, 331 (335), Rn. 43; BVerwG, Beschl. v. 22.12.2004, 4 B 75.04, Buchholz 406.25 § 41 BImSchG Nr. 42, juris, Rn. 10; BVerwG, Urt. v. 09.06.2004, 9 A 14.03, juris, Rn. 47 – Ortsumgehung Michendorf; BVerwG, Urt. v. 24.09.2003, 9 A 69.02, NVwZ 2004, 340 (342) Ls. 2 – Anhalter Bahn; BVerwG, Urt. v. 03.03.2004, 9 A 15.03, NVwZ 2004, 986 (987) – S 3 (S-Bahn Berlin-Charlottenburg); BVerwG, Urt. v. 15.03.2000, 11 A 42.97, BVerwGE 110, 370 = NVwZ 2001, 71 (75) – Eisenbahntrasse Hamburg–Büchen–Berlin (Aumühle); OVG NRW, Urt. v. 11.02.2009, 11 D 45/06.AK, Ls. 7, juris, Rn. 188 ff.; aus der obergerichtlichen Rspr. Hess. VGH, Urt. v. 18.03.2008, 2 C 1092/06.T, UPR 2008, 360, juris, Rn. 152; VGH Bad.-Württ., Urt. v. 28.06.2006, 5 S 1769/05, BImSchG-Rspr. § 41 Nr. 87, juris, Rn. 43; Sächs. OVG, Beschl. v. 15.12.2005, 5 BS 300/05, LKV 2006, 373 (377) – Waldschlösschenbrücke Dresden; aus dem Schrifttum *Jarass,* BImSchG, § 41 Rn. 49 ff.; *Czajka,* in: Feldhaus, BImSchG, § 41 Rn. 72; *Schulze-Fielitz,* in: GK-BImSchG, § 41 Rn. 68 ff.; *Storost,* in: Ule/Laubinger, BImSchG, § 41 D 9; *Bracher,* in: LR, § 41 BImSchG Rn. 68 ff.; *Hoppe/Schlarmann/Buchner/Deutsch,* Rechtsschutz, Rn. 686; *Michler,* Verkehrsimmissionsschutz, S. 125 f.; *ders.,* VerwArch. 1999, 21 (43 f.); *Halama,* VBlBW 2006, 132 (134); *Schink,* NVwZ 2003, 1041 (1045) nennt des Weiteren die Art der betroffenen Nutzungen und die topographischen Schwierigkeiten; *Schulze-Fielitz,* ZUR 2002, 190 (193); *Peine,* DÖV 1988, 937 (943); *Kuschnerus,* DVBl. 1986, 429 (437) zu § 17 Abs. 4 S. 2 FStrG a.F. Siehe aus der Planfeststellungspraxis etwa den Planfeststellungsbeschluss des Eisenbahn-Bundesamts vom 30.08.2007 für das Bauvorhaben ABS 38 – München-Mühldorf-Freilassing, C. IV. Ziff. 6.1.4 (S. 63).

Ferner wirkt sich im Rahmen der Verhältnismäßigkeitsprüfung[1049] die *tatsächliche und/oder plangegebene Vorbelastung* schutzmindernd aus, da eine vorgefundene, rechtmäßig verursachte Vorbelastung grundsätzlich als zumutbar hingenommen werden muss.[1050] Die Vorbelastung mindert sonach den Schutzanspruch nach § 41 Abs. 1 BImSchG und begründet die Obliegenheit des Bauherrn, durch mögliche und zumutbare Maßnahmen der „*architektonischen Selbsthilfe*" auf die Lärmemissionen Rücksicht zu nehmen[1051], z. B. in Bezug auf die Stellung des Gebäudes auf dem Grundstück, den äußeren Zuschnitt des Hauses, die Anordnung der Wohnräume und der notwendigen Fenster, gegebenenfalls auch durch die Gestaltung des Außenwohnbereichs[1052]. Nach der Rechtsprechung des Bundesverwaltungsgerichts trifft es insofern nicht zu, dass es jedem selbst überlassen bleiben muss, welche Räume er zum Schlafen nutzen will, und jeder Aufenthaltsraum so zu schützen ist, dass er sich als Schlafraum eignet, da nichts Unzumutbares verlangt wird, wenn diejenigen Räume zum Schlafen genutzt werden, in denen die zur Sicherstellung störungsfreien Nachtschlafs notwendigen Schallschutzmaßnahmen ergriffen werden.[1053]

Da die Kosten mit dem angestrebten Schutzzweck in Beziehung gesetzt werden müssen, wäre es verfehlt, die Kosten der Schutzanlage mit den Gesamtkosten der Verkehrsanlage ins Verhältnis zu setzen.[1054] Die (Un-)Verhältnismäßigkeit der Kosten lässt sich ferner *nicht* ohne weiteres durch *Gegenüberstellung der Kosten für aktiven und passiven Lärmschutz* beurtei-

---

[1049] Zur Frage, ob bzw. inwieweit die 16. BImSchV eine Vorbelastung berücksichtigt, oben B.I.3.b)cc).

[1050] BVerwG, Urt. v. 15.03.2000, 11 A 42.97, BVerwGE 110, 370 = NVwZ 2001, 71 (75) – Eisenbahntrasse Hamburg–Büchen–Berlin (Aumühle); BVerwG, Urt. v. 22.03.1985, 4 C 63.80, BVerwGE 71, 150 = NJW 1985, 3034 (3035) Ls. 4 – B 455, wonach eine aufgrund verfestigter Planung zu erwartende Geräuschbelästigung (plangegebene Vorbelastung) ebenso wie die (tatsächliche) Geräuschvorbelastung dem vorbelasteten Grundstück kraft seiner Situationsgebundenheit anhafte und vom jeweiligen Eigentümer unabhängig vom Zeitpunkt seines Erwerbs und seiner Kenntnis der Vorbelastung hingenommen werden müsse; BVerwG, Urt. v. 21.05.1976, IV C 80.74, BVerwGE 51, 15 = NJW 1976, 1760 (1763) – B 27 (Stuttgart-Degerloch); *Storost,* in: Ule/Laubinger, BImSchG, § 41 D 9; *Peine,* DÖV 1988, 937 (944).

[1051] BVerwG, Beschl. v. 29.03.2007, 4 A 2003.07, juris, Rn. 3 – Flughafen Leipzig/Halle zu § 9 Abs. 2 LuftVG u. § 74 Abs. 2 S. 2 VwVfG (Herv. d. Verf.).

[1052] BVerwG, Urt. v. 23.09.1999, 4 C 6.98, BVerwGE 109, 314 = NVwZ 2000, 1050 (1052 a. E.), Ls. 4 zu Lärmemissionen einer Sportanlage.

[1053] BVerwG, Beschl. v. 29.03.2007, 4 A 2003.07, juris, Rn. 3 – Flughafen Leipzig/Halle.

[1054] Vgl. *Storost,* in: Ule/Laubinger, BImSchG, § 41 D 2; *Michler,* Verkehrsimmissionsschutz, S. 125 m. w. N. auch zur Gegenansicht; *Peine,* DÖV 1988, 937 (943); *Hofmann,* Verkehrslärmschutz, S. 196 unter Hinweis auf Wortlaut sowie Sinn und Zweck von § 41 BImSchG; siehe auch die Nachw. für die unterschiedlichen Auffassungen bei *Schulze-Fielitz,* in: GK-BImSchG, § 41 Rn. 69.

len[1055], weil erstens die Kosten für aktiven Lärmschutz in der Regel ohnehin weitaus höher sind als die Kosten für passiven Lärmschutz[1056], zweitens der aktive vor dem passiven Lärmschutz Vorrang genießt[1057] und drittens Schallschutzfenster nur einen Schutz für den Innenbereich, nicht aber auch für den Außenwohnbereich (insbesondere Terrassen und Balkone) bieten[1058]. Es entspricht deshalb nicht den Vorgaben des § 41 BImSchG, die Unverhältnismäßigkeit der Kosten für aktiven Schallschutz „*allein* daraus herzuleiten, dass die nach § 42 Abs. 2 BImSchG zu leistenden Entschädigungen für passiven Lärmschutz – wie regelmäßig – erheblich billiger wären."[1059] Insbesondere hängt die Frage, ob die Kosten einer Schutzmaßnahme außer Verhältnis zu dem angestrebten Schutzzweck stehen, nicht davon ab, ob der Aufwand für den aktiven Schallschutz im Vergleich zu den Kosteneinsparungen im Bereich des passiven Lärmschutzes eine „quantifizierbare ‚Verhältnismäßigkeitsschwelle'" übersteigt.[1060] Entscheidend ist vielmehr – so das Bundesverwaltungsgericht in seiner Aumühle-Entscheidung[1061] –, welcher Erfolg dem aktiven Lärmschutz im Einzelnen zuzuschreiben ist, was nicht allein an der Einsparung von Kosten für den passiven Lärmschutz zu messen ist. Bei welcher Höhe der Beträge die Unverhältnismäßigkeit des Aufwands für aktiven Lärmschutz anzunehmen ist, bestimmt sich nach den „Umständen des Einzelfalles".[1062] Allerdings kann ein „offensichtliches Missverhältnis" zwischen den Kosten für den aktiven und passiven Schallschutz ein „Indiz" für eine Unverhältnismäßigkeit im

1055 Vgl. BVerwG, Urt. v. 13.05.2009, 9 A 72.07, DVBl. 2009, 1307, Rn. 63 – A 4; so auch bereits *Peine,* DÖV 1988, 937 (943); ferner *Michler,* VerwArch. 1999, 21 (43) m. w. N., nach dem es „nicht nur" auf das Verhältnis der Kosten von aktivem und passivem Lärmschutz ankommt; dazu auch *Schulze-Fielitz,* in: GK-BImSchG, § 41 Rn. 71, nach dem das vorrangige Gewicht des aktiven Lärmschutzes angemessen berücksichtigt werden müsse.

1056 Vgl. *Storost,* in: Ule/Laubinger, BImSchG, § 41 D 5; *Halama,* VBlBW 2006, 132 (134).

1057 Ebenso *Michler,* Verkehrsimmissionsschutz, S. 126; *Hofmann,* Verkehrslärmschutz, S. 197 f.

1058 *Michler,* Verkehrsimmissionsschutz, S. 126.

1059 So BVerwG, Urt. v. 13.05.2009, 9 A 72.07, DVBl. 2009, 1307, Ls. 1, Rn. 63 – A 4 (Herv. d. Verf.); siehe auch *Storost,* in: Ule/Laubinger, BImSchG, § 41 D 5: nur in Ausnahmefällen.

1060 BVerwG, Beschl. v. 09.01.2006, 9 B 21.05, BImSchG-Rspr. § 41 Nr. 85, juris, Rn. 18; BVerwG, Urt. v. 15.03.2000, 11 A 42.97, BVerwGE 110, 370 = NVwZ 2001, 71 (76 f.), Ls. 4 – Eisenbahntrasse Hamburg–Büchen–Berlin (Aumühle): Verhältnis 4:1.

1061 BVerwG, Urt. v. 15.03.2000, 11 A 42.97, BVerwGE 110, 370 = NVwZ 2001, 71 (76 f.) – Eisenbahntrasse Hamburg–Büchen–Berlin.

1062 BVerwG, Beschl. v. 30.08.1989, 4 B 97.89, Buchholz 406.25, § 41 BImSchG Nr. 5, juris, Rn. 5; BVerwG, Urt. v. 13.05.2009, 9 A 72.07, DVBl. 2009, 1307, Ls. 3, Rn. 64 – A 4.

Sinne von § 41 Abs. 2 BImSchG sein.[1063] Beispielsweise hat die Rechtsprechung Kosten für eine Lärmschutzwand in Höhe von fast 160.000 EUR gegenüber Kosten für passiven Schallschutz von rund 10.000 EUR für unverhältnismäßig gehalten.[1064] Im Einzelfall kann ein Vergleich der Kosten für aktiven und passiven Schallschutz ausnahmsweise auch dann zulässig sein, wenn etwa nur der Innenbereich zu schützen ist und die Höhe der Lärmimmissionen ein Wohnen auch bei gelegentlich gekipptem Fenster ermöglichen.[1065] Auch eine gegebenenfalls nach § 74 Abs. 2 S. 3 VwVfG (i. V. m. § 42 Abs. 2 S. 2 BImSchG) zu zahlende Entschädigung (z. B. für den Außenwohnbereich[1066]) ist neben den Aufwendungen für Maßnahmen des passiven Schallschutzes bei dem Kostenvergleich zu berücksichtigen.[1067] Auch sind im Rahmen der Verhältnismäßigkeit sog. *Sprungkosten* zu berücksichtigen, die sich beim Bau von Lärmschutzwänden einer bestimmten Höhe ergeben können.[1068]

---

1063 BVerwG, Beschl. v. 09.01.2006, 9 B 21.05, BImSchG-Rspr. § 41 Nr. 85, juris, Rn. 18 unter Hinweis auf BVerwG, Beschl. v. 10.10.1995, 11 B 100.95, NVwZ-RR 1997, 336 (337) – S-Bahn entlang der Bahnstrecke München–Rosenheim, wonach es nicht zu beanstanden ist, dass die Vorinstanz im Hinblick auf das von ihr festgestellte „grobe Missverhältnis“ zwischen den Kosten, die der von den Klägern geforderte aktive Lärmschutz im Vergleich zu den Kosten des passiven Lärmschutzes verursachen würde, eine weitere Faktoren berücksichtigende „Kosten-Nutzen-Berechnung“ nicht für angebracht gehalten habe; ferner BVerwG, Beschl. v. 03.04.2007, 9 PKH 2.06, juris, Rn. 12, wonach schon der reine Kostenvergleich zwischen erforderlichen Aufwendungen für passiven Schallschutz und den zehnmal höheren Kosten für aktiven Schallschutz ein Missverhältnis indiziert; ebenso bereits OVG Schleswig, Urt. v. 17.03.2005, 12 A 153/02, juris, Rn. 29 ff., welches eine Unverhältnismäßigkeit für den Fall angenommen hat, dass die Kosten für passiven Lärmschutz jedenfalls ca. 1/10 der Kosten für aktive Lärmschutzmaßnahmen betragen; vgl. auch *Peine,* DÖV 1988, 937 (943), nach dem ein physisch-realer Ausgleich dann unterbleiben darf, wenn ein „eindeutiges und offensichtliches Missverhältnis“ zwischen Kosten und Nutzen der Schallschutzmaßnahme an dem Verkehrsweg erkennbar ist.

1064 BVerwG, Beschl. v. 30.08.1989, 4 B 97.89, Buchholz 406.25, § 41 BImSchG Nr. 5, juris, Rn. 4; *Michler,* Verkehrsimmissionsschutz, S. 126; *ders.*, VerwArch. 1999, 21 (43).

1065 So *Michler,* Verkehrsimmissionsschutz, S. 126.

1066 Zu diesem unten B.III.6.c).

1067 BVerwG, Beschl. v. 22.12.2004, 4 B 75.04, Buchholz 406.25 § 41 BImSchG Nr. 42, juris, Rn. 11 m. w. N.

1068 BVerwG, Urt. v. 24.09.2003, 9 A 69.02, NVwZ 2004, 340 (342 f.) – Anhalter Bahn; BVerwG, Urt. v. 15.03.2000, 11 A 42.97, BVerwGE 110, 370 = NVwZ 2001, 71 (77), Ls. 5 – Eisenbahntrasse Hamburg–Büchen–Berlin (Aumühle): Bau von mehr als 4 m hohen Lärmschutzwänden; BVerwG, Urt. v. 16.12.1998, 11 A 44.97, Buchholz 406.25 § 41 BImSchG Nr. 24, juris, Rn. 48 – Eisenbahntrasse Hamburg–Büchen–Berlin: zu 4 bis 5 m hohen Schallschutzwänden und den mit ihrem Bau verbundenen Erschwernissen im Bereich vorhandener Verstärkungs- und Rückleitungen der Oberleitungen; *Jarass,* BImSchG, § 41 Rn. 51. Siehe auch den

Bei der Kosten-Nutzen-Analyse muss die Planfeststellungsbehörde allerdings nicht alle denkbaren Alternativen einschließlich möglicher Maßnahmenkombinationen in gleicher Tiefe untersuchen; ausreichend ist vielmehr eine Grobprüfung (*Grobanalyse*), soweit sich bereits auf deren Grundlage die Vorzugswürdigkeit eines bestimmten Konzepts abzeichnet.[1069] Da die *Verhältnismäßigkeitsprüfung nicht individuell auf den einzelnen Lärmbetroffenen in der Nachbarschaft abstellt,* ist es nicht zu beanstanden, wenn lediglich abgrenzbare Schutzbereiche einer gesonderten Betrachtung unterzogen werden, im Übrigen aber „überschlägig" die Gesamtkosten der Schutzanlagen im Planfeststellungsabschnitt ermittelt und hinsichtlich des damit erzielbaren Lärmschutzeffektes bewertet werden.[1070]

Bei der Verhältnismäßigkeitsprüfung gem. § 41 Abs. 2 BImSchG ist nach dem Bundesverwaltungsgericht – worauf eingangs bereits hingewiesen wurde – grundsätzlich zunächst zu untersuchen, „was für eine die Einhaltung der Immissionsgrenzwerte vollständig sicherstellende Schutzmaßnahme aufzuwenden wäre (sog. *Vollschutz*)". Erweist sich dieser Aufwand als unverhältnismäßig, sind „schrittweise Abschläge vorzunehmen", um so die mit gerade noch verhältnismäßigem Aufwand zu leistende maximale Verbesserung der Lärmsituation zu ermitteln. In Baugebieten sind dem durch die Maßnahme „insgesamt erreichbaren Schutz der Nachbarschaft" grundsätzlich die hierfür „insgesamt aufzuwendenden Kosten gegenüberzustellen und zu bewerten".[1071] Ziel der Bewertung der Kosten hinsichtlich des damit erzielbaren Lärmschutzeffekts muss eine *Lärmschutzkonzeption* sein, die auch unter dem Gesichtspunkt der Gleichbehandlung der Lärmbetroffenen vertretbar erscheint.[1072] Ist der – grundsätzlich gebotene[1073] – Vollschutz

---

Planfeststellungsbeschluss des Eisenbahn-Bundesamts vom 30.08.2007 für das Bauvorhaben ABS 38 – München-Mühldorf-Freilassing, C. IV. Ziff. 6.1.4.3 (S. 66), wonach die Kosten für eine 4,0 m hohe Schallschutzwand gegenüber den Kosten für eine 3,0 m hohe Schallschutzwand um ca. 300.000 EUR ansteigen.

1069 BVerwG, Urt. v. 24.09.2003, 9 A 69.02, NVwZ 2004, 340 (342) – Anhalter Bahn; BVerwG, Urt. v. 03.03.2004, 9 A 15.03, NVwZ 2004, 986 (987) – S 3 (S-Bahn Berlin-Charlottenburg); BVerwG, Urt. v. 15.03.2000, 11 A 42.97, BVerwGE 110, 370 = NVwZ 2001, 71 (76) – Eisenbahntrasse Hamburg–Büchen–Berlin (Aumühle); Hess. VGH, Urt. v. 18.03.2008, 2 C 1092/06.T, UPR 2008, 360, juris, Rn. 152; BayVGH, Urt. v. 23.02.2007, 22 A 01.40089 u.a., ZUR 2007, 540 (545); Sächs. OVG, Beschl. v. 15.12.2005, 5 BS 300/05, LKV 2006, 373 (377) – Waldschlösschenbrücke Dresden.

1070 BayVGH, Urt. v. 23.02.2007, 22 A 01.40089 u.a., ZUR 2007, 540 (545).

1071 So BVerwG, Urt. v. 13.05.2009, 9 A 72.07, DVBl. 2009, 1307, Ls. 2, Rn. 63 – A 4 (Herv. d. Verf.); ferner *Storost,* in: Ule/Laubinger, BImSchG, § 41 D 6 f.

1072 BVerwG, Urt. v. 13.05.2009, 9 A 72.07, DVBl. 2009, 1307, Ls. 3, Rn. 64 – A 4; zum Lärmschutzkonzept auch *Storost,* in: Ule/Laubinger, BImSchG, § 41 D 6 ff. u. 9.

1073 *Storost,* in: Ule/Laubinger, BImSchG, § 41 D 6.

durch aktive Schallschutzmaßnahmen unverhältnismäßig, kann mitunter ein *Teilschutz* geboten sein.[1074] In Betracht kommt auch eine Kombination von weniger aufwendigen aktiven und von passiven Schutzvorkehrungen, die im Vergleich mit einem Vollschutz zwar lediglich eine „suboptimale Lösung" darstellt, „im Verhältnis zu bloß passivem Lärmschutz aber insofern ein erhöhtes Schutzmaß bedeutet, als sie die Gewähr dafür bietet, dass ohne weitere Schutzmaßnahmen jedenfalls in Teilen des lärmbetroffenen Gebäudes, etwa im Erdgeschoss, sowie im Außenwohnbereich die maßgeblichen Grenzwerte eingehalten werden".[1075] Wann selbst ein bloß suboptimaler Schallschutz Kosten verursacht, die im Sinne des § 41 Abs. 2 BImSchG als unverhältnismäßig hoch einzustufen sind, hängt von den konkreten Gegebenheiten ab.[1076]

*Jarass*[1077] kritisiert, dass die Vorschrift des § 41 BImSchG überwiegend als „bloßes Minimierungsgebot" verstanden wird, d.h. Lärm vermieden werden soll, soweit es möglich sei, ohne die Errichtung und die Leistungsfähigkeit des Verkehrswegs in Frage zu stellen. Das Verkehrslärmschutzrecht sei deshalb *„Nebenfolgenbegrenzungsrecht"* , *nicht „Anlagenverhinderungsrecht"*[1078]. Die Wirkungen einer so verstandenen Umweltvorschrift müsse – so *Jarass* – zwangsläufig gering sein, wie die Erfahrungen mit der Eingriffsregelung im Bundes-Naturschutzgesetz (dort §§ 18 ff. bzw. jetzt §§ 13 ff. BNatSchG 2010[1079]) zeige. Obwohl der Wortlaut der 16. BImSchV dafür keinen Anhaltspunkt liefere, werde sie in der Praxis mit dem beschriebenen „Möglichkeitsvorbehalt" versehen, wobei man sich zur Begründung

---

1074 *Jarass,* BImSchG, § 41 Rn. 51 u. 55; *Storost,* in: Ule/Laubinger, BImSchG, § 41 D 6. Denn § 41 Abs. 2 BImSchG formuliert, dass aktive Schallschutzmaßnahmen nach § 41 Abs. 1 BImSchG nicht erforderlich sind, „soweit" – und nicht „wenn" – die Kosten der Schutzmaßnahme außer Verhältnis zu dem angestrebten Schutzzweck stehen würden.

1075 BVerwG, Beschl. v. 22.12.2004, 4 B 75.04, Buchholz 406.25 § 41 BImSchG Nr. 42, juris, Rn. 10; siehe auch *Haakh/Maier,* BWVP 1987, 25 (32) und bereits *Kuschnerus,* DVBl. 1986, 429 (437), nach dem die Regelung des § 17 Abs. 4 FStrG a.F. missverstanden würde, wollte man seinen Regelungen eine Politik des „Alles oder Nichts" entnehmen, nach der Schutzanlagen ganz entfallen können, wenn ein optimaler Schutz nicht möglich sei.

1076 BVerwG, Beschl. v. 22.12.2004, 4 B 75.04, Buchholz 406.25 § 41 BImSchG Nr. 42, juris, Rn. 10.

1077 DVBl. 1995, 589 (591) m.w.N. (Herv. d. Verf.).

1078 Zu diesen Begriffen bereits *Michler,* Verkehrsimmissionsschutz, S. 4 m.w.N.; ferner *Schulze-Fielitz,* in: GK-BImSchG, § 41 Rn. 6; *Storost,* in: Ule/Laubinger, BImSchG, § 41 C 25; *Jarass,* UPR 1998, 415 (419) unter Hinweis auf den Begriff des „Standes der Technik" in § 41 Abs. 1 BImSchG, woraus sich ergebe, dass nur Vorkehrungen zur Ausgestaltung des Verkehrswegs erfasst werden, nicht aber eine geringere Dimensionierung oder im Unterschied zum Anlagenrecht sogar ein Verzicht auf den Verkehrsweg verlangt werden kann, wo die Grundpflichten auch zur Untersagung der Errichtung einer Anlage führen könnten.

1079 Gesetz zur Neuregelung des Rechts des Naturschutzes und der Landschaftspflege vom 29.07.2009, BGBl. I, S. 2542.

meist auf die planerische Abwägung berufe.[1080] Die Analyse ist im Kern zutreffend, insbesondere, dass die §§ 41 ff. BImSchG nicht in erster Linie Anlagenverhinderungsrecht darstellen. Jedoch dürften sich die Vorschriften durch die zwingende Vorgabe des § 41 BImSchG mit den zwingend einzuhaltenden Immissionsgrenzwerten des § 2 der 16. BImSchV nicht als ein „bloßes Minimierungsgebot" (etwa im Sinne eines Optimierungsgebotes) verstehen lassen. Die Schärfe der Regelungen des Verkehrslärmschutzrechts ist – jedenfalls unterhalb der verfassungsrechtlichen Zumutbarkeitsgrenze – vornehmlich eine politische Entscheidung des Gesetzgebers. Sobald die verfassungsrechtliche Zumutbarkeitsgrenze erreicht bzw. überschritten wird, stellt sich das (verfassungsrechtliche) Verkehrslärmschutzrecht sehr wohl als Anlagenverhinderungsrecht dar. Dass die §§ 41 ff. BImSchG kein Anlagenverhinderungsrecht sind bzw. nicht auf ein solches hinauslaufen, liegt vornehmlich an den Immissionsgrenzwerten, die durch einzelne oder mehrere technische Maßnahmen eingehalten werden können. Die Höhe der Immissionsgrenzwerte ist eine Entscheidung des Verordnungsgebers im Rahmen der ihm durch §§ 41 ff. BImSchG vorgegebenen Grenzen und letztlich ein Kompromiss zwischen dem Schutz der Betroffenen einerseits und der Finanzierbarkeit der Schutzmaßnahmen andererseits. In dem Charakter der §§ 41 ff. BImSchG als Nebenfolgenbegrenzungsrecht, anstelle eines Anlagenverhinderungsrechts, kommt dieser Kompromissgedanke zum Ausdruck.

#### *b) Berücksichtigung anderer Belange als die Kosten – Die Verhältnismäßigkeitsprüfung als fachplanerische Abwägung?*

Zwischen den Senaten des Bundesverwaltungsgerichts und im rechtswissenschaftlichen Schrifttum nicht abschließend geklärt ist die Frage, ob die Prüfung der Verhältnismäßigkeit im Sinne des § 41 Abs. 2 BImSchG als Teil der fachplanerischen Abwägung zu erfolgen hat – so der 11. (jetzt 9.) Senat des Bundesverwaltungsgerichts [dazu nachfolgend aa)] und ihm folgend ein Teil des Schrifttums[1081] – oder ob die Vorschrift des § 41 Abs. 2

---

[1080] In diese Richtung auch OVG Schleswig-Holstein, Beschl. v. 12.07.2007, 1 MR 1/07, NordÖR 2007, 367 u. BayVGH, Beschl. v. 27.06.2007, 15 CS 07.430, juris, Rn. 24 m.w.N., wonach § 41 Abs. 1 BImSchG nicht zu einem Verzicht auf die Planung zwingt, wenn sich die Einhaltung der Grenzwerte der 16. BImSchV allein durch zumutbare aktive Lärmschutzmaßnahmen nicht erreichen lässt, sondern primär nur zu Vorkehrungen zur Ausgestaltung der geplanten Verkehrswege.

[1081] Vgl. *Czajka,* in: Feldhaus, BImSchG, § 41 Rn. 73a u. 74; *Storost,* in: Ule/Laubinger, BImSchG, § 41 D 4; *Stüer,* Bau- und Fachplanungsrecht, Rn. 3405; *ders.*, in: Hoppenberg/de Witt, B Rn. 384; *ders./Probstfeld,* Planfeststellung, Rn. 225 u. 412; ferner *Jarass,* BImSchG, § 41 Rn. 53; *ders.*, Verkehrsimmissionsschutz, S. 247 u. *ders.*, UPR 1998, 415 (420), jew. m.w.N., nach dem die Prüfung der Verhältnismäßigkeit nach Art der planerischen Abwägung eine umfassende Relativierung auch des § 41 Abs. 1 BImSchG bedeute, obgleich Wortlaut und Entstehungsgeschichte dieser Vorschrift für eine strikt zu beachtende Vorgabe sprächen. Die Integration in die Abwägung sei daher nur vertretbar, wenn der Regelung des § 41 Abs. 1 BImSchG (und damit auch der 16. BImSchV) in der Abwägung ein besonde-

BImSchG als strikter Rechtssatz ohne Abwägungsspielraum ausgestaltet ist – so der 4. Senat des Bundesverwaltungsgerichts [nachfolgend bb)] und andere Stimmen der Literatur[1082].[1083]

### aa) Auffassung des 11. (9.) Senats des BVerwG

Nach Auffassung des 11. (9.) Senats des Bundesverwaltungsgerichts, die er grundlegend in der Wentdorf-Entscheidung vom 5. März 1997[1084] herausgearbeitet, in der Aumühle-Entscheidung vom 15. März 2000[1085] im Hinblick auf eine zwischenzeitlich ergangene Entscheidung des 4. Senats[1086] klarstellend bestätigt und in der Folge wiederholt bekräftigt hat[1087], muss

---

res Gewicht im Sinne eines Optimierungsgebots mit relativem Vorrang eingeräumt werde.

[1082] *Halama,* VBlBW 2006, 132 (135) nach dem der Schutz der städtebaulichen Ordnung nach § 1 BImSchG nicht zu den Zwecken des Gesetzes gehöre; zudem liege die Schutzlatte bei Vorhaben der Verkehrsinfrastruktur höher als etwa im gewerblichen Bereich, so dass eine weitere Relativierung des § 41 BImSchG nicht gerechtfertigt sei; *Schink,* NVwZ 2003, 1041 (1046) m.w.N.; *Schulze-Fielitz,* ZUR 2002, 190 (193) unter Hinweis darauf, dass über eine Einschränkung durch Relativierung des Schallschutzes tendenziell der Gesetzgeber zu entscheiden habe; *ders.*, DÖV 2001, 181 (186, 190); *Uechtritz,* DVBl. 1999, 198 (203); *Rieger,* VBlBW 1998, 41 (43) unter Hinweis auf den eindeutigen Wortlaut der Bestimmung; *Rieger* plädiert deshalb in einem „Kompromiss" für eine *rechtliche* – und nicht nur rein technische – Eingrenzung des Begriffs der *Vermeidbarkeit* im Sinne von § 41 *Abs. 1* BImSchG, die – so verstanden – „Ausdruck der Verhältnismäßigkeit" sei; krit. zu diesem Ansatz *Schulze-Fielitz,* DÖV 2001, 181 (189 f.), nach dem der Begriff der „Vermeidbarkeit" im Sinne von § 41 Abs. 1 BImSchG sprachlich isoliert und materiell aufgeladen werde, mit der Folge, dass auch sonstige Nachteile für andere Belange mit Vorrang gegenüber dem Lärmschutz gegenüber den Vorteilen konkreter Schallschutzmaßnahmen wertend abzuwägen seien.

[1083] Zum Streitstand *Jarass,* BImSchG, § 41 Rn. 53; *Vallendar,* in: Hermes/Sellner, AEG, § 18 Rn. 105; *ders.*, UPR 2001, 171 ff.; *Halama,* VBlBW 2006, 132 (134 f.); *Schink,* NVwZ 2003, 1041 (1045 f.); *Schulze-Fielitz,* ZUR 2002, 190 (193).

[1084] Urt. v. 05.03.1997, 11 A 25.95, BVerwGE 104, 123 = NVwZ 1998, 513 (519), Ls. 5 – Eisenbahntrasse Hamburg–Büchen–Berlin; offen gelassen, weil im konkreten Fall nicht entscheidungserheblich, zuvor von BVerwG, Beschl. v. 10.10.1995, 11 B 100.95, NVwZ-RR 1997, 336 (337) – S-Bahn entlang der Bahnstrecke München–Rosenheim: „Der vorliegende Fall bietet keinen Anlass, durch ein Revisionsverfahren näher zu klären, wann die genannten Belange (Anm.: u.a. die Auswirkungen hinsichtlich der Trennungswirkung) im Rahmen der Verhältnismäßigkeitsprüfung nach § 41 Abs. 2 BImSchG ausschlaggebend werden können." sowie vom 4. Senat des BVerwG, Beschl. v. 30.08.1989, 4 B 97.89, Buchholz 406.25, § 41 BImSchG Nr. 5, juris, Rn. 4.

[1085] Urt. v. 15.03.2000, 11 A 42.97, BVerwGE 110, 370 = NVwZ 2001, 71 (74 f.), Ls. 2 – Eisenbahntrasse Hamburg–Büchen–Berlin.

[1086] Dazu unten B.I.5.b)bb).

sich die Verhältnismäßigkeitsprüfung nach § 41 Abs. 2 BImSchG auf der Grundlage einer für die Planfeststellungsbehörde mit „begrenzten Spielräumen“ verbundenen „*planerischen Abwägung*“ vollziehen.[1088] Ob diese Kosten einer aktiven Schallschutzmaßnahme außer Verhältnis zum angestrebten Schutzzweck stehen und deshalb dem Vorhabenträger nach dem Maßstab des § 41 Abs. 2 BImSchG nicht zuzumuten sind, sei – so der 11. Senat in der Wentdorf-Entscheidung[1089] – in „umfassender Weise daran zu messen, mit welchem Gewicht die widerstreitenden Belange einander gegenüberstehen“. Die Prüfung – so der 11. Senat weiter – sei daher „*untrennbar mit der allgemeinen fachplanerischen Abwägung verbunden.*“[1090] Dabei sei auch zu berücksichtigen, ob und inwieweit das Gewicht der privaten Belange der Anwohner durch Vorbelastungen von dem zu ändernden Schienenweg gemindert sei, ob „öffentliche Belange etwa des Landschaftsschutzes oder der Stadtbildpflege oder private Belange negativ betroffener Dritter – z. B. deren Interesse an der Vermeidung zu dichter Grenzbebauung, dadurch eintretender Verschattung, aber auch eine Lärmverlagerung – der Ausschöpfung aller technischen Möglichkeiten aktiven Schallschutzes“ entgegenstünden, und mit „welchen Mehrkosten der Schutz der Außenwohnbereiche im Verhältnis zu wirksamen passivem Schallschutz verbunden“ sei. Insoweit bestehe für die Planfeststellungsbehörde ein „Abwägungsspielraum“, der „vom Gericht nicht inhaltlich ausgefüllt, sondern nur auf die Einhaltung seiner rechtlichen Grenzen hin überwacht werden kann“.[1091] Bestandteil der Abwägung sei –

---

1087 BVerwG, Urt. v. 09.06.2004, 9 A 14.03, juris, Rn. 47 – Ortsumgehung Michendorf; BVerwG, Urt. v. 03.03.2004, 9 A 15.03, NVwZ 2004, 986 (987), Ls. 2 – S 3 (S-Bahn Berlin-Charlottenburg); BVerwG, Urt. v. 24.9.2003, 9 A 69.02, NVwZ 2004, 340 (341 f.) – Anhalter Bahn; zuletzt BVerwG, Urt. v. 14.04.2010, 9 A 43.08, juris, Rn. 37 – B 96 (Berlin-Lichtenrade).

1088 So BVerwG, Urt. v. 09.06.2004, 9 A 14.03, juris, Rn. 47 – Ortsumgehung Michendorf u. BVerwG, Urt. v. 03.03.2004, 9 A 15.03, NVwZ 2004, 986 (987) – S 3 (S-Bahn Berlin-Charlottenburg) (Herv. d. Verf.); ebenso BayVGH, Urt. v. 23.02. 2007, 22 A 01.40089 u. a., ZUR 2007, 540, juris, Rn. 68 f.; Sächs. OVG, Beschl. v. 15.12.2005, 5 BS 300/05, LKV 2006, 373, juris, Rn. 36 – Waldschlösschenbrücke Dresden; dem zuneigend auch OVG Berlin-Brandenburg, Urt. v. 18.01.2006, 2 A 7.05, juris, Rn. 53; OVG Schleswig-Holstein, Urt. v. 17.03.2005, 12 A 153/02, juris, Rn. 27; offen gelassen vom Hess. VGH, Urt. v. 18.03.2008, 2 C 1092/06.T, DVBl. 2008, 924; BayVGH, Urt. v. 18.02.2004, 8 A 02.40082, NVwZ-RR 2005, 98 (99); Nds. OVG, Urt. v. 20.03.2003, 7 KS 4179/01, juris, Rn. 38 ff.

1089 Unter Hinweis auf BVerwG (4. Senat), Beschl. v. 30.08.1989, 4 B 97.89, Buchholz 406.25, § 41 BImSchG Nr. 5, juris, Rn. 4, der dieser Auffassung „zuneigt“, aber im zugrunde liegenden Fall keinen Anlass dafür sah, durch höchstrichterliche Rechtsprechung näher zu klären, unter welchen Voraussetzungen die Kosten der Schutzmaßnahme außer Verhältnis zu dem angestrebten Schutzzweck stehen.

1090 Herv. d. Verf.

1091 Siehe auch BVerwG, Urt. v. 15.03.2000, 11 A 42.97, BVerwGE 110, 370 = NVwZ 2001, 71 (75) – Eisenbahntrasse Hamburg–Büchen–Berlin (Aumühle);

so fügt der 9. Senat in seinem S 3-Urteil vom 3. März 2004[1092] ergänzend hinzu – namentlich die Auswahl zwischen verschiedenen in Betracht kommenden Schallschutzmaßnahmen. Typischerweise hätten solche Maßnahmen, bezogen auf die Schutzwirkung, ihre Stärken und Schwächen, verursachten verschieden hohe Kosten und tangierten andere Belange in unterschiedlicher Weise. Die daraus folgenden „Zielkonflikte" ließen sich „nur planend bewältigen". In der Aumühle-Entscheidung hat der 11. auf die Kritik des 4. Senats [dazu nachfolgend bb)] indessen klargestellt, dass die „Ergebnisoffenheit", die für die fachplanerische Abwägung kennzeichnend sei, für die Verhältnismäßigkeitsprüfung nach § 41 Abs. 2 BImSchG nicht gelte [dazu ebenfalls nachfolgend bb)].[1093]

### bb) Auffassung des 4. Senats des BVerwG

Der 4. Senat des Bundesverwaltungsgerichts ist demgegenüber der Auffassung, die Vorschrift eröffne „keinen planerischen Gestaltungsspielraum", sondern sei „*zwingendes Recht*".[1094] § 41 BImSchG sei – so der 4. Senat in seiner grundlegenden Entscheidung vom 28. Januar 1999[1095] – „keine … bloße Abwägungsdirektive". Der Gesetzgeber habe mit § 41 BImSchG nicht einen allgemeinen Belang gerechter Abwägung festgelegt, sondern §§ 41, 43 BImSchG „in den Zusammenhang seines allgemeinen Schutzprogramms (vgl. § 2 Abs. 1 Nr. 4 BImSchG)" gestellt. Wegen der besonderen Gefahren übermäßiger Verkehrsgeräusche werde in § 41 BImSchG eine „äußerste Grenze" markiert. Diese sei „im Wege einer allgemeinen fachplanerischen Abwägung nicht überwindbar". Dass sich der Gesetzgeber der Besonderheiten dieser Regelung bewusst gewesen sei, zeige die weitere Ausgestaltung. In § 42 BImSchG in Verbindung mit § 43 BImSchG werde sorgfältig normiert, dass Immissionsgrenzwerte festzulegen und finanzielle Ausgleichsmaßnahmen geboten sind, falls – im Einzelfall – die festgelegten Grenzwerte nicht eingehalten werden könnten. Dieser Sachlage stelle der Gesetzgeber in § 41 Abs. 2 BImSchG den Fall gleich, dass die Kosten von an sich möglichen Schutzmaßnahmen außer Verhältnis zu dem angestrebten

---

BayVGH, Urt. v. 23.02.2007, 22 A 01.40089 u.a., ZUR 2007, 540, juris, Rn. 68 f.; a.A. *Jarass,* BImSchG, § 42 Rn. 70 m.w.N.: voll gerichtlich überprüfbar.

[1092] 9 A 15.03, NVwZ 2004, 986 (987) – S 3 (S-Bahn Berlin-Charlottenburg).

[1093] BVerwG, Urt. v. 15.03.2000, 11 A 42.97, BVerwGE 110, 370 = NVwZ 2001, 71 (74) – Eisenbahntrasse Hamburg–Büchen–Berlin (Aumühle).

[1094] Vgl. grundlegend die Kritik in BVerwG, Urt. v. 28.01.1999, 4 CN 5.98, BVerwGE 108, 248 = NVwZ 1999, 1222 (1224 f.), Ls. 2 (Herv. d. Verf.); BVerwG, Beschl. v. 22.09.1999, 4 B 68.98, NVwZ 2000, 565 (566), Ls. 2 – B 455 (II) bezeichnet die Auffassung des 11. Senats als „zweifelhaft".

[1095] Urt. v. 28.01.1999, 4 CN 5.98, BVerwGE 108, 248 = NVwZ 1999, 1222 (1224 f.) (Herv. d. Verf.).

Schutzzweck stehen, wie er sich gerade aus den festgelegten Grenzwerten ergebe. Die Durchführung der Planung werde nur mit der Maßgabe zugelassen, dass „der Vorhabenträger den von ihm erst geschaffenen Konflikt nicht unbewältigt" lässt, sondern einen „Ausgleich" schaffe. In vergleichbarer Weise mit § 74 Abs. 2 VwVfG sei damit in § 41 BImSchG „zwingendes Recht" geschaffen worden. Dieser Betrachtungsweise stehe nicht entgegen, dass die Anwendung des § 41 Abs. 1 BImSchG gem. § 41 Abs. 2 BImSchG von dem Ergebnis einer Verhältnismäßigkeitsprüfung abhängig sei. Auch in anderen rechtlichen Zusammenhängen spielten derartige Erwägungen eine Rolle, ohne dass sich daraus der Schluss ziehen ließe, dem Entscheidungsträger stehe insoweit ein planerischer Gestaltungsspielraum zu. Dem gesetzgeberischen System sei insgesamt zu entnehmen, dass „der Gesetzgeber mit § 41 BImSchG oder außerhalb dieser Regelung *nicht jedes andere öffentliche Interesse als gegenläufigen Belang zulassen wollte*". Nicht entschieden hat der 4. Senat jedoch, ob § 41 Abs. 2 BImSchG es zulasse, in die Verhältnismäßigkeitsprüfung neben Kostengesichtspunkten auch sonstige öffentliche Belange unter Einschluss der Landschafts- und der Stadtbildpflege einzubeziehen.[1096]

### cc) Das „Kompromissangebot" des 11. (9.) Senats

Der 11. (9.) Senat hat in einer kurz auf die Entscheidung des 4. Senats vom 28. Januar 1999 folgenden Entscheidung vom 21. April 1999[1097] zunächst ausdrücklich offen gelassen, ob er angesichts der Einwände des 4. Senats unverändert an seiner Rechtsprechung zu § 41 Abs. 2 BImSchG festhalten werde. In der bereits erwähnten Aumühle-Entscheidung vom 15. März 2000[1098] hat er seine bisherige Rechtsauffassung jedoch bestätigt, dem 4. Senat aber ein „*Kompromissangebot*"[1099] unterbreitet. § 41 Abs. 2 BImSchG habe für die Fachplanung eine „Schrankenfunktion". Dem Gesetzgeber sei es darum gegangen, für den Bereich des Verkehrslärmschutzes eine „äußerste Grenze" aufzuzeigen, die „nicht im Wege der fachplanerischen Abwägung überwindbar" sei. Die „Ergebnisoffenheit", die für die fachplanerische Abwägung kennzeichnend sei, gelte für die Verhältnismäßigkeitsprüfung nach § 41 Abs. 2 BImSchG nicht. Der 4. Senat, der für

---

1096 BVerwG, Urt. v. 28.01.1999, 4 CN 5.98, BVerwGE 108, 248 = NVwZ 1999, 1222 (1225), Ls. 3.

1097 Urt. v. 21.04.1999, 11 A 50.97, NVwZ-RR 1999, 725 (727).

1098 Urt. v. 15.03.2000, 11 A 42.97, BVerwGE 110, 370 = NVwZ 2001, 71 (74) – Eisenbahntrasse Hamburg–Büchen–Berlin (Aumühle); siehe auch BVerwG, Urt. v. 09.06.2004, 9 A 14.03, juris, Rn. 47 – Ortsumgehung Michendorf; *Halama*, VBlBW 2006, 132 (134); *Vallendar*, UPR 2001, 171.

1099 So die Bezeichnung von *Vallendar*, UPR 2001, 171.

Rechtsmaterien, in denen § 41 Abs. 2 BImSchG Anwendung findet, mithin insbesondere für den Bau von Straßen- und Eisenbahnen, allerdings nicht mehr zuständig ist (für das Straßenrecht ist der 9. und für das Recht der Anlegung von Schienenwegen der 7. Senat zuständig[1100])[1101], hatte indessen vor der Änderung des Geschäftsverteilungsplans keine Gelegenheit mehr, dieses „Angebot" anzunehmen oder abzulehnen.[1102]

### dd) Stellungnahme

Der Auffassung des 4. Senats, wonach auch § 41 Abs. 2 BImSchG zwingendes Recht sei, ist zu folgen. Weder der Wortlaut von § 41 Abs. 2 BImSchG noch sein Sinn und Zweck oder seine Entstehungsgeschichte geben einen Anhaltspunkt dafür, dass der Gesetzgeber der Planungsbehörde eine – im Übrigen gerichtlich nur eingeschränkt überprüfbare – Abwägungsentscheidung eingeräumt und dadurch die zwingende Vorgabe des § 41 Abs. 1 BImSchG[1103] in Absatz 2 durch eine „Abwägungsentscheidung" relativiert hat. Aus dem Merkmal der „Verhältnismäßigkeit" ergibt sich nichts Gegenteiliges. Der auch in anderen Zusammenhängen verwendete Begriff der Verhältnismäßigkeit (etwa in den Polizei- und Ordnungsgesetzen der Länder[1104]) räumt der Behörde, worauf der 4. Senat zu Recht abhebt, keinen – gerichtlich nur eingeschränkt überprüfbaren – Beurteilungsspielraum ein. Hätte der Gesetzgeber gewollt, dass die zwingende Vorgabe des § 41 Abs. 1 BImSchG, die in §§ 1 ff. der 16. BImSchV verordnungsrechtlich konkretisiert wird, durch eine Abwägungsentscheidung nach Absatz 2 relativiert werden soll, so hätte er dies im Gesetz oder doch zumindest in den Gesetzesmaterialien deutlich zum Ausdruck gebracht. Dies ist jedoch nicht geschehen. Die Verhältnismäßigkeitsprüfung nach § 41 Abs. 2 BImSchG kann mithin auch im vorliegenden Zusammenhang nicht anders verstanden werden als eine „normale" Verhältnismäßigkeitsprüfung ohne Beurteilungsspielraum der Behörde. Dafür spricht insbesondere auch, dass die Vorschrift dem mit aktiven Schallschutzmaßnahmen angestrebten Schutzzweck lediglich die „Kosten der Schutzmaßnahme" gegenüberstellt und nicht sonstige, abwägungserhebliche Belange anspricht.

---

[1100] Für das Eisenbahnrecht ist im Übrigen grundsätzlich der 6. Senat zuständig.

[1101] Vgl. den Geschäftsverteilungsplan des Bundesverwaltungsgerichts, im Internet abrufbar unter <www.bundesverwaltungsgericht.de> – Organisation – Geschäftsverteilungsplan – Revisionssenate (Stand: 03.12.2009), sowie BVerwG, Beschl. v. 05.09.2008, 9 B 10.08, juris, Rn. 4.

[1102] Vgl. auch *Halama*, VBlBW 2006, 132 (134).

[1103] Dazu oben B.I.1.

[1104] Vgl. z.B. § 5 Abs. 2 PolG Bad.-Württ.

### 6. Inhalt des Anspruchs auf aktiven Schallschutz

Liegen die Voraussetzungen des § 41 Abs. 1 BImSchG in Verbindung mit der 16. BImSchV vor und ist der Anspruch auf aktiven Schallschutz nicht nach § 41 Abs. 2 BImSchG ausgeschlossen, so ist durch aktive Schallschutzmaßnahmen sicherzustellen, dass keine schädlichen Umwelteinwirkungen durch Verkehrsgeräusche hervorgerufen werden können, die nach dem Stand der Technik vermeidbar sind.

#### *a) Arten aktiver Schallschutzmaßnahmen*

Aktive Schallschutzmaßnahmen sind – wie auch die in der Legaldefinition des „Standes der Technik" in § 3 Abs. 6 BImSchG genannten Alternativen[1105] verdeutlichen – sowohl Maßnahmen, welche die *Entstehung von Lärmemissionen verhindern oder begrenzen* (Maßnahmen an der Quelle)[1106], als auch Maßnahmen, die die *Ausbreitung entstandener Lärmemissionen verhindern oder begrenzen* (Maßnahmen auf dem Übertragungsweg).[1107] Eine Lärmschutzmaßnahme an der Quelle ist etwa das Verfahren „besonders überwachtes Gleis" (büG).[1108] Lärmschutzmaßnahmen auf dem Übertragungsweg sind insbesondere Lärmschutzwände und -wälle[1109], Teil- und Vollabdeckungen (Tunnel)[1110], Einhausungen[1111], Gradientenabsenkungen[1112], Bodenerhebungen[1113] und Tief- oder Troglagen[1114], mitunter auch Hochlagen[1115].[1116]

---

1105 „Begrenzung von Emissionen" sowie „Vermeidung" und „Verminderung von Auswirkungen auf die Umwelt".

1106 Zur Zulässigkeit betriebsregelnder Maßnahmen unten B.I.7.c).

1107 BVerwG, Urt. v. 14.11.2001, 11 A 31.00, BVerwGE 115, 237 = NVwZ 2002, 733 (735) – Eisenbahntrasse Berlin–Stralsund; *Jarass,* BImSchG, § 41 Rn. 43; vgl. auch *Hofmann,* Verkehrslärmschutz, S. 23 ff.

1108 BVerwG, Urt. v. 14.11.2001, 11 A 31.00, BVerwGE 115, 237 = NVwZ 2002, 733 (735), Ls. 1 – Eisenbahntrasse Berlin–Stralsund. Dazu bereits oben B.I.3.c)cc)(2) sowie ferner unten B.I.6.b).

1109 *Jarass,* BImSchG, § 41 Rn. 43; *Sparwasser/Rombach,* NVwZ 2007, 1135 (1138); *Dürr,* UPR 1992, 241 (245 f.); *Ullrich,* DVBl. 1985, 1159 (1162).

1110 BVerwG, Urt. v. 23.11.2001, 4 A 46.99, LKV 2002, 275 (276) – A 113; *Kuschnerus,* Schutzauflagen, S. 94; *Ullrich,* DVBl. 1985, 1159 (1162).

1111 BVerwG, Urt. v. 23.11.2001, 4 A 46.99, LKV 2002, 275 (276) – A 113; BayVGH, Urt. v. 04.02.2004, 8 A 95.40082 u.a., VGHE-Bay 57, 157, juris, Rn. 46.

1112 BVerwG, Urt. v. 23.11.2001, 4 A 46.99, LKV 2002, 275 (276) – A 113; *Kuschnerus,* Schutzauflagen, S. 94.

1113 *Ullrich,* DVBl. 1985, 1159 (1162).

1114 BVerwG, Urt. v. 23.11.2001, 4 A 46.99, LKV 2002, 275 (276) – A 113; *Kuschnerus,* Schutzauflagen, S. 94; *Ullrich,* DVBl. 1985, 1159 (1162), *Stüber,* KdL 1974, 71.

1115 *Ullrich,* DVBl. 1985, 1159 (1162).

### *b) Abgrenzung von aktiven Schallschutzmaßnahmen und Vorhaben*

Im Einzelfall kann fraglich sein, ob eine lärmreduzierende Vorkehrung Teil des Vorhabens selbst und deshalb der Tatbestandsseite des § 41 BImSchG bzw. des § 1 der 16. BImSchV zuzuordnen ist oder ob sie eine Lärmschutzmaßnahme darstellt und daher der Rechtsfolgenseite der genannten Vorschriften unterfällt. Diese Unterscheidung hat Bedeutung für die Frage, ob die „Auslösewerte" des § 1 Abs. 2 S. 1 Nr. 2 u. S. 2 der 16. BImSchV erreicht und damit die Immissionsgrenzwerte des § 2 der 16. BImSchV aktiviert werden. Würde man eine aktive Schallschutzmaßnahme bereits bei dem für § 1 Abs. 2 S. 1 Nr. 2 u. S. 2 der 16. BImSchV zu ermittelnden Beurteilungspegel berücksichtigen, so könnte es sein, dass deshalb die in diesen Vorschriften genannten Werte nicht erreicht werden und deshalb keine wesentliche Änderung des Verkehrsweges anzunehmen ist, mit der Folge, dass auch die Immissionsgrenzwerte in § 2 der 16. BImSchV mangels Anwendbarkeit der 16. BImSchV (vgl. § 1 Abs. 1) nicht gelten würden.

Ob eine lärmreduzierende Vorkehrung Teil des Vorhaben oder als Lärmschutzmaßnahme zu qualifizieren ist, bestimmt sich nach ihrer „objektiven Funktion".[1117] Der 11. Senat des Bundesverwaltungsgerichts hat dazu in seiner zum Verfahren büG ergangenen Entscheidung vom 14. November 2001[1118] (Eisenbahntrasse Berlin–Stralsund) überzeugend ausgeführt, auf die objektive Funktion sei bei der Zuordnung lärmreduzierender Maßnahmen in das Regelungssystem des § 41 Abs. 1 BImSchG in Verbindung mit § 1 Abs. 2 der 16. BImSchV abzustellen, weil es „anderenfalls in das Belieben der Planfeststellungsbehörde gestellt wäre, über den Eintritt der Sanierungspflicht aus § 2 der 16. BImSchV zu entscheiden". Es sei kein sachlicher Grund ersichtlich, der es rechtfertigen könnte, dieselbe lärmreduzierende Maßnahme in einem Fall als „Teil der wesentlichen Änderung einer Straße oder eines Schienenweges", im anderen Fall als „bloße aktive Schallschutzmaßnahme" zu behandeln. Diene eine solche Maßnahme nach ihrer objektiven Funktion ausschließlich oder ganz überwiegend dem Lärmschutz, dürfe sie „nicht in die vorhabenbedingte Lärmprognose einbezogen

---

[1116] Vgl. auch *Schulze-Fielitz,* in: GK-BImSchG, § 41 Rn. 63. Siehe auch die Übersicht über die Vor- und Nachteile verschiedener Schutzmaßnahmen bei *Ullrich,* DVBl. 1985, 1159 (1162); *Fickert,* BauR 1973, 1 (8).

[1117] BVerwG, Beschl. v. 15.01.2008, 9 B 7.07, NVwZ 2008, 675 (677), Rn. 18; BVerwG, Urt. v. 03.03.2004, 9 A 15.03, NVwZ 2004, 986 (989) – S 3 (S-Bahn Berlin-Charlottenburg); BVerwG, Urt. v. 14.11.2001, 11 A 31.00, BVerwGE 115, 237 = NVwZ 2002, 733 (734 f.) – Eisenbahntrasse Berlin–Stralsund.

[1118] Urt. v. 14.11.2001, 11 A 31.00, BVerwGE 115, 237 = NVwZ 2002, 733 (735).

werden", sondern sei „zwingend der Rechtsfolgeseite des Regelungssystems des § 41 Abs. 1 BImSchG in Verbindung mit der 16. BImSchV zuzuordnen", die auf die Einhaltung der Grenzwerte des § 2 der 16. BImSchV gerichtet sei. Anderenfalls würde „der Mechanismus dieses Regelungssystems umgangen". Dem würde es zuwider laufen, wenn Lärmschutzmaßnahmen, die gerade dazu dienten, die Einhaltung der Grenzwerte des § 2 der 16. BImSchV sicherzustellen, bereits auf der Tatbestandsseite berücksichtigt werden könnten, um den Mechanismus der 16. BImSchV erst gar nicht in Gang zu setzen. Das liege beim Beispiel einer Lärmschutzwand auf der Hand, gelte aber nicht nur für Lärmschutzmaßnahmen, die die Ausbreitung des Lärms verhindern, sondern auch für solche, die wie das Verfahren büG bereits die Entstehung von Lärm an der Quelle vermeiden.

Hiervon ausgehend hat das Bundesverwaltungsgericht in seiner Entscheidung zur Eisenbahntrasse Berlin–Stralsund das Verfahren büG nach der objektiven Funktion als Lärmschutzmaßnahme anerkannt.[1119] Es erfülle „keine andere Funktion als die der Lärmminderung". Hierzu sei es entwickelt worden und diese Funktion bestimme die Entscheidung über seinen Einsatz. Dass es bei Anwendung dieses Verfahrens entbehrlich sein mag, die Schienenwege einer aus Sicherheitsgründen sonst erforderlichen Oberflächenschleifung zu unterziehen, sei eine bloße Nebenfolge dieser Maßnahme, präge ihre Funktion nicht und sei soweit ersichtlich für ihre Entwicklung und ihren Einsatz unerheblich gewesen.[1120]

---

[1119] Ferner BVerwG, Beschl. v. 22.08.2007, 9 B 8.07, NVwZ 2007, 1427; BVerwG, Beschl. v. 11.02.2003, 9 B 49.02, juris, Rn. 7 ff.; *Stüer,* Bau- und Fachplanungsrecht, Rn. 3400 f.; *Nolte,* jurisPR-BVerwG 6/2008 Anm. 2; *Sparwasser/ Rombach,* NVwZ 2007, 1135 (1138); *Schulte,* ZUR 2002, 195 (197); *Zettinig,* Der Städtetag 2002, 20 f.; *Vallendar,* UPR 2001, 171 (174).

[1120] Auch der Verordnungsgeber der 16. BImSchV (BR-Drs. 661/89, S. 47) habe das Verfahren büG als „lärmmindernde Maßnahme" eingeordnet (In der in Bezug genommenen Drucksache wird das Verfahren büG allerdings nicht ausdrücklich angesprochen, sondern lediglich allgemein darauf hingewiesen, die Fußnote zu Tabelle C ermögliche „die Berücksichtigung lärmmindernder Maßnahmen am Fahrweg"). Das entspreche der bisherigen Praxis der Planfeststellungsbehörden, das Verfahren büG ausschließlich als aktive Lärmschutzmaßnahme einzusetzen. Auch in der Verfügung des Eisenbahn-Bundesamtes vom 16. März 1998, die den Nachweis der lärmmindernden Wirkung des Verfahrens büG als erbracht ansehe, werde dieses Verfahren ausdrücklich als Maßnahme des aktiven Schallschutzes bezeichnet, für deren Einsatzentscheidung das Eisenbahn-Bundesamt im Übrigen nicht anders als bei Lärmschutzwänden die Regelung des § 41 Abs. 2 BImSchG in Anspruch nehmen wolle. Die Einordnung des Verfahrens büG als Lärmschutzmaßnahme stehe nicht in Widerspruch zu den Regelungen der 16. BImSchV. Insbesondere ergebe sich aus Tabelle C der Anlage 2 der 16. BImSchV nicht, dass das Verfahren büG „als Fahrbahnart ausgestaltet und mithin der baulichen Anlage zuzurechnen" sei. Zunächst sei darauf hinzuweisen, dass „die Berücksichtigung eines lärmwirksamen Umstands bei der Berechnung des Beurteilungspegels noch nichts über seine Einordnung in

Demgegenüber stellt nach den vorstehend genannten Maßstäben etwa eine geringere *Dimensionierung der Anlage* oder gar der Verzicht auf die Anlage keine Lärmschutzmaßnahme dar. Denn sie ist eine „wesentliche Eigenschaft des vornehmlich auf die jeweilige Verkehrsfunktion ausgerichteten Planungsvorhabens selbst", nicht hingegen eine „zu dem Vorhaben hinzutretende, primär dem Lärmschutz dienende Maßnahme".[1121] Auch der

---

das Regelungssystem der 16. BImSchV besagt", weil „sowohl die Tatbestandsseite (§ 1 Abs. 2 S. 1 Nr. 2 der 16. BImSchV) als auch die Rechtsfolgeseite (§ 2 der 16. BImSchV) auf den ‚Beurteilungspegel' Bezug nimmt", in dessen Berechnung etwa auch die Lärmschutzwand eingehe (Summand $D_B$). Die Einordnung müsse daher „wertend anhand des dargelegten – inhaltlichen – Kriteriums der objektiven Funktion als Lärmschutzmaßnahme erfolgen". Der Qualifizierung des Verfahrens büG als Lärmschutzmaßnahme widerspreche Tabelle C nicht, weil sie „dieses Verfahren – anders als die zuvor anwendbare Regelung der Schall 03 – gerade nicht als Fahrbahnart, sondern als ‚besondere Vorkehrung' zur Lärmminderung" bezeichne, deren Effekt „zusätzlich zum Korrekturfaktor $D_{Fb}$ berücksichtigt werden kann". Sie stelle somit „lediglich klar, dass die Lärmbewertung der einzelnen Fahrbahnarten die Berücksichtigung insbesondere des Verfahrens büG und seines Lärmminderungseffekts nicht ausschließt, ohne dieses Verfahren deswegen als Bestandteil der baulichen Anlage zu behandeln". Ob der Verordnungsgeber angesichts der gesetzlichen Ermächtigung (vgl. § 43 BImSchG) dennoch einen Spielraum gehabt hätte, das Verfahren büG als eine weitere Fahrbahnart einzustufen, könne dahinstehen. Denn die 16. BImSchV lasse eine dahin gehende Entscheidung des Verordnungsgebers nicht erkennen (BVerwG, a.a.O.). – Auch der sog. *Flüsterasphalt* ist seiner objektiven Funktion nach eine Lärmschutzmaßnahme. Bei diesem Fahrbahnbelag handelt es sich um Straßendeckschichten aus offenporigem Asphalt (OPA), der durch seinen hohen Gehalt an Hohlräumen die Abrollgeräusche des Verkehrs stärker dämpft als herkömmliche Fahrbahndeckschichten, so die Beschreibung in BayVGH, Urt. v. 18.02.2004, 8 A 02.40082, NVwZ-RR 2005, 98 (99). Fraglich ist, ob der OPA dem Stand der Technik im Sinne von §§ 41 Abs. 1, 3 Abs. 6 BImSchG entspricht [zu diesem nachfolgend B.I.6.c)]. Nach Auffassung des Bayerischen Verwaltungsgerichtshof haben die lärmbetroffenen Anlieger jedoch im Zeitpunkt der Entscheidung („derzeit") grundsätzlich keinen Anspruch darauf, dass zur Minderung der Lärmimmissionen Fahrbahnbeläge aus OPA aufgebracht werden. Die Probleme dieser neuartigen Beläge (zeitliche Haltbarkeit, deutlich höhere Kosten, Probleme beim Winterdienst und bei der Reparatur punktueller Schäden, Beeinträchtigung der Verkehrssicherheit) seien „gegenwärtig" nicht hinreichend gelöst. Das Bundesverwaltungsgericht hatte die Frage in einem bei ihm anhängigen Revisionsverfahren nicht zu klären, da es sich um eine Tatsachenfrage handelt (vgl. Beschl. v. 05.09.2008, 9 B 10.08, juris, Rn. 4). Anderer Ansicht als der Bayerische Verwaltungsgerichtshof ist aufgrund der seit dieser Entscheidung gewonnenen Erfahrungen mit diesem Fahrbahnbelag nunmehr das Nds. OVG, Urt. v. 18.02.2009, 7 KS 75/06, ZUR 2009, 329 (330 f.) und jüngst wohl auch BVerwG, Urt. v. 13.05.2009, 9 A 72.07, DVBl. 2009, 1307, Rn. 58 – A 4; siehe ferner BVerwG, Urt. v. 11.01.2001, 4 A 13.99, NVwZ 2001, 1154 (1158 f.), Ls. 4 – A 71; *Stüer/Hermanns*, DVBl. 2002, 514 (519); *Stüer/Probstfeld*, Planfeststellung, Rn. 221.

[1121] Zutr. BVerwG, Beschl. v. 15.01.2008, 9 B 7.07, NVwZ 2008, 675 (677), Ls. 3, Rn. 16 ff. (18); *Jarass*, BImSchG, § 41 Rn. 44 m.w.N.; *Storost*, in: Ule/Laubinger, BImSchG, § 41 C 25.

*Einbau von Holzschwellen in das Gleisbett* ist danach keine Lärmschutzmaßnahme. Die wesentliche Funktion eines Gleisbetts einschließlich der Schwellen bestehe – so das Bundesverwaltungsgericht in seiner Entscheidung vom 3. März 2004 zur S-Bahn Berlin-Charlottenburg[1122] – in seiner „konstruktiven Bedeutung für die Gleisanlage". Es solle den Gleisen „festen Halt geben und dadurch einen gebrauchstüchtigen und sicheren Schienenweg gewährleisten". Dies treffe „unabhängig davon zu, ob Betonschwellen oder – wie es herkömmlicher Praxis entsprochen hat – Holzschwellen Verwendung finden". Sofern Holzschwellen zu geringeren Immissionen des Schienenverkehrs führten als Betonschwellen, handele es sich um einen „bloßen Nebeneffekt", der für ihre Entwicklung gänzlich unerheblich gewesen sei.[1123]

### *c) Auswahl der aktiven Schallschutzmaßnahmen – Stand der Technik*

Die Betroffenen haben, wie dargelegt, grundsätzlich einen Anspruch auf „Vollschutz" durch aktive Schutzmaßnahmen, von dem aber nach Maßgabe des § 41 Abs. 2 BImSchG „Abstriche" möglich sind.[1124] Eine zweite Begrenzung des Anspruchs auf aktiven Schallschutz folgt aus § 41 Abs. 1 BImSchG selbst. Nach dieser Vorschrift ist sicherzustellen, dass keine schädlichen Umwelteinwirkungen durch Verkehrsgeräusche hervorgerufen werden können, die nach dem „Stand der Technik" vermeidbar sind.[1125] Stand der Technik im Sinne des Bundes-Immissionsschutzgesetzes ist nach

---

1122 BVerwG, Urt. v. 03.03.2004, 9 A 15.03, NVwZ 2004, 986 (989), Ls. 4 – S 3 (S-Bahn Berlin-Charlottenburg); siehe im Anschluss hieran auch den Planfeststellungsbeschluss des Eisenbahn-Bundesamts vom 27.06.2007 für das Bauvorhaben POS Süd, Planfeststellungsabschnitt 1, Rheinbrücke Kehl mit Westkopf Bf. Kehl, Strecke 4260 Appenweier-Kehl, B. Ziff. 3.9.1.2 (S. 55 f.).

1123 Die Qualifizierung des Einbaus von Holzschwellen als Lärmschutzmaßnahme würde sich zudem in Widerspruch zu der Systematik der Verkehrslärmschutzverordnung setzen. Tabelle C der Anlage 2 zu § 3 der 16. BImSchV bezeichne das Schotterbett mit Holzschwellen ebenso wie das Schotterbett mit Betonschwellen als Fahrbahnart. Beide Bettungssysteme würden hierdurch dem Normtatbestand zugeordnet. Die Regelung gehe zwar davon aus, bei Einsatz von Holzschwellen entstehe eine um 2 dB(A) niedrigere Lärmbelastung, ziehe aber daraus nicht die Konsequenz, diese Schwellenart als Lärmschutzmaßnahme zu behandeln, sondern schreibe vor, der bereits bei der Berechnung der ohne Schutzvorkehrungen entstehenden Lärmbelastung Rechnung zu tragen. Die jeweilige Art der Gleisbettung werde also auf der Tatbestandsseite der Norm als Einflussgröße für das Lärmproblem, nicht hingegen auf der Rechtsfolgenseite als Maßnahme zur Problemlösung behandelt (BVerwG, a. a. O.).

1124 Oben B.I.5.

1125 Dazu *Czajka,* in: Feldhaus, BImSchG, § 41 Rn. 60 ff., *Schulze-Fielitz,* in: GK-BImSchG, § 41 Rn. 65 f.; *Storost,* in: Ule/Laubinger, BImSchG, § 41 C 26.

§ 3 Abs. 6 S. 1 BImSchG der *„Entwicklungsstand fortschrittlicher Verfahren, Einrichtungen oder Betriebsweisen,* der die *praktische Eignung* einer Maßnahme zur Begrenzung von Emissionen in Luft, Wasser und Boden, zur Gewährleistung der Anlagensicherheit, zur Gewährleistung einer umweltverträglichen Abfallentsorgung oder sonst zur Vermeidung oder Verminderung von Auswirkungen auf die Umwelt zur Erreichung eines allgemein hohen Schutzniveaus für die Umwelt insgesamt gesichert erscheinen lässt".[1126] Der rechtliche Maßstab für das Erlaubte oder Gebotene wird hierdurch „an die Front der technischen Entwicklung verlagert" (Kalkar I)[1127]. Erforderlich sind die neuesten Techniken, selbst wenn sie noch nicht erprobt wurden, sofern ihre praktische Eignung gesichert erscheint.[1128] Behörden und Gerichte müssen in die Meinungsstreitigkeiten der Techniker eintreten, um zu ermitteln, was technisch notwendig, geeignet, angemessen und vermeidbar ist (ebenfalls Kalkar I). Demgegenüber betreffen die „allgemein anerkannten Regeln der Technik"[1129] lediglich die Techniken, die in der Praxis erprobt und bewährt sind und sich bei der Mehrheit der Fachleute durchgesetzt haben.[1130] Bei dieser Art der Verknüpfung von Recht und Technik können sich die Behörden und Gerichte darauf beschränken, die „herrschende Auffassung unter den technischen Praktikern" zu ermitteln, um festzustellen, ob das jeweilige technische Arbeitsmittel in den Verkehr gebracht werden darf oder nicht (Kalkar I). Die Einhaltung der allgemein anerkannten Regeln der Technik genügt danach für die für die Einhaltung des Standes der Technik nach § 3 Abs. 6 BImSchG nicht.[1131] Ein „Forschungsauftrag" an den Adressaten der Verpflichtung des § 41 BImSchG, der sich auf alle auch nur theoretisch möglichen Lärmminderungseffekte erstreckt, folgt jedoch aus dem Gebot der Einhaltung des Standes der Technik nicht.[1132] Noch einen Schritt weiter als der Stand der Technik in §§ 41 Abs. 1, 3 Abs. 6 BImSchG geht etwa § 7 Abs. 2 Nr. 3 AtomG, der auf den „Stand von Wissenschaft und Technik" abstellt.[1133] Mit der Bezugnahme auch auf den Stand der Wissenschaft übt der Gesetz-

---

[1126] Herv. d. Verf.

[1127] BVerfG, Beschl. v. 08.08.1978, 2 BvL 8/77, BVerfGE 49, 89 = NJW 1979, 359 (362); siehe ferner *Berkemann,* Lärmgrenzwerte, S. 79; *Mayen/Ohms,* in: Johlen/Oerder, Münchener Anwaltshandbuch Verwaltungsrecht, § 10 Rn. 49.

[1128] *Jarass,* Verkehrsimmissionsschutz, S. 245.

[1129] Z.B. § 8 Abs. 2 S. 2 AbwAG.

[1130] Vgl. *Kloepfer,* Umweltrecht, § 3 Rn. 80; *Stüer,* in: Hoppenberg/de Witt, B Rn. 905; *Berkemann,* Lärmgrenzwerte, S. 78.

[1131] Vgl. *Jarass,* Verkehrsimmissionsschutz, S. 245 m.w.N.; *ders.*, UPR 1998, 415 (419).

[1132] *Storost,* in: Ule/Laubinger, BImSchG, § 41 C 26 m.w.N.

[1133] Dazu *Ronellenfitsch,* Das atomrechtliche Genehmigungsverfahren, S. 189 ff. u. 212 ff.

geber – so das Bundesverfassungsgericht ebenfalls in der Kalkar I-Entscheidung – einen noch stärkeren Zwang dahin aus, dass die rechtliche Regelung mit der wissenschaftlichen und technischen Entwicklung Schritt hält. Es müsse diejenige Vorsorge gegen Schäden getroffen werden, die nach den „neuesten wissenschaftlichen Erkenntnissen“ für erforderlich gehalten werde. Lasse sie sich technisch noch nicht verwirklichen, dürfe die Genehmigung nicht erteilt werden; die erforderliche Vorsorge werde mithin nicht durch das technisch gegenwärtig Machbare begrenzt.[1134] Bei der Bestimmung des Standes der Technik sind unter Berücksichtigung der Verhältnismäßigkeit[1135] insbesondere die im Anhang zum Bundes-Immissionsschutzgesetz aufgeführten Kriterien zu berücksichtigen (§ 3 Abs. 6 S. 2 BImSchG).[1136] Danach sind bei der Bestimmung des Standes der Technik unter *Berücksichtigung der Verhältnismäßigkeit zwischen Aufwand und Nutzen möglicher Maßnahmen* sowie des *Grundsatzes der Vorsorge und der Vorbeugung* in Bezug auf den Lärmschutz insbesondere folgende Kriterien zu berücksichtigen:

- vergleichbare Verfahren, Vorrichtungen und Betriebsmethoden, die mit Erfolg im Betrieb erprobt wurden (Nr. 4),
- die Fortschritte in der Technologie und in den wissenschaftlichen Erkenntnissen (Nr. 5),
- Art, Auswirkungen und Menge der jeweiligen Emissionen (Nr. 6),
- die Zeitpunkte der Inbetriebnahme der neuen oder der bestehenden Anlagen (Nr. 7),
- die für die Einführung einer besseren verfügbaren Technik erforderliche Zeit (Nr. 8) und

---

1134 Im FFH-Recht (§§ 31 ff. BNatSchG 2010, §§ 32 ff. BNatSchG a.F.) verwendet das Bundesverwaltungsgericht den Begriff der „besten einschlägigen wissenschaftlichen Erkenntnisse“, was die „Ausschöpfung aller wissenschaftlichen Mittel und Quellen“ erforderlich macht, BVerwG, Urt. v. 12.03.2008, 9 A 3.06, BVerwGE 130, 299 = NuR 2008, 633, Ls. 4, Rn. 73 – A 44 (Hessisch Lichtenau) im Anschluss an BVerwG, Urt. v. 17.01.2007, 9 A 20.05, BVerwGE 128, 1 = NVwZ 2007, 1054 (1061), Ls. 10 u. 15, Rn. 61 f. – A 143 (Westumfahrung Halle), dieses unter Hinweis auf EuGH, Urt. v. 07.09.2004, C-127/02, Slg. 2004, I-7405 = EuZW 2004, 730 (733), Ls. 4, Rn. 52 ff. (54) – Herzmuschelfischer. Der Gerichtshof der Europäischen Union hat dazu entschieden, dass eine Prüfung der Pläne und Projekte auf die Verträglichkeit für das betreffende Gebiet nach Art. 6 Abs. 3 der Richtlinie 92/43/EG (FFH-Richtlinie) bedeutet, dass vor deren Genehmigung unter Berücksichtigung der „besten einschlägigen wissenschaftlichen Erkenntnisse“ sämtliche Gesichtspunkte der Pläne oder Projekte zu ermitteln sind, die für sich oder in Verbindung mit anderen Plänen oder Projekten die für dieses Gebiet festgelegten Erhaltungsziele beeinträchtigen können.

1135 *Storost*, in: Ule/Laubinger, BImSchG, § 41 C 26.

1136 *Mayen/Ohms*, in: Johlen/Oerder, Münchener Anwaltshandbuch Verwaltungsrecht, § 10 Rn. 49.

– die Notwendigkeit, die Gesamtwirkung der Emissionen und die Gefahren für den Menschen und die Umwelt soweit wie möglich zu vermeiden oder zu verringern (Nr. 10).

Welche Schutzvorkehrungen danach als geeignete Maßnahmen in Betracht kommen und ob sie mit verhältnismäßigem Aufwand realisierbar sind, lässt sich nur im konkreten Einzelfall beantworten[1137], gegebenenfalls unter Zuhilfenahme von Sachverständigen[1138]. Da beispielsweise eine Tunnelung von Verkehrswegen nach dem Stand der Technik Lärmimmissionen am besten oder jedenfalls besonders gut reduziert, ist diese Art des Lärmschutzes bei der Planung immer in Betracht zu ziehen, wobei eine Korrektur insbesondere durch die Berücksichtigung der Kosten nach § 41 Abs. 2 BImSchG erfolgt, zumal eine Tunnellösung regelmäßig sehr kostenintensiv ist und sich auch technisch nicht überall verwirklichen lässt.[1139] Ob eine Schallschutzeinrichtung dem Stand der Technik entspricht, lässt sich nicht allein danach beurteilen, ob sie zur Begrenzung der Lärmimmissionen geeignet ist; vielmehr bedarf es einer „Gesamtbewertung": Überwiegen, gemessen an den Schutzzwecken des § 1 BImSchG, die Nachteile der Schutzeinrichtung deren Vorteile, so genügt die Anlage nicht den technischen Anforderungen des § 41 Abs. 1 BImSchG.[1140]

### *d) Bauliche Anlage als Schutzgegenstand*

Schutzgegenstand der §§ 41 f. BImSchG sind nicht die in § 2 der 16. BImSchV genannten *Gebiete* und ebenso nicht allgemein die in diesen Gebieten gelegenen *Grundstücke,* sondern nur die dort befindlichen *baulichen Anlagen* einschließlich des Außenwohnbereichs [zu diesem unten III.6.c)]. Für § 42 BImSchG ergibt sich dies schon aus dem Wortlaut der Vorschrift, die von „baulichen Anlagen" spricht. Nichts anderes gilt für § 41 Abs. 1 BImSchG. Denn beide Bestimmungen (§§ 41 und 42 BImSchG) regeln einheitlich die Lärmvorsorge und sehen lediglich unterschiedliche Rechtsfolgen vor.[1141] Befindet sich beispielsweise in einem großen privaten Park ein Wohnhaus, so besteht zwar ein Anspruch auf Lärmschutz für das Wohnhaus und den Außenwohnbereich, nicht jedoch für den gesamten (restlichen) Park; eine Ausdehnung des Lärmschirms auf das gesamte Parkgrundstück kann der Eigentümer daher nicht verlangen.[1142] Durch Lärmschutzmaßnahmen am Verkehrsweg selbst werden diese Gebiete jedoch mitgeschützt, so dass ein erwünschter „*Mitnahmeeffekt*" eintritt.[1143]

---

[1137] BVerwG, Beschl. v. 05.09.2008, 9 B 10.08, juris, Rn. 14.

[1138] *Peine,* DÖV 1988, 937 (942).

[1139] Vgl. *Michler,* Verkehrsimmissionsschutz, S. 124 f.; ferner *Nedden,* DVBl. 1977, 265 (267).

[1140] VGH Bad.-Württ., Urt. v. 28.06.2006, 5 S 1769/05, BImSchG-Rspr. § 41 Nr. 87, juris, Rn. 42 – B 295.

[1141] *Alexander,* NVwZ 1991, 318 (321).

[1142] *Alexander,* NVwZ 1991, 318 (321).

### 7. Rückgriff auf § 74 Abs. 2 S. 2 VwVfG

Nach § 74 Abs. 2 S. 2 VwVfG hat die Planfeststellungsbehörde dem Träger des Vorhabens Vorkehrungen oder die Errichtung und Unterhaltung von Anlagen aufzuerlegen, die zum Wohl der Allgemeinheit oder zur Vermeidung nachteiliger Wirkungen auf Rechte anderer erforderlich sind. Sofern solche Vorkehrungen oder Anlagen untunlich oder mit dem Vorhaben unvereinbar sind, hat der Betroffene gem. § 74 Abs. 2 S. 3 VwVfG Anspruch auf angemessene Entschädigung in Geld.

#### *a) Verhältnis zu § 41 BImSchG*

Die §§ 41 ff. BImSchG bestimmen innerhalb ihres Anwendungsbereichs die Bewältigung der Lärmschutzproblematik abschließend.[1144] § 41 Abs. 1 BImSchG schließt deshalb nach der zutreffenden Auffassung des 4. Senats des Bundesverwaltungsgerichts im B 464-Urteil vom 9. Februar 1995[1145], soweit es um Lärmschutz geht, grundsätzlich die Anwendung des § 74 Abs. 2. S. 2 VwVfG aus. Zwar hat das Bundesverwaltungsgericht wiederholt Lärmschutzmaßnahmen trotz § 41 Abs. 1 BImSchG nach § 74 Abs. 2 S. 2 VwVfG beurteilt. Die Rechtslage, welche dieser Auffassung zugrunde lag, habe sich jedoch – so der Senat – in ihren wesentlichen Voraussetzungen geändert. Zum einen sei § 41 Abs. 1 BImSchG unmittelbar anwendbar. Zum anderen wurde die für den Bereich der Bundesfernstraßen früher maßgebende Vorschrift des § 17 Abs. 4 FStrG a. F. – die § 74 Abs. 2 S. 2 u. 3 VwVfG weitgehend entsprach – durch das Dritte Rechtsbereinigungsgesetz vom 28. Juni 1990[1146] aufgehoben. Schließlich habe der Verordnungsgeber durch die 16. BImSchV vom 12. Juni 1990 den Regelungsauftrag inzwischen wahrgenommen und „damit das Regelungssystem des Bundes-Immissionsschutzgesetzes insoweit komplettiert". In seiner Gesamtheit bedeute diese Veränderung der Rechtslage, dass neben dem durch §§ 41 ff. BImSchG normierten Lärmschutzsystem ein „Rückgriff auf die allgemeine Regelung des § 74 Abs. 2 S. 2 VwVfG inhaltlich (materiell) nur nach Maßgabe des § 42 Abs. 2 S. 2 BImSchG in Betracht kommt". Das gelte auch dann, wenn § 41 Abs. 1 BImSchG nur deshalb nicht anzuwenden ist, weil seine tatbestandlichen Voraussetzungen zu verneinen sind. Der in §§ 41 ff.

---

1143 *Alexander,* NVwZ 1991, 318 (321) (Herv. d. Verf.).

1144 *Hoppe/Schlarmann/Buchner/Deutsch,* Rechtsschutz, Rn. 672; *Rieger,* VBlBW 1998, 41; zum Verhältnis auch *Steinberg/Berg/Wickel,* Fachplanung, § 4 Rn. 46 ff.

1145 4 C 26.93, BVerwGE 97, 367 = NVwZ 1995, 907 (908), Ls. 2 S. 1 – B 464; ferner *Czajka,* in: Feldhaus, BImSchG, § 41 Rn. 19; *Kloepfer,* Umweltschutzrecht, § 8 Rn. 66; *Schulze-Fielitz,* DÖV 2001, 181 (184); *Rieger,* VBlBW 1998, 41.

1146 Oben Fn. 293.

BImSchG enthaltene „kodifikatorische Anspruch des Gesetzgebers“[1147] sei auch in diesem Fall zu beachten. Ein Ausschluss des sich für einen Betroffenen aus § 74 Abs. 2 S. 2 VwVfG ergebenden Rechtsanspruchs sei jedoch dann nicht gerechtfertigt, wenn die zu beurteilende Maßnahme „nur äußerlich in einem Zusammenhang mit dem Regelungsbereich des § 41 Abs. 1 BImSchG steht“. In diesem Falle bedürfe es genauer Abgrenzung der beiden Vorschriften zueinander. Innerhalb seiner Zielsetzung bestimme § 41 Abs. 1 BImSchG in Verbindung mit der nach § 43 Abs. 1 BImSchG zu erlassenden Verordnung die Grenzen, nach denen die Notwendigkeit eines Ausgleichs der gegenläufigen Interessen bestehen soll. Was danach nicht als ausgleichsbedürftig angesehen werden könne, scheide auch aus dem Regelungsbereich des § 74 Abs. 2 S. 2 VwVfG aus. Der innere Grund liege in der „vorhandenen gesetzgeberischen Bewertung der Belange“, auch im negativen Falle. § 74 Abs. 2 S. 2 VwVfG werde durch § 41 Abs. 1 BImSchG dann nicht verdrängt, wenn ein Sachverhalt besteht, „den zu beurteilen diese Vorschrift nicht in Anspruch nimmt“. In diesem Falle fehle es „an der vorausgesetzten gesetzgeberischen Bewertung“. § 41 Abs. 1 BImSchG wolle jene schädlichen Umwelteinwirkungen durch Verkehrsgeräusche regulieren, „welche ihre eigentliche Ursache in einem, auch vermehrten, Verkehrsaufkommen haben“, das „seinerseits durch staatliche eingreifende Maßnahmen ausgelöst oder erhöht wurde“.

Soweit hingegen der dieser Vorschrift zu entnehmende kodifikatorische Anspruch nicht eingreift, weil *ein Bau oder eine wesentliche Änderung des Schienenwegs nicht vorliegt,* ist mit der Rechtsprechung davon auszugehen, dass der *Anwendungsbereich von § 74 Abs. 2 S. 2 VwVfG eröffnet* ist.[1148] Dies ist von der Rechtsprechung etwa angenommen worden für die *Verkürzung einer Bahnhofüberdachung*[1149] und für eine an einer vorhandenen Straße zwecks Lärmsanierung *einseitig errichteten Schallschutzwand,* die durch Reflexion des vorhandenen Verkehrslärms zu einer zusätzlichen Lärmbeeinträchtigung von Anwohnern auf der gegenüberliegenden Straßenseite führt, weil die Planfeststellungsbehörde dadurch „in keiner Weise in die Leistungsfähigkeit des Verkehrswegs eingegriffen oder anderweitige Maßnahmen vorgenommen hat, die eine Zunahme des Verkehrsaufkommens ausgelöst hätten“, sondern vielmehr durch ihr bauliches Eingreifen den bereits vorhandenen Verkehrslärm (lediglich) teilweise „umverteilt“ hat[1150].

---

[1147] Vgl. auch *Vallendar,* in: Hermes/Sellner, AEG, § 18 Rn. 155.

[1148] BVerwG, Urt. v. 21.05.2003, 9 A 40.02, NVwZ 2003, 1381 m.w.N. – Lehrter Bahnhof.

[1149] Vgl. BVerwG, Urt. v. 21.05.2003, 9 A 40.02, NVwZ 2003, 1381 – Lehrter Bahnhof.

Zweck des § 41 Abs. 1 BImSchG ist es des Weiteren zu verhindern, dass schädliche Umwelteinwirkungen durch „Verkehrsgeräusche“ hervorgerufen werden. Fraglich ist, ob die §§ 41 ff. BImSchG sowie die 16. BImSchV auch für den durch *Erschütterungen* erzeugten *Körperschall* sowie den durch ihn verursachten *sekundären Luftschall* gelten. Erschütterungen sind nieder- bzw. tieffrequente mechanische Schwingungen fester Körper, die etwa beim Betrieb von Verkehrseinrichtungen, wie z.B. von Bahnstrecken, entstehen.[1151] Sekundärer Luftschall tritt auf, wenn Wände und Decken von benachbarten Gebäuden durch die von vorbeifahrenden Zügen hervorgerufenen Erschütterungen zu Schwingungen angeregt werden und deshalb Luftschall abstrahlen.[1152] Die durch die Vorbeifahrt zu Schwingungen angeregten Raumbegrenzungsflächen wirken somit als Schallquellen.[1153] Erschütterungen und sekundärer Luftschall zählen zwar nach der Legaldefinition des § 3 Abs. 2 BImSchG ebenfalls zu den Immissionen. Sie unterfallen jedoch unstreitig nicht der 16. BImSchV, denn das in Anlage 2 zu § 3 der 16. BImSchV für die Berechnung der Beurteilungspegel bei Schienenwegen festgelegte Verfahren stellt allein auf den primären Luftschall ab; durch Körperschall übertragene Immissionen werden somit nicht erfasst.[1154] Gleiches gilt für Körperschall.[1155] Erschütterungen, Körperschall und Sekundär-

---

[1150] BVerwG, Urt. v. 09.02.1995, 4 C 26.93, BVerwGE 97, 367 = NVwZ 1995, 907 (908), Ls. 2 S. 2 – B 464; ferner Nds. OVG, Urt. v. 27.03.2008, 7 KS 158/04, juris, Rn. 23.

[1151] *Schulte,* ZUR 2002, 195 (201); *Steenhoff,* DVBl. 1996, 1236 (1242); *Vallendar,* Sanierungsansprüche, S. 259; *Schulze-Fielitz,* in: GK-BImSchG, § 41 Rn. 45; *Krüger* u.a., Schall- und Erschütterungsschutz, S. 14: Mit Erschütterungen werden mechanische Schwingungen im Frequenzbereich zwischen 1 Hz und 80 Hz (100 Hz) beschrieben, die vorrangig im Boden oder einem Kunstbauwerk (Tunnel, Brücken, Gebäude) auftreten. Anhaltspunkte für die Ermittlung und Bewertung der von den tieffrequenten Geräuschen ausgehenden Belästigungswirkung lässt sich Nr. A 1.5 der TA Lärm entnehmen, *Vallendar,* in: Hermes/Sellner, AEG, § 18 Rn. 162 u. zu Erschütterungen Rn. 171 ff.

[1152] *Krüger* u.a., Schall- und Erschütterungsschutz, S. 8, 15 u. 119; *Steenhoff,* DVBl. 1996, 1236 (1242); zum Körperschall durch Schienenfahrzeuge bereits *Stüber,* KdL 1974, 71 (73). – Im Gegensatz zum Luftschall lassen sich für Körperschall, sekundären Luftschall und Erschütterungen keine quantitativen Prognosen treffen, da im Einzelnen Untergrundverhältnisse und Gebäudekonstruktionen im Einwirkungsbereich der Schiene nicht bekannt sind, *Krüger* u.a., Schall- und Erschütterungsschutz, S. 119.

[1153] *Krüger* u.a., Schall- und Erschütterungsschutz, S. 51.

[1154] BVerwG, Beschl. v. 10.10.1995, 11 B 100.95, NVwZ-RR 1997, 336 (338), dazu *Vallendar,* UPR 1996, 121 (125 f.); ferner BVerwG, Beschl. v. 25.01.2005, 9 B 38.04, NVwZ 2005, 447 (448); BVerwG, Beschl. v. 13.11.2001, 9 B 57.01, NVwZ-RR 2002, 178 (179), Ls. 2 Eisenbahntrasse Köln–Rhein/Main; *Stüer/Hermanns,* DVBl. 2002, 514 (519); *Kuschnerus,* Der sachgerechte Bebauungsplan, Rn. 309.

schall werden aber auch von den §§ 41 ff. BImSchG nicht erfasst, die Erschütterungen[1156] und der Körperschall[1157] nicht, weil es sich nicht um „Geräusche" handelt, und der Sekundärschall[1158] nicht, weil er nach zutreffender, aber bestrittener Auffassung[1159] kein „Verkehrsgeräusch" im Sinne dieser Vorschriften darstellt. Das in §§ 41 ff. BImSchG normierte Lärmschutzsystem weist damit hinsichtlich des durch den Schienenverkehr verursachten sekundären Luftschalls eine Lücke auf, die aber durch einen Rückgriff auf § 74 Abs. 2 S. 2 u. 3 VwVfG geschlossen werden kann.[1160]

---

[1155] *Vallendar,* in: Hermes/Sellner, AEG, § 18 Rn. 162 u. *Storost,* in: Ule/Laubinger, BImSchG, § 41 C 16.

[1156] *Czajka,* in: Feldhaus, BImSchG, § 41 Rn. 20 m. w. N., *Geiger,* in: Ziekow, Fachplanungsrecht, Rn. 327 u. *Schmidt-Eichstaedt,* in: Kotulla, BImSchG, Vor § 41 Rn. 5.

[1157] *Jarass,* BImSchG, § 41 Rn. 28 (aber krit.).

[1158] *Schulte,* ZUR 2002, 195 (201).

[1159] A. A. ist etwa *Steenhoff,* DVBl. 1996, 1236 (1242): sekundärer Luftschall unterfällt zwar nicht der 16. BImSchV, aber den „Verkehrsgeräuschen" im Sinne von § 41 Abs. 1 BImSchG (Verkehrslärm im weiteren Sinne); ebenso das Eisenbahn-Bundesamt im Planfeststellungsbeschluss vom 30.08.2007 für das Bauvorhaben ABS 38 – München-Mühldorf-Freilassing, C. IV. Ziff. 6.3.1 (S. 77 f.); vgl. auch den Planfeststellungsbeschluss des Eisenbahn-Bundesamts für den Umbau des Bahnknotens Stuttgart „Projekt Stuttgart 21", Planfeststellungsabschnitt 1.1 (Talquerung mit neuem Hauptbahnhof) vom 28.01.2005, B. III. Ziff. 4.4.3.2 (S. 298); siehe auch die Nachw. bei *Geiger,* in: Ziekow, Fachplanungsrecht, Rn. 334, unter anderem auf BVerwG, Beschl. v. 10.10.1995, 11 B 100.95, NVwZ-RR 1997, 336 (338). In der Entscheidung nimmt das Bundesverwaltungsgericht aber sachlich nur zum sekundären Luftschall (den das Gericht lediglich sprachlich missverständlich mit dem Körperschall gleichsetzt) Stellung: „Der Verwaltungsgerichtshof ist dementsprechend ohne Rechtsfehler davon ausgegangen, dass Körperschall, der durch die am Immissionsort auftretenden Erschütterungen erzeugt wird (sekundärer Luftschall), nicht der Regelung der 16. BImSchV unterfällt. Das in §§ 41 ff. BImSchG normierte Lärmschutzsystem weist damit hinsichtlich des durch den Schienenverkehr verursachten sekundären Luftschalls eine Lücke auf, die nur durch einen Rückgriff auf § 74 Abs. 2 S. 2 und 3 VwVfG geschlossen werden kann"; ebenso *Storost,* in: Ule/Laubinger, BImSchG, § 41 C 15 zu dem durch verkehrsbedingte Erschütterungen verursachten Körperschall.

[1160] So BVerwG, Beschl. v. 10.10.1995, 11 B 100.95, NVwZ-RR 1997, 336 (338), dazu *Vallendar,* UPR 1996, 121 (125 f.); vgl. ferner BVerwG, Beschl. v. 13.11.2001, 9 B 57.01, NVwZ-RR 2002, 178 (179), Ls. 2; *Steenhoff,* DVBl. 1996, 1236 (1242); *Repkewitz,* DVBl. 1997, 33 (34) unter Hinweis auf *Krampitz* (EBA). – Zum materiellen Maßstab für die Beurteilung von *Erschütterungen*: *Krüger* u. a., Schall- und Erschütterungsschutz, S. 99, Fn. 2 u. S. 118 ff. unter Hinweis auf die DIN 4150 „Erschütterungen im Bauwesen" und die DIN 4150-2, welche die ständige Rechtsprechung beim Neubau von Schienenwegen anerkennt; nach dem Planfeststellungsbeschluss des Eisenbahn-Bundesamts vom 27.06.2007 für das Bauvorhaben POS Süd, Planfeststellungsabschnitt 1, Rheinbrücke Kehl mit Westkopf Bf. Kehl, Strecke 4260 Appenweier-Kehl, B. Ziff. 3.9.2 (S. 59 ff.) enthält die Norm Anhaltswerte für die Beurteilung von Erschütterungsimmissionen auch durch den

Erschütterungen einschließlich des daraus resultierenden Körperschalls sowie des sekundären Luftschalls unterfallen deshalb im eisenbahnrechtlichen Planfeststellungsverfahren der Regelung des § 74 Abs. 2 S. 2 u. 3 VwVfG.

Die Anwendbarkeit des § 74 Abs. 2 S. 2 VwVfG führt dazu, dass sich die (Un-)Zumutbarkeit[1161] nach den Grundsätzen richtet, die vor Inkrafttreten der 16. BImSchV von der Rechtsprechung für die Beurteilung verkehrsbedingter Immissionen entwickelt worden sind, also nach der Einzelfallrechtsprechung; danach wird die Schutzbedürftigkeit der betroffenen Nutzung vor allem durch den jeweiligen Gebietscharakter und durch die planerische und tatsächliche Vorbelastung bestimmt.[1162]

---

Schienenverkehr. – Zum materiellen Maßstab für die Beurteilung von *Körperschall*: VGH Bad.-Württ., Urt. v. 08.02.2007, 5 S 2224/05, ESVGH 57, 148 = ZUR 2007, 422, juris, Rn. 119 ff. m.w.N. u. Urt. v. 06.04.2006, 5 S 847/05, UPR 2006, 454, juris, Rn. 114 ff. – jew. Eisenbahnprojekt „Stuttgart 21“: Für die Zumutbarkeit von Körperschall gibt es kein eingeführtes technisches Regelwerk. Die Zumutbarkeit bestimmt sich daher nach einer *Würdigung sämtlicher Umstände des Einzelfalls,* unter anderem nach der Stärke, Dauer, Häufigkeit, Tageszeit des Auftretens, Frequenzzusammensetzung, Auffälligkeit (Lärmart nebst Impulshaltigkeit), Informationshaltigkeit, Tonhaltigkeit, (allgemeinen) Ortsüblichkeit, (individuellen) Gewöhnung und subjektiven Befindlichkeit des Betroffenen nach physischen und psychischen Merkmalen, seiner Tätigkeit, der Art und Betriebsweise der Geräuschquelle, der subjektiv angenommenen Vermeidbarkeit des Geräuschs und dem sozialen Sympathiewert der Geräuschquelle. Dabei wird die Schutzbedürftigkeit der betroffenen Nutzung am jeweiligen Immissionsort vor allem durch den Gebietscharakter und durch die planerische und tatsächliche Vorbelastung bestimmt; vgl. auch den Planfeststellungsbeschluss des Eisenbahn-Bundesamts vom 30.08.2007 für das Bauvorhaben ABS 38 – München–Mühldorf–Freilassing, C. IV. Ziff. 6.2.1 (S. 73) unter Hinweis die gefestigte Verwaltungspraxis des Eisenbahn-Bundesamts, bei der Beurteilung von Körperschallimmissionen die *DIN 4150 Teil 2 „Erschütterungen im Bauwesen, Einwirkungen auf Menschen in Gebäuden“* anzuwenden. – Zum materiellen Maßstab für die Beurteilung von *sekundärem Luftschall*: Nach den Planfeststellungsbeschlüssen des Eisenbahn-Bundesamts vom 28.01.2005 für den Umbau des Bahnknotens Stuttgart „Projekt Stuttgart 21“, Planfeststellungsabschnitt 1.1 (Talquerung mit neuem Hauptbahnhof), B. III. Ziff. 4.4.3.2 (S. 298 ff.) u. vom 30.08.2007 für das Bauvorhaben ABS 38 – München–Mühldorf–Freilassing, C. IV. Ziff. 6.3.2 (S. 79) zieht die Planfeststellungspraxis als Anhaltspunkt für die Beurteilung sekundärer Luftschallimmissionen die *aus der Tabelle 1 der 24. BImSchV abgeleiteten Innenpegel* [Korrektursummand *D* zzgl. 3 dB(A)] heran, wodurch auch die in der Rechtsprechung anerkannten Zumutbarkeitsschwellen bei Innenraumpegeln von 40 dB(A) tags für Wohnräume und 30 dB(A) nachts für Schlafräume berücksichtigt werden; ferner *Krüger* u.a., Schall- und Erschütterungsschutz, S. 121, nach denen die Beurteilung von sekundärem Luftschall aus fachlicher Sicht nach Nr. 6.2 der TA Lärm erfolgen sollte; vgl. auch das Umweltgutachten 2004 des Rates von Sachverständigen für Umweltfragen, BT-Drs. 15/3600, S. 335 (Ziff. 664); *Peine,* DÖV 1988, 937 (944).

1161 Insb. von Körperschall und den anderen o.g. Beispielen, wie den von einer Lärmschutzwand ausgehenden Reflexionen.

1162 BVerwG, Beschl. v. 10.10.1995, 11 B 100.95, NVwZ-RR 1997, 336 (338); ferner BVerwG, Urt. v. 09.02.1995, 4 C 26.93, BVerwGE 97, 367 = NVwZ 1995,

Entsprechendes gilt für *Baustellenlärm*, auch soweit er im Zusammenhang mit Verkehrsbaumaßnahmen steht.[1163] Baustellenlärm unterfällt ebenfalls nicht den Vorschriften der §§ 41 ff. BImSchG, da es sich nicht um „Verkehrsgeräusche" handelt. Für die Bewältigung des Baustellenlärms enthält das Immissionsschutzrecht jedoch – anders als für Erschütterungen, Körperschall und sekundären Luftschall – eigene Regelungen, insbesondere die anlagenbezogenen Vorschriften der §§ 22 ff. BImSchG in Verbindung mit der Allgemeinen Verwaltungsvorschrift zum Schutz gegen Baulärm (Geräuschimmissionen – AVV Baulärm) vom 19. August 1970[1164].[1165]

Der Bayerische Verwaltungsgerichtshof weist in seinem Beschluss vom 6. November 2002[1166] zutreffend darauf hin, dass auch während der Bauausführung auf die Interessen der benachbarten Wohnbevölkerung „nach den allgemeinen immissionsschutzrechtlichen Bestimmungen" Rücksicht genommen werden muss. Der Betreiber der Baustelle unterliege – unbeschadet der für Schienenverkehrsgeräusche geltenden Sonderregelungen der §§ 2 Abs. 1 Nr. 4, 41 bis 43 BImSchG – in vollem Umfang den Verpflichtungen aus §§ 22 ff. BImSchG.[1167] Nach § 22 Abs. 1 Nr. 2 u. 3 BImSchG bestehe die drittschützende Verpflichtung, die nach dem „Stand der Technik" (§ 3 Abs. 6 BImSchG) vermeidbaren Umwelteinwirkungen zu verhindern bzw. unvermeidbare Einwirkungen auf ein Mindestmaß zu beschränken.

Zu der sich hieran anschließenden Frage nach einer Konkretisierung des Begriff der „schädlichen Umwelteinwirkungen" hat der Verwaltungsgerichtshof Baden-Württemberg in seinem das Eisenbahnprojekt „Stuttgart 21" betreffenden Urteil vom 8. Februar 2007[1168] geklärt, dass zur Feststellung der Schädlichkeit von Baustellenlärm auf die TA Lärm auch dann nicht zurückgegriffen werden kann, wenn eine Baustelle über mehrere Jahre hinweg rund um die Uhr betrieben werde (was bei Verkehrswegebauvorhaben nicht untypisch ist). Denn vom Anwendungsbereich der TA Lärm seien Anlagen im Sinne des Bundes-Immissionsschutzgesetzes auf

907 (909) – B 464, wonach es für § 74 Abs. 2 S. 2 VwVfG bei der Beurteilung der Zumutbarkeit verbleibe, wie sie sich im Einzelfall nach den jeweiligen Umständen ergebe (unter Hinweis auf BVerwG, Urt. v. 22.05.1987, 4 C 33-35.83, BVerwGE 77, 285 = NJW 1987, 2886 f. m.w.N. – B 31 (Meersburg-Urteil) sowie auf und auf BVerwG, Urt. v. 20.10.1989, 4 C 12.87, BVerwGE 84, 31 = NJW 1990, 925 (929) – „Oberursel II"); *Schulze-Fielitz,* DÖV 2001, 181 (184).

1163 *Kloepfer,* Umweltrecht, § 14 Rn. 298; ebenso *Berberich,* Rechtsschutz, S. 63 a.E.

1164 Beil. zum BAnz. Nr. 160 vom 01.09.1970.

1165 Zum Baustellenlärm *Vallendar,* in: Hermes/Sellner, AEG, § 18 Rn. 161; *Czajka,* in: Feldhaus, BImSchG, § 41 Rn. 58; *Storost,* in: Ule/Laubinger, BImSchG, § 41 C 15; *Berner,* UPR 2001, 418 (421 f.).

1166 22 AE 02.40091, NVwZ-RR 2003, 271 f.

1167 Nach § 3 Abs. 5 Nr. 3 BImSchG gehören zu den Anlagen im Sinne des Bundes-Immissionsschutzgesetzes auch Grundstücke, auf denen Arbeiten durchgeführt werden, die Emissionen verursachen können, und damit auch Baustellen, vgl. auch *Storost,* in: Ule/Laubinger, BImSchG, § 41 C 15.

1168 5 S 2257/05, ZUR 2007, 427 (431).

„Baustellen ausdrücklich ausgeschlossen“ (vgl. Nr. 1 lit. f) der TA Lärm). Der Verwaltungsgerichtshof hat dementsprechend betont, dass es auch insoweit bei der Anwendung der wesentlich älteren, aber sachnäheren AVV Baulärm verbleibt, die gem. § 66 Abs. 2 BImSchG weiter maßgeblich ist. Diese auch für Großbaustellen geltende Ausnahme von der TA Lärm sei auch bei einer an §§ 22, 3 BImSchG zu orientierenden materiellen Betrachtung nicht zu beanstanden: Zwischen Baustellen- und Gewerbelärm bestünden typischerweise erhebliche Unterschiede. Wesentlich sei vor allem, dass auch der von einer über mehrere Jahre hinweg betriebenen Baustelle ausgehende Lärm, anders als ein nach der TA Lärm zugelassener Gewerbelärm, zeitlich begrenzt sei und jedem Grundstückseigentümer und erst Recht dem Träger eines im öffentlichen Interesse stehenden (Groß-)Vorhabens die Möglichkeit zustehen müsse, seine ansonsten zulässigen Vorhaben unter auch ihm zumutbaren Bedingungen zu verwirklichen. Es sei nicht zu beanstanden, dass sich das gem. § 74 Abs. 2 S. 2 u. 3 VwVfG gebotene Konzept zum Schutz vor Baulärm an den Richt- und Maßnahmewerten der AVV Baulärm orientiert. Dass insoweit die AVV Baulärm zur Ausfüllung der Vorgaben des § 74 Abs. 2 S. 2 u. 3 VwVfG in Verbindung mit § 22 BImSchG herangezogen werden könne, sei in der Rechtsprechung anerkannt.[1169]

*Formell-rechtliche* Grundlage für die Anordnung von Schutzauflagen ist auch im materiell-rechtlichen Anwendungsbereich der §§ 41 ff. BImSchG stets § 74 Abs. 2 S. 2 VwVfG (i.V.m. § 18b Halbs. 1 AEG), und zwar selbst dann, wenn der Anwendungsbereich der §§ 41 ff. BImSchG eröffnet ist und sich deshalb die materiellen Voraussetzungen des Lärmschutzes aus diesen Vorschriften ergeben; denn die §§ 41 ff. BImSchG regeln nur die materiellen Anforderungen an Lärmschutzansprüche, nicht aber deren Durchführung und Durchsetzung.[1170] *Die* „Schutzauflage“ gibt es rechtlich

[1169] Vgl. ferner VGH Bad.-Württ., Urt. v. 07.06.1989, 5 S 3040/87, NVwZ-RR 1990, 227 (228); siehe des Weiteren die interessanten Ausführungen von *Dietrich,* NVwZ 2009, 144 ff., wonach die AVV Baulärm grundsätzlich zur Konkretisierung der immissionsschutzrechtlichen Erheblichkeitsschwelle bzw. der Vorgaben des § 22 BImSchG geeignet sei. – Die 32. Verordnung zur Durchführung des Bundes-Immissionsschutzgesetzes (Geräte- und Maschinenlärmschutzverordnung – 32. BImSchV) vom 29.08.2002 (BGBl. I, S. 3478) enthält in Abschnitt 2 (§§ 3 bis 6) lediglich Marktverhaltensregelungen, z.B. in Bezug auf das Inverkehrbringen der im Anhang genannten Geräte und Maschinen (siehe § 3). Der Abschnitt 3 (§§ 7 f.) sieht Betriebsregelungen für die im Anhang genannten Geräte und Maschinen, wozu vor allem auch Baustellengeräte gehören, vor. § 7 enthält (lediglich) zeitliche Beschränkungen für den Betrieb der Geräte und Maschinen in schutzbedürftigen Gebieten (insbesondere Wohngebieten). § 8 enthält eine Ermächtigung an die Länder zu weitergehenden Regelungen für Einschränkungen des Betriebs der Geräte und Maschinen in empfindlichen Gebieten. – Siehe ferner BVerwG, Beschl. v. 23.06.2009, 9 VR 1.09, NVwZ-RR 2009, 753 (755), Rn. 16: Die 16. BImSchV findet nicht auf umleitungsbedingte und damit vorübergehende Lärmimmissionen Anwendung.

[1170] Vgl. BVerwG, Urt. v. 07.03.2007, 9 C 2.06, BVerwGE 128, 177 – NVwZ 2007, 827 (829), Rn. 24 – B 202; *Dürr,* in: Knack/Henneke, VwVfG, § 75 Rn. 50 m.w.N.; *Jarass,* BImSchG, § 41 Rn. 58; *ders.*, DÖV 2004, 633 (634, Fn. 11);

indessen nicht; vielmehr kommt die Auferlegung von Vorkehrungen oder der Errichtung und Unterhaltung von Anlagen (so die Formulierung in § 74 Abs. 2 S. 2 VwVfG) durch inhaltliche Beschränkungen des Planfeststellungsbeschlusses, durch „echte“ Auflagen (im Sinne von § 36 Abs. 2 Nr. 4 VwVfG) oder durch modifizierende Auflagen in Betracht.[1171] Die rechtliche Einordnung als Inhalts- oder Nebenbestimmung ist durch Auslegung des Planfeststellungsbeschlusses entsprechend §§ 133, 157 BGB zu bestimmen.[1172] *Adressat der Auflagen,* d.h. zur Errichtung der angeordneten Schutzanlagen verpflichtet, ist nach dem Wortlaut und dem damit übereinstimmenden Sinn und Zweck des § 74 Abs. 2 S. 2 VwVfG sowie dem Verursacherprinzip entsprechend[1173] allein der *Träger des Vorhabens*; Dritte, insbesondere Betroffene, dürfen deshalb nicht gegen ihren Willen zu den Kosten der Schutzmaßnahmen herangezogen werden.[1174]

### b) Tatbestandsvoraussetzungen

Nach § 74 Abs. 2 S. 2 VwVfG hat die Planfeststellungsbehörde dem Träger des Vorhabens Vorkehrungen oder die Errichtung und Unterhaltung von Anlagen aufzuerlegen, die zum Wohl der Allgemeinheit oder zur Vermeidung nachteiliger Wirkungen auf Rechte anderer erforderlich sind.[1175]

---

*Schulze-Fielitz,* in: GK-BImSchG, § 41 Rn. 104; *ders.*, DÖV 2001, 181 (184); *Geiger,* in: Ziekow, Fachplanungsrecht, Rn. 323; *Michler,* VerwArch. 1999, 21 (29 f.).

[1171] *Ronellenfitsch,* VerwArch. 1989, 92 (106) m.w.N.; *ders.*, in: Marschall/Schroeter/Kastner, FStrG, § 17 Rn. 161; vgl. ferner *Vallendar,* in: Hermes/Sellner, AEG, § 18 Rn. 196 ff. u. 220; *Bonk/Neumann,* in: Stelkens/Bonk/Sachs, VwVfG, § 74 Rn. 168; *Hoppe/Schlarmann/Buchner/Deutsch,* Rechtsschutz, Rn. 656. Nach *Ziekow,* VwVfG, § 74 Rn. 42 u. *ders.*, Planungsrecht, Rn. 320 handelt es sich bei den Schutzvorkehrungen nicht um Nebenbestimmungen im Sinne von § 36 VwVfG, sondern um Bestandteile des Plans, jedenfalls dann, wenn die Schutzvorkehrungen bereits in dem vom Vorhabenträger eingereichten Plan vorgesehen sind.

[1172] *Bonk/Neumann,* in: Stelkens/Bonk/Sachs, VwVfG, § 74 Rn. 168; *Hoppe/Schlarmann/Buchner/Deutsch,* Rechtsschutz, Rn. 657 f.

[1173] Vgl. auch *Ziekow,* VwVfG, § 74 Rn. 39; *Allesch/Häußler,* in: Obermayer, VwVfG, § 74 Rn. 93.

[1174] BVerwG, Urt. v. 07.09.1979, 4 C 58.76 u.a., BVerwGE 58, 281 = NJW 1980, 2266 f., Ls. 2 – B 481 zu § 17 Abs. 4 FStrG a.F.; *Ronellenfitsch,* VerwArch. 1989, 92 (106); *Dürr,* in: Knack/Henneke, VwVfG, § 75 Rn. 62; *Steinberg/Berg/Wickel,* Fachplanung, § 4 Rn. 106; *Allesch/Häußler,* in: Obermayer, VwVfG, § 74 Rn. 93 m.w.N.: Kostenteilung nur, wenn eine Mitverursachung durch den Dritten vorliegt.

[1175] Vgl. dazu die Regierungsbegründung zum Entwurf eines Verwaltungsverfahrensgesetzes (VwVfG) vom 18.07.1973, BT-Drs. 7/910, S. 89. – Zum Begriff des „Auferlegens“ bereits BVerwG, Urt. v. 17.11.1972, IV C 21.69, BVerwGE 41, 178 = NJW 1973, 915 (916), Ls. lit. a) – B 42 (zu § 17 Abs. 4 FStrG a.F.), wonach es schon „aus sprachlichen Gründen“ nahe liege anzunehmen, dass damit „die Erteilung von Auflagen in der rechtlichen Bedeutung dieses Begriffs gemeint“ ist. Ent-

### aa) Wohl der Allgemeinheit

Der Begriff „Wohl der Allgemeinheit“ im Sinne von § 74 Abs. 2 S. 2 Var. 1 VwVfG erfasst alle öffentlichen Belange, die durch das Vorhaben beeinträchtigt werden, wobei der Begriff der „Beeinträchtigung“ *weit auszulegen* ist.[1176] Das Bundesverwaltungsgericht hat in seinem B 42-Urteil vom 17. November 1972[1177] zum inhaltsgleichen Begriff des „öffentlichen Wohls“ im Sinne des § 17 Abs. 4 S. 1 FStrG a.F. ausgeführt, es genüge allerdings „nicht schon die Erfüllung irgendwelcher im öffentlichen Interesse gelegenen Aufgaben“ und deren Berührung durch Verkehrswegebaumaßnahmen, um die Berufung auf das öffentliche Wohl zu ermöglichen. Klarstellend sei jedoch hervorzuheben, dass „der für die Anwendung dieser Vorschrift zu fordernde *Sachzusammenhang*“ nicht in einer gemeinsamen oder doch gleichgerichteten Aufgabenerfüllung des Vorhabenträgers und des Trägers anderer öffentlicher Aufgaben im Hinblick auf die Bedürfnisse des Verkehrsvorhabens zu liegen brauche. Der zu Schutzmaßnahmen führende und insoweit unerlässliche Zusammenhang zwischen dem Verkehrsvorhaben und den nach § 17 Abs. 4 S. 1 FStrG zu berücksichtigenden Belangen des öffentlichen Wohls ergebe sich aus der „ursächlichen Verknüpfung“ zwischen dem Verkehrsvorhaben als dem Ausgangspunkt schädlicher Einwirkungen auf der einen Seite und den dadurch hervorgerufenen Eingriffen in andere öffentliche Belange auf der anderen Seite. Die von der Vorschrift geschütz-

---

scheidend spreche dafür aber das rechtliche Verhältnis, das § 17 Abs. 4 FStrG zwischen der Planfeststellung als Voraussetzung für die Zulässigkeit eines Straßenbauvorhabens und der Anordnung von Schutzmaßnahmen herstellt. Sie seien dem Träger der Straßenbaulast „im Planfeststellungsbeschluss“ aufzuerlegen und dadurch als „Ergänzung zur Planfeststellung, nicht aber als deren integrierender Bestandteil gekennzeichnet“. Sie stellten sich ungeachtet ihrer vorgeschriebenen Anordnung im Planfeststellungsbeschluss im Verhältnis zu der auf das genehmigte Bauvorhaben bezogenen Planfeststellung als ihrem Wesen nach „selbständige und in diesem Rahmen eigener rechtlicher Regelung zugängliche Auflagen dar, die „nicht das Vorhaben modifizieren“, sondern zu dessen Genehmigung „als besondere Leistungsverpflichtung hinzutreten“. Aus den Schutz*anlagen* wurden seit der B 42-Entscheidung „unter der Hand“ Schutz*auflagen, Ronellenfitsch,* VerwArch. 1989, 92 (105); *ders.*, in: Marschall/Schroeter/Kastner, FStrG, § 17 Rn. 161.

1176 *Hoppe/Schlarmann/Buchner/Deutsch,* Rechtsschutz, Rn. 694 m.w.N.; *Allesch/Häußler,* in: Obermayer, VwVfG, § 74 Rn. 82. Zum Begriff auch *Ronellenfitsch,* in: Marschall/Schroeter/Kastner, FStrG, § 17 Rn. 163 f.

1177 BVerwG, Urt. v. 17.11.1972, IV C 21.69, BVerwGE 41, 178 = NJW 1973, 915 (918) – B 42 (Herv. d. Verf.), womit das Bundesverwaltungsgericht seine frühere (engere) Rechtsprechung (Urt. v. 14.04.1967, IV C 42.65, BVerwGE 26, 302 = DVBl. 1967, 916, Ls., juris, Rn. 9 – B 40), wonach Schutzanlagen für das öffentliche Wohl nur dann verlangt werden könnten, soweit sie in „engem Sachzusammenhang“ bzw. in „enger Beziehung zu den Erfordernissen des Straßenverkehrs und der Straße stünden“, klargestellt hat; vgl. auch *Jarass,* DÖV 2004, 633 (634).

ten öffentlichen Belange seien weder notwendig noch auch nur grundsätzlich die Belange des Verkehrsvorhabens selbst, sondern ebenso auch und vornehmlich „*alle von ihm nachteilig betroffenen anderweitigen öffentlichen Interessen*". Darunter fallen auch Belange des Umweltschutzes.[1178]

### bb) Rechte anderer

§ 74 Abs. 2 S. 2 Var. 2 VwVfG schützt alle Personen, deren Rechte durch die Planfeststellung betroffen sind, wobei auch diese Variante *weit zu verstehen* ist.[1179]

Fraglich ist, ob die Vorschrift in entsprechender Anwendung bzw. ihrem Rechtsgedanken nach auch rechtlich nicht geschützte, aber abwägungserhebliche Belange erfasst.[1180] Der Wortlaut („Rechte anderer") steht jedenfalls ihrer unmittelbaren Anwendbarkeit auf solche Belange entgegen.[1181] Das Niedersächsische Oberverwaltungsgericht hat in einem Urteil vom 20. März 2003[1182] zu dieser Frage zutreffend ausgeführt, es entspreche der gefestigten Rechtsprechung auch des Bundesverwaltungsgerichts, dass sich das Abwägungsgebot auch unterhalb der Ebene der Rechtsbeeinträchtigung auf schutzwürdige Belange erstreckt. Seien derartige Belange aber zu berücksichtigen, so könne ein Fehler bei der Abwägung unter bestimmten Voraussetzungen zur Aufhebung des Planfeststellungsbeschlusses führen, obwohl den betroffenen Belangen Dritter durch Anordnung einer Schutzauflage Rechnung getragen werden könnte. Dies wäre ein Ergebnis, das „mit dem Zweck des § 74 Abs. 2 S. 2 VwVfG als einer Vorschrift mit *planerhaltendem Charakter* nicht vereinbar wäre". Diene die Schutzauflage dazu, dem Vorhabenträger die Planung unter Berücksichtigung entgegenstehender Interessen und unter bestimmten Auflagen zu ermöglichen, so sei „nicht nachvollziehbar, warum dem Dritten, dessen Belange mit der Auflage gewahrt werden sollen, nicht ein Ergänzungs- oder Änderungsanspruch aufgrund einer (entsprechenden) Anwendung des § 74 Abs. 2 S. 2 VwVfG oder nach den Kriterien des Abwägungsgebots" zugestanden werden dürfe. „Andernfalls

---

1178 *Jarass,* DÖV 2004, 633 (634).

1179 *Hoppe/Schlarmann/Buchner/Deutsch,* Rechtsschutz, Rn. 696 m. w. N.; *Jarass,* DÖV 2004, 633 (634). Zum Begriff auch *Ronellenfitsch,* in: Marschall/Schroeter/Kastner, FStrG, § 17 Rn. 165.

1180 Dazu *Michler,* VerwArch. 1999, 25 unter Hinweis auf eine ebensolche Fallkonstellation in BVerwG, Beschl. v. 15.05.1996, 11 VR 3.96, NVwZ-RR 1996, 557 (558 f.) – Eisenbahntrasse Hamburg–Büchen–Berlin zur Zerschneidung einer bestehenden Wegeverbindung durch die Planung; wobei das Bundesverwaltungsgericht in dem zugrunde liegenden einstweiligen Rechtsschutzverfahren allerdings offen gelassen, ob dieser Mangel, da er möglicherweise durch ein ergänzendes Verfahren, durch eine Planänderung oder durch eine Planergänzung behoben werden kann, zur (Teil-)Aufhebung des Planfeststellungsbeschlusses führt.

1181 Deshalb abl. OVG Schleswig-Holstein, Urt. v. 17.03.2005, 12 A 153/02, juris, Rn. 23; ebenfalls *Jarass,* DÖV 2004, 633 (634) m. w. N.; *Allesch/Häußler,* in: Obermayer, VwVfG, § 74 Rn. 83.

1182 7 KS 2646/01, ZfW 2004, 101, juris, Rn. 39 (Herv. d. Verf.).

verfügte er über weiterreichende Möglichkeiten der Einwirkung auf die Planung als derjenige, der aus einer stärkeren (Rechts-)Position heraus klagt und der ohne weiteres auf § 74 Abs. 2 S. 2 VwVfG als Anspruchsgrundlage verwiesen werden kann". Der planerhaltene Charakter von § 74 Abs. 2 S. 2 VwVfG muss sich mithin auch in solchen Fällen grundsätzlich durchsetzen (zur Problematik im Einzelnen unten C.II.2.).

Auf die Rechte anderer müssen ohne Schutzvorkehrungen „nachteilige Wirkungen" ausgehen. Auch der Begriff des „Nachteils" ist weit zu verstehen.[1183] Die Wirkungen des festgestellten Vorhabens sind in diesem Sinne „nachteilig", wenn sie die Rechtsausübung oder den Rechtsgenuss beeinträchtigen oder unmöglich machen.[1184] Die Beeinträchtigungen können auf den *Baumaßnahmen*[1185], auf der *Verkehrsanlage selbst* sowie auf dem nach ihrer Fertigstellung auf ihr stattfindenden *Verkehr* beruhen.[1186] Besteht indessen lediglich die „entfernte Möglichkeit" nachteiliger Wirkungen, so ist die Planfeststellungsbehörde nicht verpflichtet, im Sinne einer „umfassenden Vorsorge" aufwändige Schutzvorkehrungen anzuordnen; ein insoweit verbleibendes „Restrisiko" ist bei der Verwirklichung technischer Großvorhaben nicht untypisch und daher im Grundsatz hinzunehmen.[1187]

Eine Ergänzung des Planfeststellungsbeschlusses um Schutzauflagen kommt schließlich nicht zum Schutz „präklusionsbelasteter Rechte" in Betracht (dazu näher unten Teil 3, C.III.1.).[1188]

#### cc) Kausalität

Ebenso wie § 41 Abs. 1 BImSchG beruht auch § 74 Abs. 2 S. 2 VwVfG auf dem *Verursacherprinzip*.[1189] Das planfestgestellte Vorhaben muss für die Konfliktlage ursächlich sein.[1190] Ursächlichkeit bedeutet nach der zu-

---

[1183] *Allesch/Häußler,* in: Obermayer, VwVfG, § 74 Rn. 84 m.w.N.

[1184] *Hoppe/Schlarmann/Buchner/Deutsch,* Rechtsschutz, Rn. 698 m.w.N.; *Dürr,* in: Knack/Henneke, VwVfG, § 75 Rn. 45.

[1185] *Kühling/Herrmann,* Fachplanungsrecht, Rn. 423. Zur rechtlichen Behandlung von Baustellenlärm, der ebenfalls in der Planfeststellung zu „bewältigen" ist, oben B.I.7.a).

[1186] *Hoppe/Schlarmann/Buchner/Deutsch,* Rechtsschutz, Rn. 698.

[1187] Zutr. BayVGH, Urt. v. 08.01.2009, 8 A 06.40027, Ls., juris, Rn. 36.

[1188] Siehe nur BVerwG, Urt. v. 12.04.2000, 11 A 24.98, juris, Rn. 63 – Eisenbahntrasse Stendal–Uelzen; OVG NRW, Urt. v. 21.01.2009, 11 D 41/06.AK, Ls. 3, juris, Rn. 87.

[1189] Vgl. BVerwG, Urt. v. 21.12.2005, 9 A 12.05, NVwZ 2006, 603 (604), Rn. 21 – Eisenbahntrasse Hamburg–Berlin

[1190] BVerwG, Urt. v. 21.12.2005, 9 A 12.05, NVwZ 2006, 603 (604), Rn. 21 m.w.N – Eisenbahntrasse Hamburg–Berlin.

treffenden Rechtsprechung im vorliegenden Zusammenhang, dass der Anspruch des Betroffenen auf Erlass von Schutzauflagen nur dann besteht, soweit die begehrte Schutzauflage nachteilige Auswirkungen vermeiden oder ausgleichen soll, die „gerade von dem festgestellten Vorhaben ausgehen". Voraussetzung ist deshalb, dass zwischen dem Vorhaben und den nachteiligen Auswirkungen ein „*adäquater Ursachenzusammenhang*" besteht, und zwar in dem Sinne, dass einerseits die schädlichen Auswirkungen in „*typischer* Weise" mit dem Bau oder der Änderung des Verkehrswegs, mit der Verkehrsanlage oder mit dem Betrieb des Verkehrswegs verbunden sind, und dass andererseits die eingetretenen oder zu erwartenden Schädigungen nach ihrer Art als Folgewirkung des Verkehrswegs „*nicht außerhalb aller Erfahrung*" liegen, insbesondere „nicht ganz überwiegend durch andere Umstände bedingt sind".[1191] Insofern gilt nichts anderes als für das Kausalitätserfordernis im Rahmen des § 41 Abs. 1 BImSchG.[1192]

### dd) Erforderlichkeit von Vorkehrungen und Anlagen dem Grunde nach

Nach § 74 Abs. 2 S. 2 VwVfG hat die Planfeststellungsbehörde dem Vorhabenträger Vorkehrungen oder die Errichtung und Unterhaltung von Anlagen aufzuerlegen, die zum Wohl der Allgemeinheit oder zur Vermeidung nachteiliger Wirkungen auf Rechte anderer „erforderlich" sind. Die Vorschrift enthält nicht nur einen Anspruch des Betroffenen und dem korrespondierend eine Verpflichtung bzw. im Verhältnis zum Vorhabenträger eine Berechtigung der Planfeststellungsbehörde zur Anordnung von Schutzauflagen, sondern mit dem Merkmal „erforderlich" zugleich eine tatbestandliche Begrenzung dieser Rechte bzw. der Verpflichtung.

Der Begriff der „Erforderlichkeit" bezieht sich zunächst auf die Frage, *ob* Schutzauflagen überhaupt, d.h. dem Grunde nach erforderlich sind (*erste Stufe*), ob also die negativen Auswirkungen des Vorhabens auf rechtlich geschützte Belange so „erheblich" sind, dass sie dem Betroffenen – so die

[1191] Vgl. VGH Bad.-Württ., Urt. v. 28.07.2003, 5 S 1399/02, juris, Rn. 54; Nds. OVG, Urt. v. 20.03.2003, 7 KS 2646/01, ZfW 2004, 101, juris, Rn. 41; Nds. OVG, Urt. v. 03.05.2001, 7 K 4341/99, NordÖR 2001, 444, juris, Rn. 53 zu § 74 Abs. 2 S. 2 VwVfG (Herv. d. Verf.); siehe ferner BVerwG, Urt. v. 15.04.1977, IV C 3.74, BVerwGE 52, 226 = NJW 1978, 1278 L u. BVerwG, Urt. v. 17.11.1972, IV C 21.69, BVerwGE 41, 178 = NJW 1973, 915 (917) – B 42 jew. zu § 17 Abs. 4 FStrG a.F.; BVerwG, Beschl. v. 11.11.1996, 11 B 66.96, juris, Rn. 3 m.w.N. zur eisenbahnrechtlichen Planfeststellung; *Ronellenfitsch,* in: Marschall/Schroeter/Kastner, FStrG, § 17 Rn. 166; *Hoppe/Schlarmann/Buchner/Deutsch,* Rechtsschutz, Rn. 699; *Bonk/Neumann,* in: Stelkens/Bonk/Sachs, VwVfG, § 74 Rn. 174; *Allesch/Häußler,* in: Obermayer, VwVfG, § 74 Rn. 85; *Dürr,* in: Knack/Henneke, VwVfG, § 75 Rn. 59.

[1192] Zu letzterem oben B.I.4.a).

von der Rechtsprechung geprägte Formel – „*billigerweise nicht mehr zugemutet werden sollen*“.[1193]

Auch im Rahmen des § 74 Abs. 2 S. 2 VwVfG ist zwischen der einfachrechtlichen (bzw. fachplanungsrechtlichen) und der verfassungsrechtlichen Zumutbarkeitsschwelle zu unterscheiden. Der Begriff der „Erforderlichkeit“ im Sinne von § 74 Abs. 2 S. 2 VwVfG beschreibt die *einfach-rechtliche Zumutbarkeitsschwelle*. Die durch den Begriff der „Erforderlichkeit“ vorgegebene Grenze des § 74 Abs. 2 S. 2 VwVfG, ab der Schutzauflagen geboten sind, ist somit nicht mit der verfassungsrechtlichen Zumutbarkeitsschwelle gleichzusetzen. Vielmehr werden – wie bei §§ 41 ff. BImSchG – auch Belastungen unterhalb der schweren und unerträglichen Betroffenheit bzw. der Gesundheitsgefährdung oder -beeinträchtigung erfasst.[1194] Insofern entspricht die Grenze, bei deren Überschreitung Schutzauflagen nach § 74 Abs. 2 S. 2 LVwVfG „erforderlich“ werden, den „erheblichen“ Belästigungen (schädlichen Umwelteinwirkungen) im Sinne von § 3 Abs. 1 BImSchG.[1195] Der insoweit in Rede stehende Begriff der „Erheblichkeit“ bzw. – nach der Rechtsprechung gleichbedeutend – der „Unzumutbarkeit“ kennzeichnet somit „noch im Vorfeld dessen“, was der Eigentumsschutz nach Art. 14 GG unter enteignungsrechtlichen Gesichtspunkten fordert, die „der hier maßgebenden einfachgesetzlichen Güterabwägung folgende Grenze“, von der ab dem Betroffenen eine nachteilige Einwirkung des Verkehrswegs auf seine Rechte – auch unter Würdigung der besonderen Bedeutung, die ein leistungsfähiges Verkehrsnetz für die Allgemeinheit wie für den Einzelnen hat – „billigerweise nicht mehr zugemutet werden soll“.[1196]

---

[1193] BVerwG, Urt. v. 22.05.1987, 4 C 17-19.84, BVerwGE 77, 295 = NJW 1987, 2884 (2885); BVerwG, Urt. v. 11.11.1988, 4 C 11.87, NVwZ 1989, 255 ff.; VGH Bad.-Württ., Urt. v. 30.09.2005, 5 S 591/04, juris, Rn. 30 – Eisenbahntrasse Ulm–Friedrichshafen zu § 74 Abs. 2 S. 2 VwVfG; *Hoppe/Schlarmann/Buchner/Deutsch,* Rechtsschutz, Rn. 702; *Bonk/Neumann,* in: Stelkens/Bonk/Sachs, VwVfG, § 74 Rn. 172 sowie 79 ff.; *Jarass,* DÖV 2004, 633 (634) m.w.N.; *Steinberg/Berg/Wickel,* Fachplanung, § 4 Rn. 11; siehe ferner BVerwG, Urt. v. 28.01.1999, 4 CN 5.98, BVerwGE 108, 248 = NVwZ 1999, 1222 (1224); BVerwG, Urt. v. 22.05.1987, 4 C 33-35.83, BVerwGE 77, 285 = NVwZ 1987, 1080 L = NJW 1987, 2886 ff. – B 31 (Meersburg-Urteil), jew. zu § 41 BImSchG; BVerwG, Urt. v. 14.12.1979, 4 C 10.77, BVerwGE 59, 253 = NJW 1980, 2368 (2369); BVerwG, Urt. v. 21.05.1976, IV C 80.74, BVerwGE 51, 15 = NJW 1976, 1760 (1763) – B 27 (Stuttgart-Degerloch); *Boujong,* UPR 1987, 207 (208), jew. zu § 17 Abs. 4 FStrG a.F. (Herv. d. Verf.).

[1194] *Hoppe/Schlarmann/Buchner/Deutsch,* Rechtsschutz, Rn. 702; *Kämper,* in: BeckOK-VwVfG, § 74 Rn. 101; *Peine,* DÖV 1988, 937 (944 f. u. 947).

[1195] VGH Bad.-Württ., Urt. v. 18.07.2003, 5 S 723/02, juris, Rn. 54 – B 295 (Renningen-Leonberg) zu Luftschadstoffen.

[1196] BVerwG, Urt. v. 21.05.1976, IV C 80.74, BVerwGE 51, 15 = NJW 1976, 1760 (1763) – B 27 (Stuttgart-Degerloch) zu § 17 Abs. 4 FStrG a.F.; erstmals in der zivilrechtlichen Rechtsprechung BGH, Urt. v. 06.02.1986, III ZR 96/84, BGHZ

Andererseits löst nicht jede Lärmbetroffenheit Schutzansprüche aus. *Beeinträchtigungen unterhalb der einfach-rechtlichen Zumutbarkeitsschwelle* fallen nicht unter § 74 Abs. 2 S. 2 VwVfG; sie gehören jedoch zum notwendigen Abwägungsmaterial und sind dementsprechend *in der planerischen Abwägung zu berücksichtigen, soweit* sie *nicht geringfügig* sind.[1197] Dementsprechend tritt die Vorgabe des § 74 Abs. 2 S. 2 VwVfG „neben das Abwägungsgebot".[1198] Wie weit einer solchen Betroffenheit unterhalb der einfach-rechtlichen Zumutbarkeitsschwelle bei der Planung Rechnung zu tragen ist, bestimmt sich nach allgemeinen Abwägungsgrundsätzen.[1199] Ausgeschieden werden mithin nur solche Beeinträchtigungen, die von so geringem Gewicht sind, dass ein Ausgleich wegen der Geringfügigkeit der Belastung und der Vielzahl der in der komplexen Gesellschaft mit dieser Rechtsausübung betroffenen Interessen billigerweise nicht erwartet werden kann (zu den Grundsätzen der Abwägung unten C.).[1200] Nachfolgende Übersicht veranschaulicht diese Zusammenhänge[1201].

Entscheidend ist somit, nach welchen Maßstäben die „Erforderlichkeit" und damit die für § 74 Abs. 2 S. 2 VwVfG maßgebende einfach-rechtliche Zumutbarkeitsschwelle zu bestimmen ist. Liegen normative Grenzwertfestsetzungen vor, die diese einfach-rechtliche Zumutbarkeitsschwelle konkretisieren, so hängt die Auferlegung von Schutzmaßnahmen davon ab, ob die von dem Vorhaben ausgehenden Immissionen diese Grenzwerte ohne Schutzmaßnahmen überschreiten würden.[1202] Für den Bereich des Schienen-(und Straßen-)Verkehrslärms konkretisiert § 2 der 16. BImSchV diese Grenze, soweit der Anwendungsbereich der §§ 41 ff. BImSchG reicht.[1203] Die in § 2 Abs. 1 der 16. BImSchV zur Konkretisierung der einfach-recht-

---

97, 114 = NJW 1986, 1980 = DVBl. 1986, 766 f., Ls. 1 zu § 17 Abs. 4 S. 2 FStrG a.F. m. Anm. *Berkemann,* DVBl. 1986, 768, wonach diese Vorschrift eine „einfachgesetzliche Billigkeitsentschädigung im Vorfeld enteignender Eingriffe" gewährt, d.h. für solche nachteiligen Einwirkungen des straßenrechtlichen Planvorhabens, die „unterhalb der enteignungsrechtlichen Zumutbarkeitsschwelle bleiben"; siehe auch *Peine,* DÖV 1988, 937 (944 f.); *Blocher,* DÖV 1981, 660 (662).

1197 Vgl. BVerwG, Beschl. v. 19.02.1992, 4 NB 11.91, NJW 1992, 2844.

1198 Vgl. *Jarass,* DÖV 2004, 633 (635); siehe auch BVerwG, Beschl. v. 29.04. 2003, 9 B 59.02, juris, Rn. 58 – ICE; *Durner,* Konflikte räumlicher Planungen, 2005, S. 307 ff.

1199 BVerwG, Beschl. v. 29.04.2003, 9 B 59.02, juris, Rn. 58 – ICE.

1200 *Hoppe/Schlarmann/Buchner/Deutsch,* Rechtsschutz, Rn. 702.

1201 Zusammenfassend BVerfG, 3. Kammer des Ersten Senats, Beschl. v. 29.07. 2009, 1 BvR 1606/08, NVwZ 2009, 1494 (1496), juris, Rn. 18 m.w.N. – Verkehrsflughafen Berlin-Schönefeld.

1202 *Hoppe/Schlarmann/Buchner/Deutsch,* Rechtsschutz, Rn. 707; *Jarass,* DÖV 2004, 633 (635).

1203 Vgl. *Jarass,* DÖV 2004, 633 (635); *Gatz,* jurisPR-BVerwG 18/2008 Anm. 2.

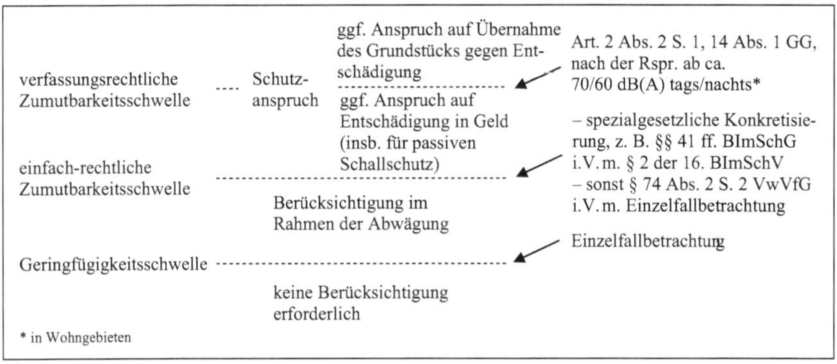


Abbildung 2: Übersicht über das einfach-rechtliche und verfassungsrechtliche Schutzsystem

lichen Erheblichkeitsschwelle enthaltenen Immissionsgrenzwerte sind jedoch im Rahmen von § 74 Abs. 2 S. 2 VwVfG nicht unmittelbar anwendbar. Dies hat das Bundesverwaltungsgericht bereits im B 464-Urteil vom 9. Februar 1995[1204] zutreffend entschieden und dazu ausgeführt: § 74 Abs. 2 S. 2 VwVfG bestimme nicht näher, wann eine Maßnahme „erforderlich" sei. Insbesondere enthalte sich die Vorschrift „jeder Angabe darüber, welche Lärmbeeinträchtigungen noch als zumutbar anzusehen sind und eine Pflicht, Vorkehrungen zu schaffen, nicht auslösen". Die in der 16. BImSchV genannten Werte seien nicht anwendbar, „mögen sie auch näherer Orientierung dienen". Die Ermächtigungsgrundlage, auf der die 16. BImSchV beruhe, beziehe sich auf §§ 41, 42 BImSchG. Daher habe es für § 74 Abs. 2 S. 2 VwVfG bei der Beurteilung der Zumutbarkeit zu verbleiben, wie sie sich „im Einzelfall nach den jeweiligen Umständen ergibt". Bereits im B 27-Urteil hat das Bundesverwaltungsgericht (noch zu § 17 Abs. 4 FStrG a.F., für § 74 Abs. 2 S. 2 VwVfG aber gleichermaßen Geltung beanspruchend) entschieden, dass das Gesetz für das in diesem Sinne „Erhebliche" keinen „allgemeingültigen konkreten Maßstab" enthält. Zur Bestimmung der Zumutbarkeitsschwelle können einschlägige *technische Regelwerke* herangezogen werden; insofern sind bei der gebotenen „Güterabwägung" die gesetzlichen Wertungen zu berücksichtigen.[1205] So finden sich für Lärmimmissionen Bewertungshilfen insbesondere in der TA Lärm[1206] und auch die

1204 4 C 26.93, BVerwGE 97, 367 = NVwZ 1995, 907 (909).

1205 *Hoppe/Schlarmann/Buchner/Deutsch,* Rechtsschutz, Rn. 707; siehe auch BVerwG, Urt. v. 29.04.1988, 7 C 33.87, BVerwGE 79, 254 = NJW 1988, 2396 (2397) m.w.N. – Feueralarmsirene: indizielle Bedeutung der TA Lärm und der einschlägigen VDI-Richtlinien.

1206 Siehe oben Fn. 76.

16. BImSchV kann – wie vom Bundesverwaltungsgericht ausgeführt – Orientierungspunkte liefern. Im Übrigen ist für die Frage der Erheblichkeit auf die in der B 27-Entscheidung entwickelten Grundsätze zurückzugreifen (oben A.III.). Danach folgt der Maßstab des Erheblichen „aus der *Beziehung,* die *zwischen der Erheblichkeit einer nachteiligen Wirkung und ihrer Zumutbarkeit* herzustellen ist". Das Maß des jeweils (noch) Zumutbaren ergibt sich aus dem Verhältnis des Straßenbauvorhabens zu der jeweils von ihm betroffenen Umgebung. Was der Umgebung an nachteiligen Wirkungen der Straße zugemutet werden darf, bestimmt sich „nach ihrer aus ihrer Eigenart herzuleitenden *Schutzwürdigkeit und Schutzbedürftigkeit*". Die nähere Bestimmung einer in diesem Sinn auf die Umgebung bezogenen Zumutbarkeit von Verkehrslärm muss *„im Ausgangspunkt* jeweils *an die bebauungsrechtlich geprägte Situation der Umgebung anknüpfen*". Schutzwürdig und schutzfähig ist ein Gebiet nur insoweit, als „das Hinzutreten der Verkehrsgeräusche zu den übrigen Geräuschquellen den Pegel des Gesamtgeräuschs *in beachtlicher Weise erhöht* und als gerade in *dieser* Erhöhung eine zusätzliche unzumutbare Belastung liegt."[1207] In grundsätzlich ähnlicher Weise wie eine derart bestehende (*tatsächliche*) *„Geräuschvorbelastung*" kann für die Umgebung einer Straße schutzmindernd eine *„plangegebene*" *Vorbelastung* zu berücksichtigen sein.[1208] Für ein Baugebiet beispielsweise, das angesichts einer – etwa durch förmliche Auslegung der Planunterlagen – bereits „verfestigten" Straßenplanung in Richtung auf die zukünftige Straße weiterentwickelt wird, ist ungeachtet der möglicherweise für eine solche Entwicklung sprechenden bauplanerischen Gründe nicht von einem erhöhten Maß an Schutzwürdigkeit gegenüber der Straße, sondern von einer entsprechenden Erhöhung der Zumutbarkeitsschwelle auszugehen.

Voraussetzung für eine *plangegebene* Vorbelastung ist nach dem B 455-Urteil des Bundesverwaltungsgerichts vom 22. März 1985[1209] das Vorliegen einer *„erkennbar*

[1207] Ebenso BVerwG, Urt. v. 03.03.2004, 9 A 15.03, NVwZ 2004, 986 (990) – S 3 (S-Bahn Berlin-Charlottenburg); BVerwG, Urt. v. 31.01.2001, 11 A 6.00, NVwZ-RR 2001, 653 (655) m.w.N. – Berliner Innenring; BVerwG, Urt. v. 15.03.2000, 11 A 42.97, BVerwGE 110, 370 = NVwZ 2001, 71 (77) – Eisenbahntrasse Hamburg–Büchen–Berlin (Aumühle); BVerwG, Urt. v. 29.01.1991, 4 C 51.89, BVerwGE 87, 332 = NVwZ-RR 1991, 601 (609) – Verkehrsflughafen München II; BVerwG, Urt. v. 22.03.1985, 4 C 63.80, BVerwGE 71, 150 = NJW 1985, 3034 (3037) – B 455; BVerwG, Urt. v. 14.12.1979, 4 C 10.77, BVerwGE 59, 253 = NJW 1980, 2368 (2371); dazu auch *Kühling/Herrmann,* Fachplanungsrecht, Rn. 432 ff.; *Kämper,* in: BeckOK-VwVfG, § 74 Rn. 100; *Jarass,* DÖV 2004, 633 (635).

[1208] Herv. d. Verf.; vgl. auch BVerwG, Urt. v. 03.03.2004, 9 A 15.03, NVwZ 2004, 986 (990) – S 3 (S-Bahn Berlin-Charlottenburg); BVerwG, Urt. v. 22.03.1985, 4 C 63.80, BVerwGE 71, 150 = NJW 1985, 3034 (3035) – B 455; VGH Bad.-Württ., Urt. v. 11.02.2004, 5 S 384/03, BImSchG-Rspr. § 41 Nr. 74, Ls. 7, juris, Rn. 162 zu § 41 BImSchG, es sei denn, die Vorbelastung würde selbst schon die Grenze des Zumutbaren überschreiten.

*hinreichend verfestigten Planung*", die „zusätzliche Immissionen erwarten lässt", sei es z.B. eine Bebauungsplanung oder aber auch die Planung des gerade streitigen Verkehrswegs. Entscheidend ist also eine Planung, „die der Anlieger als gegeben oder konkret bevorstehend erkennt oder erkennen muss derart, dass er mit einem der Planung entsprechenden Maße von Lärmbelastung in absehbarer Zeit rechnen muss".[1210] Eine solche Verfestigung tritt bei einer Verkehrswegeplanung (so das Bundesverwaltungsgericht im B 455-Urteil) in der Regel mit der (förmlichen[1211]) *Auslegung der Planunterlagen im Anhörungsverfahren* (§ 73 Abs. 2 u. 3 S. 1 VwVfG i.V.m. § 18a AEG) ein.[1212] Eine (plangegebene) Vorbelastung kann daher auch von einer noch nicht abgeschlossenen Planung ausgehen.[1213] Ausgangspunkt für das Maß dessen, was aufgrund einer plangegebenen Vorbelastung hinzunehmen ist, ist nach dem Bundesverwaltungsgericht (B 31-Urteil)[1214] der „Inhalt der verfestigten Planung" selbst, mit deren Realisierung der Betroffene zu rechnen habe. In diesem Umfang verändere sich, das Ergebnis der Planung vorwegnehmend, die Situation, die Wert und Ausnutzbarkeit der Grundstücke prägend beeinflusse. Dass eine solche nachteilige Situationsveränderung nur in „rechtlich vorherbestimmter Weise" möglich sei und deshalb mit Rechtsmitteln erfolgreich bekämpft werden könne, soweit sie andere in ihren Rechten beeinträchtige, verstehe sich von selbst, rechtfertige aber zugleich auch den Umfang der letztlich hinzunehmenden Beschränkungen, wenn die Planung bestandskräftig geworden sei. *Das Maß einer plangegebenen Vorbelastung entspreche* deswegen „*grundsätzlich dem Umfang der im maßgeblichen Zeitpunkt objektiv zu erwartenden tatsächlichen Belastung*". *Gegenstand dieser Erwartung könne aber nur die Realisierung eines Vorhabens sein, das „in seiner technischen Ausgestaltung den dafür geltenden rechtlichen Anforderungen entspricht*". Dazu gehöre, dass die (nach § 41 BImSchG vorgeschriebenen) Vorkehrungen zum Schutz der Anlieger vor Verkehrslärm getroffen werden. Soweit Verkehrslärm nach dem Stand der Technik durch Schutzvorkehrungen vermieden werden könne, könne deswegen auch ein „vorbelasteter" Eigentümer mit Aussicht auf Erfolg aktive Lärmschutzmaßnahmen (nach § 17 Abs. 4 S. 1 FStrG a.F.) in demselben Umfang wie ein nicht vorbelasteter fordern. Hingegen könne er weder passiven

1209 4 C 63.80, BVerwGE 71, 150 = NJW 1985, 3034 (3035) (Herv. d. Verf.).

1210 BVerwG, Urt. v. 11.11.1983, 4 C 40.80 u.a., NVwZ 1985, 109 (111); ferner *Michler,* Verkehrsimmissionsschutz, S. 104 f.

1211 *Blocher,* DÖV 1991, 660 (665).

1212 BVerwG, Urt. v. 22.03.1985, 4 C 63.80, BVerwGE 71, 150 = NJW 1985, 3034 (3035) – B 455; siehe auch BVerwG, Urt. v. 14.12.1979 4 C 10.77, BVerwGE 59, 253 = NJW 1980, 2368 (2370); BVerwG, Urt. v. 21.05.1976, IV C 80.74, BVerwGE 51, 15 = NJW 1976, 1760 (1763) – B 27 (Stuttgart-Degerloch) zu § 17 Abs. 4 FStrG a.F.; *Kuschnerus,* Schutzauflagen, S. 98; *Michler,* Verkehrsimmissionsschutz, S. 104 f.; *Nedden,* DVBl. 1978, 389 (391): *Beginn* der Auslegung, weil bereits der Beginn der Auslegung beschränkende Rechtswirkungen habe (z.B. Anbauverbote, vgl. § 9 Abs. 4 FStrG), und nicht erst ab Beendigung der Auslegung; erst recht nicht schon mit der Bestimmung der Linienführung nach § 16 FStrG, da diese keine Außenwirkung habe.

1213 *Hoppe/Schlarmann/Buchner/Deutsch,* Rechtsschutz, Rn. 709.

1214 Urt. v. 22.05.1987, 4 C 33-35.83, BVerwGE 77, 285 = NJW 1987, 2886 (2889) – B 31 (Meersburg-Urteil) (Herv. d. Verf.).

Lärmschutz noch eine Entschädigung verlangen, wenn Schutzvorkehrungen an dem Vorhaben selbst außer Verhältnis zu dem angestrebten Schutzzweck stünden (§ 41 Abs. 2 BImSchG) oder mit dem Vorhaben unvereinbar seien (§ 17 Abs. 4 S. 2 FStrG a.F.). Praktisch wirke sich eine plangegebene Vorbelastung also dahin aus, dass der Betroffene sich vor technisch unvermeidbarem Verkehrslärm auf eigene Kosten schützen müsse, also keinen Anspruch auf Entschädigung für passiven Lärmschutz habe[1215] und für eine etwa verbleibende Wertminderung seines Besitzes keinen Ausgleich erhalte.[1216]

Die tatsächliche und die plangegebene Vorbelastung haftet dem Grundstück somit kraft seiner „Situationsgebundenheit" an und muss vom jeweiligen Eigentümer grundsätzlich hingenommen werden.[1217] Die *Grenze der schutzmindernden Berücksichtigung einer Vorbelastung* ist allerdings dort erreicht, wo die Einwirkungen der Anlage schon vor deren Änderung das Maß des Zumutbaren überschreiten. In solchen Fällen muss gewissermaßen nicht *„wegen"*, sondern *„aus Anlass"* der notwendigen Planfeststellung eine erforderliche Schutzmaßnahme angeordnet werden.[1218]

Die Zumutbarkeit richtet sich – wie auch im Rahmen der 16. BImSchV[1219] – nach *objektiven Kriterien.*[1220] Besondere Empfindlichkeiten, gesundheitliche Indispositionen oder sonstige persönliche Eigenheiten haben außer Be-

---

[1215] *Hoppe/Schlarmann/Buchner/Deutsch,* Rechtsschutz, Rn. 709.

[1216] In Leitsatz 3 führt das Gericht dementsprechend aus: „Als Folge einer plangegebenen Vorbelastung werden die Ansprüche der Anwohner auf die für das Baugebiet gesetzlich vorgeschriebenen technischen Lärmschutzvorkehrungen nicht geschmälert. Soweit aber nur passive Lärmschutzmaßnahmen, insbesondere Lärmschutzfenster, zur Geräuschdämmung in Betracht kommen, müssen sie die hierdurch entstehenden Kosten selbst tragen. Auch eine Entschädigung in Geld können sie regelmäßig nicht beanspruchen"; siehe zusammenfassend *Kuschnerus,* Schutzauflagen, S. 98.

[1217] BVerwG, Urt. v. 22.03.1985, 4 C 63.80, BVerwGE 71, 150 = NJW 1985, 3034 (3035), Ls. 4 – B 455.

[1218] Grundlegend BVerwG, Urt. v. 07.07.1978, 4 C 79.76 u.a., BVerwGE 56, 110 = NJW 1979, 64 (69) – Verkehrsflughafen Frankfurt/Main zu § 9 Abs. 2 LuftVG, dazu *Blocher,* DÖV 1991, 660 (665), der dieses Urteil als eine „Wende in der rechtlichen Beurteilung" qualifiziert; ferner BVerwG, Urt. v. 14.12.1979, 4 C 10.77, BVerwGE 59, 253 = NJW 1980, 2368 (2370), welches das Frankfurter Flughafen-Urteil des Bundesverwaltungsgerichts dahin ergänzte, dass bei der planfeststellungsbedürftigen Änderung einer Bahnlinie die bisher von ihr ausgehenden Lärmeinwirkungen zu Lasten der Nachbargrundstücke als – schutzmindernde – Geräuschvorbelastung berücksichtigt werden dürfen, soweit sie nicht schon ihrerseits das Maß des nach Art. 14 Abs. 3 GG entschädigungslos Zumutbaren überschritten haben, *Blocher,* a.a.O.; BVerwG, Urt. v. 31.01.2001, 11 A 6.00, NVwZ-RR 2001, 653 (655) m.w.N. – Berliner Innenring; BVerwG, Urt. v. 23.11.2005, 9 A 28.04, BVerwGE 124, 334 = NVwZ 2006, 331 (333), Rn. 31; ferner BayVGH, Urt. v. 12.04.2002, 20 A 01.40016 u.a., DVBl. 2002, 1140 = ZUR 2002, 359, juris, Rn. 165; *Michler,* Verkehrsimmissionsschutz, S. 83.

[1219] Oben B.I.3.c)aa).

tracht zu bleiben; was der Nachbarschaft an Beeinträchtigungen abverlangt werden kann, ist vielmehr anhand eines „typisierenden und generalisierenden Maßstabes" zu bestimmen (Berlin-Schönefeld).[1221] Denn die gebotene grundstücksbezogene Betrachtungsweise lässt es nicht zu, die Frage der Erheblichkeit „von den – wandelbaren – konkreten Nutzungsverhältnissen zu einem bestimmten Zeitpunkt abhängig zu machen"; sie „schließt die Berücksichtigung besonderer Umstände in der Person des jeweiligen Eigentümers oder Nutzers aus" (ebenfalls Berlin-Schönefeld).[1222] Die in der Oberursel II-Entscheidung angeführten subjektiven Faktoren gelten mithin auch im Rahmen von § 74 Abs. 2 S. 2 VwVfG nicht. Ein Unterschied zur 16. BImSchV ergibt sich aber daraus, dass die im Rahmen von § 74 Abs. 2 S. 2 VwVfG gebotene Einzelfallbetrachtung offen für weitere, das Maß der Lärmbetroffenheit kennzeichnende Faktoren ist, der Kreis dieser Faktoren also nicht normativ vorgegeben ist (siehe dazu den Katalog in der Oberursel II-Entscheidung[1223]), jedenfalls soweit es sich um objektive Kriterien handelt. Insofern knüpft die Bestimmung der Zumutbarkeit auch nur „im Ausgangspunkt" an die bebauungsrechtlich geprägte Situation der Umgebung an (B 27). So wird die Erheblichkeit und damit die Zumutbarkeit von Geräuschimmissionen auch von wertenden Elementen wie der *Herkömmlichkeit,* der *sozialen Adäquanz* und einer *allgemeinen Akzeptanz* mitgeprägt.[1224]

Ohne konkrete Anhaltspunkte oder wenigstens Verdachtsmomente ist es rechtlich nicht geboten, „jeglichem Risiko vorzubeugen". Insbesondere müssen fehlende wissenschaftliche Erkenntnisse im Rahmen von Erheblichkeitserwägungen nicht durch einen „Bonus", etwa im Sinne eines „allgemeinen Risikozuschlags", zu Gunsten der Lärmbetroffenen ausgeglichen werden.[1225] § 74 Abs. 2 S. 2 VwVfG verlangt zur Abwehr nachteiliger Ein-

---

1220 Vgl. *Hoppe/Schlarmann/Buchner/Deutsch,* Rechtsschutz, Rn. 707; *Ketteler,* DVBl. 2008, 220 m. w. N. aus der Rechtsprechung.

1221 BVerwG, Urt. v. 16.03.2006, 4 A 1075.04, BVerwGE 125, 116 = NVwZ 2006, Beilage zu Heft Nr. 8, S. 29, Rn. 325 – Verkehrsflughafen Berlin-Schönefeld; ferner BVerwG, Urt. v. 23.09.1999, 4 C 6.98, NVwZ 2000, 1050 (1052) zur 18. BImSchV. Siehe aber auch VGH Bad.-Württ., Urt. v. 08.02.2007, 5 S 2224/05, ESVGH 57, 148 = ZUR 2007, 422, juris, Rn. 119 ff. m. w. N. u. Urt. v. 06.04.2006, 5 S 847/05, UPR 2006, 454, juris, Rn. 114 ff. – jew. Eisenbahnprojekt „Stuttgart 21" zum Körperschall (oben Fn. 1160).

1222 BVerwG, Urt. v. 16.03.2006, 4 A 1075.04, BVerwGE 125, 116 = NVwZ 2006, Beilage zu Heft Nr. 8, S. 29, Rn. 325 – Verkehrsflughafen Berlin-Schönefeld; BVerwG, Urt. v. 29.01.1991, 4 C 51.89, BVerwGE 87, 332 = NVwZ-RR 1991, 601 (621) – Verkehrsflughafen München II, jew. zu § 9 Abs. 2 LuftVG.

1223 Oben Teil 1, B.I.

1224 BVerwG, Urt. v. 29.04.1988, 7 C 33.87, BVerwGE 79, 254 = NJW 1988, 2396 (2397) m. w. N. – Feueralarmsirene.

1225 BVerwG, Urt. v. 16.03.2006, 4 A 1075.04, BVerwGE 125, 116 = NVwZ 2006, Beilage zu Heft Nr. 8, S. 27, Rn. 308 – Verkehrsflughafen Berlin-Schönefeld;

wirkungen „keine Vorsorge gegen rein hypothetische Gefährdungen“. Der Planungsträger braucht daher keine Schutzziele festzulegen, deren Erforderlichkeit mangels verlässlicher wissenschaftlicher Erkenntnisse noch nicht abschätzbar ist (siehe das Berlin-Schönefeld-Urteil des Bundesverwaltungsgerichts und die Mobilfunksendeanlagen-Entscheidungen des Bundesverfassungsgerichts).[1226] Neue wissenschaftliche Erkenntnisse sind einer Planungs- oder Zulassungsentscheidung in der Regel erst dann zugrunde zu legen, wenn sie sich „in der wissenschaftlichen Diskussion durchgesetzt und allgemeine Anerkennung – nicht notwendig einhellige Zustimmung – gefunden haben“; ein neuer Stand der Wissenschaft ist aber nicht erreicht, solange bisher anerkannte wissenschaftliche Aussagen kritisch hinterfragt und kontrovers diskutiert werden, ohne dass sich in der Forschung bereits ein neuer Grundkonsens abzeichnet (Berlin-Schönefeld).[1227] Die 3. Kammer des Ersten Senats des Bundesverfassungsgerichts hat in seinem (Nichtannahme-)Beschluss vom 20. Februar 2008[1228] diese Ausführungen des Bundesverwaltungsgerichts verfassungsrechtlich nicht beanstandet.[1229] Zudem sind Schutzmaßnahmen nur für die zugelassenen, aber nicht für solche Eingriffe vorzusehen, die möglicherweise später aufgrund einer noch zu treffenden weiteren Zulassungsentscheidung hinzutreten.[1230]

---

BVerwG, Urt. v. 29.01.1991, 4 C 51.89, BVerwGE 87, 332 = NVwZ-RR 1991, 601 (618) – Verkehrsflughafen München II, jew. zu passiven Schallschutzmaßnahmen für die Nachtruhe im Rahmen von § 9 Abs. 2 LuftVG.

1226 BVerwG, Urt. v. 16.03.2006, 4 A 1075.04, BVerwGE 125, 116 = NVwZ 2006, Beilage zu Heft Nr. 8, S. 27, Rn. 308 – Verkehrsflughafen Berlin-Schönefeld, zu passiven Schallschutzmaßnahmen für die Nachtruhe im Rahmen von § 9 Abs. 2 LuftVG; ferner BVerfG, 3. Kammer des Ersten Senats, Beschl. v. 28.02.2002, 1 BvR 1676/01, NJW 2002, 1638 (1639), wonach die geltenden Grenzwerte (im zugrunde liegenden Fall zum Schutz vor elektromagnetischen Feldern von Mobilfunkanlagen) nur dann verfassungsrechtlich beanstandet werden können, wenn erkennbar ist, dass sie die menschliche Gesundheit völlig unzureichend schützen. Davon könne so lange keine Rede sein, als sich die Eignung und Erforderlichkeit geringerer Grenzwerte mangels verlässlicher wissenschaftlicher Erkenntnisse noch gar nicht abschätzen ließen; BVerfG, 1. Kammer des Ersten Senats, Beschl. v. 08.12.2004, 1 BvR 1238/04, NVwZ-RR 2005, 227 f., jew. zu Mobilfunksendeanlagen.

1227 BVerwG, Urt. v. 16.03.2006, 4 A 1075.04, BVerwGE 125, 116 = NVwZ 2006, Beilage zu Heft Nr. 8, S. 27, Rn. 308 – Verkehrsflughafen Berlin-Schönefeld; BVerwG, Urt. v. 20.04.2005, 4 C 18.03, BVerwGE 123, 261 = NVwZ 2005, 933 (939) – Flughafen München, zu passiven Schallschutzmaßnahmen für die Nachtruhe im Rahmen von § 9 Abs. 2 LuftVG; BVerwG, Beschl. v. 21.01.2004, 4 B 82.03, NVwZ 2004, 618 f. – Flughafen Berlin-Tegel, zu nachträglichen Schutzvorkehrungen nach § 75 Abs. 2 S. 2 VwVfG.

1228 1 BvR 2722/06, NVwZ 2008, 780 (785), Rn. 85.

1229 Ferner BVerfG, 3. Kammer des Ersten Senats, Beschl. v. 29.07.2009, 1 BvR 1606/08, NVwZ 2009, 1494 (1496 f.), juris, Rn. 21 ff. – ebenfalls Verkehrsflughafen Berlin-Schönefeld.

### *c) Rechtsfolge – Erforderlichkeit bezüglich des „Wie" und des „Wann"*

Liegen die tatbestandlichen Voraussetzungen für die Anordnung von Schutzauflagen vor, so *hat* die Planfeststellungsbehörde dem Träger des Vorhabens nach § 74 Abs. 2 S. 2 VwVfG „Vorkehrungen" oder die „Errichtung und Unterhaltung von Anlagen" aufzuerlegen, die zur Vermeidung der nachteiligen Wirkungen „erforderlich" sind. Ein Ermessen kommt der Planfeststellungsbehörde hinsichtlich des „Ob" der Schutzmaßnahmen nicht zu; der Betroffene hat dementsprechend dem Grunde nach einen Anspruch auf Anordnung von Schutzmaßnahmen[1231] und die Planfeststellungsbehörde ist zugleich – mit diesem Anspruch korrespondierend – verpflichtet, Schutzmaßnahmen anzuordnen. Dementsprechend stellt sich die Frage, *welche* Schutzmaßnahmen im Einzelfall „erforderlich" sind (*zweite Stufe* der Erforderlichkeit).[1232] Da erhebliche Verkehrslärmimmissionen durch Abwägung nicht überwindbar sind, liegt nicht das „Ob", sondern lediglich das „Wie" der Schutzmaßnahmen im planerischen Ermessen.[1233] Denn – so das Bundesverwaltungsgericht[1234] – die Festlegung der „Art" einer nach § 17 Abs. 4 FStrG (a. F.) notwendigen Schutzmaßnahme obliege nicht anders als die übrigen Festsetzungen des Planfeststellungsbeschlusses „vorab der planerischen Gestaltungsfreiheit der Planfeststellungsbehörde". Das schließe „grundsätzlich die verwaltungsgerichtliche Verurteilung der Planfeststellungsbehörde zur Anordnung einer nach Art und Wirkungsweise bestimmten Schutzanlage aus". Etwas anderes könne nur dann gelten, wenn ausnahmsweise die Voraussetzungen gegeben sind, unter denen für Ermessensentscheidungen allgemein anzunehmen ist, dass wegen der besonderen Umstände des Einzelfalles das Ermessen der Behörde auf Null reduziert sei, also nicht nur die Notwendigkeit einer Schutzmaßnahme überhaupt feststehe, sondern nach Lage der Dinge auch deren Art und Wirkungsgrad derart vorgezeichnet seien, dass für eine plangestalterische (ermessensmäßige) Wahl zwischen mehreren Möglichkeiten kein Raum bleibe.

---

1230 Hess. VGH, Urt. v. 28.06.2005, 12 A 3/05, ESVGH 56, 58 L, juris, Rn. 58 und 12 A 8/05, ESVGH 56, 58 L = NVwZ 2006, 230 (234) – Flughafen Frankfurt/Main (A 380-Wartungshalle) zu § 9 Abs. 2 LuftVG; vgl. auch BVerwG, Beschl. v. 24.02.2004, 4 B 101.03, juris, Rn. 7 zur Abschnittsbildung.

1231 BVerwG, Urt. v. 11.11.1988, 4 C 11.87, NVwZ 1989, 255 (256); OVG RhPf., Urt. v. 15.12.1999, 8 C 13126/97, UPR 2000, 152, juris, Rn. 39.

1232 *Hoppe/Schlarmann/Buchner/Deutsch,* Rechtsschutz, Rn. 701.

1233 *Quaas,* NVwZ 1991, 16 (19) zum Fluglärm unter Hinweis auf BVerwG, Urt. v. 21.05.1976, IV C 38.74, BVerwGE 51, 6 = NJW 1976, 1765 L, Ls. 4, juris, Rn. 41 zu § 17 Abs. 4 FStrG a. F. – „Main-Neckar-Schnellweg".

1234 Urt. v. 21.05.1976, IV C 38.74, BVerwGE 51, 6 = NJW 1976, 1765 L, Ls. 4, juris, Rn. 41 zu § 17 Abs. 4 FStrG a. F. – „Main-Neckar-Schnellweg".

Die Begriffe „Vorkehrungen" und „Anlagen" sind *weit auszulegen* und erfassen nach der Regierungsbegründung[1235] alles, was „geeignet ist, die Auswirkungen des Vorhabens auf die Belange der Allgemeinheit oder Rechte Dritter aufzuheben oder zu vermindern" bzw. nach der Formulierung der Rechtsprechung das *„gesamte Spektrum der in Betracht kommenden sachdienlichen Maßnahmen"*[1236]. Darunter sind sowohl aktive als auch passive Schallschutzmaßnahmen zu verstehen.[1237]

*(Schutz-)Anlagen* sind *bauliche oder technische Anlagen.*[1238] Gemeint sind beschaffenheitsbezogene Vorkehrungen, für den Lärmschutz etwa Lärmschutzwälle[1239] und -wände[1240] (gegebenenfalls auch nach innen gebogene[1241]), Tunnel[1242], Einhausungen[1243], Gradientenabsenkungen, Tief- oder Troglagen[1244], Schutzpflanzungen[1245], Federsysteme[1246] sowie Maßnahmen zum Schutz vor Baustellenimmissionen[1247].[1248]

---

1235 BT-Drs. 7/910, S. 89.

1236 So BVerwG, Urt. v. 30.05.1984, 4 C 58.81, BVerwGE 69, 256 = NVwZ 1984, 718 (722 a.E.) m.w.N. und BVerwG, Urt. v. 29.01.1991, 4 C 51.89, BVerwGE 87, 332 = NVwZ-RR 1991, 601 (604) – jew. Verkehrsflughafen München II, beide zu betriebsregelnden Maßnahmen; ferner BVerwG, Beschl. v. 14.02.2002, 9 B 64.01, juris, Rn. 4 zu § 19 Abs. 1 Nr. 1 WaStrG a.F. (jetzt § 14b Nr. 6 WaStrG); OVG RhPf., Urt. v. 15.12.1999, 8 C 13126/97, UPR 2000, 152, juris, Rn. 39; *Kämper,* in: BeckOK-VwVfG, § 74 Rn. 97; vgl. auch *Geiger,* in: Ziekow, Fachplanungsrecht, Rn. 321; *Allesch/Häußler,* in: Obermayer, VwVfG, § 74 Rn. 92.

1237 *Ziekow,* VwVfG, § 74 Rn. 43; *Geiger,* in: Ziekow, Fachplanungsrecht, Rn. 321.

1238 *Hoppe/Schlarmann/Buchner/Deutsch,* Rechtsschutz, Rn. 712.

1239 Vgl. z.B. VG Schleswig, Urt. v. 17.03.2005, 12 A 153/02, juris.

1240 Vgl. z.B. VGH Bad.-Württ., Beschl. v. 02.02.2005, 5 S 2333/04, NVwZ-RR 2006, 136 – Eisenbahntrasse Stuttgart–Augsburg.

1241 *Jarass,* BImSchG, § 41 Rn. 46. Siehe aber auch zur Ablehnung von „gekröpften Schallschutzwänden" den Planfeststellungsbeschluss des Eisenbahn-Bundesamts vom 27.06.2007 für das Bauvorhaben POS Süd, Planfeststellungsabschnitt 1, Rheinbrücke Kehl mit Westkopf Bf. Kehl, Strecke 4260 Appenweier-Kehl, B. Ziff. 3.9.1.2 (S. 56 f.): Die durch die gekröpfte Ausbildung erzielbare Lärmminderung sei nur sehr gering, so dass eine gekröpfte Lärmschutzwand im Vergleich zu einer gleichwertigen geraden Wand nur geringfügig niedriger sei. Darüber hinaus seien abgeknickte Wände teurer in der Investition und weniger reparaturfreundlich. Nach der Richtlinie 800.2001 vom 01.01.2000 der Deutschen Bahn AG, die im Eisenbahnbau als anerkannte Regel der Technik (gemäß der Eisenbahnspezifischen Liste Technischer Baubestimmungen (ELTB) des Eisenbahn-Bundesamtes) Anwendung finde, sollten deshalb für Lärmschutzanlagen an Eisenbahnstrecken abgeknickte Wände nur dort eingerichtet werden, wo die damit erzielbare Erhöhung des Schutzeffekts oder die Verringerung der Wandhöhe von ausschlaggebender Bedeutung sei. Eine Anordnung gekröpfter Schallschutzwände könne daher höchstens in besonderen städtebaulichen Situationen in Betracht kommen.

1242 *Jarass,* BImSchG, § 41 Rn. 46.

1243 Oberirdische schalldämpfende Ummantelungen.

*(Schutz-)Vorkehrungen* sind alle sonstigen Maßnahmen zum Schutz vor Beeinträchtigungen Dritter. Fraglich ist, ob darunter auch Maßnahmen fallen, die den späteren Betrieb der Verkehrsanlage betreffen, ihn insbesondere einschränken, um so das erforderliche Schutzniveau zu halten (*betriebsregelnde Maßnahmen*).

Im Zusammenhang mit der *luftverkehrsrechtlichen Planfeststellung* hat das Bundesverwaltungsgericht in seinem zum Verkehrsflughafen München II ergangenen Urteil vom 30. Mai 1984[1249] entschieden, betriebsregelnde Maßnahmen würden von § 9 Abs. 2 LuftVG und § 74 Abs. 2 VwVfG umfasst, obwohl dort nur von „Anlagen" oder „Vorkehrungen" als Gegenstand von Schutzmaßnahmen die Rede sei. Denn diese weit auszulegenden Begriffe erfassten das gesamte Spektrum der in Betracht kommenden sachdienlichen Maßnahmen. Im Berlin-Schönefeld-Urteil vom 16. März 2006[1250] hat das Bundesverwaltungsgericht dazu allerdings ausgeführt, § 9 Abs. 2 LuftVG weise die Besonderheit auf, dass sie – anders als § 74 Abs. 2 S. 2 VwVfG – *nicht* das gesamte Spektrum von Auflagen abdeckt,

---

1244 Vgl. z.B. BVerwG, Urt. v. 23.11.2001, 4 A 46.99, LKV 2002, 275 f. – A 113; *Jarass,* BImSchG, § 41 Rn. 46.

1245 Vgl. z.B. BVerwG, Urt. v. 18.06.2003, 4 A 70.01, NVwZ 2004, 100 (101).

1246 Vgl. z.B. VGH Bad.-Württ., Urt. v. 08.02.2007, 5 S 2224/05, ESVGH 57, 148 = ZUR 2007, 422 (insoweit nicht abgedruckt), juris, Rn. 116 ff. – Eisenbahnprojekt „Stuttgart 21": zum Schutz vor betriebsbedingten Erschütterungen; VGH Bad.-Württ., Urt. v. 11.02.2004, 5 S 387/03, juris, Ls. 4, Rn. 91 ff. – Eisenbahntrasse Karlsruhe–Basel, wonach es nicht zu beanstanden ist, wenn die Art des angeordneten Erschütterungsschutzes (leichtes, mittleres oder schweres Masse-Feder-System) von nach Fertigstellung des Tunnelrohbaus durchzuführenden Simulationsmessungen abhängig gemacht werde; zu Masse-Feder-Systemen ausführlich *Krüger* u.a., Schall- und Erschütterungsschutz, S. 221 ff. unter Hinweis darauf, dass die beste Erschütterungsisolierung mit einem solchen System erzielt wird.

1247 Dazu oben B.I.7.a).

1248 Siehe bereits oben B.I.6.a).

1249 4 C 58.81, BVerwGE 69, 256 = NVwZ 1984, 718 (722 a.E.); ferner BVerwG, Urt. v. 05.12.1986, 4 C 13.85, BVerwGE 75, 214 = NVwZ 1987, 578 (insoweit nicht abgedruckt), Ls. 12, juris, Rn. 174 u. BVerwG, Urt. v. 29.01.1991, 4 C 51.89, BVerwGE 87, 332 = NVwZ-RR 1991, 601 (604) – beide ebenfalls Verkehrsflughafen München II: Selbst wenn auch betriebsregelnde Maßnahmen generell als „Vorkehrungen" im Sinne von § 9 Abs. 2 LuftVG in Verbindung mit § 74 Abs. 2 S. 2 VwVfG zu bewerten seien, so dürften sie dem Flughafenunternehmer nur insoweit auferlegt werden, wie er zu deren Umsetzung rechtlich in der Lage sei; BVerwG, Urt. v. 16.03.2006, 4 A 1075.04, BVerwGE 125, 116 = NVwZ 2006, Beilage zu Heft Nr. 8, S. 19 f., Rn. 240 u. 253 – Verkehrsflughafen Berlin-Schönefeld.

1250 4 A 1075.04, BVerwGE 125, 116 = NVwZ 2006, Beilage zu Heft Nr. 8, S. 20 ff., Rn. 246 ff. (253), 255 ff. unter Hinweis auf BVerwG, Urt. v. 29.01.1991, 4 C 51.89, BVerwGE 87, 332 = NVwZ-RR 1991, 601 (604) – Verkehrsflughafen München II.

die zum Schutz vor unzumutbarem Fluglärm in Betracht kämen. Dem Vorhabenträger ließen sich auf der Grundlage des § 9 Abs. 2 LuftVG „nur solche Schutzmaßnahmen aufgeben, die von ihm gegenüber den Flughafenbenutzern in rechtlich zulässiger Weise durchgesetzt werden können". „Einschränkungen des Flugbetriebs" zählten hierzu „nicht ohne Weiteres". Dass sie gleichwohl zulässig seien und den Gegenstand von Auflagen bilden könnten, sei „nicht aus § 9 Abs. 2 LuftVG abzuleiten, sondern eine Folge der nach § 8 Abs. 1 LuftVG gebotenen Problembewältigung"[1251], die „ausweislich des § 8 Abs. 4 S. 1 LuftVG auch betriebliche Regelungen einschließen kann".[1252] Zu den Betriebsregelungen im Luftverkehrsrecht gehören etwa zeitliche Beschränkungen (z.B. Nachtflugverbote[1253]), Beschränkungen nach Verkehrsarten (Passagier-/Fracht-/Nachtluftpostverkehr), Beschränkungen der eingesetzten Geräte (lärmzertifizierte Flugzeugmuster) und Beschränkungen der Betriebsabläufe (z.B. Verbot von Triebwerksprobeläufen).[1254]

Betriebsregelnde Maßnahmen können nach der Rechtsprechung und der überwiegenden Literatur auch in der *straßenrechtlichen Planfeststellung* angeordnet werden (z.B. Geschwindigkeitsbeschränkungen durch Verkehrszeichen).[1255] Da die Planfeststellungsbehörde verkehrsregelnde Anordnungen

---

1251 § 8 Abs. 1 S. 2 LuftVG bestimmt, dass bei der Planfeststellung die von dem Vorhaben berührten öffentlichen und privaten Belange einschließlich der Umweltverträglichkeit im Rahmen der Abwägung zu berücksichtigen sind.

1252 Das Bundesverfassungsgericht entnimmt darüber hinaus auch den Vorschriften der §§ 29 und 29b LuftVG, des § 32 Abs. 1 Nr. 15 LuftVG und des § 38 BImSchG eine Grundlage für die Anordnung von Maßnahmen für den Betrieb von Flughäfen und den Luftverkehr, siehe BVerfG, Beschl. v. 14.01.1981, 1 BvR 612/72, BVerfGE 56, 54 = NJW 1981, 1655 (1659) – Fluglärm, Düsseldorf-Lohausen; zu Regelungen des Flugbetriebs auch *Michler,* Verkehrsimmissionsschutz, S. 121 ff.; siehe auch *Wickel,* in: Hk-VerwR/VwVfG, § 74 Rn. 48 m.w.N. (zu § 74 Abs. 2 S. 2 VwVfG), unter Hinweis darauf, dass das Bundesverwaltungsgericht vor allem im Kontext der Flughafenplanung anerkannt habe, dass zu den zu ergreifenden Vorkehrungen auch betriebsregelnde Maßnahmen gehören könnten; zur Zulässigkeit von Betriebsbeschränkungen bei der Kapazitätserweiterung von Flughäfen *v. Feldmann/Groth,* NVwZ 2004, 1173 ff. (bejahend).

1253 Dazu eingehend BVerwG, Urt. v. 16.03.2006, 4 A 1075.04, BVerwGE 125, 116 = NVwZ 2006, Beilage zu Heft Nr. 8, S. 20 ff., Rn. 246 ff., 253 u. 255 ff. – Verkehrsflughafen Berlin-Schönefeld, wonach der Verzicht auf eine Beschränkung der nächtlichen Flugbewegungen durch entsprechende Betriebsregelungen mit dem Abwägungsgebot (§ 8 Abs. 1 S. 2 LuftVG) nicht vereinbar sei (Rn. 267); BVerwG, Urt. v. 20.04.2005, 4 C 18.03, BVerwGE 123, 261 = NVwZ 2005, 933 – Flughafen München, zur luftverkehrsrechtlichen Genehmigung nach §§ 6, 8 LuftVG; ferner *Kukk,* NVwZ 2002, 307 ff.

1254 *Sparwasser/Rombach,* NVwZ 2007, 1135 (1139).

1255 BVerwG, Beschl. v. 07.07.2000, 4 B 94.99, juris, Rn. 17; *Jarass,* BImSchG, § 41 Rn. 47; *Storost,* in: Ule/Laubinger, BImSchG, § 41 C 25 m.w.N.; *Hoppe/*

im Planfeststellungsbeschluss aufgrund dessen Konzentrationswirkung (§ 75 Abs. 1 S. 1 Halbs. 2 VwVfG) selbst treffen kann, steht ihrer Anordnung im Planfeststellungsbeschluss durch die Planfeststellungsbehörde die Zuständigkeit der Straßenverkehrsbehörde für (isolierte) verkehrsregelnde Maßnahmen nach § 45 StVO nicht entgegen[1256].

Fraglich ist, ob betriebsregelnde Maßnahmen (z.B. Geschwindigkeitsbeschränkungen, zeitliche Beschränkungen der Streckenauslastung, insbesondere während der Nachtzeit) auch in der *eisenbahnrechtlichen Planfeststellung* angeordnet werden können. Teile des rechtswissenschaftlichen Schrifttums sind der Auffassung, die Zulässigkeit betriebsregelnder Maßnahmen hänge davon ab, ob nach dem einschlägigen Fachplanungsrecht auch der *Betrieb* der Anlage Gegenstand der Planfeststellung sei oder zumindest sein könne.[1257] Diese Auffassung muss die Zulässigkeit betriebsregelnder Maßnahmen in eisenbahnrechtlichen Planfeststellungsbeschlüssen ablehnen, weil Gegenstand dieser Planfeststellung nur der „Bau“ und die „Änderung“ von Betriebsanlagen der Eisenbahn ist (§ 18 S. 1 AEG), nicht aber deren Betrieb (vgl. für Bundesfernstraßen § 17 S. 1 FStrG i.V.m. § 1 Abs. 4 Nr. 3 FStrG[1258]).[1259] In diesem Sinne hat das Eisenbahn-Bundesamt

---

*Schlarmann/Buchner/Deutsch,* Rechtsschutz, Rn. 713; *Klinger,* UPR 2003, 342 ff. jew. m.w.N. auch zur Gegenauffassung.

1256 Vgl. BVerwG, Beschl. v. 07.07.2000, 4 B 94.99, juris, Rn. 17; *Hoppe/Schlarmann/Buchner/Deutsch,* Rechtsschutz, Rn. 713 m.w.N.; *Jarass,* Verkehrsimmissionsschutz, S. 246; *Klinger,* UPR 2003, 342 (345); *Michler,* Verkehrsimmissionsschutz, S. 119 f. mit dem zutreffenden Hinweis darauf, dass die Planfeststellungsbehörde aber an die materiell-rechtlichen Vorgaben des Straßenverkehrsrechts gebunden ist, denn die Konzentrationswirkung nach § 75 Abs. 1 VwVfG bewirke nur eine Zuständigkeits- und Verfahrenskonzentration, nicht aber eine Freistellung von den materiell-rechtlichen Vorgaben anderer Gesetze. Geschwindigkeitsbeschränkungen dürften deshalb nur dann angeordnet werden, wenn dadurch die Sicherheit und Leichtigkeit des Verkehrs nicht beeinträchtigt würden. – Die Zulassung des Vorhabens kann im Übrigen auch von der Bedingung abhängig gemacht werden, dass eine andere Behörde, etwa die Straßenverkehrsbehörde, entsprechende Maßnahmen zusagt, *Jarass,* BImSchG, § 41 Rn. 47 a.E.; *ders.*, UPR 1998, 415 (419).

1257 *Blümel,* VerwArch. 1992, 146 ff. u. 163 f.; *Bonk/Neumann,* in: Stelkens/Bonk/Sachs, VwVfG, § 74 Rn. 169 a.E.; *Michler,* VBlBW 1998, 201 (209); *Steenhoff,* DVBl. 1996, 1236 (1241); im Erg. ebenso *Hofmann,* Verkehrslärmschutz, S. 193. – Der Betrieb kann etwa Gegenstand der atomrechtlichen Planfeststellung (vgl. § 9b Abs. 1 S. 1 AtG), der abfallrechtlichen Planfeststellung (siehe § 31 Abs. 2 S. 1 KrW-/AbfG) und der energiewirtschaftsrechtlichen Planfeststellung (vgl. § 43 S. 1 EnWG) sein. – *Jannasch,* VBlBW 2008, 361 (365) weist darüber hinaus auf einen Unterschied zu Straßen und Eisenbahnen hin, wonach der Lärmbelastung des Luftverkehrs kaum mit aktiven Maßnahmen wie Schallschutzwällen und -wänden begegnet werden könne, dafür aber Betriebsregelungen in Betracht kämen.

1258 Danach gehört zu den Straßen auch das Zubehör, wozu ausdrücklich auch Verkehrszeichen zählen; auf diese Vorschrift beziehen sich *Klinger,* UPR 2003, 342 (343) u. *Blümel,* VerwArch. 1992, 146 (163).

im Planfeststellungsbeschluss vom 27. Juni 2007 zur Herstellung der Schnellbahnverbindung Paris-Ostfrankreich-Südwestdeutschland (POS) für das Bauvorhaben Appenweier-Kehl (POS Süd)[1260] die Festschreibung eines detaillierten Betriebsprogramms im Planfeststellungsbeschluss für rechtlich unzulässig gehalten, weil sowohl § 18 AEG als auch § 74 Abs. 2 S. 2 VwVfG keine Ermächtigung hierfür enthielten. Zulässiger Gegenstand der Planfeststellung sei der Bau und die Änderung von Betriebsanlagen der Eisenbahn. Nicht zum zulässigen Gegenstand gehörten Betriebsregelungen (z. B. Zugfrequenzen oder -geschwindigkeiten), weil die eisenbahnrechtliche Planfeststellung eine „Bauplanfeststellung" sei. Zudem spreche § 4 AEG vom Bau und Betrieb[1261], während der Betrieb in § 18 AEG nicht erwähnt sei.[1262] Dieser Auffassung dürfte auch der Bayerische Verwaltungsgerichtshof in seinem Urteil vom 15. Januar 2001[1263] zuneigen: Ob Geschwindigkeitsbeschränkungen überhaupt Inhalt der Planfeststellung sein können, sei bisher in der Rechtsprechung nicht geklärt. § 18 Abs. 1 S. 1 AEG sehe „nur für den Bau und die wesentliche Änderung von Schienenwegen" eine Planfeststellung vor, „nicht jedoch für deren Betrieb". Aus dem Bundes-Immissionsschutzgesetz könne nichts Weitergehendes gefolgert werden. § 2 Abs. 1 Nr. 4 BImSchG beschränke die Vorschriften des Gesetzes auf den

---

1259 Vgl. *Blümel,* VerwArch. 1992, 146 (160 u. 162 f.) zur Planfeststellung nach § 36 BbG (a. F.) m. w. N. auch zur Gegenauffassung in Fn. 137; ihm folgend *Steenhoff,* DVBl. 1996, 1236 (1241).

1260 Planfeststellungsabschnitt 1, Rheinbrücke Kehl mit Westkopf Bf. Kehl, Strecke 4260.

1261 Siehe ferner § 26 Abs. 1 S. 1 Nr. 1 lit. a) AEG, wonach das Bundesministerium für Verkehr, Bau und Stadtentwicklung ermächtigt wird, mit Zustimmung des Bundesrates zur Gewährleistung der Sicherheit und der Ordnung im Eisenbahnwesen, des Umweltschutzes oder zum Schutz von Leben und Gesundheit der Arbeitnehmer für öffentliche Eisenbahnen Rechtsverordnungen zu erlassen über die Anforderungen an „Bau, Instandhaltung, Ausrüstung, Betrieb und Verkehr" der Eisenbahnen nach den Erfordernissen der Sicherheit, nach den neusten Erkenntnissen der Technik oder nach internationalen Abmachungen, vgl. auch *Kloepfer,* Umweltrecht, § 14 Rn. 304, nach dem eine intensivere Normierung der Umweltschutzanforderungen an den Schienenverkehr, insbesondere durch Rechtsverordnung, wofür sowohl § 26 Abs. 1 Nr. 1 lit. a) AEG als auch § 43 BImSchG eine Grundlage böten, wünschenswert wäre. – § 40 EBO (oben Fn. 241) enthält Regelungen zur zulässigen Geschwindigkeit von Zügen. Danach ist die zulässige Geschwindigkeit neben der Bauart der einzelnen Fahrzeuge, der Art und Länge der Züge sowie den Bremsverhältnissen unter anderem auch abhängig von den Streckenverhältnissen und den betrieblichen Verhältnissen; dazu *Wittenberg/Heinrichs/Mittmann/Mallikat,* EBO, § 40 Rn. 11 ff.

1262 Siehe B. Ziff. 3.9.1.1 (S. 46 f.); ebenso das Eisenbahn-Bundesamt sowie die Deutsche Bahn AG im Verfahren 7 VR 10.94 (vgl. BVerwG, Beschl. v. 13.10.1994, NVwZ 1995, 379 (insoweit nicht abgedruckt), juris, Rn. 16 u. 19 – Eisenbahntrasse Drewitz–Berlin/Charlottenburg).

1263 20 A 99.40024, BImSchG-Rspr. § 41 Nr. 65, juris, Rn. 109 ff.

Bau von Eisenbahnen nach Maßgabe der §§ 41 ff. BImSchG. Zwar lasse der Wortlaut der §§ 41 ff. BImSchG Interpretationen zu, wonach auch Betriebsbeschränkungen als Schutzmaßnahmen in Frage kommen könnten, jedoch enthalte § 41 BImSchG keine erkennbare Ausdehnung des möglichen Gegenstands der Planfeststellung. Auch § 45 Abs. 1b Nr. 5 StVO, der aus Lärmschutzgründen entsprechende Beschränkungen für den Straßenverkehr ermögliche, lasse den Umkehrschluss zu, dass „mangels einer vergleichbaren Bestimmung nicht das gleiche für den Eisenbahnverkehr gilt“.[1264] Demgegenüber hat das Niedersächsische Oberverwaltungsgericht in seinem unter anderem zur S-Bahn Hannover-Celle ergangenen Urteil vom 21. Oktober 1998[1265] unter Bezugnahme auf das Verkehrsflughafen München II-Urteil des Bundesverwaltungsgerichts vom 5. Dezember 1986[1266] angenommen, dass „verkehrslenkende Maßnahmen durchaus Gegenstand eines Planfeststellungsbeschlusses sein können“, wenn dem nicht Hindernisse in Gestalt unterschiedlicher Zuständigkeiten entgegenstehen, was hier nicht der Fall sei. In diese Richtung deuten auch die Ausführungen des Oberverwaltungsgerichts Bremen in seinem Urteil vom 19. Januar 1993 zur Eisenbahntrasse Hannover–Bremerhaven[1267]. Das Gericht bemerkte, auf welche Weise der Betreiber der öffentlichen Einrichtung die Lärmminderung erreiche, obliege grundsätzlich seiner Entscheidung. In Betracht kämen „sowohl betriebliche als auch bauliche Vorkehrungen“. Das Bundesverwaltungsgericht hat die Beschwerde gegen die Nichtzulassung der Revision durch das Oberverwaltungsgericht mit Beschluss vom 27. Dezember 1993[1268] verworfen und zur Begründung unter anderem ausgeführt, „ob Geschwindigkeitsbegrenzungen als Lärmminderungsmaßnahmen bei der Bahn aus Konkurrenzgründen[1269] grundsätzlich nicht in Betracht kommen können“, sei eine Tat- und keine Rechtsfrage, die somit keine Zulassung der Revision wegen Rechtsgrundsätzlichkeit rechtfertige. Das Bundesverfassungsgericht hat die gegen diese Entscheidung erhobene Verfassungsbeschwerde mit Beschluss vom 15. August 1994[1270] nicht zur Entscheidung angenommen. Schließlich hat das Bundesverwaltungsgericht – ohne allerdings auf die Fragestellung einzugehen – seinem Urteil vom 27. Oktober 1999[1271] eine Ne-

[1264] Der Bayerische Verwaltungsgerichtshof hat diese Frage letztlich offen gelassen, da eine solche Regelung (Geschwindigkeitsbeschränkung), selbst wenn sie zulässig sei, nicht beansprucht werden könne (dazu nachfolgend).

[1265] 7 K 3659/96, juris, Rn. 30.

[1266] Oben Fn. 1249.

[1267] 1 BA 11/92, NVwZ-RR 1993, 468 (472).

[1268] 7 B 121.93, UPR 1994, 261, juris, Rn. 12.

[1269] Anm.: insbesondere gegenüber dem Straßenverkehr.

[1270] 1 BvR 389/94, n. v., wiedergegeben nach juris.

[1271] 11 A 1.99, juris, Rn. 7 u. 20 a. E. – Eisenbahntrasse Uelzen–Stendal.

benbestimmung zum Planfeststellungsbeschluss zugrunde gelegt, durch die der Deutschen Bahn AG für den Fall der Inbetriebnahme der Strecke aufgegeben worden war, „durch betriebliche Maßnahmen die Einhaltung der Immissionsgrenzwerte der 16. BImSchV sicherzustellen“. Die Nebenbestimmung verpflichtete die Deutsche Bahn AG unter anderem dazu, vor Realisierung von etwaigen anzuordnenden bauliche Lärmschutzmaßnahmen lediglich einen „eingeschränkten Betrieb“ aufzunehmen, bei dem durch Maßnahmen, wie etwa der „Einrichtung von Langsamfahrstellen im Bereich von Wohnbebauungen oder ähnlichem“, sichergestellt ist, dass die Grenzwerte der 16. BImSchV eingehalten werden.[1272]

Richtigerweise sind Betriebsregelungen auch in der eisenbahnrechtlichen Planfeststellung nicht von vornherein ausgeschlossen. Aus § 18 S. 1 AEG ergibt sich nichts anderes. Die Vorschrift bestimmt, dass Betriebsanlagen einer Eisenbahn nur nach vorheriger Planfeststellung gebaut oder geändert werden dürfen. Sie ordnet damit die Planfeststellungspflicht für den Bau und die Änderung von Eisenbahnbetriebsanlagen an und umschreibt damit, was originärer „Gegenstand“ der eisenbahnrechtlichen Planfeststellungspflicht sein kann. Dass Gegenstand der Planfeststellung danach nur der Bau und die Änderung von Eisenbahnbetriebsanlagen, nicht aber auch der Betrieb sein kann[1273], besagt jedoch nichts darüber, welche Regelungen der Planfeststellungsbeschluss aus *Anlass* eines planfeststellungsbedürftigen Baus oder einer planfeststellungsbedürftigen Änderung zur Bewältigung der durch das planfeststellungsbedürftige Vorhaben aufgeworfenen Probleme

[1272] Siehe auch BVerwG, Urt. v. 01.10.1997, 11 A 10.96, UPR 1998, 147, juris, Rn. 68 sowie 17, 44 u. 53 f. – Eisenbahntrasse Hamburg–Büchen–Berlin zur Festsetzung der zugelassenen maximalen Streckengeschwindigkeit auf 160 km/h im Planfeststellungsbeschluss; auf das Problem lediglich hinweisend OVG RhPf., Urt. v. 15.12.1999, 8 C 13126/97, UPR 2000, 152, juris, Rn. 44.

[1273] Siehe auch BT-Drs. 12/4609, S. 100 (re. Sp., zu § 15 Abs. 1). – Im Planfeststellungsbeschluss vom 30.04.2008 für das Projekt Stuttgart 21, Planfeststellungsabschnitt 1.4, Filderbereich bis Wendlingen, bezeichnete das Eisenbahn-Bundesamt im Tenor unter Ziff. II. (S. 4) als „*Gegenstand der Planfeststellung*“ jedoch den „Neubau einer weitestgehend oberirdischen zweigleisigen, elektrifizierten Eisenbahnstrecke von km ... bis ... der Strecke ... von Stuttgart nach Augsburg mit der Oberbauform Feste Fahrbahn, einer *max. Geschwindigkeit von 250 km/h* und einer max. Neigung von 26,555 einschließlich der für den Bahnbetrieb notwendigen Anlagen“ (Herv. d. Verf.). In der Begründung verwies das Eisenbahn-Bundesamt – da das Projekt Stuttgart 21 Bestandteil des Transeuropäischen Hochgeschwindigkeitsbahnsystems ist – unter anderem auf die Vorgaben der Richtlinie 96/48/EG (oben Fn. 857) sowie der darauf aufbauenden technischen Spezifikationen zur Interoperabilität (TSI) [dazu oben B.I.3.d)], insbesondere auf die „TSI Infrastruktur“ (vgl. die Entscheidung 2008/217/EG der Kommission vom 20.12.2007 über die TSI des Teilsystems „Infrastruktur“, ABl. EU Nr. L 77/1 vom 19.03.2008), B Ziff. III. 1.2 (S. 84 f.) (zur Planrechtfertigung) u. Ziff. III. 4.9.3.2 (S. 217) (zur öffentlichen Sicherheit), ferner Ziff. 4.3.1 (S. 148) (zur Verkehrsprognose).

treffen darf. Die Auffassung in der Literatur, wonach der Inhalt der Schutzauflagenvorschriften insoweit „akzessorisch“ ist, als er nicht weiter reichen kann als der Gegenstand der Planfeststellung selbst[1274], verkennt die Unterscheidung zwischen dem die Planfeststellungspflicht auslösenden Vorhaben, welches den Gegenstand der Planfeststellung bildet, und der Bewältigung der durch dieses aufgeworfenen Probleme. Sie widerspricht damit zugleich dem Konfliktbewältigungsgebot[1275]. Eine „Akzessorietät“ der Schutzauflagen mit der Planfeststellung besteht nur insoweit, als diese der Bewältigung der durch das planfeststellungspflichtige Vorhaben aufgeworfenen Probleme dienen müssen. Nur insoweit muss eine Verknüpfung zwischen dem Gegenstand der Planfeststellung und den Anordnungen des Planfeststellungsbeschlusses gegeben sein. Eine Auflage, die nicht der Bewältigung der durch das Vorhaben aufgeworfenen Probleme dient, wäre nicht erforderlich und damit rechtswidrig und könnte von dem Vorhabenträger oder dem sonst von ihr Betroffenen angefochten werden.[1276] Auch sonst wird die Zulässigkeit von (Schutz-)Auflagen in Planfeststellungsbeschlüssen nicht davon abhängig gemacht, ob ihr Inhalt auch Gegenstand der Planfeststellung im Sinne einer Planfeststellungspflicht sein kann. Löst ein Infrastrukturvorhaben beispielsweise einen naturschutzrechtlichen Ausgleichsbedarf aus, so sind die entsprechenden Ausgleichsmaßnahmen im Planfeststellungsbeschluss anzuordnen, auch wenn die Ausgleichsmaßnahmen nicht selbst Gegenstand der Planfeststellung sind und sein können. Entscheidend für den Umfang der zulässigen Anordnungen in einem Planfeststellungsbeschluss ist daher nicht der Gegenstand der Planfeststellung, sondern die durch den Gegenstand der Planfeststellung aufgeworfenen Probleme.

Auch § 41 BImSchG steht der Anordnung betriebsregelnder Maßnahmen nicht entgegen.[1277] Etwas anderes ergibt sich zunächst nicht daraus, dass die Vorschrift – wie § 18 S. 1 AEG – nur auf den „Bau“ und die (wesentliche) „Änderung“ abstellt.[1278] Diese Formulierung bedeutet – worauf *Jarass*[1279] zutreffend hinweist – nur, dass § 41 BImSchG keine Dauerver-

---

1274 So *Blümel*, VerwArch. 1992, 146 (158) m. w. N. auch zur Gegenauffassung.

1275 Oben einleitend Teil 2.

1276 Im Einzelnen unten Teil 3.

1277 Ebenso *Jarass*, BImSchG, § 41 Rn. 47; *ders.*, UPR 1998, 415 (419); *Bracher*, in: LR, § 41 BImSchG Rn. 62; *Storost*, in: Ule/Laubinger, BImSchG, § 41 C 25; *Reese*, in: BeckOK-UmwR, § 41 BImSchG Rn. 1; *Klinger*, UPR 2003, 342 (344 f.); *Michler*, Verkehrsimmissionsschutz, S. 119 f.; in diese Richtung auch BayVGH, Urt. v. 15.01.2001, 20 A 99.40024, BImSchG-Rspr. § 41 Nr. 65, juris, Rn. 109; a. A. *Czajka*, in: Feldhaus, BImSchG, § 41 Rn. 64; *Schulze-Fielitz*, in: GK-BImSchG, § 41 Rn. 64; *Hofmann*, Verkehrslärmschutz, S. 193.

1278 A. A. *Schulze-Fielitz*, in: GK-BImSchG, § 41 Rn. 64.

1279 BImSchG, § 41 Rn. 47; *ders.*, UPR 1998, 415 (419); *ders.*, DVBl. 1995, 589 (591 f.).

pflichtung enthält, die auch während des Betriebs eingehalten werden muss; für die an den Bau bzw. an die Änderung anknüpfende *Rechtsfolgenseite* enthält sie keine Aussage, zumal die Baupflichten ohne Berücksichtigung des Betriebs nicht bestimmt werden können, d.h. – so *Klinger*[1280] – der Bau eines Verkehrswegs nicht losgelöst von seinem Betrieb geplant werden kann. Zudem sind die Vorgaben des § 41 BImSchG – so *Jarass* zutreffend – „bei" dem Bau oder der wesentlichen Änderung, nicht aber „durch" Bau- oder Änderungsmaßnahmen zu gewährleisten. Schließlich ist Zweck der Merkmale des „Baus" und der „Änderung" – wie bei § 18 S. 1 AEG – lediglich die Beschreibung des *Anlasses,* bei dem Lärmschutz nach den §§ 41 ff. BImSchG zu gewähren ist[1281], nicht aber eine Einschränkung der zulässigen Lärmschutzmaßnahmen.[1282] Auch aus der Bezugnahme des § 41 BImSchG auf den „Stand der Technik" folgt nicht die Unzulässigkeit betriebsregelnder Maßnahmen.[1283] Der Stand der Technik erfasst nach § 3 Abs. 6 BImSchG und dem zugehörigen Anhang (insbesondere Nr. 4) nicht allein bauliche Maßnahmen, sondern auch „Verfahren" und „Betriebsweisen".[1284] Auch der Innenausschuss, auf dessen Antrag die Definition des Standes der Technik in das Bundes-Immissionsschutzgesetz aufgenommen worden ist (§ 3 Abs. 5a BImSchG-E)[1285], spricht in seiner Begründung[1286] unter anderem von „Verfahren und Einrichtungen zur Emissionsbegrenzung". Im Ergebnis ist daher festzuhalten, dass betriebsregelnde Maßnahmen in der eisenbahnrechtlichen Planfeststellung weder durch § 18 S. 1 AEG noch durch § 41 BImSchG ausgeschlossen sind.

Solche Anordnungen werden – jedenfalls aus Sicht des Konfliktbewältigungsgebots – vielmehr sogar besonders nahe liegen, wenn sie – weil dann besonders effektiv – unmittelbar den *Zweck* des Vorhabens betreffen. Gegenstand der eisenbahnrechtlichen Planfeststellung ist der Bau und die Än-

---

1280 UPR 2003, 342 (346).

1281 Siehe bereits oben B.I.4.c)aa)(1) u. B.I.7.b)dd).

1282 Aus dem gleichen Grund überzeugt das aus der 16. BImSchV abgeleitete Argument nicht, nach § 1 beziehe sich die wesentliche Änderung allein auf bauliche Eingriffe, so aber *Blümel,* VerwArch. 1992, 146 (162 f.). Im Übrigen stellt auch die 16. BImSchV auf die Geschwindigkeit als einen maßgeblichen Faktor für die Berechnung des Beurteilungspegels ab (vgl. den Korrekturfaktor $D_{l,v}$), dazu oben B.I.3.c)aa).

1283 A.A. *Czajka,* in: Feldhaus, BImSchG, § 41 Rn. 64; ebenso *Schulze-Fielitz,* in: GK-BImSchG, § 41 Rn. 64 m.w.N. auch zur Gegenauffassung: § 41 BImSchG erfasse nach dem Wortlaut („bei dem Bau"; Maßnahmen „nach dem Stand der Technik") sowie nach seinem Sinn und Zweck auch auf der Rechtsfolgenseite nur *bauliche* Maßnahmen; siehe bereits oben Fn. 357.

1284 Dazu bereits oben B.I.6.c).

1285 BT-Drs. 7/1508, S. 4.

1286 BT-Drs. 7/1513, S. 2 (re. Sp.).

derung von „Betriebsanlagen einer Eisenbahn", also ein Vorhaben, das seinem Zweck nach auf die Erbringung von Eisenbahnverkehrsleistungen und damit auf die – möglichst rasche – Beförderung von Personen oder Gütern auf der planfestgestellten Eisenbahninfrastruktur gerichtet ist (§ 2 Abs. 1 u. 2 AEG). Es liegt auf der Hand, dass betriebliche Beschränkungen ein besonders effektives Mittel zur Bewältigung der mit der Verwirklichung dieses Zwecks aufgeworfenen Probleme, insbesondere der durch den Fortbewegungsvorgang entstehenden Geräuschimmissionen darstellen.

Aus diesem Zweckbezug ergeben sich jedoch zugleich die rechtlichen Grenzen betriebsregelnder Maßnahmen. Zwar wird zum Teil darauf hingewiesen, dass es ohne die Möglichkeit der Anordnung betriebsregelnder Maßnahmen im Planfeststellungsbeschluss an einer Eingriffsermächtigung fehle, um den Bahnbetrieb zu regulieren.[1287] Die Grenzen betrieblicher „Autonomie" der Bahn würden andernfalls nur durch mögliche Ansprüche auf Lärmsanierung bestimmt, die nur in sehr engen Grenzen bestünden.[1288] Demgegenüber hat das Oberverwaltungsgericht Bremen in seinem Urteil vom 19. Januar 1993 für den zu entscheidenden Fall zutreffend darauf hingewiesen, „betriebliche Vorkehrungen" würden „zu einer Beeinträchtigung der Funktion des Schienenweges führen". Eine Herabsetzung der Zuggeschwindigkeiten würde, auch wenn sie nur für die Nachtstunden angeordnet werden würde, die Funktion des Schienenwegs beeinträchtigen. Zwar ließe sich hierdurch eine Minderung des Immissionspegels erzielen. Eine Herabsetzung der Geschwindigkeit hätte erhebliche negative Auswirkungen auf den Schienenverkehr: „Der Schienenverkehr, an dessen wirtschaftlichem Betrieb ein öffentliches Interesse besteht, befindet sich in *Konkurrenz zu anderen Verkehrsmitteln*. Ein wesentlicher Faktor in dieser Konkurrenz ist *Schnelligkeit*. Die Schnelligkeit wäre, würden aus Gründen des Anliegerschutzes Geschwindigkeitsbeschränkungen zugelassen, gravierend beeinträchtigt".[1289] Von „zentraler Bedeutung" sei, dass der Fall des Klägers nicht isoliert gesehen werden darf. Würde eine Geschwindigkeitsbeschränkung im Falle des Klägers als geeignetes Mittel zur Lärmminderung anerkannt, käme man nicht umhin, in zahlreichen anderen Fällen ebenfalls die Zuggeschwindigkeit aus Gründen des Anliegerschutzes zu reduzieren. Dies würde „die Systemleistung und die Wirtschaftlichkeit des Schienenverkehrs ernsthaft in Frage stellen und wäre zudem unter dem Blickpunkt des Immissionsschutzes sinnwidrig, weil weiterer Verkehr auf die Straße abgedrängt werden und damit größere Umweltbelastungen verursachen würde".

---

[1287] Vgl. *Koch,* NVwZ 2000, 490 (497); *ders.*, Verkehrsumweltrecht, S. 911.

[1288] Vgl. *Koch,* NVwZ 2000, 490 (501); krit. ebenso SRU 1999, BT-Drs. 15/3600, S. 334 (Ziff. 660) (oben Fn. 876).

[1289] Herv. d. Verf.

Wegen Beeinträchtigung der Funktionsfähigkeit des Schienenwegs scheide ebenfalls eine Verringerung der Anzahl der nachts verkehrenden Züge aus.[1290] Auch der Bayerische Verwaltungsgerichtshof hat in seinem Urteil vom 15. Januar 2001 – unter Hinweis auf seine Entscheidung vom 21. Februar 1995[1291] – ausgeführt, Betriebsbeschränkungen könnten – wenn sie überhaupt zulässig seien – jedenfalls nicht beansprucht werden. Die Regelung hätte nämlich „schwerwiegende Nachteile". Sie würde die „Funktion des Schienenwegs insgesamt beeinträchtigen". Der Schienenverkehr, an dessen wirtschaftlichem Betrieb ein „öffentliches Interesse" bestehe, befinde sich in „Konkurrenz zu anderen Verkehrsmitteln". Ein wesentlicher Faktor dieser Konkurrenz – insbesondere auch gegenüber dem Güterverkehr auf der Straße – sei die Schnelligkeit. Geschwindigkeitsreduzierungen aus Gründen des Anliegerschutzes würden (übertragen auf das Bundesgebiet) zu einer „schwerwiegenden Beeinträchtigung dieser Verkehrsart, an der ein öffentliches Interesse besteht, führen".[1292] Auch wenn betriebsregelnde

---

[1290] Ähnlich heißt es in dem ebenfalls bereits angeführten Urteil des Niedersächsischen Oberverwaltungsgerichts vom 21.10.1998: „Die Beklagte hat jedoch ergänzend darauf hingewiesen, dass die Attraktivität des Schienenverkehrs gegenüber anderen, konkurrierenden Verkehrsmitteln und damit der Zweck des Ausbaus, ein schnelles und effektives System des öffentlichen Personennahverkehr zu schaffen, durch die von dem Kläger angeregte Geschwindigkeitsbeschränkung in Frage gestellt werde und daher nicht in Betracht komme. Es kann dahinstehen, ob durch diese nachgeschobene Erwägung der ursprüngliche Abwägungsmangel geheilt worden ist (vgl. dazu § 114 S. 2 VwGO). Jedenfalls lässt die Stellungnahme der Beklagten erkennen, dass ihr Abwägungsausfall das Abwägungsergebnis keinesfalls im Sinne von § 20 Abs. 7 AEG (Anm.: jetzt § 18e Abs. 6 S. 1 AEG) beeinflusst hat: Wäre der Beklagten bei ihrer Entscheidung bewusst gewesen, dass sie befugt war, zum Zwecke des Lärmschutzes auch eine Geschwindigkeitsbeschränkung vorzuschreiben, so hätte sie unzweifelhaft aus den von ihr später vorgetragenen Gründen von dieser Möglichkeit keinen Gebrauch gemacht."

[1291] 20 A 93.40080, n.v.

[1292] Und zu den – in der zugrunde liegenden Entscheidung präkludierten – Anträgen auf Festlegung einer maximal zulässigen Streckenbelastung oder alternativ eines maximal zulässigen Immissionspegels bemerkte der Verwaltungsgerichtshof: Auch in diesem Zusammenhang fordere „das öffentliche Interesse einen unbeschränkten Betrieb der Schienenstrecke. Betriebsbeschränkungen im Sinne einer Zugzahlbegrenzung würden zu einer Verknappung des Zugangebots führen und damit dic Attraktivität des Verkehrsmittels reduzieren"; ebenso bereits *Steenhoff*, DVBl. 1996, 1236 (1241); ebenso der Planfeststellungsbeschluss des Eisenbahn-Bundesamts vom 30.10.2006 für den „Umbau Bahnhof Berlin Ostkreuz", Planfeststellungsabschnitt 1, B. Ziff. 5.10.3 (S. 157 f.) u. Ziff. 6.8.5 (S. 385), bestätigt durch BVerwG, Urt. v. 09.07.2008, 9 A 5.07, NVwZ 2009, 50. In dem Planfeststellungsbeschluss führte das Eisenbahn-Bundesamt aus, es würde den „verkehrspolitischen Zielstellungen einer Erhöhung der Attraktivität" des (vorliegend: Nah-)Verkehrs widersprechen, die „zurzeit planungsrechtlich zulässigen Geschwindigkeiten aus Lärmschutzgründen zukünftig zu reduzieren". Die Forderungen nach Geschwindigkeitsreduzierungen hat das Eisenbahn-Bundesamt dementsprechend (auch für Fernzüge) zurückgewiesen.

Maßnahmen nicht durch § 18 S. 1 AEG und § 41 BImSchG ausgeschlossen sind, werden jedenfalls Geschwindigkeitsbeschränkungen nach dem Vorstehenden in der eisenbahnrechtlichen Planfeststellung nur ganz ausnahmsweise in Betracht kommen. Der Lärmschutz wird somit in aller Regel auf bauliche Maßnahmen beschränkt sein. Ein Ausnahmefall könnte bei der Anordnung betrieblicher Beschränkungen für den Fall der Inbetriebnahme der planfestgestellten Trasse vor bzw. bis zur Realisierung von angeordneten baulichen Lärmschutzmaßnahmen angenommen werden, wie es im Urteil des Bundesverwaltungsgerichts vom 27. Oktober 1999 der Fall war. Die Betroffenen werden dadurch nicht unbillig belastet, da die Immissionsgrenzwerte des § 2 Abs. 1 der 16. BImSchV durch andere Maßnahmen des aktiven und gegebenenfalls passiven Schallschutzes eingehalten werden müssen. Darüber hinaus verlangt die Anlage 2 zur 16. BImSchV – worauf der Bayerische Verwaltungsgerichtshof ebenfalls hingewiesen hat – die Erstellung einer Verkehrsprognose; sollte sich später herausstellen, dass die Prognose aufgrund von nicht vorhersehbaren Wirkungen nicht zutrifft, haben die Betroffenen nach Maßgabe des § 75 Abs. 2 S. 2 VwVfG einen Anspruch auf nachträgliche Schutzvorkehrungen, welche die nachteiligen Wirkungen ausschließen.[1293]

Aus dem Regelungszweck der §§ 41 BImSchG, 74 Abs. S. 2 S. 2 VwVfG ergibt sich schließlich, dass die Schutzeinrichtungen jedenfalls zu dem *Zeitpunkt* vorhanden sein müssen, zu dem die Anwohner ohne sie den Einwirkungen ausgesetzt wären, die es abzuwehren gilt; dies ist der Tag, an dem die neue oder geänderte Verkehrsanlage in Betrieb genommen wird.[1294] Die Betroffenen haben bereits zum Zeitpunkt der Inbetriebnahme des Schienenweges einen Anspruch darauf, dass die Werte, die der Gesetzgeber ihnen zumutet, auch tatsächlich eingehalten werden.[1295] Zwar ist es dem Vorhabenträger – worauf das Bundesverwaltungsgericht im Berlin-Schönefeld-Urteil hinweist – „unbenommen, die notwendigen Schutzvorkehrungen schon in einem früheren Stadium der Planverwirklichung zu treffen“. Es könne aber von ihm nicht verlangt werden, dass er in dieser Richtung bereits im Zeitpunkt der Auslegung der Planunterlagen oder sogar noch früher tätig werde. Auf dieser Verfahrensstufe lasse sich nämlich noch nicht sicher abschätzen, ob das Vorhaben überhaupt so wie geplant und mit allen Konsequenzen, die

---

[1293] Dazu unten E.

[1294] BVerwG, Urt. v. 16.03.2006, 4 A 1075.04, BVerwGE 125, 116 = NVwZ 2006, Beilage zu Heft Nr. 8, S. 37 f., Rn. 408 ff., 413 m.w.N. – Verkehrsflughafen Berlin-Schönefeld; BVerwG, Urt. v. 05.03.1997, 11 A 25.95, BVerwGE 104, 123 = NVwZ 1998, 513 (518), Ls. 3 – Eisenbahntrasse Hamburg–Büchen–Berlin (Wentdorf); *Storost,* in: Ule/Laubinger, BImSchG, § 41 C 17.

[1295] BVerwG, Urt. v. 05.03.1997, 11 A 25.95, BVerwGE 104, 123 = NVwZ 1998, 513 (518) – Eisenbahntrasse Hamburg–Büchen–Berlin (Wentdorf).

sich aus der planerischen Konzeption ergäben, in die Tat umgesetzt werden könne. Als zeitlicher Anknüpfungspunkt für Maßnahmen des aktiven oder passiven Schallschutzes komme „frühestens der – sofort vollziehbare – Planfeststellungsbeschluss in Betracht“. Erst durch ihn werde „der Weg zur Realisierung des Planvorhabens frei gemacht“.[1296]

## II. Passiver Schallschutz

### 1. Grundsätzliches

Werden im Falle des § 41 BImSchG[1297], d. h. beim Bau oder der wesentlichen Änderung eines Verkehrswegs, die in § 2 der 16. BImSchV festgelegten Immissionsgrenzwerte überschritten, so hat der Eigentümer einer betroffenen baulichen Anlage[1298] nach § 42 Abs. 1 S. 1 BImSchG gegen den Träger der Baulast[1299] (bei Eisenbahnen also gegen das Eisenbahninfrastrukturunternehmen im Sinne von § 2 Abs. 1 u. 3 AEG[1300], z. B. die Deutsche Bahn AG bzw. ihre Tochtergesellschaften[1301]) einen *Anspruch auf angemessene Entschädigung in Geld*, es sei denn, dass die Beeinträchtigung

---

[1296] So BVerwG, Urt. v. 16.03.2006, 4 A 1075.04, BVerwGE 125, 116 = NVwZ 2006, Beilage zu Heft Nr. 8, Ls. 18, S. 38, Rn. 414 m. w. N. – Verkehrsflughafen Berlin-Schönefeld.

[1297] Die Vorschrift des § 42 Abs. 1 S. 1 BImSchG verweist – wie bereits ihr Wortlaut nahe legt – auf den ganzen § 41 BImSchG, also sowohl auf dessen Absatz 1 als auch auf den Absatz 2, vgl. *Michler,* Verkehrsimmissionsschutz, S. 130; ebenso *Korbmacher,* DÖV 1976, 1 (5 f.) unter Hinweis auf den Gesetzeswortlaut aber zugleich unter Hinweis auf die anders lautende Begründung des Innenausschusses in BT-Drs. 7/1513, S. 3. Dort heißt es nämlich zu § 42 BImSchG (§ 35e BImSchG-E): *„Nur wenn die für die Lärmschutzmaßnahmen aufzuwendenden Kosten außer Verhältnis zu dem angestrebten Zweck stehen würden* (Anm.: womit § 42 Abs. 2 BImSchG gemeint ist), kann von Lärmschutzmaßnahen an Verkehrswegen abgesehen werden. In diesen Fällen ist aber der Träger der Baulast verpflichtet, den durch Lärm Betroffenen Ersatz für passive Schallschutzmaßnahmen an den Wohngebäuden zu leisten“ (Herv. d. Verf.). Dazu auch *Bracher,* in: LR, § 42 BImSchG Rn. 11 ff.; *Schulze-Fielitz,* in: GK-BImSchG, § 42 Rn. 22 ff.; *Czajka,* in: Feldhaus, BImSchG, § 42 Rn. 12 ff. unter Hinweis auf die geringe praktische Bedeutung der Frage; *Hofmann,* Verkehrslärmschutz, S. 224 ff.

[1298] Zum Begriff *Bracher,* in: LR, § 42 BImSchG Rn. 17 f.; *Czajka,* in: Feldhaus, BImSchG, § 42 Rn. 24 versteht unter dem Begriff der baulichen Anlage Gebäude, in denen sich Menschen nicht nur vorübergehend aufhalten, was im Ergebnis der Definition der „schutzbedürftigen Räume“ in § 2 Abs. 2 und Tabelle 1 Spalte 1 der 24. BImSchV entspreche.

[1299] Die Vorschrift ist daher Ausdruck des Verursacherprinzips, vgl. auch *Schulze-Fielitz,* in: GK-BImSchG, § 42 Rn. 9 u. 42.

[1300] *Jarass,* BImSchG, § 42 Rn. 21.

[1301] *Czajka,* in: Feldhaus, BImSchG, § 42 Rn. 36.

wegen der besonderen Benutzung der Anlage (z. B. bei Fabriken, Lagerräumen, Tankstellen und ähnlichen Einrichtungen, die bereits einer hohen Lärmbelastung ausgesetzt sind oder von Menschen kaum benutzt werden[1302]) zumutbar ist[1303].[1304] Dies gilt gem. § 42 Abs. 1 S. 2 BImSchG auch bei baulichen Anlagen, die bei Auslegung des Entwurfs der Bauleitpläne oder bei Auslegung der Pläne im Planfeststellungsverfahren mit ausgewiesener Wegeplanung *bauaufsichtlich genehmigt waren.*[1305] Nach § 42

---

[1302] *Jarass,* BImSchG, § 42 Rn. 16; *Michler,* Verkehrsimmissionsschutz, S. 131. Grundsätzlich zumutbar ist die Beeinträchtigung wegen der besonderen Benutzung bei solchen Anlagen, die nicht zum Aufenthalt von Menschen bestimmt sind, *Bracher,* in: LR, § 42 BImSchG Rn. 24 unter Hinweis auf BT-Drs. 7/1256, S. 19.

[1303] Erst durch diesen letzten Halbs. des § 42 Abs. 1 S. 1 BImSchG erfolgt eine normative Einschränkung, nicht jedoch bereits durch den Begriff der „baulichen Anlage", zutr. *Jarass,* BImSchG, § 42 Rn. 13; *Bracher,* in: LR, § 42 BImSchG Rn. 17, jew. m. w. N. auch zur Gegenauffassung. Es kann sich also aus einer Abweichung der Nutzung einer Anlage von der gebietstypischen Nutzung baulicher Anlagen ergeben, dass die Schutzbedürftigkeit der konkreten Nutzung hinter der gebietstypischen Benutzung zurückbleibt, *Bracher,* in: LR, § 42 BImSchG Rn. 23 ff. Siehe auch *Schulze-Fielitz,* in: GK-BImSchG, § 42 Rn. 38 f.; *Czajka,* in: Feldhaus, BImSchG, § 42 Rn. 21 ff., nach dessen Auffassung die Ausnahmeregelung mindestens entsprechend Anwendung finden müsse, wenn infolge der konkreten Nutzung eines Gebäudes ein geringeres als das gebietstypische Schutzbedürfnis bestehe, etwa wenn ein Gewerbebetrieb, z. B. aufgrund von Bestandsschutz, ausnahmsweise in einem allgemeinen Wohngebiet zulässig sei.

[1304] Vgl. auch OVG Schleswig-Holstein, Beschl. v. 12.07.2007, 1 MR 1/07, NordÖR 2007, 367, juris, Rn. 42 m. w. N. – B 404 zur Straßenplanung durch Bebauungsplan; *Michler,* Verkehrsimmissionsschutz, S. 131.

[1305] Dazu *Jarass,* BImSchG, § 42 Rn. 14 f.; *Schulze-Fielitz,* in: GK-BImSchG, § 42 Rn. 27 ff.; *Czajka,* in: Feldhaus, BImSchG, § 42 Rn. 27 ff. unter Hinweis auf die gegen die Vorschrift geltend gemachten verfassungsrechtlichen Bedenken aus Art. 3 Abs. 1 GG, weil der Bauherr das Baugenehmigungsverfahren nicht beeinflussen könne und es daher vom Zufall abhänge, ob das Bauvorhaben am Stichtag (hier: Auslegung der Pläne im Planfeststellungsverfahren) bereits genehmigt sei. *Czajka* weist die verfassungsrechtlichen Bedenken mit der Erwägung zurück, der Grund für die Differenzierung bestehe darin, dass der Bauherr erst nach Erteilung der Baugenehmigung darauf vertrauen könne, das Bauwerk errichten zu dürfen. Auch nach *Schulze-Fielitz,* in: GK-BImSchG, § 42 Rn. 30 „dürfte" die Differenzierung im Hinblick darauf, dass der Grundeigentümer eines baureifen Grundstücks noch keine baulichen Investitions- und Planungskosten aufgewendet hat und sich auch auf den zeitlichen Vorrang der Verkehrswegeplanung leichter einstellen könne, nicht willkürlich und daher verfassungsrechtlich zulässig sein, obgleich eine „gewisse Härte" der Regelung nicht zu bestreiten sei, was aber eine Frage des politischen Ermessens des Gesetzgebers sei. – Diskutiert wird, ob der Bauvorbescheid eine bauaufsichtliche Genehmigung in diesem Sinne darstellt (bejahend *Schulze-Fielitz,* in: GK-BImSchG, § 42 Rn. 27) oder einer solchen zumindest gleichgestellt werden kann. Nach *Czajka,* in: Feldhaus, BImSchG, § 42 Rn. 30 ist dies der Fall, wenn der Bauvorbescheid die für den Immissionsschutz bedeutsamen Umstände behandelt, etwa die Lage des künftigen Gebäudes.

Abs. 2 S. 1 BImSchG ist die Entschädigung *für Schallschutzmaßnahmen an den baulichen Anlagen in Höhe der erbrachten notwendigen Aufwendungen* zu leisten, soweit sich diese im Rahmen der Rechtsverordnung nach § 43 Abs. 1 S. 1 Nr. 3 BImSchG halten.[1306] Die Betroffenen haben, sofern die Voraussetzungen des § 42 BImSchG erfüllt sind, einen *Anspruch* auf Entschädigung.[1307] Schallschutzmaßnahmen „an den baulichen Anlagen" werden als *passiver Schallschutz* bezeichnet. Passiver Schallschutz setzt an den Einrichtungen des Betroffenen an, mithin am Immissionsort und dient dort der Begrenzung der Lärmwirkungen.[1308] Die bauliche Anlage soll dadurch in einen Zustand versetzt werden, der die Folgen des fortdauernden hoheitlichen Eingriffs auf ein zumutbares Maß herabsenkt.[1309] Allerdings hat die Planfeststellungsbehörde *kein „Wahlrecht"*, ob sie aktive Schallschutzmaßnahmen anordnet oder den Betroffenen – unter Verzicht auf diese – auf Entschädigung für passive Schallschutzmaßnahmen verweist. Aus § 41 Abs. 2 BImSchG folgt ein *Vorrang des aktiven vor dem passiven Schallschutz.*[1310]

Der Bundesgerichtshof hatte in seinem Reuterstraßen-Urteil vom 20. März 1975[1311] zur Rechtsnatur des Entschädigungsanspruchs aus § 42 BImSchG Stellung genommen und entschieden, dass es sich bei ihm um eine „Enteignungsentschädigung" handelt, die eine „Bestimmung der Entschädigung im Sinne von Art. 14 Abs. 3 S. 3 GG" enthalte. Dies – so der Bundesgerichtshof – werde durch die Verwendung des Begriffs „angemessene Entschädigung" im Gesetz (§ 42 Abs. 1 S. 1 BImSchG) und „durch die Verweisung auf das nach den Enteignungsgesetzen der Länder abzuwickelnde Verfahren der Anfechtung von Festsetzungsbescheiden" (§ 42 Abs. 3 S. 2 BImSchG) klargestellt. Diese Auslegung werde durch die Gesetzesberatung gestützt, namentlich durch die dort gemachten Hinweise, dass „die Nutzbarkeit des Eigentums zu Wohnzwecken ganz entfallen kann, wenn gewisse Schallpegel überschritten werden". Diese Rechtsprechung konnte sich in der Folge jedoch zu Recht nicht durchsetzen. So hat das Bundesverfassungsgericht in seiner Straßenverkehrslärm-Entscheidung vom 30. November 1988[1312] hervorgehoben, der Gesetzgeber wollte – wie sich

---

[1306] Zur Verpflichtung bzw. Obliegenheit des Anspruchsberechtigten zur Einholung verschiedener Angebote *Schulze-Fielitz,* in: GK-BImSchG, § 42 Rn. 48.

[1307] BayVGH, Urt. v. 29.06.2006, 25 N 99.3449 u.a., NVwZ-RR 2007, 161 (163 f.) m.w.N.

[1308] Vgl. *Sparwasser/Rombach,* NVwZ 2007, 1135 (1139); ferner *Ramsauer,* NVwZ 2004, 1041 (1050).

[1309] Vgl. auch *Peine,* DÖV 1988, 937 (946).

[1310] Siehe oben A.I. und B.I.5.a).

[1311] III ZR 215/71, BGHZ 64, 220 = NJW 1975, 1406 (1407) Ls. c); vgl. auch ausführlich *Berberich,* Rechtsschutz, S. 84 ff.; *Michler,* Verkehrsimmissionsschutz, S. 132 ff.; *Silagi,* UPR 1997, 272 (274); *Peine,* DÖV 1988, 937 (940 u. 947) mit der Kritik der Literatur in Fn. 33.

schon aus § 3 Abs. 1 BImSchG ergebe – mit der Zumutbarkeitsschwelle nach den §§ 41 ff. BImSchG „nicht die Grenze zur schweren und unerträglichen Belastung in diesem Sinne bestimmen". Heute ist praktisch allgemein anerkannt, dass der Entschädigungsanspruch aus § 42 BImSchG seiner rechtlichen Natur nach eine Ausgleichsleistung im Rahmen der Eigentumsinhaltsbestimmung (Art. 14 Abs. 1 S. 2 GG) und keine Enteignungsentschädigung im Sinne von Art. 14 Abs. 3 S. 3 GG darstellt, wobei die Vorschrift sowohl unterhalb als auch oberhalb der Enteignungsschwelle zum Tragen kommt.[1313] Dass § 42 BImSchG wie § 41 BImSchG dem

[1312] Beschl. v. 30.11.1988, 1 BvR 1301/84, BVerfGE 79, 174 = NJW 1989, 1271 (1274) – Erbbaurecht, Straßenverkehrslärm.

[1313] Vgl. *Jarass,* BImSchG, § 42 Rn. 3, der den Streit, ob § 42 BImSchG eine enteignungsrechtliche oder eine einfach-rechtliche Entschädigung gewährt, angesichts der Rechtsprechung des Bundesverfassungsgerichts zu Art. 14 GG für überholt hält; *Bracher,* in: LR, § 42 BImSchG Rn. 2; *Czajka,* in: Feldhaus, BImSchG, § 42 Rn. 9 (vgl. aber auch *ders.*, a.a.O., § 41 Rn. 23 zu §§ 41 ff. BImSchG, wonach Art. 14 Abs. 3 GG Anwendung finde, wenn durch Verkehrslärmimmissionen die Enteignungsschwelle überschritten werde); *Schulze-Fielitz,* in: GK-BImSchG, § 42 Rn. 5 ff.; *Peine,* DÖV 1988, 937 (946); *Hofmann,* Verkehrslärmschutz, S. 235 ff.; siehe aber auch *ders.*, DÖV 1979, 812 (814 u. 816); a.A. *Korbmacher,* DÖV 1976, 1 (7) u. *Nedden,* DVBl. 1977, 265 (269 f.), nach dem sich der Vorsorgeaspekt nur auf die Planung und die darauf abgestellten baulichen Schutzmaßnahmen an dem Verkehrsweg beziehe. Sie sollten verhindern, dass überhaupt Geräuschbeeinträchtigungen entstünden. Wenn dies jedoch aus baulichen Gründen oder wegen der Kostendiskrepanz nicht möglich sei, höre die Vorsorge zwangsläufig auf; es kommt dann nur noch eine Entschädigung der betroffenen Eigentümer aus dem Gesichtspunkt des ihnen durch eine hoheitliche Maßnahme, nämlich des Verkehrswegebaus, auferlegten Sonderopfers, also nach Enteignungsentschädigungsgrundsätzen, in Frage. Hierfür spreche auch, dass gem. § 42 Abs. 3 BImSchG für das Verfahren die Enteignungsgesetze der Länder entsprechend gelten. Nur wenn man dieser Auffassung folge, finde man einen Ausweg aus dem Dilemma, das bei einheitlichen Grenzwerten für aktive und passive Schallschutzmaßnahmen entstehe. Die Schwelle, von der ab den Eigentümern benachbarter Grundstück ein Sonderopfer abverlangt werde und ihnen eine Enteignungsentschädigung zuerkannt werden müsse, müsse höher liegen als bei den Vorsorgeplanungen und -maßnahmen. Denn zu einem enteignend wirkenden Eingriff werden Geräuschbeeinträchtigungen erst dann, wenn sie eine bestimmte Intensität überschreiten. – Folge des Rechtsprechungswandels ist, dass der Lärmschutz von Anliegern „alter" und „neuer" Straßen qualitativ in Ansehung des enteignend wirkenden Lärms gleich ist, vgl. etwa BGH, Urt. v. 10.12.1987, III ZR 204/86, NJW 1988, 900 (901); BGH, Urt. v. 17.04.1986, III ZR 202/84, BGHZ 133, 361 = NJW 1986, 2421 und zust. *Peine,* DÖV 1988, 937 (947), wonach für die Erreichung der Enteignungsschwelle nicht danach unterschieden werden könne, ob die Verkehrsimmissionen von Altstraßen oder von neuen Straßen ausgingen. Der Maßstab der schweren und unerträglichen Betroffenheit des Eigentums sei „in beiden Fällen gleich", dazu auch *Silagi,* UPR 1997, 272 (274). In den sog. Altfällen könne allerdings dem Gesichtspunkt der Geräuschvorbelastung erhöhte Bedeutung zukommen. Die Ungleichbehandlung unterhalb der Enteignungsschwelle sei jedoch – so *Peine* – verfassungsrechtlich gerechtfertigt, weil ein recht-

Schutz der Lärmbetroffenen auch unterhalb der Enteignungsgrenze dient, entspricht auch der mittlerweile ständigen Rechtsprechung des Bundesgerichtshofs.[1314]

Der Anspruch aus § 42 BImSchG stellt auch keine Entschädigung im Sinne von § 74 Abs. 2 S. 3 VwVfG dar.[1315] Dem betroffenen Grundstückseigentümer steht vielmehr ein Anspruch auf *physisch-realen* Schutz vor Lärm bzw. auf monetären Ausgleich *dafür* zu. Bei dem Anspruch aus § 42 BImSchG handelt es sich nur um eine *Modalität,* in der der Anspruch auf reale Schutzmaßnahmen erfüllt wird.[1316] Da der Betroffene allein die Verfügungsbefugnis über sein Eigentum besitzt, darf die Behörde die Baumaßnahmen nicht eigenmächtig vornehmen[1317] und braucht diese deshalb auch nicht in Auftrag zu geben. Insofern entspricht es auch Gründen der Zweckmäßigkeit, dass dem Eigentümer die Kosten für passive Schallschutzmaßnahmen ersetzt werden.[1318] *Fällig* ist der Anspruch erst, wenn die Aufwendungen „erbracht“ sind, unabhängig davon, ob der Verkehrsweg bereits fertiggestellt oder in Betrieb genommen wurde.[1319] Dies folgt aus § 42 Abs. 2 S. 1 BImSchG, wonach die Entschädigung in Höhe der „erbrachten“ notwendigen Aufwendungen zu leisten ist. Nach dem Gesetz besteht also eine *Vorleistungspflicht des Eigentümers.*[1320] Dadurch wird die *Zweckbindung der Entschädigung* gewährleistet, also sichergestellt, dass der Eigentümer die Entschädigung nicht zu anderen Zwecken als zur Finanzierung passiver Schallschutzmaßnahmen verwendet.[1321] Allerdings können Vorleistungen des Eigentümers dadurch vermieden werden, dass der Vorhabenträger den

---

fertigendes Kriterium im Sinne des Art. 3 Abs. 1 GG die enormen Finanzen seien, die eingesetzt werden müssten, wenn die Anlieger alter und neuer Straßen insoweit gleich behandelt werden würden.

1314 Vgl. nur BGH, Urt. v. 10.07.2003, III ZR 379/02, NVwZ 2003, 1286 (1287) unter Hinweis auf BGH, Urt. v. 06.02.1986, III ZR 96/84, BGHZ 97, 114 = NJW 1986, 1980 = DVBl. 1986, 766 f. zu § 17 Abs. 4 S. 2 FStrG a. F.

1315 Vgl. BVerwG, Urt. v. 11.11.1988, 4 C 11.87, NVwZ 1989, 255 (256 f.) zu § 74 Abs. 2 S. 2 VwVfG, der auch passive Schallschutzmaßnahmen erfasst (siehe unten B.II.4.).

1316 Siehe BVerwG, Urt. v. 11.11.1988, 4 C 11.87, NVwZ 1989, 255 (257) zu § 74 Abs. 2 S. 2 VwVfG.

1317 Vgl. etwa BVerwG, Urt. v. 11.11.1988, 4 C 11.87, NVwZ 1989, 255 (256 a. E.).

1318 *Dürr,* UPR 1992, 241 (246).

1319 *Jarass,* BImSchG, § 42 Rn. 22; *Bracher,* in: LR, § 42 BImSchG Rn. 31 m. w. N.; *Schulze-Fielitz,* in: GK-BImSchG, § 42 Rn. 54: Der Baulastträger muss aber mit dem Bau des Verkehrswegs begonnen haben; *Hofmann,* Verkehrslärmschutz, S. 245.

1320 *Bracher,* in: LR, § 42 BImSchG Rn. 31; *Czajka,* in: Feldhaus, BImSchG, § 42 Rn. 8; *Schulze-Fielitz,* in: GK-BImSchG, § 42 Rn. 46; *Uechtritz,* DVBl. 1999, 198 (204).

Eigentümer von Ansprüchen des beauftragten Unternehmers freistellt; ergibt sich später, dass etwa die Unterhaltung der eingebauten Schallschutzfenster teurer ist als die normaler Fenster, so hat der Vorhabenträger dem Eigentümer die Differenz zu erstatten.[1322] Eine Entschädigung in Geld nach § 74 Abs. 2 S. 3 VwVfG (i.V.m. § 42 Abs. 2 S. 2 BImSchG) hat der Vorhabenträger nur zu leisten, wenn ein ausreichender Schutz durch aktiven und passiven Schallschutz nicht möglich ist (etwa bei einer Störung des sog. Außenwohnbereichs), unverhältnismäßige Aufwendungen erfordern oder dem Zweck des Vorhabens zuwiderlaufen würde.[1323] Auch wenn der Zahlungsanspruch nach § 42 Abs. 2 S. 1 BImSchG in der Praxis häufig durch eine *Vorschusszahlung* erfüllt wird[1324], liegt darin nach dem Dargelegten keine Entschädigung im Sinne von § 74 Abs. 2 S. 3 VwVfG; der Vorhabenträger wählt insofern lediglich einen besonderen Zahlungsmodus (Vorauszahlung), um den Anspruch des Betroffenen auf physisch-reale Schutzvorkehrungen zu erfüllen[1325]. Trotz etwaiger Vorschusszahlung handelt es sich bei dem Anspruch nach § 42 BImSchG der Sache nach um einen (Aufwendungs-)*Erstattungsanspruch.*[1326] Der Vorhabenträger muss dem Betroffenen den für die erforderlichen Maßnahmen notwendigen Geldbetrag zur Verfügung stellen.[1327] Als physisch-reale Maßnahme liegt die Verantwortung dafür, dass der Betroffene Lärmschutzfenster einbaut bzw. einbauen lässt, beim Vorhabenträger; leistet er an den Betroffenen Zahlungen für passive Schallschutzmaßnahmen im Voraus, z.B. für Schallschutzfenster, bevor diese eingebaut sind, so hat er sicherzustellen, dass seine Zahlungen auch zu diesem Zweck und damit nicht anderweitig verwandt werden, weil er nur hierdurch seine öffentlich-rechtliche Verpflichtung mit befreiender Wirkung erfüllen kann.[1328]

*Inhaber des Anspruchs* auf Entschädigung für passive Schallschutzmaßnahmen ist gem. § 42 Abs. 1 S. 1 BImSchG der jeweilige *Eigentümer*

---

1321 *Bracher,* in: LR, § 42 BImSchG Rn. 31 m.w.N.; *Schulze-Fielitz,* in: GK-BImSchG, § 42 Rn. 46; zur Zweckbindung bereits *Korbmacher,* DÖV 1976, 1 (5).

1322 BVerwG, Urt. v. 11.11.1988, 4 C 11.87, NVwZ 1989, 255 (257) zu § 74 Abs. 2 S. 2 VwVfG; *Kuschnerus,* Schutzauflagen, S. 100.

1323 Vgl. *Dürr,* UPR 1992, 241 (246). Zu § 74 Abs. 2 S. 3 VwVfG im Einzelnen unten B.III.

1324 *Halama,* VBlBW 2006, 132 (135); *Schulze-Fielitz,* DÖV 2001, 181 (190); vgl. auch *Czajka,* in: Feldhaus, BImSchG, § 42 Rn. 8, nach dem die Vorleistungspflicht des Eigentümers eine anderweitige Regelung der Zahlungsmodalitäten nicht ausschließe; der Vorschuss sei aber zweckgebunden zu verwenden.

1325 *Michler,* Verkehrsimmissionsschutz, S. 128.

1326 *Schulze-Fielitz,* DÖV 2001, 181 (190); *Michler,* VerwArch. 1999, 21 (44); *Czajka,* in: Feldhaus, BImSchG, § 42 Rn. 8.

1327 *Dürr,* UPR 1992, 241 (246).

1328 Vgl. *Michler,* Verkehrsimmissionsschutz, S. 127 m.w.N.

(bzw. Erbbauberechtigte nach dem ErbbauRG[1329] oder Wohnungseigentümer nach dem WEG[1330]) der betroffenen Anlage, *der die Schallschutzmaßnahmen vornimmt,* auch und gerade um diesem einen Anreiz zur Durchführung von Schutzmaßnahmen zu geben und dadurch die Umweltbedingungen für die Menschen, die sich in der Anlage aufhalten, zu verbessern.[1331] Dieser Anreiz gilt auch für den Erwerber einer im Sinne von § 42 Abs. 1 BImSchG von Immissionen betroffenen baulichen Anlage, die noch *nicht* mit passiven Schallschutzmaßnahmen versehen worden ist[1332], und zwar unabhängig davon, auf welchem Weg der Erwerb stattgefunden hat (also nicht nur im Falle eines rechtsgeschäftlichen Eigentumserwerbs nach §§ 873 Abs. 1, 925 BGB, sondern etwa auch bei einem hoheitlichen Eigentumserwerb im Rahmen einer Zwangsversteigerung gem. § 90 ZVG i. V. m. §§ 864 ff., 869 ZPO); denn er besteht „objektbezogen" und nicht bezogen auf eine bestimmte Person als Eigentümer („dinglicher" Bezug der in § 42 BImSchG geregelten Entschädigung).[1333] Nicht anspruchsberechtigt sind hingegen sonstige dinglich Berechtigte (z. B. Nießbraucher, §§ 1030 ff. BGB) oder obligatorisch Berechtigte (z. B. Mieter, § 535 BGB, und Pächter, § 581 BGB); sie besitzen aber gegebenenfalls aus ihrer Rechtsbeziehung zum Eigentümer einen Anspruch gegen diesen auf Vornahme entsprechender Schallschutzmaßnahmen (vgl. auch § 241 Abs. 2 BGB).[1334] Haben sie auf eigene Kosten Schallschutzmaßnahmen vorgenommen, etwa weil der Eigentümer hierzu nicht bereit war, so haben sie gegen den Eigentümer einen Anspruch auf Abtretung seines aus § 42 BImSchG gegen den Vorhabenträger bestehenden Erstattungsanspruchs nach dem Rechtsgedanken der Drittschadensliquidation.[1335]

---

[1329] *Bracher,* in: LR, § 42 BImSchG Rn. 26; *Czajka,* in: Feldhaus, BImSchG, § 42 Rn. 33; *Schulze-Fielitz,* in: GK-BImSchG, § 42 Rn. 40; *Hofmann,* Verkehrslärmschutz, S. 230 f.

[1330] *Czajka,* in: Feldhaus, BImSchG, § 42 Rn. 33; *Schulze-Fielitz,* in: GK-BImSchG, § 42 Rn. 40.

[1331] So BGH, Urt. v. 10.07.2003, III ZR 379/02, NVwZ 2003, 1286 (1287); ferner *Czajka,* in: Feldhaus, BImSchG, § 42 Rn. 33.

[1332] Anders, wenn die Schallschutzmaßnahmen von dem Voreigentümer bereits vorgenommen worden sind, *Bracher,* in: LR, § 42 BImSchG Rn. 26.

[1333] So BGH, Urt. v. 10.07.2003, III ZR 379/02, NVwZ 2003, 1286 (1287). Entscheidend ist also, wer Rechtsinhaber (Eigentümer oder Erbbauberechtigter) im Zeitpunkt der Ausführung der Schallschutzmaßnahmen war, vgl. bereits *Czajka,* in: Feldhaus, BImSchG, § 42 Rn. 35; *Schulze-Fielitz,* in: GK-BImSchG, § 42 Rn. 40.

[1334] BVerwG, Beschl. v. 19.04.2006, 4 BN 11.06, BeckRS 2006 22783, Rn. 5; *Jarass,* BImSchG, § 42 Rn. 20; *Bracher,* in: LR, § 42 BImSchG Rn. 26; *Czajka,* in: Feldhaus, BImSchG, § 42 Rn. 34; *Schulze-Fielitz,* in: GK-BImSchG, § 42 Rn. 41; *Vallendar,* in: Hermes/Sellner, AEG, § 18 Rn. 152 u. 211; *Stüer,* Bau- und Fachplanungsrecht, Rn. 720; *Michler,* Verkehrsimmissionsschutz, S. 181 ff., ferner S. 74 u. 130 f.; *Hofmann,* Verkehrslärmschutz, S. 231.

§ 42 Abs. 1 S. 1 BImSchG bestimmt, dass ein Anspruch auf Entschädigung dann besteht, wenn die in der Rechtsverordnung nach § 43 Abs. 1 S. 1 Nr. 1 festgelegten Immissionsgrenzwerte überschritten werden. Die verfassungsrechtlichen Bedenken, die hiergegen in der älteren Literatur unter dem Gesichtspunkt der Wesentlichkeitstheorie erhoben wurden, weil § 43 Abs. 1 S. 1 BImSchG „fundamentale Grundentscheidungen" der Regelung durch Verordnung vorbehalte[1336], sind ebenso unbegründet wie die entsprechenden Einwände zu § 41 BImSchG.[1337] In der Literatur wurde ferner die Frage aufgeworfen, ob § 2 Abs. 1 der 16. BImSchV die Grenzwerte auch im Sinne von § 42 Abs. 1 S. 1 BImSchG festgelegt hat. Die Frage wird zum Teil verneint[1338], insbesondere mit dem Hinweis, der Festsetzung der Grenzwerte nach der 16. BImSchV lägen in erheblichem Umfang auch ökonomische Gesichtspunkte zugrunde[1339].[1340] Die Grenzwerte des § 42 Abs. 1 S. 1 BImSchG müssten – so *Jarass*[1341] – zwar die Grenze der schädlichen Umwelteinwirkungen aufnehmen, könnten also nicht milder als die Vorgaben des § 41 Abs. 1 BImSchG ausfallen. Da andererseits die Grenzwerte des § 42 Abs. 1 S. 1 BImSchG bei niedrigeren Lärmwerten ansetzen müssten, als dies bei der 16. BImSchV wegen der Einbeziehung von Kostenüberlegungen der Fall sei, seien die Voraussetzungen des § 42 Abs. 1 S. 1 BImSchG immer erfüllt, wenn die Grenze der 16. BImSchV überschritten werde. Solange daher die in § 42 Abs. 1 S. 1 BImSchG angesprochenen Grenzwerte nicht festgelegt seien, könne und müsse man die Werte der

---

1335 Vgl. *Czajka,* in: Feldhaus, BImSchG, § 42 Rn. 34. – Gegen den Eigentümer kommen des Weiteren Ansprüche auf Ersatz der Aufwendungen nach den Grundsätzen des Eigentümer-Besitzer-Verhältnisses (§§ 994 ff. BGB, §§ 951, 812 ff. BGB) sowie der Geschäftsführung ohne Auftrag (§§ 670, 683, 677, 679 BGB bzw. §§ 684, 818 ff. BGB) in Betracht. – Zu Ansprüchen gegen den Vorhabenträger aus Amtshaftung (§ 839 BGB, Art. 34 GG) sowie aus §§ 670, 683, 677, 679 BGB *Hoppe/Schlarmann/Buchner/Deutsch,* Rechtsschutz, Rn. 742 m. w. N.

1336 *Korbmacher,* DÖV 1976, 1 (5 f.); siehe ferner d. Nachw. bei *Bracher,* in: LR, § 42 BImSchG Rn. 9.

1337 Zutr. *Bracher,* in: LR, § 42 BImSchG Rn. 9, ferner *Czajka,* in: Feldhaus, BImSchG, § 42 Rn. 10; *Schulze-Fielitz,* in: GK-BImSchG, § 42 Rn. 18 f.; *Hofmann,* Verkehrslärmschutz, S. 216 ff. Zu § 41 BImSchG insoweit bereits oben B.I.3.b)bb).

1338 Z. B. durch *Dürr,* UPR 1992, 241 (247).

1339 So etwa der Hinweis von *Jarass,* DVBl. 1995, 589 (594); ausdrücklich abl. *Czajka,* in: Feldhaus, BImSchG, § 42 Rn. 15, da die Grenzwerte des § 2 der 16. BImSchV in keiner erkennbaren Beziehung zu § 41 Abs. 2 BImSchG stünden.

1340 Zum gleichen Ergebnis käme man auf der Grundlage der früheren Rechtsprechung des Bundesgerichtshofs, wonach die Vorschrift des § 42 BImSchG eine Enteignungsentschädigung gewähre, so dass erst das Überschreiten der verfassungsrechtlichen Zumutbarkeitsgrenze anspruchsbegründend wirke und nicht bereits das Erreichen der einfach-rechtlichen Zumutbarkeitsgrenze im Sinne von § 41 BImSchG in Verbindung mit § 3 Abs. 1 BImSchG, so im Erg. *Korbmacher,* DÖV 1976, 1 (7).

1341 DVBl. 1995, 589 (594); *ders.*, BImSchG, § 42 Rn. 9 u. 10.

16. BImSchV heranziehen. Insgesamt sei also mit dem Erlass der 16. BImSchV die Entschädigungsregelung des § 42 BImSchG anwendbar geworden.[1342] Dem ist im Ergebnis, nicht aber in der Begründung zuzustimmen. *Schulze-Fielitz*[1343] weist überzeugend darauf hin, § 1 Abs. 1 der 16. BImSchV nehme in ausdrücklicher, nur sprachlich verbesserter Wiederholung des Wortlauts von § 41 Abs. 1 BImSchG auf diesen Bezug und stelle damit zunächst eine Kongruenz des Anwendungsbereichs von § 41 BImSchG mit der 16. BImSchV her („für den Bau oder die wesentliche Änderung" von Straßen und Schienenwegen). Daraus sei jedoch nicht zu schließen, dass die 16. BImSchV nicht auch für Entschädigungen nach § 42 Abs. 1 u. 2 BImSchG gelte. Vielmehr seien § 42 BImSchG und § 41 BImSchG *„sprachlich und sachlich von vornherein aufeinander bezogen und miteinander verknüpft", gingen § 42 Abs. 1 BImSchG und § 43 Abs. 1 S. 1 Nr. 1 BImSchG von einheitlichen Grenzwerten für § 41 BImSchG und § 42 BImSchG aus*[1344], sprächen (nur) § 42 Abs. 1 BImSchG und § 2 Abs. 1 der 16. BImSchV terminologisch einheitlich von „Immissionsgrenzwerten" und ließen sich auch dem Rechtsetzungsverfahren Anhaltspunkte für die Geltung der 16. BImSchV auch für § 42 Abs. 1 u. 2 BImSchG entnehmen. Im Lichte dieser gesetzlichen Vorgaben müsse § 1 Abs. 1 der 16. BImSchV so verstanden werden, dass der Anwendungsbereich der Verordnung sich auf § 41 BImSchG und auf § 42 BImSchG beziehe. Bereits *Alexander*[1345] hatte kurz nach Inkrafttreten der 16. BImSchV zu Recht darauf hingewiesen, die Grenzwerte der 16. BImSchV seien für alle Formen der Lärmvorsorge maßgebend, d.h. sowohl für Maßnahmen am Verkehrsweg (aktiver Schallschutz) als auch für Entschädigungsansprüche in Geld (passiver Schallschutz). Denn die Verordnungsermächtigung in § 43 Abs. 1

---

[1342] Im Erg. auch BVerwG, Beschl. v. 17.05.1995, 4 NB 30.94, NJW 1995, 2572 (2573), wonach einer unmittelbaren Anwendung des § 42 Abs. 1 BImSchG „nichts im Wege" stehe. Denn die Bundesregierung sei „dem ihr erteilten Auftrag, durch Rechtsverordnung unter anderem die Grenzwerte zum Schutz der Nachbarschaft vor schädlichen Umwelteinwirkungen durch Geräusche festzulegen, inzwischen nachgekommen". Sie habe im Jahre 1990 die Verkehrslärmschutzverordnung erlassen. Danach habe der Baulastträger sicherzustellen, dass der Beurteilungspegel einen der dort genannten Immissionsgrenzwerte nicht überschreitet. Liege er höher, so habe dies im Regelungssystem der §§ 41 ff. BImSchG zur Folge, dass der Baulastträger einen physisch-realen Ausgleich durch Anlagen des aktiven Schallschutzes zu schaffen hat oder, falls Maßnahmen am Verkehrsweg nach § 41 Abs. 2 BImSchG unterbleiben dürfen, dem Grunde nach verpflichtet wird, eine Entschädigung für Schutzvorkehrungen an den durch Lärmbeeinträchtigungen betroffenen Gebäuden zu leisten; *Bracher,* in: LR, § 42 BImSchG Rn. 1; *Czajka,* in: Feldhaus, BImSchG, § 42 Rn. 5 u. 15; *Uechtritz,* DVBl. 1999, 198 (204).

[1343] UPR 1994, 1 (Herv. d. Verf.); *ders.*, in: GK-BImSchG, § 42 Rn. 13 f.

[1344] Ebenso *Hofmann,* Verkehrslärmschutz, S. 247 f.

[1345] NVwZ 1991, 318 (320).

S. 1 BImSchG verweise sowohl auf § 41 BImSchG als auch auf § 42 Abs. 1 u. 2 BImSchG. Dies sei vom Gesetzgeber gewollt, da diese beiden Bestimmungen eine zusammenhängende Regelung darstellten.[1346] Dieses Verständnis der 16. BImSchV bestätigt schließlich auch § 1 der Verkehrswege-Schallschutzmaßnahmenverordnung (24. BImSchV) vom 4. Februar 1997[1347], in welcher der Anwendungsbereich der Verordnung ausdrücklich unter Hinweis auf das Erfordernis eines Überschreitens der in § 2 der 16. BImSchV festgelegten Immissionsgrenzwerte abgesteckt wird.

## 2. Inhalt und Umfang des Anspruchs

### *a) Allgemeine Grundsätze*

Nach § 42 Abs. 2 S. 1 BImSchG ist die Entschädigung für Schallschutzmaßnahmen an den baulichen Anlagen in Höhe der erbrachten notwendigen Aufwendungen zu leisten, soweit sich diese im Rahmen der Rechtsverordnung nach § 43 Abs. 1 S. 1 Nr. 3 BImSchG halten. Zur Umsetzung dieser Vorgabe hat die Bundesregierung die 24. BImSchV erlassen. Die Verordnung legt *Art und Umfang* der zum Schutz vor schädlichen Umwelteinwirkungen durch Verkehrsgeräusche notwendigen (passiven) Schallschutzmaßnahmen *für schutzbedürftige Räume* in baulichen Anlagen insoweit abschließend[1348] fest, soweit durch den Bau oder die wesentliche Änderung öffentlicher Straßen sowie von Schienenwegen der Eisenbahnen und Straßenbahnen die in § 2 der 16. BImSchV festgelegten Immissionsgrenzwerte überschritten werden (§ 1 der 24. BImSchV). Sie findet dementsprechend nur für Straßen- und Schienenverkehrslärm (Eisenbahnen und Straßenbahnen) im Sinne der §§ 41 ff. BImSchG Anwendung.[1349] Des Weiteren gilt sie nur für *Räume,* nicht hingegen für andere Teile von baulichen Anlagen. Deshalb ist insofern auch heute noch die in erster Linie vor Inkrafttreten der 24. BImSchV diskutierte Frage relevant[1350], ob § 42 BImSchG auch ohne Erlass der auf § 43 Abs. 1 S. 1 Nr. 3 BImSchG gestützten

---

[1346] Zum zeitlichen Geltungsbereich der §§ 41 ff. BImSchG oben A.III. und v.a. zu § 42 BImSchG BGH, Urt. v. 21.01.1999, III ZR 168/97, BGHZ 140, 285 = NJW 1999, 1247 (1250), Ls. 3 – A 3: nur für laufende Planfeststellungsverfahren; a.A. *Bracher,* in: LR, § 42 BImSchG Rn. 14 unter Hinweis auf BVerwG, Beschl. v. 22.09.1999, 4 B 68.98, NVwZ 2000, 565 (566), Ls. 1 – B 455 (II), vgl. oben Fn. 290.

[1347] Vierundzwanzigste Verordnung zur Durchführung des Bundes-Immissionsschutzgesetzes, BGBl. I, S. 172, ber. 1253; Regierungsbegründung in BR-Drs. 463/96, S. 1 ff.; Empfehlungen der Ausschüsse in BR-Drs. 463/1/96, S. 1 ff.

[1348] *Bracher,* in: LR, § 42 BImSchG Rn. 28. Siehe aber auch nachfolgend.

[1349] *Schulze-Fielitz,* DÖV 2001, 181 (190).

[1350] A.A. *Michler,* VerwArch. 1999, 21 (44 f.).

24. BImSchV bzw. im vorliegenden Zusammenhang außerhalb ihres Anwendungsbereichs anwendbar ist. Denn § 42 Abs. 2 S. 1 BImSchG bestimmt, dass die Entschädigung für Leistungen an baulichen Anlagen in Höhe der erbrachten notwendigen Aufwendungen zu leisten ist, „soweit sich diese im Rahmen der Rechtsverordnung nach § 43 Abs. 1 S. 1 Nr. 3 BImSchG halten". Das Bundesverwaltungsgericht hat die unmittelbare Anwendbarkeit des § 42 BImSchG in seinem Beschluss vom 17. Mai 1995[1351] zutreffend bejaht: § 42 BImSchG sei auch ohne eine auf der Grundlage des § 43 Abs. 1 S. 1 Nr. 3 BImSchG erlassene Rechtsverordnung anwendbar. Denn die Entscheidung darüber, welche Aufwendungen im Sinne des § 42 Abs. 2 S. 1 BImSchG notwendig seien, stehe „nicht im Belieben der Exekutive". Auch der Erstattungsumfang werde „durch den Zweck des Bundes-Immissionsschutzgesetzes bestimmt, den Schutz vor schädlichen Umwelteinwirkungen sicherzustellen". Lasse sich dieser Schutz nicht dadurch erreichen, dass Außenschallpegel eingehalten würden, die geeignet seien, die Voraussetzungen für ein ungestörtes Wohnen zu schaffen, so entspreche es dem Lärmschutzkonzept der §§ 41 ff. BImSchG, durch Maßnahmen des passiven Lärmschutzes jedenfalls Innenpegel zu gewährleisten, die den betroffenen Straßennachbarn eine gegen unzumutbare Lärmbeeinträchtigungen abgeschirmte Gebäudenutzung ermöglichen. Nach den Erkenntnissen der Lärmforschung werde diesem Erfordernis Genüge getan, wenn der Innenpegel in Wohnräumen 40 dB(A) und in Schlafräumen 30 dB(A) nicht übersteige. Dass die auf § 43 Abs. 1 S. 1 Nr. 3 BImSchG gestützte Verordnung noch nicht in Kraft sei bzw. vorliegend keine Regelung über andere Teile von baulichen Anlagen als Räume treffe, habe im Anwendungsbereich des § 42 Abs. 2 S. 1 BImSchG indes keine untragbare Rechtsunsicherheit zur Folge.[1352] Dem ist auch die herrschende Literatur gefolgt.[1353] Für den vor-

---

[1351] 4 NB 30.94, NJW 1995, 2572 (2573 f.), Ls. 2.

[1352] Anspruchsberechtigte, die Kosten aufwenden, um sich durch Maßnahmen des passiven Schallschutzes vor unzumutbaren Lärmbelastungen zu schützen, liefen auch ohne die gesetzlich vorgesehene Rechtsverordnung nicht Gefahr, dass sie mit ihren Erstattungsforderungen scheiterten. Die Praxis der Straßenbaulastträger werde durch Richtlinien gesteuert, deren Schutzniveau dem Verordnungsentwurf der Bundesregierung in keiner Weise nachstehe. Auch verfahrensrechtlich sei Vorsorge dafür getroffen, dass Straßennachbarn, die zur Abwehr unzumutbarer Lärmbeeinträchtigungen Aufwendungen erbringen, in der Lage seien, ihr Recht durchzusetzen. Einigten sich der Träger der Baulast und der Betroffene nicht gütlich, so setze nach § 42 Abs. 3 S. 1 BImSchG die nach Landesrecht zuständige Behörde auf Antrag eines der Beteiligten die Entschädigung durch schriftlichen Bescheid fest. Hiergegen stehe gegebenenfalls der Rechtsweg offen (BVerwG, a. a. O.).

[1353] Vgl. etwa *Jarass,* BImSchG, § 42 Rn. 17; *Bracher,* in: LR, § 42 BImSchG Rn. 27; *Czajka,* in: Feldhaus, BImSchG, § 42 Rn. 5: § 42 BImSchG im Übrigen, d. h. mit Ausnahme des Absatz 2 anwendbar. Bereits *Michler,* Verkehrsimmissionsschutz, S. 128 ff. wies für die Rechtslage vor Erlass der 24. BImSchV darauf hin, liegenden Zusammenhang kann daraus gefolgert werden, dass Entschädigungsansprüche für passive Schallschutzmaßnahmen außerhalb des Anwendungsbereichs der 24. BImSchV unmittelbar auf § 42 BImSchG gestützt werden können. Dies betrifft nach bestrittener Auffassung vor allem Teile von *baulichen* Anlagen im Außenwohnbereich (z.B. Terrassen und Balkone, für deren Einhausung danach eine Entschädigung nach § 42 BImSchG beansprucht werden kann).[1354] Ein solches Verständnis entspricht auch dem Willen der Bundesregierung. In der Begründung zum Verordnungsentwurf[1355] führte sie aus, der von der Verordnung erfasste Bereich betroffener baulicher Anlagen sei „nicht abschließend" im Sinne des § 43 Abs. 1 S. 1 Nr. 3 BImSchG in Verbindung mit § 42 BImSchG. Über die schutzbedürftigen Räume baulicher Anlagen hinaus zähle zum Schutzgegenstand nach §§ 42 f. BImSchG „auch die bauliche Anlage des Außenwohnbereichs, z.B. Terrassen und Balkone". Eine Ausklammerung des Außenwohnbereichs vom Anspruch auf Schallschutzmaßnahmen bzw. Entschädigung erfolge daher nicht; jedoch sei ein effektiver Schutz für bauliche Anlagen des Außenwohnbereichs „nur in sehr seltenen Ausnahmefällen" möglich. Dagegen werden *unbebaute* Teile des Außenwohnbereichs von § 42 BImSchG unstreitig nicht erfasst, weil die Vorschrift nur auf „bauliche Anlagen" abstellt.[1356] Insoweit ist auf den Entschädigungsanspruch nach § 74 Abs. 2 S. 3 VwVfG zurückzugreifen.[1357]

Nach § 2 Abs. 1 S. 1 der 24. BImSchV sind Schallschutzmaßnahmen im Sinne der Verordnung bauliche Verbesserungen an Umfassungsbauteilen schutzbedürftiger Räume, die die Einwirkungen durch Verkehrslärm mindern.[1358] Umfassungsbauteile sind gem. § 2 Abs. 3 der 24. BImSchV Bauteile, die schutzbedürftige Räume baulicher Anlagen nach außen abschließen, insbesondere Fenster, Türen, Rollladenkästen, Wände, Dächer sowie

dass die tatbestandlichen Voraussetzungen für den Anspruch aufgrund der Festlegung der Immissionsgrenzwerte in der 16. BImSchV genau umschrieben sind; a.A. *Korbmacher,* DÖV 1976, 1 (7), nach dem die Entschädigungsregelung des § 42 BImSchG leer laufe, weil es an der Festlegung der in ihrem Tatbestand für ihre Anwendung vorausgesetzten Immissionsgrenzwerte fehle.

1354 *Bracher,* in: LR, § 42 BImSchG Rn. 27 m.w.N.; a.A. *Silagi,* UPR 1997, 272 (273 f.): Beeinträchtigungen des Außenwohnbereichs fallen nicht unter § 42 BImSchG; ebenso *Michler,* Verkehrsimmissionsschutz, S. 74 u. 127: §§ 41 f. BImSchG schützen nur den Innenwohnbereich; abl. auch *Schulze-Fielitz,* DÖV 2001, 181 (185); wieder anders wohl *Jarass,* BImSchG, § 42 Rn. 18: von § 2 Abs. 1 der 24. BImSchV erfasst.

1355 BR-Drs. 463/96, S. 11 f.

1356 *Bracher,* in: LR, § 42 BImSchG Rn. 27 m.w.N.

1357 Dazu unten B.III.

1358 Zum Schallschutz in Wohngebäuden aus bauvertraglicher Sicht *von Behr/Pause/Vogel,* NJW 2009, 1385 ff.

Decken unter nicht ausgebauten Dachräumen. Passive Schallschutzmaßnahmen sind somit lärmdämmende Maßnahmen an diesen Bauteilen, insbesondere Schallschutzfenster.[1359] Schutzbedürftig sind die in Tabelle 1 Spalte 1 der Anlage zur 24. BImSchG genannten Aufenthaltsräume (§ 2 Abs. 2 der 16. BImSchG). Dies sind:

- Räume, die überwiegend zum Schlafen benutzt werden (1),
- Wohnräume (2),
- Behandlungs- und Untersuchungsräume in Arztpraxen, Operationsräume, wissenschaftliche Arbeitsräume, Leseräume in Bibliotheken, Unterrichtsräume (3),
- Konferenz- und Vortragsräume, Büroräume, allgemeine Laborräume (4),
- Großraumbüros, Schalterräume, Druckerräume von DV-Anlagen, soweit dort ständige Arbeitsplätze vorhanden sind, (5) und
- sonstige Räume, die zum *nicht nur vorübergehenden Aufenthalt* von Menschen bestimmt sind[1360] (6).

Nur zum *vorübergehenden* Aufenthalt bestimmt und deshalb keine schutzbedürftigen Räume sind nach der Regierungsbegründung zu § 2 Abs. 2 der 24. BImSchV etwa Bäder, Toiletten, Treppenhäuser, Flure und Lagerräume.[1361] Schallschutzmaßnahmen sind ferner bereits dem Grunde nach nicht erforderlich, wenn eine bauliche Anlage zum *Abbruch* bestimmt ist oder ein solcher bauordnungsrechtlich gefordert wird oder wenn sie im Zeitpunkt der Auslegung der Pläne im Planfeststellungsverfahren, bei Bekanntgabe der Plangenehmigung oder der Auslegung des Entwurfs der Bauleitpläne mit ausgewiesener Wegeplanung noch nicht genehmigt war oder sonst nach den baurechtlichen Vorschriften mit dem Bau noch nicht begonnen werden durfte (§ 2 Abs. 4 Nr. 1 u. 2 der 16. BImSchV). In diesen Fällen fehlt es an einem Schutzbedürfnis für eine solche Anlage. Auch wenn § 42 BImSchG lediglich das Erfordernis einer bauaufsichtlichen Genehmigung im Sinne von § 2 Abs. 4 Nr. 2 der 24. BImSchV anspricht (vgl. § 42 Abs. 1 S. 2 BImSchG)[1362], handelt es sich auch bei § 2 Abs. 4 Nr. 1 der 16. BImSchV (zum Abbruch bestimmte Anlage) um eine ordnungsgemäße

---

[1359] Vgl. *Sparwasser/Rombach,* NVwZ 2007, 1135 (1139); *Schulze-Fielitz,* ZUR 2002, 190 (192).

[1360] Hierzu zählen nach der Regierungsbegründung insbesondere Aufenthaltsräume in Altenheimen, Kindergärten, Arbeitszimmer, Handwerksräume ohne Eigenlärm und Küchen, soweit es sich nicht um Tee- oder Kaffeeküchen handelt, BR-Drs. 463/96, S. 12.

[1361] BR-Drs. 463/96, S. 12; *Jarass,* BImSchG, § 42 Rn. 18a.

[1362] Dazu *Jarass,* BImSchG, § 42 Rn. 14 f.; *Bracher,* in: LR, § 42 BImSchG Rn. 20.

Konkretisierung der Vorgaben des § 43 Abs. 1 S. 1 Nr. 1 BImSchG („Umfang" der notwendigen Schallschutzmaßnahmen) in Verbindung mit § 42 Abs. 1 u. 2 BImSchG.[1363] Ist eine Anlage zum Abbruch bestimmt, würde es gegen Treu und Glauben (§ 242 BGB analog) verstoßen, trotzdem eine Entschädigung für den dann nicht mehr erforderlichen passiven Schallschutz zu fordern. Die Vorschrift ist damit Ausdruck eines allgemeinen Rechtsgedankens.

Nach § 3 Abs. 1 S. 1 der 24. BImSchV ist die Schalldämmung der Umfassungsbauteile, also insbesondere der Fenster, Wände, Decken und Türen, so zu verbessern, dass die gesamte Außenfläche des Raumes das nach der Gleichung (1) bzw. (2) der Anlage zur 24. BImSchV bestimmte erforderliche bewertete Schalldämm-Maß nicht unterschreitet. Ist eine Verbesserung notwendig, so soll die Verbesserung beim einzelnen Umfassungsbauteil mindestens 5 dB betragen (§ 3 Abs. 1 S. 2 der 24. BImSchV).[1364] Es ist also zu ermitteln, welche Schallschutzmaßnahmen notwendig sind, um die Außenfläche des Gebäudes baulich so auszustatten oder zu verbessern, dass das Eindringen schädlicher Umwelteinwirkungen durch Verkehrsgeräusche verhindert wird.[1365] Dabei ist gegebenenfalls zwischen den verschiedenen Seiten eines Gebäudes, die – je nach seiner Lage – von den Geräuschwirkungen des Verkehrswegs unterschiedlich stark betroffen werden, zu unterscheiden.[1366] Wie § 41 BImSchG gilt auch § 42 BImSchG nur innerhalb der räumlichen Grenzen der Planung.[1367] Nach der Anlage zu § 2 Abs. 2 und § 3 Abs. 1, 3 u. 4 der 24. BImSchV wird das bewertete Schalldämm-Maß nach einer Formel berechnet, in die unter anderem der Korrektursummand *D* zur Berücksichtigung der Raumnutzung eingeht, welcher nach Tabelle 1 etwa für Räume, die überwiegend zum Schlafen benutzt werden, 27 dB(A) und für Wohnräume 37 dB(A) beträgt. Dieser Korrektursummand beschreibt für sich noch nicht die eigentliche Schädlichkeitsgrenze für Innenpegel, da bei seiner Bestimmung (wie bei der Bestimmung des Korrektursummanden *E* für bestimmte Verkehrswege gemäß Tabelle 2[1368]) berück-

---

1363 Siehe bereits *Michler,* Verkehrsimmissionsschutz, S. 131 zur Rechtslage vor Inkrafttreten der 24. BImSchV.

1364 Vgl. auch *Czajka,* in: Feldhaus, BImSchG, § 42 Rn. 45. Die Regelung des § 3 Abs. 1 S. 2 der 16. BImSchV kommt dem Betroffenen zugute, weil sie dazu führt, dass bei Lärmschutzfenstern, deren Klasseneinteilung jeweils 5 dB beträgt (vgl. VDI-Richtlinien 2719 „Schalldämmung von Fenstern und deren Zusatzeinrichtungen", August 1987), beim Auswechseln ein Fenster mindestens der nächsthöheren Schallschutzklasse eingebaut wird, BR-Drs. 463/96, S. 13.

1365 BayVGH, Urt. v. 04.02.2004, 8 A 95.40082 u.a., juris, Rn. 103.

1366 Vgl. auch *Czajka,* in: Feldhaus, BImSchG, § 42 Rn. 19.

1367 Vgl. *Czajka,* in: Feldhaus, BImSchG, § 42 Rn. 20. Dazu oben B.I.4.d).

1368 Dazu etwa BVerwG, Urt. v. 05.03.1997, 11 A 25.95, BVerwGE 104, 123 = NVwZ 1998, 513 (520) – Eisenbahntrasse Hamburg–Büchen–Berlin (Wentdorf) unsichtigt worden ist, dass die Schalldämmwirkung von Baustoffen bei linienförmigen Schallquellen wie vorbeifahrenden Eisenbahnen um etwa 3 dB(A) geringer ist.[1369] Da der Korrektursummand $D$ zur Ermittlung des erforderlichen Schalldämm-Maßes von den prognostizierten Außenwerten (Beurteilungspegel $L_{r,T}$ bzw. $L_{r,N}$) abgezogen wird, geht die 24. BImSchV somit von der bereits erwähnten[1370] Schädlichkeitsgrenze (im Sinne von §§ 41 und 43 Abs. 1 S. 1 Nr. 3 BImSchG) von 30 dB(A) in Schlafräumen und 40 dB(A) in Wohnräumen als energieäquivalente Dauerschall-Innenpegel aus.[1371] Das erforderliche Schalldämm-Maß orientiert sich mithin am *Innenraumpegel*[1372], der entsprechend dem typischen Dämmwert eines gekippten Fensters 15 dB(A) unter dem ermittelten Außenpegel liegt.[1373] Die

ter Hinweis auf BR-Drs. 463/96, S. 16 f.: Anders als die Richtlinie Akustik 23 für die Schalldämmung von Fenstern bei Schienenverkehrslärm (Ausgabe 1990) berücksichtigt die 24. BImSchV die schlechtere Dämmwirkung von Fenstern gegenüber tieffrequentem Schall, der im Frequenzspektrum bei Güterzügen mit einem hohen Anteil klotzgebremster Wagen überwiegt, durch einen Korrektursummanden (E) von 2 dB (siehe Tabelle 2 Zeile 4), was bei dem nachts vorherrschenden Güterverkehr für Räume, die überwiegend zum Schlafen benutzt werden, zu einer um eine Stufe günstigeren Fensterklasse führen kann.

1369 VGH Bad.-Württ., Urt. v. 06.04.2006, 5 S 847/05, UPR 2006, 454, juris, Rn. 119 – Eisenbahnprojekt „Stuttgart 21" unter Hinweis auf BR-Drs. 463/96, S. 16. In der Regierungsbegründung (a. a. O.) heißt es dazu, der Zuschlag von 3 dB(A) berücksichtige, dass die Dämmwirkung von Bauteilen bei Geräuschen von Linienschallquellen bei in der Praxis üblichen Schalleinfallsrichtungen geringer ausfällt als bei Prüfmessungen im diffusen Schallfeld. Siehe ferner den Planfeststellungsbeschluss des Eisenbahn-Bundesamts für den Umbau des Bahnknotens Stuttgart „Projekt Stuttgart 21", Planfeststellungsabschnitt 1.1 (Talquerung mit neuem Hauptbahnhof) vom 28.01.2005, B. III. Ziff. 4.4.3.2 (S. 300 f.).

1370 Oben B.I.3.c)aa).

1371 VGH Bad.-Württ., Urt. v. 06.04.2006, 5 S 847/05, UPR 2006, 454, juris, Rn. 119 – Eisenbahnprojekt „Stuttgart 21"; ferner OVG RhPf., Urt. v. 30.01.2006, 8 C 11367/05, juris, Rn. 24 u. Urt. v. 23.03.2000, 1 C 12676/98, juris, Rn. 46; BayVGH, Urt. v. 04.02.2004, 8 A 95.40082 u. a., juris, Rn. 104 unter Hinweis auch auf BR-Drs. 463/1/96, S. 7 ff.; *Vallendar,* in: Hermes/Sellner, AEG, § 18 Rn. 152 m. w. N.: Der passive Schallschutz soll gewährleisten, dass Innenpegel in Wohnräumen ca. 40 dB(A) und in Schlafräumen ca. 30 dB(A) nicht übersteigt; *Dürr,* in: Knack/Henneke, VwVfG, § 75 Rn. 57 m. w. N.: Die Grenze für unzumutbare Störungen durch Lärm liege in Wohnräumen bei 40 dB(A) Dauerpegel, in Schlafräumen bei 30 dB(A) Dauerpegel und 50 dB(A) Spitzenwerten; *Czajka,* in: Feldhaus, BImSchG, § 42 Rn. 47; siehe auch oben B.I.3.c)aa) u. Fn. 747.

1372 Vgl. auch BR-Drs. 463/96, S. 13; BVerwG, Urt. v. 26.05.2004, 9 A 5.03, juris, Rn. 22 – B 170. Ein Anspruch auf einen bestimmten Innenpegel besteht aber nicht, vgl. BayVGH, Urt. v. 04.02.2004, 8 A 95.40082 u. a., Ls. 3, juris, Rn. 99 ff. (101).

1373 *Jarass,* BImSchG, § 42 Rn. 19; vgl. auch *Czajka,* in: Feldhaus, BImSchG, § 42 Rn. 48. Zum Dämmwert bei geöffnetem und gekipptem Fenster bereits oben B.I.3.c)aa).

Innenraumpegel sind also so gewählt, dass Kommunikations- und Schlafstörungen in den Räumen vermieden werden.[1374] Demgegenüber haben die Immissionsgrenzwerte der 16. BImSchV keinen Eingang in die Berechnungsformeln der 24. BImSchV gefunden; für die Schutzbedürftigkeit eines Raumes kommt es deshalb nicht darauf an, in welcher Gebietsart (allgemeines oder reines Wohngebiet, Mischgebiet usw.) sich die bauliche Anlage befindet.[1375] Es wurde bereits darauf hingewiesen, dass für die Lästigkeit von Lärm vor allem auch die Erwartung der Betroffenen an eine störungsfreie (Wohn-)Umgebung von Bedeutung ist.[1376] Die Angemessenheit der Wohnqualität ist allerdings – worauf das Bundesverwaltungsgericht[1377] zutreffend hinweist – nicht statisch festgelegt, sondern kann „im Laufe der Zeit Wandlungen unterliegen, die in Bestrebungen des Gesetzgebers oder auch in sich verfestigenden Anschauungen des täglichen Lebens ihren Ausdruck finden können". Vor diesem Hintergrund geht das Bundesverwaltungsgericht zu Recht davon aus, dass „zur angemessenen Befriedigung der Wohnbedürfnisse heute grundsätzlich die Möglichkeit des *Schlafens bei gekipptem Fenster* gehört".[1378] Der Schutz vor unzumutbarem Lärm umfasse für Schlafräume „nicht nur die Lärmminderung als solche", sondern „auch

---

[1374] BR-Drs. 463/96, S. 13 u. 16. – Der Vorschlag des Umweltausschusses den Wert auf 24 dB(A) herabzusetzen (BR-Drs. 463/1/96, S. 7 f.) hat keinen Eingang in die Verordnung gefunden; siehe dazu den Widerspruch des Verkehrsausschusses in BR-Drs. 463/1/96, S. 8 unter Hinweis darauf, dass der Vorschlag über die wissenschaftlich begründbaren Erkenntnisse hinausgeht und eine Forderung der Lärmsanierung darstellt, die 24. BImSchV aber nur die Lärmvorsorge umfassen könne. – Gleiches gilt für den Vorschlag des Umweltausschusses (BR-Drs. 463/1/96, S. 8 f.), den Wert in Zeile 2 von 37 dB(A) auf 32 dB(A) zu ermäßigen; siehe hierzu den Widerspruch des Verkehrsausschusses in BR-Drs. 463/1/96, S. 9 f., zwar unter Hinweis auf die dadurch zu erzielende Verbesserung der Sprachverständlichkeit, aber zugleich auf die „haushaltsrechtlichen Engpässe".

[1375] Siehe *Czajka,* in: Feldhaus, BImSchG, § 42 Rn. 45 f.

[1376] Oben B.I.3.c)aa).

[1377] BVerwG, Urt. v. 21.09.2006, 4 C 4.05, BVerwGE 126, 340 = NVwZ 2007, 219, Ls. 1 u. 2, Rn. 26 – Flughafen Köln/Bonn (Herv. d. Verf.).

[1378] Siehe bereits BVerwG, Urt. v. 29.01.1991, 4 C 51.89, BVerwGE 87, 332 = NVwZ-RR 1991, 601 (617 u. 622) – Verkehrsflughafen München II und die Grundsatzentscheidung BVerwG, Urt. v. 21.05.1976, IV C 80.74, BVerwGE 51, 15 = NJW 1976, 1760 (1764) – B 27 (Stuttgart-Degerloch) zum Straßenverkehrslärm: Möglichkeit störungsfreien Schlafens bei (gelegentlich) geöffnetem Fenster in nicht durch Störfaktoren nachteilig vorbelastetem Wohngebiet; ferner *Vallendar,* in: Hermes/Sellner, AEG, § 18 Rn. 154; *Kuschnerus,* Schutzauflagen, S. 99; *Michler,* Verkehrsimmissionsschutz, S. 75; *Krüger* u. a., Schall- und Erschütterungsschutz, S. 115; *Haakh/Maier,* BWVP 1987, 25 (31); *Klosterkötter,* KdL 1976, 1 (3); a. A. *Kämper,* in: BeckOK-VwVfG, § 74 Rn. 102: Ein Rechtsanspruch auf Schlafen bei geöffnetem Fenster besteht nicht; wohl auch OVG RhPf., Urt. v. 23.03.2000, 1 C 12676/98, juris, Rn. 52: Es könne den Betroffenen zugemutet werden, auf ein Schlafen bei geöffnetem Fenster zu verzichten.

die Erhaltung oder Herstellung einer ausreichenden Luftzufuhr". Müssten zum Schutz vor unzumutbarem Lärm die Fenster der Schlafräume geschlossen werden, hätten die Betroffenen daher „einen kompensatorischen Anspruch auf den Einbau technischer Belüftungseinrichtungen". Diese Einschätzung liege auch der Vorschrift des § 2 Abs. 1 S. 2 der 24. BImSchV[1379] zugrunde. Danach gehöre zu den Schallschutzmaßnahmen auch der Einbau von Lüftungsmaßnahmen in denjenigen Räumen, die überwiegend zum Schlafen benutzt werden.[1380] Den Betroffenen kann nicht zugemutet werden, zur Belüftung anderer Räumlichkeiten gelegentlich die Fenster zu öffnen.[1381]

### b) *Unterhaltungs- und Erneuerungskosten*

Für die betroffenen Grundstückseigentümer sowie für den Vorhabenträger kann sich die Frage stellen, wer für die Kosten der Unterhaltung und Erneuerung passiver Schallschutzmaßnahmen (z.B. für die Wartung und den Ersatz von Belüftungseinrichtungen) aufzukommen hat.[1382] Nach einer in der Literatur vertretenen Auffassung besitzen die Betroffenen einen Anspruch gegen den Vorhabenträger auf Erstattung der Unterhaltungs- und Erneuerungskosten.[1383] Zur Begründung wird angeführt, dass der Vorhabenträger im Falle der Anordnung von – grundsätzlich vorrangigen – aktiven

1379 Dazu BR-Drs. 463/96, S. 12.

1380 Vgl. dazu *Jarass,* BImSchG, § 42 Rn. 18 unter Hinweis auf BR-Drs. 463/96, S. 12 (zu § 2): auch Einraum-Appartements und Bettenräume in Krankenhäusern. BR-Drs. 463/96, S. 12 nennt weiter Kinderzimmer, Bettenräume in Kur- und Altenheimen sowie Schlafräume in Beherbergungsbetrieben. Nach *Silagi,* UPR 1997, 272 (273) ist der Anspruch aus § 42 BImSchG auf die Erstattung der Kosten für passiven Lärmschutz beschränkt, so dass die Kosten für eine etwa erforderlich werdende Klimaanlage nicht erfasst werden. – Der Vorschlag des Umweltausschusses, Lüftungseinrichtungen auch für Wohnräume, die nicht überwiegend zum Schlafen benutzt werden, vorzusehen (BR-Drs. 463/1/96, S. 1 f.), was im Hinblick auf die Flughafen-München-Entscheidung des Bundesverwaltungsgerichts vom 29.01.1991 berücksichtige, dass Wohn- und Schlafräume in Wohnungen vom Nutzer auch nach Realisierung der Schallschutzmaßnahmen frei wählbar bleiben, ist nicht Inhalt der Verordnung geworden. Dem Vorschlag hat der Verkehrsausschuss widersprochen (BR-Drs. 463/1/96, S. 2 f.), unter anderem weil in diesen Wohnräumen aufgrund des Stoßlüftens keine Erstickungsgefahr bestehe, so dass kein Bedarf für eine Gleichbehandlung mit Räumen, die überwiegend zum Schlafen benutzt werden, besteht. Außerdem würde die Verpflichtung zum Einbau von Lüftungseinrichtungen auch in Wohnräumen zu nicht übersehbaren erheblichen Mehrkosten führen. – Entsprechendes gilt für die Empfehlung des Umweltausschusses, in Tabelle 1 Zeilen 1 u. 2 Räume, die zum Wohnen oder Schlafen benutzt werden können (tags bzw. nachts) zu erfassen (siehe BR-Drs. 463/1/96, S. 6 f.).

1381 OVG RhPf., Urt. v. 23.03.2000, 1 C 12676/98, juris, Rn. 52.

1382 Dazu *Ronellenfitsch,* in: Marschall/Schroeter/Kastner, FStrG, § 17 Rn. 170 ff.

Schallschutzmaßnahmen die Unterhaltungs- und Erneuerungskosten auf Dauer zu tragen hätte.[1384] Zudem dürfe die einmalige Erstattung der Kosten für passive Schallschutzmaßnahmen nicht dazu führen, dass dic Betroffenen mit einem – mitunter erheblichen – Unterhaltungs- und Erneuerungsaufwand belastet werden und die Risiken der Funktionsfähigkeit der Schutzvorrichtungen (wie z.B. Undichtwerden der Fenster und Funktionsbeeinträchtigungen der Lüftung) auf sie abgewälzt werden.[1385] Auch passiver Schallschutz sei auf Dauer zu gewährleisten[1386], in der Regel so lange wie der Planfeststellungsbeschluss und damit die Gefahrenlage aufrechterhalten bleibe[1387]. Der Anspruch auf Erstattung der Aufwendungen für passive Schallschutzmaßnahmen sei somit nicht lediglich auf eine einmalige Geldleistung des Vorhabenträgers beschränkt.[1388] Ein Anspruch der Betroffenen auf Erstattung sämtlicher Unterhaltungs- und Erneuerungskosten dürfte indessen zu weit gehen. Ohne das Vorhaben hätten die Betroffenen die Kosten für die Unterhaltung und Erneuerung, etwa der Fenster, selbst zu tragen. Es ist daher nicht gerechtfertigt, diese Kosten dem Vorhabenträger aufzuerlegen. In diesem Sinne hat auch der Hessische Verwaltungsgerichtshof in seinem Urteil vom 13. Juni 2007[1389] ausgeführt, bei einem Ausgleich zwischen den Interessen des Vorhabenträgers und den Interessen des Betroffenen erscheine es angemessen, die Kosten für Unterhaltung und Erneuerung dem Betroffenen zuzuordnen, denn als Eigentümer sei er grundsätzlich selbst für die Instandhaltung seines Eigentums verantwortlich.[1390] Die Be-

---

1383 *Czajka,* in: Feldhaus, BImSchG, § 41 Rn. 67 (zur Unterhaltung), weil nur so der Schutz vor Verkehrslärm „sichergestellt" werden könne; wohl auch *Schulze-Fielitz,* in: GK-BImSchG, § 41 Rn. 67; *Kuschnerus,* DVBl. 1986, 429 (439) noch zu § 17 Abs. 4 S. 2 FStrG a.F.; *ders.*, Schutzauflagen, S. 100; a.A. *Ronellenfitsch,* in: Marschall/Schroeter/Kastner, FStrG, § 17 Rn. 172, nach dem es sich bei den Schutzanlagen, die der Betroffene errichtet und für deren Kosten er nach § 42 BImSchG oder § 74 Abs. 2 S. 3 VwVfG eine Entschädigung erhält, nicht um Anlagen nach § 74 Abs. 2 S. 2 VwVfG handelt.

1384 Vgl. *Czajka,* in: Feldhaus, BImSchG, § 41 Rn. 67.

1385 Siehe *Kuschnerus,* DVBl. 1986, 429 (439) zu § 17 Abs. 4 S. 2 FStrG a.F.; *ders.*, Schutzauflagen, S. 100.

1386 *Kuschnerus,* DVBl. 1986, 429 (439).

1387 *Michler,* Verkehrsimmissionsschutz, S. 127 f.; *ders.*, VerwArch. 1999, 21 (44).

1388 *Kuschnerus,* Schutzauflagen, S. 100 m.w.N.

1389 11 A 2061/06, NVwZ-RR 2008, 88 (93) – Flughafen Frankfurt/Main u. die dazu ergangene Entscheidung des BVerwG, Beschl. v. 21.01.2008, 4 B 50.07, BauR 2008, 2030, juris, Rn. 16. Die gegen diese Entscheidung erhobene Verfassungsbeschwerde hat das Bundesverfassungsgericht nicht zur Entscheidung angenommen (Beschl. v. 23.06.2009, 1 BvR 1214/08, n.v.), wiedergegeben nach juris.

1390 Ferner sei zu berücksichtigen, dass der Betroffene beim erstmaligen Einbau neuwertige anstelle gebrauchter Fenster erhält. Auch dies rechtfertige bei der gebotenen pauschalierenden Betrachtungsweise eine spätere Belastung des Lärmschutztroffenen können danach nur solche Kosten ersetzt verlangen, die ohne das Vorhaben nicht entstanden wären. Dazu gehören die Kosten der Unterhaltung und Erneuerung für Anlagen, die – wie etwa Belüftungseinrichtungen – erst durch das Vorhaben notwendig werden sowie die Kosten, die durch einen erhöhten Unterhaltungsaufwand für die notwendigen passiven Schallschutzmaßnahmen entstehen.[1391]

### *c) Vorteilsausgleichung bzw. Kostenbeteiligung des Grundstückseigentümers?*

Für den Vorhabenträger und für den Grundstückseigentümer kann sich darüber hinaus die Frage stellen, ob dieser Vorteile, die er durch passive Schallschutzmaßnahmen erlangt (z. B. eine Verbesserung der Geräuschsituation, Energieersparnis, Modernisierung, „neu für alt“[1392]) auf den Erstattungsanspruch des Eigentümers anrechnen darf bzw. ob dieser sich an den Kosten für passive Schallschutzmaßnahmen beteiligen muss, wenn diese etwa zu einer Reduzierung der Geräuschbeeinträchtigungen über das rechtlich gebotene Maß hinaus führen. Diese Frage kann deshalb auftreten, weil es aus technischen Gründen häufig nicht möglich ist, passive Schallschutzmaßnahmen genau auf die Grenze des Zumutbaren bzw. auf das Maß der Geräuschbeeinträchtigungen zu dimensionieren, die der Verkehrsweg hervorruft.[1393] Das Bundesverwaltungsgericht hat einen Vorteilsausgleich bzw. eine Kostenbeteiligung des Betroffenen in seinem B 464-Urteil vom 9. Februar 1995[1394] mit überzeugender Begründung verneint. Der Betroffene habe einen Anspruch darauf, dass die Lärmbeeinträchtigung, die durch die staatliche Maßnahme erst ausgelöst werde, vermieden werde. Könne der Vorhabenträger diesen zu Recht beanspruchten Erfolg aus technischen Gründen nur erreichen, wenn er hierzu Maßnahmen ergreife, deren Wirkung über das rechtlich gebotene Maß hinausginge, so dürfe sich dies „nicht zum Nachteil der Betroffenen in der Weise auswirken, dass diese sich an den Kosten zur Vermeidung des Eingriffs beteiligen müssen“. Denn es liege nicht im Verantwortungsbereich der Betroffenen, wenn sich der Vorhabenträger dazu entschließe, Fenster nur mit bestimmten Lärmschutz-

---

betroffenen durch Unterhaltung und gegebenenfalls Erneuerung (Hess. VGH, a. a. O.).

[1391] So auch Ziff. 3.11 u. 3.12 des Planfeststellungsbeschlusses, welcher dem Urteil des Oberverwaltungsgerichts Bremen vom 13.01.2005, 1 D 224/04, juris, Rn. 18 u. 21 zugrunde lag.

[1392] Zu letzteren *Kuschnerus,* DVBl. 1986, 429 (438).

[1393] Vgl. *Michler,* VerwArch. 1999, 21 (46); *ders.*, VBlBW 1998, 201 (208).

[1394] 4 C 26.93, BVerwGE 97, 367 = NVwZ 1995, 907 (909) – B 464 zu § 74 Abs. 2 S. 2 VwVfG; ebenso *Wahl/Hönig,* NVwZ 2006, 161 (170).

klassen vorzusehen, weil ihm anderes aus technischen Gründen nicht möglich sei oder jedenfalls nicht als sinnvoll erscheine. Die Betroffenen hätten „im rechtlichen Sinne keinen Vorteil". Lägen die Lärmbeeinträchtigungen oberhalb jener Werte, welche die Verordnungsgebung des Bundes nach § 43 Abs. 1 BImSchG als erheblich festgelegt habe, so sei damit zugleich entschieden, dass die Zumutbarkeitsgrenze im Sinne des § 3 Abs. 1 BImSchG überschritten sei. Führten Maßnahmen, die ihre Ursache in dem vom Staat zu verantwortenden Eingriff hätten, insoweit zu einer tatsächlichen Verbesserung der Lärmsituation, dann würden durch diese Maßnahmen nur schädliche Umwelteinwirkungen beseitigt. Dass der betroffene Bürger bei isolierter Betrachtung auf die Beseitigung gerade dieser Einwirkungen keinen Rechtsanspruch hätte, ändere daran nichts. Die öffentliche Hand habe auch jene ihr zuzurechnenden schädlichen Umwelteinwirkungen zu vermeiden, auf deren Beseitigung der Gesetzgeber dem Einzelnen einen Rechtsanspruch nicht eingeräumt habe. Diese objektive Rechtspflicht ergebe sich unter anderem aus Art. 20a GG.[1395] Es kann also auch „Lärmschutzgewinner" geben.[1396]

### 3. Probleme des passiven Schallschutzes

#### *a) Kein Schutz bei geöffneten Fenstern*

Schallschutzfenster verlieren ihren Schutz, wenn sie geöffnet werden.[1397] Passiver Schallschutz schützt mithin nicht davor, bei geöffneten Fenstern erheblichem Verkehrslärm ausgesetzt zu sein.[1398] Die der berechtigten Wohnerwartung entsprechende Wohnruhe lässt sich daher umfassend nur durch aktive Schallschutzmaßnahmen gewährleisten.[1399]

---

1395 Siehe auch *Michler,* VerwArch. 1999, 21 (46) u. *ders.*, VBlBW 1998, 201 (208) jew. mit Nachweis auf die gegenteilige Ansicht des Bayerischen Verwaltungsgerichtshofs (Urt. v. 05.03.1996, 20 B 92.1055, NVwZ-RR 1997, 159) für den Bereich der Lärm*sanierung*; anders wohl auch *Kuschnerus,* DVBl. 1986, 429 (438), nach dem der Grundsatz der Vorteilsausgleichung es „möglicherweise" rechtfertigen könne, dass von den Kosten der notwendigen Maßnahmen passiven Lärmschutzes ein gewisser Prozentsatz als Ausgleich für tatsächlich eintretende Vorteile abgezogen wird.

1396 *Wahl/Hönig,* NVwZ 2006, 161 (170) m.w.N.

1397 Vgl. *Schulze-Fielitz,* DÖV 2001, 181 (191); vgl. auch *Hofmann,* Verkehrslärmschutz, S. 215.

1398 *Michler,* VerwArch. 1999, 21 (45) m.w.N.

1399 Vgl. *Kuschnerus,* DVBl. 1986, 429 (437).

### *b) Akustische Isolation des Innenwohnbereichs und Lüftungsprobleme*

Passive Schallschutzmaßnahmen können bei geschlossenen Fenstern zu einer akustischen Isolation gegenüber grundsätzlich angenehmen Außengeräuschen (z.B. Vogelgesang, Blätterrauschen) führen.[1400] Der Bayerische Verwaltungsgerichtshof spricht insoweit von einer „Käfigwirkung" bzw. einem „Käfig-Effekt" und in Anlehnung an die Formulierung der dortigen lärmbetroffenen Kläger sogar von einer *„akustischen Käfighaltung"*.[1401] Werden die Fenster geschlossen gehalten, so können zudem Lüftungsprobleme entstehen, mit der Folge unzureichender Abfuhr von Kohlendioxid[1402] und der Gefahr von Schimmelbildung.[1403]

### *c) Kein Schutz des Außenwohnbereichs*

Schließlich schützen passive Schallschutzmaßnahmen nach § 42 BImSchG nicht die zum Außenwohnbereich gehörenden unbebauten Flächen, weil § 42 Abs. 2 S. 1 BImSchG den Eigentümern nur einen Anspruch auf Erstattung von Aufwendungen „an baulichen Anlagen" gewährt [zur Entschädigung nach § 74 Abs. 2 S. 3 VwVfG im Einzelnen unten III., insbesondere III.6.c)].

## 4. Rückgriff auf § 74 Abs. 2 S. 2 VwVfG

§§ 41 ff. BImSchG bestimmen, wie bereits erwähnt[1404], innerhalb ihres Anwendungsbereichs die Bewältigung der Lärmschutzproblematik grundsätzlich abschließend. Die auch für den passiven Schallschutz geltende Vorschrift des § 74 Abs. 2 S. 2 VwVfG[1405] kommt hinsichtlich der Entschädi-

---

1400 BVerwG, Urt. v. 16.03.2006, 4 A 1075.04, BVerwGE 125, 116 = NVwZ 2006, Beilage zu Heft Nr. 8, S. 23 f., Rn. 284 – Verkehrsflughafen Berlin-Schönefeld; *Sparwasser/Rombach,* NVwZ 2007, 1135 (1139); *Halama,* VBlBW 2006, 132 (135).

1401 BayVGH, Urt. v. 03.12.2002, 20 A 01.40019 u.a., BayVBl. 2003, 691, juris, Rn. 128, 149 u. 200; ebenso das Vorbringen der Kläger in BayVGH, Urt. v. 28.09.2006, 8 A 05.40032 u.a., BayVBl. 2007, 400, juris, Rn. 41.

1402 Siehe dazu die bereits erwähnte Vorschrift des § 2 Abs. 1 S. 2 der 24. BImSchV über den Einbau von Lüftungseinrichtungen u. BR-Drs. 463/96, S. 12; BR-Drs. 463/1/96, S. 2: Vermeidung einer Erstickungsgefahr aufgrund Sauerstoffmangels.

1403 *Michler,* Verkehrsimmissionsschutz, S. 127; *Klosterkötter,* KdL 1976, 1 (2).

1404 Oben B.I.7.a).

1405 Vgl. etwa *Bonk/Neumann,* in: Stelkens/Bonk/Sachs, VwVfG, § 74 Rn. 165 u. 169 zur Erstattung von Schutzmaßnahmen, die der Betroffene bereits selbst vorgung für diesen neben § 42 BImSchG materiell-rechtlich nur nach Maßgabe des § 42 Abs. 2 S. 2 BImSchG in Betracht.[1406] Für die Fälle, in denen auf § 74 Abs. 2 S. 2 VwVfG auch wegen passiven Schallschutzes zurückgegriffen werden kann (etwa zum Schutz gegen Erschütterungen, für Körperschall und sekundären Luftschall), kann auf die Ausführungen zum aktiven Schallschutz durch diese Vorschrift verwiesen werden.[1407]

## III. Entschädigung

Sind Vorkehrungen oder die Errichtung und Unterhaltung von Anlagen, die zum Wohl der Allgemeinheit oder zur Vermeidung nachteiliger Wirkungen auf Rechte anderer erforderlich sind (§ 74 Abs. 2 S. 2 VwVfG), untunlich oder mit dem Vorhaben unvereinbar, so hat der Betroffene nach § 74 Abs. 2 S. 3 VwVfG einen Anspruch auf angemessene Entschädigung in Geld.

### 1. Verhältnis zum passiven Schallschutz nach § 42 BImSchG, § 74 Abs. 2 S. 2 VwVfG

Die §§ 41 ff. BImSchG bestimmen innerhalb ihres Anwendungsbereichs die Bewältigung der Lärmschutzproblematik grundsätzlich abschließend.[1408] Nach § 42 Abs. 2 S. 2 BImSchG bleiben jedoch die Vorschriften unberührt, welche eine weitergehende Entschädigung gewähren. Das ist bei § 74 Abs. 2 S. 3 VwVfG schon deshalb der Fall, weil die Vorschrift eine über die Finanzierung von passiven Schallschutzmaßnahmen hinausgehende Entschädigung gewährt.[1409] § 74 Abs. 2 S. 3 VwVfG bleibt deshalb nach § 42

---

genommen hat. Bei dem Aufwendungsersatz handelt es sich nur um die gesetzlich nicht geregelte Modalität, in der der Anspruch auf reale Schutzmaßnahmen erfüllt wird, siehe bereits oben B.II.1.

1406 BVerwG, Urt. v. 09.02.1995, 4 C 26.93, BVerwGE 97, 367 = NVwZ 1995, 907 (908) – B 464; ferner BVerwG, Urt. v. 17.03.2005, 4 A 18.04, BVerwGE 123, 152 = NVwZ 2005, 811 (812) – A 73 (Suhl-Lichtenfels); BVerwG, Beschl. v. 22.12.2004, 4 B 75.04, Buchholz 406.25 § 41 BImSchG Nr. 42, juris, Rn. 11; VGH Bad.-Württ., Urt. v. 28.10.2005, 5 S 1382/04, juris, Rn. 45 u. 49 – Wieslauftalbahn; *Jarass,* BImSchG, § 42 Rn. 4 f.; *Bonk/Neumann,* in: Stelkens/Bonk/Sachs, VwVfG, § 74 Rn. 178 ff.; *Halama,* VBlBW 2006, 132 (133); *Schulze-Fielitz,* ZUR 2002, 190 (192); *Vallendar,* UPR 2001, 171 (173); *Alexander,* NVwZ 1991, 318 (321).

1407 Oben B.I.7.a).

1408 Oben B.I.7.a). Siehe auch soeben zum Verhältnis von passivem Schallschutz nach § 74 Abs. 2 S. 2 VwVfG zu § 42 BImSchG.

1409 *Jarass,* BImSchG, § 42 Rn. 5 m.w.N.; *Czajka,* in: Feldhaus, BImSchG, § 42 Rn. 49 f.; *Schulze-Fielitz,* in: GK-BImSchG, § 42 Rn. 77; *Kuschnerus,* Schutzauflagen, S. 103; *Wahl/Hönig,* NVwZ 2006, 161 (170).

Abs. 2 S. 2 BImSchG von den einschränkenden Voraussetzungen des § 42 Abs. 1 u. Abs. 2 S. 1 BImSchG unberührt.[1410]

## 2. Surrogatscharakter des Entschädigungsanspruchs

Der Entschädigungsanspruch aus § 74 Abs. 2 S. 3 VwVfG stellt – wie das Bundesverwaltungsgericht in seinem Verkehrsflughafen München II-Urteil vom 29. Januar 1991[1411] und sodann in ständiger Rechtsprechung[1412] ausgeführt hat – ein finanzielles Surrogat für nicht realisierbare, weil untunliche oder mit dem Vorhaben unvereinbare Ansprüche auf physisch-realen Ausgleich (z.B. durch aktive oder passive Schallschutzmaßnahmen wie Schallschutzfenster[1413]) unzumutbarer Auswirkungen der Planung dar.[1414] Aus dem Surrogatscharakter – so das Bundesverwaltungsgericht[1415] weiter – ergebe sich, dass die Entschädigungsleistung ausschließlich bei Vorliegen „nachteiliger Wirkungen" des Vorhabens gezahlt werde. Dies bedeute, dass ein Ausgleich für die nicht durch technisch-reale (aktive und/oder passive Schallschutz-)Maßnahmen abwendbaren lärmbedingten Nachteile gewährt werden soll[1416], soweit diese die Grenze des Zumutbaren überschreiten.

---

[1410] BVerwG, Urt. v. 05.03.1997, 11 A 25.95, BVerwGE 104, 123 = NVwZ 1998, 513 (520) – Eisenbahntrasse Hamburg–Büchen–Berlin („Wentdorf").

[1411] 4 C 51.89, BVerwGE 87, 332 = NVwZ-RR 1991, 601 (619 ff.), Ls. 16 – Verkehrsflughafen München II.

[1412] BVerwG, Beschl. v. 28.08.2009, 9 A 22.07, juris, Rn. 7; BVerwG, Beschl. v. 02.09.2008, 4 A 1007.07, Rn. 19 – Verkehrsflughafen Berlin-Schönefeld; BVerwG, Beschl. v. 02.07.2008, 4 A 1025.06 u.a., NVwZ 2008, 1113 (1114), Rn. 15 – Verkehrsflughafen Berlin-Schönefeld; BVerwG, Beschl. v. 07.05.2008, 4 A 1009.07 u.a., NVwZ 2008, 1007 (1009, 1010), Rn. 17-19, 27, 30 – Verkehrsflughafen Berlin-Schönefeld; BVerwG, Urt. v. 16.03.2006, 4 A 1075.04, BVerwGE 125, 116 = NVwZ 2006, Beilage zu Heft Nr. 8, Ls. 18, S. 34, 36–39, Rn. 373, 396, 409, 413 f., 422 – Verkehrsflughafen Berlin-Schönefeld; BVerwG, Urt. v. 21.12.2005, 9 A 12.05, NVwZ 2006, 603 (604) – Eisenbahntrasse Hamburg–Berlin; BVerwG, Urt. v. 23.02.2005, 4 A 4.04, BVerwGE 123, 37 = NVwZ 2005, 803 (807) – A 72; BVerwG, Urt. v. 23.02.2005, 4 A 5.04, BVerwGE 123, 23 = NVwZ 2005, 808 (810) – A 72; BVerwG, Urt. v. 14.05.1992, 4 C 9.89, NVwZ 1993, 477 (478).

[1413] BVerwG, Urt. v. 11.11.1988, 4 C 11.87, NVwZ 1989, 255 (256), Ls. 1 S. 2.

[1414] Vgl. auch BVerfG, 3. Kammer des Ersten Senats, Beschl. v. 29.07.2009, 1 BvR 1606/08, NVwZ 2009, 1494 (1497), juris, Rn. 29 – Verkehrsflughafen Berlin-Schönefeld; BGH, Beschl. v. 28.08.2009, 9 A 22/07, juris, Rn. 7; VGH Bad.-Württ., Urt. v. 30.09.2005, 5 S 591/04, juris, Rn. 30 – Eisenbahntrasse Ulm–Friedrichshafen; *Bonk/Neumann,* in: Stelkens/Bonk/Sachs, VwVfG, § 74 Rn. 190; *Kämper,* in: BeckOK-VwVfG, § 74 Rn. 106; *Allesch/Häußler,* in: Obermayer, VwVfG, § 74 Rn. 94; *Halama,* VBlBW 2006, 132 (136); *Jarass,* DÖV 2004, 633, (637) m.w.N.; *Wahl/Dreier,* NVwZ 1999, 606 (620).

[1415] Urt. v. 29.01.1991, 4 C 51.89, BVerwGE 87, 332 = NVwZ-RR 1991, 601 (621) – Verkehrsflughafen München II (Herv. d. Verf.).

Ebenso wie die „Vorkehrungen und Anlagen“ im Sinne von § 74 Abs. 2 S. 2 VwVfG nur dann und nur insoweit verlangt werden können, wie die Lärmbelastung das Maß des Zumutbaren übersteigt, diene auch die Entschädigung nur dem Ausgleich der verbliebenen, gleichwohl vom Betroffenen nicht hinzunehmenden unzumutbaren Nachteile. Diese *gesetzliche Anbindung der Entschädigungsleistung an den Anspruch auf konkrete Schutzmaßnahmen „schließt es aus, über § 74 Abs. 2 S. 3 VwVfG einen allgemeinen Ausgleich aller Vermögensnachteile vorzunehmen, die durch das Vorhaben ausgelöst werden“*. Der Anspruch auf physisch-realen Ausgleich verwandelt sich demnach nur dann in einen Anspruch auf angemessenen Ausgleich in Geld, wenn „die zur Sicherung der benachbarten Grundstücke gegen erhebliche Beeinträchtigungen notwendigen Anlagen mit dem Vorhaben *unvereinbar* sind“ oder „ihre *Kosten außer Verhältnis* zu dem angestrebten Schutzzweck stehen“ oder „wenn der Vorhabenträger Vorkehrungen getroffen hat, die zwar geeignet sind, die vom Vorhaben hervorgerufenen Nachteile zu mindern, trotz dieser Maßnahmen aber noch *Beeinträchtigungen übrigbleiben, die das Maß des Zumutbaren überschreiten*“.[1417] Aus dem Surrogatscharakter des § 74 Abs. 2 S. 3 VwVfG folgt zugleich, dass die auch im Rahmen dieser Vorschrift geltende Zumutbarkeitsgrenze jeweils so zu bestimmen ist wie für technisch-reale Ausgleichsmaßnahmen nach § 74 Abs. 2 S. 2 VwVfG.[1418] Greift also § 74 Abs. 2 S. 2 VwVfG, der den Anspruch auf Schutzvorkehrungen regelt, tatbestandlich nicht ein, so ist auch für die Anwendung von § 74 Abs. 2 S. 3 VwVfG kein Raum.[1419]

Die Vorschrift ermöglicht den Erlass eines Planfeststellungsbeschlusses, der es dem Vorhabenträger gestattet, auf Schutzmaßnahmen – jedenfalls in Teilen – zu verzichten, obwohl die einfach-rechtliche Zumutbarkeitsschwelle überschritten ist.[1420] § 74 Abs. 2 S. 3 VwVfG enthält somit im Ergebnis eine Durchbrechung des Grundsatzes, wonach eine Planfeststellung Rechte anderer nicht beeinträchtigen darf, da die betroffenen Dritten den Eingriff in ihre Rechte nicht abwehren können, sondern auf Entschädigungszahlungen verwiesen werden.[1421] Damit befindet sich der Vorhaben-

1416 Vgl. auch *Jarass,* DÖV 2004, 633 (638).

1417 BVerwG, Urt. v. 14.05.1992, 4 C 9.89, NVwZ 1993, 477 (478) (Herv. d. Verf.) unter Hinweis auf BVerwG, Urt. v. 11.11.1988, 4 C 11.87, NVwZ 1989, 255; ferner BVerwG, Beschl. v. 02.07.2008, 4 A 1025.06 u.a., NVwZ 2008, 1113 (1114), Rn. 15 – Verkehrsflughafen Berlin-Schönefeld.

1418 Vgl. *Wahl/Dreier,* NVwZ 1999, 606 (620).

1419 BVerwG, Urt. v. 23.2.2005, 4 A 5.04, BVerwGE 123, 23 = NVwZ 2005, 808 (810) – A 72; BVerwG, Urt. v. 27.11.1996, 11 A 27.96, NVwZ 1997, 917 (918); BVerwG, Urt. v. 14.05.1992, 4 C 9.89, NVwZ 1993, 477 (478) zu § 17 Abs. 4 S. 2 FStrG a.F.; VGH Bad.-Württ., Urt. v. 30.09.2005, 5 S 591/04, juris, Rn. 30 – Eisenbahntrasse Ulm–Friedrichshafen.

1420 *Jarass,* DÖV 2004, 633 (637).

träger – worauf *Jarass*[1422] zutreffend hinweist – in einer besseren Situation als etwa der Antragsteller bei einer immissionsschutzrechtlichen Genehmigung (§§ 4 ff. BImSchG), die im Fall eines Überschreitens der Zumutbarkeitsschwelle versagt werden muss (vgl. § 6 Abs. 1 Nr. 1 BImSchG i. V. m. § 5 Abs. 1 S. 1 Nr. 1 BImSchG). Dahinter stehe die auch an anderen Stellen des Planfeststellungsrechts (z. B. in § 38 BauGB[1423]) zu findende gesetzgeberische Entscheidung, Planfeststellungsvorhaben günstiger zu stellen.

### 3. Verfassungsrechtliche Einordnung des Entschädigungsanspruchs

Der Anspruch aus § 74 Abs. 2 S. 3 VwVfG stellt keine Enteignungsentschädigung im Sinne von Art. 14 Abs. 3 GG dar, auch nicht, soweit er Lärmbeeinträchtigungen oberhalb der verfassungsrechtlichen Zumutbarkeitsschwelle erfasst, weil es nicht – wie von der bundesverfassungsgerichtlichen Rechtsprechung für eine Enteignung gefordert[1424] – um den zielgerichteten (finalen) Entzug konkreter Eigentumspositionen geht, sondern darum, welche Eigentumsbeeinträchtigungen durch Verkehrsimmissionen der Nachbar hinnehmen muss.[1425] Der Anspruch ist deshalb verfassungsrechtlich nicht Art. 14 Abs. 3 GG (Enteignung), sondern Art. 14 Abs. 1 S. 2 GG (Inhalts- und Schrankenbestimmung des Eigentums) zuzuordnen; im Übrigen gewährt der Gesetzgeber bereits bei unzumutbaren Lärmbeeinträchtigungen im Sinne der einfach-rechtlichen Zumutbarkeitsschwelle und damit unterhalb der verfassungsrechtlichen Zumutbarkeitsschwelle einen Ausgleichsanspruch auf angemessene Entschädigung.[1426] Damit geht auch § 74

---

[1421] Zutr. *Ramsauer,* NVwZ 2004, 1041 (1050).

[1422] DÖV 2004, 633 (637).

[1423] Dazu etwa *Stüer/Probstfeld,* Planfeststellung, Rn. 417.

[1424] Z. B. die Kleingartenentscheidung des BVerfG, Beschl. v. 12.06.1979, 1 BvL 19/76, BVerfGE 52, 1 = NJW 1980, 985 (987); ferner BVerfG, Beschl. v. 14.07.1981, 1 BvL 24/78, BVerfGE 58, 137 = NJW 1982, 633 – Pflichtexemplar; BVerfG, Beschl. v. 15.07.1981, 1 BvL 77/78, BVerfGE 58, 300 = NJW 1982, 745 (748 ff.) – Nassauskiesungsbeschluss. Zur Entwicklung des Enteignungsbegriffs *Papier,* in: MD, GG, Art. 14 Rn. 523 ff.

[1425] *Jarass,* DÖV 2004, 633 (639) m. w. N.; *Michler,* Verkehrsimmissionsschutz, S. 139 f. m. w. N. auch zur Gegenansicht.

[1426] BVerwG, Urt. v. 29.01.1991, 4 C 51.89, BVerwGE 87, 332 = NVwZ-RR 1991, 601 (620) – Verkehrsflughafen München II; BVerwG, Urt. v. 22.05.1987, 4 C 17-19.84, BVerwGE 77, 295 = NJW 1987, 2884 (2885); siehe auch BVerfG, 3. Kammer des Ersten Senats, Beschl. v. 20.02.2008, 1 BvR 2722/06, NVwZ 2008, 780 (782 a. E.), Rn. 54 – Verkehrsflughafen Berlin-Schönefeld; BVerfG, Beschl. v. 30.11.1988, 1 BvR 1301/84, BVerfGE 79, 174 = NJW 1989, 1271 (1272) – Erbbaurecht, Straßenverkehrslärm; BVerfG, Beschl. v. 12.03.1986, 1 BvL 81/79, BVerfGE 72, 66 = NJW 1986, 2188 f. – Flughafen Salzburg; BVerwG, Urt. v. 21.05.1976, IV

Abs. 2 S. 3 VwVfG über das verfassungsrechtlich Gebotene hinaus.[1427] Insofern ist es gerechtfertigt, von einer „*Billigkeitsentschädigung*“ zu sprechen.[1428] Die Vorschrift ist als ausgewogene, die Belange des Vorhabenträgers wie des Betroffenen gleichermaßen wahrende Regelung verfassungsrechtlich unbedenklich.[1429]

### 4. Materielle Voraussetzungen des Entschädigungsanspruchs

Sind Vorkehrungen oder die Errichtung und Unterhaltung von Anlagen, die zum Wohl der Allgemeinheit oder zur Vermeidung nachteiliger Wirkungen auf Rechte anderer erforderlich sind (§ 74 Abs. 2 S. 2 VwVfG), untunlich oder mit dem Vorhaben unvereinbar, so hat der Betroffene nach § 74 Abs. 2 S. 3 VwVfG einen Anspruch auf angemessene Entschädigung in Geld.[1430] Ein Entschädigungsanspruch nach § 74 Abs. 2 S. 3 VwVfG setzt zunächst voraus, dass zumindest die einfach-rechtliche Zumutbarkeitsschwelle überschritten ist. Hierauf wurde bereits im Zusammenhang mit dem Surrogatscharakter des Entschädigungsanspruchs eingegangen.[1431] Auf die dortigen Ausführungen kann daher verwiesen werden.

Des Weiteren müssen (Schutz-)Vorkehrungen und (Schutz-)Anlagen untunlich oder mit dem Vorhaben (genauer: mit dem Zweck des Vor-

---

C 80.74, BVerwGE 51, 15 = NJW 1976, 1760 (1763) – B 27 (Stuttgart-Degerloch) zu § 17 Abs. 4 FStrG a.F.; *Ziekow,* VwVfG, § 74 Rn. 49 u. *ders.*, Planungsrecht, Rn. 340; *Allesch/Häußler,* in: Obermayer, VwVfG, § 74 Rn. 95; *Stüer/Probstfeld,* Planfeststellung, Rn. 241 u. 234; ausführlich *Jarass,* DÖV 2004, 633 (639 f.); *Wahl/Dreier,* NVwZ 1999, 606 (620).

[1427] *Jarass,* DÖV 2004, 633 (639); offen gelassen von BVerwG, Urt. v. 22.05.1987, 4 C 17-19.84, BVerwGE 77, 295 = NJW 1987, 2884 (2885): Da der Gesetzgeber schon bei unzumutbaren Lärmbeeinträchtigungen unterhalb der Enteignungsschwelle einen Ausgleichsanspruch auf angemessene Entschädigung gewähre, bedürfe es keiner Erörterung, ob er hierzu aus verfassungsrechtlichen Gründen verpflichtet sein kann.

[1428] So etwa BGH, Urt. v. 06.02.1986, III ZR 96/84, BGHZ 97, 114 = NJW 1986, 1980 = DVBl. 1986, 766 (Herv. d. Verf.) zu § 17 Abs. 4 S. 2 FStrG a.F. m. Anm. *Berkemann,* DVBl. 1986, 768; siehe auch *Kromer,* in: Müller/Schulz, FStrG, § 19a Rn. 12 u. 14.; a.A. *Michler,* Verkehrsimmissionsschutz, S. 141 m.w.N.: ausgleichspflichtige Inhalts- und Schrankenbestimmung. Vgl. allg. auch *Hoppe/Schlarmann/Buchner/Deutsch,* Rechtsschutz, Rn. 740 m.w.N. Zu § 75 Abs. 2 S. 4 VwVfG unten E.II.

[1429] BVerwG, Beschl. v. 07.05.2008, 4 A 1009.07 u.a., NVwZ 2008, 1007 (1009), Rn. 22 – Verkehrsflughafen Berlin-Schönefeld.

[1430] Verfassungsrechtliche Bedenken in Bezug auf die Bestimmtheit der Vorschrift bestehen nicht, zutr. BVerwG, Urt. v. 22.05.1987, 4 C 17-19.84, BVerwGE 77, 29 = NJW 1987, 2884 (2885).

[1431] Oben B.III.2.

habens[1432]) unvereinbar sein. *Untunlich* sind Schutzmaßnahmen, wenn sie unverhältnismäßige Aufwendungen erfordern würden und damit für den Vorhabenträger unzumutbar wären oder keine wirksame Problemlösung erwarten lassen[1433], ferner solche, die nach dem Stand der Technik undurchführbar sind[1434] oder die ihrerseits unverhältnismäßige Nachteile für das öffentliche Wohl oder Rechte Dritter mit sich brächten[1435]. *Unvereinbar* mit dem Vorhaben sind Schutzmaßnahmen, die dem Zweck des Vorhabens zuwiderlaufen.[1436] Unvereinbar sind Schutzmaßnahmen umso eher, je gewichtiger sie den Zweck des Vorhabens beeinträchtigen und je geringer die Nachteile für das Allgemeinwohl oder für Drittbetroffene ausfallen, die durch die Schutzmaßnahme vermieden werden sollen.[1437] *Kuschnerus*[1438] weist zu Recht darauf hin, dass eine Unvereinbarkeit mit dem Vorhaben aber nur dann den Verzicht auf aktiven Lärmschutz rechtfertigen kann, wenn zuvor das Grundkonzept des Vorhabens sachgerecht abgewogen wurde und dabei beispielsweise auch solche Lösungsmöglichkeiten abwägungsfehlerfrei verworfen wurden, die einen Bedarf nach aktiven Schallschutzmaßnahmen schon nicht erst aufkommen oder zumindest für städtebaulich befriedigende Schutzanlagen Raum lassen. Bei Maßnahmen des

---

1432 *Jarass,* DÖV 2004, 633 (638).

1433 *Kämper,* in: BeckOK-VwVfG, § 74 Rn. 107; *Wickel,* in: Hk-VerwR/VwVfG, § 74 Rn. 57; *Ziekow,* VwVfG, § 74 Rn. 50 u. *ders.*, Planungsrecht, Rn. 341; *Vallendar,* in: Hermes/Sellner, AEG, § 18 Rn. 223; *Kuschnerus,* Schutzauflagen, S. 101; *Kloepfer,* Umweltrecht, § 14 Rn. 299; *Jarass,* DÖV 2004, 633 (638) m. w. N.; siehe auch BVerwG, Urt. v. 22.03.1985, 4 C 15.83, BVerwGE 71, 166 = NJW 1986, 80 (82) – B 16 zu § 17 Abs. 4 S. 2 FStrG a. F.: wenn der Aufwand für den (Straßen-)Baulastträger außer Verhältnis zu dem angestrebten Schutzzweck steht; ebenso *Michler,* Verkehrsimmissionsschutz, S. 125.

1434 Das Bundesverwaltungsgericht beschreibt in Beschl. v. 07.05.2008, 4 A 1009.07 u. a., NVwZ 2008, 1007 (1009), Rn. 21 – Verkehrsflughafen Berlin-Schönefeld die „Untunlichkeit" als „Unverhältnismäßigkeit" und die „Unvereinbarkeit" als „Unmöglichkeit". Danach wäre die Undurchführbarkeit der Unvereinbarkeit zuzuordnen, was aber in der Sache keinen Unterschied macht.

1435 *Jarass,* DÖV 2004, 633 (638) m. w. N.; *Hoppe/Schlarmann/Buchner/Deutsch,* Rechtsschutz, Rn. 728 m. w. N.; *Steinberg/Berg/Wickel,* Fachplanung, § 4 Rn. 114.

1436 *Bonk/Neumann,* in: Stelkens/Bonk/Sachs, VwVfG, § 74 Rn. 194; *Kopp/Ramsauer,* VwVfG, § 74 Rn. 121 m. w. N.; *Wickel,* in: Hk-VerwR/VwVfG, § 74 Rn. 57; *Ziekow,* VwVfG, § 74 Rn. 50 u. *ders.*, Planungsrecht, Rn. 341; *Hoppe/Schlarmann/Buchner/Deutsch,* Rechtsschutz, Rn. 729; *Vallendar,* in: Hermes/Sellner, AEG, § 18 Rn. 222; *Jarass,* DÖV 2004, 633 (638) m. w. N.; abl. als zu eng *Michler,* Verkehrsimmissionsschutz, S. 123 f., nach dem Schutzmaßnahmen mit dem Vorhaben dann unvereinbar sind, wenn sie die Gesamtkonzeption des Vorhabens in Frage stellen oder in dem Interessengeflecht der Planung nunmehr andere Interessen nachteilig betreffen würden.

1437 So *Jarass,* DÖV 2004, 633 (638); *Hoppe/Schlarmann/Buchner/Deutsch,* Rechtsschutz, Rn. 728.

1438 Schutzauflagen, S. 101.

*passiven* Schallschutzes wird eine Unvereinbarkeit mit dem Vorhaben indessen kaum anzunehmen sein, so dass auf sie nicht verzichtet werden kann, wenn das Vorhaben einen Ausgleich gebietet.[1439]

Der Entschädigungsanspruch nach § 74 Abs. 2 S. 3 VwVfG setzt mithin voraus, dass (weitere) Schutzvorkehrungen bzw. Schutzanlagen nicht vorgenommen werden können, weil sich technisch-reale Maßnahmen als unzureichend oder angesichts der Höhe ihrer Kosten als unverhältnismäßig erweisen oder weil sich die Beeinträchtigungen durch geeignete Maßnahmen nicht verhindern lassen.[1440]

### 5. Zulässigkeit einer zeitlichen Begrenzung der Geltendmachung des Entschädigungsanspruchs?

Das Bundesverwaltungsgericht hat in seinem Berlin-Schönefeld-Urteil vom 16. März 2006[1441] eine Lärmschutzauflage zu Recht nicht beanstandet, nach der ein Betroffener einen Anspruch auf Schallschutzeinrichtungen im Tag- und Nachtschutzgebiet sowie einen Anspruch auf Entschädigung nur innerhalb von fünf Jahren nach Inbetriebnahme des planfestgestellten Vorhabens gegenüber dem Vorhabenträger geltend machen kann. Denn der Vorhabenträger – so die Begründung des Bundesverwaltungsgerichts – habe ein berechtigtes Interesse daran, Lärmschutzmaßnahmen und Entschädigungsleistungen in überschaubarer Zeit abzuwickeln. Die Frist solle (so die Begründung des Planfeststellungsbeschlusses) einerseits den Betroffenen ausreichend Zeit für die Geltendmachung ihrer Ansprüche einräumen, andererseits aber den Trägern des Vorhabens die erforderliche Planungssicherheit geben.

### 6. Höhe der Entschädigung

#### *a) Grundsätzliches*

Der Betroffene hat unter den in § 74 Abs. 2 S. 3 VwVfG genannten Voraussetzungen einen Anspruch auf „angemessene" Entschädigung in Geld. Die Frage der Angemessenheit ist, – so das Bundesverwaltungsgericht im Berlin-Schönefeld-Urteil[1442] – von § 74 Abs. 2 S. 2 VwVfG her zu beurteilen. Die Geldentschädigung diene – anders als die Enteignungsentschädi-

[1439] *Kuschnerus,* Schutzauflagen, S. 101.

[1440] BVerwG, Beschl. v. 02.07.2008, 4 A 1025.06 u.a., NVwZ 2008, 1113 (1114), Rn. 15 – Verkehrsflughafen Berlin-Schönefeld.

[1441] 4 A 1075.04, BVerwGE 125, 116 = NVwZ 2006, Beilage zu Heft Nr. 8, S. 38, Rn. 416 ff.

[1442] Urt. v. 16.03.2006, 4 A 1075.04, BVerwGE 125, 116 = NVwZ 2006, Beilage zu Heft Nr. 8, S. 36, Rn. 396 (Herv. d. Verf.).

gung, die dazu bestimmt sei, die Vermögensnachteile auszugleichen, welche der Betroffene durch den staatlichen Eingriff erleide – einem „beschränkten Zweck“.[1443] Ihrer *Zweckbestimmung* nach beschränke sie sich darauf, die „*Einbußen an Lebens- und Wohnqualität zu kompensieren*“, die „*durch die Überschreitung des als Erheblichkeitsschwelle maßgeblichen Pegelwertes eintreten*“. Das personale Schutzelement, das sie insoweit aufweise, verbiete es, sie „aus dieser Surrogatfunktion gänzlich herauszulösen“. Die gesetzliche Anbindung der Entschädigungsleistung an den Anspruch auf konkrete Schutzmaßnahmen schließt es somit aus, über § 74 Abs. 2 S. 3 VwVfG einen „allgemeinen Ausgleich aller Vermögensnachteile“ vorzunehmen, die durch das Vorhaben ausgelöst werden[1444].[1445]

### *b) Einzelfallbetrachtung*

Welche Entschädigung angemessen ist, richtet sich nach den Umständen des Einzelfalls.[1446] Für den Entschädigungsanspruch ist kennzeichnend, dass er an das Bestehen eines Anspruchs auf aktive und/oder passive (Schall-)Schutzmaßnahmen anknüpft; hierauf hat sich dementsprechend auch die Angemessenheit der Entschädigung neben anderen (nachfolgenden) Gesichtspunkten zu beziehen.[1447] Zu berücksichtigen sind insbeson-

---

[1443] Sie sei „nicht als Ausgleich dafür gedacht, dass das Planvorhaben mit (zusätzlichen) Lärmbelastungen verbunden ist“. Nachteilige Folgen, die im Wege der Abwägung überwindbar seien, weil sie die Grenze der Unzumutbarkeit nicht erreichten, bedürften nach der gesetzgeberischen Konzeption „nicht zwingend eines finanziellen Ausgleichs, auch wenn sie zu Wertminderungen führen“. Die Geldentschädigung, die nach § 74 Abs. 2 S. 3 VwVfG zu zahlen sei, trete – wie dargelegt (oben B.III.2.) – „an die Stelle der Schutzvorkehrungen, die zur Abwehr unzumutbarer Immissionen an sich geboten gewesen wären“, nach näherer gesetzlicher Maßgabe aber ausnahmsweise unterbleiben durften (BVerwG, a. a. O.).

[1444] Dazu auch unten B.III.6.e).

[1445] BVerwG, Urt. v. 29.01.1991, 4 C 51.89, BVerwGE 87, 332 = NVwZ-RR 1991, 601 (621) – Verkehrsflughafen München II.

[1446] *Hoppe/Schlarmann/Buchner/Deutsch,* Rechtsschutz, Rn. 730.

[1447] Vgl. BVerwG, Urt. v. 22.05.1987, 4 C 17-19.84, BVerwGE 77, 295 = NJW 1987, 2884 (2885). Im Berlin-Schönefeld-Urteil hat das Bundesverwaltungsgericht etwa folgende Entschädigungsregelung des der Entscheidung zugrunde liegenden Planfeststellungsbeschlusses für die Beeinträchtigung des Außenwohnbereichs nicht beanstandet: Die Entschädigung beträgt mindestens 4.000 EUR pro Einfamilienhaus; bei Zwei- und Mehrfamilienhäusern erhöht sich dieser Betrag um jeweils 2.000 EUR je abgeschlossene Wohnung. Für Eigentumswohnungen beträgt die Entschädigung mindestens 3.000 EUR je Wohnung. Die Entschädigung beträgt 2 % des Verkehrswertes des jeweiligen Grundstücks, wenn der Eigentümer im Einzelfall nachweisen kann, dass diese Entschädigungssumme die in seinem Fall anzuwendende pauschale Entschädigungssumme übersteigt, vgl. BVerwG, Urt. v. 16.03.2006, 4 dere die Bedeutung und der Wert des beeinträchtigten Rechts, die Höhe der Kosten für Schutzmaßnahmen[1448], die tatsächliche und/oder plangegebene Vorbelastung des Grundstücks[1449] und die Mitverursachung durch den Betroffenen[1450].

#### c) *Entschädigung für den Außenwohnbereich*

##### aa) Grundsätzliches

Hauptanwendungsfall für Entschädigungsansprüche nach § 74 Abs. 2 S. 3 VwVfG sind (Tages-)Grenzwertüberschreitungen beim sog. Außenwohnbereich.[1451] Zum Außenwohnbereich gehören die außerhalb von Wohngebäuden befindlichen Flächen, sofern sie nicht bloß der Verschönerung des Grundstücks dienen, sondern in Ergänzung der Gebäudenutzung für ein „Wohnen" (genauer: für eine Nutzung in wohnähnlicher Weise[1452]) im Freien geeignet und bestimmt sind.[1453] Danach können zum Außenwohn-

---

A 1075.04, BVerwGE 125, 116 = NVwZ 2006, Beilage zu Heft Nr. 8, S. 36, Rn. 395.

1448 BVerwG, Beschl. v. 07.09.1988, 4 N 1.87, BVerwGE 80, 184 = NJW 1989, 467 (469) zu § 42 BImSchG, allerdings unter Hinweis auf den die Vorschrift mit anderen Entschädigungsansprüchen (wie § 74 Abs. 2 S. 3 VwVfG) verbindenden gleichen Rechtsgedanken, nämlich dem Erfordernis eines Ausgleichs zwischen störender und gestörter Nutzung in allen öffentlich-rechtlich gestalteten Nachbarschaftsverhältnissen, wie sie durch die behördliche Zulassung öffentlicher Anlagen – insbesondere mittels einer planerischen Entscheidung – entstünden.

1449 BVerwG, Urt. v. 05.03.1997, 11 A 25.95, BVerwGE 104, 123 = NVwZ 1998, 513 (520) – Eisenbahntrasse Hamburg–Büchen–Berlin (Wentdorf); VGH Bad.-Württ., Urt. v. 28.10.2005, 5 S 1382/04, juris, Rn. 42 – Wieslauftalbahn.

1450 *Hoppe/Schlarmann/Buchner/Deutsch,* Rechtsschutz, Rn. 730.

1451 Vgl. auch BVerwG, Beschl. v. 22.12.2004, 4 B 75.04, Buchholz 406.25 § 41 BImSchG Nr. 42, juris, Rn. 11; BVerwG, Urt. v. 06.06.2002, 4 A 44.00, NVwZ 2003, 209 (211); ferner BVerwG, Beschl. v. 02.07.2008, 4 A 1025.06 u.a., NVwZ 2008, 1113 (1114), Rn. 18 f. – Verkehrsflughafen Berlin-Schönefeld; *Czajka,* in: Feldhaus, BImSchG, § 42 Rn. 51; *Stüer,* in: Hoppenberg/de Witt, B Rn. 394; *Halama,* VBlBW 2006, 132 (136); *Schink,* NVwZ 2003, 1041 (1046); *Schulze-Fielitz,* DÖV 2001, 181 (185); *Vallendar,* UPR 2001, 171 (173); *Uechtritz,* DVBl. 1999, 198 (204 f.); *Michler,* VerwArch. 1999, 21 (30 u. 46 f.); *Alexander,* NVwZ 1991, 318 (320 u. 324); siehe für den Fluglärm § 9 Abs. 5 u. 6 FlugLärmG u. dazu *Giemulla/Rathgeb,* DVBl. 2008, 669 (676).

1452 *Schink,* NVwZ 2003, 1041 (1046).

1453 BVerwG, Urt. v. 16.03.2006, 4 A 1075.04, BVerwGE 125, 116 = NVwZ 2006, Beilage zu Heft Nr. 8, S. 32, Rn. 362 – Verkehrsflughafen Berlin-Schönefeld; BVerwG, Urt. v. 16.09.1993, 4 C 9.91, NJW 1994, 1233 (1234); BVerwG, Urt. v. 11.11.1988, 4 C 11.87, NVwZ 1989, 255 (256); ferner BVerwG, Urt. v. 21.05.1976, IV C 80.74, BVerwGE 51, 15 = NJW 1976, 1760 (1764) – B 27 (Stuttgart-Degerloch); *Kuschnerus,* Schutzauflagen, S. 99.

bereich etwa Balkone, Terrassen, Gärten[1454], Kinderspielplätze[1455], Grün- und Freiflächen[1456] sowie sonstige in ähnlicher Weise nutzbare Außenanlagen gehören.[1457] Passive Schallschutzmaßnahmen für den Außenwohnbereich sieht die 24. BImSchV nicht vor, weil sie nur die in Tabelle 1 Spalte 1 der Anlage zur 24. BImSchV aufgeführten schutzbedürftigen (Aufenthalts-)„Räume" schützt; auch § 42 BImSchG erfasst nach einer bestrittenen, aber zutreffenden Auffassung nur die Teile von *baulichen* Anlagen, die sich im Außenwohnbereich befinden, unstreitig jedoch nicht die *unbebauten* Flächen[1458]. Faktisch sind damit für den Schutz der Außenwohnbereiche allein aktive Schutzmaßnahmen geeignet, die Lärmbelastung zu senken.[1459] Auf sie kann aber unter den Voraussetzungen des § 74 Abs. 2 S. 3 VwVfG verzichtet werden.

#### bb) Schutzumfang

Freiflächen sind allerdings nicht schon deswegen gegenüber Verkehrslärm schutzwürdig, weil sie zu einem Grundstück gehören, dessen Eigentümer aufgrund einer Überschreitung einer gebietsspezifischen Zumutbarkeitsschwelle an sich Ausgleichsansprüche zustehen können; d.h. die Überschreitung einer solchen Zumutbarkeitsschwelle, wie sie für das Wohnen im Innern der Gebäude durch die Rechtsprechung herausgebildet und später durch die 16. BImSchV normativ festgelegt wurde, führt bei Freiflächen

---

[1454] Vgl. insoweit aber zurückhaltend BVerwG, Urt. v. 16.09.1993, 4 C 9.91, NJW 1994, 1233 (1234) für Vor- und Nutzgärten: Ihnen könne zwar eine gewisse Bedeutung bei der Gestaltung der Freizeit zukommen. Sie seien in aller Regel aber nicht zum dauernden Aufenthalt im Freien bestimmt; so auch *Schink*, NVwZ 2003, 1041 (1046) m.w.N.; *Schulze-Fielitz*, in: GK-BImSchG, § 41 Rn. 51: nicht schutzwürdig sind z.B. Vorgärten und Balkone, die allein dem „Hausschmuck" dienen.

[1455] *Haakh*, BWVP 1989, 25 (31).

[1456] *Haakh*, BWVP 1989, 25 (31): Rasenflächen.

[1457] BVerwG, Urt. v. 16.03.2006, 4 A 1075.04, BVerwGE 125, 116 = NVwZ 2006, Beilage zu Heft Nr. 8, S. 32 u. 33, Rn. 362 u. 366 – Verkehrsflughafen Berlin-Schönefeld; BVerwG, Urt. v. 21.05.1976, IV C 80.74, BVerwGE 51, 15 = NJW 1976, 1760 (1764) – B 27 (Stuttgart-Degerloch); *Michler*, Verkehrsimmissionsschutz, S. 74; *Halama*, VBlBW 2006, 132 (136); *Schink*, NVwZ 2003, 1041 (1046); *Schulze-Fielitz*, DÖV 2001, 181 (185); *Uechtritz*, DVBl. 1999, 198 (205); *Alexander*, NVwZ 1991, 318 (320); *Quaas*, NVwZ 1991, 16 (20 f.); *Haakh*, BWVP 1989, 25 (31); *Blocher*, DÖV 1981, 660 (662); *Klosterkötter*, KdL 1976, 1 (3); *ders.*, KdL 1974, 29 (34); *ders.*, KdL 1973, 113 (120); *ders.*, KdL 1972, 113 (115).

[1458] Siehe oben B.II.2. m. Nachw. zu den unterschiedlichen Auffassungen in Fn. 1354.

[1459] BVerwG, Urt. v. 29.01.1991, 4 C 51.89, BVerwGE 87, 332 = NVwZ-RR 1991, 601 (605), Ls. 19 – Verkehrsflughafen München II; vgl. auch *Schulze-Fielitz*, in: GK-BImSchG, § 41 Rn. 51; *Schulze-Fielitz*, DÖV 2001, 181 (191); *Quaas*, NVwZ 1991, 16 (20) f.; *Kuschnerus*, DVBl. 1986, 429 (437).

nicht ohne weiteres zu Ausgleichsansprüchen. Vielmehr ist deren *Schutzbedürftigkeit je nach ihrer Lage und bestimmungsgemäßen Nutzung konkret festzustellen.*[1460] Beispielsweise sind Vorgärten, die nur zum Schmuck des Anwesens bepflanzt werden, im Übrigen aber nicht zum regelmäßigen Aufenthalt dienen, grundsätzlich nicht schutzwürdig.[1461] Dasselbe gilt für Balkone, die nicht zum dauernden Aufenthalt der Hausbewohner bestimmt sind.[1462] Außenwohnflächen sind zudem *nur tagsüber schutzwürdig,* da sie nachts, d.h. in der Zeit von 22 bis 6 Uhr, nicht dem dauernden Aufenthalt von Menschen zu dienen pflegen.[1463] Dass sie gelegentlich, insbesondere während der warmen Jahreszeit, auch über 22 Uhr hinaus für Nutzungszwecke in Anspruch genommen werden, die Ausdruck bestimmter Wohngewohnheiten sind, darf bei der zulässigen Standardisierung unberücksichtigt bleiben.[1464] Wird also allein tagsüber die einfach-rechtliche Zumutbarkeitsschwelle nicht überschritten, so lösen nächtliche Verkehrsgeräusche, die diese Schwelle für den Außenwohnbereich überschreiten, gleichfalls keinen Entschädigungsanspruch aus.[1465]

In welchem Maß das Wohnen im Freien beeinträchtigt wird, hängt davon ab, wie stark die Nutzungsmöglichkeiten eingeschränkt werden, die der Außenwohnbereich bietet. Die durch Lärmbeeinträchtigungen verursachten Einbußen lassen sich – wie das Bundesverwaltungsgericht im Berlin-Schönefeld-Urteil ausgeführt hat – nicht ausschließlich an der Größe der Fläche festmachen, die zum Wohnen im Freien bestimmt und geeignet ist. Die Möglichkeit, Außenanlagen für Zwecke der Freizeitgestaltung und Erholung zu nutzen, gehört zu den Faktoren, die den Verkehrswert eines Grundstücks als Ganzes mitbestimmen und ist deshalb geeignet, diesen Wert positiv zu beeinflussen.[1466]

---

1460 BVerwG, Urt. v. 11.11.1988, 4 C 11.87, NVwZ 1989, 255 (256); *Alexander,* NVwZ 1991, 318 (320).

1461 BVerwG, Urt. v. 11.11.1988, 4 C 11.87, NVwZ 1989, 255 (256); *Alexander,* NVwZ 1991, 318 (320).

1462 BVerwG, Urt. v. 11.11.1988, 4 C 11.87, NVwZ 1989, 255 (256).

1463 BVerwG, Urt. v. 16.03.2006, 4 A 1075.04, BVerwGE 125, 116 = NVwZ 2006, Beilage zu Heft Nr. 8, S. 32, Rn. 362 – Verkehrsflughafen Berlin-Schönefeld; BVerwG, Urt. v. 15.03.2000, 11 A 33.97, NVwZ 2001, 78 (79) – Eisenbahntrasse Hamburg–Büchen–Berlin; *Vallendar,* UPR 2001, 171 (173); *Haakh,* BWVP 1989, 25 (31).

1464 BVerwG, Urt. v. 16.03.2006, 4 A 1075.04, BVerwGE 125, 116 = NVwZ 2006, Beilage zu Heft Nr. 8, S. 32, Rn. 362 – Verkehrsflughafen Berlin-Schönefeld zu § 9 Abs. 2 LuftVG.

1465 Vgl. auch *Vallendar,* UPR 2001, 171 (173).

1466 BVerwG, Urt. v. 16.03.2006, 4 A 1075.04, BVerwGE 125, 116 = NVwZ 2006, Beilage zu Heft Nr. 8, S. 32, 36 f., Rn. 362, 396, 402 – Verkehrsflughafen Berlin-Schönefeld.

Das Bundesverwaltungsgericht hat in seinem Urteil vom 26. April 2007[1467] zum Sonderflugplatz Mühlenberger Loch (Erweiterung des Airbus-Werks in Hamburg-Finkenwerder zur Herstellung des Großraumflugzeugs A380) ausgeführt, die Zumutbarkeitsgrenze für die Nutzungsbeeinträchtigung der Außenwohnbereiche könne ohne eine bundesgesetzliche Grundlage[1468] nicht durch eine bundeseinheitliche Ermittlung und Festlegung von Lärmpegel-Grenzwerten bestimmt werden, sondern „nur im Einzelfall unter Berücksichtigung der konkreten örtlichen Verhältnisse durch tatrichterliche Würdigung". Die Qualität des zu schützenden „Wohnens" bestimmt sich allgemein durch die mit der Eigenart des Wohngebiets berechtigterweise verbundenen *Wohnerwartungen* und *Wohngewohnheiten.*[1469] Zu berücksichtigen ist dabei, dass zum einen das zeitliche Schwergewicht der häuslichen Lebensgestaltung im Innenwohnbereich und zum anderen die allgemeine Lärmerwartung im Außenbereich sehr viel höher liegt.[1470] Das Bundesverwaltungsgericht hat hiervon ausgehend in seinem Berlin-Schönefeld-Urteil[1471] ausgeführt, es sei vom Grundsatz her nicht zu beanstanden, dass die Planfeststellungsbehörde den von ihr festgesetzten[1472] Dauerschallpegel von 65 dB(A) mit der Erwägung rechtfertigt, dass „dem Schutz vor Kommunikationsstörungen im Außenwohnbereich nicht der gleiche Stellenwert beigemessen werden kann, der ihm im Gebäudeinneren, dem eigentlichen Mittelpunkt privater Lebensgestaltung, zukommt". Denn das Wohnen im Freien sei „nicht im gleichen Maße schutzwürdig wie das an eine Gebäudenutzung gebundene Wohnen". Wegen des Fehlens der lärmdämmenden Wirkung von Umfassungswänden bestehe „für den Außenwohnbereich generell eine *höhere Lärmerwartung*".[1473] Weiter führt das Bundesverwaltungsgericht aus, es sei jedoch „zweifelhaft", ob bis zu der

---

[1467] 4 C 12.05, BVerwGE 128, 358 = NVwZ 2007, 1074 (1079 f.), Rn. 67.

[1468] Vgl. zum Fluglärm § 9 Abs. 5 u. 6 FlugLärmG, siehe bereits oben Fn. 1451. Zur Frage der – im Rahmen des § 74 Abs. 2 S. 2 u. auch S. 3 VwVfG zu verneinenden, vgl. oben B.I.7.b)dd) – Anwendbarkeit der Immissionsgrenzwerte der 16. BImSchV für die Beeinträchtigung des Außenbereichs *Michler,* VerwArch. 1999, 21 (47 f.) m. w. N.

[1469] *Blocher,* DÖV 1981, 660 (662); ferner *Quaas,* NVwZ 1991, 16 (21).

[1470] So BVerwG, Urt. v. 29.01.1991, 4 C 51.89, BVerwGE 87, 332 = NVwZ-RR 1991, 601 (619 a. E.) – Verkehrsflughafen München II.

[1471] 4 A 1075.04, BVerwGE 125, 116 = NVwZ 2006, Beilage zu Heft Nr. 8, S. 32 f., Rn. 364 ff. (Herv. d. Verf.).

[1472] Im Vergleich zu dem im Innenwohnbereich höchstzulässigen Dauerschallpegel von 45 dB(A) [= 60 – 15 dB(A)] deutlich höheren Pegel.

[1473] Vgl. auch BVerwG, Urt. v. 29.01.1991, 4 C 51.89, BVerwGE 87, 332 = NVwZ-RR 1991, 601 (619 a. E.) – Verkehrsflughafen München II; ferner UBA, ZfL 1985, 95 (98); *Kuschnerus,* DVBl. 1986, 429 (434); nach *Klosterkötter,* KdL 1974, 29 (34 u. 35) seien den Wohnbedürfnissen entsprechende Außenwohnflächen ab etwa oberhalb 65 dB(A) nicht mehr nutzbar.

von der Planfeststellungsbehörde bezeichneten Schwelle von 65 dB(A) zumutbare Kommunikationsverhältnisse gewährleistet seien. Es gebe Anzeichen dafür, dass die Aussagen, auf die die Planfeststellungsbehörde ihre Auffassung gestützt hatte, „nicht mehr den neuesten Erkenntnisstand widerspiegeln". So werde etwa in der *Fluglärmsynopse*[1474] dem äquivalenten Dauerschallpegel $L_{eq} = 45$ dB(A) innen ein *äquivalenter Dauerschallpegel* $L_{eq} = 62$ *dB(A) außen* als Bewertungsgrenze gegenübergestellt und unter dem Gesichtspunkt der Vermeidung von Kommunikationsstörungen als „kritischer Toleranzwert" gekennzeichnet.[1475] Die „Grenzziehung bei einem Dauerschallpegel von 62 dB(A)" werde „dem Erfordernis gerecht, rechtliche Folgen schon an Lärmbeeinträchtigungen zu knüpfen, die noch nicht die Schwelle der Gesundheitsgefährdung erreichen und unzumutbare Störungen auf dem Felde der *Kommunikation* und der *Erholung* nicht erwarten lassen". Dies aufgreifend hat das Bundesverwaltungsgericht in seiner Mühlenberger Loch-Entscheidung[1476] jedoch klargestellt, der Senat habe in dem Verfahren betreffend den Flughafen Berlin-Schönefeld *„keinen Rechtssatz*

1474 Hinweis auf ZfL 2002, 171 (174).

1475 Dahinstehen könne, ob schon diese Äußerungen für sich genommen es nahe legten, sich bei der Festlegung der Zumutbarkeitsschwelle an diesem Wert zu orientieren. Denn es ließen sich weitere Gesichtspunkte dafür anführen, dass „ein Dauerschallpegel von 65 dB(A) als Obergrenze nicht ausreicht, um dem Interesse an der Wahrung einer angemessenen Wohnqualität im Außenwohnbereich Rechnung zu tragen" (BVerwG, a. a. O.).

1476 Urt. v. 26.04.2007, 4 C 12.05, BVerwGE 128, 358 = NVwZ 2007, 1074 (1080.), Rn. 67 (Herv. d. Verf.). Weiter heißt es in der Entscheidung (Rn. 68): Für das Vorhaben der Beigeladenen habe das Oberverwaltungsgericht den Ausgangswert von 65 dB(A) um 3 dB(A) reduziert, weil der Flugplatz nicht dem öffentlichen Verkehr, sondern lediglich mittelbar Gemeinwohlzwecken diene. Die Erheblichkeitsgrenze im Außenwohnbereich werde nicht allein durch das Gewicht der Kommunikationsbeeinträchtigung und die Gebietsstruktur bestimmt; auch der Zweck des Vorhabens sei ein Gesichtspunkt, der für die Störungswirkung bei den Lärmbetroffenen nicht ohne Bedeutung und deshalb in die Bewertung der zumutbaren Belastungsgrenzen einzubeziehen sei. Ob diese Rechtsauffassung mit § 9 Abs. 2 LuftVG, § 74 Abs. 2 S. 2 und 3 HbgVwVfG vereinbar sei, könne offen bleiben. Sollte das Maß des Lärms, der den Anwohnern eines Flugplatzes zugemutet werden dürfe, nicht davon abhängen, welchem Zweck der Flugplatz diene, wäre der Kläger dadurch, dass das Oberverwaltungsgericht die für einen Verkehrsflugplatz angemessene Zumutbarkeitsgrenze im Hinblick auf den privaten Zweck des Vorhabens der Beigeladenen herabgesetzt habe, nicht beschwert. Sollte das Maß des Zumutbaren nicht nur durch die Gebietsart und die Geräuschvorbelastung der Umgebung sowie die Erkenntnisse der Lärmwirkungsforschung, sondern in Anlehnung an die zum Gebot der Rücksichtnahme entwickelten Grundsätze „auch durch die mit dem Vorhaben verfolgten Verkehrsinteressen bestimmt werden", wäre es eine Frage der tatrichterlichen Würdigung des jeweiligen Einzelfalls, wie der besonderen Situation eines privaten Zwecken dienenden Sonderlandeplatzes bei der Bestimmung der Zumutbarkeitsgrenze Rechnung zu tragen sei.

*aufgestellt, der es ausschließt, die Zumutbarkeitsschwelle vorbehaltlich besonderer Umstände bei einem Dauerschallpegel von 65 dB(A) festzulegen*". Er habe vielmehr aufgrund „eigener tatrichterlicher Würdigung neuerer lärmmedizinischer Gutachten" und einer Auslegung des angefochtenen Planfeststellungsbeschlusses als Tatsachengericht entschieden, dass „die Abgrenzung eines Entschädigungsgebiets Außenwohnbereich durch einen Dauerschallpegel von 65 dB(A) *unter den dort gegebenen Umständen* rechtswidrig war".

### cc) Entschädigungsumfang

Die Entschädigung für eine Lärmbeeinträchtigung des Außenwohnbereichs richtet sich grundsätzlich nach der durch sie bedingten Wertminderung des *gesamten* Anwesens und nicht nur der dem „Wohnen im Freien" zugeordneten Teilfläche.[1477] Das Bundesverwaltungsgericht hat dazu in seinem Verkehrsflughafen München II-Urteil vom 29. Januar 1991[1478] darauf hingewiesen, bei der Ermittlung dessen, was an Entschädigung im Einzelfall als „angemessen" zu gelten habe, könne „allein eine *Gesamtbetrachtung* des Grundstücks maßgebend" sein. Denn der Schutzgegenstand des „Wohnens" kennzeichne einen „einheitlichen Lebensvorgang", der „die Nutzung des Grundstücks insgesamt umfasst". Eine nach Innen- und Außenbereich getrennte Berechnung der Entschädigung ginge demgegenüber „an den Wohnerwartungen und Gewohnheiten der Bevölkerung weitgehend vorbei". Für die Frage der Angemessenheit einer Entschädigung könne allerdings nicht unberücksichtigt bleiben, dass das Schwergewicht der Lebensgestaltung auf dem Grundstück nach allgemeinem Wohnverhalten im Innenwohnbereich liege.[1479] In welchem Maß das „Wohnen im Freien" be-

---

[1477] BVerwG, Urt. v. 27.10.1998, 11 A 1.97, BVerwGE 107, 313 = NVwZ 1999, 644 (649) – Flughafen Erfurt; BVerwG, Urt. v. 16.09.1993, 4 C 9.91, NVwZ 1994, 682 L = NJW 1994, 1233 (1234), Ls. 2; BVerwG, Urt. v. 29.01.1991, 4 C 51.89, BVerwGE 87, 332 = NVwZ-RR 1991, 601 (621), Ls. 19 – Verkehrsflughafen München II; siehe auch BVerwG, Urt. v. 16.03.2006, 4 A 1075.04, BVerwGE 125, 116 = NVwZ 2006, Beilage zu Heft Nr. 8, S. 36, Rn. 396 -Verkehrsflughafen Berlin-Schönefeld; BGH, Urt. v. 17.04.1986, III ZR 202/84, BGHZ 133, 361 = NJW 1986, 2421 (2423); ebenso bereits *Kuschnerus,* DVBl. 1986, 429 (439) u. *Michler,* VerwArch. 1999, 21 (48).

[1478] 4 C 51.89, BVerwGE 87, 332 = NVwZ-RR 1991, 601 (621 f.), Ls. 19.

[1479] Schon wegen der Witterungsabhängigkeit sei die Nutzung der Freiflächen zu Wohnflächen auf mehr oder weniger eng begrenzte Zeiträume beschränkt. Darüber hinaus diene der Außenwohnbereich – abgesehen von landwirtschaftlichen oder gärtnerisch genutzten Anwesen – in aller Regel allein der Freizeitgestaltung. Andere Lebensbetätigungen seien weitgehend an den Innenwohnbereich gebunden. Schließlich sei zu bedenken, dass die Möglichkeit der Nutzung von Freiflächen zu Wohnzwecken zwar zumeist als angenehme Erhöhung der Wohnqualität angesehen werde, einträchtigt wird, hängt also davon ab, wie stark die Nutzungsmöglichkeiten eingeschränkt werden, die der Außenwohnbereich bietet. Die durch Lärmbeeinträchtigungen verursachten Einbußen lassen sich – so das Bundesverwaltungsgericht im Berlin-Schönefeld-Urteil[1480] – nicht ausschließlich an der Größe der Fläche festmachen, die zum Wohnen im Freien bestimmt und geeignet ist. Die Möglichkeit, Außenanlagen für Zwecke der Freizeitgestaltung und Erholung zu nutzen, gehöre zu den Faktoren, die den Verkehrswert eines Grundstücks als Ganzes mitbestimmten. Sie sei geeignet, diesen Wert positiv zu beeinflussen. Von daher lasse es sich rechtlich nicht beanstanden, wenn bei der Berechnung der Entschädigung, die für eine unzumutbare Beeinträchtigung des Außenwohnbereichs zu leisten sei, „der *Verkehrswert* als Bemessungsposten" herangezogen werde. Als Bemessungsgrundlage wird daher in der Regel eine Verminderung des Verkehrswerts in Betracht kommen, wie sie durch die Beeinträchtigung oberhalb der Zumutbarkeitsgrenze eintritt.[1481]

Nach dem Bundesverwaltungsgericht ist die Entschädigung gem. § 74 Abs. 2 S. 3 VwVfG *„unabhängig von der konkreten Entwicklung auf dem Grundstücksmarkt in der Umgebung"* des Verkehrsvorhabens, d. h. *„abstrakt"* zu bemessen. Dabei sei es rechtlich nicht zu beanstanden, die Höhe in Anknüpfung an die Abschläge zu bestimmen, mit denen bei der steuerlichen Ermittlung des Einheitswerts Fluglärmbeeinträchtigungen Rechnung getragen werde (vgl. dazu § 82 Abs. 1 S. 2 Nr. 1 BewG[1482]).[1483] In der

---

jedoch keineswegs stets als unabdingbarer Bestandteil der allgemeinen Wohnkultur angesehen werden könne. Diese Gewichtung könne bei einer nach Innen- und Außenwohnbereich getrennten Ermittlung der Entschädigungsleistung nicht hinreichend zum Tragen gebracht werden. Wie sich solche notwendigen Differenzierungen auf die Frage der Angemessenheit einer Entschädigungsleistung für das Grundstück in seiner Gesamtheit letztlich auswirkten, entziehe sich einer abstrakten Festlegung. Insoweit komme es auf die individuellen Verhältnisse an. Letztlich sei dies eine Frage von Lebensqualität und deren Gewichtung im Einzelfall. Dies zu ermitteln und zu bewerten, sei Sache der Planfeststellungsbehörde und gegebenenfalls der gerichtlichen Tatsacheninstanzen (BVerwG, a. a. O.).

1480 Urt. v. 16.03.2006, 4 A 1075.04, BVerwGE 125, 116 = NVwZ 2006, Beilage zu Heft Nr. 8, S. 36, Rn. 396 (Herv. d. Verf.).

1481 BVerwG, Urt. v. 29.01.1991, 4 C 51.89, BVerwGE 87, 332 = NVwZ-RR 1991, 601 (622) – Verkehrsflughafen München II; BVerwG, Urt. v. 27.10.1998, 11 A 1.97, BVerwGE 107, 313 = NVwZ 1999, 644 (649) – Flughafen Erfurt.

1482 Liegen wertmindernde Umstände vor, die weder in der Höhe der Jahresrohmiete noch in der Höhe des Vervielfältigers berücksichtigt sind, so ist der sich nach den §§ 78 bis 81 BewG ergebende Grundstückswert zu ermäßigen (§ 82 Abs. 1 S. 1 BewG). Als solche wertmindernden Umstände kommen z. B. „ungewöhnlich starke Beeinträchtigungen durch Lärm, Rauch oder Gerüche" in Betracht (§ 82 Abs. 1 S. 2 Nr. 1 Var. 1 BewG). – Siehe auch § 194 BauGB in Verbindung mit der Wertermittlungsverordnung (WertV). Nach § 3 Abs. 2 S. 1 WertV bestimmt sich der Zustand eines Grundstücks nach der Gesamtheit der verkehrswertbeeinflussenden rechtlichen

Flughafen München II-Entscheidung[1484] hat das Bundesverwaltungsgericht diese abstrakte Betrachtungsweise überzeugend wie folgt begründet: Es dürfe nicht unberücksichtigt bleiben, dass die dem Betroffenen auferlegte Belastung und deren Ausgleich „nicht allein nach wirtschaftlichen Gesichtspunkten bewertet werden darf". Dies gelte nicht nur für die Bestimmung der Zumutbarkeitsgrenze, sondern auch für die Bemessung der Höhe der Entschädigungsleistung. Die Beeinträchtigung von Wohn- und damit auch von Lebensqualität, welche die Lärmbelastung mit sich bringe, werde durch eine „ausschließlich am Grundstückswert orientierte Betrachtungsweise nicht immer angemessen aufgefangen werden können". Dies gelte „besonders in solchen Fällen, in denen der *Grundstücksmarkt trotz der Lärmbeeinträchtigung mit Wertsteigerungen reagiert,* weil die Umgebung eines Planungsvorhabens etwa durch eine wesentliche Verbesserung der Infrastruktur, durch Schaffung einer Vielzahl neuer Arbeitsplätze usw. für potentielle Käufer erheblich an Attraktivität gewinnt". Eine ausschließlich wirtschaftliche Betrachtungsweise, die „im Wege des Vorteilsausgleichs die Wertsteigerung des Grundstücks gegen die lärmbedingte Wertminderung aufrechnet", verschiebe diese Zusammenhänge. Hier *stoße das Kriterium des Grundstücksminderungswertes als Bemessungsfaktor für die Entschädigungsleistung an seine Grenzen.* Denn im Ergebnis würde ein Vorteilsausgleich bedeuten, dass ein Eigentümer, bei dessen Grundstück die planungsbedingte Wertsteigerung die fluglärmbedingte Wertminderung ausgleiche oder sogar übersteige, sich zwar weiterhin einer unzumutbaren Lärmbelastung ausgesetzt sehe, aber keine Entschädigung dafür erhalte, dass der Sache nach an sich gebotene Schutzmaßnahmen unterblieben seien. Dies sei weder mit

---

Gegebenheiten und tatsächlichen Eigenschaften, der sonstigen Beschaffenheit und der Lage des Grundstücks. Hierzu gehören unter anderem die Beschaffenheit und Eigenschaft des Grundstücks (§ 5 Abs. 5 WertV). Nach § 5 Abs. 5 S. 1 WertV werden die Beschaffenheit und die tatsächlichen Eigenschaften des Grundstücks unter anderem durch die Umwelteinflüsse bestimmt. Hierzu gehören auch Lärmeinwirkungen (vgl. auch Nr. 2.2.6 Abs. 4 der Wertermittlungsrichtlinien 2006, wonach zu den tatsächlichen Eigenschaften auch Umwelteinflüsse gehören, insbesondere Geräuschimmissionen, und Nr. 2.3.1 Abs. 7, nach der alle wertbeeinflussenden Merkmale zu berücksichtigen sind, insbesondere Immissionen), siehe dazu auch BVerwG, Urt. v. 29.01.1991, 4 C 51.89, BVerwGE 87, 332 = NVwZ-RR 1991, 601 (622) – Verkehrsflughafen München II.

[1483] BVerwG, Urt. v. 29.01.1991, 4 C 51.89, BVerwGE 87, 332 = NVwZ-RR 1991, 601 (622) – Verkehrsflughafen München II (Herv. d. Verf.) und im Anschluss BVerwG, Urt. v. 27.10.1998, 11 A 1.97, BVerwGE 107, 313 = NVwZ 1999, 644 (649) – Flughafen Erfurt; BVerwG, Urt. v. 16.03.2006, 4 A 1075.04, BVerwGE 125, 116 = NVwZ 2006, Beilage zu Heft Nr. 8, S. 36, Rn. 398 – Verkehrsflughafen Berlin-Schönefeld.

[1484] Urt. v. 29.01.1991, 4 C 51.89, BVerwGE 87, 332 = NVwZ-RR 1991, 601 (622) – Verkehrsflughafen München II (Herv. d. Verf.).

der Systematik noch mit Sinn und Zweck von § 74 Abs. 2 S. 2 u. 3 VwVfG zu vereinbaren.

### *d) Entschädigung für den Innenwohnbereich*

Auch für den Innenwohnbereich kann ein Entschädigungsanspruch nach § 74 Abs. 2 S. 3 VwVfG bestehen, wenngleich die Fälle aufgrund der vorrangig gebotenen aktiven und passiven Schallschutzmaßnahmen nur selten vorkommen dürften[1485]. Denn für viele Menschen – so weist *Kuschnerus*[1486] zutreffend hin – dürfte es zu den unverzichtbaren Voraussetzungen eines herkömmlichen Wohnverhaltens gehören, dass die Fenster zumindest in den wärmeren Jahreszeiten sowohl am Tag als auch in der Nacht nicht nur zur kurzfristigen Lüftung geöffnet werden können. Dass der Einbau von Lärmschutzfenstern – jedenfalls ohne zusätzliche Lüftungsmöglichkeiten – die Beeinträchtigungen dieses Wohnbedürfnisses stets hinreichend ausgleiche, erscheine zweifelhaft. Hiervon ausgehend kommt als Faktor einer angemessenen Entschädigung für den Innenwohnbereich auch bei Durchführung von passiven Schallschutzmaßnahmen eine Minderung des (Innen-)Wohnwerts der betroffenen Wohnräume in Betracht, dies vor allem dann, wenn sonstige ausreichende Lüftungsmöglichkeiten nicht bestehen und auch nicht eingebaut werden können.[1487] Dementsprechend ist also auch eine Minderung des Wohnwerts der Räume bei der Höhe der Entschädigung zu berücksichtigen, die nur noch bei geschlossenem Fenster angemessen zu Wohnzwecken genutzt werden können.[1488]

### *e) Entschädigung für die allgemeine Minderung des Grundstücksverkehrswerts?*

Für den Grundstückseigentümer stellt sich die Frage, ob er nach § 74 Abs. 2 S. 3 VwVfG einen Entschädigungsanspruch für eine allgemeine Minderung des Verkehrswerts seines Grundstücks, also außerhalb einer Beeinträchtigung des Außen- und gegebenenfalls des Innenwohnbereichs besitzt.[1489] Das Bundesverwaltungsgericht hat dazu in seiner Berlin-Schönefeld-Entscheidung[1490] Stellung genommen und zu Recht ausgeführt, dass

---

[1485] *Czajka,* in: Feldhaus, BImSchG, § 42 Rn. 50: regelmäßig erst dann, wenn auch der Einbau von Schallschutzfenstern untunlich oder mit dem Vorhaben unvereinbar ist.

[1486] DVBl. 1986, 429 (438).

[1487] *Kuschnerus,* DVBl. 1986, 429 (438).

[1488] Zutr. *Kuschnerus,* DVBl. 1986, 429 (439).

[1489] Siehe auch *Czajka,* in: Feldhaus, BImSchG, § 42 Rn. 51.

die Vorschrift des § 74 Abs. 2 S. 3 VwVfG für einen solchen Anspruch nichts hergebe. Er habe „*Sekundärcharakter*". *Sein Anwendungsbereich reiche „nicht weiter als die Primärregelung des § 74 Abs. 2 S. 2 VwVfG*", die einen Ausgleich nur für den Fall vorsehe, dass die Planung die dort bezeichneten unzumutbaren Nachteile zur Folge habe.[1491] Nicht jede Wertminderung eines Grundstücks, die durch die Zulassung eines mit Immissionen verbundenen Planvorhabens ausgelöst werde, begründe im Sinne des Art. 14 Abs. 1 S. 1 GG eine Pflicht zu einem finanziellen Ausgleich. *Kein Grundeigentümer könne „auf einen unveränderten Fortbestand des von ihm zu einem bestimmten Zeitpunkt vorgefundenen Wohnmilieus vertrauen*". *Baue er „auf die Lagegunst, so nutzt er eine Chance, die nicht die Qualität einer Rechtsposition im Sinne des Art. 14 Abs. 1 S. 1 GG hat*". Aus dem Gewährleistungsgehalt der Eigentumsgarantie lasse sich „kein Recht auf bestmögliche Nutzung des Eigentums" ableiten. Eine Minderung der Wirtschaftlichkeit sei grundsätzlich ebenso hinzunehmen wie eine Verschlechterung der Verwertungsaussichten.[1492] Bereits in seiner Verkehrsflughafen München II-Entscheidung hat das Bundesverwaltungsgericht aus dem Surrogatscharakter des Entschädigungsanspruchs nach § 74 Abs. 2 S. 3 VwVfG[1493] geschlossen, dass diese gesetzliche Anbindung der Entschädigungsleistung an den Anspruch auf konkrete Schutzmaßnahmen es aus-

[1490] Urt. v. 16.03.2006, 4 A 1075.04, BVerwGE 125, 116 = NVwZ 2006, Beilage zu Heft Nr. 8, Ls. 18, S. 36 f., Rn. 402 (Herv. d. Verf.) m.w.N. auch auf die Rechtsprechung des Bundesverfassungsgerichts – Verkehrsflughafen Berlin-Schönefeld; siehe etwa BVerfG, Beschl. v. 26.06.2002, 1 BvR 558.91 u.a., BVerfGE 105, 252 = NJW 2002, 2621 (2625) m.w.N. – Glykolwein, wonach eine allgemeine Wertgarantie vermögenswerter Rechtspositionen aus Art. 14 Abs. 1 GG nicht folge. Art. 14 Abs. 1 GG erfasse nur Rechtspositionen, die einem Rechtssubjekt bereits zustünden, nicht aber in der Zukunft liegende Chancen und Verdienstmöglichkeiten; ferner BVerwG, Urt. v. 27.10.1999, 11 A 31.98, NVwZ 2000, 435 (436): Da der Verkehrswert eines Grundstücks von zahlreichen – auch planungsunabhängigen – Faktoren abhänge, stelle eine Grundstückswertminderung für sich gesehen grundsätzlich keinen eigenständigen Abwägungsposten dar; es komme vielmehr auf die Auswirkungen an, die von dem geplanten Vorhaben faktisch ausgingen.

[1491] Eine Vorschrift des Inhalts, dass der Planungsträger Betroffene durch die Gewährung einer Entschädigung auch vor sonstigen Beeinträchtigungen und Vermögenseinbußen bewahren müsse, sei der Rechtsordnung fremd. Dass insoweit einschlägige (Spezial-)Normen nicht existierten, begegne keinen verfassungsrechtlichen Bedenken (BVerwG, a.a.O.).

[1492] Welcher Wertschätzung sich ein Grundstück erfreue, bestimme sich nicht nach starren unwandelbaren Regeln. Der Verkehrswert werde durch zahlreiche Umstände beeinflusst, die je nach der vorherrschenden Verkehrsauffassung positiv oder negativ zu Buche schlagen. Die Auswirkungen eines Planvorhabens kämen in der Gesamtbilanz lediglich als einer der insoweit maßgeblichen Faktoren zur Geltung. Welches Gewicht der Grundstücksmarkt ihnen beimesse, liege außerhalb der Einflusssphäre des Planungsträgers (BVerwG, a.a.O.).

[1493] Oben B.III.2.

schließe, über § 74 Abs. 2 S. 3 VwVfG einen allgemeinen Ausgleich aller Vermögensnachteile vorzunehmen, die durch das Vorhaben ausgelöst würden.[1494] Diese durch § 74 Abs. 2 S. 3 VwVfG bestimmte Begrenzung des finanziellen Ausgleichs sei – so das Bundesverwaltungsgericht im Urteil vom 24. Mai 1996[1495] – *verfassungsgemäß*. Es handele sich um eine zulässige Bestimmung von Inhalt und Schranken des Eigentums im Sinne des Art. 14 Abs. 1 S. 2 GG. Es sei verfassungsgemäß, wenn der Gesetzgeber für enttäuschte wirtschaftliche Erwartungen einen finanziellen Ausgleich nicht vorsehe. Der Gesetzgeber müsse nicht vorsehen, dass jede durch staatliches Verhalten ausgelöste Wertminderung ausgeglichen werde. Art. 14 Abs. 1 GG schütze grundsätzlich nicht gegen eine Minderung der Wirtschaftlichkeit. Dementsprechend – so das Bundesverwaltungsgericht im Urteil vom 5. März 1999[1496] – gebe es keinen Rechtssatz des Inhalts, dass staatliche Maßnahmen, die auf der Seite privater Betroffener mit Grundstückswertminderungen verbunden sind, unterbleiben müssten.[1497]

Aus dem Umstand, dass ein finanzieller Ausgleich nur unter den in § 74 Abs. 2 S. 3 VwVfG genannten Voraussetzungen zwingend geboten ist, lässt sich jedoch – so das Bundesverwaltungsgericht im Berlin-Schönefeld-Urteil[1498] – nicht schließen, dass Verkehrswertminderungen, die über den Schutzbereich dieser Entschädigungsregelung hinaus durch ein Planvorhaben ausgelöst werden, rechtlich irrelevant sind. Denn die Beachtung des § 74 Abs. 2 S. 3 VwVfG entbinde „nicht von der Pflicht, planbedingte Wertverluste gegebenenfalls als private Belange *im Rahmen der Abwägungsentscheidung zu berücksichtigen*". Dem Planungsträger bleibe es aber unbenommen, solche Wertminderungen nach den zum Abwägungsgebot entwickelten Grundsätzen hinter gegenläufige öffentliche Interessen *zurück-*

---

1494 BVerwG, Urt. v. 29.01.1991, 4 C 51.89, BVerwGE 87, 332 = NVwZ-RR 1991, 601 (621) – Verkehrsflughafen München II; ferner BVerwG, Urt. v. 24.05.1996, 4 A 39.95, NVwZ 1997, 165 L = NJW 1997, 142 (143), Ls.; *Stüer*, Bau- und Fachplanungsrecht, Rn. 729; *ders./Probstfeld*, Planfeststellung, Rn. 242 f.

1495 4 A 39.95, NVwZ 1997, 165 L = NJW 1997, 142 (143), Ls. m. zahlr. w.N. auf die Rechtsprechung des Bundesverfassungsgerichts.

1496 BVerwG, Beschl. v. 05.03.1999, 4 A 7.98 u.a., NVwZ-RR 1999, 556 (557) – B 106.

1497 Art. 14 GG nötige nicht zu einem anderen Ergebnis. Der Gesetzgeber verhalte sich verfassungsgemäß, wenn er an enttäuschte wirtschaftliche Erwartungen keine Rechtsfolgen knüpfe. Habe eine Planung, die den Vorgaben des strikten Rechts und den Anforderungen des Abwägungsgebots entspreche, Wertminderungen zur Folge, so habe der Betroffene dies als Ausfluss der Sozialbindung des Eigentums hinzunehmen (BVerwG, a.a.O.); ebenso BGH, Beschl. v. 28.08.2009, 9 A 22/07, juris, Rn. 7.

1498 Urt. v. 16.03.2006, 4 A 1075.04, BVerwGE 125, 116 = NVwZ 2006, Beilage zu Heft Nr. 8, S. 37, Rn. 404 m.w.N. – Verkehrsflughafen Berlin-Schönefeld (Herv. d. Verf.) m.w.N. auf die bundesverfassungsgerichtliche Rechtsprechung.

*treten zu lassen.* Wie auch sonst sei es ihm – so das Bundesverwaltungsgericht – *allerdings verwehrt, eine äußerste durch Abwägung nicht überwindbare Schwelle zu überschreiten.* Die „*Grenze zur Abwägungsdisproportionalität*“ *sei erreicht, wenn* „*die Wertverluste so massiv ins Gewicht fallen, dass den Betroffenen ein unzumutbares Opfer abverlangt wird*“.[1499] Auf dieser Grundlage hat das Bundesverwaltungsgericht im Berlin-Schönefeld-Urteil angenommen, dass jedenfalls bei einer Verminderung des Verkehrswertes eines Grundstücks um bis zu 20% noch keine Rede davon sein kann, dass das Grundeigentum praktisch funktionslos wird.[1500] Das Bundesverwaltungsgericht hat es deshalb gebilligt, dass der Planfeststellungsbeschluss bei einer Wertminderung in der Größenordnung von etwa 15% keine Entschädigung für die Minderung des Grundstückswerts gewährt. Mit der Einschätzung der Planfeststellungsbehörde, dass sich dies insbesondere vor dem Hintergrund eines allgemein sinkenden Preisniveaus noch innerhalb der marktüblichen Schwankungsbreite halte, mache sie mit dieser Entscheidung „unter Wahrung der ihrem planerischen Gestaltungsspielraum gesetzten Grenzen von der ihr eingeräumten Abwägungsermächtigung in zulässiger Weise Gebrauch“.[1501]

### *f) Kappungsgrenze*

Das Bundesverwaltungsgericht hatte sich im Berlin-Schönefeld-Urteil[1502] des Weiteren mit einer Regelung in dem zugrunde liegenden Planfeststellungsbeschluss zu befassen, mit der bei unverhältnismäßig hohen Aufwen-

---

[1499] Auch Belastungen, die sich in Wertverlusten äußerten, dürften nicht zur Folge haben, dass der Gewährleistungsgehalt des Art. 14 Abs. 1 S. 1 GG angetastet werde. Das verfassungsrechtlich garantierte Eigentum sei dadurch gekennzeichnet, dass es einen privatnützigen Gebrauch ermögliche und die grundsätzliche Befugnis umfasse, über den Eigentumsgegenstand zu verfügen. Es solle dem Eigentümer als Grundlage privater Initiative dienen und ihm im eigenverantwortlichen privaten Interesse von Nutzen sein. Es dürfe dieses Inhalts nicht entleert und wirtschaftlich völlig entwertet werden. Auch wenn Art. 14 Abs. 1 S. 1 GG den eigentumsrechtlich geschützten Rechtspositionen keinen bestimmten Wert beimesse und deshalb grundsätzlich nicht vor Wertverlusten schütze, für die die öffentliche Hand verantwortlich zeichne, dürfe das Eigentum in seinem Wert nicht soweit gemindert werden, dass die Befugnis, das Eigentumsobjekt nutzbringend zu verwerten, praktisch nur noch als leere Rechtshülle übrig bleibe (BVerwG, a. a. O.).

[1500] Urt. v. 16.03.2006, 4 A 1075.04, BVerwGE 125, 116 = NVwZ 2006, Beilage zu Heft Nr. 8, S. 37, Rn. 406 – Verkehrsflughafen Berlin-Schönefeld.

[1501] BVerwG, Urt. v. 16.03.2006, 4 A 1075.04, BVerwGE 125, 116 = NVwZ 2006, Beilage zu Heft Nr. 8, S. 37, Rn. 406 – Verkehrsflughafen Berlin-Schönefeld.

[1502] BVerwG, Urt. v. 16.03.2006, 4 A 1075.04, BVerwGE 125, 116 = NVwZ 2006, Beilage zu Heft Nr. 8, S. 39, Rn. 422 -Verkehrsflughafen Berlin-Schönefeld (Herv. d. Verf.); bestätigt durch BVerwG, Beschl. v. 07.05.2008, 4 A 1009.07 u. a., dungen für Schallschutzeinrichtungen die nach § 74 Abs. 2 S. 3 VwVfG zu leistende Geldentschädigung auf höchstens 30% des Verkehrswerts von Grundstück und Gebäuden begrenzt wurde. Das Bundesverwaltungsgericht hat eine solche Regelung nicht beanstandet, weil sie sich in dem durch § 74 Abs. 2 S. 3 VwVfG abgesteckten rechtlichen Rahmen halte. Obwohl dies im Wortlaut der Vorschrift, anders als in § 41 Abs. 2 BImSchG, nicht zum Ausdruck komme, könnten „*Kostengesichtspunkte auch im Anwendungsbereich dieser Bestimmung eine Rolle spielen*“. Das in der Vorschrift genannte Merkmal der Untunlichkeit sei nach den Vorstellungen des Gesetzgebers eine Ausprägung eines allgemeinen Grundsatzes des Inhalts, dass Schutzmaßnahmen nicht in Betracht kommen, wenn sie wirtschaftlich nicht vertretbar seien.[1503] Der Ausgleich nach § 74 Abs. 2 S. 3 VwVfG sei ein „Surrogat für Lärmschutzeinrichtungen“ und „*nicht als Äquivalent für Maßnahmen konzipiert, die einer Gebäudesanierung gleich oder nahe kommen*“.[1504] Die 3. Kammer des Ersten Senats des Bundesverfassungsgerichts hat diese Rechtsprechung des Bundesverwaltungsgerichts in zwei Entscheidungen über Verfassungsbeschwerden gegen Berlin-Schönefeld-Entscheidungen des Bundesverwaltungsgerichts, insbesondere im Lichte des Eigentumsgrundrechts aus Art. 14 Abs. 1 GG, verfassungsrechtlich nicht beanstandet.[1505]

### *g) Anspruch auf Übernahme des Grundstücks*

#### aa) Rechtsgrundlage

Im Einzelfall muss dem Grundstückseigentümer auch ein Anspruch auf Übernahme des Grundstücks (genauer: ein Anspruch auf Entschädigung in Höhe des Verkehrswertes gegen Übernahme des Grundstücks durch den Vorhabenträger) zugestanden werden.[1506] Fraglich ist, auf welche Rechtsgrundlage ein solcher Anspruch gestützt werden kann.

---

NVwZ 2008, 1007 (1008 f.), Ls. 2, Rn. 15 ff. und BVerwG, Beschl. v. 02.09.2008, 4 A 1007.07, juris, Rn. 19 – jew. Verkehrsflughafen Berlin-Schönefeld.

1503 Hinweis auf die Begründung zu § 70 Abs. 2 des Gesetzentwurfs der Bundesregierung, BT-Drs. 7/910, S. 89.

1504 Dem Planungsträger sei es deshalb nicht verwehrt, mit Hilfe einer „Kappungsgrenze“ zu verhindern, dass die Entschädigung dafür genutzt werde, die Bausubstanz eines Bauwerks, das sich in einem schlechten Zustand befinde, durch Verbesserungen an den verschiedensten Umfassungsbauteilen so nachhaltig zu verändern, dass das Gebäude seine ursprüngliche Identität verliere (BVerwG, a. a. O.).

1505 Beschl. v. 20.02.2008, 1 BvR 2722/06, NVwZ 2008, 780 (784), Rn. 72 ff. (nach Auffassung der Kammer war der Vortrag der Beschwerdeführerin allerdings nicht hinreichend substantiiert, um die Belastung auf ihre Verhältnismäßigkeit hin überprüfen zu können) u. BVerfG, 3. Kammer des Ersten Senats, Beschl. v. 29.07.2009, 1 BvR 1606/08, NVwZ 2009, 1494 (1497 f.), juris, Rn. 31 ff.

Das Bundesverwaltungsgericht ist in seinem Urteil vom 23. Januar 1981[1507] zunächst davon ausgegangen, dass der Übernahmeanspruch bzw. im Falle einer Teilenteignung der Anspruch auf Ausdehnung der Enteignung auf die restlichen, von der Enteignung nicht betroffenen Grundstücke („Ausdehnungsanspruch“) seine Grundlage in den allgemeinen enteignungsrechtlichen Grundsätzen findet. Dementsprechend sei der Anspruch gegeben, wenn ein für das Planvorhaben nicht unmittelbar in Anspruch genommenes Grundstück durch Verkehrslärm „schwer und unerträglich“ betroffen werde, weil das Vorhaben dann in der Sache einen „enteignend wirkenden mittelbaren Eingriff in das Eigentum“ darstelle.[1508]

Das Bundesverfassungsgericht hat unter anderem in seiner Kleingartenentscheidung vom 12. Juni 1979[1509] die Enteignung im Sinne des Art. 14 Abs. 3 GG als den staatlichen Zugriff auf das Eigentum des Einzelnen gekennzeichnet, der seinem Zweck nach „auf die vollständige oder teilweise Entziehung konkreter subjektiver Rechtspositionen gerichtet“ ist, die durch Art. 14 Abs. 1 S. 1 GG gewährleistet sind. In seinem Nassauskiesungsbeschluss vom 15. Juli 1981[1510] hat das Bundesverfassungsgericht betont, Inhaltsbestimmung, Legalenteignung und Administrativenteignung seien jeweils eigenständige Rechtsinstitute, die das Grundgesetz deutlich voneinander absetze; die Abgrenzung von Inhaltsbestimmung und Enteignung hänge danach nicht von der Intensität, d. h. – entgegen der früheren Rechtsprechung des Bundesgerichtshofs[1511] – nicht von der „Art und Schwere“ des Eingriffs ab.

---

1506 Dazu auch *Czajka,* in: Feldhaus, BImSchG, § 42 Rn. 53 ff.; *Stüer/Probstfeld,* Planfeststellung, Rn. 245; *Uechtritz,* DVBl. 1999, 198 (205). – Die Bezeichnung als „Übernahmeanspruch“ erscheint missverständlich. Der *Anspruch* des Betroffenen ist nicht auf Übernahme des Grundstücks gerichtet, sondern auf Entschädigung für den vollen Grundstückswert. Die Übernahme des Grundstücks durch den Vorhabenträger ist vielmehr *Folge* des Entschädigungsanspruchs. Zur Übereignung des Grundstücks ist der Betroffene *verpflichtet,* wenn er Entschädigung für den Grundstückswert verlangt. Auf die Übereignung hat dann der *Vorhabenträger* einen *Anspruch.*

1507 4 C 4.78, BVerwGE 61, 295 = NJW 1981, 2137 (2139 f.), Ls. 7.

1508 Vgl. ferner BVerwG, Urt. v. 05.12.1986, 4 C 13.85, BVerwGE 75, 214 = NVwZ 1987, 578 (590) m. w. N. – Verkehrsflughafen München II: Anspruch aus allgemeinen rechtsstaatlichen Grundsätzen; siehe auch *Kämper,* in: BeckOK-VwVfG, § 74 Rn. 111; *Michler,* Verkehrsimmissionsschutz, S. 144; *Peine,* DÖV 1988, 937 (946) m. w. N., nach dem § 17 Abs. 4 S. 2 FStrG (a. F.) der Junktimklausel gem. Art. 14 Abs. 3 S. 2 GG nicht genüge, weil das Ausmaß der Entschädigung durch das Kriterium „angemessen“ nicht ausreichend bestimmt sei.

1509 Beschl. v. 12.06.1979, 1 BvL 19/76, BVerfGE 52, 1 = NJW 1980, 985 (987).

1510 1 BvL 77/78, BVerfGE 58, 300 = NJW 1982, 745 (748 ff.).

1511 Siehe etwa BGH, Großer Senat, Beschl. v. 10.06.1952, GSZ 2/52, BGHZ 6, 270, juris, Rn. 30 ff. (40): „Aus dieser Entgegensetzung wird zugleich deutlich, was im Rechtssinn Enteignung ist. Bei der Enteignung handelt es sich nicht um eine all-

Im Anschluss an diese Rechtsprechung des Bundesverfassungsgerichts hat das Bundesverwaltungsgericht in seinem Urteil vom 22. Mai 1987[1512] klargestellt, dass der in § 74 Abs. 2 S. 3 VwVfG begründete Zahlungsanspruch verfassungsrechtlich nicht Art. 14 Abs. 3 GG, sondern Art. 14 Abs. 1 GG zuzuordnen ist.[1513] Dies gelte auch für den Anspruch auf Übernahme des Grundstücks.[1514] Bundesverwaltungsgericht und Bundesgerichts-

---

gemeine und gleichwirkende, mit dem Wesen des betroffenen Rechts vereinbare inhaltliche Bestimmung und Begrenzung des Eigentumsrechts, sondern um einen gesetzlich zulässigen zwangsweisen staatlichen Eingriff in das Eigentum, sei es in der Gestalt der Entziehung oder der Belastung, der die betroffenen Einzelnen oder Gruppen im Vergleich zu anderen ungleich, besonders trifft und sie zu einem besonderen, den übrigen nicht zugemuteten Opfer für die Allgemeinheit zwingt, und zwar zu einem Opfer, das gerade nicht den Inhalt und die Grenzen der betroffenen Rechtsgattung allgemein und einheitlich festlegt, sondern das aus dem Kreise der Rechtsträger Einzelne oder Gruppen von ihnen unter Verletzung des Gleichheitssatzes besonders trifft. Der Verstoß gegen den Gleichheitssatz kennzeichnet die Enteignung … *Diese Rechtsanschauung bestimmt – entgegen zahlreichen erhobenen Angriffen – die Enteignung gerade nicht nach einem formalen Maßstab. Sie liefert im Gegenteil den einzig zutreffenden, durchaus inhaltlich bestimmten Maßstab für die Enteignung, nämlich ihren Charakter als erzwungenes, ungleich treffendes Sonderopfer für die Allgemeinheit.*“ (Herv. d. Verf.)

1512 4 C 17-19.84, BVerwGE 77, 295 = NJW 1987, 2884 (2885).

1513 Siehe bereits oben B.III.3.

1514 Siehe auch BVerwG, Beschl. v. 02.07.2008, 4 A 1025.06 u.a., NVwZ 2008, 1113 (1114), Rn. 16 f. – Verkehrsflughafen Berlin-Schönefeld und – allgemein zu den Vorschriften, die den in der Folge einer luftverkehrsrechtlichen Planfeststellung auf einem Wohngrundstück hinzunehmenden Fluglärm regeln – BVerfG, 3. Kammer des Ersten Senats, Beschl. v. 20.02.2008, 1 BvR 2722/06, NVwZ 2008, 780 (782 a.E.), Rn. 54 – Verkehrsflughafen Berlin-Schönefeld, unter Hinweis auf BVerfG, Beschl. v. 30.11.1988, 1 BvR 1301/84, BVerfGE 79, 174 = NJW 1989, 1271 (1272) – Erbbaurecht, Straßenverkehrslärm: Welches Ausmaß von Verkehrslärmimmissionen der Inhaber eines unter den Schutz der Eigentumsgarantie fallenden Rechts an einem Grundstück hinnehmen müsse sei eine Frage der Inhalts- und Schrankenbestimmung des Eigentums im Sinne des Art. 14 Abs. 1 S. 2 GG; ebenso BVerfG, Beschl. v. 12.03.1986, 1 BvL 81/79, BVerfGE 72, 66 = NJW 1986, 2188 f. – Flughafen Salzburg. – Zu weitergehenden Ansprüchen aus enteignendem Eingriff BGH, Urt. v. 21.01.1999, III ZR 168/97, BGHZ 140, 285 = NJW 1999, 1247 (1251 f.) – A 3: Nach der Rechtsprechung des Senats steht dem Betroffenen aus dem Gesichtspunkt des enteignenden Eingriffs ein öffentlichrechtlicher Anspruch auf Entschädigung zu, wenn Lärmimmissionen von hoher Hand, deren Zuführung nicht untersagt werden kann, sich als ein unmittelbarer Eingriff in nachbarliches Eigentum darstellt. Habe ein Straßen(aus-)bau seine Grundlage in einem Planfeststellungsverfahren (vgl. § 17 FStrG), so stelle sich die Frage, ob nicht das Fachplanungsrecht (insbesondere – abgesehen von §§ 41 ff. BImSchG – die §§ 74, 75 VwVfG) hinreichende und abschließende Regeln auch hinsichtlich der Bewältigung des Konflikts, der sich aus Lärmbelästigungen für die Anlieger, erforderlichenfalls auch im Sinne einer angemessenen Entschädigung derselben in Geld, enthalte. Nehme man an, dass bei einer solchen Fallgestaltung gleichwohl noch Raum für einen materiellrechtlichen Entschädigungsanspruch aus enteignendem Eingriff sei, so ergebe sich hof haben in der Folge wiederholt bestätigt, dass bei „schweren und unerträglichen“ Lärmimmissionen, mithin solchen oberhalb der „Enteignungsschwelle“, keine Enteignung im Rechtssinne des Art. 14 Abs. 3 S. 1 GG vorliegt.[1515] Hierzu hat das Bundesverwaltungsgericht im Berlin-Schönefeld-Urteil unter Hinweis auf die Entscheidung zum Verkehrsflughafen München II ausgeführt, der finanzielle Ausgleich, der auf der Grundlage des § 74 Abs. 2 S. 3 VwVfG zu leisten sei, unterscheide sich von seiner Zielsetzung her wesentlich von der Entschädigung im Enteignungsverfahren. Er sei nicht an Art. 14 Abs. 3 S. 3 GG zu messen. Er stelle kein Äquivalent für den Entzug von Eigentum dar, welches in der Regel auf einen Wertersatz nach Maßgabe des Verkehrswertes hinauslaufe (vgl. § 95 Abs. 1 BauGB). Anders als die Enteignung, die auf den vollständigen oder teilweisen Entzug konkreter durch Art. 14 Abs. 1 S. 1 GG geschützter subjektiver Rechtspositionen gerichtet sei, lasse § 74 Abs. 2 VwVfG die Eigentumssubstanz unberührt.[1516] Nach dieser Rechtsprechung kann der Anspruch gegen den Vorhabenträger, ein Grundstück, das von den Auswirkungen eines Verkehrsvorhabens unzumutbar betroffen ist, gegen Zahlung einer Entschädigung zu übernehmen, seine Rechtsgrundlage nur in § 74 Abs. 2 S. 3 VwVfG finden.[1517]

Die Vorschrift des § 74 Abs. 2 S. 3 VwVfG bildet somit die Grundlage des Übernahmeanspruchs, obwohl in ihr von einem „Übernahmeanspruch“ nicht ausdrücklich die Rede ist. Der Übernahmeanspruch ist jedoch eine „besondere Art des Entschädigungsanspruchs“ und die Hingabe des Eigen-

---

als weiteres Problem, ob der Anspruch aus enteignendem Eingriff nicht dadurch präkludiert werde, dass sich der Planfeststellungsbeschluss über Lärmschutzmaßnahmen oder Entschädigungsansprüche grundsätzlich verhalten muss. Zum enteignenden Eingriff auch *Michler,* VBlBW 1998, 201 (204).

1515 So etwa BVerwG, Urt. v. 29.01.1991, 4 C 51.89, BVerwGE 87, 332 = NVwZ-RR 1991, 601 (621) m. w. N. – Verkehrsflughafen München II; BGH, Urt. v. 10.12.1987, III ZR 204/86, NJW 1988, 900 (901).

1516 So BVerwG, Urt. v. 16.03.2006, 4 A 1075.04, BVerwGE 125, 116 = NVwZ 2006, Beilage zu Heft Nr. 8, Ls. 18, S. 38, Rn. 412 m. w. N. – Verkehrsflughafen Berlin-Schönefeld.

1517 BVerwG, Urt. v. 06.06.2002, 4 A 44.00, NVwZ 2003, 209 (210), Ls.; *Gatz,* jurisPR-BVerwG 18/2008 Anm. 2. Erst seit dieser Entscheidung leitet das Bundesverwaltungsgericht den Übernahmeanspruch aus § 74 Abs. 2 S. 3 VwVfG her, vgl. BayVGH, Urt. v. 04.02.2004, 8 A 95.40082 u. a., VGHE-Bay 57, 157, juris, Rn. 46; ferner BVerwG, Beschl. v. 02.07.2008, 4 A 1025.06 u. a., NVwZ 2008, 1113 (1114), Rn. 16 f. – Verkehrsflughafen Berlin-Schönefeld; OVG RhPf., Urt. v. 20.12.2006, 8 C 10881/06, BauR 2007, 927 L, juris, Rn. 20 f.; Nds. OVG, Urt. v. 21.06.2006, 7 KS 64/03, juris, Rn. 46; *Kämper,* in: BeckOK-VwVfG, § 74 Rn. 111; ebenso *Michler,* Verkehrsimmissionsschutz, S. 144 ff.; *Wahl/Hönig,* NVwZ 2006, 161 (170); siehe aber auch *Wahl/Dreier,* NVwZ 1999, 606 (620): § 92 Abs. 3 BauGB, § 9 PrEnteigG analog.

tums eine seiner Voraussetzungen, so dass es sich bei dem Übernahmebegehren nicht um einen Enteignungsantrag handelt, sondern um einen Antrag auf Entschädigung, in dessen Rahmen über die Eigentumsübertragung zu erkennen ist.[1518] Dass der „Übernahmeanspruch" auf § 74 Abs. 2 S. 3 VwVfG gestützt werden kann, zeigt sich besonders deutlich dann, wenn man ihn richtigerweise als Anspruch auf Entschädigung in Höhe des vollen Verkehrswertes gegen Übernahme des Grundstücks durch den Vorhabenträger ansieht. Die vom Vorhabenträger dann zu beanspruchende Übertragung des Eigentums an dem Grundstück stellt sich als *Folge* der Geltendmachung des Entschädigungsanspruchs des Eigentümers in Höhe des Verkehrswertes dar. Im Ergebnis wird der Betroffene somit entschädigungsrechtlich mit den Eigentümern gleichgestellt, deren Grundstücke gezielt und unmittelbar für das Vorhaben in Anspruch genommen (enteignet) werden.[1519]

Da der „Übernahmeanspruch" eine besondere Form des Entschädigungsanspruchs des § 74 Abs. 2 S. 3 VwVfG ist, stellt er ebenfalls ein *Surrogat* für nicht realisierbare, weil untunliche oder mit dem Vorhaben unvereinbare Ansprüche auf technisch-realen Ausgleich unzumutbarer Auswirkungen der Planung dar.[1520]

### bb) Voraussetzung des Übernahmeanspruchs

Ein Übernahmeanspruch besteht, wenn die Beeinträchtigungen durch das Vorhaben „so schwer zu Buche schlagen, dass eine weitere Nutzung des Grundstücks als unzumutbar erscheint", d.h. wenn ein Wohngrundstück „so massiv verlärmt wird, dass es seine *Wohnqualität einbüßt und unbewohnbar* wird" oder wenn der Lärm von so hoher Einwirkungsintensität ist, dass er den „Grad einer Gesundheitsgefährdung erreicht".[1521]

---

[1518] BVerwG, Urt. v. 09.11.2006, 4 A 2001.06, BVerwGE 127, 95 = NVwZ 2007, 445 (458), Rn. 139 – Verkehrsflughafen Leipzig/Halle; BVerwG, Urt. v. 07.07.2004, 9 A 21.03, NVwZ 2004, 1358 (1359) – B 71 u. B 248; BVerwG, Urt. v. 06.06.2002, 4 A 44.00, NVwZ 2003, 209 (210); ferner BVerwG, Beschl. v. 24.08.2009, 9 B 32.09, juris, Rn. 10; BGH, Urt. v. 17.12.1992, III ZR 112/91, NJW 1993, 1255; siehe auch VGH Bad.-Württ., Urt. v. 30.09.2005, 5 S 591/04, juris, Rn. 36 – Eisenbahntrasse Ulm–Friedrichshafen; *Kämper,* in: BeckOK-VwVfG, § 74 Rn. 111.

[1519] Vgl. *Vallendar,* Sanierungsansprüche, S. 261.

[1520] BVerwG, Beschl. v. 02.07.2008, 4 A 1025.06 u.a., NVwZ 2008, 1113 (1114 f.), Rn. 17 ff. (22) – Verkehrsflughafen Berlin-Schönefeld; BVerwG, Urt. v. 16.03.2006, 4 A 1075.04, BVerwGE 125, 116 = NVwZ 2006, Beilage zu Heft Nr. 8, S. 37, Rn. 409 – Verkehrsflughafen Berlin-Schönefeld; Nds. OVG, Urt. v. 21.06.2006, 7 KS 64/03, juris, Rn. 46; *Gatz,* jurisPR-BVerwG 18/2008 Anm. 2 C.

[1521] BVerwG, Urt. v. 16.03.2006, 4 A 1075.04, BVerwGE 125, 116 = NVwZ 2006, Beilage zu Heft Nr. 8, Ls. 18, S. 34, Rn. 376 – Verkehrsflughafen Berlin-Schönefeld (Herv. d. Verf.); BVerwG, Urt. v. 23.02.2005, 4 A 4.04, BVerwGE 123,

### h) *Zeitpunkt der Ermittlung des Verkehrswerts*

Als zeitlicher Anknüpfungspunkt für Maßnahmen des aktiven oder passiven Schallschutzes kommt nach der Rechtsprechung des Bundesverwaltungsgerichts frühestens der – sofort vollziehbare – Planfeststellungsbeschluss in Betracht, weil erst durch ihn der Weg zur Realisierung des Planvorhabens frei gemacht wird.[1522] Nach dem Bundesverwaltungsgericht (Berlin-Schönefeld)[1523] kann für den Anspruch auf Geldentschädigung, der an die Stelle des Anspruchs auf physisch-realen Ausgleich tritt, kein anderer Zeitpunkt maßgebend sein, als für den Primäranspruch. Für eine Vorverlagerung nach dem Muster der „Vorwirkungsrechtsprechung" des Bundesgerichtshofs zum Enteignungsrecht[1524] fehle es an einer Rechtfertigung.[1525]

---

37 = NVwZ 2005, 803 (808) – A 72; BVerwG, Urt. v. 23.02.2005, 4 A 5.04, BVerwGE 123, 23 = NVwZ 2005, 808 (810) – A 72; BVerwG, Urt. v. 06.06.2002, 4 A 44.00, NVwZ 2003, 209 (210); BVerwG, Urt. v. 24.05.1996, 4 A 39.95, NVwZ 1997, 165 L = NJW 1997, 142 (413); BVerwG, Urt. v. 21.03.1996, 4 C 9.95, BVerwGE 101, 1 = NVwZ 1996, 1003 (1006) – A 99; BVerwG, Urt. v. 29.01.1991, 4 C 51.89, BVerwGE 87, 332 = NVwZ-RR 1991, 601 (621) – Verkehrsflughafen München II; BVerwG, Urt. v. 22.05.1987, 4 C 17-19.84, BVerwGE 77, 295 = NJW 1987, 2884 (2885); BVerwG, Urt. v. 05.12.1986, 4 C 13.85, BVerwGE 75, 214 = NVwZ 1987, 578 (589 f.) – Verkehrsflughafen München II: Anspruch auf Absiedlung; BVerwG, Urt. v. 23.01.1981, 4 C 4.78, BVerwGE 61, 295 = NJW 1981, 2137 (2139 f.), Ls. 7; ferner BVerwG, Urt. v. 26.04.2007, 4 C 12.05, BVerwGE 128, 358 = NVwZ 2007, 1074 (1078) Rn. 54 – Sonderflugplatz Mühlenberger Loch (Erweiterung des Airbus-Werks in Hamburg-Finkenwerder zur Herstellung des Großraumflugzeugs A380); BGH, Urt. v. 08.11.1979, III ZR 87/78, NJW 1980, 835 (837) m.w.N.; Nds. OVG, Urt. v. 21.06.2006, 7 KS 64/03, juris, Rn. 46; ferner BVerfG, 3. Kammer des Ersten Senats, Beschl. v. 29.07.2009, 1 BvR 1606/08, NVwZ 2009, 1494 (1496), juris, Rn. 18 – Verkehrsflughafen Berlin-Schönefeld; BVerfG, 3. Kammer des Ersten Senats, Beschl. v. 15.10.2009, NVwZ 2009, 1489 (1492) – Flughafen Leipzig/Halle, Nachtfluggegner; *Giemulla/Rathgeb,* DVBl. 2008, 669 (677) zum Fluglärm; vgl. auch *Michler,* Verkehrsimmissionsschutz, S. 144 f. unter Hinweis darauf, dass aufgrund des Vorrangs von aktiven und passiven Schallschutzmaßnahmen die Fälle, in denen wegen der dann noch verbleibenden Lärmbeeinträchtigungen eine Nutzung des Grundstücks ausgeschlossen sei, selten sein werde.

1522 Siehe oben B.I.7.c).

1523 BVerwG, Urt. v. 16.03.2006, 4 A 1075.04, BVerwGE 125, 116 = NVwZ 2006, Beilage zu Heft Nr. 8, Ls. 18, S. 38, Rn. 414 m.w.N. – Verkehrsflughafen Berlin-Schönefeld.

1524 Zuletzt BGH, Beschl. v. 27.05.2009, III ZR 285/08, NVwZ 2009, 1184 m.w.N.

1525 Mit dieser Einschätzung sehe sich der Senat in Übereinstimmung mit der zivilgerichtlichen Entschädigungsjudikatur. Anders als bei der Enteignung hebe der Bundesgerichtshof bei Wertminderungen, die als Folge von Lärmimmissionen die Merkmale eines – nicht mehr in Art. 14 Abs. 3 GG, sondern im allgemeinen Aufopferungsgedanken der §§ 74 und 75 der Einleitung zum Allgemeinen Landrecht für die Preußischen Staaten (EALR) verankerten – „enteignenden Eingriffs" erfül-

Nach Auffassung des Bundesverwaltungsgerichts ist es jedoch rechtlich nicht zu beanstanden, wenn die Planfeststellungsbehörde für die Ermittlung des Verkehrswerts, der die Bemessungsgrundlage für die Entschädigung bildet, die nach § 74 Abs. 2 S. 3 VwVfG als Surrogat für Schutzvorkehrungen oder im Falle der Übernahme eines Grundstücks zu zahlen ist, als maßgeblichen Zeitpunkt den Tag ansieht, an dem der Entschädigungsanspruch geltend gemacht wird. Die Betroffenen erleiden hierdurch – so die zutreffende Argumentation des Bundesverwaltungsgerichts – keine Nachteile. Sie werden im Gegenteil begünstigt. Sie haben es in der Hand, für ihren Antrag den Zeitpunkt zu wählen, der ihnen unter Berücksichtigung der Verhältnisse auf dem Grundstücksmarkt günstig erscheine.[1526]

### *i) Geltendmachung der Entschädigung*

Wirkt eine Planung nur mittelbar, also ohne unmittelbare Inanspruchnahme des Eigentums an einem Grundstück, durch die mit ihr verbundene Situationsveränderung in der Umgebung des Planvorhabens auf Rechtspositionen Dritter ein, so entfaltet der Planfeststellungsbeschluss keine enteignende (Vor-)Wirkung im Sinne von Art. 14 Abs. 3 GG, sondern bestimmt – unabhängig von der Intensität der Beeinträchtigung – lediglich die Schranken des Eigentums im Sinne von Art. 14 Abs. 1 S. 2 GG.[1527] Über die Entschädigung kann deshalb nur dann in einem gesonderten Verfahren nach Art eines Enteignungsverfahrens[1528] entschieden werden, wenn die Fachplanungsgesetze ein solches Verfahren ausdrücklich vorsehen.[1529] Das Bundesverwaltungsgericht hat deshalb in seinem fernstraßenrechtlichen Urteil vom 22. März 1985[1530] (noch zu § 17 Abs. 4 S. 2 FStrG a.F.) entschieden, über den Entschädigungsanspruch sei in Ermangelung einer entsprechenden gesetzlichen Anordnung im Bundesfernstraßengesetz bereits im Planfeststellungsbeschluss dem Grund und der Höhe nach zu entscheiden, wobei die

---

len, auf den Zeitpunkt ab, zu dem die Lärmeinwirkungen die durch das Verfassungsrecht gezogene Zumutbarkeitsgrenze übersteigen. Aus Gründen der Sachlogik werde über den so definierten Eingriffszeitpunkt auch der Stichtag für die Ermittlung der Grundstücksqualität bestimmt (BVerwG, a. a. O.).

1526 BVerwG, Urt. v. 16.03.2006, 4 A 1075.04, BVerwGE 125, 116 = NVwZ 2006, Beilage zu Heft Nr. 8, Ls. 18, S. 37 f., Rn. 409 ff. u. 415 – Verkehrsflughafen Berlin-Schönefeld.

1527 BVerwG, Urt. v. 07.07.2004, 9 A 21.03, NVwZ 2004, 1358 (1359) – B 71 u. B 248. Siehe oben B.III.3.

1528 Siehe für die Fälle der Enteignung § 22 AEG.

1529 *Hoppe/Schlarmann/Buchner/Deutsch,* Rechtsschutz, Rn. 740; *Steinberg/Berg/Wickel,* Fachplanung, § 4 Rn. 124.

1530 4 C 15.83, BVerwGE 71, 166 = NJW 1986, 80 (82), Ls. 5 – B 16; krit. *Bracher,* in: LR, § 42 BImSchG Rn. 34 zu § 42 BImSchG, weil dann § 42 Abs. 3 BImSchG weitgehend leer laufen, wenn im Planfeststellungsbeschluss bereits über die Höhe der Entschädigung oder auch nur über die für die Berechnung der Höhe maßgeblichen Faktoren zu entscheiden wäre.

Entscheidung hinsichtlich der Höhe auf die Angabe der für die Berechnung maßgeblichen Faktoren beschränkt bleiben könne. Nur ausnahmsweise sehen die Fachplanungsgesetze vor, dass bereits die Entscheidung über den *Grund* der Entschädigung einem gesonderten Entschädigungsverfahren vorbehalten bleibt (so etwa § 14b Nr. 7 WaStrG i.V.m. §§ 36 ff. WaStrG[1531]). Nur in einem solchen Fall bedarf es dann keiner Entscheidung über den Grund der Entschädigung bereits im Planfeststellungsbeschluss.[1532] Vielmehr behalten die Fachplanungsgesetze zumeist lediglich die *Höhe* der Entschädigung einem gesonderten Verfahren vor. So hatte Art. 26 Ziff. 5 des Dritten Rechtsbereinigungsgesetzes vom 28. Juni 1990[1533] – und damit nach der vorgenannten Entscheidung des Bundesverwaltungsgerichts vom 22. März 1985 – in das Bundesfernstraßengesetz die Regelung des § 19a eingefügt, wonach die nach Landesrecht zuständige Behörde, zumeist die Enteignungsbehörde[1534], zu entscheiden hat, wenn über die *Höhe* der Entschädigung keine Einigung zwischen dem Betroffenen und dem Träger der Straßenbaulast erzielt wird, wobei für das Verfahren und den Rechtsweg die Enteignungsgesetze der Länder entsprechend gelten.[1535] Vorbild dieser Regelung war § 42 Abs. 3 BImSchG[1536], wonach die nach Landesrecht zuständige Behörde auf Antrag eines der Beteiligten die Entschädigung durch schriftlichen Bescheid festsetzt, wenn zwischen dem Träger der Baulast und dem Betroffenen keine Einigung über die Entschädigung zustande kommt, und nach der im Übrigen für das Verfahren die Enteignungsgesetze der Länder entsprechend gelten. Nach der Gesetzesbegründung zum Dritten Rechtsbereinigungsgesetz bedeutet die Neuregelung insbesondere für die Planfeststellung, dass die Planfeststellungsbehörde über eine Entschädigung in Geld dem Grund nach zu entscheiden hat, während die Höhe der Ent-

---

1531 *Bonk/Neumann,* in: Stelkens/Bonk/Sachs, VwVfG, § 74 Rn. 198; a.A. *Friesecke,* WaStrG, § 14b Rn. 58, weil der Eigentümer in die Lage versetzt werden müsse, zu entscheiden, ob er den die Eigentumsbeschränkung aktualisierenden Eingriffsakt hinnehmen oder anfechten wolle und er diese Entscheidung nur dann sinnvoll treffen könne, wenn er wisse, ob ihm im Fall der Hinnahme des Eingriffs ein Ausgleich zustehe; es sei dem Betroffenen nicht zuzumuten, einen Verwaltungsakt, den er für unvereinbar mit der Eigentumsgarantie des Grundgesetzes halte, in der unsicheren Erwartung eines nachträglich in einem anderen Verfahren zu bewilligenden Geldausgleichs bestandskräftig werden zu lassen. Siehe ferner BT-Drs. 16/54, S. 36 zu § 14b Nr. 6 bis 11.

1532 Vgl. auch *Bonk/Neumann,* in: Stelkens/Bonk/Sachs, VwVfG, § 74 Rn. 198.

1533 Oben Fn. 293.

1534 In Baden-Württemberg ist Enteignungsbehörde das Regierungspräsidium, vgl. § 17 Abs. 1 LEntG.

1535 Vgl. *Ronellenfitsch,* in: Marschall/Schroeter/Kastner, FStrG, § 17 Rn. 149 a.E.; *Kromer,* in: Müller/Schulz, FStrG, § 19a Rn. 1.

1536 Siehe die Regierungsbegründung zum Entwurf des Dritten Rechtsbereinigungsgesetzes, BT-Drs. 11/4310, S. 102.

schädigung erst dann in einem besonderen Verfahren festzusetzen ist, wenn der Betroffene und der Träger der (Straßen-)Baulast keine Einigung erreichen.[1537] Das Infrastrukturplanungsbeschleunigungsgesetz (InfrPBG) vom 9. Dezember 2006[1538] hat diese fernstraßenrechtliche Regelung des § 19a FStrG nunmehr unter anderem auch für die eisenbahnrechtliche Planfeststellung durch Einfügung des § 22a AEG übernommen.[1539] Über die Höhe der Entschädigung wird danach also auch im Eisenbahnrecht in einem gesonderten Verfahren entschieden. Dadurch soll nach dem Willen des Gesetzesverfassers eine Beschleunigung des Planfeststellungsverfahrens bei Streitigkeiten über die Höhe der Entschädigung erreicht werden.[1540] Für die eisenbahnrechtliche Planfeststellung gilt also im Ergebnis, dass über den Grund der Entschädigung bereits im Planfeststellungsbeschluss zu entscheiden ist[1541], die Höhe der Entschädigung aber, sofern keine Einigung zwischen den Betroffenen und dem Vorhabenträger erzielt wird, einem besonderen Entschädigungsverfahren nach Maßgabe der Landesenteignungsgesetze vorbehalten bleibt.

# C. Lärmschutz in der planerischen Abwägung

## I. Planerische Gestaltungsfreiheit und Abwägungsgebot

Nach § 18 S. 2 AEG sind bei der Planfeststellung die von dem Vorhaben berührten öffentlichen und privaten Belange einschließlich der Umweltverträglichkeit im Rahmen der Abwägung zu berücksichtigen.[1542] Diese Formulierung findet sich auch in anderen Fachplanungsgesetzen (z.B. § 17 S. 2

1537 BT-Drs. 11/4310, S. 102.

1538 Oben Fn. 184.

1539 Vgl. die Regierungsbegründung, BT-Drs. 16/54, S. 31(re. Sp.). Siehe ferner § 28a LuftVG, § 7a MBPlG, § 45a EnWG u. bereits oben § 14b Nr. 7 WaStrG.

1540 BT-Drs. 16/54, S. 31 (re. Sp.).

1541 Zum fernstraßenrechtlichen Planfeststellung BVerwG, Urt. v. 07.07.2004, 9 A 21.03, NVwZ 2004, 1358 (1359) – B 71 u. B 248, wonach dies auch für den Übernahmeanspruch wegen schwerer und unerträglicher mittelbarer Beeinträchtigungen zutrifft, da es sich bei ihm um eine besondere Art des Entschädigungsanspruchs nach § 74 Abs. 2 S. 3 VwVfG handele; vgl. ferner BVerwG, Beschl. v. 24.08.2009, 9 B 32.09, juris, Rn. 10 ebenfalls zum Übernahmeanspruch wegen schwerer und unerträglicher *mittelbarer* Beeinträchtigungen; anders wenn der Planfeststellungsbeschluss die Grundlage für eine Enteignung im Sinne von Art. 14 Abs. 3 GG und damit für einen *unmittelbaren* Zugriff auf das Eigentum bildet; in diesem Fall ist die Regelung der damit verbundenen Entschädigungsfragen einschließlich der Frage einer Übernahme des Gesamtgrundstücks dem von der Planfeststellung gesonderten Enteignungsverfahren vorbehalten; OVG Bremen, Urt. v. 13.01.2005, 1 D 224/04, juris, Rn. 197.

1542 Dazu ausführlich *Vallendar,* in: Hermes/Sellner, AEG, § 18 Rn. 118 ff.

FStrG, § 8 Abs. 1 S. 2 LuftVG, § 14 Abs. 1 S. 2 WaStrG, § 28 Abs. 1 S. 2 PBefG, § 1 Abs. 1 S. 2 MBPlG, § 43 S. 2 EnWG). Eine ähnliche Bestimmung enthält § 1 Abs. 7 BauGB für die Bauleitplanung.[1543] In ihr kommt einerseits die der Planfeststellungsbehörde zustehende *planerische Gestaltungsfreiheit*[1544] zum Ausdruck, andererseits aber zugleich die rechtliche Bindung dieser Gestaltungsfreiheit durch das *Abwägungsgebot*[1545]. Das Bundesverwaltungsgericht hat in seinem zur Bauleitplanung ergangenen grundlegenden Urteil vom 12. Dezember 1969[1546] in Anknüpfung an die Vorschrift des § 2 Abs. 1 BBauG a.F. (§ 2 Abs. 1 S. 1 BauGB), wonach die Bauleitpläne von der Gemeinde in „eigener Verantwortung" aufzustellen sind, hervorgehoben, die Vorschrift enthalte die Anerkennung einer gemeindlichen „Planungshoheit", wobei Planungshoheit „vor allem die Einräumung eines *Planungsermessens*"[1547] bedeute. Ob das Wort „Ermessen" die in der Planungshoheit beschlossene Gestaltungsfreiheit treffend bezeichne, möge auf sich beruhen. Über den (materiell-rechtlichen) Begriff des Ermessens bestünden zwar Meinungsverschiedenheiten. Unabhängig von der Antwort auf diese terminologisch-begriffliche Frage stehe aber jedenfalls fest, dass „die Befugnis zur Planung – hier wie anderweit – einen mehr oder weniger ausgedehnten *Spielraum an Gestaltungsfreiheit* einschließt und einschließen muss", weil *„Planung ohne Gestaltungsfreiheit*

1543 § 1 Abs. 7 BauGB lautet abweichend von § 18 S. 2 AEG: Bei der Aufstellung der Bauleitpläne sind die öffentlichen und privaten Belange „gegeneinander und untereinander gerecht abzuwägen". Siehe im Übrigen auch die Verfahrensgrundnorm des § 2 Abs. 3 BauGB, wonach bei der Aufstellung der Bauleitpläne die Belange, die für die Abwägung von Bedeutung sind (Abwägungsmaterial), zu ermitteln und zu bewerten sind. Das Wasserhaushaltsgesetz enthält demgegenüber keine entsprechende Formulierung (siehe z.B. für den Gewässerausbau § 68 WHG 2010, § 31 Abs. 2 WHG a.F.).

1544 Vgl. z.B. BVerwG, Urt. v. 16.03.2006, 4 A 1075.04, BVerwGE 125, 116 = NVwZ 2006, Beilage zu Heft Nr. 8, S. 20, Rn. 250 – Verkehrsflughafen Berlin-Schönefeld, zu § 8 Abs. 1 LuftVG; ferner *Ronellenfitsch,* in: FS für Püttner, S. 75 (76 u. 86); *ders.*, Planungsrecht, S. 7 f.; *Ziekow,* in: Ziekow, Fachplanungsrecht, Rn. 646 ff.

1545 Zum Abwägungsgebot *Ronellenfitsch,* Planungsrecht, S. 8 ff.; *Steinberg/Berg/Wickel,* Fachplanung, § 3 Rn. 57 ff.; *Stüer/Probstfeld,* Planfeststellung, Rn. 251 ff.; *Ziekow,* in: Ziekow, Fachplanungsrecht, Rn. 649 ff.; *Dürr,* in: Knack/Henneke, VwVfG, § 74 Rn. 98 ff.; *Storost,* in: Ule/Laubinger, BImSchG, § 41 B 1; *Hofmann,* Verkehrslärmschutz, S. 107 ff.

1546 IV C 105.66, BVerwGE 34, 301 = DVBl. 1970, 414, juris, Rn. 20 (Herv. d. Verf.).

1547 Zum Planungsermessen *Ronellenfitsch,* in: FS für Püttner, S. 75 (87) u. *ders.*, Planungsrecht, S. 7 m.w.N., unter Hinweis darauf, dass sich Planungsermessen und Verwaltungsermessen quantitativ und qualitativ unterscheiden, weil es beim Verwaltungsermessen um die Bewältigung von Interessengegensätzen gehe und beim Planungsermessen um die Gestaltung von Interessengeflechten; a.A. *Rubel,* Planungsermessen, S. 165 ff.

*ein Widerspruch in sich wäre*".[1548] Das Bundesverwaltungsgericht hat diese Grundsätze in seinem B 42-Urteil vom 14. Februar 1975[1549] auch für die Fachplanung bestätigt.[1550]

Zugleich hat das Bundesverwaltungsgericht im B 42-Urteil die *Grenzen der im Übrigen umfassenden planerischen Gestaltungsfreiheit* der Planfeststellungsbehörde wie folgt beschrieben[1551]: Schranken ergeben sich – erstens – aus ihrer behördeninternen Bindung an die *vorbereitende Planungsentscheidung* des Bundesministers für Verkehr[1552], – zweitens – aus dem Erfordernis einer der fernstraßenrechtlichen[1553] Zielsetzung entsprechenden *Rechtfertigung des konkreten Planvorhabens,* – drittens – nach Maßgabe der *gesetzlichen Planungsleitsätze* sowie – viertens – aus den *Anforderungen des Abwägungsgebots.* Für den vorliegenden Zusammenhang von Bedeutung sind die vom Bundesverwaltungsgericht betonten Anforderungen des Abwägungsgebots.

Auf die zwingenden gesetzlichen Vorgaben (nach heutigem Begriffsverständnis die „Planungsleitsätze"[1554]), die das Verkehrslärmschutzrecht an die Planfeststellung stellt, wurde bereits eingegangen.[1555] Die planerische Abwägung steht danach unter dem Vorbehalt, dass Belange, die der Gesetz- oder Verordnungsgeber in den Status einer zwingenden planerischen Vorgabe (Planungsleitsatz) erhoben hat, einer Abwägung nicht zugänglich sind. Sie können im Rahmen der Abwägung nicht überwunden werden, sind mithin nicht „abwägungsüberwindlich". Die Abwägung darf also nicht zu einem Ergebnis führen, das mit den Planungsleitsätzen in Widerspruch steht. Die Planrechtfertigung spielt demgegenüber für das Verkehrslärmschutzrecht keine Rolle, weil die Verkehrslärmschutzvorschriften nicht die „Zielsetzung" der

---

1548 Weiter heißt es unter anderem: Zweitens stehe fest, „dass sich diese planerische Gestaltungsfreiheit nicht auf einen bestimmten geistig-seelischen Vorgang zurückführen lässt, sondern verschiedene Elemente – insbesondere des Erkennens, des Wertens und Bewertens sowie des Wollens – umfasst".

1549 IV C 21.74, BVerwGE 48, 56 = NJW 1975, 1373 (1374).

1550 Das Bundesverwaltungsgericht hat die Argumentation seines Urteils vom 12. Dezember 1969 aufgreifend weiter ausgeführt, die planerische Gestaltungsfreiheit ergebe sich, „– auch ohne solche ausdrückliche Erwähnung – aus der Übertragung der Planungsbefugnis auf die Planfeststellungsbehörde in Verbindung mit der Erkenntnis, dass die Befugnis zur Planung einen mehr oder weniger ausgedehnten Spielraum an Gestaltungsfreiheit einschließt und einschließen muss, weil Planung ohne Gestaltungsfreiheit ein Widerspruch in sich wäre".

1551 IV C 21.74, BVerwGE 48, 56 = NJW 1975, 1373 (1374), Ls. b) (Herv. d. Verf.).

1552 Gemeint ist damit die Linienbestimmung nach § 16 FStrG; zuständig ist für diese nunmehr das Bundesministerium für Verkehr, Bau und Stadtentwicklung (§ 16 Abs. 1 S. 1 FStrG).

1553 Für die anderen Fachplanungen sowie für die Bauleitplanung (dort § 1 Abs. 3 S. 1 BauGB) gilt Gleiches.

1554 Dazu, insbesondere zum Begriff oben B.I.1.

1555 Siehe oben B.

Planfeststellung und damit insoweit auch nicht ihre Rechtfertigung bestimmen.[1556] Ein Linienbestimmungsverfahren, wie es § 16 FStrG für Bundesfernstraßen vorsieht, besteht für Eisenbahntrassen nicht. Gleichwohl unterliegt auch die Planung von Eisenbahntrassen den Bindungen an vorgelagerte bzw. höherstufige Planungen, namentlich an die Vorgaben der Raumordnung (Ziele, Grundsätze und sonstige Erfordernisse der Raumordnung).[1557]

Zum *Geltungsgrund des Abwägungsgebots* hat das Bundesverwaltungsgericht in seinem die Bauleitplanung betreffenden Urteil vom 30. April 1969[1558] – unter Hinweis auf die bereits in seinem zur luftverkehrsrechtlichen Planfeststellung ergangenen Urteil vom 11. Oktober 1968[1559] erfolgten Andeutungen[1560] – festgehalten, der Schutz privater Interessen im Allgemeinen und des Privateigentums im Besonderen müsse sich bei der Aufstellung von Plänen nach Regeln vollziehen, die dem „Wesen der Planung" angemessen seien. Zu diesen Regeln gehöre „in erster Linie das *Gebot gerechter Abwägung der von der Planung berührten öffentlichen und privaten Belange*", das sich für die Bauleitplanung aus § 1 Abs. 4 S. 2 BBauG (jetzt § 1 Abs. 7 BauGB) ergebe, jedoch, „*weil dem Wesen einer rechtsstaatlichen Planung entsprechend, unabhängig von dieser Vorschrift allgemein gilt*". Es entspricht seither der ständigen Rechtsprechung des Bundesverwaltungsgerichts auch zu den verschiedenen Fachplanungsbereichen, dass sich das Gebot, die von einer Planung berührten öffentlichen und privaten Belange gegeneinander und untereinander gerecht abzuwägen, unabhängig von einer gesetzlichen Positivierung aus dem „Wesen einer rechtsstaatlichen Planung" ergibt und dementsprechend allgemein gilt.[1561]

---

[1556] Anders als bei den „speziellen" Umweltplanungen steht bei den (bloß) umwelt*relevanten* Planungen, zu denen insbesondere die Verkehrswegeplanungen gehören, nicht die Sicherung der Umwelt im Mittelpunkt, sondern ein Vorhaben, bei dessen Verwirklichung die durch das Vorhaben aufgeworfenen Umweltprobleme zu bewältigen sind, *Schmidt/Kahl,* Umweltrecht, § 1 Rn. 25.

[1557] Dazu unten D.

[1558] IV C 6.68, NJW 1969, 1868 (1869), Ls. a) (Herv. d. Verf.).

[1559] IV C 55.66, NJW 1969, 340 (insoweit nicht abgedruckt), juris, Rn. 29.

[1560] Wonach der Senat es für notwendig halte, schon jetzt darauf hinzuweisen, dass seine Rechtsprechung zur Planfeststellung nach dem Fernstraßengesetz – freilich unter Beachtung der unterschiedlichen Zielsetzungen – auch bei der Planfeststellung nach dem Luftverkehrsgesetz fruchtbar zu machen sein wird; danach sei „der Planfeststellungsbehörde ein nicht unerhebliches Ermessen eingeräumt" (Hinweis auf BVerwG, Urt. v. 01.07.1968, IV C 9.66, DVBl. 1969, 307, juris, nur Ls.), wobei die für die Entscheidung in Betracht kommenden Gesichtspunkte dabei „gegeneinander abzuwägen" sein werden, „ähnlich wie es der Gesetzgeber in anderem Zusammenhang für die Bauplanung angeordnet hat".

[1561] Siehe nur BVerwG, Urt. v. 20.10.1972, IV C 14.71, BVerwGE 41, 67 = DVBl. 1973, 42, juris, Rn. 14 zum Fluchtlinienplan auf der Grundlage des nach § 173 Abs. 3 S. 1 BBauG fortgeltenden preußischen Fluchtliniengesetzes; grundlegend zum Fachplanungsrecht BVerwG, Urt. v. 14.02.1975, IV C 21.74, BVerwGE

Nach den vom Bundesverwaltungsgericht in seinem Urteil vom 12. Dezember 1969[1562] herausgearbeiteten und im Flachglas-Urteil vom 5. Juli 1974[1563] bestätigten Grundsätzen zur Bauleitplanung ist das Gebot gerechter Abwägung verletzt, wenn „eine (sachgerechte) Abwägung überhaupt nicht stattfindet" (*Abwägungsausfall*). Es ist ferner verletzt, wenn „in die Abwägung an Belangen nicht eingestellt wird, was *nach Lage der Dinge* in sie eingestellt werden muss" (*Abwägungsdefizit*). Es ist schließlich verletzt, wenn „die Bedeutung der betroffenen privaten Belange verkannt" (*Abwägungsfehleinschätzung*) oder „wenn der Ausgleich zwischen den von der Planung berührten öffentlichen Belangen in einer Weise vorgenommen wird, der zur objektiven Gewichtigkeit einzelner Belange außer Verhältnis steht" (*Abwägungsdisproportionalität*). Innerhalb des so gezogenen Rahmens wird das Abwägungsgebot nicht verletzt, wenn sich die zur Planung berufene Gemeinde *„in der Kollision zwischen verschiedenen Belangen für die Bevorzugung des einen und damit notwendig für die Zurückstellung eines anderen entscheidet"*. Innerhalb jenes Rahmens ist nämlich „das Vorziehen und Zurücksetzen bestimmter Belange überhaupt kein nachvollziehbarer Vorgang der Abwägung", sondern eine „geradezu elementare planerische Entschließung", die zum Ausdruck bringt, wie und in welcher Richtung sich eine Gemeinde städtebaulich geordnet fortentwickeln will. Damit ist notwendig „der Planungskontrolle der höheren Verwaltungsbehörde wie der Verwaltungsgerichte eine Grenze gezogen". Diese zum Recht der Bauleitplanung entwickelte Rechtsprechung ist jedoch auf die fernstraßenrechtliche Planung (sowie auch auf die anderen Fachplanungen) „im Grundsatz ohne weiteres übertragbar" (B 42-Urteil[1564]). Die Gewich-

---

48, 56 = NJW 1975, 1373 (1375) m.w.N. – B 42 (zur straßenrechtlichen Planfeststellung); BVerwGE 56, 110 = NJW 1979, 64 (65) – Verkehrsflughafen Frankfurt/Main (zur luftverkehrsrechtlichen Planfeststellung); BVerwG, Urt. v. 14.12.1979, 4 C 10.77, BVerwGE 59, 253 = NJW 1980, 2368 (zur bundesbahnrechtlichen Planfeststellung): „Auszugehen ist davon, dass das – den Abwägungsvorgang und das Abwägungsergebnis umfassende – Abwägungsgebot unabhängig von einer gesetzlichen Positivierung aus dem Wesen einer rechtsstaatlichen Planung folgt und in seinem Anwendungsbereich in einer für planerische Entscheidungen spezifischen Weise dem Verhältnismäßigkeitsgrundsatz Rechnung trägt. Es wurzelt demnach im Bundesverfassungsrecht und gilt deshalb – auch ohne eine ausdrückliche gesetzliche Regelung – für hoheitliche Planungen allgemein, mithin auch für das bundesbahnrechtliche Planfeststellungsverfahren"; siehe auch *Ronellenfitsch,* NVwZ 2006, 385 (388).

1562 IV C 105.66, BVerwGE 34, 301 = DVBl. 1970, 414, juris, Rn. 29 (Herv. d. Verf.).

1563 IV C 50.72, BVerwGE 45, 309 = NJW 1975, 70 (72).

1564 Urt. v. 14.02.1975, IV C 21.74, BVerwGE 48, 56 = NJW 1975, 1373 (1375 f.) m.w.N. (Herv. d. Verf.). Das Bundesverwaltungsgericht führt dazu ebenfalls aus: Das Abwägungsgebot verlangt somit, dass „– erstens – eine Abwägung tung der von der Planung berührten öffentlichen und privaten Belange ist – so das Bundesverwaltungsgericht im B 42-Urteil weiter – ein „wesentliches Element der planerischen Gestaltungsfreiheit" und als solches *der verwaltungsgerichtlichen Kontrolle entzogen.* Diese beschränke sich im Rahmen des Abwägungsgebots daher auf die Frage, ob die Planfeststellungsbehörde die abwägungserheblichen Gesichtspunkte rechtlich und tatsächlich zutreffend bestimmt hat und ob sie – auf der Grundlage des derart zutreffend ermittelten Abwägungsmaterials – die aufgezeigten Grenzen der ihr obliegenden Gewichtung eingehalten hat.[1565]

---

überhaupt stattfindet, dass – zweitens – in die Abwägung an Belangen eingestellt wird, was ‚nach Lage der Dinge' in sie eingestellt werden muss, und dass – drittens – weder die Bedeutung der betroffenen öffentlichen und privaten Belange verkannt noch der Ausgleich zwischen ihnen in einer Weise vorgenommen wird, die zur objektiven Gewichtigkeit einzelner Belange außer Verhältnis steht". Innerhalb des so gezogenen Rahmens wird das Abwägungsgebot nicht verletzt, „wenn sich die zur Planung ermächtigte Stelle in der Kollision zwischen verschiedenen Belangen für die Bevorzugung des einen und damit notwendig für die Zurückstellung eines anderen entscheidet".

[1565] Vgl. auch BVerwG, Urt. v. 07.07.1978, 4 C 79.76 u.a., BVerwGE 56, 110 = NJW 1979, 64 (65) – Verkehrsflughafen Frankfurt/Main (zum Luftverkehrsrecht); ferner bereits BVerwG, Urt. v. 05.07.1974, IV C 50.72, BVerwGE 45, 309 = NJW 1975, 70 (72) – Flachglas-Urteil; BVerwG, Urt. v. 01.11.1974, IV C 38.71, NJW 1975, 841 (842); dazu auch *Broß,* VerwArch. 1989, 395 (402), Fn. 32; ausführlich zum Abwägungsgebot *Wickel,* in: Hk-VerwR/VwVfG, § 74 Rn. 115 ff. – Die allgemeinen Anforderungen der Planrechtfertigung und des Abwägungsgebots einschließlich der Grundsätze über die Anordnung von Schutzvorkehrungen und Entschädigung nach § 9 Abs. 2 LuftVG und § 74 Abs. 2 VwVfG (sowie §§ 41 f. BImSchG) gelten auch für die Planfeststellung eines nur *privaten* Verkehrszwecken dienenden Infrastrukturvorhabens, siehe dazu BVerwG, Urt. v. 26.04.2007, 4 C 12.05, BVerwGE 128, 358 = NVwZ 2007, 1074 (1077), Ls. 2, Rn. 40 – Sonderflugplatz Mühlenberger Loch (Erweiterung des Airbus-Werks in Hamburg-Finkenwerder zur Herstellung des Großraumflugzeugs A380) zum Luftverkehrsrecht, vgl. zum Fall auch *Ramsauer/Bieback,* NVwZ 2000, 277 ff. Das Bundesverwaltungsgericht führt dazu aus (Rn. 41): Der Senat habe in seinem Urteil vom 7. Juli 1978 (BVerwGE 56, 110 (119) = NJW 1979, 64 – Verkehrsflughafen Frankfurt/Main) die Auffassung vertreten, dass Planungen, die im allein privaten Interesse des Flughafenunternehmers liegen, Eingriffe in Rechte Dritter nicht zu rechtfertigen vermögen, sondern vielmehr an entgegenstehenden Rechten Dritter scheitern müssten. Ob damit auch die Fallgestaltung gemeint gewesen sei, dass eine unzumutbare Lärmbeeinträchtigung Dritter durch passiven Schallschutz und gegebenenfalls eine Außenwohnbereichsentschädigung vermieden werden kann, möge dahinstehen. Sollte die Entscheidung in diesem Sinne zu verstehen sein, hielte der Senat an der damaligen Rechtsauffassung nicht fest. Weiter führt das Bundesverwaltungsgericht in der Entscheidung aus (Rn. 54): Lärmbetroffene könnten beanspruchen, dass ihre Lärmschutzbelange mit dem ihnen zustehenden Gewicht in die planerische Abwägung eingestellt und mit den für das Vorhaben angeführten Belangen in einen Ausgleich gebracht werden, der zur objektiven Gewichtigkeit ihrer Belange nicht außer Verhältnis steht. Die Lärmschutzbelange der Anwohner dürften im Wege der Abwägung

Die so beschriebenen Anforderungen an die Abwägung beziehen sich sowohl auf den *Abwägungsvorgang* als auch auf das im Plan zum Ausdruck gekommene *Abwägungsergebnis*, also auf das „Abwägen" bei der Planaufstellung an sich wie auf das inhaltliche „Abgewogensein" des festgestellten Plans.[1566]

---

nur zurückgestellt werden, wenn hinreichend gewichtige Gründe für das Vorhaben sprächen. Ob bei der Anlegung oder Änderung eines ausschließlich privaten Verkehrszwecken dienenden Sonderflugplatzes die Verkehrsinteressen des Flugplatzunternehmers ausreichen könnten, um die Lärmschutzbelange zurückzustellen, selbst wenn die Anwohner, um erhebliche Beeinträchtigungen zu vermeiden, die Fenster geschlossen halten müssten und auf Lüftungsanlagen und gegebenenfalls eine zusätzliche Dämmung ihrer Wohnung angewiesen seien, könne dahinstehen. Die Planfeststellungsbehörde und ihr folgend das Oberverwaltungsgericht hätten hier, ohne gegen Bundesrecht zu verstoßen, ein auch öffentliches Interesse an der Verwirklichung des Vorhabens der Beigeladenen bejaht. Ein solches öffentliches Interesse könne insbesondere gegeben sein, wenn sich der Betrieb des privaten Sonderflugplatzes positiv auf den Arbeitsmarkt und die regionale Wirtschaftsstruktur auswirke. – Diese Fragen können sich auch in der eisenbahnrechtlichen Planfeststellung stellen. Denn § 18 AEG erfasst, wie sich aus den Begriffsbestimmungen in §§ 2 f. AEG ergibt, auch den Bau und die Änderung von Betriebsanlagen der Eisenbahn, die keine öffentlichen Eisenbahnverkehrsleistungen zum Gegenstand haben, mithin die (ausschließlich) privatnützige Planfeststellung. Bei der Planfeststellung von Eisenbahnen wird es sich indessen regelmäßig um gemeinnützige Vorhaben handeln. Daran hat sich durch die Privatisierung der Deutschen Bahn (dazu unten F.) nichts geändert. Denn für die Einstufung als privat- oder gemeinnützige Planfeststellung kommt es – worauf *Ramsauer/Bieback,* NVwZ 2000, 277 (278) zutreffend hinweisen – nicht darauf an, ob der Vorhabenträger ein Privatrechtssubjekt (z.B. die DB Netz AG als Tochtergesellschaft der Deutschen Bahn AG, *Vallendar,* in: Hermes/Sellner, AEG, § 18 Rn. 74 nennt weiter die DB Station & Service AG und die DB Energie GmbH) oder eine öffentliche Stelle ist. Entscheidend ist die *Zweckbestimmung des Vorhabens.* Ist diese primär öffentlich, so handelt es sich um eine gemeinnützige Planfeststellung auch dann, wenn der private Vorhabenträger mit dem Vorhaben zugleich die Gewinnerzielung verfolgt. Es ist planungsrechtlich kein Kennzeichen der Gemeinnützigkeit, dass Vorhaben defizitär oder bestenfalls lediglich kostenneutral durchgeführt und betrieben werden (so zutr. worauf *Ramsauer/Bieback,* a.a.O.). Entscheidend ist also nicht die subjektive Zielsetzung des Vorhabenträgers, sondern die objektive Zweckbestimmung des Vorhabens. Eine privatnützige Planfeststellung liegt beispielsweise bei Werksbahnen, die ausschließlich dem Werksverkehrs dienen, vor.

1566 BVerwG, Urt. v. 14.02.1975, IV C 21.74, BVerwGE 48, 56 = NJW 1975, 1373 (1376) m.w.N. – B 42; vgl. bereits BVerwG, Urt. v. 05.07.1974, IV C 50.72, BVerwGE 45, 309 = NJW 1975, 70 (72) – Flachglas-Urteil: Der vorliegende Fall gebe Anlass, (zu den in BVerwG, Urt. v. 12.12.1969, IV C 105.66, BVerwGE 34, 301 = DVBl. 1970, 414, juris, Rn. 20 u. 29 entwickelten Grundsätzen) „klarstellend hinzuzufügen", dass sich die damit umrissenen Anforderungen „grundsätzlich sowohl an den Abwägungsvorgang als auch an das Abwägungsergebnis richten". Eine Ausnahme gelte einzig für die Notwendigkeit einer Abwägung überhaupt. Sie könne – mit Rücksicht auf ihren Inhalt – allein im Hinblick auf den Abwägungsvorgang praktisch werden. Im Übrigen aber verlange das Abwägungsgebot sowohl vom Ab-

Das Abwägungsgebot wird im rechtswissenschaftlichen Schrifttum zu Recht als „konstitutives Merkmal für alle Planungen"[1567] bzw. als „zentrales Prinzip des Planungsrechts"[1568] bezeichnet. Auch das Bundesverfassungsgericht hat in seinem Straßenverkehrslärm-Beschluss vom 30. November 1988[1569] die Vorzüge des Abwägungsgebots hervorgehoben. Das Abwägungsgebot erlaube einen „besonders flexiblen und dem Einzelfall gerecht werdenden Interessenausgleich unter maßgeblicher Berücksichtigung des Grundsatzes der Verhältnismäßigkeit". Dass dabei keine starre, für alle Eigentümer gleiche Grenze der hinzunehmenden Beeinträchtigungen aufgestellt worden sei, verstoße nicht gegen die Verfassung. Das Eigentum an einem Grundstück garantiere seinem Inhaber „nicht ohne weiteres, von der Nachbarschaft störender Anlagen verschont zu bleiben". Es sei grundsätzlich der Gefahr ausgesetzt, dass eine solche Anlage errichtet werde und dass dann entsprechende Vorschriften des Nachbarrechts zum Tragen kämen. Der „*flexible Maßstab des planerischen Abwägungsgebots*" ermögliche es, „die sich aus den konkreten Verhältnissen ergebenden öffentlichen Interessen und die privaten Belange der betroffenen Eigentümer in einen gerechten Ausgleich zu bringen". In der Berücksichtigung der konkreten Verhältnisse liege keine sachwidrige Differenzierung, so dass ein Verstoß gegen den Gleichheitssatz ausscheide.

Trotz dieser für alle Planungen geltenden „allgemeinen Grundsätze" des Abwägungsgebots besteht zwischen der bauleitplanerischen Abwägung einerseits und der fachplanungsrechtlichen Abwägung andererseits ein Unterschied. Anders als nämlich im Bereich der Bauleitplanung, bei der der Pla-

---

wägungsvorgang als auch vom Abwägungsergebnis, dass gewichtige Belange nicht einfach übersehen werden und die Gewichtung verschiedener Belange in ihrem Verhältnis zueinander nicht in einer Weise erfolgt, durch die die objektive Gewichtigkeit eines dieser Belange völlig verfehlt wird. Für diese „zweifache Zielrichtung" der einzelnen Anforderungen des Abwägungsgebotes spreche der Wortlaut des Gesetzes. Die Formulierung des § 1 Abs. 4 S. 2 BBauG nehme „eindeutig auf den Vorgang des Abwägens Bezug". Daraus folge zwar nicht logisch zwingend, doch aber bei Beachtung des Sachzusammenhanges unabweisbar, dass darüber hinaus auch der sich ergebende Planinhalt dem Gebot der Abwägung unterworfen werden soll. Denn es wäre offensichtlich sachwidrig, wenn es bei allen den in § 1 Abs. 4 und Abs. 5 BBauG (jetzt § 1 Abs. 5 u. 6 BauGB) angeführten Belangen einzig darauf ankommen sollte, dass sie von der planenden Gemeinde bedacht würden, es dagegen keinerlei Rolle spielte, „was dabei im Ergebnis herausgekommen ist"; siehe auch BVerwG, Urt. v. 01.11.1974, IV C 38.71, NJW 1975, 841 (842); *Ronellenfitsch,* Planungsrecht, S. 8.

[1567] *Ronellenfitsch,* NVwZ 2006, 385 (388).

[1568] *Broß,* VerwArch. 1989, 395 (402).

[1569] 1 BvR 1301/84, BVerfGE 79, 174 = NJW 1989, 1271 (1274) – Erbbaurecht, Straßenverkehrslärm (Herv. d. Verf.), tlw. unter Hinweis auf BVerfG, Beschl. v. 12.03.1986, 1 BvL 81/79, BVerfGE 72, 66 = NJW 1986, 2188.

nungsträger (typischerweise die Gemeinde, der die Aufgabe der Bauleitplanung nach § 2 Abs. 1 S. 1 BauGB als Pflichtaufgabe ohne Weisung übertragen ist[1570]) zugleich auch Träger der planenden Behörde ist, folgt aus dem „Vorhabenbezug der Planfeststellung“, dass die Planfeststellungsbehörde „an die Planung des Vorhabenträgers gebunden“ ist.[1571] Die Planfeststellungsbehörde, die nicht selbst originär plant, hat die Vorstellungen des Vorhabenträgers „*abwägend nachzuvollziehen*“, wodurch sie die rechtliche Verantwortung für die Planung übernimmt.[1572]

## II. Die Bedeutung des Lärmschutzes in der planerischen Abwägung

Nachdem im vorstehenden Abschnitt die rechtlichen Rahmenbedingungen für die planerische Abwägungsentscheidung aufgezeigt wurden, stellt sich hieran anschließend die Frage, welche Belange und mit welchem Gewicht sie im Rahmen der Abwägung zu berücksichtigen sind. Dabei geht es im vorliegenden Zusammenhang um die Bedeutung von Geräuschimmissionen im Rahmen der Abwägung.

### 1. Allgemeine Grundsätze

Die Planung hat die durch sie aufgeworfenen Probleme zu bewältigen.[1573] Was „nach Lage der Dinge“ (so die Formel von BVerwGE 34, 301) in die Abwägung einzustellen ist, lässt sich naturgemäß nicht generell, sondern nur für die jeweilige Planung im Hinblick auf das von ihr konkret verfolgte Planungsziel sowie auf die ihr insoweit vorgegebene Situation beantworten, wobei es jedoch dem Zweck des Abwägungsgebots entspricht, dass der Kreis der von dem Vorhaben berührten öffentlichen und privaten Belange „*nicht eng gezogen*“ wird.[1574] Die als Abwägungsmaterial beachtlichen privaten Interessen beschränken sich nicht auf subjektive öffentliche

---

1570 Siehe auch die Möglichkeiten abweichender Zuständigkeiten nach §§ 203 ff. BauGB, etwa durch Bildung von Planungsverbänden (§ 205 BauGB).

1571 *Wickel,* in: Hk-VerwR/VwVfG, § 72 Rn. 33.

1572 BVerwG, Urt. v. 24.11.1994, 7 C 25.93, BVerwGE 97, 143 = NVwZ 1995, 598 (600); BVerwG, Urt. v. 17.01.1986, 4 C 6.84 u.a., BVerwGE 72, 365 = NVwZ 1986, 471; *Vallendar,* in: Hermes/Sellner, AEG, § 18 Rn. 119; *Wickel,* in: Hk-VerwR/VwVfG, § 72 Rn. 33.

1573 Zum Problem- bzw. Konfliktbewältigungsgebot siehe bereits eingangs Teil 2 m. Nachw.

1574 BVerwG, Urt. v. 22.06.1979, 4 C 8.76, BVerwGE 58, 154 = NVwZ 1980, 1063 (1064) (Herv. d. Verf.); ferner *Vallendar,* in: Hermes/Sellner, AEG, § 18 Rn. 126.

Rechte oder auf das, was nach Art. 14 oder Art. 2 Abs. 2 GG verfassungsrechtlich gegen (entschädigungslose) Eingriffe geschützt ist.[1575] Bei der planerischen Abwägung unbeachtet bleiben können lediglich alle (betroffenen) Interessen, die entweder objektiv *geringwertig* oder aber *nicht schutzwürdig* sind, wobei nicht nur solche Interessen nicht schutzwürdig sind, die „mit einem Makel behaftet sind“ und schon aus diesem Grunde keinen Schutz verdienen, sondern auch dann, wenn sich deren Träger „vernünftigerweise darauf einstellen müssen, dass ‚so etwas geschieht‘, und wenn deshalb ihrem etwaigen Vertrauen in den Bestand oder Fortbestand etwa einer bestimmten Markt- oder Verkehrslage die Schutzwürdigkeit fehlt“.[1576] Darüber hinaus beschränkt sich die Abwägungsbeachtlichkeit auf solche Betroffenheiten, die in ihrem Eintritt „*zumindest wahrscheinlich*“ und „*für die planende Stelle bei der Entscheidung über den Plan als abwägungsbeachtlich erkennbar*“ sind. Was die planende Stelle nämlich nicht „sieht“ und nach den gegebenen Umständen auch nicht zu „sehen“ braucht, „kann von ihr bei der Abwägung nicht berücksichtigt werden und braucht von ihr auch nicht berücksichtigt zu werden“. Die Öffentlichkeitsbeteiligung – im eisenbahnrechtlichen Planfeststellungsverfahren nach § 73 Abs. 4 u. Abs. 6 VwVfG i. V. m. § 18a AEG – hat „nicht zuletzt die Aufgabe, der planenden Stelle Interessen(betroffenheiten) sichtbar zu machen“. Hat es ein Betroffener *unterlassen, seine Betroffenheit im Zuge der Bürgerbeteiligung vorzutragen,* dann ist die Betroffenheit nur dann abwägungsbeachtlich, „*wenn sich der planenden Stelle die Tatsache dieser Betroffenheit aufdrängen musste*“. Das so verstandene Erfordernis der Erkennbarkeit bzw. Absehbarkeit führt schließlich dazu, dass es für die Abwägungsbeachtlichkeit eines Interesses in zeitlicher Beziehung grundsätzlich auf die Sach- und Rechtslage im Zeitpunkt der Beschlussfassung über den Bauleitplan[1577] bzw. die Entscheidung über die Feststellung des Plans ankommt.[1578]

---

[1575] BVerwG, Beschl. v. 09.11.1979, 4 N 1.78, BVerwGE 59, 87 = NJW 1980, 1061 (1062) m. w. N.

[1576] BVerwG, Beschl. v. 09.11.1979, 4 N 1.78, BVerwGE 59, 87 = NJW 1980, 1061 (1063) (Herv. d. Verf.); ferner *Vallendar,* in: Hermes/Sellner, AEG, § 18 Rn. 127 u. 130: Milieuschutz als Beispiel für eine Geringwertigkeit und damit fehlende Abwägungsbeachtlichkeit.

[1577] Vgl. § 214 Abs. 3 S. 1 BauGB.

[1578] BVerwG, Beschl. v. 09.11.1979, 4 N 1.78, BVerwGE 59, 87 = NJW 1980, 1061 (1063) (Herv. d. Verf.) zur Bauleitplanung.

## 2. Berücksichtigungsgebot in Bezug auf Lärmschutzinteressen

Die vorstehenden allgemeinen Grundsätze gelten auch für die Berücksichtigung von Lärmschutzinteressen im Rahmen der planerischen Abwägung. Macht der Planungsträger von der ihm in § 18 AEG erteilten Planungsermächtigung Gebrauch, so hat er im Rahmen der nach § 18 S. 2 AEG gebotenen Abwägung die durch das Planvorhaben aufgeworfenen *Lärmprobleme zu bewältigen.* Zum Kreis der nach § 18 S. 2 AEG zu berücksichtigenden abwägungserheblichen Belange gehört „auch das Interesse der Nachbarschaft, vor vermehrten Verkehrslärmimmissionen bewahrt zu bleiben".[1579] Die Betroffenen haben im Rahmen des Abwägungsgebots einen Anspruch darauf, dass ihre Belange im Hinblick auf die Zunahme von Lärm berücksichtigt werden.[1580]

Führt ein Planvorhaben demgegenüber im Vergleich zu dem Zustand des Schienenwegs, der ohne die Planung bestünde, zu keiner Verschlechterung der Lärmsituation für die Nachbarschaft, so braucht die Planfeststellungsbehörde die Lärmproblematik im Rahmen der Abwägung grundsätzlich nicht aufzugreifen.[1581] Lärmschutzbelange sind also grundsätzlich nur dann in die Abwägung einzubeziehen, wenn die Lärmbelastung durch das Vorhaben *ansteigt*[1582], wobei nicht jede noch so geringfügige Zunahme des Verkehrslärms zum notwendigen Abwägungsmaterial gehört[1583]. Denn nur unter dieser Voraussetzung besteht nach dem Bundesverwaltungsgericht ein „Zurechnungszusammenhang" zwischen dem Vorhaben und der Lärmbelastung, welcher es rechtfertigt, Letztere als ein im Rahmen der Planung be-

---

1579 BVerwG, Urt. v. 16.03.2006, 4 A 1075.04, BVerwGE 125, 116 = NVwZ 2006, Beilage zu Heft Nr. 8, S. 20, Rn. 250 – Verkehrsflughafen Berlin-Schönefeld, zu § 8 Abs. 1 LuftVG; *Storost,* in: Ule/Laubinger, BImSchG, § 41 B 1 a.E.; ferner BVerwG, Beschl. v. 17.05.1995, 4 NB 30.94, NJW 1995, 2572 (2573) u. *Söfker,* in: EZBK, § 1 Rn. 246 zur Berücksichtigung von Verkehrslärm in der Abwägung bei der Planung von Verkehrswegen durch Bebauungsplan (siehe auch die Planungsleitlinien des § 1 Abs. 6 Nr. 7 lit. c) u. e) BauGB); zur Lärmminderung durch Bauleitpläne, insbesondere zu den Darstellungsmöglichkeiten im Flächennutzungsplan nach § 5 Abs. 2 Nr. 3 u. 6 BauGB sowie zu den Festsetzungsmöglichkeiten im Bebauungsplan gem. § 9 Abs. 1 Nr. 11 u. 24 BauGB oben Fn. 343.

1580 *Ramsauer/Bieback,* NVwZ 2000, 277 (285). Im Einzelnen unten Teil 3, C.III.2.

1581 BVerwG, Urt. v. 09.07.2008, 9 A 5.07, NVwZ 2009, 50 (51), Rn. 17 – Umbau des Bahnhofs Berlin Ostkreuz, im Anschluss an BVerwG, Urt. v. 17.11.1999, 11 A 4.98, BVerwGE 110, 81 = NVwZ 2000, 567 (568).

1582 BVerwG, Urt. v. 09.07.2008, 9 A 5.07, NVwZ 2009, 50 (51), Ls. 1 S. 1, Rn. 17- Umbau des Bahnhofs Berlin Ostkreuz; BVerwG, Beschl. v. 15.01.2008, 9 B 7.07, NVwZ 2008, 675 (676).

1583 Zutr. *Stüer,* in: Hoppenberg/de Witt, B Rn. 397 zu § 2 Abs. 3 BauGB. Dazu nachfolgend.

wältigungsbedürftiges Problem zu behandeln; dies gilt unabhängig von der Höhe der Lärmbelastung, also selbst dann, wenn die für den Planfall prognostizierten Belastungswerte oberhalb der grundrechtlichen Zumutbarkeitsschwelle liegen; selbst grundrechtlich bedenkliche Belastungswerte bilden nicht stets, sondern nur dann die Grundlage einer in der Planfeststellung zu berücksichtigenden Schutzpflicht, wenn sie dem planfestgestellten Vorhaben *zuzurechnen* sind.[1584]

Nach den vorgenannten Grundsätzen sind Lärmschutzgesichtspunkte bereits *unterhalb der einfach-rechtlichen Zumutbarkeitsschwelle,* die für §§ 41 f. BImSchG durch § 2 Abs. 1 der 16. BImSchV als im Wege der Abwägung nicht überwindbare Grenze bezeichnet wird, zu berücksichtigen und ihnen im Rahmen des nach § 18 S. 2 AEG gebotenen Interessenausgleichs Rechnung zu tragen (siehe bereits die Übersicht oben auf S. 266).[1585] Die Abwägungsbeachtlichkeit von unterhalb der einfach-rechtlichen Zumutbarkeitsgrenze liegenden Lärmbeeinträchtigungen ist allerdings nicht unumstritten. So haben nach der Auffassung des Bayerischen Verwaltungsgerichtshofs[1586] betroffene Eigentümer – unter ausdrücklicher Ablehnung der gegenteiligen Auffassung des Bundesverwaltungsgerichts im Verkehrsflughafen München II-Urteil[1587] – keinen Anspruch auf gerechte Abwägung, wenn ein Grundstück von nachteiligen Wirkungen eines planfeststellungspflichtigen Verkehrswegebauvorhabens *unterhalb* der (insbesondere durch die Immissionsgrenzwerte des § 2 der 16. BImSchV beschriebe-

---

1584 BVerwG, Urt. v. 09.07.2008, 9 A 5.07, NVwZ 2009, 50 (51), Ls. 1 S. 2, Rn. 17 – Umbau des Bahnhofs Berlin Ostkreuz, auch unter Hinweis auf den Sonderfall der Wiederertüchtigung einer teilungsbedingt ganz oder teilweise unterbrochenen Bahnstrecke in Ls. 2 u. Rn. 18: „Den Grundsatz, nur bei Lärmsteigerungen gegenüber der Vorbelastung müsse die Lärmproblematik im Rahmen der Abwägung aufgegriffen werden, hat der Senat allein für den Fall eingeschränkt, dass die Wiederertüchtigung einer teilungsbedingt ganz oder teilweise unterbrochenen Bahnstrecke zu Lärmbeeinträchtigungen führt, die die grundrechtliche Zumutbarkeitsschwelle (Art. 2 Abs. 2, Art. 14 Abs. 1 GG) überschreiten". Dazu oben B.I.2.b)aa)(2).

1585 BVerwG, Beschl. v. 05.03.1999, 4 A 7.98 u.a., NVwZ-RR 1999, 556 (557) m.w.N. – B 106, zu § 17 Abs. 1 S. 2 FStrG a.F. (§ 17 S. 2 FStrG n.F.); BVerwG, Urt. v. 29.01.1991, 4 C 51.89, BVerwGE 87, 332 = NVwZ-RR 1991, 601 (603 f.) – Verkehrsflughafen München II; BVerwG, Urt. v. 04.05.1988, 4 C 2.85, NVwZ 1989, 151 – L 260 n; BVerwG, Beschl. v. 14.09.1987, 4 B 179, 180.87, NVwZ 1988, 363; ferner BVerwG, Urt. v. 16.03.2006, 4 A 1075.04, BVerwGE 125, 116 = NVwZ 2006, Beilage zu Heft Nr. 8, S. 21, Rn. 268 – Verkehrsflughafen Berlin-Schönefeld; zuletzt BVerwG, Beschl. v. 22.07.2010, 7 VR 4/10 u.a., DVBl. 2010, 1300, juris, Rn. 41; *Broß,* VerwArch. 1989, 395 (412).

1586 Urt. v. 16.03.1993, 8 A 92.40089, ZUR 1994, 81, Ls., juris, Rn. 18 ff.; vgl. auch d. Nachw. bei *Geiger,* in: Ziekow, Fachplanungsrecht, Rn. 326 auf BVerwG, Beschl. v. 08.11.1994, 7 B 74.94 und BayVGH v. 21.02.1995, 20 A 93.40080 u.a., n.v.; *Schütz,* in: Ziekow, Fachplanungsrecht, Rn. 873 (Fn. 100).

1587 Oben Fn. 1585.

nen) gesetzlichen Zumutbarkeitsschwelle betroffen wird. Der Bayerische Verwaltungsgerichtshof sieht das „Wertungsproblem“ (der Gerichtshof spricht insoweit von einem „Ungleichgewicht“), dass derjenige, der im Sinne der einfach-rechtlichen Zumutbarkeitsgrenze unzumutbar betroffen wird, andernfalls schlechter steht als der nur unterhalb dieser Zumutbarkeitsgrenze Betroffene, weil ersterer grundsätzlich nur einen Anspruch auf Planergänzung und nur, wenn die Grundzüge der Planung berührt sind, auf Planaufhebung besitzt, während letzterer einen Anspruch auf Planaufhebung bereits dann hat, wenn das Abwägungsgebot verletzt ist.[1588] Das Bundesverwaltungsgericht[1589] hat die Frage in dem vom Verwaltungsgerichtshof zugelassenen Revisionsverfahren offen gelassen.[1590]

Die Lösung dieses Widerspruchs kann jedoch nicht darin liegen, einem nur unterhalb der einfach-rechtlichen Zumutbarkeitsschwelle Betroffenen ein Recht auf Abwägung seiner Interessen zu versagen. Dies würde den Grundsätzen des Abwägungsgebots[1591] widersprechen. Auch den Vorschriften der §§ 41 f. BImSchG, § 74 Abs. 2 S. 2 VwVfG[1592] kann nicht die Wertung entnommen werden, in die Grundlagen des Abwägungsgebots derart eingreifen zu wollen, dass die Betroffenheit unterhalb der einfach-rechtlichen Zumutbarkeitsschwelle im Rahmen der Abwägung unberücksichtigt bleiben kann. Die vom Bayerischen Verwaltungsgerichtshof – allerdings zu Recht – aufgeworfene Frage stellt sich im Übrigen nicht nur zwischen unterschiedlich Betroffenen, sondern auch in Bezug auf einen einzelnen Betroffenen. Wenn dieser unzumutbar im Sinne der einfach-rechtlichen Zumutbarkeitsschwelle betroffen ist, sind seine Belange nach allgemeinen Grundsätzen *auch* im Rahmen der Abwägung zu berücksichtigen. Auch dann stellt sich die Frage, ob dies dazu führen kann, dass er im Hinblick auf eine Verletzung des Abwägungsgebots die Planaufhebung verlangen kann. Die Lösung hat unter Beachtung der Grundsätze des Abwägungsgebots bei den Rechtsfolgen der unterschiedlichen Betroffenheiten anzusetzen. Ausgehend von der Situation eines einzelnen Betroffenen könnte es jedenfalls wertungsmäßig nicht bestehen, würde ihm ein Anspruch auf Aufhebung des Planfeststellungsbeschlusses bereits bei einer abwägungsfehlerhaften Berücksichtigung seiner Belange zustehen, weil andernfalls sein

---

[1588] Mag dieser Fall auch selten auftreten, weil die Belange unterhalb der einfach-rechtlichen Zumutbarkeitsschwelle typischerweise leicht(er) zu überwinden sind und zudem jedenfalls häufig nicht auf das Abwägungsergebnis von Einfluss sein werden.

[1589] Urt. v. 16.12.1993, 4 C 11.93, NVwZ 1994, 691 (692).

[1590] Vgl. aber *Schütz,* in: Ziekow, Fachplanungsrecht, Rn. 873 (Fn. 100) m. N. auf BVerwG, Beschl. v. 05.03.1999, 4 A 7.98, NVwZ-RR 1999, 556 (557).

[1591] Oben C.I. und C.II.1.

[1592] Ebenso § 9 Abs. 2 LuftVG.

(grundsätzlich nur auf Planergänzung gerichteter) Anspruch aus den Fachplanungsnormen der §§ 41 f. BImSchG, § 74 Abs. 2 S. 2 VwVfG leer laufen würde. Diesen Vorschriften ist vielmehr eine gesetzgeberische Wertentscheidung dahingehend zu entnehmen, dass ein Planbetroffener selbst im Falle einer unzumutbaren Betroffenheit grundsätzlich nur – aber auch immer dann – eine Ergänzung des Plans um weitere Schutzauflagen verlangen kann (Planergänzung), nicht aber die ganze oder teilweise Aufhebung des Plans (Planaufhebung), sondern in der Auslegung durch die höchstrichterliche Rechtsprechung des Bundesverwaltungsgerichts nur dann, wenn – entsprechend dem „planerhaltenden" bzw. „plankonservierenden" Charakter der Vorschriften[1593] – dadurch die Grundkonzeption der Planung berührt wird[1594]. Nichts anderes kann für die nur unterhalb dieser einfach-rechtlichen Zumutbarkeitsschwelle Betroffenen gelten. Auch sie können danach grundsätzlich nur einen Anspruch auf Ergänzung des Planfeststellungsbeschlusses um Schutzauflagen geltend machen[1595], einen Anspruch auf Planaufhebung jedoch nur nach den zu §§ 41 f. BImSchG, § 74 Abs. 2 S. 2 VwVfG entwickelten Grundsätzen. Auch Gründe der Verhältnismäßigkeit sprechen gegen die Auffassung des Bayerischen Verwaltungsgerichtshofs. Dem Betroffenen ist als milderes Mittel zumindest ein Recht auf Planergänzung einzuräumen, anstelle ihm ein Recht auf Berücksichtigung seiner Belange vollständig zu versagen. Aufgrund der gesetzgeberischen Wertentscheidung, wonach den Vorschriften der §§ 41 f. BImSchG, § 74 Abs. 2 S. 2 VwVfG planerhaltender Charakter zukommt, besteht letztlich auch die vom Bayerischen Verwaltungsgerichtshof angeführte „Systemwidrigkeit" nicht. Es bleibt also – im Sinne der Rechtsprechung des Bundesverwaltungsgerichts – dabei, dass als abwägungserheblicher Belang jede Lärmbelastung anzusehen ist, die „nicht lediglich als nur geringfügig einzustufen" ist; hierunter fällt einmal die „schwere und unerträgliche Lärmbetroffenheit" (im Sinne der Rechtsprechung zur sog. Enteignungsschwelle), weiterhin die „unzumutbare Lärmbelastung", wie sie für Schutzauflagen gegenüber dem Vorhabenträger (nach § 41 Abs. 1 BImSchG, § 74 Abs. 2 S. 2 VwVfG) Voraussetzung ist, und schließlich der „unterhalb der Zumutbarkeitsschwelle liegende, aber nicht unerhebliche Verkehrslärm".[1596] Auch un-

[1593] *Michler,* VerwArch. 1999, 21 (25 u. 26) unter Hinweis auf *Kühling,* Fachplanungsrecht, 1988, Rn. 496; ferner Nds. OVG, Urt. v. 20.03.2003, 7 KS 2646/01, ZfW 2004, 101, juris, Rn. 39.

[1594] Dazu unten Teil 3, B.

[1595] Im Erg. ebenso bereits *Michler,* Verkehrsimmissionsschutz. S. 23 f., 91; *ders.,* VerwArch. 1999, 21 (25); ferner Nds. OVG, Urt. v. 20.03.2003, 7 KS 2646/01, ZfW 2004, 101, juris, Rn. 39, vgl. bereits oben B.I.7.b)bb).

[1596] BVerwG, Urt. v. 29.01.1991, 4 C 51.89, BVerwGE 87, 332 = NVwZ-RR 1991, 601 (603), Ls. 2 m.w.N. – Verkehrsflughafen München II unter Hinweis auf BVerwG, Beschl. v. 05.10.1990, 4 B 249.89, NVwZ-RR 1991, 118 (125), Ls. 12 –

terhalb der Erheblichkeits- bzw. Zumutbarkeitsschwelle gehören Lärmbelästigungen mithin zum notwendigen Abwägungsmaterial, soweit sie sich im Einzelfall nicht als nur geringfügig erweisen.[1597]

Wann lediglich eine geringfügige Betroffenheit von Interessen durch die Planung gegeben ist, lässt sich nicht einheitlich, sondern nur unter Einbeziehung der konkreten Gegebenheiten des Einzelfalls beurteilen.[1598] Die Frage der Geringfügigkeit kann sich insbesondere dann stellen, wenn ein bestehender Lärmpegel durch ein Verkehrsvorhaben lediglich unterhalb der Hörbarkeitsschwelle, die typischerweise mit 3 dB(A) angegeben wird[1599], erhöht wird, ohne dass die in § 1 Abs. 2 S. 1 Nr. 2 Var. 2 u. S. 2 der 16. BImSchV genannte verfassungsrechtliche Grenze erreicht oder über-

---

Flughafen Stuttgart, wonach sowohl der in § 9 Abs. 2 LuftVG zugebilligte Anspruch auf Schutzauflagen selbst als auch eine Lärmbelastung, die unterhalb der für diese Vorschrift erheblichen Schwelle liege, und die nicht wegen ihrer Geringfügigkeit unbeachtlich sei, abwägungserhebliche Belange darstellten; *Storost,* in: Ule/Laubinger, BImSchG, § 41 C 16 m.w.N.; *Steinberg/Berg/Wickel,* Fachplanung, § 4 Rn. 38; *Stüer,* Bau- und Fachplanungsrecht, Rn. 713 u. 736 ff.; *ders./Probstfeld,* Planfeststellung, Rn. 155 u. 236; *Uechtritz,* DVBl. 1999, 198 (202); vgl. aber auch *Vallendar,* in: Hermes/Sellner, AEG, § 18 Rn. 155 f. Nach *Geiger,* in: Ziekow, Fachplanungsrecht, Rn. 326 dürfte die Frage ohne Bedeutung sein, weil eine die *erheblichen* Schallimmissionen berücksichtigende Abwägung nicht zu einem anderen Ergebnis gelangen werde, als wenn sie (*zusätzlich*) die *unterhalb* der Grenzwerte liegenden Beeinträchtigungen ermittelt und abgewogen habe.

[1597] BVerwG, Beschl. v. 19.02.1992, 4 NB 11.91, NJW 1992, 2844; BVerwG, Beschl. v. 20.12.1988, 7 NB 2.88, BVerwGE 81, 128 = NVwZ 1989, 458 (461); BVerwG, Beschl. v. 09.11.1979, 4 N 1.78, BVerwGE 59, 87 = NJW 1980, 1061 (1063); siehe auch BVerwG, Beschl. v. 18.03.1994, 4 NB 24.93, NVwZ 1994, 683 f. zur Bauleitplanung; *Buchner,* DVBl. 2002, 1136 (1138 f.) zum Fluglärm, mit Ausführungen auch zur teilweise in der Literatur geltend gemachten Kritik, dass die Rechtsprechung Belange unterhalb der Rechtsschwelle durch die Annahme ihrer Abwägungserheblichkeit zu subjektiv-öffentlichen Rechten erhebe, wodurch die §§ 42 Abs. 2, 113 Abs. 1 VwGO unterlaufen würden; *Storost,* in: Ule/Laubinger, BImSchG, § 41 C 16; *Stüer/Hermanns,* DVBl. 2002, 514 (517); *Michler,* Verkehrsimmissionsschutz, S. 20 f.

[1598] BVerwG, Beschl. v. 19.02.1992, 4 NB 11.91, NJW 1992, 2844; BVerwG, Beschl. v. 20.12.1988, 7 NB 2.88, BVerwGE 81, 128 = NVwZ 1989, 458 (461); P*aetow,* NVwZ 1985, 309 (312). – Die zum Straßenlärm (dort zu § 906 Abs. 2 S. 2 BGB und zwar nicht zum Merkmal der „Wesentlichkeit", sondern zu dem der „Unzumutbarkeit"!) ergangenen Ausführungen des Bundesgerichtshofs in seinem Urteil vom 22.12.1967, V ZR 11/67, BGHZ 49, 148 = NJW 1968, 549 f., wonach auch Gesundheitsstörungen „nur dann berücksichtigt werden können", wenn sie „über das hinausgehen, was den heutigen Bewohnern moderner Staaten im allgemeinen durch die Auswirkungen des Straßenverkehrs auf seine Umgebung (Lärm, Abgase, Erschütterungen) unvermeidbar auferlegt wird", sind mit dem Grundsätzen des Abwägungsgebotes nach heutigem Verständnis nicht mehr vereinbar; krit. zu Recht *Berberich,* Rechtsschutz, S. 50 ff.

[1599] Siehe aber näher oben Teil 1, A.

schritten wird.[1600] Das Bundesverwaltungsgericht[1601] hat hierzu entschieden, es richte sich „nach den Umständen des Einzelfalles", ob eine planbedingte Zunahme des Verkehrslärms zum notwendigen Abwägungsmaterial gehört. Eine Regel dahingehend, „dass bereits die Erhöhung des Dauerschallpegels um ein bestimmtes Maß" – im vom Bundesverwaltungsgericht entschiedenen Fall 1,5 dB(A) – oder „nur das Erreichen der in § 1 Abs. 2 der 16. BImSchV genannten Schallpegel die Abwägungserheblichkeit begründen", lasse sich nicht aufstellen. Die Annahme eines Nachteils sei jedenfalls „auch nicht unter dem Gesichtspunkt der Geringfügigkeit generell ausgeschlossen". Eine Differenz von „bis zu 2 dB(A)" sei „bei einem Dauerschallpegel nach allgemeinen Erkenntnissen der Akustik für das menschliche Ohr *kaum wahrnehmbar*". Welche Bedeutung diese Erkenntnis für die Frage nach der Antragsbefugnis habe (die Ausführungen des Bundesverwaltungsgerichts betrafen § 47 Abs. 2 VwGO), entziehe sich einer allgemein gültigen Klärung. Die Anforderungen an eine gerechte Abwägung der verschiedenen Belange erschöpften sich bei der Frage des Verkehrslärms nicht allein im Vergleich von Lärmmesswerten, sondern hätten auch etwas mit den allgemeinen Wohn- und Lebensverhältnissen in einem bestimmten Gebiet zu tun. Wenn auch „häufig der gemessene *Lärmpegel bzw. die Differenz vor und nach Verwirklichung der Planung für die Frage der Abwägungserheblichkeit* und hier insbesondere bei der Frage nach der Intensität der Betroffenheit *eine wichtige Rolle* spielen wird", so müsse „gleichzeitig die rechtliche Bewertung offengehalten werden für andere mögliche Gesichtspunkte". Nach welchen Kriterien sich bei Beachtung dieser Grundsätze die Abgrenzung des notwendigen Abwägungsmaterials letztlich konkret vornehmen lasse, sei hingegen eine Frage des Einzelfalls. Bei einer entsprechenden Prüfung im Einzelfall könne sich durchaus ergeben, dass wegen besonderer Gegebenheiten auch das Interesse von Anwohnern an der Vermeidung einer Verkehrszunahme zum notwendigen Abwägungsmaterial zu zählen sei, „selbst wenn die damit verbundene Lärmzunahme, bezogen auf einen rechnerisch ermittelten Dauerschallpegel, *für das menschliche Ohr kaum wahrnehmbar* ist".[1602] Dies gilt umso mehr als

---

[1600] Zweifelnd in Bezug auf die Abwägungsbeachtlichkeit *Vallendar,* in: Hermes/Sellner, AEG, § 18 Rn. 130.

[1601] Beschl. v. 19.02.1992, 4 NB 11.91, NJW 1992, 2844 f., Ls. 1 bis 3 m.w.N. (Herv. d. Verf.) zum bauplanungsrechtlichen Abwägungsgebot als Grundlage für eine Antragsbefugnis im Sinne von § 47 Abs. 2 S. 1 VwGO.

[1602] Vgl. auch *Stüer,* DVBl. 2005, 806 (808 f.) m.w.N., wonach selbst eine Lärmzunahme, die, bezogen auf einen rechnerisch ermittelten Dauerschallpegel, für das menschliche Ohr kaum hörbar ist, zum Abwägungsmaterial gehören könne. Daraus lasse sich indes nicht im Umkehrschluss folgern, dass Lärmerhöhungen oberhalb der Hörbarkeitsschwelle stets als Abwägungsposten zu berücksichtigen seien. Eine Lärmverdoppelung könne jedoch ein Indikator für eine mehr als geringfügige auch für das menschliche Ohr nicht wahrnehmbare Erhöhungen zu erhöhten physiologischen Belastungen führen können[1603], die nicht nur geringfügig und deshalb in die Abwägung einzustellen sind. In Zweifels- bzw. Grenzfällen sollte die Planungsbehörde daher auch solche Belange in die Abwägung einstellen, zumal diese im Wege der Abwägung häufig leicht überwunden werden können.

### 3. Lärmschutz als Optimierungsgebot?

Sind Lärmschutzinteressen der Betroffenen nach den vorstehenden Grundsätzen zu berücksichtigen, so stellt sich im Anschluss hieran die Frage, welche *Bedeutung* ihnen im Verhältnis zu anderen Belangen zukommt. Eine ausdrückliche *allgemeine* gesetzliche (Vorrang-)Stellung besteht jedenfalls für den Lärmschutz – wie auch für die meisten anderen Belange – nicht.[1604] Eine solche Wertentscheidung lässt sich auch nicht der UVP-Richtlinie[1605] und dem zu ihrer Umsetzung erlassenen UVPG[1606] entnehmen. Zwar ist nach Nr. 14.7 der Anlage 1 zum UVPG für den Bau von Schienenwegen der Eisenbahn mit den dazugehörenden Betriebsanlagen einschließlich der Bahnstromfernleitungen eine Umweltverträglichkeitsprüfung durchzuführen.[1607] Gem. Nr. 14.8 der Anlage 1 zum UVPG ist für den Bau einer sonstigen Betriebsanlage von Eisenbahnen, insbesondere einer intermodalen Umschlagsanlage[1608] oder eines Terminals für Eisenbahnen, soweit der Bau nicht Teil des Baus eines Schienenwegs nach Nr. 14.7 ist, eine allgemeine Vorprüfung des Einzelfalls (§ 3c S. 1 UVPG) durchzuführen. Während nach Nr. 9 der Anlage zu § 3 UVPG in ihrer ursprünglichen Fassung auch für die *Änderung* einer Anlage der Deutschen Bundesbahn, die nach § 36 BbG (a.F.) der Planfeststellung bedurfte[1609], eine Umweltver-

---

Betroffenheit sein; vgl. ferner *ders.*, Bau- und Fachplanungsrecht, Rn. 713, *ders.*, in: Hoppenberg/de Witt, B Rn. 382, *ders./Hermanns,* DVBl. 2002, 514 (517) u. *Stüer/Probstfeld,* Planfeststellung, Rn. 217, jew. m.w.N., die darauf hinweisen, dass Betroffenheiten im Bereich der Hörbarkeitsschwelle von 2 bis 3 dB(A) in die Abwägung einzustellen seien, selbst wenn der einfach-rechtliche Richt- oder Grenzwert nicht erreicht werde und auch keinerlei Gesundheitsgefahr bestünde; siehe auch die Auswertung der Rechtsprechung von *Hoffmann/Kassow,* NVwZ 2007, 149 (150 ff.).

1603 *Jarass,* UPR 1998, 415 (417), Fn. 32.

1604 Zu § 50 BImSchG siehe unten C.II.3.

1605 Richtlinie 85/337/EWG des Rates vom 27.06.1985 über die Umweltverträglichkeitsprüfung bei bestimmten öffentlichen und privaten Projekten, ABl. EG Nr. L 175/40 vom 05.07.1985.

1606 Oben Fn. 964.

1607 Zur Umweltverträglichkeitsprüfung siehe die Nachw. oben Fn. 964.

1608 Für die Verknüpfung verschiedener Verkehrsträger (z.B. Schiene-Wasser oder Schiene-Straße).

träglichkeitsprüfung durchzuführen war, ist eine solche für Änderungsvorhaben seit Inkrafttreten des Gesetzes zur Umsetzung der UVP-Änderungsrichtlinie, der IVU-Richtlinie und weiterer EG-Richtlinien zum Umweltschutz vom 27. Juli 2001[1610] nicht mehr erforderlich.[1611] Zwar haben die UVP-Richtlinie und das UVPG damit in Bezug auf die Ermittlung und Bewertung von Umweltauswirkungen ein bestimmtes Verfahren verbindlich vorgeschrieben, „nicht jedoch die Anforderungen an die Abwägung materiellrechtlich in der Weise verschärft, dass Umweltbelange generell höheres Gewicht als bisher oder generell Vorrang vor anderen Belangen hätten".[1612]

Das Bundesverfassungsgericht hat in dem Straßenverkehrslärm-Beschluss vom 30. November 1988[1613] ausgeführt, es begegne „grundsätzlich *keinen verfassungsrechtlichen Bedenken*", dass „*der Gesetzgeber für die im Einzelnen zu berücksichtigenden Belange nicht jeweils konkrete Maßstäbe für deren Gewichtung festgesetzt hat*". Angesichts der Vielzahl der in Betracht kommenden Belange wäre eine solche Konkretisierung praktisch kaum möglich und könnte eine sachgerechte Entscheidung erschweren. Selbst wenn man „für den *Verkehrslärmschutz im Hinblick auf die besondere Bedeutung, die er durch die Entwicklung des Straßenverkehrs erlangt hat*", ein verfassungsrechtlich beachtliches Bedürfnis nach normativer Verdeutlichung der Schutzmaßstäbe annehmen wollte, wäre dem jedenfalls durch die vom Gesetzgeber im Bundes-Immissionsschutzgesetz für die Bestimmung der Zumutbarkeitsschwelle vorgesehene Grenzwertregelung Rechnung getragen.

Den abwägungsrelevanten Belangen kommt somit ein nur *relatives Gewicht* zu.[1614] Eine „Verabsolutierung einzelner Belange", auch solche des Umweltschutzes, würde keine (ordnungsgemäße) Abwägung darstellen.[1615] Dementsprechend – so die zutreffende Analyse der Entscheidung des Bundesverfassungsgerichts von *Broß*[1616] – kommt auch *dem Verkehrslärmschutz nicht von vornherein ein die anderen Belange überwiegendes Gewicht zu.*

---

1609 Geändert durch Art. 6 Abs. 28 ENeuOG (oben Fn. 176), wobei in der Sache der Begriff der „Deutschen Bundesbahn" ersetzt wurde durch den der „Eisenbahn des Bundes" und „§ 36 BbG" durch das „Allgemeine Eisenbahngesetz".

1610 BGBl. I, S. 1950.

1611 Nach *Krüger* u. a., Schall- und Erschütterungsschutz, S. 110 ist sie zumindest bei Verkehrswegen in vorbelasteten Gebieten dringend zu empfehlen, um den Anliegern aufzuzeigen, wie sich die Gesamtlärmbelastung infolge des Vorhabens verändern wird.

1612 Zutr. BVerwG, Urt. v. 21.03.1996, 4 C 19.94, BVerwGE 100, 370 = NVwZ 1996, 1016 (1018), Ls. 3 – A 99.

1613 1 BvR 1301/84, BVerfGE 79, 174 = NJW 1989, 1271 (1274) – Erbbaurecht, Straßenverkehrslärm (Herv. d. Verf.).

1614 *Haakh/Maier,* BWVP 1987, 25 (26).

1615 *Ronellenfitsch,* NVwZ 2006, 385 (388).

1616 VerwArch. 1989, 395 (403).

Soweit also das Interesse an der Verwirklichung eines bestimmten Planungsvorhabens in Kollision zu anderen öffentlichen oder privaten Belangen tritt, ist diese Kollision im Wege der Abwägung zu lösen[1617], mit dem Ziel, eine praktische Konkordanz herzustellen[1618]. Wie diese im konkreten Fall ausfällt, lässt sich nicht allgemein sagen, sondern bedarf der Entscheidung unter Würdigung der Umstände des Einzelfalls. Dies gilt auch, wenn die für das Vorhaben sprechenden öffentlichen und privaten Interessen mit solchen des Umwelt- bzw. hier des Verkehrslärmschutzes in Konflikt geraten.

Aus dem Kreis der „einfachen" Abwägungsbelange heben sich jedoch solche Belange heraus, denen im Rahmen der Abwägung nach dem gesetzgeberischen Willen[1619] eine besondere Bedeutung zukommen soll. Die Bedeutung solcher „Optimierungsgebote" („qualifizierte Berücksichtigungsgebote"[1620]) besteht – wie sie das Bundesverwaltungsgericht in seinem hierzu ergangenen grundlegenden Urteil vom 22. März 1985[1621] beschrieben hat – darin, „den in ihnen enthaltenen Zielvorgaben ein *besonderes Gewicht zuzumessen* und insoweit die planerische Gestaltungsfreiheit einzuschränken".[1622] Eine „weitergehende Rechtsbindung" ergebe sich aus ihnen jedoch nicht. Dementsprechend sind sie auch nicht „konkurrenzlos" und daher im Wege der Abwägung überwindbar[1623], wobei die Zielvorgabe im Konflikt mit anderen Zielen „zumindest teilweise zurücktreten kann"[1624]. Sie lösen, will ihnen die Planungsbehörde nicht folgen, einen gesteigerten Rechtfertigungs- und Begründungsbedarf aus.[1625]

Als Optimierungsgebote wurde vom Bundesverwaltungsgericht die Staatszielbestimmung des Art. 20a GG[1626] bezeichnet, ferner § 124 Abs. 1

1617 Vgl. auch *Dürr,* UPR 1992, 241 (245).

1618 *Ronellenfitsch,* NVwZ 2006, 385 (389).

1619 BVerwG, Beschl. v. 05.10.1990, 4 B 249.89, NVwZ-RR 1991, 118 (119 f.) – Flughafen Stuttgart: Kraft seiner parlamentarischen Entscheidungskompetenz.

1620 BVerwG, Urt. v. 16.03.2006, 4 A 1075.04, BVerwGE 125, 116 = NVwZ 2006, Beilage zu Heft Nr. 8, S. 13, Rn. 164.

1621 4 C 73.82, BVerwGE 71, 163 = NJW 1986, 82 (83), Ls. 2 (Herv. d. Verf.); ferner BVerwG, Beschl. v. 07.07.2004, 4 BN 16.04, ZfBR 2005, 71, juris, Rn. 4.

1622 BVerwG, Beschl. v. 07.07.2004, 4 BN 16.04, ZfBR 2005, 71, juris, Rn. 4 spricht von „(relativ) einschränken". Siehe bereits *Fickert,* BauR 1974, 145 (146), nach dem der Immissionsschutz einen „besonderes gewichtigen Rang" einnehme, nicht aber „Ausschließlichkeitscharakter" beanspruchen könne.

1623 Vgl. BVerwG, Urt. v. 16.03.2006, 4 A 1075.04, BVerwGE 125, 116 = NVwZ 2006, Beilage zu Heft Nr. 8, S. 13, Rn. 164.

1624 Vgl. BVerwG, Beschl. v. 07.07.2004, 4 BN 16.04, ZfBR 2005, 71, juris, Rn. 4.

1625 Vgl. auch *Jarass,* BImSchG, § 2 Rn. 19 m.w.N. Ausführlich zu Optimierungsgeboten im Planungsrecht *Hoppe,* DVBl. 1992, 853 ff.

1626 BVerwG, Urt. v. 25.01.2006, 8 C 13.05, BVerwGE 125, 68 = NVwZ 2006, 690 (692), Rn. 19 für die „natürlichen Lebensgrundlagen" (zur Konkretisierung

S. 1 BBergG[1627] zugunsten der Belange des Gewinnungsbetriebs[1628], das öffentliche Interesse an einer ausreichenden Entsorgungskapazität für Abfälle[1629], die planerischen Vorgaben der §§ 1 Abs. 5 S. 1 u. 2 sowie Abs. 6 BauGB[1630], das Gebot des sparsamen und schonenden Umgangs mit Grund und Boden nach § 1a Abs. 2 S. 1 BauGB (sog. Bodenschutzklausel)[1631], die aus § 1 Abs. 1 S. 1 FStrG abgeleitete Gewährleistung eines möglichst weitgehend störungsfreien Verkehrs beim Neubau von Bundesstraßen[1632], die Zielvorgaben des Bundesnaturschutzgesetzes (§ 1 BNatSchG)[1633] sowie

unbestimmter Rechtsbegriffe und für das Ermessen, was aber auch für das „planerische Ermessen" gelten dürfte) u. BVerwG, Urt. v. 23.11.2005, 8 C 14.04, NVwZ 2006, 595 (597), Rn. 20, jew. zum kommunalen Anschluss- und Benutzungszwang an die öffentliche Fernwärmeversorgung. Zu Art. 20a GG oben Einführung, S. 20.

1627 Die Vorschrift bestimmt: „Die Errichtung, Erweiterung, wesentliche Veränderung und der Betrieb von öffentlichen Verkehrsanlagen und von Gewinnungsbetrieben sind in gegenseitiger Rücksichtnahme so zu planen und durchzuführen, dass die Gewinnung von Bodenschätzen durch öffentliche Verkehrsanlagen und öffentliche Verkehrsanlagen durch die Gewinnung von Bodenschätzen so wenig wie möglich beeinträchtigt werden."

1628 BVerwG, Beschl. v. 15.07.2005, 9 VR 43.04, NuR 2005, 777, juris, Rn. 17 – Straßenplanung Nordharzverbindung; BVerwG, Urt. v. 26.03.1998, 4 A 2.97, BVerwGE 106, 290 = NVwZ 1998, 1180 f. – A 93 (Hof-Weiden-Regensburg, Abschnitt Rathaushütte-Marktredwitz); BVerwG, Beschl. v. 14.10.1996, 4 VR 14.96, Buchholz 407.4 § 17 FStrG Nr. 123, juris, Rn. 20 f. – A 38.

1629 BVerwG, Urt. v. 24.11.1994, 7 C 25.93, BVerwGE 97, 143 = NVwZ 1995, 598 (600) zum alten AbfG.

1630 BVerwG, Beschl. v. 20.08.1992, 4 NB 20.91, BVerwGE 90, 329 = NVwZ 1993, 167 zu § 1 Abs. 5 S. 1 u. 3 BauGB i.d.F. vom 08.12.1986.

1631 BVerwG, Beschl. v. 20.08.1992, 4 NB 20.91, BVerwGE 90, 329 = NVwZ 1993, 167, allerdings noch vor Einfügung des § 1a in das BauGB.

1632 BVerwG, Urt. v. 22.03.1985, 4 C 73.82, BVerwGE 71, 163 = NJW 1986, 82 (83).

1633 BVerwG, Beschl. v. 03.03.1992, 4 B 44.92, Buchholz 406.401 § 8 BNatSchG Nr. 12, juris, Rn. 3; BVerwG, Beschl. v. 24.08.1987, 4 B 129.87, NVwZ 1988, 532 (insoweit nicht abgedruckt), juris, Rn. 35; BVerwG, Beschl. v. 27.01.1989, 4 B 201-205.88, u.a., juris, Rn. 5 zu § 1 Abs. 2 BNatSchG i.d.F vom 12.03.1987; BVerwG, Urt. v. 22.03.1985, 4 C 73.82, BVerwGE 71, 163 = NJW 1986, 82 (83) ebenfalls unter Hinweis auf den ausdrücklichen Abwägungsvorbehalt in § 1 Abs. 2 BNatSchG a.F. i.d.F. vom 20.12.1976, wonach die sich aus § 1 Abs. 1 BNatSchG (a.F.) ergebenden Anforderungen untereinander und gegen die sonstigen Anforderungen der Allgemeinheit an Natur und Landschaft abzuwägen sind. Das Bundesverwaltungsgericht stellt aber in seinem Beschluss vom 03.03.1992 zugleich heraus, dass sich nur nach den Umständen des Einzelfalles beantworten lässt, ob und in welcher Weise der Natur- und Landschaftsschutz sich gegenüber anderen Belangen ganz oder teilweise durchsetzt. Im Beschluss vom 24.08.1987 hat das Bundesverwaltungsgericht ferner darauf hingewiesen, dass „auch der *förmliche* Naturschutz keine absolute Vorrangstellung vermittelt, sondern nach Lage der Dinge gegenüber gewichtigeren Belangen möglicherweise zurückstehen muss", was sich von selbst verstehe. Im Übrigen ist zu den neueren Fassung des § 1 BNatSchG Zurückhaltung

– zumindest in seiner früheren Rechtsprechung[1634] (dazu näher nachfolgend) – der in § 50 S. 1 BImSchG enthaltene Trennungsgrundsatz[1635].

Nach § 50 S. 1 BImSchG sind bei raumbedeutsamen Planungen und Maßnahmen die für eine bestimmte Nutzung vorgesehenen Flächen einander so zuzuordnen, dass schädliche Umwelteinwirkungen (§ 3 Abs. 1 BImSchG) *auf die ausschließlich oder überwiegend dem Wohnen dienenden Gebiete sowie auf sonstige schutzbedürftige Gebiete,* insbesondere öffentlich genutzte Gebiete, wichtige Verkehrswege, Freizeitgebiete und unter dem Gesichtspunkt des Naturschutzes besonders wertvolle oder besonders empfindliche Gebiete und öffentlich genutzte Gebäude, „*so weit wie möglich*" vermieden werden (sog. *Trennungsgrundsatz*[1636]).[1637] Die Vorschrift dient somit dem Schutz von schutzbedürftigen Gebieten[1638] vor schädlichen

---

geboten, denn gerade diese Vorschrift hat über die Jahre hinweg zunehmende Wandlungen (insb. durch Erweiterungen) erfahren, bis hin zur umfassenden, mehrere Absätze umfassenden Bestimmung in § 1 BNatSchG 2010.

1634 So die Formulierung des 4. Senats in BVerwG, Beschl. v. 07.07.2004, 4 BN 16.04, ZfBR 2005, 71, juris, Rn. 4; ferner in Urt. v. 16.03.2006, 4 A 1075.04, BVerwGE 125, 116 = NVwZ 2006, Beilage zu Heft Nr. 8, S. 13, Rn. 164 -Verkehrsflughafen Berlin-Schönefeld und in Urt. v. 16.03.2006, 4 A 1001.04, NVwZ 2006, 1055 (insoweit nicht abgedruckt), Rn. 163 (beide Verkehrsflughafen Berlin-Schönefeld); anders aber möglicherweise (wieder) der 9. Senat in Beschl. v. 05.12.2008, 9 B 28.08, DVBl. 2009, 258 L, juris, Rn. 32 – A 94 (aber nicht deutlich, ob der 9. Senat lediglich die Bezeichnung der Vorinstanz wiedergibt oder ob es sich bei dem von ihm verwendeten Begriff des „Optimierungsgebotes" zumindest im ersten Zusammenhang um seine eigene Auffassung handelt), jedoch nunmehr Urt. v. 13.05.2009, 9 A 72.07, DVBl. 2009, 1307, Rn. 59 – A 4 (unter Hinweis auf BVerwG, Urt. v. 16.03.2006, 4 A 1075.04, BVerwGE 125, 116 = NVwZ 2006, Beilage zu Heft Nr. 8 – Verkehrsflughafen Berlin-Schönefeld).

1635 BVerwG, Beschl. v. 15.11.1989, 4 NB 28.89, juris, Rn. 4; BVerwG, Beschl. v. 27.07.1989, 4 NB 19.89, Buchholz 406.11 § 214 BauGB Nr. 3, juris, Rn. 19; BVerwG, Beschl. v. 27.01.1989, 4 B 201-205.88, u. a., juris, Rn. 5; BVerwG, Urt. v. 04.05.1988, 4 C 2.85, NVwZ 1989, 151 (152) – L 260 n; BVerwG, Urt. v. 22.03.1985, 4 C 73.82, BVerwGE 71, 163 = NJW 1986, 82 (83); siehe ferner BVerwG, Beschl. v. 13.07.1989, 4 NB 20.89, juris, nur Os., im Übrigen n. v.; ferner BVerwG, Beschl. v. 15.05.1996, 11 VR 3.96, NVwZ-RR 1996, 557 (558) – Eisenbahntrasse Hamburg–Büchen–Berlin; BVerwG, Urt. v. 05.03.1997, 11 A 25.95, BVerwGE 104, 123 = NVwZ 1998, 513 (515) – Eisenbahntrasse Hamburg–Büchen–Berlin (Wentdorf); zuletzt wieder BVerwG, Beschl. v. 22.07.2010, 7 AVR 4/10 u. a., DVBl. 2010, 1300, juris, Rn. 41; ebenso BayVGH, Beschl. v. 05.03.2001, 8 ZB 00.3490, NVwZ-RR 2001, 579 (581).

1636 BVerwG, Urt. v. 28.01.1999, 4 CN 5.98, BVerwGE 108, 248 = NVwZ 1999, 1222 (1223).

1637 Da das Grundkonzept der Planung nicht nur durch den Trassenverlauf im Oberflächenbereich, sondern auch durch Gradientenabsenkungen, Tief- oder Troglagen seine Prägung erhält, kann auch durch ein Abrücken der Trasse in vertikaler Richtung von der schützenswerten Bebauung der Vorgabe des § 50 BImSchG Rechnung getragen werden, vgl. BVerwG, Urt. v. 28.01.1999, 4 CN 5.98, BVerwGE 108, 248 = NVwZ 1999, 1222 (1224), Ls. 1.

Umwelteinwirkungen und damit vor schädlichen Immissionen.[1639] Indem die Vorschrift an *schutzbedürftige Gebiete* anknüpft, liegt ihr nicht der grundsätzlich quellenbezogene Ansatz des Bundes-Immissionsschutzgesetzes zugrunde; vielmehr geht es um einen *gebietsbezogenen Immissionsschutz.*[1640] In der Regierungsbegründung zum Entwurf des Bundesimmissionsschutzgesetzes heißt es zu dieser Vorschrift (damals noch § 42 BImSchG-E)[1641]:

> „Die Vorschrift enthält eine Grundanforderung des Schutzes vor schädlichen Umwelteinwirkungen. Zwar stehen im Vordergrund der gesetzlichen Regelungen Maßnahmen an den Emissionsquellen, wie an Anlagen, Fahrzeugen, Brennstoffen und Treibstoffen. All diese Einzelmaßnahmen können jedoch Stückwerk bleiben, wenn nicht bei raumbedeutsamen Planungen und Maßnahmen die Belange des Umweltschutzes in möglichst konformer Weise berücksichtigt werden. Letztlich bestimmen diese Planungen und Maßnahmen die räumliche Verteilung der genannten Emissionsquellen und die Lage der zu schützenden Gebiete ... (Es hat sich) gezeigt, dass grundlegende Versäumnisse der Planung durch den späteren Einsatz technischer Mittel zur Begrenzung der Emissionen nicht oder nur noch mit unverhältnismäßig hohen Kosten wieder wettzumachen sind. Ein wirksamer Schutz der Bevölkerung kann aber erreicht werden, wenn bereits bei den Planungen und raumbedeutsamen Maßnahmen von Anfang an der Schutz vor schädlichen Umwelteinwirkungen berücksichtigt wird.“

---

1638 Dazu BayVGH, Beschl. v. 05.03.2001, 8 ZB 00.3490, NVwZ-RR 2001, 579 (581): § 50 BImSchG erfordere die Optimierung einer Straßentrasse im Hinblick auf den Schutz von „Wohngebieten“, nicht aber gegenüber vereinzelten Anwesen im Außenbereich. Dies lasse auch eine Bevorzugung von Wohngebieten gegenüber Splittersiedlungen zu. Ob ein Gebiet ausschließlich oder überwiegend dem Wohnen diene oder in sonstiger Weise schutzwürdig ist, bestimmt sich in erster Linie nach den bauplanungsrechtlichen Vorgaben. Nach allgemeiner Meinung zählten dazu reine, allgemeine oder besondere Wohngebiete (vgl. §§ 3, 4 und 4a BauNVO), nach überwiegender Meinung auch Dorf- und Mischgebiete (vgl. §§ 5, 6 BauNVO), soweit sie tatsächlich Wohnnutzungsbereiche aufweisen. Nicht dazu zählten dagegen Splittersiedlungen oder Einzelanwesen im Außenbereich (vgl. § 35 BauGB); insoweit handele es sich um keine „Gebiete“, die ausschließlich oder überwiegend dem Wohnen oder der Aufnahme sonstiger, gegenüber schädlichen Umwelteinwirkungen besonders empfindlicher Nutzungen dienten. Denn Splittersiedlungen oder einzelne Siedlungsansätze im Außenbereich besäßen in der Regel kein solches städtebauliches Gewicht, wie es für dic Annahme einer eigenständigen Siedlungseinheit notwendig sei. Hinzu komme, dass der Außenbereich nach der insoweit maßgeblichen Regelung des § 35 BauGB (insbesondere Absätze 2 und 3) strukturell nicht dazu diene, Wohnnutzungen aufzunehmen.

1639 *Jarass,* BImSchG, § 50 Rn. 4.

1640 *Jarass,* BImSchG, § 50 Rn. 1; ferner *ders.*, BImSchG, § 2 Rn. 12 f.; *Dietlein,* in: LR, § 2 BImSchG Rn. 1 m.w.N., wonach § 2 BImSchG demgegenüber keine (und damit auch keine abschließende) Regelung zu seinem quellen*un*abhängigen Anwendungsbereich treffe.

1641 BT-Drs. 7/179, S. 46.

Die Vorschrift soll damit soweit wie möglich *Lärmvorsorge unterhalb der in § 41 BImSchG bezeichneten Lärmschwelle* (also unterhalb der einfach-rechtlichen Zumutbarkeitsschwelle) durch räumliche Trennung störungsträchtiger und störungsempfindlicher Nutzungen herstellen[1642] und ist damit Ausdruck des *Vorsorgeprinzips.*[1643] Sie umfasst daher nicht nur konkret, sondern auch *potentiell* schädliche Umwelteinwirkungen.[1644] Lärmvorsorge bedeutet vorbeugenden Schutz gegen Gefahren und erhebliche Belästigungen (hier: mit den Mitteln der Planung)[1645] bzw. die Reduzierung von Risiken unterhalb dieser Schwelle[1646]. Die Vorschrift enthält einen *allgemeinen Planungsgrundsatz*[1647] und gilt dementsprechend für alle Formen

---

1642 BVerwG, Beschl. v. 05.12.2008, 9 B 28.08, DVBl. 2009, 258 L, juris, Rn. 27 und 9 B 29.08, juris, Rn. 10 – A 94; BVerwG, Urt. v. 23.02.2005, 4 A 4.04, BVerwGE 123, 37 = NVwZ 2005, 803 (806 f.) – A 72 und BVerwG, Urt. v. 11.01.2001, 4 A 13.99, NVwZ 2001, 1154 (1155) – A 71, jew. zum fachplanerischen Abwägungsgebot nach § 17 Abs. 1 S. 2 FStrG a.F. (§ 17 S. 2 FStrG n.F.); BVerwG, Urt. v. 28.01.1999, 4 CN 5.98, BVerwGE 108, 248 = NVwZ 1999, 1222 (1223) zum bauleitplanerischen Abwägungsgebot; *Jarass,* BImSchG, § 50 Rn. 4. Nach *Michler,* Verkehrsimmissionsschutz, S. 28 Fn. 44 m.w.N. auch zur Gegenauffassung entspricht der damit in Bezug genommene „Erheblichkeits"-Maßstab dem des § 41 Abs. 1 BImSchG, da kein Grund ersichtlich sei, zwischen § 41 Abs. 1 BImSchG und § 50 BImSchG zu unterscheiden; a.A. *Hansmann,* UPR 1982, 353 (355 ff.), nach dem der Begriff der schädlichen Umwelteinwirkungen wegen der Relativität des in ihm enthaltenen Merkmals der „Erheblichkeit" unterschiedliche Bedeutung haben kann und im Rahmen des § 50 BImSchG alle Lärmeinwirkungen erfasst, die in der planerischen Abwägung Berücksichtigung verlangen, mithin auch Einwirkungen unterhalb der Grenze, die für die Beurteilung der Zulässigkeit des Vorhabens (hier: nach §§ 41 f. BImSchG) maßgebend sind. Die Relevanzschwelle der Einwirkungen liege mithin bei Normen mit Schutzfunktion höher als bei Normen mit Vorsorgefunktion und bei Planungsnormen.

1643 *Peine,* DÖV 1988, 937 (941) m.w.N.; *Haakh/Maier,* BWVP 1987, 25 (26, 29) m.w.N. bezeichnen die Vorschrift als eine „spezielle bundesrechtliche Raumordnungsklausel nach dem Vorsorgeprinzip (‚Lärmschutz durch Planung')"; allg. zum Vorsorgegrundsatz auch *Hoppe/Beckmann/Kauch,* Umweltrecht, § 1 Rn. 127 ff.; *Kutscheidt,* Vorsorgegrundsatz, S. 437 ff., *Kloepfer,* Umweltrecht, § 4 Rn. 8 ff., *ders.,* Umweltschutzrecht, § 1 Rn. 5 ff. u. *Schmidt/Kahl,* Umweltrecht, § 1 Rn. 11 ff.; *Kratsch,* DÖV 1989, 628 ff. (v.a. zu § 5 Abs. 1 Nr. 2 BImSchG); *Berberich,* Rechtsschutz, S. 20 f.

1644 *Jarass,* BImSchG, § 50 Rn. 12.

1645 Siehe d. Nachw. bei SRU 1999, BT-Drs. 14/2300, S. 200 (Ziff. 494).

1646 So SRU 1999, BT-Drs. 14/2300, S. 200 (Ziff. 494) m.w.N.

1647 Vgl. BVerwG, Urt. v. 21.06.1974, IV C 14.74, DVBl. 1974, 777, juris, Rn. 33 a.E.; ferner BVerwG, Urt. v. 05.07.1974, IV C 50.72, BVerwGE 45, 309 = NJW 1975, 70 (74 f.) – Flachglas-Urteil, wonach Wohngebiete und die nach ihrem Wesen umgebungsbelastenden Industriegebiete möglichst nicht nebeneinander liegen sollten, worin ein wesentliches Element geordneter städtebaulicher Entwicklung (§ 1 Abs. 1 BBauG, jetzt § 1 Abs. 1 BauGB) und deshalb ein elementarer Grundsatz städtebaulicher Planung gesehen werde, der durch § 50 BImSchG bestätigt werde;

staatlicher Fach- und Gesamtplanung, also insbesondere für die fachplanerische Zulassung des Baus und der Änderung von Straßen und Eisenbahntrassen, aber auch für die (überörtliche) Raumordnungs- und Landesplanung sowie für die (örtliche) Bauleitplanung.[1648] Zu beachten ist jedoch, dass der überwiegende Teil heutiger Verkehrswegeplanungen keinen Neubau, sondern einen Ausbau zum Gegenstand hat, bei dem der Trennungsgrundsatz an Grenzen stößt; Wirkung entfaltet er daher vor allem bei Neubauvorhaben.[1649] Den besten Schutz vor Lärm bietet eine Trassenwahl, die Konfliktpotentiale, unter anderem Lärmbeeinträchtigungen, soweit wie möglich vermeidet.[1650] Die Standortentscheidung bzw. die Trassenführung ist damit ebenfalls Gegenstand der Abwägung.[1651]

Nach der ständigen Rechtsprechung des Bundesverwaltungsgerichts im Fachplanungsrecht richten sich die Anforderungen des Abwägungsgebots auch an die Berücksichtigung von *Planungsalternativen.*[1652] Das Bundesverwaltungsgericht hat

BVerwG, Urt. v. 09.02.2005, 9 A 62.03, NVwZ 2005, 813 (816) – B 173; *Jarass,* BImSchG, § 50 Rn. 1 m.w.N.: „Grundsatznorm der räumlichen Gesamtplanung und der Fachplanung"; *Hendlmeier,* NuR 1992, 463 (464); *Boeddinghaus,* UPR 1985, 1 ff. – Nach *Peine,* DÖV 1988, 937 (941) m.w.N. enthält sie sogar eine *Planungspflicht* (str.). – Zur Frage ihres drittschützenden Gehalts unten Teil 3, C.III.2.

[1648] Vgl. dazu BT-Drs. 7/179, S. 46; *Jarass,* BImSchG, § 50 Rn. 2 m.w.N.; *Hansmann,* in: LR, § 50 BImSchG Rn. 16 ff.; *Schulze-Fielitz,* DÖV 2001, 181 (183 f.); *Berberich,* Rechtsschutz, S. 66. Zur Frage der Anwendbarkeit auf die luftverkehrsrechtliche Planfeststellung oben Fn. 224.

[1649] Zutr. *Schulze-Fielitz,* DÖV 2001, 181 (184); zu letzterem ebenso *Wahl/Hönig,* NVwZ 2006, 161 (170). Vgl. auch *Berkemann,* Lärmgrenzwerte, S. 77: Angesichts der ohnehin vorhandenen städtischen Verdichtung und im Hinblick auf die Funktionalität der Verkehrswege ist der Gesetzgeber indes realistisch davon ausgegangen, dass der Trennungsgrundsatz häufig nicht oder jedenfalls nicht vollständig zu verwirklichen sei. – Zudem sind durch den Trennungsgrundsatz andere Konfliktpotentiale vorgeprägt, so der infolge einer Nutzungstrennung typischerweise höhere Flächenverbrauch und die Zerschneidungswirkung in Bezug auf Natur- und Landschaft.

[1650] Zutr. *Sparwasser/Rombach,* NVwZ 2007, 1135 (1138).

[1651] *Schulze-Fielitz,* DÖV 2001, 181 (185).

[1652] BVerwG, Beschl. v. 24.04.2009, 9 B 10.09, NuR 2009, 480, juris, Rn. 5; dazu auch *Vallendar,* in: Hermes/Sellner, AEG, § 18 Rn. 135 f.; *Ziekow,* in: Ziekow, Fachplanungsrecht, Rn. 697 ff.; *Stüer/Probstfeld,* Planfeststellung, Rn. 92 f.; *Steinberg/Berg/Wickel,* Fachplanung, § 3 Rn. 121 ff.; *Kühling/Herrmann,* Fachplanungsrecht, Rn. 239 ff.; *Dürr,* UPR 1992, 241 f. zur bauleitplanerischen Abwägung. – Im Übrigen bestimmt Nr. 1.1 der Anlage 3 zum UVPG, dass Verkehrswegeplanungen auf Bundesebene einer (obligatorischen) Strategischen Umweltprüfung nach § 14b Abs. 1 Nr. 1 UVPG bedürfen. § 19b Abs. 2 UVPG regelt hierzu, dass bei der Erstellung des Umweltberichts für diese Verkehrswegeplanungen in Betracht kommende „vernünftige Alternativen, die die Ziele und den geographischen Anwendungsbereich des Plans oder Programms berücksichtigen, insbesondere alternative Verkehrsnetze und alternative Verkehrsträger ermittelt, beschrieben und bewertet" werden müssen, dazu *Hünnekens,* in: Hoppe, UVPG, § 19b Rn. 23 ff.

dazu folgende Grundsätze entwickelt (Zusammenfassung der Grundsätze nach BVerwG, Beschluss vom 24. April 2009[1653]): *„Ernsthaft sich anbietende Alternativlösungen"* müssen bei der Zusammenstellung des abwägungserheblichen Materials berücksichtigt werden und mit der ihnen objektiv zukommenden Bedeutung in die vergleichende Prüfung der von den möglichen Alternativen jeweils berührten öffentlichen und privaten Belange Eingang finden. Zu diesen in das Verfahren einzubeziehenden und zu untersuchenden Alternativen gehören „neben den von Amts wegen ermittelten auch solche, die von dritter Seite im Laufe des Verfahrens vorgeschlagen werden". Die Planfeststellungsbehörde ist indes „nicht verpflichtet, die Variantenprüfung bis zuletzt offen zu halten und alle von ihr zu einem bestimmten Zeitpunkt erwogenen oder von dritter Seite vorgeschlagenen Alternativen gleichermaßen detailliert und umfassend zu untersuchen". Auch im Bereich der Planungsalternativen braucht sie den Sachverhalt nur so zu klären, „wie dies für eine sachgerechte Entscheidung und eine zweckmäßige Gestaltung des Verfahrens erforderlich ist". Sie ist „befugt, Alternativen, die sich aufgrund einer *Grobanalyse* als weniger geeignet erweisen, schon in einem frühen Verfahrensstadium auszuscheiden". Stellt sich im Rahmen einer solchen „Vorprüfung" heraus, dass das mit der Planung zulässigerweise verfolgte Konzept bei Verwirklichung der Alternativtrasse nicht erreicht werden kann und daher die Variante in Wirklichkeit auf ein anderes Projekt hinausliefe, so kann die Planfeststellungsbehörde diese Variante ohne weitere Untersuchungen als ungeeignet ausscheiden.[1654]

„Über die Fälle der fehlenden Eignung zur Zielverwirklichung hinaus" ist die Planfeststellungsbehörde befugt, „Alternativen bereits in einem frühen Verfahrensstadium auszuscheiden", die sich nach den in diesem Stadium des Planungsprozesses angestellten Sachverhaltsermittlungen „hinsichtlich der berührten öffentlichen und privaten Belange als weniger geeignet erweisen als andere Trassenvarianten". Ergibt sich dagegen nicht bereits bei einer Grobanalyse des Abwägungsmaterials die Vorzugswürdigkeit einer Trasse, so muss die Planfeststellungsbehörde die dann noch ernsthaft in Betracht kommenden Trassenvarianten im weiteren Planungsverfahren „detaillierter untersuchen und in ihre Überlegungen ebenso einbeziehen wie die von ihr favorisierte Trasse". Insoweit „ist die Ermittlung des Sachverhalts und der berührten öffentlichen und privaten Belange relativ zur jeweiligen Problemstellung und der erreichten Planungsphase". Der Planfeststellungsbehörde ist bei der Trassenprüfung ein „gestuftes Verfahren" gestattet, bei dem sich die „Anforderungen an den Umfang der Sachverhaltsermittlung und -bewertung jeweils nach dem erreichten Planungsstand und den bereits im Laufe des Verfahrens gewonnenen Erkenntnissen richten".[1655]

Neben diesen in erster Linie die Zusammenstellung des Abwägungsmaterials betreffenden Vorgaben ist zu berücksichtigen, dass die eigentliche planerische Entscheidung zwischen zwei oder mehreren Trassenvarianten „nur *eingeschränkter gerichtlicher Kontrolle* unterliegt". Nach der gefestigten Rechtsprechung des Bundesverwaltungsgerichts sind die „Grenzen der planerischen Gestaltungsfreiheit" bei der Auswahl zwischen verschiedenen Trassenvarianten „erst dann überschritten", wenn

---

1653 9 B 10.09, NuR 2009, 480, juris, Rn. 5 ff. m. w. N.

1654 BVerwG, Beschl. v. 24.04.2009, 9 B 10.09, NuR 2009, 480, juris, Rn. 5.

1655 BVerwG, Beschl. v. 24.04.2009, 9 B 10.09, NuR 2009, 480, juris, Rn. 6.

eine andere als die gewählte Linienführung sich unter Berücksichtigung aller abwägungserheblichen Belange *„eindeutig als die bessere,* weil öffentliche und private Belange insgesamt schonendere darstellen würde“, wenn sich mit anderen Worten diese Lösung der Behörde *„hätte aufdrängen müssen“*.[1656]

Ist eine genügende Trennung von Verkehrsvorhaben und schutzwürdiger Bebauung aufgrund tatsächlicher Umstände (etwa bei Schnellfahrstrecken der Eisenbahn, die weitgehend geradlinig verlaufen müssen) oder rechtlichen Vorgaben (z. B. natur- oder wasserrechtlichen Schutzgebietsausweisungen) nicht möglich[1657], werden auch der Anwendung von § 50 S. 1 BImSchG auch insoweit Grenzen gesetzt.[1658] Aus der Vorschrift folgt nicht, dass eine Maßnahme unterbleiben müsste, wenn eine Trennung nicht möglich ist.[1659] Sie ist dementsprechend kein Instrument zur Verhinderung des Neubaus von Verkehrswegen.[1660] Der in § 50 S. 1 BImSchG enthaltene Trennungsgrundsatz stellt nämlich nach allgemeiner Auffassung keine – außerhalb der Abwägung stehende und diese begrenzende – zwingende rechtliche Vorgabe im Sinne eines Planungsleitsatzes dar. So hat ihn das Bundesverwaltungsgericht bereits in seinem B 42-Urteil vom 14. Februar 1975[1661] (wenn auch noch nach „alter“ Terminologie[1662]) nicht als planerischen Leitsatz qualifiziert, da er nicht das eigentliche Ziel der fernstraßenrechtlichen Planung bestimme, ihn jedoch als „gewichtigen abwägungserheblichen Belang“ gekennzeichnet. Nach allgemeiner Meinung ist die Vorschrift *der planerischen Abwägung zuzuordnen.* Dies belegt auch der Verweis in § 41 BImSchG auf die Vorschrift des § 50 S. 1 BImSchG. Wäre § 50 S. 1 BImSchG eine zwingende gesetzliche Vorgabe, bedürfte es der §§ 41 ff. BImSchG nicht. Diese Vorschriften – und damit letztlich das stufenförmige Lärmschutzsystem – beruhen vielmehr gerade auf der „Überwindbarkeit“ des § 50 S. 1 BImSchG.[1663] Aufgrund seiner Abwägungsüberwindlichkeit kann der Trennungsgrundsatz daher auch nicht dahingehend verstanden werden, dass unter mehreren Planungsvarianten *zwingend* diejenige ausgewählt werden muss, die unter immissionsschutzrechtlichen Ge-

[1656] BVerwG, Beschl. v. 24.04.2009, 9 B 10.09, NuR 2009, 480, juris, Rn. 7; vgl. auch *Ramsauer,* NVwZ 2004, 1041 (1043); ferner *Ellwanger,* BBahn 1981, 769 (769 u. 771) zur Bündelung von Verkehrswegen.

[1657] In Betracht kommt aber auch die (ganze oder teilweise) Aufhebung eines Schutzgebiets zu Gunsten einer Verkehrswegeplanung, allg. zur Aufhebung eines Wasserschutzgebiets etwa VGH Bad.-Württ., Urt. v. 23.06.1997, 8 S 374/97, NVwZ-RR 1998, 423 f.

[1658] *Michler,* Verkehrsimmissionsschutz, S. 30.

[1659] *Silagi,* UPR 1997, 272 (273).

[1660] *Peine,* DÖV 1988, 937 (941) m. w. N.

[1661] IV C 21.74, BVerwGE 48, 56 = NJW 1975, 1373 (1375).

[1662] Dazu oben B.I.1.

[1663] Interessante Wertung von *Peine,* DÖV 1988, 937 (941) m. w. N.

sichtspunkten die geringsten Belastungen verursacht.[1664] Ebenfalls muss ein Vorhabenträger auch keine unverhältnismäßig hohen Kosten in Kauf nehmen, um eine weitgehende räumliche Trennung von Verkehrsanlage und Wohngebieten zu erreichen. Dieser lediglich in § 41 Abs. 2 BImSchG ausdrücklich angesprochene Vorbehalt gilt in gleicher Weise auch für § 50 S. 1 BImSchG, dies schon aufgrund seiner Zuordnung zum Abwägungsgebot.[1665] Schließlich kann der Vorschrift des § 50 S. 1 BImSchG nach dem Bundesverwaltungsgericht nicht die Abwägungsdirektive entnommen werden, die Trasse möglichst so zu wählen, dass Lärmschutzmaßnahmen *notwendig* werden, die zu einer Verringerung bestehender Verkehrslärmvorbelastungen – also zu einer Lärmsanierung – führen, denn ein anderes Auslegungsergebnis würde sowohl den in § 50 S. 1 BImSchG verankerten Trennungsgrundsatz als auch die gesetzlich vorgegebene Stufenfolge von Lärmvorsorge durch räumliche Trennung konfliktträchtiger Nutzungen (erste Stufe) und Schutz vor erheblichen Lärmbeeinträchtigungen nach § 41 BImSchG (zweite Stufe) auf den Kopf stellen.[1666]

Nach zutreffender Auffassung[1667] ist Gegenstand des Trennungsgrundsatzes das Vorhaben (auch) *ohne* aktive Schallschutzmaßnahmen. Die abweichende Auffassung des Bundesverwaltungsgerichts[1668] überzeugt nicht. Sie widerspricht – so *Michler*[1669] zutreffend – der auch vom Bundesverwaltungsgericht bemühten Stufenfolge des Immissionsschutzes, wonach auf der ersten Stufe Nutzungskonflikte zu vermeiden und *erst,* wenn dies nicht möglich ist, Schutzauflagen anzuordnen sind. Dieser Gedanke komme etwa in § 41 Abs. 1 BImSchG zum Ausdruck, wonach „unbescha-

---

1664 OVG Berlin-Brandenburg, Urt. v. 18.01.2006, 2 A 7.05, juris, zur Straßenplanung.

1665 Vgl. dazu auch *Michler,* Verkehrsimmissionsschutz, S. 30.

1666 BVerwG, Beschl. v. 05.12.2008, 9 B 28.08, DVBl. 2009, 258 L, juris, Rn. 27 u. 9 B 29.08, juris, Rn. 10 – A 94; vgl. auch BayVGH, Urt. v. 30.10.2007, 8 A 06.40023, juris, Rn. 87 – A 94; OVG Schleswig-Holstein, Beschl. v. 12.07. 2007, 1 MR 1/07, NordÖR 2007, 367.

1667 Siehe etwa *Michler,* Verkehrsimmissionsschutz, S. 30 f.

1668 BVerwG, Urt. v. 04.05.1988, 4 C 2.85, NVwZ 1989, 151 (152) – L 260 n, wonach es nicht zu beanstanden sei, dass das Berufungsgericht den Bau einer Lärmschutzmauer in Rechnung stellt, durch die die auftretenden Verkehrsgeräusche erst auf das zuträgliche Maß gedämpft würden; sie sei Bestandteil der Planungsmaßnahme im Sinne von § 50 BImSchG; vgl. auch BVerwG, Urt. v. 14.11.2002, 4 A 15.02, BVerwGE 117, 149 = NVwZ 2003, 485 (489 f.) – B 173 (zur Straßenplanung im faktischen Vogelschutzgebiet): Die Planung einer Straße, die einen wertvollen und schutzwürdigen Naturraum durchschneide, leide an einem fachplanungsrechtlichen Abwägungsfehler, wenn Trassenalternativen, die diesen Raum umfahren, nicht ausreichend untersucht worden seien. Als Alternative könne auch eine ortsnahe Trassenführung in Verbindung mit Maßnahmen des aktiven und passiven Lärmschutzes in Betracht kommen, dazu auch *Tünnesen-Harmes,* in: Himmelmann/Tünnesen-Harmes, Umweltrecht, § 11 Rn. 101.

1669 Verkehrsimmissionsschutz, S. 30 f.

det des § 50" BImSchG sicherzustellen sei, dass keine schädlichen Umwelteinwirkungen hervorgerufen werden, die vermeidbar seien. Dies verlange von der Behörde *vor* der Anordnung von Schutzmaßnahmen die Beachtung des Trennungsgrundsatzes. § 50 S. 1 BImSchG schütze nicht nur das ungestörte Wohnen, sondern vorrangig das Wohnen ohne Schutzanlagen.

Fraglich ist, ob der in § 50 S. 1 BImSchG enthaltene Trennungsgrundsatz ein „Optimierungsgebot" darstellt und damit jedenfalls insoweit der Lärmschutz im Rahmen der Abwägung ein besonderes Gewicht besitzt. Das Bundesverwaltungsgericht hat den Trennungsgrundsatz als ein solches „Optimierungsgebot" bezeichnet.[1670] Dieses Verständnis entspricht auch der im rechtswissenschaftlichen Schrifttum vorherrschenden Auffassung.[1671] Zur Begründung verweisen die Vertreter dieser Auffassung vor allem auf den Wortlaut der Vorschrift, wonach die Flächen für raumbedeutsame Planungen und Maßnahmen sowie die Flächen schutzbedürftiger Gebiete einander so zuzuordnen sind, dass schädliche Umwelteinwirkungen „soweit wie möglich" vermieden werden. Das Bundesverwaltungsgericht ist von seiner Rechtsprechung jedoch zunehmend abgerückt, ohne dies allerdings mit der gewünschten Klarheit deutlich gemacht zu haben. So hat zunächst der 4. Senat in mehreren Entscheidungen[1672], zuerst mit Urteil vom 28. Januar 1999[1673], und ihm folgend jüngst auch der 9. Senat im A 4-Urteil vom 13. Mai 2009[1674] den Trennungsgrundsatz nur noch als (bloße) „Abwägungs-

---

[1670] Siehe oben die Nachw. in Fn. 1635.

[1671] Siehe etwa *Jarass,* BImSchG, § 50 Rn. 2 u. 19; *Hansmann,* in: LR, § 50 BImSchG Rn. 50 u. 70 m. zahlr. w.N. auch zur Gegenauffassung; *Storost,* in: Ule/Laubinger, BImSchG, § 41 B 2; *Tophoven,* in: BeckOK-UmwR, § 50 BImSchG Rn. 28; *Vallendar,* in: Hermes/Sellner, AEG, § 18 Rn. 106; *Dürr,* in: Knack/Henneke, VwVfG, § 75 Rn. 48; *Kloepfer,* Umweltrecht, § 14 Rn. 289; *Steiff,* NZBau 2007, 363 (365); *Stüer/Probstfeld,* Planfeststellung, Rn. 148; *Kuschnerus,* Schutzauflagen, S. 94; *Michler,* Verkehrsimmissionsschutz, S. 25 ff.; *Schulze-Fielitz,* DÖV 2001, 181 (184); *Koch,* NVwZ 2000, 490 (492 a.E.); *Uechtritz,* DVBl. 1999, 198 (199 u. 200); *Dürr,* UPR 1992, 241 (242); *Mayen,* NVwZ 1991, 842; *Peine,* DÖV 1988, 937 (941 f.); wohl auch *Silagi,* UPR 1997, 272 (273) u. *Haakh/Maier,* BWVP 1987, 25 (26 u. 29): „erhebliches Gewicht" von § 50 BImSchG.

[1672] Vgl. Urt. v. 23.02.2005, 4 A 4.04, BVerwGE 123, 37 = NVwZ 2005, 803 (806 f.) – A 72 und BVerwG, Urt. v. 11.01.2001, 4 A 13.99, NVwZ 2001, 1154 (1155) – A 71, jew. zum fachplanerischen Abwägungsgebot nach § 17 Abs. 1 S. 2 FStrG a.F. (§ 17 S. 2 FStrG n.F.); Urt. v. 22.03.2007, 4 CN 2.06, BVerwGE 128, 238 = NVwZ 2007, 831, Rn. 14 u. Urt. v. 28.01.1999, 4 CN 5.98, BVerwGE 108, 248 = NVwZ 1999, 1222 (1223 a.E.), Ls. 1, zum bauleitplanerischen Abwägungsgebot.

[1673] Siehe vorstehende Fn. 1672.

[1674] 9 A 72.07, DVBl. 2009, 1307, Rn. 59 (unter Hinweis auf BVerwG, Urt. v. 16.03.2006, 4 A 1075.04, BVerwGE 125, 116 = NVwZ 2006, Beilage zu Heft Nr. 8 – Verkehrsflughafen Berlin-Schönefeld), wonach dem in § 50 BImSchG normierten Trennungsgrundsatz „nur die Funktion einer Abwägungsdirektive" zukomme, die direktive" charakterisiert.[1675] Deutlicher hat der 4. Senat in seinem Beschluss vom 7. Juli 2004[1676] sowie in seinem Berlin-Schönefeld-Urteil vom 16. März 2006[1677] die Einordnung des Trennungsgrundsatzes als „Optimierungsgebot" als eine „frühere" Rechtsprechung bezeichnet. *Halama*[1678], Berichterstatter im Berlin-Schönefeld-Verfahren[1679], spricht sogar von einer „Kehrtwende" und führt aus: In der Entscheidung vom 22. März 1985 habe der 4. Senat die Vorschrift des § 50 BImSchG in der Tat als Optimierungsgebot charakterisiert. Davon sei er inzwischen „der Sache nach abgerückt". Leider habe „der Senat versäumt, die Kehrtwende deutlich zu markieren". Und weiter führt er aus: Vielleicht handele es sich „auch bloß um eine verbale Frontbegradigung. Denn ich bin mir nicht sicher, ob der Senat in dem Urteil vom 22. März 1985 den Begriff des Optimierungsgebots überhaupt so verstanden hat, wie wir ihn jetzt gebrauchen". Im Urteil vom 28. Januar 1999 habe der 4. Senat die Vorschrift „aus den Höhen einer Vorrangregelung endgültig in die Niederungen einer schlichten Abwägungsdirektive heruntergeholt".

Andererseits haben der 4. Senat in seinem Berlin-Schönefeld-Urteil und – im Anschluss hieran – der 9. Senat in seiner A 4-Entscheidung jedoch zugleich betont, der Trennungsgrundsatz könne durch andere Belange von „hohem" Gewicht überwunden werden, was der Sache nach ebenfalls auf eine besondere Stellung im Rahmen der Abwägung hindeutet.

In der Literatur wird die Kategorie der Optimierungsgebote zum Teil abgelehnt.[1680] So wird darauf hingewiesen, Optimierungsgebote seien mit dem Abwägungsgebot nicht vereinbar und stünden mit ihm in Widerspruch. Denn erst im Zusammenhang mit anderen Belangen und daher erst im Rahmen der konkreten Abwägung könne festgestellt werden, welches Gewicht

(allerdings) im Rahmen der planerischen Abwägung durch andere Belange von „hohem" Gewicht überwunden werden könne; vgl. insoweit aber auch BVerwG, Beschl. v. 05.12.2008, 9 B 28.08, DVBl. 2009, 258 L, juris, Rn. 32 – A 94 (nicht deutlich wird, ob der 9. Senat lediglich die Bezeichnung der Vorinstanz wiedergibt oder ob es sich bei dem von ihm verwendeten Begriff des „Optimierungsgebotes" zumindest im ersten Zusammenhang um seine eigene Auffassung handelt).

1675 Vgl. auch *Storost,* in: Ule/Laubinger, BImSchG, § 41 B 2.

1676 4 BN 16.04, ZfBR 2005, 71, juris, Rn. 4.

1677 4 A 1075.04, BVerwGE 125, 116 = NVwZ 2006, Beilage zu Heft Nr. 8, S. 13, Rn. 164; ferner Urt. v. 16.03.2006, 4 A 1001.04, NVwZ 2006, 1055 (insoweit nicht abgedruckt), Rn. 163 (ebenfalls Berlin-Schönefeld).

1678 VBlBW 2006, 132 (133).

1679 Siehe auch die Pressemitteilung Nr. 38/2006 des Bundesverwaltungsgerichts vom 30.06.2006, abrufbar über die Internetseite des Bundesverwaltungsgerichts <www.bundesverwaltungsgericht.de> – Pressemitteilungen (Stand: 03.01.2010).

1680 Vgl. etwa *Wickel,* in: Hk-VerwR/VwVfG, § 74 Rn. 114 m.w.N.; krit. auch *Steinberg/Berg/Wickel,* Fachplanung, § 3 Rn. 73 ff.

einem bestimmten Belang tatsächlich zukomme. Eine abstrakte Vorrangstellung des einen oder anderen Belangs entziehe sich daher einer gesetzlichen Regelung. Dass Belange im Rahmen der Abwägung jeweils „soweit wie möglich" zu verwirklichen sind, sei dem Abwägungsgebot immanent.[1681]

Es ist indessen nichts dafür ersichtlich, weshalb der Gesetzgeber kraft seiner Entscheidungskompetenz (so die Formulierung im Flughafen-Stuttgart-Urteil des Bundesverwaltungsgerichts) nicht eine – abstrakte – Gewichtung bestimmter Belange vorschreiben können soll, mit der Folge, dass ein Zurückstellen dieser Belange zumindest eine erhöhte Rechtfertigungs- und Begründungslast der Behörde auslöst.[1682] Dass sich letztlich erst im Rahmen der konkreten Abwägung zeigt, welches Gewicht einem Belang zukommt und welcher Belang sich im Ergebnis durchsetzt, steht einer solchen – abstrakten – Bewertung (Vorausbeurteilung) bestimmter Belange durch den Gesetzgeber nicht entgegen. An der grundsätzlichen Möglichkeit der Festschreibung von Optimierungsgeboten durch den Gesetzgeber ist daher festzuhalten.

Fraglich kann daher im vorliegenden Zusammenhang nur sein, ob auch der in § 50 S. 1 BImSchG enthaltene Trennungsgrundsatz im Anschluss an die bisherige Rechtsprechung als ein Optimierungsgebot verstanden werden kann. Die Befürworter dieser Auffassung stützen sich vor allem auf den Wortlaut der Bestimmung („soweit wie möglich"). Für diese Auffassung könnte auch eine Passage in der Gesetzesbegründung sprechen, in der es zu dieser Vorschrift heißt, die sich abzeichnende Gesamtbelastung der Umwelt mache eine „Konkretisierung *und Verstärkung* der Ansätze des Planungsrechts" erforderlich.[1683] Da das Trennungsgebot bereits vor Inkrafttreten des § 50 S. 1 BImSchG zumindest als einfacher Belang im Rahmen der Abwägung zu berücksichtigen war, könnte die Gesetzesbegründung dahin verstanden werden, dass der Gesetzgeber dem Trennungsgrundsatz eine – über einen einfachen Abwägungsbelang hinausgehende – besondere Bedeutung beimessen, eben seine Regelungskraft verstärken wollte, mag auch fraglich sein, ob dem Gesetzgeber die Umsetzung seiner Vorstellung mit

---

[1681] In diese Richtung etwa *Berberich,* Rechtsschutz, S. 56 ff. m. w. N.: Nach dem Abwägungsgebot müsse es „als selbstverständlich" gelten, alle vom Gesetzgeber allgemein für berücksichtigungswürdig gehaltenen Belange in der planerischen Praxis „soweit wie möglich", d. h. soweit dies die ebenfalls zu berücksichtigenden anderen Belange noch zulassen, bestmöglich zu verwirklichen; vgl. bereits *Nedden,* DVBl. 1977, 265 (266).

[1682] So lässt beispielsweise auch § 8 Abs. 7 S. 1 Nr. 2 ROG die Festlegung von sog. Vorbehaltsgebieten in Raumordnungsplänen zu. Bei Vorbehaltsgebieten handelt es sich um Gebiete, in denen bestimmten raumbedeutsamen Funktionen oder Nutzungen „bei der Abwägung mit konkurrierenden raumbedeutsamen Nutzungen besonderes Gewicht beizumessen ist".

[1683] BT-Drs. 7/179, S. 46 (li. Sp., Herv. d. Verf.).

der Fassung der Vorschrift geglückt ist[1684]. Weiter heißt es in der Gesetzesbegründung: „Zunächst ist festzustellen, ob und welche schädlichen Umwelteinwirkungen infolge der Planung oder Maßnahme eintreten können; gegebenenfalls ist eine eingehende Abwägung mit den anderen Planungsbelangen vorzunehmen; *allein* für den Fall, dass sich hierbei ein Überwiegen des anderen Planungsgutes herausstellt, soll die *Einschränkung* ‚soweit wie möglich' Bedeutung haben."[1685] Durch das Merkmal „soweit wie möglich" soll mithin das Vermeidungsgebot des § 50 S. 1 BImSchG eingeschränkt werden, also keine strikte Beachtung verlangen. Offen bleibt aber, welche Bedeutung diesem Merkmal in dem in der Gesetzesbegründung angesprochenen Fall des Überwiegens eines anderen Planungsgutes zukommen soll, ob der Trennungsgrundsatz also eine besondere Bedeutung (nach heutigem Verständnis im Sinne eines „Optimierungsgebots") besitzen soll oder nicht. Wortlaut und Gesetzesbegründung sind für beide Möglichkeiten offen. Auch wenn die Gesetzesbegründung insoweit letztlich also keine eindeutige Aussage trifft, ist jedenfalls eine Auslegung, die das in § 50 S. 1 BImSchG enthaltene Trennungsgebot als „Optimierungsgebot" qualifiziert, rechtlich nicht zu beanstanden.

## D. Rechtliche Vorgaben vorgelagerter und höherstufiger Planungen

### I. Grundsätzliches

Nach § 18 S. 1 AEG dürfen Betriebsanlagen einer Eisenbahn einschließlich der Bahnfernstromleitungen nur gebaut oder geändert werden, wenn der Plan vorher festgestellt ist.[1686] Das Instrument der Fachplanung für die Zulassung des Baus und der Änderung von Eisenbahnbetriebsanlagen ist danach die Planfeststellung. Die zentralen rechtlichen Vorschriften zur Bewältigung der durch Eisenbahnlärm entstehenden Konflikte wurden in den vo-

---

1684 Vgl. krit. *Korbmacher,* DÖV 1976, 1 (3 f.), nach dem das „halbherzige" Gebot „keine neuen Maßstäbe" setze, sondern allenfalls den in der Rechtsprechung längst gewonnenen Stand erreiche; ferner *Ronellenfitsch,* in: Marschall/Schroeter/Kastner, FStrG, § 17 Rn. 136, wonach die in § 50 BImSchG gebotene Rücksichtnahme nicht über das hinausgehe, was vor Inkrafttreten des Bundes-Immissionsschutzgesetzes schon die Rechtsprechung an Vorkehrungen für den Umweltschutz verlangt hatte.

1685 BT-Drs. 7/179, S. 46 (re. Sp., Herv. d. Verf.). Nach *Fickert,* BauR 1974, 145 (146) wird diese Einschränkung so zu verstehen sein, dass „mit jedem Planungsprozess eine Abwägung der Belange des Immissionsschutzes mit den anderen durch die Planung berührten Belangen einherzugehen hat".

1686 Siehe bereits oben einleitend Teil 2.

rangegangenen Abschnitten dargestellt, insbesondere die zwingenden Vorgaben der §§ 41 ff. BImSchG, § 74 Abs. 2 S. 2 u. 3 VwVfG (Abschnitt B.) sowie das Abwägungsgebot (Abschnitt C.). Verkehrsvorhaben wie Eisenbahnstrecken unterliegen jedoch nicht nur der Planfeststellung als einziger planerischen Entscheidung.[1687] Die Fachplanung ist eingebettet in ein hierarchisches System höherstufiger bzw. vorgelagerter Planungen, mithin in einen „Planungsverbund, der aus verschiedenen Planungsstufen mit unterschiedlichem räumlichen Zuschnitt besteht“[1688] und in denen Vorentscheidungen über die Errichtung und den Betrieb bestimmter Anlagen getroffen werden.[1689]

Das Planungsrecht besteht aus sämtlichen Rechtsvorschriften, welche die raumbedeutsamen Planungen – vor allem Verkehrsvorhaben wie Schienenstrecken der Eisenbahn (vgl. auch § 1 S. 3 Nr. 8 ff. RoV) – des Staates und sonstiger Planungsträger zum Gegenstand haben.[1690] Staatliche Planung ist weder eindeutig der Legislative noch eindeutig der Exekutive zugeordnet.[1691] Die vorliegende Untersuchung befasst sich mit dem typischen Fall der Planung von Eisenbahntrassen durch Exekutivakt, nämlich durch Planfeststellungsbeschluss.[1692] Das Planungsrecht betrifft die Gestaltung aller

---

[1687] Vgl. *Hoppe/Schlarmann/Buchner/Deutsch,* Rechtsschutz, Rn. 38.

[1688] BVerwG, Urt. v. 10.04.1997, 4 C 5.96, BVerwGE 104, 236 = NVwZ 1998, 508 (512) – B 15.

[1689] Vgl. *Wickel,* in: Hk-VerwR/VwVfG, § 72 Rn. 47 m.w.N.; *Steinberg/Berg/Wickel,* Fachplanung, § 3 Rn. 34 ff.; *Kühling/Herrmann,* Fachplanungsrecht, Rn. 148 ff.; krit. *Böhm,* NVwZ 2006, 427 (428), wonach die Verkehrswegeplanung besser in die Raumordnung integriert werden sollte, damit Umwelt- und Gesundheitsbelange frühzeitig und umfassend berücksichtigt werden können.

[1690] *Ronellenfitsch,* VerwArch. 1993, 537 (544); *ders.*, NVwZ 2006, 385 (387).

[1691] BVerfG, Besch. v. 17.07.1996, 2 BvF 2/93, BVerfGE 95, 1 = NJW 1997, 383, Ls. 1 – Südumfahrung Stendal.

[1692] Zu den Voraussetzungen für eine Legalplanung siehe BVerfG, Besch. v. 17.07.1996, 2 BvF 2/93, BVerfGE 95, 1 = NJW 1997, 383 ff. – Südumfahrung Stendal, zum „Gesetz über den Bau der ‚Südumfahrung Stendal‘ der Eisenbahnstrecke Berlin–Oebisfelde“, dem ersten Investitionsmaßnahmegesetz, wonach auch Detailpläne im Bereich der anlagenbezogenen Fachplanung einer gesetzlichen Regelung zugänglich sind, das Parlament durch Gesetz eine solche Entscheidung jedoch nur dann an sich ziehen dürfe, wenn hierfür im Einzelfall „gute Gründe“ bestünden. Das Bundesverfassungsgericht bejahte solche Gründe im zu entscheidenden Fall, da der Gesetzgeber auf schnellstmöglichem Wege die Wirtschaft in den neuen Ländern stärken und auf die Herstellung einheitlicher Lebensverhältnisse in der gesamten Bundesrepublik Deutschland hinwirken wollte; zwar habe sich die gesetzgeberische Prognose hinsichtlich der gegenüber einem behördlichen Planfeststellungsverfahren zu erwartenden Zeitersparnis nicht in vollem Umfang bestätigt; gleichwohl sei die Einschätzung, dass die Planfeststellung durch Gesetz zur zeitgleichen Fertigstellung der Hochgeschwindigkeitsstrecke und ihrer angestrebten Inbetriebnahme im Jahr 1997 beitrage, vertretbar und habe sich als richtig erwiesen. Entfalte eine Legalplastrukturellen Verhältnisse in einem bestimmten Raum (Gesamtplanung) und die Zulassung bestimmter raumrelevanter Vorhaben (Fachplanung), einschließlich deren Verknüpfung.[1693] Eisenbahnprojekte sind danach Aufgabe sowohl der Fachplanung als auch der Gesamtplanung.[1694]

Die Planung von Verkehrswegen erfolgt in der Regel in einem mehrstufigen Prozess.[1695] Bei höherstufigen Planungen kann es sich einerseits um höherstufige Fachplanungen und andererseits um Gesamtplanungen handeln.[1696] Ein Linienbestimmungsverfahren, wie es für die Planung von Bundesfernstraßen in § 16 FStrG und von Bundeswasserstraßen in § 13 WaStrG vorgesehen ist, besteht für Eisenbahntrassen zwar nicht.[1697] Lediglich das – bis zum Ablauf des 17. Dezember 2006 zeitlich befristete (vgl. Art. 13 InfrPBG[1698]) – VerkPBG[1699] sah in § 2 eine Linienbestimmung für die in den Anwendungsbereich des VerkPBG fallenden Vorhaben vor.[1700] Anforderungen an die Planfeststellung können sich aber aus der gesetzlichen Bedarfsfeststellung als höherstufige Fachplanung (nachfolgend II.) sowie aus der Raumordnung und Landesplanung ergeben (nachfolgend III.).

nung enteignungsrechtliche Vorwirkungen, habe sie vor der Verfassung jedenfalls dann Bestand, wenn sie nicht nur – wie jede Enteignung – im Sinne des Art. 14 Abs. 3 S. 1 GG zum Wohle der Allgemeinheit erforderlich sei, sondern auch triftige Gründe für die Annahme bestünden, dass die Durchführung einer behördlichen Planfeststellung mit erheblichen Nachteilen für das Gemeinwohl verbunden wäre, denen nur durch eine gesetzliche Regelung begegnet werden könne. Dies wurde vorliegend ebenfalls bejaht, da eine derartige Legalplanung für den Aufbau der Wirtschaft in den neuen Länder unabdingbar sei; die bei einer behördlichen Planfeststellung vorausgesehene deutliche Verzögerung hätte angesichts der herausragenden Bedeutung des Vorhabens einen erheblichen Nachteil für das Gemeinwohl dargestellt. Zu den im Rahmen der „Verkehrsprojekte Deutsche Einheit“ erlassenen Investitionsmaßnahmegesetzen *Ronellenfitsch,* DVBl. 1994, 441 (444 ff.); *ders.*, LKV 1992, 115 (116 f.); *Kühling/Herrmann,* Fachplanungsrecht, Rn. 234.

1693 *Ronellenfitsch,* VerwArch. 1993, 537 (544); *ders.*, NVwZ 2006, 385 (387); *ders.*, in: FS für Hoppe, S. 355; *ders.*, Planungsrecht, S. 5 f. (zur Gesamtplanung) u. S. 6 f. (zur Fachplanung).

1694 *Ronellenfitsch,* VerwArch. 1993, 537 (544).

1695 Vgl. *Dürr,* UPR 1992, 241 (244).

1696 *Wickel,* in: Hk-VerwR/VwVfG, § 72 Rn. 48.

1697 Siehe *Ronellenfitsch,* Umweltschutz und Verkehr, § 83 Rn. 99; *Vallendar,* in: Hermes/Sellner, AEG, § 18 Rn. 108.

1698 Oben Fn. 184.

1699 Ebenfalls oben Fn. 184.

1700 Siehe auch *Ronellenfitsch,* DVBl. 1994, 441 (444 u. 446).

## II. Gesetzliche Bedarfsfeststellung

Als vorgelagerte Fachplanung besitzt für Eisenbahnstrecken die gesetzliche Bedarfsfeststellung Bedeutung.[1701] Nach § 1 Abs. 1 BSchwAbG[1702] wird das Schienenwegenetz der Eisenbahnen des Bundes nach dem *Bedarfsplan* für die Bundesschienenwege ausgebaut, der dem Gesetz als Anlage beigefügt ist.[1703] Gegenstand des gesetzlichen Bedarfsplans sind nach § 3 Abs. 1 S. 1 BSchwAbG insbesondere Schienenverkehrsstrecken des Fern- und Nahverkehrs, Schienenverkehrsknoten und Schienenverkehrsanlagen, die dem kombinierten Verkehr Schiene/Straße/Wasserstraße sowie der direkten Verknüpfung von Fernverkehrsstrecken mit internationalen Verkehrsflughäfen dienen. Zur Verwirklichung des Ausbaus nach dem Bedarfsplan stellt das Bundesministerium für Verkehr, Bau und Stadtentwicklung Fünfjahrespläne auf. Diese bilden die Grundlage für die Aufstellung von Ausbauplänen für die Bundesschienenwege (§ 5 Abs. 1 BSchwAbG). Wird eine Schienenstrecke in den Bedarfsplan aufgenommen, so ist dadurch verbindlich entschieden, dass dieser Verkehrsweg dem öffentlichen Wohl dient und damit die für die Planfeststellung nach § 18 AEG erforderliche *Planrechtfertigung* gegeben ist (§ 1 Abs. 2 BSchwAbG, gleiches gilt nach § 1 Abs. 2 FStrAbG für die fernstraßenrechtliche und nach § 1 Abs. 2 EnLAG für die energiewirtschaftsrechtliche Planfeststellung).[1704] Die gesetzgeberische Bedarfsentscheidung stellt somit die Übereinstimmung des in den Bedarfsplan aufgenommenen Vorhabens mit der Zielsetzung des Fachplanungsgesetzes sowie das Bestehen eines Bedarfs verbindlich fest.[1705] Dies dient der Pla-

---

1701 Vgl. *Hoppe/Schlarmann/Buchner/Deutsch,* Rechtsschutz, Rn. 40.

1702 Gesetz über den Ausbau der Schienenwege des Bundes (Bundesschienenwegeausbaugesetz – BSchwAbG) vom 15.11.1993, BGBl I., S. 1874. Siehe ferner das Erste Gesetz zur Änderung des Bundesschienenwegeausbaugesetzes vom 15.09.2004, BGBl. I, S. 2322. Zu dem dieses Gesetz vorbereitenden Bundesverkehrswegeplan 2003 unten Fn. 1721.

1703 Dazu *Vallendar,* in: Hermes/Sellner, AEG, § 18 Rn. 95 ff.

1704 Vgl. BVerwG, Urt. v. 15.01.2004, 4 A 11.02, BVerwGE 120, 1 = NVwZ 2004, 732 (733) – A 73 (Suhl-Lichtenfels); *Stüer/Probstfeld,* Planfeststellung, Rn. 399; *Steenhoff,* DVBl. 1996, 1236 (1238); *Dürr,* UPR 1992, 241 (245). Zur Planrechtfertigung *Steinberg/Berg/Wickel,* Fachplanung, § 3 Rn. 46 ff.; *Stüer/Probstfeld,* Planfeststellung, Rn. 147; *Ziekow,* in: Ziekow, Fachplanungsrecht, Rn. 613 ff. (619 ff.); *Seegmüller,* in: Ziekow, Fachplanungsrecht, Rn. 1381 f. zur Planrechtfertigung bei gesetzlicher Bedarfsfeststellung und zur Unterscheidung zwischen dem vordringlichen, dem weiteren und dem unvorhergesehenen Bedarf. – Nach § 18e Abs. 2 S. 1 AEG hat die Anfechtungsklage gegen einen Planfeststellungsbeschluss oder eine Plangenehmigung für den Bau oder die Änderung von Betriebsanlagen der Eisenbahnen des Bundes, für die nach dem BSchwAbG vordringlicher Bedarf festgestellt ist, keine aufschiebende Wirkung.

1705 *Hoppe/Schlarmann/Buchner/Deutsch,* Rechtsschutz, Rn. 47 m.w.N. Nach *Hünnekens,* in: Hoppe, UVPG, § 19b Rn. 14 m.w.N. sind die Bindungswirkungen nungssicherheit.[1706] Die Verbindlichkeit erstreckt sich nach der ständigen Rechtsprechung des Bundesverwaltungsgerichts auch auf das gerichtliche Verfahren.[1707] Dem Gesetzgeber steht bei der Festlegung des Bedarfs für bestimmte Verkehrsprojekte ein „weiter Gestaltungs- und Prognosespielraum“ zu; die gerichtliche Prüfung ist dementsprechend auf die Frage beschränkt, ob der Gesetzgeber mit der Bedarfsfeststellung für das Vorhaben die Grenzen seines gesetzgeberischen Ermessens überschritten hat, wovon nur dann auszugehen ist, wenn die Feststellung des Bedarfs „evident unsachlich“ ist (Evidenzkontrolle).[1708] Ein Gericht kann die Planrechtfertigung unter dem Aspekt, ob ein Verkehrsbedarf vorhanden ist, deshalb nur dann verneinen, wenn es einen Verfassungsverstoß des Gesetzgebers feststellt, der eine Vorlage an das Bundesverfassungsgericht nach Art. 100 Abs. 1 GG (konkrete Normenkontrolle) erzwingt.[1709]

Die gesetzliche Feststellung, dass ein verkehrlicher Bedarf besteht, ist aber nicht nur für die Planrechtfertigung maßgeblich und verbindlich, sondern darüber hinaus auch als *Belang in der planerischen Abwägung* zu berücksichtigen.[1710] Der kraft gesetzgeberischer Entscheidung feststehende Bedarf kann daher in der Abwägung durch andere, gewichtige Belange überwunden werden.[1711] So kann sich die Planfeststellungsbehörde für eine andere, vom Bedarfsplan abweichende Maßnahme entscheiden.[1712]

Änderungen der für die Bedarfsfeststellung maßgeblichen Grundlagen lassen die Verbindlichkeit des Bedarfsplans grundsätzlich nicht entfallen, denn

---

des BSchwAbG im Vergleich zum FStrAbG aufgrund der nur beschreibenden Darstellungen des BSchwAbG schwächer ausgeprägt.

1706 Vgl. *Vallendar*, in: Hermes/Sellner, AEG, § 18 Rn. 95.

1707 Siehe nur BVerwG, Urt. v. 30.01.2008, 9 A 27.06, NVwZ 2008, 678 (679); BVerwG, Urt. v. 17.01.2007, 9 A 20.05, BVerwGE 128, 1 = NVwZ 2007, 1054 (1057), Rn. 24 – Westumfahrung Halle; BVerwG, Urt. v. 26.10.2005, 9 A 33.04, juris, Rn. 22 – B 178 n; BVerwG, Beschl. v. 15.07.2005, 9 VR 39.04, juris, Rn. 4 – B 180; BVerwG, Urt. v. 09.06.2004, 9 A 11.03, BVerwGE 121, 72 = NVwZ 2004, 1486 (1489) – Ortsumgehung Michendorf; BVerwG, Urt. v. 19.03.2003, 9 A 33.02, NVwZ 2003, 1120 (1121), jew. m.w.N.

1708 BVerfG (3. Kammer des Ersten Senats), Beschl. v. 08.06.1998, 1 BvR 650/97 u.a., NVwZ 1998, 1060 f.; BVerwG, Urt. v. 26.10.2005, 9 A 33.04, juris, Rn. 22 – B 178 n; BVerwG, Urt. v. 09.06.2004, 9 A 11.03, BVerwGE 121, 72 = NVwZ 2004, 1486 (1489) – Ortsumgehung Michendorf; BVerwG, Urt. v. 19.03.2003, 9 A 33.02, NVwZ 2003, 1120 (1121); ferner *Ziekow*, in: Ziekow, Fachplanungsrecht, Rn. 620; *Stüer/Probstfeld*, Planfeststellung, Rn. 399.

1709 BVerwG, Urt. v. 17.01.2007, 9 A 20.05, BVerwGE 128, 1 = NVwZ 2007, 1054 (1057), Rn. 24 – Westumfahrung Halle.

1710 Vgl. BVerwG, Urt. v. 19.03.2003, 9 A 33.02, NVwZ 2003, 1120 (1121); BVerwG, Beschl. v. 05.11.2002, 9 VR 14.02, NVwZ 2003, 207 (208) m.w.N.

1711 Vgl. *Hoppe/Schlarmann/Buchner/Deutsch*, Rechtsschutz, Rn. 47 m.w.N.

1712 *Kühling/Herrmann*, Fachplanungsrecht, Rn. 245.

nach der Konzeption des BSchwAbG, des FStrAbG bzw. des EnLAG ist es Sache des Gesetzgebers, auf solche Änderungen zu reagieren (vgl. § 4 BSchwAbG, § 4 FStrAbG bzw. § 3 EnLAG); etwas anderes könnte nur dann gelten, wenn nachträgliche Veränderungen der Planungsgrundlage eingetreten und diese so gravierend sind, dass „das angestrebte Planungsziel unter keinen Umständen auch nur annähernd noch erreicht werden könnte".[1713]

§ 1 Abs. 2 FStrAbG (gleiches gilt für § 1 Abs. 2 BSchwAbG) bestimmt nach dem Bundesverwaltungsgericht „lediglich *positiv,* dass die Feststellung des Bedarfs für die in den Bedarfsplan *aufgenommenen* Vorhaben verbindlich ist. Eine bindende negative Feststellung des Inhalts, dass für *nicht* in den Bedarfsplan *aufgenommene* Vorhaben kein Bedarf bestehe, ist der Bestimmung hingegen nicht zu entnehmen. Der Nichtaufnahme eines Vorhabens in den Bedarfsplan kann je nach den Umständen des Falles nur *indizielle Bedeutung* für die Bedarfsfrage zukommen. Geht es ... um ein Ausbauvorhaben vergleichsweise geringen Umfangs, so ist dessen Nichterwähnung schon mit Rücksicht auf § 3 FStrAbG (Anm.: § 2 Abs. 2 BSchwAbG) regelmäßig nicht einmal ein Indiz für einen fehlenden Bedarf."[1714] Fehlt es an der Aufnahme einer bestimmten Verkehrsstrecke in den Bedarfsplan, so ist zu prüfen, ob der Bau oder die Änderung des Verkehrswegs erforderlich ist, was der Fall ist, wenn die Baumaßnahme zumindest „vernünftigerweise geboten" ist.[1715] Eine Bedarfsplanung wird „Untersuchungen und Erwägungen dazu anstellen, ob einem in den Bedarfsplan aufzunehmenden Verkehrsweg Hindernisse entgegenstehen, die sich voraussichtlich nicht überwinden lassen. Die Bedarfsplanung eignet sich jedoch nicht zur verbindlichen Vorabklärung, ob eine bestimmte Baumaßnahme unter Berücksichtigung aller von ihr berührten Belange unter Einschluss privater Belange letztlich verworfen werden muss[1716]. Der Bedarfsplan enthält zwar gewisse Weichenstellungen. Durch ihn wird die *abschließende Zulassungsentscheidung* aber *in keiner Weise grundstücksbezogen oder gar parzellenscharf vorgeprägt*[1717]. Seine Wirkung erschöpft sich darin, dass der Gemeinwohlbezug in der Form einer *politischen Leitentscheidung* auf einer ersten Stufe

[1713] Vgl. BVerwG, Beschl. v. 14.07.2005, 9 VR 20.04, juris, Rn. 5 – B 178 n; BVerwG, Urt. v. 15.01.2004, 4 A 11.02, BVerwGE 120, 1 = NVwZ 2004, 732 (734) – A 73 (Suhl-Lichtenfels), jew. m.w.N.

[1714] BVerwG, Beschl. v. 15.07.2005, 9 VR 39.04, juris, Rn. 5 – B 180 (Herv. d. Verf.).

[1715] Siehe *Dürr,* UPR 1992, 241 (245); *Stüer/Probstfeld,* Planfeststellung, Rn. 390 m.w.N. nennen etwa die Verbesserung der Attraktivität des Schienenverkehrs durch Verkürzung der Transportzeiten und Anhebung des Beförderungskomforts.

[1716] BVerwG, Urt. v. 10.04.1997, 4 C 5.96, BVerwGE 104, 236 = NVwZ 1998, 508 (511 f.) – B 15.

[1717] BVerwG, Urt. v. 27.10.2000, 4 A 18.99, BVerwGE 112, 140 = NVwZ 2001, 673 (675) – A 71.

*konkretisiert* wird[1718]. Ein *Privater,* der im Planungsraum Eigentümer eines Grundstücks ist, kann durch die Bedarfsfeststellung, die *ausschließlich der Wahrung öffentlicher Interessen dient, nicht in eigenen Rechten verletzt* sein."[1719] Der Bedarfsplan ist als „*globales und grobmaschiges Konzept* von vornherein *nicht detailgenau* und lässt entsprechend dieser Unbestimmtheit für die Ausgestaltung im Einzelnen den nachfolgenden Verfahren der Linienbestimmung und Planfeststellung noch weite planerische Spielräume"; im Planfeststellungsverfahren darf jedoch „die im Bedarfsplan festgestellte *Netzverknüpfung* nicht ignoriert werden".[1720]

Nach § 3 Abs. 2 BSchwAbG sind der Bedarfsplan für die Bundesschienenwege und die entsprechenden Pläne für andere Verkehrsträger im Rahmen der Bundesverkehrswegeplanung aufeinander abzustimmen.[1721] Hierbei sind auch Ausbaupläne für den europäischen Eisenbahnverkehr und kombinierten Verkehr, Belange des Umweltschutzes und Zielsetzungen der Raumplanung angemessen zu berücksichtigen. Verkehrswegeplanungen auf Bundesebene, einschließlich der Bedarfspläne nach einem Verkehrswege-

---

[1718] BVerfG (3. Kammer des Ersten Senats), Beschl. v. 08.06.1998, 1 BvR 650/97 u.a., NVwZ 1998, 1060 (1061): „verkehrspolitische Leitentscheidung"; vgl. auch *Ziekow,* in: Ziekow, Fachplanungsrecht, Rn. 619.

[1719] BVerwG, Beschl. v. 30.06.2003, 4 VR 2.03, juris, Rn. 3 m.w.N. (Herv. d. Verf.).

[1720] BVerwG, Urt. v. 15.01.2004, 4 A 11.02, BVerwGE 120, 1 = NVwZ 2004, 732 (733) – A 73 (Suhl-Lichtenfels) m.w.N. (Herv. d. Verf.); BVerwG, Urt. v. 19.03.2003, 9 A 33.02, NVwZ 2003, 1120 (1121); BVerwG, Beschl. v. 05.11.2002, 9 VR 14.02, NVwZ 2003, 207 (208); BVerwG, Beschl. v. 22.09.1997, 4 B 147.97, NVwZ-RR 1998, 300 (301).

[1721] Siehe den derzeitigen Bundesverkehrswegeplan (BVWP) 2003, abrufbar unter <http://www.bmvbs.de/Verkehr/Programme-,1495/Bundesverkehrswege-plan.htm> (Stand: 29.01.2010). Der Bundesverkehrswegeplan ist ein Investitionsrahmenplan, der ca. alle zehn Jahre von der Bundesregierung aufgestellt wird und der für einen bestimmten Planungshorizont (derzeit das Jahr 2015) verkehrsträgerübergreifend das für den Erhalt und den Ausbau der bestehenden Verkehrsinfrastruktur vorgesehene Investitionsvolumen darstellt; der Bundesverkehrswegeplan stuft bestimmte Projekte nach Dringlichkeiten (Vordringlicher Bedarf, VB, und Weiterer Bedarf, WB) ein und stellt die Grundlage für die Bedarfspläne nach dem BSchwAbG und dem FStrAbG dar (vgl. S. 3 ff., 51 ff., 72 f. BVWP). Rechtsvorschriften, die eine Pflicht zur Aufstellung eines Bundesverkehrswegeplans, das Aufstellungsverfahren, seinen Rechtscharakter oder seine Rechtsverbindlichkeit regeln, bestehen nicht, so dass er keine rechtliche Bindungswirkung für nachfolgende Verfahrensstufen einschließlich der Bedarfsfeststellung entfaltet, *Hünnekens,* in: Hoppe, UVPG, § 19b Rn. 12 f. m.w.N.; *Leidinger,* in: Hoppe, UVPG, Anl. 3 Rn. 5 f.; *Stüer,* NVwZ 2002, 1164. – Siehe auch die Prognose der deutschlandweiten Verkehrsverflechtungen 2025 v. 14.11.2007 (Verkehrsprognose 2025), abrufbar unter <http://www.bmvbs.de/Verkehr/Mobilitaet-und-Technologie-,3018/Verkehrsprognose-2025.htm> (Stand: 03.10.2009), die den Planungshorizont gegenüber der dem Bundesverkehrswegeplan (BVWP) 2003 zugrunde liegenden Verflechtungsprognose 2015 erweitert.

ausbaugesetz des Bundes (vorliegend dem BSchwAbG) unterliegen nach Ziff. 1.1 der Anlage 3 zum UVPG einer (obligatorischen) Strategischen Umweltprüfung nach § 14b Abs. 1 Nr. 1 UVPG.[1722] § 19b UVPG enthält besondere Vorschriften für die Strategische Umweltprüfung unter anderem von Bedarfsplänen.[1723]

Im Ergebnis ist somit festzuhalten, dass durch die Aufnahme einer Verkehrsstrecke in einen Bedarfsplan die Planrechtfertigung für die Strecke zwar verbindlich festgestellt wird. Unberührt hiervon bleiben jedoch die zwingenden gesetzlichen Vorgaben an die Planfeststellung (wie etwa die Vorschriften des Verkehrslärmschutzrechts nach §§ 41 f. BImSchG u. § 74 Abs. 2 S. 2 u. 3 VwVfG) sowie das Abwägungsgebot (§ 18 S. 2 AEG). So kann der – auch im Rahmen der Abwägung zu berücksichtigende – festgestellte Bedarf durch andere gewichtige Belange, etwa solche des Umweltschutzes überwunden werden. Zudem sind bereits auf der Ebene der Bedarfspläne die Belange des Umweltschutzes im Rahmen der grundsätzlich durchzuführenden Strategischen Umweltprüfung zu ermitteln und zu bewerten und bei der Aufstellung der Bedarfspläne zu berücksichtigen. Die im Bedarfsplan dargestellte Linienführung hat für die Planfeststellung indessen keine Bindungswirkung; sie ist aber als gesetzgeberische Wertung in der planerischen Abwägung der Trassenwahl zu berücksichtigen.[1724] Dementsprechend obliegt erst der Planfeststellung die endgültige und parzellenscharfe Festlegung der Trasse, insbesondere auch unter besonderer Berücksichtigung der Grundsätze des Trennungsgebots nach § 50 S. 1 BImSchG.

---

[1722] Dazu *Leidinger,* in: Hoppe, UVPG, Anl. 3 Rn. 7 f. – Zum Verfahren der Strategischen Umweltprüfung siehe §§ 14e ff. UVPG. Zur Alternativenprüfung nach § 19b Abs. 2 UVPG siehe auch oben Fn. 1652.

[1723] So ist nach § 19b Abs. 1 UVPG bei Bedarfsplänen nach Nr. 1.1 der Anlage 3 eine Strategische Umweltprüfung nur für solche erheblichen Umweltauswirkungen erforderlich, die nicht bereits Gegenstand einer Strategischen Umweltprüfung im Verfahren zur Aufstellung oder Änderung von anderen Plänen und Programmen nach Nr. 1.1 der Anlage 3 waren. Gem. § 19b Abs. 1 UVPG werden bei der Verkehrswegeplanung auf Bundesebene nach Nr. 1.1 der Anlage 3 bei der Erstellung des Umweltberichts in Betracht kommende vernünftige Alternativen, die die Ziele und den geographischen Anwendungsbereich des Plans oder Programms berücksichtigen, insbesondere alternative Verkehrsnetze und alternative Verkehrsträger ermittelt, beschrieben und bewertet; dazu *Hünnekens,* in: Hoppe, UVPG, § 19b Rn. 1 ff., 11, 14 f. u. 21 f.

[1724] *Kühling/Herrmann,* Fachplanungsrecht, Rn. 245 m.w.N.

## III. Raumordnung und Landesplanung

Die vorhabenbezogene Fachplanung wird in der Verkehrswegeplanung in erster Linie durch Planfeststellungsbeschlüsse und – diesen vorgelagert – durch höherstufige Fachplanungen, wie die gesetzlichen Bedarfspläne und mitunter die Linienbestimmung, wahrgenommen. Sie wird durch die Gesamtplanung ergänzt. Während die vorhabenbezogene Fachplanung die Planung und Zulassung bestimmter Vorhaben zum Gegenstand hat, betrachtet die Gesamtplanung den Raum unter einer anderen, nämlich überfachlichen Perspektive. Gesamtplanung ist überfachliche Planung, die sich auf die Gestaltung der strukturellen Gesamtverhältnisse eines bestimmten Gebiets, d.h. der Siedlungsentwicklung, der Verkehrserschließung, des Umweltschutzes usw. bezieht.[1725] Indem sie überfachliche Vorgaben für die Einpassung von raumbedeutsamen Vorhaben, insbesondere von Verkehrsinfrastrukturvorhaben in den Raum macht[1726], kommt ihr eine Integrationsfunktion zu[1727].

Gesamtplanung umfasst die (örtliche) Bauleitplanung und die (überörtliche) Raumordnung bzw. Landesplanung[1728]. Bauleitplanung ist örtliche Planung. Sie hat die Aufgabe, die bauliche und sonstige Nutzung der Grundstücke in der Gemeinde vorzubereiten und zu leiten (§ 1 Abs. 1 BauGB) und wird als kommunale (Pflicht-)Aufgabe (ohne Weisung) von den Gemeinden (§ 1 Abs. 3 BauGB i.V.m. § 2 Abs. 1 S. 1 BauGB) und den sonstigen kommunalen Planungsträgern (§§ 203 bis 206 BauGB) wahrgenommen. Ihre Instrumente sind die Bebauungspläne (§§ 2 ff., 8 ff. BauGB) und die Flächennutzungspläne (§§ 2 ff., 5 ff. BauGB). Raumordnung ist demgegenüber zusammenfassende, übergeordnete und fachübergreifende Planung und Ordnung des Raumes (§ 1 Abs. 1 S. 1 ROG).[1729] Sie ist – so das Bundesverfassungsgericht in seinem Baurechtsgutachten vom 16. Juni 1954[1730] – übergeordnet, weil sie überörtliche Planung ist und weil sie vielfältige Fachplanungen zusammenfasst und aufeinander abstimmt.[1731] Auf-

---

[1725] *Ronellenfitsch,* VerwArch. 1993, 537 (545).

[1726] Vgl. *Ramsauer,* NVwZ 2004, 1041 (1042) zur Planung von Flughäfen.

[1727] *Schmidt/Kahl,* Umweltrecht, § 1 Rn. 26.

[1728] Zu den Begrifflichkeiten *Ronellenfitsch,* Planungsrecht, S. 15 f.

[1729] Zu den Begriffsmerkmalen *Ronellenfitsch,* Planungsrecht, S. 16.

[1730] 1 PBvV 2/52, BVerfGE 3, 407 (425); *Ronellenfitsch,* VerwArch. 1993, 537 (545); ferner *Erbguth,* NVwZ 2000, 28 (29).

[1731] Gegenstand das Baugutachtens des Bundesverfassungsgerichts war die Frage, ob der Bund zum Erlass eines Baugesetzes zuständig ist. Nach dem Bundesverfassungsgericht ergibt sich eine Gesetzgebungszuständigkeit des Bundes für das Baurecht als Gesamtmaterie weder aus einer einzelnen Materie des Zuständigkeitskatalogs noch aus der Zusammenfassung von einzelnen Materien unter Heranziehung des Gedankens des Sachzusammenhangs oder des Wandels der Verhältnisse noch gabe der Raumordnung ist es, den Gesamtraum der Bundesrepublik Deutschland und seine Teilräume durch zusammenfassende, überörtliche und fachübergreifende Raumordnungspläne, durch raumordnerische Zusammenarbeit und durch Abstimmung raumbedeutsamer Planungen und Maßnahmen zu entwickeln, zu ordnen und zu sichern (§ 1 Abs. 1 S. 2 ROG). Ihre Aufgabe wird in erster Linie von den Ländern (Landesplanungsbehörden) und von den sonstigen Trägern der Raumordnung (z. B. den Regionalverbänden als Träger der Regionalplanung[1732]) erfüllt. Instrumente der Raum- und Landesplanung sind die landesweiten Raumordnungspläne und die Regionalpläne, wobei seit Inkrafttreten des 3. Abschnitts des ROG zum 31. Dezember 2008[1733] auch die Möglichkeit von Raumordnungsplänen des Bundes besteht.[1734]

Neben der gesetzlichen Bedarfsfeststellung als höherstufige Fachplanung können Bindungswirkung für die eisenbahnrechtliche Planfeststellung auch aus den Vorgaben der Raumordnung erwachsen.[1735] Denn Eisenbahntrassen müssen sich in das gesamträumliche System einfügen und deshalb den Vorgaben der Raumordnung genügen. Damit ist insbesondere die Frage der Standort- bzw. Trassenwahl im Rahmen der Raumordnung angesprochen. Denn die Standortwahl hat weiträumige Auswirkungen auf die Siedlungs- und Freiraumstrukturen des Planungsraums und schafft Nutzungskonflikte, die in der Regel bereits auf der übergeordneten Ebene der Raumordnung und Landesplanung ein öffentliches Planungsbedürfnis auslösen.[1736] Ebenso wie die höherstufige Fachplanung ermöglicht auch die Raumordnung einen vorbeugenden Umweltschutz und verwirklicht daher ebenfalls das Vorsorgeprinzip.[1737] Auf die Geltung der allgemeinen Planungsnorm des § 50 S. 1

---

aus der „Natur der Sache". Die Bundeskompetenz müsse vielmehr für die einzelnen im Gutachten-Antrag bezeichneten Bereiche jeweils gesondert aus dem Grundgesetz nachgewiesen werden. Vgl. auch *Ronellenfitsch,* in: FS für Hoppe, S. 355 ff. (361).

1732 So z. B. § 31 LPlG Bad.-Württ.

1733 Vgl. Art. 9 Abs. 1 S. 1 des Gesetzes zur Neufassung des Raumordnungsgesetzes und zur Änderung anderer Vorschriften (GeROG) v. 22.12.2008, BGBl. I, S. 2986.

1734 Die (vielfach abstrakten) Vorgaben der Raumordnungspläne sind grundsätzlich auf Konkretisierung und Verfeinerung angelegt, vgl. BVerwG, Beschl. v. 20.08.1992, 4 NB 20.91, BVerwGE 90, 329 (334) = DVBl. 1992, 1438 (1439 f.) zum Verhältnis zur Bauleitplanung.

1735 Vgl. *Vallendar,* in: Hermes/Sellner, AEG, § 18 Rn. 108 f.

1736 *Jannasch,* VBlBW 2008, 361 zur luftverkehrsrechtlichen Planfeststellung. Wenn bzw. soweit der Träger der Raumordnung seine Planungsbefugnisse nicht wahrgenommen hat und keine Standortentscheidung getroffen hat, ist es Sache der Fachplanung, die Standortwahl des Vorhabenträgers zu überprüfen; es ist nicht erforderlich, dass das Vorhaben an dem beantragten Standort positiv einem Ziel der Raumordnung entspricht, *Jannasch,* a. a. O., S. 362 m. w. N., zur luftverkehrsrechtlichen Planfeststellung.

BImSchG auch für die Raumordnung wurde bereits hingewiesen.[1738] Danach sind raumbedeutsame Planungen und Maßnahmen sowie schutzbedürftige Gebiete zur Vorsorge gegen Immissionen einander so zuzuordnen, dass schädliche Umwelteinwirkungen und Beeinträchtigungen auf die schutzbedürftigen Gebiete soweit wie möglich vermieden werden. Das gilt – so das Bundesverwaltungsgericht im Berlin-Schönefeld-Urteil[1739] – „insbesondere bei der *Standortfestlegung für raumbedeutsame Infrastruktureinrichtungen* im Sinne von § 7 Abs. 2 S. 1 Nr. 3 ROG" (jetzt § 8 Abs. 5 S. 1 Nr. 3 ROG). Nach § 8 Abs. 5 S. 1 Nr. 3 lit. a) ROG sollen die Raumordnungspläne Festlegungen zur Raumstruktur enthalten, insbesondere zu den „zu sichernden Standorten und Trassen für Infrastruktur", wozu insbesondere die „Verkehrsinfrastruktur und Umschlaganlagen von Gütern" gehören.

Das Gewicht dieser raumordnerischen Grundsätze steigt nach der den Fluglärm betreffenden Berlin-Schönefeld-Entscheidung des Bundesverwaltungsgerichts (a. a. O.) mit der Größe und der Einwohnerdichte der jeweils vom Lärm betroffenen Gebiete. Bei der Prüfung von Standortalternativen müssen sich die Träger der Landesplanung daher zumindest „Klarheit über die flächen- und zahlenmäßige Größenordnung der Lärmbetroffenheiten an den in die Vergleichsbetrachtung einbezogenen Standorten verschaffen". Bereits „auf der Grundlage einer *Grobanalyse* der Siedlungsstrukturen ins Auge fallende, gravierende Unterschiede im Ausmaß der Lärmbetroffenheit müssen in die Abwägung eingestellt werden". Der Träger der Landesplanung darf jedoch „von einer genauen numerisch-präzisen Ermittlung der Anzahl der jeweils von Fluglärm voraussichtlich betroffenen Anwohner absehen", wenn „offenkundige Disparitäten im Ausmaß der Lärmbelastung nach seiner planerischen Konzeption in der Abwägung kein ausschlaggebendes Gewicht besitzen". Auch auf der Ebene der Raumordnung sind *„die künftigen Lärmemissionen der Standortalternativen nur dann näher zu untersuchen, wenn und soweit sie grundsätzlich geeignet sind, die planerischen Zielvorstellungen zu verwirklichen*". Die Lärmauswirkungen einer bestimmten Standortalternative bedürfen deshalb *„keiner Detailprüfung mehr, wenn sich im Verlauf des Planungsprozesses abzeichnet, dass der Plangeber seine vorrangig verfolgten planerischen Ziele an diesem Standort nicht wird verwirklichen können*". Das entspricht der Rechtsprechung des Bundesverwaltungsgerichts, nach der es „dem Planungsträger bei der Alternativenprüfung[1740] nicht verwehrt ist, die Umweltverträglichkeitsprüfung auf diejenige Variante zu beschränken, die nach dem aktuellen Planungsstand und gemessen an seinen Planungszielen noch ernstlich in Betracht kommt".

„Kommen Alternativlösungen ernsthaft in Betracht, so hat die Planungsbehörde sie als Teil des Abwägungsmaterials mit der ihnen objektiv zukommenden Bedeu-

---

1737 Vgl. auch *Ramsauer,* NVwZ 2004, 1041 (1042) zur Planung von Flughäfen; *Berberich,* Rechtsschutz, S. 9 f.

1738 Siehe oben C.II.3.

1739 Urt. v. 16.03.2006, 4 A 1075.04, BVerwGE 125, 116 = NVwZ 2006, Beilage zu Heft Nr. 8, S. 12, Rn. 152 ff. – Verkehrsflughafen Berlin-Schönefeld (Herv. d. Verf.); dazu *Deutsch,* NVwZ 2006, 878 ff.

1740 Zu dieser oben C.II.3.

tung in die vergleichende Prüfung der von den möglichen Varianten jeweils berührten öffentlichen und privaten Belange unter Einschluss des Gesichtspunkts der Umweltverträglichkeit einzubeziehen ... Indes ist sie nicht verpflichtet, die Variantenprüfung bis zuletzt offen zu halten und alle von ihr zu einem bestimmten Zeitpunkt erwogenen Alternativen gleichermaßen detailliert und umfassend zu untersuchen. Auch im Bereich der Planungsalternativen braucht sie den Sachverhalt nur so weit aufzuklären, wie dies für eine sachgerechte Entscheidung und eine zweckmäßige Gestaltung des Verfahrens erforderlich ist. Sie ist befugt, eine Alternative, die ihr auf der Grundlage einer Grobanalyse als weniger geeignet erscheint, schon in einem frühen Verfahrensstadium auszuscheiden ... Verfährt sie in dieser Weise, so handelt sie abwägungsfehlerhaft nicht schon, wenn sich herausstellt, dass die von ihr verworfene Lösung ebenfalls mit guten Gründen vertretbar gewesen wäre, sondern erst, wenn diese Lösung sich ihr hätte aufdrängen müssen ... Ist der Planungsbehörde bei der Betrachtung von Planungsalternativen ein gestuftes Vorgehen gestattet, so ist es ihr auch nicht verwehrt, im Fortgang des Verfahrens die UVP auf diejenige Variante zu beschränken, die nach dem jeweils aktuellen Planungsstand noch ernsthaft in Betracht kommt."[1741]

Der zahlen- und flächenmäßige Umfang der privaten Lärmbetroffenheiten kann – so das Bundesverwaltungsgericht in seiner Berlin-Schönefeld-Entscheidung weiter – bei einem ballungsraumnahen Standort „aus der überörtlichen und überfachlichen Sicht der Landesplanung so bedeutsam sein, dass Lärmschutzbelange die raumordnerischen Gründe, die für einen stadtnahen Standort sprechen, in Frage stellen". In einem solchen Fall „muss sich der Träger der Landesplanung mit der Frage auseinander setzen, ob die Umsetzung seiner Standortentscheidung in einem nachfolgenden Planfeststellungsverfahren aus Gründen des Lärmschutzes auf unüberwindbare tatsächliche oder rechtliche Hindernisse stoßen oder den Vorhabenträger mit unverhältnismäßigen Kosten belasten würde". Ein Landesentwicklungsplan, „dessen Verwirklichung im Zeitpunkt seines In-Kraft-Tretens dauerhafte Hindernisse tatsächlicher oder rechtlicher Art entgegenstehen, ist unwirksam". Eine solche Planung „würde ihren gestaltenden Auftrag verfehlen". Insoweit gilt „für raumordnerische Zielaussagen nichts anderes als für die kommunale Bauleit- oder die Fachplanung".[1742] Die Landesentwicklungsplanung „kann zur Bewältigung voraussehbarer

---

[1741] So zur Umweltverträglichkeitsprüfung im Zusammenhang mit einer Alternativenprüfung zusammenfassend BVerwG, Urt. v. 25.01.1996, 4 C 5.95, BVerwGE 100, 238 = NVwZ 1996, 788 (791), Ls. 6 – A 60; siehe im Einzelnen BVerwG, Beschl. v. 16.08.1995, 4 B 92.95, NVwZ-RR 1996, 68 f., Ls. 1; BVerwG, Beschl. v. 26.06.1992, 4 B 1-11.92, NVwZ 1993, 572 (574 f.), Ls. 2 u. 3 – B 31; BVerwG, Beschl. v. 05.10.1990, 4 B 249.89, NVwZ-RR 1991, 118 (124) – Flughafen Stuttgart; BVerwG, Urt. v. 05.12.1986, 4 C 13.85, BVerwGE 75, 214 = NVwZ 1987, 578 (584) – Verkehrsflughafen München II; BVerwG, Urt. v. 30.05.1984, 4 C 58.81, BVerwGE 69, 256 = NVwZ 1984, 718 (722) m.w.N. – Verkehrsflughafen München II.

[1742] Vgl. auch zur Bauleitplanung BVerwG, Urt. v. 21.03.2002, 4 CN 14.00, NVwZ 2002, 1509 f.; BVerwG, Urt. v. 12.08.1999, 4 CN 4.98, BVerwGE 109, 246 = NVwZ 2000, 550, Ls. 1 lit. a) zu immissionsschutzrechtlichen Hindernissen; BVerwG, Beschl. v. 25.08.1997, 4 NB 12.97, NVwZ-RR 1998, 162 (163), Ls. zu naturschutz- und forstrechtlichen Hindernissen; zur straßenrechtlichen Fachplanung

Lärmkonflikte an einem Standort nur die Mittel einsetzen, die ihr das Raumordnungsrecht zur Verfügung stellt". Diese Mittel „beschränken sich im Wesentlichen auf die Festlegung der Siedlungs- und Freiraumstruktur und deren Konkretisierung in Gestalt von Planungszonen zur Siedlungsbeschränkung". Die Prüfung „*örtlicher Einzelheiten und die Erfüllung spezifisch fachgesetzlicher Anforderungen an ein wirksames und finanziell tragbares Lärmschutzkonzept bleibt der Entscheidung über die Zulässigkeit des Vorhabens in der Planfeststellung vorbehalten, in der dem Vorhabenträger auch die erforderlichen technischen oder betrieblichen Schutzvorkehrungen aufzuerlegen sind*". Die Landesplanung muss jedoch „bereits auf ihrer Planungsebene *vorausschauend prüfen, ob die Lärmschutzprobleme, die ihre Standortentscheidung auslösen wird, auf der Fachplanungsebene in diesem Sinne beherrschbar sein werden*". Ist das nicht der Fall, „obliegt es der Landesplanung, einen anderen Standort zu suchen".[1743]

Dementsprechend verlangt eine sachgerechte Entscheidung über den Standort bzw. über die Trasse auch auf der Ebene der Fachplanung (aufgrund ihres höheren Detaillierungsgrades) eine Überprüfung anderer in Betracht kommender Standorte bzw. Trassen, an denen dieselbe Funktion ebenfalls erfüllt werden könnte (Alternativenprüfung).[1744] Aufgrund der Standort- bzw. Trassenentscheidung der vorgelagerten bzw. höherstufigen Planungen wird es auf der Ebene der Fachplanung häufig aber nur noch um die Prüfung kleinräumiger Standort- bzw. Trassenvarianten gehen.[1745] Insoweit hat die Landesplanung zu beachten, dass sie aus Rechtsgründen der Fachplanung noch Raum zur Gestaltung und Konkretisierung geben muss; je konkreter und verbindlicher die Vorgaben auf Ebene der Landesplanung sind, umso stärker entzieht sie der Fachplanung die Möglichkeit, Gestaltungsspielräume wahrzunehmen und umso größer ist der Rechtfertigungsbedarf für die Notwendigkeit einer solchen landesplanerischen Zielfestlegung.[1746] Eine Zielfestlegung muss deshalb

---

BVerwG, Urt. v. 19.05.1998, 4 A 9.97, BVerwGE 107, 1 = NVwZ 1998, 961 (965 a.E.), Ls. 2 m.w.N. – A 20 (sog. Ostsee-Autobahn); BVerwG, Urt. v. 28.02.1996, 4 A 27.95, NVwZ 1996, 1011 (1012 f.) – A 100 zur abschnittsweisen Planfeststellung.

1743 BVerwG, Urt. v. 16.03.2006, 4 A 1075.04, BVerwGE 125, 116 = NVwZ 2006, Beilage zu Heft Nr. 8, S. 12, Rn. 155 – Verkehrsflughafen Berlin-Schönefeld. Weiter heißt es in der Entscheidung: Die Träger der Landesplanung sind nicht verpflichtet, „diese spezifisch fachplanungsrechtlichen Maßstäbe anzulegen". Sie brauchten „die Alternativenprüfung nicht bis zuletzt offen zu halten und alle zunächst erwogenen Alternativen gleichermaßen detailliert und umfassend zu untersuchen". Sie waren „auch nicht genötigt, ihren raumordnerischen Standortvergleich auf Datengrundlagen zu stellen, deren Differenzierungsgrad und zahlenförmige Genauigkeit erst für die Regelung aktiver und passiver Lärmschutzmaßnahmen auf der Fachplanungsebene unerlässlich sind". Bei der vergleichenden Betrachtung von Standortalternativen braucht der Plangeber den Sachverhalt „nur soweit aufzuklären, wie dies nach seinen Zielvorstellungen für eine sachgerechte Entscheidung und eine zweckmäßige Gestaltung des Planungsverfahrens erforderlich ist" (BVerwG, a.a.O., S. 13, Rn. 161).

1744 *Jannasch,* VBlBW 2008, 361 (362) zur luftverkehrsrechtlichen Planfeststellung. Zur Alternativenprüfung bereits oben C.II.3.

1745 *Steinberg/Berg/Wickel,* Fachplanung, § 3 Rn. 122.

1746 *Wahl/Hönig,* NVwZ 2006, 161 (169).

grundsätzlich noch einer Verfeinerung und Ausdifferenzierung durch die Fachplanung zugänglich sein.[1747]

Mittel der Raumordnung zur Erfüllung ihrer Aufgaben ist in erster Linie die Festlegung von *Zielen und Grundsätzen der Raumordnung* (§ 3 Abs. 1 Nr. 2 u. 3 ROG) in den Raumordnungsplänen. § 7 Abs. 1 ROG bestimmt, dass in Raumordnungsplänen für einen bestimmten Planungsraum und einen regelmäßig mittelfristigen Zeitraum Festlegungen als Ziele und Grundsätze der Raumordnung zur Entwicklung, Ordnung und Sicherung des Raums, insbesondere zu den Nutzungen und Funktionen des Raums, zu treffen sind. *Ziele der Raumordnung* sind nach § 3 Abs. 1 Nr. 2 ROG *verbindliche Vorgaben* in Form von räumlich und sachlich bestimmten oder bestimmbaren, vom Träger der Raumordnung *abschließend abgewogenen* (§ 7 Abs. 2 ROG) textlichen oder zeichnerischen Festlegungen in Raumordnungsplänen zur Entwicklung, Ordnung und Sicherung des Raums.[1748] Zwar wird in den Raumordnungsplänen nicht unmittelbar über die Zulassung von Vorhaben zum Bau oder zur Änderung von Verkehrsinfrastrukturvorhaben entschieden, jedoch werden durch die Festlegung von Zielen der Raumordnung aus gesamträumlicher Sicht verbindliche Vorgaben für die späteren Zulassungsentscheidungen, wie die eisenbahnrechtliche Planfeststellung, getroffen.[1749] *Grundsätze der Raumordnung* sind gem. § 3 Abs. 1 Nr. 3 ROG demgegenüber Aussagen zur Entwicklung, Ordnung und Sicherung des Raums als *Vorgaben für nachfolgende Abwägungs- oder Ermessensentscheidungen,* also als Belange, die in der fachplanungsrechtlichen Abwägung (oben C.) zu berücksichtigen sind.[1750]

Der Geltungsbereich der Ziele und Grundsätze der Raumordnung in nachgelagerten Planungsverfahren richtet sich nach § 4 ROG. § 4 Abs. 1 S. 1 ROG bestimmt, dass bei raumbedeutsamen Planungen und Maßnahmen öffentlicher Stellen (Nr. 1), Entscheidungen öffentlicher Stellen über die Zulässigkeit raumbedeutsamer Planungen und Maßnahmen anderer öffentlicher Stellen (Nr. 2) und Entscheidungen öffentlicher Stellen über die Zulässigkeit raumbedeutsamer Planungen und Maßnahmen von Personen des

---

[1747] *Wahl/Hönig,* NVwZ 2006, 161 (169) m.w.N.

[1748] Zu den Zielen der Raumordnung grundlegend BVerwG, Beschl. v. 20.08.1992, 4 NB 20.91, BVerwGE 90, 329 ff. = NVwZ 1993, 167 ff. zu Zielanpassungspflicht nach § 1 Abs. 4 BauGB; ferner *Ronellenfitsch,* in: FS für Hoppe, S. 355 ff. (360 ff.); *ders.*, Planungsrecht, S. 21 ff.; *v. d. Heide,* in: Cholewa/Dyong/v. d. Heide/Arenz, ROG, § 3 Rn. 12 ff.; *Hoppe,* DVBl. 2001, 81 ff.; *ders.* BayVBl. 2002, 129 ff. u. *ders.* BayVBl. 2002, 754 f. (jew. zu Soll-Zielen); *ders.* DVBl. 2008, 966 f.

[1749] Vgl. *Ramsauer,* NVwZ 2004, 1041 (1042) zur Planung von Flughäfen.

[1750] Zu den Grundsätzen der Raumordnung *Ronellenfitsch,* Planungsrecht, S. 19 ff.; *v. d. Heide,* in: Cholewa/Dyong/v. d. Heide/Arenz, ROG, § 3 Rn. 25 ff.

Privatrechts, die der Planfeststellung oder der Genehmigung mit der Rechtswirkung der Planfeststellung bedürfen (Nr. 3), die *Ziele der Raumordnung zu beachten* sowie die *Grundsätze und sonstigen Erfordernisse der Raumordnung in Abwägungs- oder Ermessensentscheidungen zu berücksichtigen* sind.

Da die Ziele und Grundsätze der Raumordnung *Privatrechtssubjekte* (z.B. privatrechtlich organisierte Eisenbahninfrastrukturunternehmen) nicht von sich aus binden[1751], bestimmt § 4 Abs. 1 S. 2 ROG, dass § 4 Abs. 1 S. 1 Nr. 1 u. 2 ROG bei raumbedeutsamen Planungen und Maßnahmen, die Personen des Privatrechts in Wahrnehmung öffentlicher Aufgaben durchführen, entsprechend gelten, wenn öffentliche Stellen an diesen Personen mehrheitlich beteiligt sind[1752] oder die Planungen und Maßnahmen überwiegend mit öffentlichen Mitteln finanziert werden.[1753] Der – weit zu verstehende – Begriff der öffentliche Aufgaben im Sinne der Vorschrift erfasst solche Aufgaben, die im Interesse des Gemeinwesens erfolgen, was insbesondere bei Verkehrswegebaumaßnahmen im Rahmen der *Daseinsvorsorge* der Fall ist.[1754] Die Vorschrift des § 4 Abs. 1 S. 2 ROG stellt eine Reaktion auf die veränderten Wahrnehmungsformen für öffentliche Gemeinwohlaufgaben dar, weil privatrechtliche Gesellschaften, wie die Deutsche Bahn AG und die Deutsche Post AG, zunehmend Träger von vormals öffentlichen Infrastrukturaufgaben des Bundes geworden sind.[1755] Der Vorschrift liegt nach dem Willen des Gesetzesverfassers der Gedanke zugrunde, dass raumbedeutsame Planungen und Maßnahmen Privater nach wie vor „wie öffentliche Planungen oder Maßnahmen zu behandeln sind“, wenn die Personen des Privatrechts, an denen öffentliche Stellen mehrheitlich beteiligt sind, raumbedeutsame Planungen oder Maßnahmen in Wahrnehmung öffentlicher Aufgaben durchführen oder wenn die Planungen und Maßnahmen überwiegend mit öffentlichen Mitteln finanziert werden.[1756] In beiden Fällen hat die öffentliche Hand auf die Planung oder Maßnahme einen so bestimmenden Einfluss, dass sie ihr weiter „zugerechnet“ werden müssen.[1757] Nach der Gesetzesbegründung zählen hierzu z.B. der Schienenneu- und -ausbau der im Eigentum des Bundes stehenden Deutschen Bahn AG (Art. 87e Abs. 3 GG), die im Schienenausbauprogramm des Bundes durch Bundesgesetz festgestellt und aus dem Bundeshaushalt finanziert werden.[1758]

---

[1751] Vgl. *Dyong,* in: Cholewa/Dyong/v. d. Heide/Arenz, ROG, § 4 Rn. 25.

[1752] Krit. zu dieser Formulierung *Dyong,* in: Cholewa/Dyong/v. d. Heide/Arenz, ROG, § 4 Rn. 28, nach der eine Kapitalbeteiligung von mehr als 50% gemeint ist und nicht der Beteiligungsanteil im Verhältnis zu den anderen Gesellschaftern.

[1753] Dazu *Ronellenfitsch,* in: FS für Hoppe, S. 355 ff. (366 ff.) zu § 4 Abs. 3 ROG 1998, der aber inhaltsgleich (BT-Drs. 16/10292, S. 22 f.) nunmehr in § 4 Abs. 1 S. 2 ROG 2009 geregelt ist.

[1754] *Dyong,* in: Cholewa/Dyong/v. d. Heide/Arenz, ROG, § 4 Rn. 26.

[1755] *Erbguth,* NVwZ 2000, 28 (33); Regierungsbegründung zum BauROG, BT-Drs. 13/6392, S. 82 u. 40 zu § 4 Abs. 3 ROG (1998).

[1756] BT-Drs. 13/6392, S. 82.

[1757] BT-Drs. 13/6392, S. 82.

[1758] BT-Drs. 13/6392, S. 82; vgl. ferner *Dyong,* in: Cholewa/Dyong/v. d. Heide/Arenz, ROG, § 4 Rn. 30 f.

§ 5 Abs. 1 ROG bestimmt aber, dass bei raumbedeutsamen Planungen und Maßnahmen von öffentlichen Stellen des Bundes (bundesunmittelbarer Planungsträger war beispielsweise bis zur Neuordnung des Eisenbahnwesens[1759] die Deutsche Bundesbahn[1760]), von anderen öffentlichen Stellen, die im Auftrag des Bundes tätig sind, sowie von Personen des Privatrechts nach § 4 Abs. 1 S. 2 ROG, die für den Bund öffentliche Aufgaben durchführen (insbesondere der Schienenneu- und -ausbau der Deutschen Bahn AG), die Bindungswirkung der Ziele der Raumordnung nach § 4 Abs. 1 ROG nur gilt, wenn die zuständige Stelle oder Person bei der Aufstellung des Raumordnungsplans nach § 10 ROG beteiligt worden ist und sie innerhalb einer Frist von zwei Monaten nach Mitteilung des rechtsverbindlichen Ziels nicht widersprochen hat. Der Widerspruch lässt die Bindungswirkung des Ziels der Raumordnung gegenüber der widersprechenden Stelle oder Person nicht entstehen, wenn das ihre Belange berührende Ziel der Raumordnung auf einer fehlerhaften Abwägung beruht (Nr. 1) oder sie ihre raumbedeutsamen Planungen und Maßnahmen nicht auf anderen geeigneten Flächen durchführen kann als auf denen, für die ein entgegenstehendes Ziel im Raumordnungsplan festgelegt wurde (Nr. 2).[1761] Hiernach können sich die genannten Personen unter bestimmten Voraussetzungen durch Widerspruch von der Zielbindung lösen.[1762]

Die rechtliche Relevanz der Vorschriften des § 4 Abs. 1 S. 2 und § 5 ROG dürfte allerdings begrenzt sein, weil der Bau und die Änderung von Schienenwegen nach § 18 AEG der Planfeststellung bedarf und dabei jedenfalls die Planfeststellungsbehörde nach § 4 Abs. 1 S. 1 Nr. 3 ROG den Bindungen der Raumordnung unterliegt.[1763]

§ 2 Abs. 2 ROG enthält eine nicht abschließende („insbesondere“) Aufzählung von Grundsätzen der Raumordnung.[1764] So bestimmt § 2 Abs. 2

[1759] Dazu unten F.

[1760] BT-Drs. 13/6392, S. 82.

[1761] Dazu BT-Drs. 16/10292, S. 23.

[1762] Vgl. *Erbguth,* NVwZ 2000, 28 (35). – Aus § 5 Abs. 1 u. 2 ROG ergibt sich zugleich ein Vorrang der Fachplanung, vgl. *Vallendar,* in: Hermes/Sellner, AEG, § 18 Rn. 109 noch zu § 5 Abs. 1 u. 3 ROG a. F.; ferner *Ronellenfitsch,* Umweltschutz und Verkehr, § 83 Rn. 98.

[1763] Vgl. ferner § 4 Abs. 2 ROG, wonach bei (sonstigen) Entscheidungen öffentlicher Stellen über die Zulässigkeit raumbedeutsamer Planungen und Maßnahmen von Personen des Privatrechts die Erfordernisse der Raumordnung nach den für diese Entscheidungen geltenden Vorschriften zu berücksichtigen sind. Die Vorschrift greift die bisherige Regelung des § 4 Abs. 4 S. 1 u. 2 ROG 1998 (dazu *Dyong,* in: Cholewa/Dyong/v. d. Heide/Arenz, ROG, § 4 Rn. 33 ff.) auf (vgl. BT-Drs. 16/10292, S. 23). Nach *Dyong,* in: Cholewa/Dyong/v. d. Heide/Arenz, ROG, § 4 Rn. 27 u. 32 (zu § 4 Abs. 4 ROG 1998) sind die Anwendungsmöglichkeiten des § 4 Abs. 3 ROG 1998 (§ 4 Abs. 1 S. 2 ROG 2009) beschränkt, weil der Neubau von Schienenwegen nach § 18 AEG der Planfeststellung bedürfe und daher mindestens unter § 4 Abs. 4 ROG 1998 falle. Zudem unterliege die Behörde nach § 4 Abs. 1 S. 2 Nr. 1 ROG 1998 (§ 4 Abs. 1 S. 1 Nr. 1 ROG 2009) bei der Planfeststellung den Bindungen der Erfordernisse der Raumordnung.

[1764] Soweit es an einer Konkretisierung dieser Grundsätze durch Raumordnungspläne fehlt, ist die Abwägung zwischen den Grundsätzen (Verkehrsinteressen einer-

Nr. 3 S. 5 bis 8 ROG, dass die räumlichen Voraussetzungen für *nachhaltige Mobilität* und ein *integriertes Verkehrssystem* zu schaffen sind[1765], wobei auf eine gute und verkehrssichere Erreichbarkeit der Teilräume untereinander durch schnellen und reibungslosen Personen- und Güterverkehr hinzuwirken ist. Vor allem in verkehrlich hoch belasteten Räumen und Korridoren sind die Voraussetzungen zur *Verlagerung von Verkehr auf umweltverträglichere Verkehrsträger wie Schiene* und Wasserstraße zu verbessern. Raumstrukturen sind so zu gestalten, dass die *Verkehrsbelastung verringert und zusätzlicher Verkehr vermieden* wird. Ferner bestimmt § 2 Abs. 2 Nr. 6 S. 3 ROG, dass die erstmalige Inanspruchnahme von Freiflächen für Verkehrszwecke zu vermindern ist, insbesondere durch die vorrangige Ausschöpfung der Potentiale für die Wiedernutzbarmachung von Flächen sowie zur *Entwicklung vorhandener Verkehrsflächen.* Nach § 2 Abs. 2 Nr. 8 S. 1 Halbs. 2 ROG sind die räumlichen Voraussetzungen für den Ausbau und die Gestaltung der *transeuropäischen Netze* (TEN)[1766] zu gewährleisten. Schließlich formuliert § 2 Abs. 2 Nr. 6 S. 6 ROG als weiteren Grundsatz der Raumordnung, dass der *Schutz der Allgemeinheit vor Lärm* sicherzustellen ist.[1767]

Konkrete Festlegungen zur Bewältigung von Lärm sind zwar originärer Gegenstand der Fachplanungskompetenz der Planfeststellungsbehörde.[1768] Bereits bei der Aufstellung der Raumordnungspläne nach § 7 Abs. 2 S. 1 ROG sind jedoch die öffentlichen und privaten Belange, soweit sie auf der jeweiligen Planungsebene (Landesplanung und Regionalplanung) erkennbar und von Bedeutung sind, *gegeneinander und untereinander abzuwägen,* wobei bei der Festlegung von Zielen der Raumordnung abschließend abzuwägen ist.[1769] Die Raumordnungsplanung hat die einer umweltfreundlichen

---

seits, Umweltschutz andererseits) im Rahmen der Planfeststellung innerhalb fachplanerischen Abwägung vorzunehmen, vgl. *Erbguth,* NVwZ 2000, 28 (33 f.).

1765 Dazu bereits die Einführung.

1766 Dazu ebenfalls die Einführung.

1767 Dazu heißt es in der Regierungsbegründung zum Entwurf des Gesetzes zur Neufassung des Raumordnungsgesetzes und zur Änderung anderer Vorschriften (GeROG), BT-Drs. 16/10292, S. 22: „Der Grundsatz soll die raumbedeutsamen Aspekte der Umwelt erfassen. Er soll den bisherigen Grundsatz Nummer 8 ersetzen und Gedanken der bisherigen Grundsätze Nummer 1 Satz 2 und Nummer 3 Satz 2 und 3 aufnehmen; damit sollen die Aussagen zur Umwelt in einem Grundsatz zusammengefasst werden. ... Der vorgeschlagene Satz 6 beinhaltet mit seiner Regelung, die Allgemeinheit vor Lärm zu schützen, auch den Schutz ruhiger Gebiete vor einer Zunahme von Lärm." Die endgültige Fassung entspricht der von der Regierung vorgeschlagenen Fassung; siehe auch die Gegenäußerung der Bundesregierung zur Stellungnahme des Bundesrats, abgedruckt in BT-Drs. 16/10332. Die Vorschrift war bereits in § 2 Abs. 2 Nr. 8 S. 8 ROG 1998 wortgleich enthalten.

1768 *Hoppe,* DVBl. 2001, 81 (84) zum Fluglärm.

Verkehrssteuerung dienenden („ökologischen") Grundsätze des § 2 Abs. 2 ROG zu berücksichtigen.[1770]

Aus dem (bloßen) Berücksichtigungsgebot folgt, dass die Grundsätze im Rahmen einer ordnungsgemäßen Abwägung gegenüber anderen Belangen grundsätzlich zurückgestellt werden dürfen.[1771] Die Grundsätze der Raumordnung sind jedoch im Sinne der *Leitvorstellung des § 1 Abs. 2 ROG* auszulegen und anzuwenden.[1772] Nach dieser Vorschrift ist Leitvorstellung bei der Erfüllung der Aufgabe nach § 1 Abs. 1 ROG – d.h. der Entwicklung, Ordnung und Sicherung des Gesamtraums der Bundesrepublik Deutschland und seiner Teilräume – eine nachhaltige Raumentwicklung. Diese hat die sozialen und wirtschaftlichen Ansprüche an den Raum mit seinen ökologischen Funktionen in Einklang zu bringen und zu einer dauerhaften, großräumig ausgewogenen Ordnung mit gleichwertigen Lebensverhältnissen in den Teilräumen zu führen. Ein vollständiges „Wegwägen" der in den vorgenannten Grundsätzen niedergelegten ökologischen Aspekte der Verkehrssteuerung würde der Leitvorstellung widersprechen.[1773]

In Konkretisierung dieser Vorgaben enthält beispielsweise der Landesentwicklungsplan 2002 des Landes Baden-Württemberg (LEP 2002)[1774] unter anderem folgende als Ziele (Z) und Grundsätze (G) der Raumordnung gekennzeichnete Festlegungen (S. 29 f., Herv. d. Verf.):

4.1 Verkehr
(Grundsätzliches)

4.1.1 G Das Verkehrswesen ist so zu gestalten, dass es zu der angestrebten Entwicklung des Landes und seiner Teilräume sowie zur Festigung des Netzes der Zentralen Orte und zur Ausgestaltung der Entwicklungsachsen beiträgt. Dabei ist den unterschiedlichen regionalen Gegebenheiten und Erfordernissen Rechnung zu tragen.

G Auf eine sachgerechte und *umweltschonende Aufgabenverteilung und Verknüpfung der Verkehrssysteme* ist hinzuwirken. Durch raumordnerische Festlegungen soll *im Personenverkehr die Nutzung der Schiene* und des öffentlichen Personenverkehrs, *im Güterverkehr eine Verlagerung auf*

---

[1769] Vgl. auch die Regierungsbegründung zum Entwurf des Gesetzes zur Neufassung des Raumordnungsgesetzes und zur Änderung anderer Vorschriften (GeROG), BT-Drs. 16/10292, S. 23: „Absatz 2 soll als Planungsgrundsatz der Raumordnung das Abwägungsgebot regeln; er knüpft damit an den bisherigen § 7 Abs. 7 Satz 1 bis 3 an."

[1770] Vgl. *Erbguth,* NVwZ 2000, 28 (29).

[1771] *Erbguth/Beaucamp,* DÖV 2000, 769 (770).

[1772] *Erbguth/Beaucamp,* DÖV 2000, 769 (770).

[1773] Vgl. *Erbguth/Beaucamp,* DÖV 2000, 769 (770); *Erbguth,* NVwZ 2000, 28 (31).

[1774] Abrufbar unter <http://www2.landtag-bw.de/dokumente/lep-2002.pdf> (Stand: 19.12.2009).

*Schiene* und Wasserstraße *gefördert werden*. Überregionale Güterverkehrszentren und regionale logistische Zentren sollen ein integratives Verkehrssystem unterstützen.

G Durch eine stärkere Berücksichtigung der Wechselwirkungen zwischen Siedlungsentwicklung und Verkehr sollen die verkehrsbedingten Belastungen verringert und eine *umweltverträgliche Mobilität* gefördert werden. Zuordnung und Mischung der verkehrsrelevanten Raumnutzungen und Raumfunktionen sollen regional und lokal das Prinzip der kurzen Wege verfolgen.

4.1.2 G *Dem Ausbau vorhandener Verkehrswege ist Vorrang vor dem Neubau einzuräumen*. Die Flächeninanspruchnahme ist gering zu halten, wertvolle Böden sind zu schonen und die Zerschneidung großer zusammenhängender Freiflächen ist zu vermeiden. Nicht vermeidbare Eingriffe in die Landschaft sind möglichst vor Ort auszugleichen, vorzugsweise durch Reduzierung versiegelter Flächen.

(Fernverkehr)

4.1.3 G *Das Land ist bedarfsgerecht in die nationalen und transeuropäischen Verkehrsnetze für den Personen- und Gütertransport einzubinden*. Dabei sind insbesondere die Europäische Metropolregion Stuttgart, der Europäische Verflechtungsraum Oberrhein und andere wirtschaftlich bedeutende Räume angemessen zu berücksichtigen.

4.1.4 Z Innerhalb der Fernverkehrsnetze sind der *Schienenverkehr* und die Binnenschifffahrt entsprechend ihrer großen Transportkapazität, *relativen Umweltfreundlichkeit* und möglichen Entlastungswirkung für hoch belastete Verkehrskorridore *nachdrücklich zu stärken*.

4.1.5 G Als Ergänzung der Fernverkehrsnetze sind leistungsfähige West-Ost-Verbindungen auf Schiene und Straße vor allem auch im Süden des Landes zu entwickeln.

4.1.6 G Das Fernstraßennetz, insbesondere das Netz der Bundesautobahnen, ist funktionsgerecht zu erhalten und auszubauen. Dabei ist insbesondere dem Ausbaubedarf der Rheintalautobahn bis zur schweizerischen Grenze sowie der West-Ost-Verbindungen als Folge der politischen und wirtschaftlichen Entwicklungen in Europa Rechnung zu tragen.

4.1.7 Z *Der Fernverkehr der Bahn ist durch Ausbau und Neubau weiterer Strecken und Streckenabschnitte zu verbessern*, insbesondere in den hoch belasteten Verkehrskorridoren des Oberrheingrabens und der Verbindungen von Karlsruhe und Frankfurt/Mannheim über Stuttgart in Richtung München. Dazu ist auf folgende Maßnahmen hinzuwirken:

- die Verwirklichung der Hochgeschwindigkeitsstrecke der Bahn von Mannheim nach Frankfurt unter vollwertiger Einbindung des Hauptbahnhofs Mannheim,
- den Aus- und Neubau der Strecke Karlsruhe–Offenburg–Freiburg–Basel als wichtigste Zulaufstrecke aus Deutschland zu den Schweizer Alpenübergängen,
- die Anbindungen an das französische Hochgeschwindigkeitsnetz über Mannheim/Saarbrücken (Nordast des TGV Est), über Strasbourg–Kehl–Appenweier (Südast des TGV Est) sowie über Basel (TGV Rhin-Rhône),

- die Realisierung der Hochgeschwindigkeitsstrecke Stuttgart–Ulm mit Fortsetzung in Richtung München,
- die Attraktivitätssteigerung der Strecken Stuttgart–Singen–Zürich und Ulm–Friedrichshafen,
- Lindau als weitere Zulaufstrecken zur Neuen Eisenbahnalpentransversale der Schweiz.

4.1.8 G *Der Schienenfernverkehr auf den zum transeuropäischen Netz zählenden Strecken Stuttgart–Crailsheim–Nürnberg und Stuttgart–Heilbronn–Würzburg soll angemessen ausgestaltet werden.*

4.1.9 Z *Die Verwirklichung des Projekts Stuttgart 21 ist weiter voranzutreiben.* Die zu erwartenden positiven verkehrlichen, wirtschaftlichen und städtebaulichen Wirkungen für die Stadt, die Region und weitere Teile des Landes sind durch flankierende Maßnahmen und Planungen zu unterstützen, insbesondere durch die zügige Verwirklichung der Neubaustrecke der Bahn über den Landesflughafen Stuttgart nach Ulm.

G Die große Verkehrsgunst von Bahnhöfen des Hochgeschwindigkeitsnetzes soll durch die Entwicklung ihrer Umgebung zu hochwertigen Standorten für Dienstleistungseinrichtungen und Wohnen verstärkt genutzt werden. Dies gilt neben dem Vorhaben Stuttgart 21 insbesondere für die Projekte Mannheim 21 und Ulm 21.

Über die Vorgaben der Landesentwicklungspläne hinaus sind auch die in den Regionalplänen enthaltenen Ziele und Grundsätze von der Planfeststellungsbehörde zu beachten bzw. zu berücksichtigen. Beispielsweise bestimmt Plansatz 4.1.0.3 (G) des am 22. Juli 2009 von der Regionalversammlung des Verbands Region Stuttgart beschlossenen Regionalplans für die Region Stuttgart[1775], dass Planungen für den Personen- und Güterverkehr nicht nur an den Mobilitätsbedürfnissen und Wirtschaftlichkeitserwägungen auszurichten sind, sondern insbesondere auch am Klima- und Umweltschutz sowie am Lärmschutz. In den Regionalplänen werden typischerweise auch die überörtlichen Hauptverkehrswege festgelegt.[1776] So bestimmen die Plansätze 4.1.2.1.3 (Z) und 4.1.2.1.4 (Z) des Regionalplans für die Region Stuttgart, dass als Trassen für den Neubau von Eisenbahnstrecken bestimmte in der Raumnutzungskarte dargestellte Linien/Korridore als Vorranggebiet festgelegt werden, wobei in den Vorranggebieten andere raumbedeutsame Nutzungen oder Maßnahmen, die einem späteren Bahnbetrieb entgegenstehen könnten oder mit den Bahntrassen nicht vereinbar sind, nicht zulässig sind.[1777] Zu diesen Trassen gehören beispielsweise die

---

[1775] Die Genehmigung der Satzung durch das Wirtschaftsministerium steht noch aus, siehe <http://www. region-stuttgart.org/vrs/main.jsp?navid=20> (Stand: 28.01.2010).

[1776] *Dürr,* UPR 1992, 241.

[1777] Nach § 8 Abs. 7 S. 1 Nr. 1 ROG sind Vorranggebiete Gebiete, die für bestimmte raumbedeutsame Funktionen oder Nutzungen vorgesehen sind und andere noch nicht planfestgestellten Abschnitte des Projekts Stuttgart 21 sowie der Neubaustrecke Wendlingen–Ulm.

Nach § 9 Abs. 1 S. 1 ROG ist auch bei der Aufstellung von Raumordnungsplänen eine *Umweltprüfung* durchzuführen, in der unter anderem die voraussichtlichen erheblichen Auswirkungen des Raumordnungsplans auf Menschen, einschließlich der menschlichen Gesundheit zu ermitteln und in einem *Umweltbericht* frühzeitig zu beschreiben sowie zu bewerten sind, wobei das Ergebnis des Umweltberichts bei der Aufstellung des Raumordnungsplans in der Abwägung zu berücksichtigen ist (§ 7 Abs. 2 S. 2 ROG).[1778] Raumordnungspläne unterliegen nach Ziff. 1.5 der Anlage 3 zum UVPG an sich der (obligatorischen) Strategischen Umweltprüfung nach § 14b Abs. 1 Nr. 1 UVPG.[1779] § 16 Abs. 4 UVPG bestimmt aber, dass für die Strategische Umweltprüfung eine Umweltprüfung nach den Vorschriften des Raumordnungsgesetzes, mithin nach § 9 ROG, durchgeführt wird.[1780]

Beim Neubau und der wesentlichen Trassenänderung von Schienenstrecken der Bundeseisenbahnen sowie beim Neubau von Rangierbahnhöfen und von Umschlagseinrichtungen für den kombinierten Verkehr ist ein *Raumordnungsverfahren* durchzuführen, wenn die geplante Maßnahme im Einzelfall „raumbedeutsam" ist und „überörtlichen Charakter" hat (§ 1 S. 1 u. S. 2 Ziff. 9 RoV). In dem Raumordnungsverfahren prüft die Raumordnungsbehörde die „Raumverträglichkeit" der raumbedeutsamen Planung oder Maßnahme (§ 15 Abs. 1 S. 1 ROG).[1781] Hierbei sind die „raumbedeutsamen Auswirkungen der Planung oder Maßnahme" unter „überörtlichen Gesichtspunkten" zu prüfen, insbesondere die Übereinstimmung mit den Erfordernissen der Raumordnung und die Abstimmung mit anderen raumbedeutsamen Planungen und Maßnahmen (§ 15 Abs. 1 S. 2 ROG). Gegenstand dieser Prüfung sind auch die vom Träger der Planung oder Maßnahme eingeführten Standort- oder Trassenalternativen (§ 15 Abs. 1 S. 3 ROG).[1782] Das Raumordnungsverfahren ist der Ebene der Raumordnungsplanung nachgeschaltet und konkretisiert diese mit Blick auf die vorhabenbezogene Fach-

---

raumbedeutsame Nutzungen in diesem Gebiet ausschließen, soweit diese mit den vorrangigen Funktionen oder Nutzungen nicht vereinbar sind.

1778 Zur Umweltverträglichkeitsprüfung bei Raumordnungsplänen auch *Ramsauer,* NVwZ 2004, 1041 (1043 f.).

1779 Dazu *Leidinger,* in: Hoppe, UVPG, Anl. 3 Rn. 21.

1780 Insofern gilt nichts anderes als für Bauleitpläne (vgl. § 17 UVPG).

1781 Vgl. auch *Wickel,* in: Hk-VerwR/VwVfG, § 72 Rn. 48. – Siehe zum vereinfachten Raumordnungsverfahren § 16 ROG.

1782 Zur Alternativenprüfung im Raumordnungsverfahren *Wagner,* in: Hoppe, UVPG, § 16 Rn. 46 ff.; *Stüer/Probstfeld,* Planfeststellung, Rn. 400 m.w.N.; *Ramsauer,* NVwZ 2004, 1041 (1045).

planung.[1783] Das Raumordnungsverfahren steht damit zwischen der Raumordnungsplanung und der vorhabenbezogenen Zulassungsentscheidung.[1784] Nach § 3 Abs. 1 Nr. 4 ROG gehören die Ergebnisse des Raumordnungsverfahrens zu den sonstigen Erfordernissen der Raumordnung. Gem. § 4 Abs. 1 S. 1 ROG sind die sonstigen Erfordernisse der Raumordnung in Abwägungs- oder Ermessensentscheidungen zu berücksichtigen.[1785] Eine rechtsverbindliche Standortbestimmung tritt aufgrund der Abwägungserheblichkeit der Ergebnisse des Raumordnungsverfahrens somit nicht ein.[1786] Vom Ergebnis des Raumordnungsverfahrens kann also im Genehmigungsverfahren ggf. abgewichen werden.[1787] Das Ergebnis des Raumordnungsverfahrens kann nur im Rahmen des Rechtsbehelfsverfahrens gegen die nachfolgende Zulassungsentscheidung für ein Vorhaben überprüft werden (so ausdrücklich § 16 Abs. 3 UVPG).

Für das Raumordnungsverfahren bei den in der Anlage 1 zum UVPG aufgeführten Vorhaben (vgl. für den Bau von Schienenwegen Nr. 14.7 u. 14.8 der Anlage 1) regeln die Länder, unter welchen Voraussetzungen eine Umweltverträglichkeitsprüfung erforderlich ist, sowie das Verfahren für die Durchführung der Umweltverträglichkeitsprüfung (§ 16 Abs. 1 S. 1 UVPG).

Stehen einer raumbedeutsamen Planung oder Maßnahme Ziele der Raumordnung entgegen, so kann die Raumordnungsbehörde die Planung oder Maßnahme nach § 14 Abs. 1 ROG gegenüber den in § 4 ROG genannten öffentlichen Stellen untersagen.[1788] Von den Zielen der Raumordnung kann jedoch abgewichen werden, wenn die Abweichung unter raumordnerischen Gesichtspunkten „vertretbar" ist und die „Grundzüge der Planung nicht berührt werden" (§ 6 Abs. 2 S. 1 ROG). Hierfür ist ein *Zielabweichungsverfahren* durchzuführen. Antragsberechtigt sind die öffentlichen Stellen und die Personen des Privatrechts, die das Ziel, von dem eine Abweichung zugelassen werden soll, zu beachten haben (§ 6 Abs. 2 S. 2 ROG).

---

1783 *Wickel,* in: Hk-VerwR/VwVfG, § 72 Rn. 48.

1784 Vgl. auch *Ramsauer,* NVwZ 2004, 1041 (1045).

1785 Siehe auch *Wagner,* in: Hoppe, UVPG, § 16 Rn. 65 f.

1786 Vgl. *Wagner,* in: Hoppe, UVPG, § 16 Rn. 69 m.w.N.

1787 Vgl. *Schmitz,* in: Bielenberg/Runkel/Spannowsky, RaumOR, § 15 ROG Rn. 147 m.w.N.; siehe aber auch *Wagner,* in: Hoppe, UVPG, § 16 Rn. 70.

1788 Siehe dazu auch *Erbguth,* NVwZ 2000, 28 (35) zu § 12 ROG 1998.

# E. Nachträgliche Anordnungen

Auch nach Unanfechtbarkeit des Planfeststellungsbeschlusses kann die Planfeststellungsbehörde unter bestimmten Voraussetzungen Schutzvorkehrungen bzw. Schutzanlagen (§ 75 Abs. 2 S. 2 u. 3 VwVfG) oder im Falle ihrer Untunlichkeit oder Unvereinbarkeit mit dem Vorhaben eine Entschädigung in Geld anordnen (§ 75 Abs. 2 S. 4 VwVfG). Anders als bei den in den vorstehenden Abschnitten B. bis D. dargestellten rechtlichen Instrumenten zum Schutz vor Verkehrslärmimmissionen handelt es sich bei den Anordnungen nach § 75 Abs. 2 S. 2 bis 4 VwVfG nicht um solche „in" der Planfeststellung, sondern gewissermaßen um solche „nach" der Planfeststellung. Ihre Grundzüge sollen nachfolgend dargestellt werden.

## I. Nachträgliche Schallschutzauflagen

### 1. Ausgangslage

Ist der Planfeststellungsbeschluss unanfechtbar geworden, so sind Ansprüche auf Unterlassung des Vorhabens, auf Beseitigung oder Änderung der Anlagen oder auf Unterlassung ihrer Benutzung nach § 75 Abs. 2 S. 1 VwVfG ausgeschlossen (*Ausschlusswirkung*).[1789] Ausgeschlossen sind danach insbesondere Ansprüche auf Anordnung von Schutzauflagen und auf Festsetzung einer Entschädigung nach §§ 41 f. BImSchG, § 74 Abs. 2 S. 2 u. 3 VwVfG.[1790] Dies gilt grundsätzlich auch bei nachträglich veränderten Umständen; ein Anspruch auf Wiederaufgreifen des Verfahrens besteht nicht, da § 72 Abs. 1 Halbs. 2 VwVfG die Anwendbarkeit des § 51 VwVfG ausschließt.[1791] Die Ausschlusswirkung dient der Bestandskraft des

[1789] Vgl. *Ronellenfitsch,* VerwArch. 1989, 92 (96 f.); ferner BVerwG, Urt. v. 09.07.2008, 9 A 5.07, NVwZ 2009, 50 (52), Rn. 22 – Umbau des Bahnhofs Berlin Ostkreuz; BVerwG, Urt. v. 19.12.2007, 9 A 22.06, BVerwGE 130, 138 = NVwZ 2008, 561, Rn. 14; BVerwG, Urt. v. 21.05.2003, 9 A 40.02, NVwZ 2003, 1381 (1382) – Lehrter Bahnhof; BGH, Urt. v. 10.12.2004, V ZR 72/04, BGHZ 161, 323 = NJW 2005, 660 (661 f.) – Flughafen Köln/Bonn; BGH, Urt. v. 30.10.2009, V ZR 17/09, Ls., juris, Rn. 14 ff. – City-Tunnel Leipzig. Siehe bereits oben einleitend Teil 2.

[1790] *Hoppe/Schlarmann/Buchner/Deutsch,* Rechtsschutz, Rn. 716; *Stephan,* DVBl. 1979, 314 (315) auch zum Entschädigungsanspruch nach § 17 Abs. 4 S. 2 FStrG a. F., unter anderem mit dem Hinweis darauf, dass andernfalls derjenige Betroffene, der einen Anspruch auf Entschädigung hat, gegenüber demjenigen privilegiert wird, zu dessen Schutz die Errichtung von aktiven Lärmschutzmaßnahmen technisch und finanziell durchführbar ist (dessen Anspruch nämlich nach § 17 Abs. 6 S. 1 FStrG a. F. ausgeschlossen ist).

[1791] BVerwG, Urt. v. 07.03.2007, 9 C 2.06, BVerwGE 128, 177 = NVwZ 2007, 827 (829), Rn. 24 – B 202.

Planfeststellungsbeschlusses und damit der Rechtssicherheit insbesondere für den Vorhabenträger.

Treten jedoch *nicht voraussehbare* Wirkungen des Vorhabens oder der dem festgestellten Plan entsprechenden Anlagen auf das Recht eines anderen nach Unanfechtbarkeit des Plans auf, so kann der Betroffene gem. § 75 Abs. 2 S. 2 VwVfG Vorkehrungen oder die Errichtung und Unterhaltung von Anlagen verlangen, welche die nachteiligen Wirkungen ausschließen (sog. *Nachbesserungsanspruch*[1792]).[1793] Die Vorschrift gewährt den Betroffenen einen Rechtsanspruch auf (nachträgliche) Schutzmaßnahmen.[1794] Die an sich strenge Ausschlusswirkung wird somit durch § 75 Abs. 2 S. 2 VwVfG als „Ausgleichsmaßnahme" abgemildert.[1795] § 75 Abs. 2 S. 2 VwVfG wird durch §§ 41 f. BImSchG, § 74 Abs. 2 S. 2 VwVfG nicht verdrängt, weil diese Vorschriften nur *vorhersehbare* Auswirkungen erfassen; gleiches gilt für § 75 Abs. 2 S. 4 VwVfG im Verhältnis zu § 74 Abs. 2 S. 3 VwVfG.[1796] Infolge der vielerorts eingetretenen enormen Zunahme des Verkehrs hat das Problem der „nachträglichen Lärmvorsorge" eine nicht unerhebliche Bedeutung erlangt.[1797]

Tragender *Grund* für die Regelung des § 75 Abs. 2 S. 2 VwVfG ist, dass „die Betroffenen nicht schlechter stehen sollen als sie stünden, wenn im Zeitpunkt der Planfeststellung die aufgetretenen nachteiligen Wirkungen bereits vorhergesehen worden wären" und deshalb bereits in der Planfeststellung zu bewältigen gewesen wären; zu fragen ist daher, ob „bei unterstellter Voraussehbarkeit der Wirkungen im Zeitpunkt der Planfeststellung begründeter Anlass bestanden hätte, zu Gunsten der nachteilig Betroffenen im

---

[1792] BVerwG, Urt. v. 07.03.2007, 9 C 2.06, BVerwGE 128, 177 = NVwZ 2007, 827, Rn. 17, 21 f., 27 f. – B 202; Nds. OVG, Urt. v. 27.03.2008, 7 KS 158/04, BeckRS 2008, 34589.

[1793] Vgl. auch *Vallendar,* UPR 2001, 171 (176). – Der Nachbesserungsanspruch besteht nach Auffassung des Oberverwaltungsgerichts Berlin-Brandenburg (Urt. v. 11.09.2008, 12 B 39/07, juris, Ls., Rn. 27) nicht, wenn der Planbetroffene die nachteiligen Wirkungen bereits durch eigene Anstrengungen beseitigt hatte, bevor er sich mit einem Antrag auf Anordnung nachträglicher Schutzvorkehrungen an die Planfeststellungsbehörde gewendet hat.

[1794] Vgl. *Kuschnerus,* Schutzauflagen, S. 102.

[1795] Vgl. *Ronellenfitsch,* VerwArch. 1989, 92 (97).

[1796] *Jarass,* BImSchG, § 41 Rn. 62 m.w.N. (zu § 41 BImSchG); *Czajka,* in: Feldhaus, BImSchG, § 42 Rn. 52.

[1797] Vgl. *Alexander,* NVwZ 1991, 318 (322). – In den Anordnungen nach § 75 Abs. 2 VwVfG wird zum Teil ein Fall der „Lärmsanierung" gesehen, vgl. *Michler,* Verkehrsimmissionsschutz, S. 84; a. A. *Ronellenfitsch,* in: Marschall/Schroeter/Kastner, FStrG, § 17 Rn. 148 (siehe auch oben Fn. 892). Zur Lärmsanierung bereits oben B.I.4.b). – Die Stilllegung des Verkehrsweges kann allerdings nicht verlangt werden, vgl. *Dürr,* UPR 1992, 241 (247).

Planfeststellungsbeschluss Schutzauflagen anzuordnen". Dadurch soll auch „die Härte der Bestandskraft und das Risiko zutreffender prognostischer Einschätzung zu Lasten des (Vorhaben-)Trägers gemindert werden".[1798] Die Vorschrift schützt die Planbetroffenen daher auch vor dem Risiko prognostischer Fehleinschätzungen[1799], weil es unbillig wäre, den Betroffenen das Risiko der Bestandskraft auch im Hinblick auf solche Wirkungen aufzuerlegen, mit denen die Beteiligten im Planfeststellungsverfahren verständigerweise nicht rechnen konnten.[1800]

### 2. Voraussetzungen des Anspruchs auf nachträglichen Lärmschutz

#### *a) Grundsätzliches*

Die Planergänzungsansprüche nach den § 74 Abs. 2 S. 2 VwVfG und § 75 Abs. 2 S. 2 VwVfG (gleiches gilt für § 74 Abs. 2 S. 3 VwVfG und § 75 Abs. 2 S. 4 VwVfG) weisen im Ausgangspunkt die gleichen Voraussetzungen auf.[1801] Ein Anspruch auf Gewährung nachträglichen Lärmschutzes nach § 75 Abs. 2 S. 2 VwVfG besteht deshalb nur, wenn der Betroffene bereits nach der dem bestandskräftigen Planfeststellungsbeschluss zugrunde liegenden Rechtslage objektiv einen Anspruch auf Schutzmaßnahmen („in" der Planfeststellung) gehabt hätte.[1802] Insbesondere bestimmt sich die Erheblichkeits- bzw. Zumutbarkeitsschwelle nach den gleichen Maßstäben wie bei § 41 BImSchG bzw. § 74 Abs. 2 S. 2 VwVfG[1803], so dass auf die dortigen Ausführungen[1804] verwiesen werden kann. Auch zur zeitlichen Anwendbarkeit gelten die gleichen Grundsätze wie bei § 74 Abs. 2 VwVfG. § 75 Abs. 2 S. 2 VwVfG ist ebenfalls nur auf Planfeststellungsbeschlüsse anwendbar, die nach Inkrafttreten des Verwaltungsverfahrensgesetzes des Bundes am 1. Januar 1977 bzw. der Verwaltungsverfahrensgesetze der Län-

---

1798 BVerwG, Urt. v. 07.03.2007, 9 C 2.06, BVerwGE 128, 177 = NVwZ 2007, 827 (829), Rn. 24 m.w.N. – B 202; BVerwG, Beschl. v. 21.01.2004, 4 B 82.03, NVwZ 2004, 618 – Flughafen Berlin-Tegel; BVerwG, Beschl. v. 24.08.1999, 4 B 58.99, NVwZ 2000, 70 (71); BVerwG, Urt. v. 01.07.1988, 4 C 49.86, BVerwGE 80, 7 = NVwZ 1989, 253 (254) zu § 17 Abs. 6 S. 2 FStrG a.F.; Nds. OVG, Urt. v. 27.03.2008, 7 KS 158/04, BeckRS 2008, 34589 Ls. 4; Hess. VGH, Urt. v. 13.06.2007, 11 A 2061/06, NVwZ-RR 2008, 88 (90) – Flughafen Frankfurt/Main.

1799 *Kuschnerus,* Schutzauflagen, S. 102.

1800 *Hoppe/Schlarmann/Buchner/Deutsch,* Rechtsschutz, Rn. 722.

1801 *Hoppe/Schlarmann/Buchner/Deutsch,* Rechtsschutz, Rn. 717.

1802 Nds. OVG, Urt. v. 27.03.2008, 7 KS 158/04, BeckRS 2008, 34589 Ls. 4.

1803 Vgl. *Hoppe/Schlarmann/Buchner/Deutsch,* Rechtsschutz, Rn. 717 zu § 74 Abs. 2 S. 2 VwVfG.

1804 Oben B.I.

der erlassen worden sind.[1805] Wurde die Verkehrsanlage demgegenüber vorher planfestgestellt, besteht nicht die Möglichkeit, nachträgliche (Schall-)Schutzmaßnahmen nach § 75 Abs. 2 S. 2 VwVfG zu erlangen.[1806] Da viele Planfeststellungsbeschlüsse für Bahnanlagen noch aus der Zeit vor Inkrafttreten des Verwaltungsverfahrensgesetzes stammen[1807], ist die zeitliche Anwendbarkeit der Vorschrift jeweils besonders zu prüfen.

Unterschiede zwischen den Vorschriften der §§ 74 Abs. 2 S. 2 und 75 Abs. 2 S. 2 VwVfG ergeben sich hauptsächlich daraus, dass der Anspruch auf nachträgliche Schutzauflagen nach § 75 Abs. 2 S. 2 VwVfG nur bei „nicht voraussehbaren" Wirkungen [dazu nachfolgend b)] auf das „Recht eines anderen" [nachfolgend c)] besteht, die erst „nach Unanfechtbarkeit des Plans" auftreten [nachfolgend d)]. Zudem unterliegt der Anspruch zeitlichen Einschränkungen [nachfolgend e)].

### *b) Nicht voraussehbare Wirkungen*

Der Anspruch auf nachträgliche Lärmschutzauflagen setzt den Eintritt von „nicht voraussehbaren" Wirkungen des planfestgestellten Vorhabens voraus. Die Planfeststellungsbehörde muss *voraussehbare* nachteilige Wirkungen eines Vorhabens bereits bei der Planfeststellung beachten bzw. im Rahmen der Abwägung berücksichtigen und soweit erforderlich durch Auflagen ausgleichen. Den Betroffenen obliegt es, vor Unanfechtbarkeit des Planfeststellungsbeschlusses zu prüfen, ob der Beschluss diesen Anforderungen genügt. Ist dies nicht der Fall, können (und müssen) sie zum Schutz ihrer Rechte innerhalb der Rechtsmittelfrist Klage gegen den Planfeststellungsbeschluss erheben. Dies ist freilich nicht möglich, soweit es um *nicht voraussehbare* Wirkungen des Vorhabens geht. § 75 Abs. 2 S. 2 VwVfG will „nachteilige Entwicklungen erfassen, die sich erst später zeigen" und „mit denen die Betroffenen im Zeitpunkt der Planfeststellung verständigerweise

---

[1805] Vgl. BVerwG, Urt. v. 07.03.2007, 9 C 2.06, NVwZ 2007, 827 (828), Rn. 16 f. – B 202; BVerwG, Urt. v. 12.09.1980, 4 C 74.77, BVerwGE 61, 1 = NJW 1981, 835 f., Ls. 1 zu § 17 Abs. 6 S. 2 FStrG a. F., wobei das Bundesverwaltungsgericht auf die Unanfechtbarkeit des Planfeststellungsbeschlusses abstellt; Hess. VGH, Urt. v. 13.06.2007, 11 A 2061/06, NVwZ-RR 2008, 88 (90) – Flughafen Frankfurt/Main; *Michler,* Verkehrsimmissionsschutz, S. 84; *ders.*, VBlBW 1998, 201 (208); *Bürgel,* NJW 1996, 1804 (1805). Nach dem Bundesverwaltungsgericht besteht auch kein dem § 51 Abs. 1 Nr. 1 VwVfG entsprechender Anspruch auf ein „Wiederaufgreifen" des unanfechtbar abgeschlossenen Planfeststellungsverfahrens; siehe im Übrigen für den Bereich des Verwaltungsverfahrensgesetzes ausdrücklich § 72 Abs. 1 Halbs. 2 VwVfG [vgl. auch oben B.I.4.b)].

[1806] *Michler,* Verkehrsimmissionsschutz, S. 84.

[1807] *Bürgel,* NJW 1996, 1804 (1805).

nicht rechnen konnten".[1808] Die Vorschrift erfasst das Risiko prognostischer Einschätzung für die aus der Sicht des Planfeststellungsbeschlusses *atypischen* Folgen.[1809] Beurteilungszeitpunkt ist der Zeitpunkt der Antragstellung nach § 75 Abs. 3 VwVfG.[1810]

Von der methodisch und rechnerisch einwandfreien, aber „fehlgeschlagenen" Prognose zu unterscheiden ist mithin die „fehlerhafte" Prognose[1811]; die fehlerhafte Prognose kann keine Ansprüche auf nachträglichen Schallschutz oder Entschädigung auslösen [siehe zur fehlgeschlagenen Prognose auch unten e)].[1812] Die fehlende Vorhersehbarkeit kann demgemäß nicht damit begründet werden, dass die Planfeststellungsbehörde die zu erwartenden Lärmimmissionen fehlerhaft berechnet oder ihrer Entscheidung eine anderweitige, sich nunmehr als fehlerhaft herausstellende Berechnung zugrunde gelegt hat, denn damit würden nur Mängel vorgebracht, die im Zeitpunkt des Planfeststellungsbeschlusses bereits vorhanden waren und Gegenstand einer gerichtlichen Überprüfung hätten sein können; vor einer derartigen fehlerhaften Beurteilung bewahrt § 75 Abs. 2 S. 2 VwVfG die Betroffenen nicht.[1813] Vielmehr muss eine Verkehrsentwicklung eingetreten sein, mit der man üblicherweise nicht rechnen brauchte.[1814] Nicht voraussehbar sind auch solche Immissionssteigerungen, die auf einer *Zunahme des Schienenverkehrs* beruhen, welcher von der der Planfeststellung zugrunde liegenden,

[1808] BVerwG, Urt. v. 07.03.2007, 9 C 2.06, BVerwGE 128, 177 = NVwZ 2007, 827 (829), Rn. 29 – B 202; BVerwG, Beschl. v. 24.08.1999, 4 B 58.99, NVwZ 2000, 70 (71); BVerwG, Urt. v. 23.04.1997, 11 A 17.96, NVwZ 1998, 846 Ls. – Eisenbahntrasse Hamburg–Büchen–Berlin; BVerwG, Urt. v. 01.07.1988, 4 C 49.86, BVerwGE 80, 7 = NVwZ 1989, 253 (255) zu § 17 Abs. 6 S. 2 FStrG a.F.; BayVGH, Beschl. v. 12.10.1995, 20 B 94.1188, NVwZ 1996, 1125 (1127); *Jarass,* BImSchG, § 41 Rn. 62 m.w.N. Auch Beeinträchtigungen, die sich erst aus einer bestimmten Art und Weise der im Planfeststellungsbeschluss nicht festgelegten Bauausführung ergeben, werden von § 75 Abs. 2 VwVfG erfasst, OLG Hamm, Urt. v. 30.06.2003, 22 U 173/02, NVwZ 2004, 1148 (1150) m.w.N.

[1809] BVerwG, Urt. v. 01.07.1988, 4 C 49.86, BVerwGE 80, 7 = NVwZ 1989, 253 (255) zu § 17 Abs. 6 S. 2 FStrG a.F.; BayVGH, Beschl. v. 12.10.1995, 20 B 94.1188, NVwZ 1996, 1125 (1127); Nds. OVG, Urt. v. 03.05.2001, 7 K 4341/99, NordÖR 2001, 444, juris, Rn. 49; *Michler,* VBlBW 1998, 201 (209).

[1810] *Alexander,* NVwZ 1991, 318 (323). Dazu auch im Folgenden.

[1811] Krit. *Zeitler,* NVwZ 1992, 830 (833).

[1812] *Alexander,* NVwZ 1991, 318 (322); siehe auch *Michler,* VBlBW 1998, 201 (208 f.).

[1813] BVerwG, Urt. v. 01.07.1988, 4 C 49.86, BVerwGE 80, 7 = NVwZ 1989, 253 (255) zu § 17 Abs. 6 S. 2 FStrG a.F.; *Schmidt-Eichstaedt,* in: Kotulla, BImSchG, Vor § 41 Rn. 9; *Michler,* VBlBW 1998, 201 (209); *Dürr,* UPR 1992, 241 (247); *Alexander,* NVwZ 1991, 318 (322).

[1814] BVerwG, Urt. v. 01.07.1988, 4 C 49.86, BVerwGE 80, 7 = NVwZ 1989, 253 (255) zu § 17 Abs. 6 S. 2 FStrG a.F.; *Alexander,* NVwZ 1991, 318 (322); zum Schienenverkehr *Bürgel,* NJW 1996, 1804 (1805).

fachlich nicht zu beanstandenden Prognose *erheblich* abweichen.[1815] § 75 Abs. 2 S. 2 VwVfG erfasst ferner auch eine *Änderung der Zusammensetzung des Verkehrs* oder die *Erhöhung der Streckengeschwindigkeit.*[1816]

Beurteilungsmaßstab ist nach der Rechtsprechung und Teilen der Literatur nicht die (subjektive) Fähigkeit des Betroffenen, das Eintreten möglicher nachteiliger Wirkungen sachkundig einschätzen zu können; vielmehr ist ein *objektiver Maßstab* anzulegen.[1817] Diese Auffassung ist im Schrifttum auf Kritik gestoßen.[1818] Die auf einen subjektiven Maßstab abstellende Auffassung stößt jedoch auf praktische Probleme. Folge wäre, dass sich eine nachträgliche Änderung je nach den subjektiven Kenntnissen für den einen Betroffenen als voraussehbar, für den anderen hingegen als nicht voraussehbar erweisen würde. Die Vorschrift des § 75 Abs. 2 S. 2 VwVfG enthält eine Ausnahmeregelung zur grundsätzlichen Ausschlusswirkung des § 75 Abs. 2 S. 1 VwVfG. Würde man im Rahmen des § 75 Abs. 2 S. 2 VwVfG auf die subjektiven Kenntnisse der einzelnen Betroffenen abstellen, wäre die Bestandskraft des Planfeststellungsbeschlusses mit einer erheblichen Rechtsunsicherheit belastet, die § 75 Abs. 2 S. 1 VwVfG gerade verhindern will. Hinzu käme die Unsicherheit bei der Feststellung der Kenntnisse der Betroffenen. Hiervon ausgehend ist die Anlegung eines objektiven Maßstabs geboten.

Maßgebend für das Vorliegen nicht voraussehbarer Wirkungen sind die Lärmimmissionen im Zeitpunkt der Antragstellung. Fraglich ist, ob zur Ermittlung dieser Lärmimmissionen das Berechnungsverfahren, das dem Planfeststellungsbeschluss zugrunde lag, anzuwenden ist oder ob der Beurteilung neuere Berechnungsverfahren zugrunde zu legen sind.[1819] Nach zutreffender Ansicht des Bundesverwaltungsgerichts dürfen *auch neue Berechnungsmethoden* angewandt werden.[1820] Nicht voraussehbar sind deshalb

---

[1815] BayVGH, Beschl. v. 12.10.1995, 20 B 94.1188, NVwZ 1996, 1125 (1127).

[1816] UBA, Hinweise, S. 15 f.

[1817] BVerwG, Urt. v. 01.07.1988, 4 C 49.86, BVerwGE 80, 7 = NVwZ 1989, 253 (255) zu § 17 Abs. 6 S. 2 FStrG a.F.; BVerwG, Urt. v. 07.03.2007, 9 C 2.06, BVerwGE 128, 177 = NVwZ 2007, 827 (829), Rn. 19 – B 202; BayVGH, Beschl. v. 12.10.1995, 20 B 94.1188, NVwZ 1996, 1125 (1127); *Dürr,* UPR 1992, 241 (247).

[1818] *Silagi,* UPR 1997, 272 (277) m.w.N.: Beurteilungsmöglichkeiten des anspruchstellenden Betroffenen für die Vorhersehbarkeit entscheidend; ebenso *Zeitler,* NVwZ 1992, 830 (833): Voraussehbarkeit durch den Betroffenen. *Zeitler* weist darauf hin, dass der nicht als Akustiker oder Bauingenieur ausgebildete Betroffene einer im Verfahren von der Behörde vorgelegten Lärmberechnung (einschließlich Lärmprognose) und damit den dargelegten Lärmauswirkungen vertrauen können wird, so dass Abweichungen für ihn nicht voraussehbar seien.

[1819] *Alexander,* NVwZ 1991, 318 (322).

[1820] BVerwG, Urt. v. 01.07.1988, 4 C 49.86, BVerwGE 80, 7 = NVwZ 1989, 253 (255) zu § 17 Abs. 6 S. 2 FStrG a.F.

auch Auswirkungen, deren Schädlichkeit oder Gefährlichkeit sich aufgrund *neuer wissenschaftlicher Erkenntnisse und des technischen Fortschritts* erst nachträglich herausstellen; insoweit trägt § 75 Abs. 2 S. 2 VwVfG tatsächlichen Entwicklungen Rechnung, die einen neuen Stand von Wissenschaft und Technik begründen.[1821] Neue wissenschaftliche Erkenntnisse begründen einen Anspruch auf nachträgliche Planergänzung aber nur, wenn sie als *gesichert* angesehen werden können. Dies ist der Fall, wenn sich die neuen Erkenntnisse „in der wissenschaftlichen Diskussion durchgesetzt und allgemeine Anerkennung gefunden haben". Allgemeine Anerkennung bedeutet indessen „nicht Einstimmigkeit der Zustimmung in der wissenschaftlichen Öffentlichkeit". Ein neuer Stand der Wissenschaft ist jedoch nicht erreicht, solange „bisher anerkannte wissenschaftliche Aussagen kritisch hinterfragt und kontrovers diskutiert werden, ohne dass sich in der Forschung bereits ein neuer Grundkonsens abzeichnet".[1822]

Weiter stellt sich die Frage, ob jede nicht voraussehbare Wirkung genügt, einen Anspruch auf nachträgliche Schutzauflagen auszulösen.[1823] Nach Auffassung des Bundesverwaltungsgerichts in seinem B 202-Urteil vom 7. März 2007[1824] liegen nicht voraussehbare nachteilige Wirkungen erst dann vor, wenn es zu einer „erheblichen Steigerung" der Lärmeinwirkungen kommt, was grundsätzlich erst dann der Fall ist, wenn der nach der damaligen, methodisch korrekten Prognose zu erwartende Beurteilungspegel um „mindestens 3 dB(A)" (sog. Hörbarkeitsschwelle) überschritten wird. Eine

1821 BVerwG, Urt. v. 07.03.2007, 9 C 2.06, BVerwGE 128, 177 = NVwZ 2007, 827 (830), Rn. 30 – B 202; BVerwG, Beschl. v. 21.01.2004, 4 B 82.03, NVwZ 2004, 618 – Flughafen Berlin-Tegel m.w.N. auf BVerwG, Urt. v. 19.12.1985, 7 C 65.82, BVerwGE 72, 300 = NVwZ 1986, 208 – Kernkraftwerk Wyhl; ebenso wohl *Zeitler,* NVwZ 1992, 830 (833) m.w.N. zur Gegenauffassung: Da der Verkehrslärmschutz inzwischen überwiegend aufgrund von Rechtsvorschriften *berechnet* werde, sollte dem Grundsatz der Rechtsanwendung entsprechend das im Zeitpunkt der späteren Anordnung geltende Recht zugrunde gelegt werden. A.A. *Alexander,* NVwZ 1991, 318 (322 f.): Die Konsequenz dieser Auffassung wäre, dass ein Anspruch auf Planänderung im Sinne von § 75 Abs. 2 S. 2 VwVfG auch dann bestünde, wenn sich der Verkehrslärm aufgrund eines später eingeführten, neuen Berechnungsverfahrens anders darstelle als im Zeitpunkt der Planfeststellung, obwohl der Verkehrslärm für sich genommen unverändert geblieben sei. Ein solches Ergebnis entspräche nicht dem Sinn und Zweck des § 75 Abs. 2 S. 2 VwVfG. Denn der aufgrund einer fehlgeschlagenen Prognose Betroffene solle nur geltend machen können, er habe zum Zeitpunkt der Planfeststellung den Lärmschutz nicht bekommen, den er bei nicht fehlgeschlagener Prognose hätte bekommen müssen.

1822 BVerwG, Beschl. v. 21.01.2004, 4 B 82.03, NVwZ 2004, 618 f. – Flughafen Berlin-Tegel; siehe auch BVerwG, Urt. v. 16.03.2006, 4 A 1075.04, BVerwGE 125, 116 = NVwZ 2006, Beilage zu Heft Nr. 8, S. 27, Rn. 308 – Verkehrsflughafen Berlin-Schönefeld.

1823 *Alexander,* NVwZ 1991, 318 (323).

1824 9 C 2.06, BVerwGE 128, 177 = NVwZ 2007, 827, Ls. 2 – B 202.

Lärmzunahme von „weniger als 3 dB(A)“ könne „ausnahmsweise“ dann erheblich sein, wenn der Beurteilungspegel die enteignungsrechtliche Zumutbarkeitsschwelle übersteige.[1825] Der Vorhabenträger – so die überzeugende Begründung des Bundesverwaltungsgerichts[1826] – müsse „nicht schon auf jede geringfügige Erhöhung der (Lärm-)Wirkungen mit möglicherweise kostspieligen und schwierigen Nachbesserungen reagieren“, zumal „jeder Prognose eine gewisse Unsicherheitsmarge innewohnt“. Die Erheblichkeitsschwelle sei auch im Rahmen eines Anspruchs nach § 75 Abs. 2 S. 2 VwVfG gemäß der „vom Verordnungsgeber in der Verkehrslärmschutzverordnung getroffenen Wertung“ bei 3 dB(A) zu veranschlagen (vgl. § 1 Abs. 2 S. 1 Nr. 2 der 16. BImSchV). Erforderlich sei also, dass der nach der ursprünglichen, methodisch korrekten Prognose zu erwartende Beurteilungspegel um mindestens 3 dB(A) überschritten werde. Dabei bestünden keine Bedenken, auch insoweit die Aufrundungsregel gem. Anlage 1 und 2 zu § 3 der 16. BImSchV anzuwenden, so dass die Schwelle bereits bei 2,1 dB(A) beginnt. Eine Lärmzunahme von weniger als 3 dB(A) könne nur ausnahmsweise dann erheblich sein, wenn der Beurteilungspegel die „enteignungsrechtliche Zumutbarkeitsschwelle übersteigt“, die „in Wohngebieten bei Beurteilungspegeln von etwa 70 dB(A) tags/60 dB(A) nachts beginnt“, aber „nicht schematisch bestimmt werden darf“.[1827]

### c) *Wirkungen auf das Recht eines anderen*

Die nicht voraussehbaren Wirkungen müssen sich auf das „Recht eines anderen“ beziehen. „Recht eines anderen“ ist jede Rechtsposition eines Betroffenen, die diesem im Falle der Vorhersehbarkeit der nachteiligen Wir-

---

[1825] Vgl. auch Nds. OVG, Urt. v. 27.03.2008, 7 KS 158/04, BeckRS 2008, 34589; weitergehend *Alexander,* NVwZ 1991, 318 (323): Eine Steigerung des Lärms um mindestens 3 dB(A) sei nicht erforderlich. §§ 41 bis 43 BImSchG schrieben vor, dass eine bestimmte Grenze durch Verkehrslärm nicht überschritten werden darf. Diese Grenze könne nicht mit Hilfe der Hörbarkeitsschwelle relativiert werden.

[1826] BVerwG, Urt. v. 07.03.2007, 9 C 2.06, BVerwGE 128, 177 = NVwZ 2007, 827 (830), Rn. 28 f. – B 202.

[1827] Mit einer nicht prognostizierten Lärmerhöhung auf derart hohe Werte müssten die Beteiligten verständigerweise schon deshalb nicht rechnen, „weil der Staat durch die in den Grundrechten der Lärmbetroffenen begründete Schutzpflicht zur Vorsorge gegen eine Überschreitung dieser Schwelle verpflichtet war und ist“. „Entsprechendes“ gelte für die in rechtlicher Würdigung der Lärmwirkungsforschung zu bestimmende „Schwelle der Gesundheitsgefährdung“, „für die Innenraumpegel entscheidend sind“; nach dem bis zum Jahre 2000 erreichten Stand der Lärmwirkungsforschung sollten „Dauerschallpegel am Ohr einer schlafenden Person in einem Bereich zwischen 30 und 35 dB(A) und Pegelspitzen in der Größenordnung von 40 dB(A) nicht überschritten werden“ (BVerwG, a. a. O.).

kungen des Vorhabens im Zeitpunkt der Planfeststellung einen Anspruch auf Schutzvorkehrungen nach § 74 Abs. 2 S. 2 VwVfG vermittelt hätte.[1828] Nach dem ausdrücklichen Wortlaut von § 75 Abs. 2 S. 2 VwVfG und dem systematischen Vergleich mit § 74 Abs. 2 S. 2 VwVfG rechtfertigt der Schutz öffentlicher Interessen, anders als bei § 74 Abs. 2 S. 2 VwVfG, nicht die Anordnung von nachträglichen Schutzauflagen nach § 75 Abs. 2 S. 2 VwVfG.[1829] Gleichwohl kann auch einer „planbetroffenen" Gemeinde aus eigenem Recht ein Anspruch auf nachträgliche Schutzauflagen zustehen[1830], da Gemeinden nicht nur Träger öffentlicher Interessen sind, sondern auch Träger eigener Rechte sein können[1831].

### *d) Wirkungen nach Unanfechtbarkeit des Plans*

Die Wirkungen auf das Recht eines Dritten müssen nach dem Wortlaut von § 75 Abs. 2 S. 2 VwVfG *nach* Unanfechtbarkeit des Vorhabens eingetreten sein. Da sich die Unanfechtbarkeit für jeden Betroffenen individuell bestimmt[1832], erlischt der Anspruch auf nachträgliche Schallschutzvorkehrungen, wenn der Einzelne an den Planfeststellungsbeschluss gebunden ist, wenn und soweit dieser *ihm gegenüber* also unanfechtbar und damit bestandskräftig geworden ist; ob der Planfeststellungsbeschluss von Dritten angefochten wurde oder noch angefochten werden kann, ist demgegenüber unerheblich (Relativität der Bestandskraft).[1833]

### *e) Zeitliche Einschränkungen*

Der Betroffene muss den Antrag auf nachträgliche Schutzvorkehrungen (vgl. § 75 Abs. 3 S. 1 VwVfG) gem. § 75 Abs. 3 S. 2 Halbs. 1 VwVfG

---

1828 BVerwG, Urt. v. 12.08.1999, 4 C 3.98, NVwZ 2000, 675; BVerwG, Urt. v. 01.07.1988, 4 C 49.86, BVerwGE 80, 7 = NVwZ 1989, 253 (255) zu § 17 Abs. 6 S. 2 FStrG a.F.

1829 Vgl. *Hoppe/Schlarmann/Buchner/Deutsch,* Rechtsschutz, Rn. 720; siehe aber auch BVerwG, Urt. v. 12.08.1999, 4 C 3.98, NVwZ 2000, 675 m.w.N.: Auf die vom Berufungsgericht betonte textliche Unterscheidung von § 74 Abs. 2 S. 2 VwVfG einerseits und § 75 Abs. 2 VwVfG andererseits komme es nicht an. Ob die geringfügigen textlichen Unterschiede für die Auslegung des § 75 Abs. 2 S. 2 VwVfG überhaupt bedeutsam sein könnten, erscheine ohnedies zweifelhaft.

1830 Vgl. BVerwG, Urt. v. 01.07.1988, 4 C 49.86, BVerwGE 80, 7 = NVwZ 1989, 253 (254) m.w.N. zu § 17 Abs. 4 S. 1 FStrG u. § 17 Abs. 6 S. 2 FStrG jew. a.F.; BVerwG, Urt. v. 12.08.1999, 4 C 3.98, NVwZ 2000, 675.

1831 BVerwG, Urt. v. 12.08.1999, 4 C 3.98, NVwZ 2000, 675, Ls. 2.

1832 *Hoppe/Schlarmann/Buchner/Deutsch,* Rechtsschutz, Rn. 724 m.w.N.; *Dürr,* in: Knack/Henneke, VwVfG, § 75 Rn. 87.

1833 Vgl. *Hoppe/Schlarmann/Buchner/Deutsch,* Rechtsschutz, Rn. 724.

innerhalb von drei Jahren ab dem Zeitpunkt stellen, in dem er von den nachteiligen Wirkungen Kenntnis erlangt hat.[1834]

Nach § 75 Abs. 3 S. 2 Halbs. 2 VwVfG sind nachträgliche Anordnungen ferner ausgeschlossen, wenn nach Herstellung des dem Plan entsprechenden Zustandes 30 Jahre vergangen sind. Dem Vorhabensträger wird damit das Prognoserisiko nur innerhalb dieses Zeitraums zugewiesen.[1835] Der Anspruch besteht nach dem Bundesverwaltungsgericht „grundsätzlich für die gesamte Dauer der 30-Jahres-Frist". Er wird „nicht dadurch ausgeschlossen, dass der Lärmprognose des Planfeststellungsbeschlusses zulässigerweise ein kürzerer Prognosezeitraum ... zugrunde liegt"[1836]. Dass in der Praxis der Planfeststellung „regelmäßig mit kürzeren Prognosezeiträumen von ca. 10 bis 15 Jahren gearbeitet wird", beruht darauf, dass – so das Bundesverwaltungsgericht – „sichere Vorhersagen über weitergehende zukünftige Entwicklungen kaum angestellt werden können", z. B. weil es an hinreichend zuverlässigen Daten zur künftigen Verkehrsentwicklung jenseits der Zeithorizonte der Bedarfspläne fehlt. Das führe aber „nicht zu einer Verkürzung der vom Gesetz auf 30 Jahre bestimmten Frist zur Geltendmachung von Nachbesserungsansprüchen". Das Tatbestandsmerkmal „nicht voraussehbar" sei nicht gleichzusetzen mit dem Begriff der „fehlgeschlagenen Prognose" und setze eine solche nicht voraus.[1837]

---

1834 Nach BVerwG, Beschl. v. 10.10.2003, 4 B 83.03, NVwZ 2004, 97, Ls. 1 m. w. N. ist die Frist mit Art. 19 Abs. 4 GG vereinbar. Es stehe außer Frage, dass Fristen, an deren Versäumung das Gesetz die Rechtsfolge knüpfe, dass die Gerichte über den geltend gemachten Anspruch sachlich nicht mehr entscheiden dürfen, grundsätzlich mit Art. 19 Abs. 4 GG vereinbar seien. Sie rechtfertigten sich aus „Gründen der Rechtssicherheit", die ein „wesentliches Element der Rechtsstaatlichkeit und damit eines Konstitutionsprinzips des Grundgesetzes ist". Allerdings dürften sie die Möglichkeiten eines Rechtsuchenden, einen ihm vom Gesetz zuerkannten Anspruch gegenüber dem Verpflichteten zu verfolgen und durchzusetzen, „nicht unangemessen beschränken". Das sei hier ersichtlich nicht der Fall. Die Frist von drei Jahren sei nicht zu kurz bemessen. Sie lasse dem Betroffenen genügend Zeit, sich darüber klar zu werden, ob er sich mit den Beeinträchtigungen abfinden oder – verneinendenfalls – seine Ansprüche gegenüber der zuständigen Behörde in der vorgeschriebenen Form (§ 75 Abs. 3 S. 1 VwVfG) geltend machen wolle. Auch könne der Betroffene den Fristbeginn unschwer bestimmen, weil dieser an einen Umstand anknüpfe, der in seiner Person begründet sei; siehe auch BVerwG, Urt. v. 23.04.1997, 11 A 7.97, BVerwGE 104, 337 = NVwZ 1998, 847 (849) – Eisenbahntrasse Hamburg–Büchen–Berlin zur Präklusionswirkung nach § 20 Abs. 2 S. 1 AEG a. F.; vgl. allg. auch Nds. OVG, Beschl. v. 14.03.2005, 7 OB 28/05, NVwZ-RR 2006, 367 (368) – A 261.

1835 Vgl. auch *Alexander,* NVwZ 1991, 318 (323).

1836 Im zugrunde liegenden Fall 15 Jahre.

1837 BVerwG, Urt. v. 07.03.2007, 9 C 2.06, BVerwGE 128, 177 = NVwZ 2007, 827 (829), Ls. 1, Rn. 21 ff. – B 202.

### II. Nachträgliche Entschädigung

Liegen die Voraussetzungen des § 75 Abs. 2 S. 2 u. 3 VwVfG vor, so kann der Betroffene gleichwohl keine nachträglichen Schutzmaßnahmen verlangen, wenn diese untunlich oder mit dem Vorhaben unvereinbar sind. Statt dessen richtet sich sein Anspruch nach § 75 Abs. 2 S. 4 VwVfG auf Zahlung einer angemessenen Entschädigung in Geld. Auch bei diesem Entschädigungsanspruch handelt es sich (wie bei dem Entschädigungsanspruch nach § 74 Abs. 2 S. 3 VwVfG) nicht um eine Enteignungsentschädigung im Sinne von Art. 14 Abs. 3 GG, sondern um einen Ausgleichsanspruch für eine ansonsten unzumutbare Eigentumsinhaltsbeschränkung nach Art. 14 Abs. 1 GG (zu den verschiedenen Auffassungen betr. die Einordnung des § 74 Ab. 2 S. 3 VwVfG oben B.III.3.).[1838]

## F. Zivilrechtliche Lärmschutzansprüche

Das Gesetz über die Gründung einer Deutschen Bahn Aktiengesellschaft (Deutsche Bahn Gründungsgesetz – DBGrG), welches auf Art. 2 des Gesetzes zur Neuordnung des Eisenbahnwesens (Eisenbahnneuordnungsgesetz – ENeuOG) vom 27. Dezember 1993[1839] beruht, verpflichtete in § 1 Abs. 1 u. 2 den Bund zur Gründung der Deutschen Bahn AG.[1840] § 1 des Gesetzes zur Zusammenführung und Neugliederung der Bundesbahnen[1841] sah (als Folge der deutschen Wiedervereinigung) die Zusammenführung der beiden deutschen Bundeseisenbahnen (Deutsche Bundesbahn der BRD und Deutsche Reichsbahn der ehemaligen DDR) zu einem (nicht rechtsfähigen) Sondervermögen des Bundes unter dem Namen „Bundeseisenbahnvermögen" vor. Nach § 20 Abs. 1 S. 1 des Gesetzes zur Zusammenführung und Neugliederung der Bundesbahnen (sowie damit korrespondierend § 1 Abs. 1 DBGrG) ist die Bundesrepublik Deutschland (Bundeseisenbahnvermögen) berechtigt und verpflichtet, der Deutschen Bahn AG alle Liegenschaften (Grundstücke, Teile hiervon, grundstücksgleiche Rechte, beschränkt dingliche Rechte) sowie sonstiges Vermögen zu übertragen, soweit dies für das Erbringen von Eisenbahnverkehrsleistungen sowie für das Betreiben der Eisenbahninfrastruktur notwendig ist (*erste Stufe der Bahnreform*). Gegenstand der Deutschen Bahn AG sind dementsprechend gem. § 3 Abs. 1 Nr. 1

---

1838 Vgl. BayVGH, Urt. v. 26.06.1998, 8 A 97.40026, NVwZ-RR 1999, 347 m.w.N.

1839 BGBl. I, S. 2378 (2386).

1840 Zur Bahnreform *Ronellenfitsch,* Umweltschutz und Verkehr, § 83 Rn. 95; *ders.*, Thesen, S. 10 (38 ff.); *Suckale,* in: Hermes/Sellner, AEG, Einf. C Rn. 1 ff.

1841 Vgl. Art. 1 ENeuOG.

u. 2 DBGrG das Erbringen von Eisenbahnverkehrsleistungen zur Beförderung von Gütern und Personen und das Betreiben der Eisenbahninfrastruktur. Nach § 25 S. 1 DBGrG sind innerhalb der Deutschen Bahn AG mindestens die Bereiche „Personennahverkehr", „Personenfernverkehr", „Güterverkehr" und „Fahrweg" zu trennen, wobei § 2 Abs. 1 DBGrG bestimmt, dass diese Bereiche auf neu gegründete Aktiengesellschaften auszugliedern sind. Nach Art. 87e Abs. 3 S. 3 Halbs. 2 GG hat aber die Mehrheit, d.h. mehr als 50 % der Anteile dieser Unternehmen (sofern ihre Tätigkeit den Bau, die Unterhaltung und/oder das Betreiben von Schienenwegen umfasst[1842]) beim Bund zu verbleiben (gemeinsam mit Art. 87e Abs. 3 S. 2 GG als sog. Schienenwegevorbehalt bezeichnet[1843]). Im Rahmen dieser *zweiten Stufe der Bahnreform* wurde die Deutsche Bahn AG im Jahr 1999 in eine Holding mit fünf Tochtergesellschaften umgewandelt, nämlich in die beiden Eisenbahninfrastrukturunternehmen DB Netz AG (zuständig für den Bau und die Unterhaltung des Schienennetzes der Deutschen Bahn AG) und DB Station&Service AG (zuständig für die Personenbahnhöfe)[1844] sowie in die drei Eisenbahnverkehrsunternehmen DB Regio AG für den Personennahverkehr, DB Reise&Touristik AG (jetzt DB Fernverkehr AG) für den Personenfernverkehr sowie DB Cargo AG (jetzt DB Schenker Rail, insbesondere DB Schenker Rail GmbH als Holdinggesellschaft) für den Güterverkehr. Die DB Mobility Logistics AG ist alleinige Gesellschafterin der DB Regio AG und der DB Fernverkehr AG sowie zu 98 % an der DB Schenker Rail GmbH beteiligt. Alleinige Gesellschafterin der DB Mobility Logistics AG sowie der DB Netz AG und der DB Station&Service AG ist die Deutsche Bahn AG als Holding, deren alleinige Gesellschafterin die Bundesrepublik Deutschland ist. Die geplante Teilprivatisierung der Bahn (Börsengang als *dritte Stufe der Bahnreform*), in deren Rahmen 24,9 % der DB Mobility Logistics AG an private Investoren veräußert werden sollten, wurde im Zuge der Finanzmarktkrise vorerst zurückgestellt.[1845]

---

[1842] *Möstl,* in: MD, GG, Art. 87e Rn. 176; erfasst sind also die Netzunternehmen (Schienenwegeunternehmen), vgl. *Ronellenfitsch,* Thesen, S. 10 (41 f.).

[1843] Unter anderem in diesen Regelungen sowie in dem Infrastrukturauftrag des Art. 87e Abs. 4 GG (zur Gewährleistungspflicht *Hermes,* in: Hermes/Sellner, AEG, Einf. D Rn. 21 ff.) kommt die grundsätzliche Unterscheidung von Netz und Verkehr, d.h. der Differenzierung zwischen den Dienstleistungsbereichen „Bau, Unterhaltung und Betreiben von Schienenwegen" einerseits und „Verkehrsangeboten auf diesem Schienennetz" andererseits, zum Ausdruck, vgl. *Möstl,* in: MD, GG, Art. 87e Rn. 111 f.; siehe ferner *Ronellenfitsch,* Thesen, S. 10 (40 f.) zur Unterscheidung zwischen Verkehrs- und Netzunternehmen.

[1844] Dieser Geschäftsbereich war gesetzlich nicht zwingend vorgegeben.

[1845] Einzelheiten unter <http://www.deutschebahn.com/site/bahn/de/unternehmen/unternehmen.html> sowie <http://www.bmvbs.de/Verkehr/Schiene-,3071/Teilprivatisierung.htm> (Stand: 28.01.2010).

Hiervon ausgehend stellt sich die Frage, ob und inwieweit zivilrechtliche Lärmschutzansprüche (Lärmvorsorgeansprüche bzw. Lärmsanierungsansprüche[1846]) aus §§ 1004, 906 BGB[1847] gegen die privatrechtlichen Eisenbahnunternehmen geltend gemacht werden können, die neben die gegen den Staat gerichteten öffentlich-rechtlichen Ansprüche aus §§ 41 f. BImSchG, § 74 Abs. 2 S. 2 u. 3 VwVfG bzw. § 75 Abs. 2 S. 2 bis 4 VwVfG treten.[1848] Der Bayerische Verwaltungsgerichtshof ist in seinem Urteil vom 5. März 1996[1849] von folgender – zutreffenden – Differenzierung ausgegangen: Trotz weitgehender Privatisierung der ehemaligen Deutschen Bundesbahn seien die Lärmschutzansprüche (Lärmvorsorgeansprüche), die sich auf den Bau oder die wesentliche Änderung von Eisenbahnstrecken beziehen (also die §§ 41 f. BImSchG), weiterhin öffentlich-rechtlicher Natur, da sie ihre Rechtsgrundlage unverändert im Bundes-Immissionsschutzgesetz hätten. Lärmsanierungsansprüche (gegen die Deutsche Bahn AG) hätten aufgrund der geänderten Eisenbahnverfassung eine andere Rechtsnatur angenommen. Da die Deutsche Bahn AG ein privates Unternehmen sei, könnten von ihr keine hoheitlichen und damit auch keine enteignenden Eingriffe mehr ausgehen[1850]. Rechtsgrundlage für gegen sie gerichtete Lärmsanierungsansprüche sei daher nunmehr § 906 BGB in unmittelbarer, nicht mehr entsprechender Anwendung, also im Sinne eines bürgerlichrechtlichen Anspruchs. Der Bundesgerichtshof hat diese Argumentation in seinem Urteil vom 21. November 1996[1851] aufgegriffen und ausgeführt: Nehme „ein Grundstückseigentümer die Deutsche Bahn AG auf Unterlassung von Immissionen in Anspruch“ mit der Behauptung, durchgeführte Baumaßnahmen an dem unter seinem Grundstück verlaufenden Eisenbahntunnel hätten bewirkt, dass es nunmehr durch den Bahnbetrieb zu erheblichen Erschütterungen und Lärmbelästigungen komme, so handle es sich um eine „bürgerliche Rechtsstreitigkeit“, die vor die ordentlichen Gerichte gehöre. Denn bei Unterlassungsklagen nachbarrechtlicher Art, die sich gegen eine im öffentlichen Interesse erfolgende Nutzung richteten, teile der Abwehranspruch grundsätzlich die Rechtsnatur des Handelns, das die Immissionen verursache. Der Betrieb der Deutschen Bahn AG sei „privatrechtlich“ gestaltet. Sie

---

[1846] UBA, Hinweise, S. 11: „Sonderfall der Lärmsanierung“ (siehe auch oben Fn. 893).

[1847] Zum Umweltzivilrecht allg. *Himmelmann,* in: Himmelmann/Tünnesen-Harmes, Umweltrecht, § 5; zu den zivilrechtlichen Grundlagen des Rechtsschutzes vor Lärm ferner *Berberich,* Rechtsschutz, S. 24 ff. u. 59 f.; *Bassenge,* in: Palandt, BGB, § 906 Rn. 1 ff.; *Fritzsche,* in: BeckOK-BGB, § 906 Rn. 1 ff.

[1848] Dazu auch *Michler,* VBlBW 1998, 201 (204 ff.).

[1849] 20 B 92.1055, NVwZ-RR 1997, 159 (160).

[1850] Str., siehe *Remmert,* in: BeckOK-GG, Art. 87c Rn. 12 ff.

[1851] V ZB 19/96, NJW 1997, 744 f., Ls.; dem folgend *Michler,* VBlBW 1998, 201 (205).

möge damit zwar eine „Aufgabe der öffentlichen Daseinsvorsorge“ erfüllen, sei jedoch eine Aktiengesellschaft (Art. 87e Abs. 3 GG, § 1 Abs. 1 DBGrG), zu deren Aufgaben die Erbringung von Eisenbahnverkehrsleistungen sowie der Bau und die Unterhaltung von Eisenbahnanlagen gehöre (§ 3 Abs. 1 Nr. 1 u. 2 DBGrG) und die den Klägern auf der „Ebene der Gleichordnung“ gegenübertrete. Die abzuwehrenden Störungen gingen „nicht auf Ausübung staatlicher Hoheitsgewalt – auch nicht in Form der sog. schlicht hoheitlichen Verwaltung – zurück“. In diesem Zusammenhang sei unerheblich, ob zum Bau oder zur Änderung bestehender Betriebsanlagen behördliche Verfahren notwendig seien. Es ginge nicht um irgendeine Einflussnahme auf ergangene oder ergehende behördliche Genehmigungen oder Zustimmungsakte (vgl. etwa §§ 11, 18 AEG), sondern um das Verhalten der Deutschen Bahn AG selbst, die es im Rahmen ihres privatrechtlich ausgeübten Betriebes in der Hand habe, wie sie ihre Gleisanlagen baue und ihren Zugverkehr betreibe. Der Bundesgerichtshof hat diese Rechtsprechung in seinem Urteil vom 20. Januar 2000[1852] bestätigt und ausgeführt, der Bau und Betrieb der Eisenbahn durch die Deutsche Bahn AG sei als solcher im Unterschied zur Einrichtung einer Bundesautobahn nicht hoheitlich, sondern privatrechtlich gestaltet. Während sich die öffentlich-rechtlich zu qualifizierenden Ansprüche aus §§ 41 f. BImSchG, § 74 Abs. 2 S. 2 u. 3 VwVfG, § 75 Abs. 2 S. 2 bis 4 VwVfG gegen den Staat (Rechtsträger der Planfeststellungsbehörde) richten, sind die privatrechtlichen Ansprüche aus §§ 1004, 906 BGB gegen das störende private Eisenbahnunternehmen gerichtet.[1853]

Im Übrigen hatte bereits das Reichsgericht in seinem Urteil vom 9. Januar 1939[1854] die Vorschriften der §§ 1004, 906 BGB auf das Unternehmen „Reichsautobahn“ für anwendbar gehalten und dazu ausgeführt, zwar erfülle das Unternehmen mit dem Bau und dem Betrieb der Kraftfahrbahnen öffentliche und hoheitliche Aufgaben. Aber es stehe mit seinem Grundbesitz im Bereich des privatrechtlichen Eigentums und sei mit diesem „den Regeln des bürgerlichen Rechts, insbesondere denen des Nachbarrechts, unterworfen“, soweit das nicht seinen öffentlich-rechtlichen Aufgaben widerstreite und soweit nicht Sonderbestimmungen eingriffen. Das sei in Bezug auf „andere Betriebe, die Staatsaufgaben erfüllen, wie z.B. die Eisenbahn und die Post, niemals zweifelhaft gewesen“. Sie stünden wie alle anderen Personen „in der nachbarlichen Gemeinschaft“.[1855] An der Anwendbarkeit der §§ 1004, 906 BGB besteht jedenfalls seit der Bahnreform kein Zweifel mehr.

---

1852 III ZR 110/99, BGHZ 143, 321 = NJW 2000, 1720 (1721); vgl. auch *Bassenge,* in: Palandt, BGB, § 906 Rn. 39.

1853 Vgl. *Bürgel,* NJW 1996, 1804 (1805).

1854 V 154/38, RGZ 159, 129 (131 f. u. 135).

1855 Siehe bereits oben B.I.3.b)bb). – Demgegenüber hatte das OVG Bremen in seinem zur Rechtslage vor der Bahnreform ergangenen Urteil vom 19.01.1993, 1 BA 11/92, NVwZ-RR 1993, 468 (469), Ls. 1 S. 1 entschieden, der Abwehranspruch

Auch wenn somit Lärmschutzansprüche auf privatrechtlicher Grundlage nach §§ 1004, 906 BGB in Betracht kommen, kann ihre Geltendmachung jedoch aufgrund der Ausschlusswirkung des Planfeststellungsbeschlusses nach § 75 Abs. 2 S. 1 VwVfG ausgeschlossen sein (privatrechtsgestaltende Ausschluss- und Duldungswirkung).[1856] Der betroffene Nachbar muss daher gegen den Planfeststellungsbeschluss noch vor dessen Unanfechtbarkeit Klage erheben, wenn er meint, seinen Lärmschutzinteressen sei durch Schutzauflagen nicht oder nicht ausreichend Rechnung getragen.[1857] Die im Planfeststellungsverfahren gebotenen Rechtsschutzmöglichkeiten sind daher gegenüber Ansprüchen aus §§ 1004, 906 BGB vorrangig.[1858] Dies gilt

---

eines Anliegers gegen Lärm- und Erschütterungsbeeinträchtigungen, die von einem öffentlichen Schienenweg ausgehen, sei öffentlich-rechtlicher Natur und deshalb vor den Verwaltungsgerichten geltend zu machen. Der Betrieb von dem öffentlichen Verkehr dienenden Eisenbahnen beruhe „auf öffentlich-rechtlichen Vorschriften". Sowohl der Bau von Schienenwegen als auch der Verkehr auf diesen Wegen, der der umfassenden staatlichen Aufsicht unterliege, seien „öffentlich- rechtlich durchgeformt". Es handele sich insoweit um eine „überkommene rechtliche Zuordnung", die mit dem Begriff der Eisenbahnhoheit des Staates umrissen werde. Die Tatsache, dass das Grundgesetz aus Gründen des Allgemeinwohls für die Bundeseisenbahnen nähere Bestimmungen über die Organisationsform getroffen habe (Art. 87 Abs. 1 S. 1 GG) unterstreiche die öffentlich-rechtliche Einordnung. Beeinträchtigungen, die vom Betrieb öffentlicher Eisenbahnen ausgingen, hätten deshalb „hoheitlichen Charakter". Ein Abwehranspruch gegen diese Beeinträchtigungen könne sich nur aus dem öffentlichen Recht ergeben. Dass die Rechtsverhältnisse zwischen der Beklagten und ihren Benutzern privatrechtlich ausgestaltet seien, ändere hieran nichts. Im vorliegenden Fall gehe es „nicht um einen Rechtsstreit aus dem Benutzungsverhältnis", sondern „um die Frage, bis zu welcher Grenze der Anlieger eines Schienenweges kraft öffentlichen Rechts Beeinträchtigungen, die von diesem Schienenweg ausgehen, zu dulden hat".

1856 *Bonk/Neumann,* in: Stelkens/Bonk/Sachs, VwVfG, § 75 Rn. 62 m.w.N.; *Kopp/Ramsauer,* VwVfG, § 75 Rn. 10; ferner Nds. OVG, Beschl. v. 05.09.2006, 7 LA 137/05, BeckRS 2006, 26354 m.w.N.

1857 Vgl. etwa BGH, Urt. v. 30.10.2009, V ZR 17/09, Ls., juris, Rn. 14 ff. m.w.N. – City-Tunnel Leipzig, zu § 906 Abs. 2 S. 2 VwVfG unter Hinweis auf BGH, Urt. v. 10.12.2004, V ZR 72/04, BGHZ 161, 323 = NJW 2005, 660 (661 ff.) m.w.N. – Flughafen Köln/Bonn, zu § 906 Abs. 2 S. 2 BGB (sowie zu Ansprüchen auf Ausgleich eines verbleibenden Minderwerts des Grundstücks, da die Regelungen des § 74 Abs. 2 S. 3 u. § 75 Abs. 2 S. 4 VwVfG ausreichend seien) unter weiterem Hinweis auf BGH, Urt. v. 21.01.1999, III ZR 168/97, BGHZ 140, 285 = NJW 1999, 1247 (1250 ff.), Ls. 2 – A 3.

1858 Vgl. dazu BGH, Urt. v. 10.12.2004, V ZR 72/04, BGHZ 161, 323 = NJW 2005, 660 (661 ff.) m.w.N. – Flughafen Köln/Bonn, zu § 906 Abs. 2 S. 2 BGB unter weiterem Hinweis darauf, dass neben dem ausdifferenzierten Regelungssystem des § 74 Abs. 2 S. 2 u. 3 VwVfG im Regelfall für einen zusätzlichen Anspruch aus § 906 Abs. 2 S. 2 BGB kein Bedürfnis besteht (entsprechendes gelte für Ansprüche auf Ausgleich eines verbleibenden Minderwerts des Grundstücks aufgrund der Regelungen des § 74 Abs. 2 S. 3 u. § 75 Abs. 2 S. 4 VwVfG), sondern nur, soweit die im Planfeststellungsverfahren zu Gebote stehenden Möglichkeiten dem Interesse des auch, wenn die das Nachbargrundstück treffenden Einwirkungen auf die Errichtung des planfestgestellten Vorhabens zurückzuführen sind, denn die durch den Planfeststellungsbeschluss begründete Duldungspflicht des Nachbarn erfasst bereits die während der Bauphase entstehenden Immissionen; die im Planfeststellungsverfahren zu beachtenden Vorschriften über Schutzmaßnahmen unterscheiden nicht nach den einzelnen Abschnitten der Realisierung des Vorhabens.[1859] Nach der Rechtsprechung des 5. Zivilsenats des Bundesgerichtshofs im Urteil vom 30. Oktober 2009[1860] zum City-Tunnel Leipzig gilt die Ausschluss- und Duldungswirkung des Planfeststellungsbeschlusses zudem unabhängig davon, ob der Vorhabenträger die Vorgaben des Beschlusses einhält; soweit mit unzumutbaren Beeinträchtigungen infolge einer Überschreitung der im Beschluss festgelegten Grenzwerte im Zeitpunkt der Planfeststellung nicht gerechnet werden konnte, besteht die Möglichkeit der Geltendmachung eines Anspruchs auf nachträgliche Schutzauflagen nach § 75 Abs. 2 S. 2 VwVfG. Durch privatrechtliche Ansprüche darf somit das öffentlich-rechtliche Regelungssystem nicht unterlaufen werden.[1861]

Allerdings gilt die Vorschrift des § 75 Abs. 2 VwVfG und damit auch die Ausschlusswirkung des § 75 Abs. 2 S. 1 VwVfG nur für Planfeststellungsbeschlüsse, die nach Inkrafttreten des Verwaltungsverfahrensgesetzes zum 1. Januar 1977 erlassen wurden.[1862] Andernfalls sind auch privatrechtliche Ansprüche nach §§ 1004, 906 BGB nicht ausgeschlossen.

---

Grundstückseigentümers nicht ausreichend Rechnung trügen. – Zur Frage, ob aufgrund der gesetzgeberischen Wertentscheidung in § 2 Abs. 1 Nr. 4 BImSchG auch privatrechtliche Ansprüche nach §§ 1004, 906 BGB unterhalb der verfassungsrechtlichen Zumutbarkeitsschwelle ausgeschlossen sind, *Michler,* VBlBW 1998, 201 (205 u. 208), nach dem die Wesentlichkeit im Sinne des § 906 BGB aufgrund dessen nicht anhand der einfach-rechtlichen Zumutbarkeitsschwelle bestimmt werden könne. – Allg. zum Verhältnis von verwaltungs- und zivil-rechtlichem Rechtsschutz gegenüber Immissionen *Baur,* in: FS für Martens, S. 545 ff.

[1859] BGH, Urt. v. 30.10.2009, V ZR 17/09, Ls., juris, Rn. 18 m.w.N. – City-Tunnel Leipzig, zu § 906 Abs. 2 S. 2 VwVfG.

[1860] V ZR 17/09, Ls., juris, Rn. 27 ff.

[1861] Allerdings dürften auf der Grundlage der §§ 1004, 906 BGB gegen das privatrechtliche Eisenbahnunternehmen Ansprüche mit dem Inhalt geltend gemacht werden können, die im Planfeststellungsbeschluss zum Schutz der Nachbarn angeordneten Schutzauflagen seien nicht eingehalten. Denn *diese* Ansprüche werden von der Ausschluss- bzw. Duldungswirkung des Planfeststellungsbeschlusses nach ihrem Sinn und Zweck gerade nicht erfasst. Die Bestandskraft des Planfeststellungsbeschlusses wird von ihnen nicht (negativ) berührt, sondern vielmehr gefestigt. Die Betroffenen können also nach den §§ 1004, 906 BGB die *Einhaltung,* nicht aber die *Verbesserung* des durch den Planfeststellungsbeschluss gewährten Schutzniveaus verlangen.

[1862] Siehe oben E.I.2.a).

*Teil 3*

# Rechtsschutz

Nachdem sich der zweite Teil der Arbeit mit dem materiellen Lärmschutzrecht der eisenbahnrechtlichen Planfeststellung befasste, werden im vorliegenden dritten Teil die wesentlichen prozessualen Grundsätze des Rechtsschutzes im Zusammenhang mit dem Lärmschutz dargestellt.

## A. Rechtsweg

Für die Beurteilung der materiellen Lärmschutzfragen im Zusammenhang mit der eisenbahnrechtlichen Planfeststellung sind in erster Linie die Verwaltungsgerichte zuständig (§ 40 Abs. 1 S. 1 VwGO). Dies gilt namentlich für die Entscheidung über *Ansprüche auf Anordnung von Schutzauflagen* nach § 41 BImSchG, § 74 Abs. 2 S. 2 VwVfG und § 75 Abs. 2 S. 2 u. 3 VwVfG. Daran hat sich trotz der Privatisierung der Deutschen Bundesbahn nichts geändert. Auch weiterhin sind die Lärmschutzansprüche, die sich auf den Bau und die wesentliche Änderung von Eisenbahnstrecken beziehen, öffentlich-rechtlicher Natur, da sie ihre Rechtsgrundlage unverändert im Bundes-Immissionsschutzgesetz bzw. im Verwaltungsverfahrensgesetz haben.[1863] Dieses Ergebnis folgt ferner daraus, dass sich die vorgenannten Ansprüche nicht gegen die Deutsche Bahn AG bzw. ihre Tochtergesellschaften richten, sondern gegen die Planfeststellungsbehörde bzw. ihren Rechtsträger. Demgegenüber sind privatrechtliche Lärmschutzansprüche aus §§ 906, 1004 BGB gegen das privatrechtliche Eisenbahnunternehmen gerichtet und deshalb vor den ordentlichen Gerichten geltend zu machen.[1864] Gleiches gilt im Grundsatz auch für die *Entschädigungsansprüche* aus § 74 Abs. 2 S. 3 VwVfG und § 75 Abs. 2 S. 4 VwVfG. Bei diesen Ansprüchen handelt es sich nicht um Ansprüche aus einer Enteignung im Sinne von Art. 14 Abs. 3 GG, für die wegen der Höhe der Entschädigung[1865] der

---

1863 So zutr. BayVGH, Urt. v. 05.03.1996, 20 B 92.1055, NVwZ-RR 1997, 159 (160).

1864 Siehe oben Teil 2, B.I.4.b) sowie F. – Zur Ausschlusswirkung des § 75 Abs. 2 S. 1 VwVfG oben Teil 2, E.I.2.a) und F. (a.E.).

1865 Zutr. BVerwG, Urt. v. 22.05.1987, 4 C 17-19.84, BVerwGE 77, 295 = NJW 1987, 2884 (2885), wonach Art. 14 Abs. 3 S. 4 GG nur den Streit um die *Höhe* der Entschädigung erfasse und hinsichtlich des Anspruchs*grundes* die Zuständigkeit der

Rechtsweg zu den ordentlichen Gerichten eröffnet wäre (Art. 14 Abs. 3 S. 4 GG i. V. m. § 40 Abs. 1 S. 1 Halbs. 2 VwGO, § 13 GVG)[1866]. Denn sie enthalten keine Entschädigung für den finalen Entzug konkreter Eigentumspositionen. Da es nach der bundesverfassungsgerichtlichen Rechtsprechung – anders als nach der älteren Rechtsprechung des Bundesgerichtshofs – für die Qualifikation als Enteignung nicht auf die Schwere des Eingriffs ankommt, gilt dies auch, soweit die Vorschriften Entschädigung für Lärmbeeinträchtigungen oberhalb der verfassungsrechtlichen Zumutbarkeitsschwelle gewähren. Im Streitfall entscheiden deshalb über Grund und Höhe der Entschädigungsansprüche grundsätzlich die Verwaltungsgerichte.[1867] Dies gilt auch für Erstattungsansprüche aus § 42 Abs. 2 S. 1 BImSchG und zwar ebenfalls unabhängig davon, ob durch die von der geplanten Verkehrsanlage ausgehenden Lärmimmissionen die enteignungsrechtliche Zumutbarkeitsschwelle einer schweren und unerträglichen Betroffenheit des Anliegergrundstücks überschritten wird.[1868] Enthält der Planfeststellungsbeschluss

---

Verwaltungsgerichte unberührt bleibe (allerdings nicht im Zusammenhang mit einer „echten" Enteignungsentschädigung, sondern im Zusammenhang mit einem Entschädigungsanspruch nach § 74 Abs. 2 S. 3 VwVfG); ferner BVerfG, Beschl. v. 15.07.1981, 1 BvL 77/78, BVerfGE 58, 300 = NJW 1982, 745 f., Ls. 1 u. 2 – Nassauskiesung; *Berkemann,* DVBl. 1986, 768 (770).

[1866] Dazu ausführlich *Sodan,* in: Sodan/Ziekow, VwGO, § 40 Rn. 502 ff.

[1867] Ebenso *Bonk/Neumann,* in: Stelkens/Bonk/Sachs, VwVfG, § 75 Rn. 92 (zu § 75 Abs. 2 S. 4 VwVfG) unter Hinweis auf BVerwG, Urt. v. 22.03.1985, 4 C 15.83, BVerwGE 71, 166 = NJW 1986, 80 (82) – B 16 (noch zu § 17 Abs. 4 S. 2 FStrG a. F.), auf BVerwG, Urt. v. 22.05.1987, 4 C 17-19.84, BVerwGE 77, 295 = NJW 1987, 2884 (2885), Ls. 2 (auch zu § 74 Abs. 2 S. 3 VwVfG und auch wenn auf dieser Grundlage ein Anspruch auf Übernahme des Grundstücks geltend gemacht wird) sowie auf BVerwG, Beschl. v. 07.09.1988, 4 N 1.87, BVerwGE 80, 184 = NJW 1989, 467 (469) zu § 42 BImSchG. – Für diejenigen, die in § 74 Abs. 2 S. 3 VwVfG und § 75 Abs. 2 S. 4 VwVfG oberhalb der Enteignungsschwelle eine ausgleichspflichtige Inhalts- und Schrankenbestimmung sehen (siehe oben Teil 2, B.III.3.) gilt nichts anderes. Das Gesetz zur Bereinigung des Rechtsmittelrechts im Verwaltungsprozess (RmBereinVpG) vom 20.12.2001 (BGBl. I, S. 3987) hat in § 40 Abs. 2 S. 1 letzter Halbs. VwGO klargestellt, dass die abdrängende Sonderzuweisung in § 40 Abs. 2 S. 1 Halbs. 1 VwGO nicht für Ausgleichsansprüche nach Art. 14 Abs. 1 S. 2 GG gilt, für diese also nach § 40 Abs. 1 S. 1 Halbs. 1 VwGO der Verwaltungsrechtsweg eröffnet ist, dazu *Sodan,* in: Sodan/Ziekow, VwGO, § 40 Rn. 540 bis 544. – Ebenfalls nichts anderes gilt, wenn man in den Vorschriften unterhalb der Enteignungsschwelle eine (von dem Institut der ausgleichspflichtigen Inhalts- und Schrankenbestimmung zu unterscheidende) „Billigkeitsentschädigung" sieht. Auch dann ist, sofern gesetzlich nichts anderes bestimmt ist, der Verwaltungsrechtsweg gegeben, siehe *Sodan,* in: Sodan/Ziekow, VwGO, § 40 Rn. 546; vgl. auch *Berkemann,* DVBl. 1986, 768 (770): Da § 17 Abs. 4 S. 2 FStrG (a. F.) und vergleichbare Regelungen Billigkeitsansprüche im Vorfeld enteignender Eingriffe seien (verfassungsdogmatisch also Art. 14 Abs. 1 GG zuzuordnen seien), liege es in der Konsequenz dieser Beurteilung, für diese Ansprüche die Zuständigkeit der Verwaltungsgerichte zu bejahen.

nicht die erforderlichen Festlegungen zum Grund bzw. zur Höhe des Entschädigungs- bzw. Erstattungsanspruchs, so ist – nach rechtzeitig erhobenem Einwand im Anhörungsverfahren – jeweils Verpflichtungsklage auf Ergänzung des Planfeststellungsbeschlusses zu den Verwaltungsgerichten zu erheben.[1869] Für die eisenbahnrechtliche Planfeststellung gilt jedoch, dass die Höhe der Entschädigung nach § 22a AEG bzw. die Höhe der zu erstattenden Aufwendungen nach § 42 Abs. 3 BImSchG, sofern zwischen dem Vorhabenträger und dem Betroffenen keine Einigung über diese zustande kommt, in einem besonderen Verfahren nach Maßgabe der Enteignungsgesetze der Länder zu bestimmen ist (siehe ebenso § 19a FStrG, § 28a LuftVG, § 7a MBPlG, § 45a EnWG).[1870] Die Landesenteignungsgesetze re-

---

1868 Vgl. dazu *Reese,* in: BeckOK-UmwR, § 42 BImSchG Rn. 19; *Bracher,* in: LR, § 42 BImSchG Rn. 41; *Schulze-Fielitz,* in: GK-BImSchG, § 42 Rn. 8 u. 70; ferner BVerwG, Beschl. v. 07.09.1988, 4 N 1.87, BVerwGE 80, 184 = NJW 1989, 467 (469).

1869 *Bonk/Neumann,* in: Stelkens/Bonk/Sachs, VwVfG, § 74 Rn. 196, 198 u. § 75 Rn. 91; *Reese,* in: BeckOK-UmwR, § 42 BImSchG Rn. 19; *Bracher,* in: LR, § 42 BImSchG Rn. 41.

1870 Siehe dazu oben Teil 2, B.III.6.i). – Kommt eine Vereinbarung zwischen dem Träger der Baulast und dem Betroffenen über die Höhe des zu erstattenden Aufwands zustande, so ist auch für (Vertragserfüllungs- oder Schadensersatz-)Ansprüche aus dieser Vereinbarung der Verwaltungsrechtsweg eröffnet (mit der allgemeinen Leistungsklage als statthafter Klageart), da es sich bei der Vereinbarung um einen öffentlich-rechtlichen Vertrag im Sinne der §§ 54 ff. VwVfG handelt (*Reese,* in: BeckOK-UmwR, § 42 BImSchG Rn. 20; *Bracher,* in: LR, § 42 BImSchG Rn. 43; *Czajka,* in: Feldhaus, BImSchG, § 42 Rn. 65 u. 76; *Schulze-Fielitz,* in: GK-BImSchG, § 42 Rn. 65, jew. zu § 42 BImSchG), und zwar unabhängig davon, ob der anspruchsverpflichtete Baulastträger eine öffentlich-rechtliche Körperschaft ist oder eine private Person wie z. B. die Deutsche Bahn AG (*Reese,* in: BeckOK-UmwR, § 42 BImSchG Rn. 20; *Czajka,* in: Feldhaus, BImSchG, § 42 Rn. 65). Ein *förmlicher* Verwaltungsvertrag ist aber nicht erforderlich; es genügt vielmehr eine gegebenenfalls schriftlich niedergelegte Verständigung über den Entschädigungsumfang, *Schulze-Fielitz,* in: GK-BImSchG, § 42 Rn. 58. – Fraglich ist, ob § 22a AEG auch für die nachträgliche Entschädigung nach § 75 Abs. 2 S. 4 VwVfG gilt. Dafür könnte sprechen, dass der Beschluss der Planfeststellungsbehörde (§ 75 Abs. 2 S. 3 VwVfG), obgleich selbst kein Planfeststellungsbeschluss und auch kein Änderungsbeschluss im Sinne von § 76 VwVfG (str.), den ursprünglichen Planfeststellungsbeschluss ergänzt und mit ihm eine rechtliche Einheit bildet (*Bonk/Neumann,* in: Stelkens/Bonk/Sachs, VwVfG, § 75 Rn. 91). Dies könnte es rechtfertigen, § 22a AEG auch auf diese Fallgestaltung anzuwenden, weil auch dann der Vorhabenträger aufgrund dieser Einheit ebenfalls „auf Grund eines Planfeststellungsbeschlusses" verpflichtet wäre, eine Entschädigung in Geld zu leisten. Andererseits spricht gegen die Anwendbarkeit der Vorschrift des § 22a AEG neben dem Umstand, dass der Beschluss der Planfeststellungsbehörde kein Planfeststellungsbeschluss ist, dass der Zweck der durch das Infrastrukturplanungsbeschleunigungsgesetz eingefügten Vorschrift, nämlich eine Beschleunigung des Planfeststellungsverfahrens zu erreichen, im Falle von nachträglichen Anordnungen bzw. (hier) der nachträglichen Entschädigung nicht berührt ist. Vgl. insoweit auch die Erwägungen zum Erfordernis eines geln insofern zumeist, dass für den Antrag auf gerichtliche Entscheidung gegen den im Entschädigungsfestsetzungsverfahren ergangenen Entschädigungsfestsetzungsbescheid die Landgerichte – Kammern für Baulandsachen – zuständig sind.[1871] Während also über den Anspruch auf Entschädigung dem Grunde nach die Verwaltungsgerichte zuständig sind, entscheiden über die Höhe der Entschädigungsansprüche die ordentlichen Gerichte.[1872]

---

Vorverfahrens bei nachträglichen Schallschutzauflagen (unten C.II.) sowie der Ablehnung der erstinstanzlichen Zuständigkeit des Bundesverwaltungsgerichts bzw. der Oberverwaltungsgerichte (unten G.).

[1871] Z.B. § 41 S. 2 LEntG Bad.-Württ. Für das Verfahren gelten die §§ 217 ff. BauGB entsprechend (§ 41 S. 3 LEntG). Vgl. auch *Czajka,* in: Feldhaus, BImSchG, § 42 Rn. 77.

[1872] *Reese,* in: BeckOK-UmwR, § 42 BImSchG Rn. 21; *Bracher,* in: LR, § 42 BImSchG Rn. 44 m.w.N. auch zur Gegenauffassung, unter Hinweis darauf, dass zu dem „Verfahren" im Sinne von § 42 Abs. 3 S. 2 BImSchG auch der Rechtsweg gehört (*insoweit* etwa a.A. Hess. VGH, Urt. v. 24.02.1998, 14 UE 1897/91, ESVGH 48, 316 L, juris, Rn. 25 a.E., aber auch im Ergebnis zwischen dem Grund und der Höhe des Anspruchs differenzierend; abl. auch *Schulze-Fielitz,* in: GK-BImSchG, § 42 Rn. 68, da § 42 Abs. 3 S. 2 BImSchG nur auf das (Verwaltungs-)Verfahren verweise); *Jarass,* BImSchG, § 42 Rn. 26; *Schulze-Fielitz,* in: GK-BImSchG, § 42 Rn. 63, jew. zu § 42 BImSchG; *Kromer,* in: Müller/Schulz, FStrG, § 19a Rn. 24 u. 27 unter Hinweis darauf, dass wegen § 19a Halbs. 2 FStrG (u. § 42 Abs. 3 S. 2 BImSchG) alle früheren Vorschläge, je nach Rechtsnatur der Entschädigung den Rechtsweg zu den ordentlichen oder den Verwaltungsgerichten eröffnet zu sehen, obsolet geworden sind; ferner BGH, Urt. v. 25.03.1993, III ZR 60/91, BGHZ 122, 76 = NJW 1993, 1700 (1701) unter anderem zu § 19a FStrG i.V.m. § 74 Abs. 2 S. 3 VwVfG (allerdings – aufgrund der Differenzierung in der BGH-Rechtsprechung – nur für Ansprüche unterhalb der enteignungsrechtlichen Zumutbarkeitsschwelle). Zu dieser Differenzierung etwa BGH, Urt. v. 06.02.1986, III ZR 96/84, BGHZ 97, 114 = NJW 1986, 1980 (1981) = DVBl. 1986, 766 (767) m. Anm. *Berkemann,* DVBl. 1986, 768 ff., wonach für enteignungsrechtliche Entschädigungsansprüche wegen Verkehrsimmissionen der Rechtsweg vor den Zivilgerichten eröffnet sei, während über die fachplanungsrechtliche Billigkeitsentschädigung (hier: des § 17 Abs. 4 S. 2 FStrG a.F.) grundsätzlich – im entschiedenen Fall lag ein Sonderfall vor – die Verwaltungsgerichte zu befinden hätten. Im zugrunde liegenden Fall hatte der Bundesgerichtshof gleichwohl die Zuständigkeit der ordentlichen Gerichte auch für die fachplanungsrechtliche Billigkeitsentschädigung des § 17 Abs. 4 S. 2 FStrG a.F. bejaht, da ein administratives Entschädigungsverfahren aus Gründen, die der Beklagten zuzurechnen gewesen seien, nicht stattgefunden habe und deshalb über die gesamten Ansprüche der Klägerin sinnvollerweise nur einheitlich in einem Rechtsweg entschieden werden könne, mit der Folge, dass die Betroffene ihre Ansprüche wegen Wertminderung des lärmbetroffenen Grundstücks nicht in einen fachplanungsrechtlichen und einen enteignungsrechtlichen Teil aufspalten und diese nicht in getrennten Rechtswegen vor den Verwaltungsgerichten und den Zivilgerichten verfolgen musste; *Burkard,* VBlBW 1988, 41 (44) bewertet die Entscheidung rechtsdogmatisch als außerordentlich problematisch, begrüßt sie aber unter pragmatischen Gesichtspunkten; vgl. auch *Michler,* Verkehrsimmissionsschutz, S. 137 u. 141. – Fraglich ist, ob trotz § 74 Abs. 2 S. 3 VwVfG und § 75 Abs. 2 S. 4 VwVfG noch eine Entschädigung nach den Grundsätzen des *„enteignenden Eingriffs"* in Be-

# B. Anfechtungsklage auf Aufhebung des Planfeststellungsbeschlusses

Da Mängel im Lärmschutzkonzept des Planfeststellungsbeschlusses regelmäßig durch nachträgliche Anordnung von Schutzauflagen im Wege der Planergänzung behoben werden können[1873], rechtfertigen sie in der Regel nicht die Aufhebung des Planfeststellungsbeschlusses.[1874] Im Falle unzureichender Lärmvorsorge steht dem Betroffenen deshalb grundsätzlich nur ein Anspruch auf Planergänzung zu, nicht aber auf Planaufhebung (*Vorrang der*

tracht kommt, wenn die Planung die vorgegebene Grundstückssituation nachhaltig verändert und dadurch das Grundeigentum „schwer und unerträglich“ trifft (offen gelassen von BVerwG, Urt. v. 22.05.1987, 4 C 17-19.84, BVerwGE 77, 295 = NJW 1987, 2884 (2885). Bejaht von BGH, Urt. v. 06.02.1986, III ZR 96/84, BGHZ 97, 114 = NJW 1986, 1980 f. = DVBl. 1986, 766 f., Ls. 1 m. Anm. *Berkemann,* DVBl. 1986, 768 ff., allerdings unter der Annahme, dass § 17 Abs. 4 S. 2 FStrG a. F. *nur* „fachplanungsrechtliche Ansprüche im Vorfeld der Enteignung regelt“, nicht aber „Entschädigungsansprüche enteignungsrechtlicher Art“). Da § 74 Abs. 2 S. 3 VwVfG nach zutreffender Auffassung Entschädigungsansprüche sowohl unterhalb als auch oberhalb der Enteignungsschwelle gewährt (siehe oben Teil 2, B.III.3.), dürfte für eine (weitere) Entschädigung nach den Grundsätzen des enteignenden Eingriffs kein Raum mehr sein. Im Erg. ebenso *Ziekow,* VwVfG, § 74 Rn. 41 (auch für den Ausgleichsanspruch nach § 906 Abs. 2 S. 2 BGB) unter Hinweis auf die Möglichkeit, während der Planaufstellung die Aufnahme von Schutzvorkehrungen und für nicht voraussehbare Auswirkungen nachträgliche Schutzvorkehrungen zu verlangen. Vgl. ferner *Czajka,* in: Feldhaus, BImSchG, § 42 Rn. 56; *Michler,* VBlBW 1998, 201 (204); *Kromer,* in: Müller/Schulz, FStrG, § 19a Rn. 4 jedenfalls zur Vorschrift des § 19a FStrG, die eine abschließende Regelung für alle Ersatzansprüche enthalte, so dass frühere Konstrukte aus Aufopferung oder enteignendem Eingriff keine Bedeutung mehr hätten. – Sofern man Ansprüche aus enteignendem Eingriff bejaht, dürfte für sie gem. § 40 Abs. 2 S. 1 Var. 1 VwGO (vermögensrechtlicher Anspruch aus „Aufopferung für das gemeine Wohl“) der Rechtsweg zu den ordentlichen Gericht eröffnet sein (str.), *Sodan,* in: Sodan/Ziekow, VwGO, § 40 Rn. 537 bis 539 m. w. N. auch zur Gegenauffassung. So ordnet auch der Bundesgerichtshof die Entschädigungsansprüche aufgrund eines enteignenden Eingriffs den Aufopferungsansprüchen zu, siehe BGH, Urt. v. 25.03.1993, III ZR 60/91, BGHZ 122, 76 = NJW 1993, 1700 (1701), wonach zur „Entscheidung über Entschädigungsansprüche wegen hoheitlicher Lärmimmissionen“, die „die Grenze des enteignungsrechtlich Zumutbaren übersteigen“, „die Zivilgerichte berufen (seien) (§ 40 Abs. 2 VwGO)“, „da es sich um die Beurteilung von Aufopferungsansprüchen handelt“. Dies gelte „auch, soweit der Anspruchsteller einen Geldausgleich für Schallschutzmaßnahmen verlangt“.

[1873] Nicht zu verwechseln mit dem Fall der „nachträglichen Lärmschutzauflagen“ nach § 75 Abs. 2 S. 2 VwVfG, in dem *nicht* Fehler des *ursprünglichen* Lärmschutzkonzepts, sondern Schutzansprüche wegen *nachträglich* nicht vorhersehbarer Wirkungen geltend gemacht werden (dazu Teil 2, E.).

[1874] BVerwG, Urt. v. 23.11.2005, 9 A 28.04, BVerwGE 124, 334 = NVwZ 2006, 331 (332), Rn. 17.

*Planergänzung vor der Planaufhebung*[1875]). Dieser Grundsatz hat einen positivrechtlichen Niederschlag in § 75 Abs. 1a S. 2 VwVfG und den speziellen Vorschriften des Fachplanungsrechts (§ 18e Abs. 6 S. 2 AEG, § 17e Abs. 6 S. 2 FStrG, § 10 Abs. 8 S. 2 LuftVG, § 14e Abs. 6 S. 2 WaStrG, § 43e Abs. 4 S. 2 EnWG, § 29 Abs. 8 S. 2 PBefG, § 2d Abs. 4 S. 2 MBPlG) gefunden[1876], wonach erhebliche Mängel bei der Abwägung nur dann zur Aufhebung des Planfeststellungsbeschlusses führen, wenn sie nicht durch Planergänzung oder durch ein ergänzendes Verfahren behoben werden können. Eine (ganze oder teilweise) Planaufhebung kommt nur dann in Betracht, wenn das Fehlen einer Schallschutzauflage ausnahmsweise von so großem Gewicht ist, dass die „Ausgewogenheit der Planung insgesamt oder eines wesentlichen Planungsteils in Frage gestellt wird".[1877] Dies bedeutet

[1875] Der Vorrang der Planergänzung gilt freilich auch bei einem erlassenen Planänderungsbeschluss, OVG Schleswig-Holstein, Urt. v. 10.10.2006, 4 KS 12/03, juris, Rn. 64.

[1876] *Hoppe/Schlarmann/Buchner/Deutsch,* Rechtsschutz, Rn. 661.

[1877] St. Rspr., grundlegend BVerwG, Urt. v. 07.07.1978, 4 C 79.76 u.a., BVerwGE 56, 110 = NJW 1979, 64 (70), Ls. 6 – Verkehrsflughafen Frankfurt/Main; ferner BVerwG, Urt. v. 18.04.1996, 11 A 86.95, BVerwGE 101, 73 = NVwZ 1996, 901 (905), Ls. 3 – Bauvorhaben „Verkehrsanlagen im Zentralen Bereich Berlin" (VZB); BVerwG, Beschl. v. 12.11.1992, 7 ER 300.92, NVwZ 1993, 266 (267) – Eisenbahntrasse Erfurt–Bebra; BVerwG, Urt. v. 20.10.1989, 4 C 12.87, BVerwGE 84, 31 = NJW 1990, 925 (929) – „Oberursel II" u. BVerwG, Urt. v. 22.03.1985, 4 C 63.80, BVerwGE 71, 150 = NJW 1985, 3034 (3036) – B 455; BVerwG, Urt. v. 27.03.1980, 4 C 34.79, NJW 1981, 241 (insoweit nicht abgedruckt), juris, Rn. 42 – A 3; aus *neuerer Zeit* etwa BVerwG, Urt. v. 16.03.2006, 4 A 1075.04, BVerwGE 125, 116 = NVwZ 2006, Beilage zu Heft Nr. 8, S. 19 ff., 24, Rn. 236 ff. (238, 290) m.w.N. – Verkehrsflughafen Berlin-Schönefeld; BVerwG, Urt. v. 23.11.2005, 9 A 28.04, BVerwGE 124, 334 = NVwZ 2006, 331 (332), Rn. 17 m.w.N.; BVerwG, Beschl. v. 14.04.2005, 4 VR 1005.04, BVerwGE 123, 241 = NVwZ 2005, 689 (690) m.w.N. – Verkehrsflughafen Berlin-Schönefeld; ebenso die obergerichtliche Rspr.: OVG Berlin-Brandenburg, Beschl. v. 30.11.2006, 2 S 20/06, LKV 2007, 273, juris, Rn. 38; OVG Bremen, Urt. v. 21.11.2006, 1 D 79/06, NordÖR 2007, 119, juris, Rn. 108; OVG NRW, Beschl. v. 17.11.2006, 11 B 607/06.AK, juris, Rn. 52; OVG Schleswig-Holstein, Urt. v. 10.10.2006, 4 KS 12/03, juris, Rn. 63; Nds. OVG, Urt. v. 21.06.2006, 7 KS 64/03, juris, Rn. 35; OVG RhPf., Urt. v. 04.04.2006, 8 C 10315/05, juris, Rn. 28; VGH Bad.-Württ., Urt. v. 30.09.2005, 5 S 591/04, juris, Rn. 26 – Eisenbahntrasse Ulm–Friedrichshafen; Saarl. OVG, Teilurt. v. 20.07.2005, 1 M 2/04, juris, Rn. 206; BayVGH, Beschl. v. 11.11.2004, 8 CS 04.2858, juris, Rn. 17; ferner *Vallendar,* in: Hermes/Sellner, AEG, § 18 Rn. 288; *Czajka,* in: Feldhaus, BImSchG, § 41 Rn. 82; *Schulze-Fielitz,* in: GK-BImSchG, § 41 Rn. 84; *Storost,* in: Ule/Laubinger, BImSchG, § 41 E 2; *Stüer/Probstfeld,* Planfeststellung, Rn. 121; *Kuschnerus,* Schutzauflagen, S. 95; *Michler,* Verkehrsimmissionsschutz, S. 173 ff (175 u. 178 f.); *ders.*, VerwArch. 1999, 21 (26 ff.); *Jarass,* DÖV 2004, 633 (635 f.); *Roth,* NVwZ 2001, 34; *Quaas,* NVwZ 1991, 16 (21); *Blocher,* DÖV 1981, 660 (664); *Korbmacher,* DÖV 1976, 1 ff. unter Hinweis auf die frühere gegenteilige Rechtsprechung des Verwaltungsgerichtshofs Baden-Württemberg; a.A.

jedoch nicht, dass die Planfeststellungsbehörde den Verkehrsweg gleichsam zunächst ungelöst von Fragen des Immissionsschutzes planen und die Ein-

*Hofmann*, Verkehrslärmschutz, S. 205 f., nach dem aufgrund der engen Verknüpfung zwischen Abwägung und Auflagengebot der Planfeststellungsbeschluss rechtswidrig sei und deshalb nach § 113 Abs. 1 S. 1 VwGO zumindest teilweise aufgehoben werden müsse. – Soweit das Schutzauflagengebot im planerischen Abwägungsgebot verankert ist, ist § 18e Abs. 6 S. 1 AEG zu beachten, wonach Mängel bei der Abwägung der von dem Vorhaben berührten öffentlichen und privaten Belange nur dann erheblich sind, wenn sie „offensichtlich und auf das Abwägungsergebnis von Einfluss gewesen sind". Erhebliche Mängel bei der Abwägung führen nur dann zur Aufhebung des Planfeststellungsbeschlusses, wenn sie nicht durch Planergänzung oder durch ein ergänzendes Verfahren behoben werden können (§ 18e Abs. 6 S. 2 AEG). Grundlegend zur Erheblichkeit von Abwägungsmängeln BVerwG, Urt. v. 21.08.1981, 4 C 57.80, BVerwGE 64, 33 = NJW 1982, 591 ff., Ls. 2 u. 3 zur Bauleitplanung. Danach sind Mängel „offensichtlich", wenn sie auf „objektiv feststellbaren Umständen" beruhen und sie ohne Ausforschung der Mitglieder des Rates (oder des Planungsverbandes) über deren Planungsvorstellungen für den Rechtsanwender erkennbar sind. Beachtlich bleibt alles das, was zur *„äußeren" Seite des Abwägungsvorgangs* derart gehört, dass es „auf objektiv erfassbaren Sachumständen beruht. Fehler und Irrtümer, die z. B. die Zusammenstellung und Aufbereitung des Abwägungsmaterials, die Erkenntnis und Einstellung aller wesentlichen Belange in die Abwägung oder die Gewichtung der Belange betreffen und die sich etwa aus Akten, Protokollen, aus der Entwurfs- oder Planbegründung oder aus sonstigen Unterlagen ergeben, sind ‚offensichtlich' und daher, wenn sich für ihr Vorliegen Anhaltspunkte ergeben, vom Gericht – gegebenenfalls auch durch Beweiserhebung – aufzuklären". Was dagegen zur *„inneren" Seite des Abwägungsvorgangs* gehört, was also die „Motive, die etwa fehlenden oder irrigen Vorstellungen der an der Abstimmung beteiligten Mitglieder des Planungsträgers betrifft", gehört zu den nicht offensichtlichen Mängeln; und diese Mängel lassen die Gültigkeit des Planes unberührt. Aus fehlerhaften Motiven oder Vorstellungen können offensichtliche und daher für die Gültigkeit des Plans erhebliche Mängel im Abwägungsvorgang nicht hergeleitet werden. Ein offensichtlicher Mangel im Abwägungsvorgang ist dann auf das Abwägungsergebnis von Einfluss gewesen, wenn" nach den Umständen des Einzelfalls die *konkrete Möglichkeit* eines solchen Einflusses besteht" (Herv. d. Verf.). – Zur Entscheidung durch das Gericht, wenn ein Fehler im Wege eines ergänzenden Verfahrens behoben werden kann, BVerwG, Urt. v. 21.03.1996, 4 C 19.94, BVerwGE 100, 370 = NVwZ 1996, 1016 (1017) – A 99: § 17 Abs. 6c S. 2 FStrG (a. F.) verbiete dem Gericht die Planaufhebung, sage aber nichts darüber aus, welche Rechtsfolge eines festgestellten erheblichen Abwägungsmangels das Gericht auszusprechen habe. Die Annahme, statt der beantragten Kassation sei die Verpflichtung der Behörde zu einem ergänzenden Verfahren auszusprechen, das auf die behördliche Überprüfung und gegebenenfalls Bestätigung des angefochtenen Planfeststellungsbeschlusses gerichtet sei, werde der Interessenlage der Beteiligten, wie sie in der Vorschrift Niederschlag gefunden habe, nicht gerecht. Der Gesetzgeber wolle das Interesse des die Planaufhebung beantragenden Klägers an der Verhinderung des Vorhabens, jedenfalls soweit es seine Rechte verletze, nicht umlenken oder umdeuten in ein Interesse an einem dem Abwägungsgebot genügenden Verfahren. Er wolle lediglich die radikale Folge einer Rechtswidrigkeit des Planfeststellungsbeschlusses, die Kassation, vermeiden, wenn der Fehler durch ein ergänzendes Verfahren behoben werden könne. Folglich habe das Gericht *„nur die Rechtswidrigkeit des Plan-*

haltung der Zumutbarkeit einer späteren Entscheidung vorbehalten darf.[1878] Ist nämlich bei verständiger Würdigung der tatsächlichen Umstände eine „konkrete Möglichkeit" dafür erkennbar, dass die Planfeststellungsbehörde bei Kenntnis der tatsächlichen (Geräusch-)Auswirkungen des Vorhabens eine andere konzeptionelle Entscheidung getroffen hätte oder bei sachgerechter Abwägung sogar hätte treffen müssen, so kann auch eine defizitäre Abschätzung der immissionsmäßigen Auswirkungen zu einer gerichtlichen Aufhebung des gesamten Planfeststellungsbeschlusses führen.[1879] Ist dies der Fall, so ist das Aufhebungsbegehren mit der Anfechtungsklage (§ 42 Abs. 1 Var. 1 VwGO) geltend zu machen. Ist unsicher, ob das Fehlen von Schutzvorkehrungen die Ausgewogenheit der Planung insgesamt in Frage stellt, ist es in prozessualer Hinsicht sachgerecht, neben der auf ganze oder teilweise Aufhebung des Planfeststellungsbeschlusses gerichteten Anfechtungsklage hilfsweise (gegebenenfalls noch im gerichtlichen Verfahren[1880]) im Wege der (gegebenenfalls nachträglichen) objektiven Klagehäufung (§ 44 VwGO) eine Verpflichtungsklage gem. § 42 Abs. 1 Var. 2 VwGO auf Ergänzung des Plans um Schutzauflagen zu erheben.[1881] Versäumt es der Betroffene jedoch, den Verwaltungsrechtsweg fristgemäß (§ 74 VwGO) zu beschreiten, wird der Planfeststellungsbeschluss für ihn unanfechtbar und damit ihm gegenüber bestandskräftig, so dass zwischen Staat, Vorhabenträger und Betroffenen abschließend geregelt ist, was rechtens sein soll.[1882]

---

*feststellungsbeschlusses auszusprechen*" (Herv. d. Verf.) mit der Folge, dass er bis zur Behebung des Mangels auch nicht vollziehbar ist. Damit sei dem Interesse des Klägers, einen Eingriff in seine Rechte durch ein abwägungsfehlerhaft planfestgestelltes Vorhaben abzuwehren, Genüge getan, aber auch im Interesse der Verwaltung, wegen eines möglicherweise behebbaren Mangels nicht ein vollständig neues Verfahren durchführen zu müssen. Ob sie von der Möglichkeit des ergänzenden Verfahrens Gebrauch mache, bleibe ihr überlassen. Sie habe auch die Möglichkeit, von der Planung gänzlich Abstand zu nehmen oder ein neues Verfahren, etwa für eine Variante, einzuleiten; vgl. auch *Michler,* VerwArch. 1999, 21 (28).

[1878] *Kuschnerus,* Schutzauflagen, S. 95.

[1879] Vgl. BVerwG, Urt. v. 20.10.1989, 4 C 12.87, BVerwGE 84, 31 = NJW 1990, 925 (929) – Oberursel II; *Kuschnerus,* Schutzauflagen, S. 95.

[1880] *Vallendar,* in: Hermes/Sellner, AEG, § 18 Rn. 288.

[1881] BVerwG, Urt. v. 07.07.1978, 4 C 79.76 u.a., NJW 1979, 64 (70) – Verkehrsflughafen Frankfurt/Main; *Jarass,* BImSchG, § 41 Rn. 67; *Schulze-Fielitz,* in: GK-BImSchG, § 41 Rn. 86; *Vallendar,* in: Hermes/Sellner, AEG, § 18 Rn. 288; *Hofmann,* Verkehrslärmschutz, S. 206 f.

[1882] *Michler,* Verkehrsimmissionsschutz, S. 143 m.w.N.

# C. Verpflichtungsklage auf Anordnung von Schallschutzauflagen

## I. Klagebegehren

Wird die Grundkonzeption der Planung nicht durch ein fehlerhaftes Lärmschutzkonzept berührt, so ist der Anspruch auf (ergänzende) Anordnung von Schutzauflagen (Planergänzung), wie vorstehend dargelegt, im Wege der Verpflichtungsklage (§ 42 Abs. 1 Var. 2 VwGO) geltend zu machen.[1883]

Soll eine Verpflichtungsklage auf nachträgliche Ergänzung des Plans um Schutzauflagen erhoben werden, so ist zu entscheiden, ob diese auf Vornahme (§ 113 Abs. 5 S. 1 VwGO, „Vornahmeklage“) oder auf (Neu-)Bescheidung unter Beachtung der Rechtsauffassung des Gerichts (§ 113 Abs. 5 S. 2 VwGO, „Bescheidungsklage“) zu richten ist. Auch wenn dem Betroffenen nach § 41 BImSchG bzw. § 74 Abs. 2 S. 2 VwVfG dem Grunde nach ein Rechtsanspruch auf Anordnung von Schutzauflagen zusteht, ist jedoch zu beachten, dass über die Frage, in welcher Art und Weise der gebotene Schutz technisch zu bewerkstelligen ist, nicht das Gericht entscheidet, sondern die Planfeststellungsbehörde, welche die Planung des Vorhabenträgers

[1883] BVerwG, Urt. v. 16.03.2006, 4 A 1075.04, BVerwGE 125, 116 = NVwZ 2006, Beilage zu Heft Nr. 8, S. 19, Rn. 238 – Verkehrsflughafen Berlin-Schönefeld; BVerwG, Beschl. v. 15.07.2005, 9 VR 43.04, NuR 2005, 777, juris, Rn. 29 – Straßenplanung Nordharzverbindung; BVerwG, Urt. v. 09.06.2004, 9 A 14.03, juris, Rn. 40 – Ortsumgehung Michendorf; BVerwG, Beschl. v. 31.03.2004, 9 A 33.03, NVwZ-RR 2004, 551 (552); BVerwG, Beschl. v. 24.09.1997, 4 VR 21.96, NVwZ-RR 1998, 297 (300) – A 14; VGH Bad.-Württ., Beschl. v. 02.02.2005, 5 S 2333/04, NVwZ-RR 2006, 136 (137); Nds. OVG, Urt. v. 30.04.2002, 7 K 875/00, juris, Rn. 35; OVG NRW, Urt. v. 18.01.2001, 20 D 75/98.AK, ZUR 2002, 232, juris, Rn. 5; *Schulze-Fielitz,* in: GK-BImSchG, § 41 Rn. 85; *Storost,* in: Ule/Laubinger, BImSchG, § 41 E 2; *Bonk/Neumann,* in: Stelkens/Bonk/Sachs, VwVfG, § 74 Rn. 166; *Stüer,* Bau- und Fachplanungsrecht, Rn. 4761; *ders./Probstfeld,* Planfeststellung, Rn. 248; *Durner,* Konflikte räumlicher Planungen, S. 469; *Michler,* Verkehrsimmissionsschutz, S. 143 u. 173 ff. (177); *Jarass,* DÖV 2004, 633 (635 f.); *Alexander,* NVwZ 1991, 318 (323), der aber darauf hinweist, dass weitergehendere Maßnahmen, z.B. die Verlegung oder Tieferlegung der Trasse, mit der Anfechtungsklage geltend zu machen sind; *Quaas,* NVwZ 1991, 16 (21); *Peine,* DÖV 1988, 937 (942). – Wird der Verkehrsweg ohne die erforderliche behördliche Gestattung gebaut oder wesentlich geändert, kann der Betroffene von der Behörde, da er keinen Anspruch auf Durchführung eines Planfeststellungsverfahrens besitzt (st. Rspr., siehe nur BVerwG, Beschl. v. 13.10.1994, 7 VR 10.94, NVwZ 1995, 379 (380) m.w.N. – Eisenbahntrasse Drewitz–Berlin/Charlottenburg), gegebenenfalls im Wege der Verpflichtungsklage, die Untersagung bzw. (isolierte) Anordnung von Schutzmaßnahmen verlangen, dazu *Storost,* in: Ule/Laubinger, BImSchG, § 41 E 4; *Hoppe/Schlarmann/Buchner/Deutsch,* Rechtsschutz, Rn. 659.

nachzuvollziehen hat. Denn bei der Frage, wie sie dem Schutzanspruch des Betroffenen nachkommt, steht ihr grundsätzlich ein Spielraum zu; die durch das Prinzip der Gewaltenteilung gebotene Respektierung des behördlichen Spielraums verbietet es den Gerichten, sich zum Zweck einer Nachbesserung „an die Stelle des Planers zu setzen“; die Bestimmung der konkreten Ausgestaltung der Schutzauflagen muss dementsprechend (vorbehaltlich einer – bislang nicht erlassenen – Rechtsverordnung nach § 43 Abs. 1 S. 1 Nr. 2 BImSchG[1884]) der Verwaltung – bzw. dem Träger des Vorhabens als weiterem Adressaten der Verpflichtung aus § 41 BImSchG bzw. § 74 Abs. 2 S. 2 VwVfG[1885] – selbst überlassen bleiben.[1886] Dem Adressaten der Verpflichtung steht damit ein Auswahlermessen hinsichtlich der technischen Mittel zu.[1887] Da somit weder § 41 Abs. 1 BImSchG noch § 74 Abs. 2 S. 2 VwVfG oder das planerische Abwägungsgebot den Betroffenen grundsätzlich einen Anspruch auf bestimmte Schallschutzmaßnahmen gewährt, ist es sachgerecht, das Begehren, im Rahmen der Planfeststellung für den Bau oder die Änderung einer Verkehrsanlage aktiven Schallschutz zu erhalten, im Wege einer *Neubescheidungsklage nach § 113 Abs. 5 S. 2 VwGO* zu verfolgen.[1888] Etwas anderes gilt nur dann, wenn sich der Abwägungsspielraum der Planungsbehörde auf bestimmte Schutzauflagen verdichtet.[1889] In diesem Fall kann ausnahmsweise eine Vornahmeklage nach § 113 Abs. 5 S. 1 VwGO erhoben werden.

---

[1884] *Storost,* in: Ule/Laubinger, BImSchG, § 41 C 25.

[1885] *Storost,* in: Ule/Laubinger, BImSchG, § 41 C 24 f. u. E 1.

[1886] OVG Schleswig-Holstein, Urt. v. 10.10.2006, 4 KS 12/03, juris, Rn. 67.

[1887] *Storost,* in: Ule/Laubinger, BImSchG, § 41 C 25.

[1888] BVerwG, Urt. v. 17.11.1999, 11 A 4.98, BVerwGE 110, 81 = NVwZ 2000, 567 – Eisenbahntrasse Stendal–Uelzen; BVerwG, Urt. v. 05.03.1997, 11 A 25.95, BVerwGE 104, 123 = NVwZ 1998, 513 (517) – Eisenbahntrasse Hamburg–Büchen–Berlin (Wentdorf); BVerwG, Urt. v. 29.01.1991, 4 C 51.89, BVerwGE 87, 332 = NVwZ-RR 1991, 601 (615, 620) – Verkehrsflughafen München II; OVG Schleswig-Holstein, Urt. v. 10.10.2006, 4 KS 12/03, juris, Rn. 67; *Roth,* NVwZ 2001, 34; siehe zur Abgrenzung von Vornahme- und Bescheidungsurteil (sowie zu Ermessensentscheidungen) das „Bandsäge“-Urteil des BVerwG v. 18.08.1960, I C 42.59, BVerwGE 11, 95 = NJW 1961, 793 (794) zur Belästigung durch Staub und Geräusch durch ein in der Nachbarschaft im Wohngebiet betriebenes Kohlen- und Fuhrgeschäft.

[1889] Vgl. BVerwG, Urt. v. 16.03.2006, 4 A 1075.04, BVerwGE 125, 116 = NVwZ 2006, Beilage zu Heft Nr. 8, S. 24, Rn. 290 – Verkehrsflughafen Berlin-Schönefeld (vorliegend verneint). Siehe bereits oben Teil 2, B.I.7.c).

## II. Vorverfahren

Ein Vorverfahren nach §§ 68 ff. VwGO ist vor Erhebung der Klage nicht durchzuführen, weil ein Widerspruch gegen den eisenbahnrechtlichen Planfeststellungsbeschluss nach §§ 70, 74 Abs. 1 S. 2 VwVfG in Verbindung mit §§ 18 S. 3, 18b Halbs. 1 AEG unstatthaft ist.[1890] Dies gilt auch für den Anspruch auf Ergänzung des Plans, weil auch die Planergänzung einen Planfeststellungsbeschluss zum Gegenstand hat.[1891]

Demgegenüber ist ein Vorverfahren für die Anordnung *nachträglicher* Schutzauflagen nach § 75 Abs. 2 S. 2 VwVfG bzw. für die nachträgliche Entschädigung gem. § 75 Abs. 2 S. 4 VwVfG erforderlich. Die §§ 70, 74 Abs. 2 VwVfG sind nicht anwendbar, da die Entscheidung über nachträgliche Schutzauflagen nach § 75 Abs. 2 S. 2 u. 3 VwVfG nicht in einem Planfeststellungsverfahren ergeht. Der Bayerische Verwaltungsgerichtshof hat dazu in seinem Beschluss vom 14. Mai 1991[1892] grundlegend ausgeführt: Legen bereits die *Wortwahl* des Gesetzes („Planfeststellungsverfahren" und „Planfeststellungsbeschluss" einerseits, „Beschluss der Planfeststellungsbehörde" in § 75 Abs. 2 S. 3 VwVfG andererseits) und das Fehlen einer – etwa § 76 Abs. 3 VwVfG vergleichbaren – Regelung über das anzuwendende Verfahren im Einzelnen es nahe, die Behandlung nachträglicher Ansprüche auf Schutzauflagen dem allgemeinen Verwaltungsverfahren zuzuordnen, sprächen *Natur und systematische Stellung dieser Ansprüche* vollends für diese Zuordnung. Das Planfeststellungsverfahren ziele auf die Gestattung eines Vorhabens im Hinblick auf alle von ihm berührten öffentlichen Belange (vgl. § 75 Abs. 1 S. 1 VwVfG). Diesem Ziel dienten die Verfahrensvorschriften, die auf eine umfassende Erörterung vor allem mit denjenigen, deren „Belange durch das Vorhaben berührt werden", angelegt sind. Mit Unanfechtbarkeit des Planfeststellungsbeschlusses trete in bestimmtem Umfang eine Präklusion privater Abwehrrechte ein (§ 75 Abs. 2 S. 1 VwVfG). Damit sei der multilaterale Auftrag des Planfeststellungsverfahrens erfüllt. Sofern sich unvorhergesehenerweise negative Wirkungen des Vorhabens auf das Recht eines anderen ergeben, könne der Betroffene Schutzvorkehrungen verlangen; es handele sich um einen *bilateralen Ausgleich* in einer konkretisierten Rechtsbeziehung nach dem allgemeinen Grundsatz des neminem laedere („schädige niemanden").[1893] Dem ist vollauf zuzustimmen.

---

[1890] Zu den Gründen (förmliche Ausgestaltung des Planfeststellungsverfahrens, Verfahrensbeschleunigung) *Ronellenfitsch,* in: Marschall/Schroeter/Kastner, FStrG, § 17 Rn. 267.

[1891] *Hoppe/Schlarmann/Buchner/Deutsch,* Rechtsschutz, Rn. 667.

[1892] 8 A 88.40109, NVwZ-RR 1992, 165 (166) m. w. N.

[1893] Vgl. ferner BayVGH, Beschl. v. 19.10.1998, 8 ZB 98.1905, UPR 1999, 276, juris, Rn. 2; offen gelassen von OVG RhPf., Urt. v. 28.04.2004, 8 C 10879/03, NVwZ-RR 2005, 168 – ICE-Trasse Köln–Frankfurt/Main; *Hoppe/Schlarmann/Buchner/Deutsch,* Rechtsschutz, Rn. 719 m. w. N.

## III. Klagebefugnis

Die Klage ist nach § 42 Abs. 2 VwGO nur zulässig, wenn der Kläger geltend machen kann, durch die Ablehnung oder das Unterlassen der begehrten Schutzauflage in eigenen (subjektiv-öffentlichen) Rechten[1894] verletzt zu sein.[1895]

### 1. Keine Präklusion

Eine Klagebefugnis können von vornherein nur solche Rechte begründen, die nicht präkludiert sind.[1896] Nach § 18a Nr. 7 S. 1 AEG sind Einwendungen (*betroffener Bürger,* nachfolgend 2., und *betroffener Gemeinden,* nachfolgend 3.) gegen den Plan (§ 73 Abs. 1 VwVfG) oder dessen Änderung *nach Ablauf der Einwendungsfrist ausgeschlossen.*[1897] Einwendungen sind „sach-

---

[1894] Zu diesen ausführlich *Scherzberg,* in: Erichsen/Ehlers, § 11 Rn. 1 ff.; *Maurer,* Allg. VerwR, § 8 Rn. 1 ff.; *Happ,* in: Eyermann, VwGO, § 42 Rn. 82 ff.; *Redeker/von Oertzen,* VwGO, § 42 Rn. 102 ff.

[1895] Zur Klagebefugnis *Ronellenfitsch,* in: Pietzner/Ronellenfitsch, Assessorexamen, § 14; *Sodan,* in: Sodan/Ziekow, VwGO, § 42 Rn. 364 ff.; *Happ,* in: Eyermann, VwGO, § 42 Rn. 71 ff.; *v. Albedyll,* in: Bader/Funke-Kaiser/Kuntze/v. Albedyll, VwGO, § 42 Rn. 60 ff.; *Schmidt-Kötters,* in: BeckOK-VwGO, § 42 Rn. 108 ff.; *Sennekamp,* in: Hk-VerwR/VwGO, § 42 Rn. 48 ff.; zum Rechtsschutz bei Planfeststellungen ausführlich *Wickel,* in: Hk-VerwR/VwVfG, § 74 Rn. 235 ff.; ferner *Kühling/Herrmann,* Fachplanungsrecht, Rn. 608 ff.; *Schulze-Fielitz,* in: GK-BImSchG, § 41 Rn. 90; *Johlen,* in: Johlen/Oerder, Münchener Anwaltshandbuch Verwaltungsrecht, § 2 Rn. 5 ff. Vgl. auch *Berberich,* Rechtsschutz, S. 28 ff., der für eine Stärkung der Rechtsschutzmöglichkeiten, insbesondere durch Einführung einer Verbandsklage eintritt, weil es andernfalls trotz „öffentlichen Interesses" möglich sei, objektiv rechtswidrige Zustände aufrechtzuerhalten. Bei Wegfall der gerichtlichen Kontrollmöglichkeit sei der Nachbar schutzlos der Gefährdung seiner Umwelt ausgeliefert. Die Auswirkungen von Großvorhaben ließen sich praktisch nicht mehr individualisieren, sondern beträfen eine unbestimmte Vielzahl von Menschen in der Umgebung dieser Anlagen.

[1896] Vgl. etwa OVG Sachsen-Anhalt, Beschl. v. 26.05.2008, 2 L 187/06, NuR 2008, 578, juris, Rn. 5; *Czajka,* in: Feldhaus, BImSchG, § 41 Rn. 84.

[1897] Diese sog. materielle Präklusion ist rechtlich nicht zu beanstanden, BVerwG, Urt. v. 17.07.1980, 7 C 101.78, BVerwGE 60, 297 = NJW 1981, 359 ff. – Kernkraftwerk Wyhl, verfassungsrechtlich bestätigt durch BVerfG, Beschl. v. 08.07.1982, 2 BvR 1187/80, BVerfGE 61, 82 = NJW 1982, 2173 (2175 ff.) – Sasbach, jew. zu § 3 Abs. 1 AtomAnlVO; ferner BVerwG, Urt. v. 23.04.1997, 11 A 7.97, BVerwGE 104, 337 = NVwZ 1998, 847 (849), Ls. 4 – Eisenbahntrasse Hamburg–Büchen–Berlin zu § 20 Abs. 2 S. 1 AEG a.F. sowie der diesbezügliche Nichtannahmebeschluss der 3. Kammer des Ersten Senats des BVerfG v. 27.12.1999, 1 BvR 1746/97, NVwZ 2000, 546 ff. – Ob auch auf dem europäischen Gemeinschaftsrecht beruhende subjektiv-öffentliche Rechte präkludiert werden können, wird unterschiedlich beurteilt (bejahend etwa *Kämper,* in: BeckOK-VwVfG, § 73 Rn. 57 m.w.N.; offen liches auf die *Verhinderung* oder die *Modifizierung* des beantragten Vorhabens abzielendes *Gegen*vorbringen".[1898] Nach § 73 Abs. 4 S. 1 VwVfG in Verbindung mit § 18a Halbs. 1 AEG kann jeder, dessen Belange durch das Vorhaben berührt werden, binnen einer Einwendungsfrist von *zwei Wochen nach Ablauf der Auslegungsfrist* schriftlich oder zur Niederschrift bei der Anhörungsbehörde (Behörde des Landes, in dem die Betriebsanlagen liegen[1899] bzw. in dem sich das Vorhaben voraussichtlich auswirkt[1900])[1901] oder bei der Gemeinde (in der der Plan nach § 73 Abs. 2 VwVfG mit § 18a Nr. 1 AEG ausgelegt wird, weil sich das Vorhaben dort voraussichtlich auswirkt) Einwendungen gegen den Plan erheben. Nach § 73 Abs. 3 S. 1 VwVfG in Verbindung mit § 18a Halbs. 1 AEG haben die Gemeinden, in denen der Plan auszulegen ist, diesen innerhalb von drei Wochen nach Zugang des vollständigen Plans *für die Dauer eines Monats auszulegen.* Die Planauslegung dient der Information der Öffentlichkeit und muss diesem Informationszweck insoweit genügen, als sie den potentiell Betroffenen „Anlass gibt zu prüfen, ob ihre Belange von der Planung berührt werden und ob sie deshalb im Anhörungsverfahren zur Wahrung ihrer Rechte Einwendungen erheben sollen".[1902] Sie muss mithin *Anstoßwirkung* haben.[1903] Auszulegen sind deshalb neben dem Plan alle Unterlagen, die nach den örtlichen Verhältnissen erforderlich sind, um die Anstoßwirkung zu gewährleisten.[1904] Mit der Planauslegung brauchen dagegen „nicht schon alle diejenigen Unterlagen bekanntgemacht zu werden, die möglicherweise erforderlich sind, um die Rechtmäßigkeit der Planung umfassend darzutun"; daher ist es nicht geboten, die Planbeilagen oder die Planerläuterungen in bestimmter Form, insbesondere unter Anfügung bestimmter Gutachten offen zu legen.[1905] Ob

gelassen von BVerwG, Urt. v. 23.04.1997, 11 A 7.97, BVerwGE 104, 337 = NVwZ 1998, 847 (849 f.) – Eisenbahntrasse Hamburg–Büchen–Berlin).

1898 BVerwG, Urt. v. 17.07.1980, 7 C 101.78, BVerwGE 60, 297 = NJW 1981, 359, Ls. 2 – Kernkraftwerk Wyhl (Herv. d. Verf.).

1899 § 3 Abs. 2 S. 1 BEVVG.

1900 Vgl. Ziff. 13 Abs. 9 PF-RL (Fn. 178 a.E.).

1901 Das Anhörungsverfahren ist der Verwaltungszuständigkeit der Länder zugewiesen. Verfassungsrechtliche Grundlage hierfür ist Art. 87e Abs. 1 S. 2 GG, wonach Aufgaben der Eisenbahnverkehrsverwaltung durch Bundesgesetz den Ländern als eigene Angelegenheit übertragen werden können, siehe *Stüer/Probstfeld,* Planfeststellung, Rn. 395.

1902 BVerwG, Urt. v. 14.02.1975, IV C 21.74, BVerwGE 48, 56 = NJW 1975, 1373 (1374) – B 42.

1903 BVerwG, Urt. v. 27.10.2000, 4 A 18.99, BVerwGE 112, 140 = NVwZ 2001, 673 (674) – A 71 m.w.N.; *Bonk/Neumann,* in: Stelkens/Bonk/Sachs, VwVfG, § 73 Rn. 47.

1904 *Bonk/Neumann,* in: Stelkens/Bonk/Sachs, VwVfG, § 73 Rn. 60 m.w.N.

1905 BVerwG, Urt. v. 14.02.1975, IV C 21.74, BVerwGE 48, 56 = NJW 1975, 1373 (1374) – B 42.

Gutachten auszulegen sind, entscheidet sich nach den Notwendigkeiten des Einzelfalls.[1906] Nach § 18a Nr. 7 S. 2 AEG sind ferner *Einwendungen und Stellungnahmen von Umweltvereinigungen* (§ 18a Nr. 2 AEG, nachfolgend 4.) *nach Ablauf der Äußerungsfrist ausgeschlossen.*[1907] Nach § 18a Nr. 2 S. 1 AEG benachrichtigt die Anhörungsbehörde die Vereinigungen und gibt ihnen Gelegenheit zur Stellungnahme. Für die Äußerungsfrist gilt § 73 Abs. 4 VwVfG gem. § 18a Nr. 3 S. 1 AEG entsprechend.

## 2. Materielle Rechte betroffener Bürger

Lärmbetroffene Bürger können materielle Rechte zunächst aus den in Teil 2 dargestellten Vorschriften der §§ 41 f. BImSchG in Verbindung mit der 16. BImSchV und §§ 74 Abs. 2 S. 2 u. 3, 75 Abs. 2 S. 2 u. 4 VwVfG geltend machen.[1908] Anders als die produktbezogenen Vorschriften der §§ 38 ff. BImSchG sind die Vorschriften der §§ 41 f. BImSchG und der zu ihrer Konkretisierung erlassenen 16. BImSchV nachbar- bzw. drittschützend.[1909] Die nachbarschützende Wirkung ergibt sich aus dem Tatbestandsmerkmal der „schädlichen Umweltauswirkungen“, welches nach der Legaldefinition in § 3 Abs. 1 BImSchG auch die „Nachbarschaft“ als geschützte

---

[1906] BVerwG, Urt. v. 05.12.1986, 4 C 13.85, BVerwGE 75, 214 = NVwZ 1987, 578 (insoweit nicht abgedruckt), juris, Rn. 38 – Verkehrsflughafen München II; dazu auch *Bonk/Neumann,* in: Stelkens/Bonk/Sachs, VwVfG, § 73 Rn. 60: Sachverständigengutachten sind auszulegen, wenn sich erst aus ihnen abwägungserhebliche Auswirkungen auf die Belange potentiell Betroffener ergeben, diese also nur bei Kenntnis des Gutachtens hinlänglich über das Vorhaben und dessen Auswirkungen auf ihre Rechte und Interessen unterrichtet sind und sachkundige Einwendungen erheben können.

[1907] Vgl. auch die Ausschlussregelungen in § 61 Abs. 3 BNatSchG (vgl. auch § 64 Abs. 1 Nr. 3 BNatSchG 2010) und § 2 Abs. 3 URG.

[1908] Vgl. etwa *Schütz,* in: Ziekow, Fachplanungsrecht, Rn. 847 f. u. 867 ff. – Das UBA, Hinweise, S. 17 f. weist darauf hin, dass kein Anspruch gegen die Bahn auf Akteneinsicht aus § 29 VwVfG besteht, seit die Bahn keine Behörde mehr ist. Da zwischen ihr und den betroffenen Nachbarn aber ein Nachbarrechtsverhältnis bestehe, sei die Bahn jedoch zur Auskunft verpflichtet, soweit dies zur Bestimmung des Nachbarrechtsverhältnisses von Bedeutung sei. Dazu gehöre auch die Frage, welcher Lärm hingenommen werden müsse. Die Bahn müsse daher auch in Urkunden, die sie besitze, Einsicht gewähren (§ 810 BGB).

[1909] *Jarass,* BImSchG, § 41 Rn. 66 (zu § 41 BImSchG) m. w. N. unter anderem auf BVerwG, Urt. v. 18.04.1996, 11 A 86.95, BVerwGE 101, 73 = NVwZ 1996, 901 (904 f.) – Bauvorhaben „Verkehrsanlagen im Zentralen Bereich Berlin“ (VZB) u. BVerwG, Beschl. v. 05.03.1999, 4 A 7.98 u. a., NVwZ-RR 1999, 556 (557) – B 106; ferner Nds. OVG, Urt. v. 30.04.2002, 7 K 875/00, juris, Rn. 31; *Storost,* in: Ule/Laubinger, BImSchG, § 41 B 3 u. C 24 sowie *Czajka,* in: Feldhaus, BImSchG, § 41 Rn. 14 u. 82 (beide ebenfalls zu § 41 BImSchG); *Schulte,* ZUR 2002, 195 (199 Fn. 55); *Silagi,* UPR 1997, 272 (273).

Gruppe erfasst.[1910] Gleiches gilt für die 16. BImSchV, weil ihre Rechtsgrundlage (§ 43 Abs. 1 S. 1 Nr. 1 BImSchG) ebenfalls ausdrücklich die „Nachbarschaft“ erwähnt.[1911] Wegen der Einbeziehung der Nachbarschaft in den Begriff der „schädlichen Umwelteinwirkungen“ haben die Vorschriften des Bundes-Immissionsschutzgesetzes, die sich auf diesen Begriff beziehen, nachbarschützenden Charakter.[1912] Nach der Rechtsprechung des Bundesverwaltungsgerichts[1913] kennzeichnet die Nachbarschaft ein „qualifiziertes Betroffensein“, das sich deutlich von den Auswirkungen abhebt, die den Einzelnen als Teil der Allgemeinheit treffen könnten. Sie setze – so fährt das Bundesverwaltungsgericht fort – im Interesse klarer und überschaubarer Konturen und damit letztlich im Interesse der Rechtssicherheit ein „besonderes Verhältnis zur Anlage“ im Sinne einer „engeren räumlichen und zeitlichen Beziehung des Bürgers zum Genehmigungsgegenstand“ voraus. Zur Nachbarschaft gehören danach nur solche Personen, die „nach ihren Lebensumständen den Einwirkungen der Anlage in einer vergleichbaren Weise, wie sie der Wohnort vermittelt, ausgesetzt sind“.[1914] Der Kreis der Nachbarn lässt sich damit nicht generell bestimmen, sondern hängt von der Art und Dauer der Immissionen und dem Schutzzweck der jeweiligen Norm ab.[1915] Die immissionsschutzrechtliche Nachbarschaft ist jedenfalls nicht auf die – an die Grundstücke, auf denen sich die emittierende Anlage bzw. der Verkehrsweg befindet – angrenzenden Grundstücke beschränkt; vielmehr sind alle Grundstücke innerhalb des „Einwirkungsbereichs“ der Anlage bzw. des Verkehrswegs benachbarte Grundstücke.[1916]

Das Bundesverwaltungsgericht hat im B 42-Urteil vom 14. Februar 1975[1917] anerkannt, das *Abwägungsgebot* verleihe ein *„subjektives öffent-*

---

[1910] *Czajka,* in: Feldhaus, BImSchG, § 41 Rn. 42, *Schulze-Fielitz,* in: GK-BImSchG, § 41 Rn. 91; *Hoppe/Beckmann/Kauch,* Umweltrecht, § 21 Rn. 261; *Hofmann,* Verkehrslärmschutz, S. 200.

[1911] Nds. OVG, Urt. v. 30.04.2002, 7 K 875/00, juris, Rn. 31; *Jarass,* BImSchG, § 41 Rn. 66; *Kloepfer,* Umweltrecht, § 14 Rn. 292.

[1912] *Kutscheidt,* Schädliche Umwelteinwirkungen, S. 9 f. mit Hinweis auf die Kritik gegen diese Anwendung der Schutznormtheorie unter dem Einfluss des Unionsrechts.

[1913] Grundlegend Urt. v. 22.10.1982, 7 C 50.78, NJW 1983, 1507 (1508); vgl. auch *Ronellenfitsch,* in: Marschall/Schroeter/Kastner, FStrG, § 17 Rn. 257; *Czajka,* in: Feldhaus, BImSchG, § 41 Rn. 42; *Storost,* in: Ule/Laubinger, BImSchG, § 41 C 19 u. E 1.

[1914] Vgl. auch die Begründung der Bundesregierung zur 16. BImSchV, BR-Drs. 661/89, S. 36; ferner *Jarass,* BImSchG, § 41 Rn. 66; *Stüer/Probstfeld,* Planfeststellung, Rn. 229; *Kutscheidt,* Schädliche Umwelteinwirkungen, S. 8; siehe allg. auch *Kunig,* in: FS für Martens, S. 599 ff.

[1915] *Kutscheidt,* Schädliche Umwelteinwirkungen, S. 9.

[1916] *Kutscheidt,* Schädliche Umwelteinwirkungen, S. 9.

*liches Recht auf eine gerechte Abwägung*“[1918], wenn auch „*allein im Hinblick auf die rechtlich geschützten eigenen Belange des Betroffenen*“. Zur Begründung hat das Gericht ausgeführt, dieses Recht könne sich „im Hinblick auf die in den Vorschriften der §§ 42 Abs. 2 und 113 Abs. 1 S. 1 VwGO zum Ausdruck gekommenen Grundsätze seinem Gegenstand nach immer nur auf die rechtlich geschützten eigenen Belange des Betroffenen beziehen“. Der von der Planung Betroffene habe „zwar einen gerichtlich verfolgbaren Anspruch darauf, dass eine gerechte Abwägung seiner eigenen Belange mit entgegenstehenden anderen Belangen stattfindet“. Er habe aber „nicht auch einen Anspruch darauf, dass die Belange anderer Beteiligter gerecht abgewogen sind oder dass etwa die Planung insgesamt und in jeder Hinsicht auf einer fehlerfreien Abwägung beruht“. Eine fehlerhafte Abwägung zum Nachteil eines oder mehrerer anderer Beteiligten möge – insoweit – zur „objektiven Rechtswidrigkeit des Planfeststellungsbeschlusses“ führen. Dadurch werde aber der von dem Abwägungsmangel nicht selbst, nämlich nicht in seinen eigenen Belangen betroffene Kläger nicht im Sinne des § 113 Abs. 1 S. 1 VwGO in seinen Rechten aus dem – in diesem Sinne nicht mit gleichsam „nachbarschützender“ Wirkung ausgestatteten – Abwägungsgebot verletzt.

Allerdings ist dabei – so das Bundesverwaltungsgericht im B 42-Urteil weiter – zu beachten, dass „das Gewicht der individuell betroffenen Belange und das Maß ihrer Beeinträchtigung notwendig in einer *Wechselbeziehung* zu dem Gewicht und der Bedeutung stehen, die die ihnen in der Abwägung gegenübergestellten anderen, vornehmlich öffentlichen Belange aufweisen müssen, damit eine Zurücksetzung jener privaten Belange im Sinne der Forderungen des Abwägungsgebots gerechtfertigt erscheint“.[1919] Insofern „bestimmt der Kläger mit dem, was er unter Berufung

---

[1917] IV C 21.74, BVerwGE 48, 56 = NJW 1975, 1373 (1376 f.), Ls. d) – B 42 (Herv. d. Verf.).

[1918] Vgl. ferner BVerwG, Urt. v. 16.03.2006, 4 A 1075.04, BVerwGE 125, 116 = NVwZ 2006, Beilage zu Heft Nr. 8, S. 23, Rn. 279 – Verkehrsflughafen Berlin-Schönefeld; BVerwG, Urt. v. 20.04.2005, 4 C 18.03, BVerwGE 123, 261 = NVwZ 2005, 933 (934) – Flughafen München; BVerwG, Urt. v. 27.10.1998, 11 A 1.97, BVerwGE 107, 313 = NVwZ 1999, 644 – Flughafen Erfurt; BVerwG, Urt. v. 29.01.1991, 4 C 51.89, BVerwGE 87, 332 = NVwZ-RR 1991, 601 (604) m.w.N. – Verkehrsflughafen München II; BVerwG, Urt. v. 07.07.1978, 4 C 79.76 u.a., BVerwGE 56, 110 = NJW 1979, 64 (67) – Verkehrsflughafen Frankfurt/Main, jew. zum Fluglärm; dazu auch *Ronellenfitsch,* in: Marschall/Schroeter/Kastner, FStrG, § 17 Rn. 257; *Vallendar,* in: Hermes/Sellner, AEG, § 18 Rn. 287; *Stüer/Probstfeld,* Planfeststellung, Rn. 719 f.; *Schütz,* in: Ziekow, Fachplanungsrecht, Rn. 867 ff.; ausführlich *Kühling/Herrmann,* Fachplanungsrecht, Rn. 615 ff.; *Hofmann,* Verkehrslärmschutz, S. 113 ff.

[1919] Vgl. auch BVerwG, Urt. v. 16.03.2006, 4 A 1075.04, BVerwGE 125, 116 = NVwZ 2006, Beilage zu Heft Nr. 8, S. 23, Rn. 279 – Verkehrsflughafen Berlinauf die Verletzung des Abwägungsgebots an eigenen Belangen *gegen* den Plan einwendet, jedenfalls mittelbar auch den Umfang dessen, was die Planfeststellungsbehörde auf der Seite der *für* die Planung sprechenden Belange vorbringen und damit innerhalb der für das Abwägungsgebot allgemein geltenden Grenzen zur gerichtlichen Prüfung stellen muss". Je schwerer die vom Kläger geltend gemachten Beeinträchtigungen seiner Belange wiegen, „um so mehr muss die Planfeststellungsbehörde an solchen Belangen dartun können, die den Plan zu stützen und die Zurücksetzung der betroffenen privaten Belange zu rechtfertigen geeignet sind".[1920]

Diese Erwägungen – so das Bundesverwaltungsgericht schließlich – müssten „allerdings unter Rechtsschutzgesichtspunkten auf Bedenken dann stoßen, wenn sie in ihrer Konsequenz wegen des grundsätzlich bestehenden Übergewichts öffentlicher Belange in aller Regel eine uneingeschränkte Zurücksetzung jedweder privater Belange ermöglichen würden". Das sei jedoch „nicht der Fall", und zwar „einerseits im Hinblick auf einen allgemeinen Abwägungsgesichtspunkt" sowie „andererseits im Hinblick auf eine spezifisch straßenrechtliche Schranke der planerischen Gestaltungsfreiheit". Das Abwägungsgebot würde missverstanden, „wenn schon allein aus dem Umstand, dass für den Plan öffentliche Belange sprechen und dass gegen ihn (nur) private Belange angeführt werden, Folgerungen zugunsten der Planfeststellung gezogen würden". Auch im Fall des „Widerstreits öffentlicher mit privaten Belangen" sei vielmehr, „nicht anders als im Fall des Widerstreits öffentlicher bzw. privater Belange untereinander", im Sinne einer *„gerechten Abwägung"* zu prüfen, ob „sachgerechte, d.h. am gesetz-

---

Schönefeld; BVerwG, Urt. v. 20.04.2005, 4 C 18.03, BVerwGE 123, 261 = NVwZ 2005, 933 (934) – Flughafen München.

1920 Bei dieser Sicht werde zugleich deutlich, welche Stelle die allgemeinen, das Verkehrsbauvorhaben selbst betreffenden Planungsgesichtspunkte wie etwa Zweckmäßigkeit von Linienführung und technischer Gestaltung der Straße, ihre Wirtschaftlichkeit in Bau und Unterhaltung, ihre Einwirkung auf ihre Umgebung, ihre Beziehung zur Raum- und Ortsplanung, ihre Rücksichtnahme bei der notwendigen Inanspruchnahme fremden Grundeigentums sowie auf den Landschafts- und Naturschutz in der Abwägung einnähmen. Sie könnten nicht vom Kläger mit der Behauptung, ihnen sei bei der Planung nicht optimal Rechnung getragen worden, gegen das Planvorhaben angeführt, wohl aber „umgekehrt von der Planfeststellungsbehörde als – öffentliche – Belange für die Planung eingesetzt werden" (BVerwG, a.a.O.). Vgl. auch BVerwG, Urt. v. 16.03.2006, 4 A 1075.04, BVerwGE 125, 116 = NVwZ 2006, Beilage zu Heft Nr. 8, S. 23, Rn. 279 – Verkehrsflughafen Berlin-Schönefeld: Je gewichtiger die Lärmschutzinteressen seien, die nach den konkreten örtlichen Verhältnissen auf dem Spiel stünden, desto dringlicher müsse der Verkehrsbedarf sein; BVerwG, Urt. v. 20.04.2005, 4 C 18.03, BVerwGE 123, 261 = NVwZ 2005, 933 (934) – Flughafen München; BVerwG, Urt. v. 29.01.1991, 4 C 51.89, BVerwGE 87, 332 = NVwZ-RR 1991, 601 (615) m.w.N. – Verkehrsflughafen München II, jew. zum Nachtflugbedarf/-betrieb.

lichen Planungsziel und an den Planungsleitsätzen orientierte und hinreichend gewichtige Gründe es rechtfertigen, den einen Belang hinter den anderen zurücktreten zu lassen".[1921]

Nicht abschließend geklärt ist demgegenüber, ob die Vorschrift des § 50 BImSchG drittschützenden Charakter entfaltet. Die herrschende Meinung verneint dies, weil der Kreis der Berechtigten nicht abgrenzbar sei.[1922] In diesem Sinne hat auch das Bundesverwaltungsgericht zunächst darauf hingewiesen, dass sich der allgemeine Planungsgrundsatz des § 50 BImSchG[1923] als objektivrechtliches Gebot an die für die Planungsentscheidung zuständige Stelle wende und dementsprechend für den Planbetroffenen kein subjektives öffentliches Recht enthalte.[1924] Ein Verstoß gegen diese Vorschrift

[1921] Gleichwohl könne nicht verkannt werden, dass die fernstraßenrechtliche Planung (gleiches gilt für die eisenbahnrechtliche Planung) „voraussetzungsgemäß immer im Sinne des Art. 14 Abs. 3 GG Aufgaben ‚zum Wohle der Allgemeinheit' erfüllt" und „demgemäß zur Überwindung entgegenstehender privater Belange erhebliche öffentliche Interessen für das Plan vorhaben in die Abwägung einzubringen vermag". Dem darin „vorgeprägten Interessenkonflikt" trage ausgleichend die Vorschrift des § 17 Abs. 4 FStrG (a.F.) Rechnung. Die – weittragende – Bedeutung dieser Vorschrift liege für den vorliegenden Zusammenhang darin, dass sie für Einwirkungen der festgestellten Planung auf – von ihr nicht im Sinne des § 19 FStrG (die Vorschrift entspricht § 22 AEG) in Anspruch genommene – benachbarte Grundstücke *„äußerste, mit einer ‚gerechten Abwägung' nicht mehr überwindbare Grenzen setzt"*: Mache die Planfeststellung zur Verwirklichung der mit dem Plan verfolgten Ziele Festsetzungen erforderlich, die sich in ihrer Auswirkung auf Nachbargrundstücke als Gefahren oder Nachteile (oder gar materiell wie eine Enteignung) darstellen, so *„darf der dadurch hervorgerufene Interessenkonflikt nicht* im Wege einer die privaten Belange zurückstellenden Abwägung zu Lasten des betroffenen Grundstückseigentümers gelöst werden und damit *in Wahrheit zu dessen Lasten unbewältigt* bleiben"; § 17 Abs. 4 FStrG „fordert unter solchen Umständen vielmehr zwingend einen physisch-realen Ausgleich durch die Anordnung von Schutzanlagen zu Lasten des Trägers der Straßenbaulast". Insofern war wieder auf den Ausgangspunkt der Erörterung zurückzukommen (BVerwG, a.a.O.). Siehe bereits oben Teil 2, B.I.1.

[1922] Vgl. nur *Peine,* DÖV 1988, 937 (941); ferner *Dürr,* in: Knack/Henneke, VwVfG, § 75 Rn. 49.

[1923] Siehe die Nachw. oben in Fn. 1647.

[1924] Vgl. BVerwG, Beschl. v. 10.09.1981, 4 B 114.81, NJW 1982, 348 unter ergänzendem Hinweis darauf, dass dem von einer Verkehrswegeplanung Betroffenen aus den allgemeinen Grundsätzen des Immissionsschutzes ein subjektives Recht *nicht* erwächst, sondern diese ihn nur insoweit begünstigen, als einerseits der Immissionsschutz für die Verkehrswegeplanung einen gewichtigen abwägungserheblichen Belang ausmache und andererseits dem Planbetroffenen durch das Abwägungsgebot ein subjektives öffentliches Recht auf eine gerechte Abwägung eingeräumt sei; ebenso bereits BVerwG, Urt. v. 21.06.1974, IV C 14.74, DVBl. 1974, 777, juris, Rn. 33 a.E., wonach es sich bei § 50 BImSchG um einen Planungsgrundsatz allgemein anerkannten Inhalts handele. Die an die für die Planung zuständigen Körperschaften und Behörden gerichtete Aufforderung des Gesetzgebers, bei raumbedeutsamen Planungen und Maßnahmen die Flächen so einander zuzuordnen, dass schädkann nach dieser Auffassung von einem Betroffenen somit nicht gerügt werden.[1925] Für diese Auffassung spricht, dass die Vorschrift Ausdruck des Vorsorgegebots ist, welches nach der Rechtsprechung des Bundesverwaltungsgerichts nicht drittschützend ist.[1926] In nachfolgenden Entscheidungen[1927] hat das Bundesverwaltungsgericht diese Frage indessen offen gelassen. Zugleich hat das Bundesverwaltungsgericht aber angedeutet, dass jedenfalls „ein aus § 50 BImSchG abzuleitender Drittschutz nach dem Wortlaut dieser Bestimmung auf den Personenkreis beschränkt (wäre), der schädlichen Umwelteinwirkungen durch ein Vorhaben ausgesetzt ist".[1928] Dieses obiter dictum aufgreifend werden in der Literatur jedoch gute Gründe für einen drittschützenden Gehalt der Vorschrift des § 50 BImSchG angeführt.[1929] Der Schutz eines abgegrenzten, aus der Allgemeinheit heraustretenden und damit „individualisierten" Personenkreises lässt sich damit begründen, dass die Vorschrift die Personen in *ausschließlich oder überwiegend* dem Wohnen dienenden Gebieten oder sonstigen schutzbedürftigen Gebieten erfasst, soweit diese durch eine raumbedeutsame Planung oder Maßnahme – zu denen Schienenstrecken unzweifelhaft gehören (vgl. auch § 1 S. 2 Nr. 9 RoV) – *erheblichen* Belästigungen ausgesetzt wären.[1930] *Rinke*[1931] erkennt darüber

liche Umwelteinwirkungen auf Wohngebiete möglichst vermieden werden, vermöge jedenfalls das Eigentum eines Einzelnen nicht derart anzureichern, dass ihm ein subjektiv-öffentliches Recht auf Einhaltung dieser Vorschrift zusteht; ein subjektives Recht ebenfalls ablehnend *Kloepfer,* Umweltrecht, § 14 Rn. 289; vgl. auch *Haakh/Maier,* BWVP 1987, 25 (29), Fn. 36.

1925 Vgl. *Peine,* DÖV 1988, 937 (941) unter Hinweis darauf, dass dies dann anders ist, wenn eine Straße durch Bebauungsplan „festgestellt" werde, weil die Normenkontrolle nach § 47 VwGO als objektives Rechtsbeanstandungsverfahren ausgestaltet sei.

1926 BVerwG, Urt. v. 18.05.1982, 7 C 42.80, BVerwGE 65, 313 = NVwZ 1983, 32 (34), Ls. 3 zu § 5 Abs. 1 S. 1 Nr. 2 BImSchG: „Wie immer man den in dieser Vorschrift enthaltenen Vorsorgegrundsatz ausdeutet … in jedem Fall werden individualrechtliche Positionen damit nicht begründet. Das ist bei einem ressourcenökonomischen und beim (auch) ökologisch begründeten Verständnis des Vorsorgeprinzips schon deshalb einsehbar, weil es … nicht um Belange individualisierbarer Dritter geht." Zust. *Kutscheidt,* Vorsorgegrundsatz, S. 447 f. m. w. N. auch zur Kritik; dazu auch *Sparwasser,* Rechtsschutz, S. 1023 f.

1927 BVerwG, Urt. v. 04.05.1988, 4 C 2.85, NVwZ 1989, 151 (152) – L 260 n; ebenfalls nicht entschieden von BVerwG, Beschl. v. 11.01.2001, 4 B 37.00, NVwZ 2001, 1398 f.

1928 Vgl. auch *Rinke,* NVwZ 2002, 1180 ff., der einen Drittschutz befürwortet, ihn aber auf dinglich Berechtigte beschränkt. Nach BVerwG, Urt. v. 09.02.2005, 9 A 62.03, NVwZ 2005, 813 (816), Ls. 2 – B 173 vermittelt § 50 S. 1 BImSchG jedenfalls den *Gemeinden* kein subjektives Recht auf Einhaltung des in dieser Vorschrift normierten Planungsgrundsatzes.

1929 Vgl. insoweit *Michler,* Verkehrsimmissionsschutz, S. 32 f.; *Rinke,* NVwZ 2002, 1180 ff.

1930 Vgl. *Michler,* Verkehrsimmissionsschutz, S. 33; *Rinke,* NVwZ 2002, 1180 ff.

hinaus folgende Wertung: Für den Bereich des Verkehrsimmissionsschutzes enthalte das Bundes-Immissionsschutzgesetz eine differenzierte Stufenregelung[1932], die außer dem vorrangigen Immissionsschutz auf der Planungsebene (§ 50 BImSchG) die nachrangigen Schutzmaßnahmen der §§ 41 bis 43 BImSchG umfasse. Da die §§ 41 ff. BImSchG anerkanntermaßen nachbarschützende Wirkung für die von Grenzwertüberschreitungen betroffenen Anwohner hätten, § 41 BImSchG jedoch ausdrücklich im Rahmen des Lärmschutzkonzepts für denselben Personenkreis die Anwendung des – vorrangigen – § 50 BImSchG verlange („unbeschadet des § 50"), sei kein Grund ersichtlich, weshalb § 50 BImSchG dann selbst keine nachbarschützende Wirkung haben sollte.

Hinsichtlich des Personenkreises, der sich auf die vorstehend aufgeführten in Betracht kommenden subjektiv-öffentlichen Rechte berufen kann, gilt: Für das Fachplanungsrecht ist im Ausgangspunkt davon auszugehen, dass eine Verkehrswegeplanung die vorgefundenen und veranlassten Konflikte zu bewältigen hat, die durch die Gestaltung und den Ausbau der Verkehrsfläche und die Auswirkungen des Verkehrs auf die benachbarten Grundstücke entstehen.[1933] Aus dieser Grundstücksbezogenheit – so das Bundesverwaltungsgericht[1934] – folge, dass „bei einem Nutzungskonflikt die benachbarten Grundstücke durch ihre *Eigentümer* repräsentiert werden". Dem Eigentümer gleichzustellen sei nur, wer „*in eigentumsähnlicher Weise an einem Grundstück dinglich berechtigt* ist", wie „etwa der Inhaber eines Erbbaurechts oder der Nießbraucher, ferner auch der Käufer eines Grundstücks, auf den der Besitz sowie Nutzungen und Lasten übergegangen sind und zu dessen Gunsten eine Auflassungsvormerkung in das Grundbuch eingetragen ist". Wer dagegen lediglich ein obligatorisches Recht an einem Grundstück von dessen Eigentümer ableite (z.B. Mieter oder Pächter), habe aus dieser Rechtsposition gegen die einem Dritten erteilte Baugenehmigung oder gegen einen Planfeststellungsbeschluss grundsätzlich kein öffentlichrechtliches Abwehrrecht, sondern sei darauf beschränkt, seine Rechtsposition gegenüber dem Eigentümer geltend zu machen. Das Immissionsschutzrecht geht jedoch über diese Grundsätze hinaus.[1935] Zwar steht der Erstat-

---

[1931] NVwZ 2002, 1180 (1181).

[1932] Zu dieser oben Teil 2, A.I.

[1933] Dazu oben einleitend Teil 2.

[1934] Urt. v. 16.09.1993, 4 C 9.91, NJW 1994, 1233 (1234) m.w.N. (Herv. d. Verf., auf die Wiedergabe der Nachweise wurde verzichtet) u. bereits Beschl. v. 26.07.1990, 4 B 235.89, NVwZ 1991, 566 (567), Ls. sowie Urt. v. 04.03.1983, 4 C 74.80, NVwZ 1983, 672; vgl. auch *Ronellenfitsch,* in: FS für Püttner, S. 75 (88 f.); *ders.*, VerwArch. 1997, 175 (192); *Vallendar,* in: Hermes/Sellner, AEG, § 18 Rn. 281; *Stüer,* in: Hoppenberg/de Witt, B Rn. 389.

[1935] Vgl. auch *Jarass,* BImSchG, § 41 Rn. 66 m.w.N.

tungsanspruch aus § 42 BImSchG ebenfalls grundsätzlich nur dem Eigentümer zu.[1936] Schutzansprüche nach § 41 BImSchG können jedoch, wie sich aus seinem Bezug zur „Nachbarschaft" ergibt, auch *obligatorisch Berechtigte* wie Mieter und Pächter[1937] sowie sonstige Personen, die sich regelmäßig im Einwirkungsbereich des Verkehrswegs aufhalten, geltend machen.[1938] Die vom Bundesverwaltungsgericht herausgearbeiteten Grundsätze gelten – so das Gericht in seinem Beschluss vom 28. November 1995 zum Bauvorhaben „Verkehrsanlagen im Zentralen Bereich Berlin" (VZB)[1939] – auch für die eisenbahnrechtliche Planfeststellung. Mieter nähmen zwar nach den Grundsätzen zur „Repräsentantenstellung" des Eigentümers „nicht allgemein an einem Drittschutz teil, der sich aus dem fachplanungsrechtlich geregelten Abwägungsverbot herleiten lassen mag". Unberührt davon bleibe für sie „allerdings die Möglichkeit, sich auf den von § 41 BImSchG normierten Schutz vor Verkehrslärm zu berufen", der durch die 16. BImSchV konkretisiert sei. Wenn es in § 41 Abs. 1 BImSchG heiße, dass keine „schädlichen Umwelteinwirkungen" durch Verkehrsgeräusche hervorgerufen werden dürfen, so verweise die Vorschrift auf den immissionsschutzrecht-

---

1936 Oben Teil 1, B.II.1. – Weitergehende Entschädigung (§ 74 Abs. 2 S. 3 VwVfG i. V. m. § 42 Abs. 2 S. 2 BImSchG) kann ebenfalls nur der Eigentümer verlangen, jedenfalls soweit Anknüpfungspunkt für die Entschädigung die Minderung des Grundstückswerts ist und nicht die Gesundheit der Bewohner, vgl. auch *Michler,* Verkehrsimmissionsschutz, S. 181 ff. sowie S. 74 u. 130 f.

1937 BVerwG, Urt. v. 01.09.1997, 4 A 36.96, BVerwGE 105, 178 = NVwZ 1998, 504 (505), Ls. 1, wonach ein Pächter, der sich dagegen zur Wehr setzt, dass sein Pachtgrundstück auf der Grundlage des Bundesfernstraßengesetzes für ein Straßenbauvorhaben unter Einschluss der damit verbundenen naturschutzrechtlichen Ausgleichs- oder Ersatzmaßnahmen in Anspruch genommen wird, klagebefugt sei (Aufgabe der bisherigen Rechtsprechung). Zur Begründung führt das Bundesverwaltungsgericht aus: „Schuldrechtliche Ansprüche aus Miete oder Pacht gehören zu den vermögenswerten Rechten, die verfassungsrechtlichen Schutz genießen". Aus ihnen erwachse eine „Rechtsstellung, die nicht nur Nutzungs-, sondern auch selbständige Abwehrrechte umfasst". Anders als das Sacheigentum sei eine solche Position dem Inhaber zwar nicht auf Dauer zugeordnet, da sie durch Kündigung beendet werden könne. Auch sei die Verfügungsbefugnis weitgehend eingeschränkt. Das bedeute aber nicht, dass es sich um eine Position handelt, die wirtschaftlich betrachtet über eine bloße Chance oder Aussicht nicht hinausreiche. Soweit ein Rechtsverhältnis auf der Grundlage der §§ 535 ff. BGB begründet worden sei und nach den einschlägigen privatrechtlichen Vorschriften Bestandsschutz genieße, habe es „die Qualität von Eigentum im Sinne des Art. 14 Abs. 1 S. 1 GG".

1938 *Jarass,* BImSchG, § 41 Rn. 66 m. w. N.; *Storost,* in: Ule/Laubinger, BImSchG, § 41 E 1; *Vallendar,* in: Hermes/Sellner, AEG, § 18 Rn. 284; *Michler,* Verkehrsimmissionsschutz, S. 181 ff. sowie S. 74 u. 130 f.; *Sparwasser,* Rechtsschutz, S. 1022.

1939 11 VR 38.95, NVwZ 1996, 389 m. w. N.; siehe auch BVerwG, Urt. v. 22.10.1982, 7 C 50.78, NJW 1983, 1507 f. zum immissionsschutzrechtlichen Nachbarbegriff.

lichen Begriff der Nachbarschaft, der auch Anwohner umfasse, die keine Eigentümer seien. Darüber hinaus können sich obligatorisch Berechtigte auch auf die Rechtsgüter Leben und körperliche Unversehrtheit (Art. 2 Abs. 2 S. 1 GG) berufen und damit ebenfalls auf eigene subjektive Rechte, die nicht vom Grundstückseigentümer „repräsentiert“ werden.[1940]

Eine besondere Rechtsstellung besitzt derjenige, dessen Grundstück (oder Recht) unmittelbar für die Verkehrswegeplanung in Anspruch genommen, also enteignet werden soll (Enteignungsbetroffener). Ein von einer staatlichen Maßnahme Betroffener, der sich gegen die Inanspruchnahme von Flächen seines Grundeigentums wendet, kann sich nämlich unmittelbar auf den verfassungsrechtlichen Eigentumsschutz aus Art. 14 Abs. 1 S. 1 und Abs. 3 GG berufen; hierzu kann er insbesondere auch geltend machen, *öffentliche* Belange – etwa solche des Landschaftsschutzes – seien bei der gebotenen Abwägung nicht hinreichend beachtet worden.[1941] Ist die Inanspruchnahme privater Grundflächen nämlich gesetzwidrig, so braucht nach dem Bundesverwaltungsgericht „die Schutzfähigkeit des Eigentums vor enteignenden Maßnahmen nicht zusätzlich begründet zu werden“, denn eine „enteignende Maßnahme, welche dem Wohl der Allgemeinheit nicht dient, ist rechtswidrig“. Die Enteignungsbehörde darf rechtswidrige Enteignungsbeschlüsse nicht erlassen. Das erfordert auch der „Grundsatz der Gesetz- und Verfassungsmäßigkeit der Verwaltung“. Der betroffene Eigentümer kann hierzu eine „umfassende gerichtliche Prüfung in tatsächlicher und in rechtlicher Hinsicht verlangen“, sonst „verlöre die verfassungsrechtliche Eigentumsgarantie gerade im Bereich des schwerstwiegenden Zugriffs – nämlich im Falle der Enteignung – ihre den Grundrechtsträger schützende Aufgabe“.[1942] Allerdings kann sich ein durch die enteignungsrechtliche Vorwir-

---

[1940] *Michler,* Verkehrsimmissionsschutz, S. 181 ff. sowie S. 74 u. 130 f.; vgl. auch *Ronellenfitsch,* in: FS für Püttner, S. 75 (89); *ders.*, VerwArch. 1997, 175 (193); *Berberich,* Rechtsschutz, S. 35 f. m.w.N.; *Schütz,* in: Ziekow, Fachplanungsrecht, Rn. 850 weist darauf hin, dass das Abwägungsgebot geeignet ist, die grundrechtlichen Schutzanforderungen aus Art. 2 Abs. 2 S. 1 GG u. Art. 14 GG sicherzustellen, weshalb es zur Begründung der Klagebefugnis nicht des unmittelbaren Rückgriffs auf die Grundrechte bedürfe; vgl. zur Klagebefugnis unmittelbar aus den Grundrechten auch *Jarass,* BImschG § 6 Rn. 68; *Wasielewski,* in: GK-BImSchG, § 6 Rn. 62.

[1941] BVerwG, Urt. v. 18.03.1983, 4 C 80.79, BVerwGE 67, 74 = NJW 1983, 2459, Ls. 1; BVerwG, Urt. v. 21.03.1986, 4 C 48.82, BVerwGE 74, 109 = NJW 1986, 2449 (2450); vgl. auch *Ronellenfitsch,* in: FS für Püttner, S. 75 (89); *ders.*, in: Marschall/Schroeter/Kastner, FStrG, § 17 Rn. 257; *Schütz,* in: Ziekow, Fachplanungsrecht, Rn. 851 ff.; *Stüer/Probstfeld,* Planfeststellung, Rn. 719 u. 721; *Kühling/Herrmann,* Fachplanungsrecht, Rn. 600 ff.; *Michler,* Verkehrsimmissionsschutz, S. 21.

[1942] So BVerwG, Urt. v. 21.03.1986, 4 C 48.82, BVerwGE 74, 109 = NJW 1986, 2449 (2450) m.w.N. unter anderem auf die Entscheidung des Bundesverfassungsgerichts zum Hamburger Deichordnungsgesetz, Urt. v. 18.12.1968, 1 BvR 638, 673/64 u.a., BVerfGE 24, 367 = NJW 1969, 309.

kung eines Planfeststellungsbeschlusses Betroffener auf die Beeinträchtigung eines öffentlichen Belangs, etwa des Naturschutzes, dann nicht mit Erfolg berufen, wenn auch die Beachtung dieses Belangs nicht zu einer Verschonung seines Grundeigentums führen würde.[1943]

Das Bundesverwaltungsgericht[1944] hat es zu Recht ausdrücklich abgelehnt, einem „ausschließlich lärmbetroffenen Anwohner" in Abkehr von der ständigen Rechtsprechung dieselben Rechtsschutzmöglichkeiten wie einem Enteignungsbetroffenen einzuräumen. Die weitergehende Rügebefugnis eines Enteignungsbetroffenen habe ihren Grund – so die Begründung des Bundesverwaltungsgerichts – nicht in Art. 14 Abs. 3 S. 2 GG (Gesetzmäßigkeit der Enteignung), sondern in dem nur für die förmliche Enteignung geltenden Gemeinwohlerfordernis des Art. 14 Abs. 3 S. 1 GG. Die Prüfung des Wohls der Allgemeinheit erfordere eine „spezifisch enteignungsrechtliche Gesamtabwägung aller Gemeinwohlgesichtspunkte". Nur ein im Verhältnis zu entgegenstehenden öffentlichen (und auch privaten) Interessen „überwiegendes öffentliches Interesse" sei geeignet, den Zugriff

---

1943 BVerwG, Beschl. v. 13.03.2008, 9 VR 9.07, Buchholz 451.91 Europ. UmweltR Nr. 33, juris, Rn. 9 m. w. N. – A 4.

1944 Vgl. Urt. v. 26.04.2007, 4 C 12.05, BVerwGE 128, 358 = NVwZ 2007, 1074 (1075), Rn. 29 – Sonderflugplatz Mühlenberger Loch (Erweiterung des Airbus-Werks in Hamburg-Finkenwerder zur Herstellung des Großraumflugzeugs A380) m. Anm. *Hofmann*, ZUR 2007, 470 ff., nach dessen Auffassung die Differenzierung hinsichtlich des *Prüfungsumfangs* zwischen Enteignungsbetroffenen und sonstigen Betroffenen aufgegeben werden sollte. Grundrechtseingriffe bedürften der Rechtfertigung durch ein überwiegendes öffentliches Interesse, was im Planungsrecht durch die Forderung nach einem gerechten Abwägungsergebnis ausgedrückt werde. Bei Grundrechtseingriffen sei eine Gesamtabwägung aller Umstände und betroffenen Rechtsgüter gefordert, wobei die von einer Entscheidung betroffenen Belange eine „unauflösliche" Wechselbeziehung miteinander bildeten. *Das zu überprüfende Gewicht der klägerischen Belange könne mithin nur im Verhältnis zu den übrigen Belangen kontrolliert werden. Das schließe unter den gegebenen Voraussetzungen denknotwendig alle von der Entscheidung berührten rechtlich relevanten Belange und damit auch die übrigen öffentlichen Rechtsgüter ein.* Im Rechtsstaat könnten (objektiv) rechtswidrige Entscheidungen kein gerechtes Abwägungsergebnis repräsentieren, und zwar unabhängig von der Frage, ob eine Enteignung oder ein anderer Grundrechtseingriff vorliege. Vgl. demgegenüber *Ronellenfitsch,* in: Marschall/Schroeter/Kastner, FStrG, § 17 Rn. 257: Eine vollständige Abwägung liege nur vor, wenn alle öffentlichen und privaten Belange berücksichtigt würden. Daraus könnte man schließen, dass ein Kläger auch die Fehleinschätzung oder -gewichtung objektiver Belange rügen dürfe, weil dadurch möglicherweise die Abwägung seiner Belange nachteilig beeinflusst würde. Von diesem Ansatz sei es aber nur ein Schritt zur objektiven Rechtskontrolle. Das Bundesverwaltungsgericht räume daher zutreffend dem von der Planung Betroffenen mit dem Recht auf eine gerechte Abwägung zwar ein subjektives öffentliches Recht ein, das sich aber seinem Gegenstand nach nur auf die eigenen Belange des Betroffenen beziehe. Siehe dazu auch die vorstehenden Ausführungen des Bundesverwaltungsgerichts im B 42-Urteil vom 14.02.1975.

auf privates Eigentum zu rechtfertigen. Eine solche spezifisch enteignungsrechtliche Gesamtabwägung sei „zur Rechtfertigung einer nur mittelbaren Eigentumsbeeinträchtigung nicht erforderlich".

### 3. Materielle Rechte betroffener Gemeinden

Nicht nur Privatrechtssubjekte, sondern auch öffentlich-rechtliche Körperschaften wie Gemeinden können unter bestimmten Voraussetzungen die Ergänzung des Planfeststellungsbeschlusses um Schutzauflagen verlangen. Im Ausgangspunkt ist zunächst festzuhalten, dass Gemeinden nicht befugt sind, die Interessen ihrer Einwohner an Lärmschutz wahrzunehmen; dies obliegt vielmehr den betroffenen Grundstückseigentümern selbst.[1945] Des Weiteren ist hervorzuheben, dass sich Gemeinden als juristische Personen des öffentlichen Rechts nicht auf das Eigentumsgrundrecht des Art. 14 Abs. 1 S. 1 GG berufen können, weil sich die Erfüllung öffentlicher Aufgaben durch juristische Personen des öffentlichen Rechts grundsätzlich „nicht in Wahrnehmung unabgeleiteter, ursprünglicher Freiheiten, das eigene Leben, die Existenz, nach eigenen Entwürfen zu gestalten und über sich selbst zu bestimmen (vollzieht), sondern aufgrund von Kompetenzen, die vom positiven Recht zugeordnet und inhaltlich bemessen und begrenzt sind".[1946] Nach ständiger Rechtsprechung kann eine Gemeinde jedoch als (einfach-rechtliche bzw. bürgerlich-rechtliche) *Eigentümerin von Grundstücken* (§ 903 BGB) ebenso wie private Grundstückseigentümer[1947] sowie als *Trägerin von kommunalen Einrichtungen* Schutz vor unzumutbaren Lärmeinwirkungen verlangen.[1948] Der Anspruch folgt insoweit wie bei Privatrechtssubjekten aus §§ 41 ff. BImSchG mit der 16. BImSchV (Schutz der „Nachbarschaft" i. S. v. § 3 Abs. 1 Var. 2 BImSchG) oder aus § 74 Abs. 2 S. 2 Var. 2 VwVfG (Vermeidung nachteiliger Wirkungen auf „Rechte anderer")[1949].[1950] Sind demgegen-

---

[1945] Vgl. etwa UBA, Hinweise, S. 17.

[1946] Nach BVerfG, Beschl. v. 08.07.1982, 2 BvR 1187/80, BVerfGE 61, 82 = NJW 1982, 2173 f. – Sasbach gilt dies auch außerhalb des Bereichs der Wahrnehmung öffentlicher Aufgaben; vgl. allgemein für juristische Personen des öffentlichen Rechts bereits BVerfG, Beschl. v. 02.05.1967, 1 BvR 578/63, BVerfGE 21, 362 = NJW 1967, 1411 – Sozialversicherungsträger; siehe auch *Ronellenfitsch,* in: Marschall/Schroeter/Kastner, FStrG, § 17 Rn. 260.

[1947] Vgl. *Buchner,* DVBl. 2002, 1136 (1139) m. w. N.

[1948] BVerwG, Urt. v. 30.05.1984, 4 C 58.81, BVerwGE 69, 256 = NVwZ 1984, 718 (719) m. w. N. – Verkehrsflughafen München II; VGH Bad.-Württ., Urt. v. 11.02.2004, 5 S 386/03, juris, Rn. 92; vgl. auch *Vallendar,* in: Hermes/Sellner, AEG, § 18 Rn. 292 ff.; *Schulze-Fielitz,* in: GK-BImSchG, § 41 Rn. 93; *Durner,* Konflikte räumlicher Planungen, S. 484 ff. u. 491 ff.

[1949] Vgl. auch § 9 Abs. 2 Var. 2 LuftVG („Sicherung der Benutzung der benachbarten Grundstücke").

über kommunale Einrichtungen oder kommunales Eigentum nicht betroffen, so ist das Interesse der Gemeinde an der Verhinderung einer zusätzlichen Verlärmung des Gemeindegebiets nur dann ein schutzwürdiger gemeindlicher Belang, wenn die durch Art. 28 Abs. 2 S. 1 GG bzw. den Landesverfassungen (z.B. Art. 71 Abs. 1 S. 1 LV Bad.-Württ.) geschützte *Planungshoheit* der Gemeinde beeinträchtigt wird.[1951] Der Anspruch ergibt sich insofern aus §§ 41 ff. BImSchG mit der 16. BImSchV (Schutz der „Allgemeinheit“ i.S.v. § 3 Abs. 1 Var. 1 BImSchG) oder aus § 74 Abs. 2 S. 2 Var. 1 VwVfG („Wohl der Allgemeinheit“)[1952].[1953] Damit ist aber zugleich die Be-

1950 BVerwG, Urt. v. 30.05.1984, 4 C 58.81, BVerwGE 69, 256 = NVwZ 1984, 718 (719) m.w.N. – Verkehrsflughafen München II; OVG RhPf., Urt. v. 23.11.2005, 8 C 10728/05, juris, Rn. 19; VGH Bad.-Württ., Urt. v. 11.02.2004, 5 S 386/03, juris, Rn. 92.

1951 Grundlegend zum Rechtsschutz einer Gemeinde gegen eine Planfeststellung, mit der Begründung, ihre Planungshoheit sei verletzt BVerwG, Urt. v. 14.02.1969, IV C 215.65, BVerwGE 31, 263 = DÖV 1969, 853 – Eisenbahntrasse Köln–Niederlahnstein; ferner BVerwG, Urt. v. 17.03.2005, 4 A 18.04, BVerwGE 123, 152 = NVwZ 2005, 811 (813) – A 73 (Suhl-Lichtenfels) für Ansprüche nach §§ 41 f. BImSchG; BVerwG, Urt. v. 01.07.1988, 4 C 49.86, BVerwGE 80, 7 = NVwZ 1989, 253 f., Ls. 1 u. 2 zu § 17 Abs. 4 FStrG a.F. Das Bundesverfassungsgericht hat es bislang offen gelassen, ob die Planungshoheit auch zum unantastbaren Kernbereich des kommunalen Selbstverwaltungsrechts gehört, siehe etwa BVerfG, Beschl. v. 07.10.1980, 2 BvR 584 u.a., BVerfGE 56, 298 = NJW 1981, 1659 (1660) – Flugplatz Memmingen, Lärmschutz. Das Bundesverfassungsgericht stellte fest, Art. 28 Abs. 2 S. 1 GG erlaube dem Staat eine gesetzliche Einschränkung der Planungshoheit einzelner Gemeinden nur, wenn und soweit sich bei der vorzunehmenden Güterabwägung ergebe, dass schutzwürdige überörtliche Interessen diese Einschränkungen erfordern (Ls. 1). Die Regelungen der §§ 1 bis 5 des Gesetzes zum Schutz gegen Fluglärm seien verfassungsrechtlich nicht zu beanstanden (Ls. 2); ferner *Ronellenfitsch,* in: Marschall/Schroeter/Kastner, FStrG, § 17 Rn. 260.

1952 Vgl. auch § 9 Abs. 2 Var. 1 LuftVG („öffentliches Wohl“).

1953 Vgl. BVerwG, Urt. v. 21.05.1976, IV C 38.74, BVerwGE 51, 6 = NJW 1976, 1765 L, Ls. 4, juris, Rn. 46 zu § 17 Abs. 4 FStrG a.F. – „Main-Neckar-Schnellweg“; VGH Bad.-Württ., Urt. v. 11.02.2004, 5 S 386/03, juris, Rn. 92. Zu einem anderen Ergebnis dürfte *Alexander,* NVwZ 1991, 318 (320) kommen, der nur die „Nachbarschaft“ als von §§ 41 f. BImSchG umfasst ansieht. Denn das Bundes-Immissionsschutzgesetz schränke in § 43 Abs. 1 die Ermächtigung in der Weise ein, dass nur „zum Schutz der Nachbarschaft“ Grenzwerte und Berechnungsverfahren bestimmt werden können. Dies sei nur dahingehend zu verstehen, dass das Gesetz Lärmvorsorge nur für die Nachbarschaft vorsehe. Dieser Auffassung dürfte indessen entgegenstehen, dass § 43 Abs. 1 BImSchG die Fälle der zur Durchführung der §§ 41, 42 Abs. 1 u. Abs. 2 BImSchG erforderlichen Vorschriften nicht abschließend regelt (vgl. „insbesondere“). Zudem knüpfen die §§ 41 f. BImSchG an den Begriff der „schädlichen Umwelteinwirkungen“ an. Nach der Legaldefinition in § 3 Abs. 1 BImSchG ist neben der Nachbarschaft auch die „Allgemeinheit“ geschützt. Diese Auslegung der §§ 41 f. BImSchG entspricht schließlich auch den Vorschriften der §§ 9 Abs. 2 LuftVG, 74 Abs. 2 S. 2 VwVfG und § 17 Abs. 4 FStrG a.F., die ebenfalls die Allgemeinheit bzw. das öffentliche Wohl als Schutzgut erfassen.

grenzung der so begründeten Ansprüche vorgegeben: Sie zielen nicht – wie die zweite Variante der Vorschriften – auf den Schutz der „Nachbarschaft" oder die Vermeidung nachteiliger Wirkungen auf „Rechte anderer", sondern auf die „Sicherung der gemeindlichen Planungshoheit als solche". Hierauf bezieht sich demzufolge auch die „Erforderlichkeit" von Schutzanlagen; zum Schutz der „Allgemeinheit" bzw. zum „Wohl der Allgemeinheit" erforderlich sind sie dann, wenn die Gemeinde ohne ihre Errichtung und Unterhaltung auch unter Berücksichtigung des grundsätzlichen „Vorrangs der Fachplanung" (vgl. etwa § 38 S. 1 BauGB) „in ihrer eigenen Planungshoheit – rechtswidrig – verletzt wäre".[1954] Nach der ständigen Rechtsprechung des Bundesverwaltungsgerichts schließt die verfassungsrechtlich auf die Selbstverwaltungsgarantie des Art. 28 Abs. 2 S. 1 GG zurückgehende Planungshoheit der Gemeinden das Recht ein, „sich gegen solche (überörtlichen) Planungen anderer Planungsträger zur Wehr zu setzen, die ihre eigene Planungshoheit rechtswidrig verletzen".[1955] Eine Gemeinde kann eine Fachplanung unter Berufung auf ihre Planungshoheit allerdings grundsätzlich nur dann abwehren, wenn „durch die Fachplanung eine *hinreichend konkrete und verfestigte eigene Planung der Gemeinde, die noch nicht verbindlich zu sein braucht, nachhaltig gestört wird*" oder *„wenn das Fachplanungsvorhaben wegen seiner Großräumigkeit wesentliche Teile des Gemeindegebiets einer durchsetzbaren kommunalen Planung entzieht*", wofür die Gemeinde die Darlegungslast trägt.[1956] Diese Grundsätze finden auch dann Anwendung, wenn das Vorhaben der Fachplanung außerhalb des Gemeindegebiets liegt.[1957] Sind kommunales Eigentum oder kommunale Einrichtungen nicht betroffen, ist die Planungshoheit im Hinblick auf Lärmbeeinträchtigungen je-

---

[1954] BVerwG, Urt. v. 21.05.1976, IV C 38.74, BVerwGE 51, 6 = NJW 1976, 1765 L, Ls. 4, juris, Rn. 46 zu § 17 Abs. 4 FStrG a.F. – „Main-Neckar-Schnellweg".

[1955] BVerwG, Urt. v. 21.05.1976, IV C 38.74, BVerwGE 51, 6 = NJW 1976, 1765 L, Ls. 3 u. 4, juris, Rn. 45 f. – „Main-Neckar-Schnellweg"; BVerwG, Urt. v. 14.02.1969, IV C 215.65, BVerwGE 31, 263 = DÖV 1969, 853, juris, Rn. 14 ff. – Eisenbahntrasse Köln–Niederlahnstein.

[1956] BVerwG, Urt. v. 09.02.2005, 9 A 62.03, NVwZ 2005, 813 (816) m.w.N. – B 173; BVerwG, Gerichtsbescheid v. 27.07.1998, 11 A 10.98, UPR 1998, 459, juris, Rn. 18 – Eisenbahntrasse Nürnberg–Hof („Schlömener Kurve"); BVerwG, Urt. v. 15.12.1989, 4 C 36.86, BVerwGE 84, 209 = NVwZ 1990, 464 (465) (Herv. jew. d. Verf.); Hess. VGH, Urt. v. 04.04.2000, 2 A 4587/96 u.a., ESVGH 50, 307 L = BImSchG-Rspr. § 41 Nr. 60, juris, Rn. 85 – Eisenbahntrasse Köln–Rhein/Main; *Schulze-Fielitz,* in: GK-BImSchG, § 41 Rn. 93; *Buchner,* DVBl. 2002, 1136 (1140), wonach die bloße Inanspruchnahme von Gemeindegebiet für überörtliche Planungen als solche keinen Eingriff in das Selbstverwaltungsrecht darstelle. Gleiches gelte für schlicht faktische Auswirkungen auf das Gemeindegebiet. Nur wenn die Lärmimmissionen eine erhebliche Beschränkung der kommunalen Planungsmöglichkeiten verursachten, stelle die mittelbare Betroffenheit einen Eingriff in das kommunale Selbstverwaltungsrecht dar.

denfalls dann tangiert, wenn sich „die *Lärmzunahme* nicht nur auf einzelne benachbarte Grundstücke, sondern *auf wesentliche Teile von Baugebieten auswirkt, die in Bebauungsplänen ausgewiesen sind*“, wobei nicht erforderlich ist, dass „die nachteiligen Wirkungen für das betroffene Gebiet – blieben sie ohne Schutzmaßnahmen unbewältigt – die Gemeinde zur Umplanung zwängen“. Schon das „Interesse an der Bewahrung der in der Bauleitplanung zum Ausdruck gekommenen städtebaulichen Ordnung vor nachhaltigen Störungen ist ein schutzwürdiger kommunaler Belang“.[1958]

*Inhalt dieses Anspruchs der Gemeinde* können auch aktive Schallschutzmaßnahmen sein, was letztlich die Konsequenz des Entzugs der gemeindlichen Zuständigkeit zur Wahrnehmung ihrer Planungshoheit zugunsten der Durchsetzung einer überörtlichen Planung durch § 38 S. 1 BauGB darstellt.[1959]

### 4. Materielle Rechte von Umweltvereinigungen

Eine nach § 3 des Umwelt-Rechtsbehelfsgesetzes (URG)[1960] in Verbindung mit § 63 f. BNatSchG 2010 (§§ 59 f. BNatSchG a.F.) anerkannte Umweltvereinigung, die nach ihrem satzungsmäßigen Aufgabenbereich im Schwerpunkt die Ziele des Naturschutzes und der Landschaftspflege fördert (*anerkannte Naturschutzvereinigung*) kann gem. § 64 Abs. 1 BNatSchG 2010 i.V.m. § 63 Abs. 1 Nr. 3 bzw. Abs. 2 Nr. 6 BNatSchG 2010 (§ 61 Abs. 1 S. 1 Nr. 2 Var. 1 BNatSchG a.F.), *ohne in eigenen Rechten verletzt zu sein,* Rechtsbehelfe nach Maßgabe der Verwaltungsgerichtsordnung gegen Planfeststellungsbeschlüsse über Vorhaben einlegen, die mit Eingriffen in Natur und Landschaft verbunden sind.[1961] Dazu zählen auch Planfeststellungsbeschlüsse nach § 18 AEG zum Bau oder zur Änderung von Schienenwegen.[1962] Nach § 64 Abs. 1 BNatSchG 2010 (§ 61 Abs. 2 BNatSchG a.F.) sind Rechtsbehelfe von anerkannten Vereinigungen aber nur zulässig, wenn die Vereinigung erstens geltend macht, dass die Entscheidung Vorschriften

1957 BVerwG, Urt. v. 15.12.1989, 4 C 36.86, BVerwGE 84, 209 = NVwZ 1990, 464 (465); BVerwG, Gerichtsbescheid v. 27.07.1998, 11 A 10.98, UPR 1998, 459, juris, Rn. 18 – Eisenbahntrasse Nürnberg–Hof („Schlömener Kurve“).

1958 BVerwG, Urt. v. 17.03.2005, 4 A 18.04, BVerwGE 123, 152 = NVwZ 2005, 811 (813) – A 73 (Suhl-Lichtenfels) für Ansprüche nach §§ 41 f. BImSchG (Herv. d. Verf.); BVerwG, Urt. v. 01.07.1988, 4 C 49.86, BVerwGE 80, 7 = NVwZ 1989, 253 f., Ls. 1 und 2 zu § 17 Abs. 4 FStrG a.F.

1959 BVerwG, Urt. v. 01.07.1988, 4 C 49.86, BVerwGE 80, 7 = NVwZ 1989, 254.

1960 Gesetz über ergänzende Vorschriften zu Rechtsbehelfen in Umweltangelegenheiten nach der EG-Richtlinie 2003/35/EG v. 07.12.2006, BGBl. I, S. 2816; zum URG *Himmelmann,* in: Himmelmann/Tünnesen-Harmes, Umweltrecht, § 8 Rn. 50 ff.

1961 Zur Verbandsklage auch *Vallendar,* in: Hermes/Sellner, AEG, § 18 Rn. 308 ff.

1962 *Gellermann,* in: LR, § 61 BNatSchG Rn. 5.

des Bundesnaturschutzgesetzes, Rechtsvorschriften, die aufgrund oder im Rahmen des Bundesnaturschutzgesetzes erlassen worden sind oder fortgelten, Naturschutzrecht der Länder oder anderen *Rechtsvorschriften, die* bei der Entscheidung zu beachten und *zumindest auch den Belangen des Naturschutzes und der Landschaftspflege zu dienen bestimmt sind, widerspricht,* zweitens in ihrem satzungsgemäßen Aufgaben- und Tätigkeitsbereich, soweit sich die Anerkennung darauf bezieht, berührt wird *und* drittens zur Mitwirkung nach § 63 Abs. 1 Nr. 2 bis 4 oder Abs. 2 Nr. 5 bis 7 BNatSchG 2010[1963] berechtigt war *und sie sich hierbei in der Sache geäußert hat* oder ihr keine Gelegenheit zur Äußerung gegeben worden ist. Rügefähig sind damit nicht allein spezifisch naturschutzrechtliche Bestimmungen des Bundes- oder Landesrechts; die Klagebefugnis eröffnen vielmehr sämtliche – auch gemeinschaftsrechtliche – Vorschriften, die für die Beurteilung der Rechtmäßigkeit des angegriffenen Aktes bedeutsam sind und neben anderen Belangen *zumindest auch* den Interessen des Naturschutzes dienen.[1964] So können anerkannte Naturschutzvereinigungen beispielsweise geltend machen, dass eine Planung Lärmwirkungen auf FFH- oder Vogelschutzgebiete (zum Natura 2000-Netz §§ 31 ff. BNatSchG 2010, §§ 32 ff. BNatSchG a. F.) auslöst.

Weiter können nach § 2 Abs. 1 URG die nach § 3 URG *anerkannten Umweltvereinigungen* und nach Maßgabe des § 2 Abs. 2 URG auch nicht anerkannte Vereinigungen, ebenfalls *ohne eine Verletzung in eigenen Rechten geltend machen zu müssen,* Rechtsbehelfe gegen eine Entscheidung nach § 1 Abs. 1 S. 1 URG oder deren Unterlassen einlegen. Hierzu muss die Vereinigung erstens geltend machen, dass eine Entscheidung nach § 1 Abs. 1 S. 1 URG oder deren Unterlassen Rechtsvorschriften widerspricht, die dem Umweltschutz dienen, Rechte Einzelner begründen[1965] und für die Entscheidung von Bedeutung sein können, zweitens geltend machen, in ihrem satzungsgemäßen Aufgabenbereich der Förderung der Ziele des Umweltschutzes durch die Entscheidung nach § 1 Abs. 1 S. 1 URG oder deren Unterlassen berührt zu sein, *und* drittens geltend machen, dass sie zur Beteiligung in einem Verfahren nach § 1 Abs. 1 URG berechtigt war und sie

[1963] § 58 Abs. 1 Nr. 2 u. 3 BImSchG a. F. oder nach landesrechtlichen Vorschriften im Rahmen des § 60 Abs. 2 Nr. 5 bis 6 BImSchG a. F.

[1964] *Gellermann,* in: LR, § 61 BNatSchG Rn. 9.

[1965] Die Unionsrechtskonformität dieser Einschränkung war bislang nicht abschließend geklärt, siehe etwa VGH Bad.-Württ., Beschl. v. 17.11.2009, 10 S 1851/09, juris, Rn. 11. Das Oberverwaltungsgericht Nordrhein-Westfalen hat insoweit den Gerichtshof der Europäischen Union angerufen (Vorabentscheidungsersuchen v. 05.03.2009, 8 D 58/08.AK, NVwZ 2009, 987 ff.), der mit Urt. v. 12.05. 2011 (Rs. C-115/09) entschieden hat, Art. 10a der Richtlinie 85/337/EwG i. d. F. der Richtlinie 2003/35/EG sei so auszulegen, dass Umweltverbände die Verletzung auch solcher Rechtsvorschriften geltend machen können, die nur die Interessen der Allgemeinheit und nicht die Rechtsgüter Einzelner schützen.

sich hierbei in der Sache gemäß den geltenden Rechtsvorschriften geäußert hat oder ihr entgegen den geltenden Rechtsvorschriften keine Gelegenheit zur Äußerung gegeben worden ist. Die eisenbahnrechtliche Planfeststellung nach § 18 AEG stellt eine Entscheidung im Sinne des § 1 Abs. 1 S. 1 Nr. 1 lit. a) URG dar, da gem. § 2 Abs. 3 Nr. 1 UVPG in Verbindung mit Ziff. 14.7 (siehe ferner Ziff. 14.8 bis 14.11) der Anlage 1 zum UVPG eine Pflicht zur Durchführung einer Umweltverträglichkeitsprüfung besteht. Die Rechtsbehelfe der Umweltvereinigungen sind nach § 2 Abs. 5 S. 1 Nr. 1 URG begründet, soweit der Planfeststellungsbeschluss gegen Rechtsvorschriften verstößt, die dem Umweltschutz dienen, Rechte Einzelner begründen[1966] und für die Entscheidung von Bedeutung sind, sofern der Verstoß Belange des Umweltschutzes berührt, die zu den von der Vereinigung nach ihrer Satzung zu fördernden Zielen gehören.[1967]

## D. Allgemeine Leistungsklage auf Durchsetzung von Schutzauflagen

Eine im Planfeststellungsbeschluss enthaltene Schallschutzauflage begründet ein subjektiv-öffentliches *Recht* der durch die Auflage Begünstigten *auf Vollzug der Auflage*. Dieses Recht können sie unmittelbar gegenüber dem Vorhabenträger als dem durch die Auflage Verpflichteten geltend machen, da der Planfeststellungsbeschluss rechtsgestaltend alle öffentlich-rechtlichen Beziehungen zwischen dem Träger des Vorhabens und den durch den Plan Betroffenen regelt (vgl. § 75 Abs. 1 S. 2 VwVfG).[1968] Der Anspruch ist auf ein tatsächliches Handeln gerichtet und ist deshalb mit der allgemeinen Leistungsklage geltend zu machen.[1969] Auch wenn der Vorhabenträger – wie die Deutsche Bahn AG bzw. ihre Tochtergesellschaften – ein Privatrechtssubjekt ist, dürfte für diesen Anspruch der Verwaltungsrechtsweg eröffnet sein, weil dieser Anspruch eine öffentlich-rechtliche Grundlage hat und zudem die öffentlich-rechtliche Rechtsbeziehung auch zwischen Vorhabenträger und Betroffenem durch den Planfeststellungsbeschluss geregelt ist.[1970]

---

1966 Siehe aber oben Fn. 1965.

1967 Zur Einführung einer Verbandsklage der Infrastrukturbenutzer, um „Waffengleichheit" zu den Naturschutzvereinen herzustellen und die staatliche Daseinsvorsorgeleistung zu wahren, *Ronellenfitsch,* NVwZ 2006, 385 (388).

1968 Nds. OVG, Urt. v. 13.03.1997, 3 L 7404/94, juris, Rn. 27, 34, bestätigt durch BVerwG, Beschl. v. 09.07.1997, 11 B 24.97, juris; vgl. auch *Hoppe/Schlarmann/Buchner/Deutsch,* Rechtsschutz, Rn. 737 m.w.N.

1969 *Hoppe/Schlarmann/Buchner/Deutsch,* Rechtsschutz, Rn. 738; *Storost,* in: Ule/Laubinger, BImSchG, § 41 E 5 mit dem Hinweis darauf, dass darüber hinaus eine Verpflichtungsklage gegen die Aufsichtsbehörde auf aufsichtsbehördliches Einschreiten in Betracht kommt.

# E. Anfechtungsklage auf Aufhebung von Schutzauflagen

Die vorstehenden Abschnitte befassen sich mit der Geltendmachung von subjektiven Rechten durch von der Planung nachteilig (Dritt-)Betroffene auf (weitergehenden) Schallschutz bzw. auf Aufhebung des Planfeststellungsbeschlusses. Es kann aber auch die Situation auftreten, dass der durch den Planfeststellungsbeschluss an sich begünstigte Vorhabenträger oder andere Planbetroffene gegen eine von der Planfeststellungsbehörde zugunsten von (Dritt-)Betroffenen angeordnete Schutzauflage vorgehen möchte, weil diese sie belastet.[1971] Das Bundesverwaltungsgericht hat bereits im B 42-Urteil vom 17. November 1972[1972] ausgeführt, Schutzauflagen seien dem Träger der Straßenbaulast im Planfeststellungsbeschluss aufzuerlegen und dadurch als Ergänzung zur Planfeststellung, nicht aber als deren integrierender Bestandteil gekennzeichnet. Sie seien im Verhältnis zu der auf das genehmigte Bauvorhaben bezogenen Planfeststellung „als ihrem Wesen nach selbständige und in diesem Rahmen eigener rechtlicher Regelung zugängliche Auflagen", die „nicht das Vorhaben modifizieren, sondern zu dessen Genehmigung als besondere Leistungsverpflichtung hinzutreten". Dementsprechend habe der Senat in seiner bisherigen Rechtsprechung anerkannt, dass der Träger der Straßenbaulast die ihn belastenden Schutzauflagen selbständig anfechten kann.[1973] Da die Anordnung einer Schutzauflage nach

---

[1970] Nach der hier vertretenen Auffassung (oben Fn. 1861) kommt in dieser Konstellation auch ein Anspruch aus §§ 1004, 906 BGB auf Unterlassung der Einwirkungen (nach Maßgabe der Vorgaben des Planfeststellungsbeschlusses) in Betracht. Dieser Anspruch ist vor den ordentlichen Gerichten geltend zu machen.

[1971] Zur Klage des Vorhabenträgers auch *Vallendar,* in: Hermes/Sellner, AEG, § 18 Rn. 318 ff.; *Czajka,* in: Feldhaus, BImSchG, § 41 Rn. 88 f. Siehe z.B. BVerwG, Urt. v. 22.11.2000, 11 C 2.00, BVerwGE 112, 221 = NVwZ 2001, 429, Ls. 1 – Eisenbahntrasse Mainz–Mannheim: Klage der Deutsche Bahn AG bzw. ihrer Rechtsnachfolgerin, der DB Netz AG gegen eine als Auflagenvorbehalt (§ 74 Abs. 3 VwVfG) festgesetzte „Lärmschutzgarantie" [zu dieser auch oben B.I.3.c)aa)].

[1972] IV C 21.69, BVerwGE 41, 178 = NJW 1973, 915 (916); siehe auch *Silagi,* UPR 1997, 272 (274); *Jarass,* DVBl. 1995, 589 (590); *Peine,* DÖV 1988, 937 f.; krit. *Nedden,* DVBl. 1977, 265 (271).

[1973] Vgl. auch die Klarstellung dieser Ausführungen *für den Zusammenhang der Schutzauflagen mit dem Abwägungsgebot* BVerwG, Urt. v. 14.09.1992, 4 C 34-38.89, BVerwGE 91, 17 = NVwZ 1993, 362 f. – Vgl. auch *Bonk/Neumann,* in: Stelkens/Bonk/Sachs, VwVfG, § 74 Rn. 168 (unter Hinweis auf die vorstehende Entscheidung des Bundesverwaltungsgerichts), wonach die Anordnung von Schutzmaßnahmen „keine eigenständige Regelung neben der Planfeststellung" sei, sondern „Bestandteil des Planfeststellungsbeschlusses". Sie trete „als Nebenbestimmung zu der Genehmigung hinzu", die mit dem Planfeststellungsbeschluss ausgesprochen werde. Ihrer Rechtsnatur nach sei sie „regelmäßig Auflage".

§ 74 Abs. 2 S. 2 VwVfG also im Sinne einer besonderen Leistungsverpflichtung *neben* die (eigentliche) Zulassung des Vorhabens tritt, kann sie – aus prozessualer Sicht – prinzipiell durch den *Vorhabenträger*, der durch eine ihn belastende Lärmschutzauflage beschwert wird[1974], aber auch von einer Auflage nachteilig berührte andere *Planbetroffene*[1975], selbständig angefochten werden.[1976] Nach der gefestigten Rechtsprechung des Bundesverwaltungsgerichts ist gegen belastende Nebenbestimmungen eines Verwaltungsakts die *Anfechtungsklage* statthaft. Ob diese Klage – materiell rechtlich[1977] – zur isolierten Aufhebung der Nebenbestimmung führen kann, „hängt davon ab, ob der begünstigende *Verwaltungsakt ohne die Nebenbestimmung sinnvoller- und rechtmäßigerweise bestehen bleiben kann*". Dies ist „eine Frage der Begründetheit und nicht der Zulässigkeit des Anfechtungsbegehrens", sofern „nicht eine isolierte Aufhebbarkeit offenkundig von vornherein ausscheidet".[1978]

Steht dagegen die angefochtene Nebenbestimmung mit dem eigentlichen Inhalt des Verwaltungsaktes in einem solchen (untrennbaren[1979]) Zusam-

[1974] *Jarass*, BImSchG, § 41 Rn. 65.

[1975] Nds. OVG, Urt. v. 20.03.2003, 7 KS 4179/01, VkBl. 2003, 456, juris, Ls. 1; *Hoppe/Schlarmann/Buchner/Deutsch*, Rechtsschutz, Rn. 743.

[1976] VGH Bad.-Württ., Beschl. v. 02.02.2005, 5 S 2333/04, NVwZ-RR 2006, 136 – Eisenbahntrasse Stuttgart–Augsburg; *Storost*, in: Ule/Laubinger, BImSchG, § 41 E 6; siehe aber BVerwG, Urt. v. 08.02.1974, IV C 73.72, DÖV 1974, 380, juris, Rn. 17 – Transportbetonwerk, in dem das Gericht eine Lärmschutzauflage als „modifizierende Auflage" (also in der Sache als Inhalts- und nicht als Nebenbestimmung) bezeichnet hatte, dann aber einschränkend BVerwG, Urt. v. 17.02.1984, 4 C 70.80, NVwZ 1984, 366 f.; Nds. OVG, Urt. v. 20.03.2003, 7 KS 4179/01, VkBl 2003, 456, juris, Ls. 1, Rn. 25: Dritte, die von Auflagen in einem Planfeststellungsbeschluss, die andere begünstigen, nachteilig betroffen werden, könnten diese mit der Anfechtungsklage angreifen, auch wenn der Planfeststellungsbeschluss bei Erfolg der Klage unvollständig werde. Zwar ließen sich Bedenken erheben, damit einen potentiellen Klageerfolg zuzulassen, der dem Planfeststellungsbeschluss eine notwendigen Auflage nehme und ihn damit rechtlich ergänzungsbedürftig mache. Dem stehe jedoch gegenüber, dass Dritte, die von Auflagen, die andere begünstigen, nachteilig betroffen werden, eine Möglichkeit zur Anfechtung haben müssen. Außerdem sei davon auszugehen, dass die *Behörde im Erfolgsfall von Amts wegen ergänzende neue Maßnahmen anordnen muss* und wird, um den Lärmschutz Dritter zu gewährleisten und den Planfeststellungsbeschluss vollziehbar zu halten.

[1977] Vgl. BVerwG, Urt. v. 17.02.1984, 4 C 70.80, NVwZ 1984, 366.

[1978] BVerwG, Urt. v. 22.11.2000, 11 C 2.00, BVerwGE 112, 221 = NVwZ 2001, 429, Ls. 1 – Eisenbahntrasse Mainz–Mannheim (Herv. d. Verf.); BVerwG, Urt. v. 19.01.1989, 7 C 31.87, BVerwGE 81, 185 = NVwZ 1989, 864 – Kernkraftwerk Neckarwestheim; BVerwG, Urt. v. 17.02.1984, 4 C 70.80, NVwZ 1984, 366; BVerwG, Urt. v. 08.02.1974, IV C 73.72, DÖV 1974, 380, juris, Rn. 17 – Transportbetonwerk; BVerwG, Urt. v. 17.05.1966, IV C 207.65, NJW 1966, 1830 (1831 a.E.); VGH Bad.-Württ., Beschl. v. 02.02.2005, 5 S 2333/04, NVwZ-RR 2006, 136 – Eisenbahntrasse Stuttgart–Augsburg.

menhang, dass sie „die mit dem Verwaltungsakt ausgesprochene Rechtsgewährung inhaltlich einschränkt“ und „dass nach Aufhebung der Nebenbestimmung der bestehenbleibende Teil des Verwaltungsaktes entgegen dem geltenden Recht eine uneingeschränkte Begünstigung enthielte“, so schließt diese materiell-rechtlich die isolierte Aufhebung aus.[1980] Das Bundesverwaltungsgericht hat in seiner Transportbetonwerk-Entscheidung[1981] ausgeführt, dieser Grundsatz erleide auch dann keine Einschränkung, wenn eine derartige Nebenbestimmung als „Auflage“ getroffen werde: Handele es sich um eine „vorhabenbezogene Auflage“, die die eigentliche Genehmigung qualitativ verändere, „also modifiziert“[1982], so sei sie einer gesonderten verwaltungsgerichtlichen Anfechtung und Aufhebung entzogen. Anderenfalls würde der Sache nach die ursprüngliche Gewährung durch eine Gewährung anderer – in der Regel weitergehender – Art ersetzt. Dieser Erfolg widerspreche aber dem Wesen und Sinn der Anfechtungsklage. Da in solchen Fällen mit der Aufhebung der Auflage in Wirklichkeit eine andere als die unter gegenständlichen Einschränkungen erteilte Genehmigung erstrebt werde, biete sich allein die auf die Erteilung einer nicht (oder weniger) eingeschränkten Genehmigung gerichtete *Verpflichtungsklage als geeignete Klageart* an, um den erstrebten Erfolg zu erreichen.[1983] In einem nachfol-

---

1979 BVerwG, Urt. v. 17.05.1966, IV C 207.65, NJW 1966, 1830 (1831 a.E.).

1980 BVerwG, Urt. v. 17.02.1984, 4 C 70.80, NVwZ 1984, 366.

1981 Urt. v. 08.02.1974, IV C 73.72, DÖV 1974, 380, juris, Rn. 17, 20 u. 22.

1982 Ohne Herv. des Originals.

1983 Ob eine Auflage zu einer Modifizierung der Gewährung führe oder ob sie (nur) gelegentlich der Gewährung etwas von dieser Unabhängiges – das unter Umständen gewissermaßen die Funktion einer Gegenleistung erfüllen könne – fordere, hänge dabei nicht von der subjektiven Vorstellung der Behörde, sondern ausschließlich von dem objektiven, sich aus der Genehmigung selbst ergebenden Erklärungsinhalt ab. Gehe man hiervon aus, so zeige sich, dass sich die Auflage, wonach die genehmigten Anlagen so zu erstellen seien, dass bestimmte Emissionswerte nicht überschritten würden, unmittelbar auf das Vorhaben beziehe. Durch die Auflage solle „sichergestellt werden, dass unzumutbare Störungen der Nachbarschaft“ nicht zu besorgen seien. Dabei mache es keinen Unterschied, ob man in der Auflage ein Verbot sehe, die dort genannten Werte zu überschreiten, oder ein Gebot, ausreichende Lärmschutzvorrichtungen zu erstellen. Denn in jedem Fall werde die Genehmigung durch diese Auflage hinsichtlich des Antragsgegenstandes verändert. Sie werde – mit Rücksicht auf die vorhandene Bebauung – dahin eingeschränkt, dass nur ein in seinen Geräuschemissionen beschränktes Werk betrieben werden dürfe. Ob die Auflage hinreichend bestimmt sei, ob die Erfüllung der Auflage für den Vorhabenträger zu einer wirtschaftlich unzumutbaren Belastung führe und ob die Auflage ganz allgemein unter materiellrechtlichen Gesichtspunkten Bestand haben könne, sei in diesem Zusammenhang ohne Bedeutung, weil allein die enge Verzahnung zwischen Genehmigung und *„(modifizierender) Auflage“* zu dem Ergebnis führe, dass jedenfalls eine isolierte Anfechtung und Aufhebung der Auflage ausgeschlossen sei (BVerwG, a.a.O., Herv. d. Verf.).

genden Urteil vom 17. Februar 1984[1984] hat das Bundesverwaltungsgericht jedoch ausgeführt, soweit der Senat in jenem (früheren) Urteil eine als „Auflage" bezeichnete „Nebenbestimmung von Lärmgrenzwerten" als eine das genehmigte Vorhaben „modifizierende Auflage" bezeichnet habe, sei der „hiergegen erhobenen *Kritik allerdings einzuräumen, dass* hierdurch im Verhältnis zum Genehmigungsantrag der eigentliche *Genehmigungsgegenstand verändert, also eine andere als die beantragte Genehmigung erteilt werde*". Das ändere jedoch nichts daran, „dass auch in solchen Fällen die das Vorhaben verändernde Nebenbestimmung nicht isoliert aufgehoben werden dürfe", „*wenn* anderenfalls die dann verbleibende Genehmigung nicht mehr dem geltenden Recht entspricht". Daraus folge, *dass für die Aufhebung eines Teils eines Verwaltungsaktes nicht maßgebend sei, ob sich die Einschränkung der Genehmigung als „(echte) Auflage oder als eine Veränderung des Genehmigungsgegenstandes, also als eine andere als die beantragte Genehmigung darstellt*". *Maßgebend sei vielmehr, „ob die Genehmigung mit einem Inhalt bestehenbleiben kann, der der Rechtsordnung entspricht*". Voraussetzung für die Aufhebung einer Regelung im Wege der Anfechtungsklage ist also, dass sich die aufzuhebende Regelung materiellrechtlich als „abtrennbar" darstellt.[1985]

Wendet sich der Vorhabenträger dagegen, dass die Planfeststellungsbehörde Art, Inhalt oder Umfang des Vorhabens anders als gewünscht festgestellt hat, so muss er Verpflichtungsklage auf Erlass eines Planfeststellungsbeschlusses mit dem von ihm gewünschten Inhalt erheben.[1986]

# F. Vorläufiger Rechtsschutz

Soweit bei unzureichendem Lärmschutz, ohne dass die Ausgewogenheit der Planung insgesamt oder eines wesentlichen Planungsteils in Frage gestellt wird, lediglich ein Anspruch auf Planergänzung besteht[1987], scheidet die Gewährung vorläufigen Rechtsschutzes nach §§ 80 Abs. 5, 80a VwGO[1988] aus. Insoweit besteht nämlich nach dem Bundesverwaltungsgericht die „Gefahr einer Verkürzung des Rechtsschutzes" nicht, denn durch

---

[1984] 4 C 70.80, NVwZ 1984, 366 f. (Herv. d. Verf.).

[1985] Vgl. auch *Hoppe/Schlarmann/Buchner/Deutsch,* Rechtsschutz, Rn. 743.

[1986] *Hoppe/Schlarmann/Buchner/Deutsch,* Rechtsschutz, Rn. 743. – Vgl. aber auch zur Unzulässigkeit von Rechtsmitteln des Vorhabenträgers im Falle eines „In-sich-Prozesses" *Jarass,* BImSchG, § 41 Rn. 65 m.w.N.; *Czajka,* in: Feldhaus, BImSchG, § 41 Rn. 88; *Storost,* in: Ule/Laubinger, BImSchG, § 41 E 6; *Hoppe/Schlarmann/Buchner,* a.a.O.

[1987] Siehe oben B.

[1988] Zum vorläufigen Rechtsschutz nach § 80 VwGO ausführlich *Ronellenfitsch,* in: Pietzner/Ronellenfitsch, Assessorexamen, 4. Teil, 2. Abschnitt (S. 568 ff.).

den vorläufigen Vollzug des Planfeststellungsbeschlusses können vollendete Tatsachen nicht geschaffen werden, weil der Beschluss auch nachträglich um weitere Lärmschutzauflagen ergänzt werden kann.[1989] Eine Planaufhebung (in der Hauptsache) und damit vorläufiger Rechtsschutz nach §§ 80 Abs. 5, 80a VwGO kommt jedoch ausnahmsweise dann in Betracht, wenn die Lärmschutzdefizite so gravierend sind, dass sie die Ausgewogenheit der Planung insgesamt in Frage stellen.[1990]

Ein Antrag nach § 123 Abs. 1 VwGO[1991] auf einstweiligen Rechtsschutz durch vorläufige Anordnung von Schutzmaßnahmen wäre zwar statthaft[1992], dürfte aber häufig am Verbot der Vorwegnahme der Hauptsache scheitern.[1993] Anders verhält es sich, wenn ein Abwarten bis zu einer Entscheidung in der Hauptsache mit dem aus Art. 19 Abs. 4 GG folgenden Grundrecht auf effektiven Rechtsschutz[1994] nicht vereinbar wäre, wie dies vor allem bei *Baustellenlärm* der Fall sein kann.[1995]

## G. Zuständigkeitsfragen

Nach § 50 Abs. 1 Nr. 6 VwGO[1996] entscheidet das *Bundesverwaltungsgericht im ersten und letzten Rechtszug* über sämtliche Streitigkeiten, die

---

[1989] BVerwG, Beschl. v. 19.05.2005, 4 VR 2000.05, NVwZ 2005, 940 (943) – Verkehrsflughafen Leipzig/Halle; ferner BVerwG, Beschl. v. 15.07.2005, 9 VR 43.04, NuR 2005, 777, juris, Rn. 29 – Straßenplanung Nordharzverbindung; BVerwG, Beschl. v. 14.04.2005, 4 VR 1005.04, BVerwGE 123, 241 = NVwZ 2005, 689 (690) m.w.N. – Verkehrsflughafen Berlin-Schönefeld; BayVGH, Beschl. v. 04.10.2005, 20 CS 05.1966, juris, Rn. 29 m.w.N.

[1990] BVerwG, Beschl. v. 19.05.2005, 4 VR 2000.05, NVwZ 2005, 940 (943) – Verkehrsflughafen Leipzig/Halle.

[1991] Zum vorläufigen Rechtsschutz nach § 123 VwGO *Ronellenfitsch,* in: Pietzner/Ronellenfitsch, Assessorexamen, 4. Teil, 3. Abschnitt (S. 659 ff.).

[1992] Vgl. auch BVerwG, Beschl. v. 21.12.1995, 11 VR 6.95, NVwZ 1996, 896 – Eisenbahntrasse Erfurt–Leipzig/Halle.

[1993] Vgl. VGH Bad.-Württ., Beschl. v. 02.02.2005, 5 S 2333/04, NVwZ-RR 2006, 136 (137) – Eisenbahntrasse Stuttgart–Augsburg.

[1994] BVerfG, Beschl. v. 24.03.2009, 2 BvR 2347/08, juris, Rn. 7 ff.; BVerfG, Urt. v. 14.03.1995, 2 BvR 1516/93, BVerfGE 94, 166 = NVwZ 1996, 678 (680); BVerfG, Beschl. v. 25.10.1988, 2 BvR 745/88, BVerfGE 79, 69 = NJW 1989, 827; BVerfG, Beschl. v. 29.10.1975, 2 BvR 630/73, BVerfGE 40, 272 = NJW 1976, 141.

[1995] Vgl. dazu *Berner,* UPR 2001, 418 (422).

[1996] Eingefügt durch Art. 9 Nr. 2 lit. b) des InfrPBG (oben Fn. 184). Durch das InfrPBG wurde die erstinstanzliche Zuständigkeit des Bundesverwaltungsgerichts nach dem VerkPBG (ebenfalls oben Fn. 184) für bestimmte Verkehrsprojekte auch auf den Bereich der alten Bundesländer erweitert, vgl. BVerwG, Beschl. v. 16.07.2008, 9 A 21.08, NVwZ 2009, 189 – Eisenbahntrasse Soest–Hannover; zur zeitlichen Anwendbarkeit des InfrPBG siehe VGH Bad.-Württ., Urt. v. 08.02.2007,

Planfeststellungsverfahren und Plangenehmigungsverfahren für Vorhaben betreffen, die im Allgemeinen Eisenbahngesetz (§ 18e Abs. 1 AEG), Bundesfernstraßengesetz (§ 17e Abs. 1 FStrG), Bundeswasserstraßengesetz (§ 14e Abs. 1 WaStrG) oder im Magnetschwebebahnplanungsgesetz (§ 2d Abs. 1 MBPlG) bezeichnet sind.[1997] *Zweck der Vorschrift* ist es, durch die Verkürzung des Verwaltungsgerichtsverfahrens auf eine Instanz die Verwirklichung bestimmter Vorhaben der Verkehrsinfrastruktur zu *beschleunigen*. Zugleich sollen durch die Konzentration der Streitsachen beim Bundesverwaltungsgericht *divergierende Entscheidungen vermieden* werden.[1998] Diesem Gesetzeszweck wird nur eine Auslegung gerecht, welche alle Verwaltungsstreitverfahren erfasst, die einen *unmittelbaren Bezug zu konkreten Planfeststellungsverfahren* oder Plangenehmigungsverfahren für Vorhaben nach § 50 Abs. 1 Nr. 6 VwGO haben. Nur dieses *weite Verständnis des Begriffs „betreffen"* verhindert die Aufspaltung gerichtlicher Zuständigkeiten und die damit verbundenen Verzögerungen sowie rechtlichen Divergenzen.[1999] Eine Streitigkeit „betrifft" danach das Planfeststellungsverfahren, wenn sie *„Teil der genehmigungsrechtlichen Bewältigung des Vorhabens"* ist.[2000] Dies ist auch dann der Fall, wenn um Maßnahmen gestritten wird, die zeitlich und sachlich der späteren Planfeststellung oder Plangenehmigung *vorausgehen,* indem sie der Vorbereitung eines solchen Planfeststellungs- oder Plangenehmigungsverfahrens dienen oder einen Ausschnitt der Probleme darstellen, die in einem laufenden Planfeststellungsverfahren zu lösen sind.[2001] Auch die Klage auf Ergänzung eines Planfeststellungs-

---

5 S 2224/05, ESVGH 57, 148 = ZUR 2007, 422 u. VGH Bad.-Württ., Urt. v. 08.02.2007, 5 S 2257/05, ZUR 2007, 427 (insoweit nicht abgedruckt), juris, Rn. 52 – jew. Eisenbahnprojekt „Stuttgart 21".

[1997] Die Vorschrift begegnet nach Auffassung des Bundesverwaltungsgerichts im Grundsatz keinen verfassungsrechtlichen Bedenken, siehe Urt. v. 09.07.2008, 9 A 14.07, NVwZ 2009, 302 ff., Ls. 1, Rn. 25 ff. – A 30 Nordumgehung Bad Oeynhausen.

[1998] BVerwG, Beschl. v. 12.06.2007, 7 VR 1.07, NVwZ 2007, 1095 (1096), Rn. 8 – Transrapid (Magnetschwebebahnstrecke München Hbf.–München Flughafen), hier: Anspruch nach dem UIG; für das VerkPBG BT-Drs. 12/1092, S. 10 zu § 5.

[1999] BVerwG, Beschl. v. 12.06.2007, 7 VR 1.07, NVwZ 2007, 1095 (1096), Rn. 8 – Transrapid (Magnetschwebebahnstrecke München Hbf.–München Flughafen), hier: Anspruch nach dem UIG; noch zum VerkPBG: BVerwG, Beschl. v. 13.10.1994, 7 VR 10.94, NVwZ 1995, 379 – Eisenbahntrasse Drewitz–Berlin/Charlottenburg; BVerwG, Beschl. v. 21.01.1994, 7 VR 12.93, NVwZ 1994, 370.

[2000] BVerwG, Beschl. v. 12.06.2007, 7 VR 1.07, NVwZ 2007, 1095 (1096), Rn. 8 – Transrapid (Magnetschwebebahnstrecke München Hbf.-München Flughafen) (Herv. d. Verf.), hier: Anspruch nach dem UIG.

[2001] BVerwG, Beschl. v. 12.06.2007, 7 VR 1.07, NVwZ 2007, 1095 (1096), Rn. 8 m.w.N. – Transrapid (Magnetschwebebahnstrecke München Hbf.–München Flughafen); Beschl. v. 18.05.2000, 11 A 6.99, NVwZ 2000, 1168, Ls. – Eisenbahntrasse Berlin–Hamburg (Altona).

beschlusses um Schutzauflagen „betrifft" ein Planfeststellungsverfahren.[2002] Hingegen „betrifft" die Klage auf Anordnung *nachträglicher* Schutzauflagen gem. § 75 Abs. 2 S. 2 u. 3 VwVfG (also solcher *nach* Unanfechtbarkeit des Planfeststellungsbeschlusses) bzw. – im Falle ihrer Untunlichkeit oder Unvereinbarkeit mit dem Vorhaben – auf nachträgliche Entschädigung gem. § 75 Abs. 2 S. 4 VwVfG *kein* Planfeststellungsverfahren, so dass keine erstinstanzliche Zuständigkeit des Bundesverwaltungsgerichts besteht.[2003] Dies gilt auch für § 48 Abs. 1 S. 1 Nr. 6 bis 9 VwGO, so dass auch eine Zuständigkeit der Oberverwaltungsgerichte für solche Klagen nicht gegeben ist.[2004] Für diese Auffassung spricht auch der Zweck der Zuständigkeitsvorschriften. Dieser besteht, wie ihn das Niedersächsische Oberverwaltungsgericht[2005] prägnant zusammengefasst hat, darin, „in diesen Verfahren die Verwaltungsgerichtsbarkeit durch Beschränkung auf eine Tatsacheninstanz zu entlasten, die Verfahrensdauer abzukürzen und die Ausführung der in § 48 Abs. 1 VwGO genannten Großvorhaben zu beschleunigen". Die Vorschrift ist „nach ihrem Wortlaut und ihrem Gesetzeszweck nicht durch Verfahren berührt", in denen „nach Unanfechtbarkeit eines Planfeststellungsbeschlusses nachträgliche Schutzauflagen verlangt" werden, die gem. § 75 Abs. 2 S. 2 bis 4 VwVfG dem Träger des Vorhabens „außerhalb eines Planfeststellungs- oder Plangenehmigungsverfahrens auferlegt werden können" und denen „deshalb ein unmittelbarer Bezug zu einem konkreten Planverfahren fehlt". Insoweit kann auch auf die Wertungen zum Erfordernis eines Vorverfahrens bei nachträglichen Schallschutzauflagen oder nachträglicher Entschädigung verwiesen werden.[2006] Klagen auf Anordnung nachträglicher Schutzauflagen bzw. Entschädigung nach § 75 Abs. 2 S. 2 bis 4 VwVfG sind daher nach erfolgloser Durchführung des

---

2002 *Hoppe/Schlarmann/Buchner/Deutsch,* Rechtsschutz, Rn. 667 im Zusammenhang mit §§ 70, 72 Abs. 1, 74 Abs. 1 S. 2 VwVfG.

2003 BVerwG, Urt. v. 10.08.2000, 4 A 11.99, NVwZ 2001, 206 (208), Ls. 3 – A 4 Dresden–Bautzen; BVerwG, Beschl. v. 18.05.2000, 11 A 6.99, NVwZ 2000, 1168 f., Ls. – Eisenbahntrasse Berlin–Hamburg (Altona), jew. noch für § 5 Abs. 1 VerkPBG; Aufgabe von BVerwG, Urt. v. 23.04.1997, 11 A 17.96, NVwZ 1998, 846 – Eisenbahntrasse Hamburg–Büchen–Berlin, in dem das Bundesverwaltungsgericht über eine Klage auf nachträgliche Anordnungen (allerdings ohne auf Zuständigkeitsfragen oder auf das VerkPBG einzugehen) entschieden hat; *Hoppe/Schlarmann/Buchner/Deutsch,* Rechtsschutz, Rn. 666.

2004 BVerwG, Beschl. v. 18.05.2000, 11 A 6.99, NVwZ 2000, 1168 (1169), Ls. m.w.N. – Eisenbahntrasse Berlin–Hamburg (Altona); OVG RhPf., Beschl. v. 30.10.2003, 1 C 10611/03, NVwZ-RR 2004, 697 f.; Nds. OVG, Beschl. v. 01.07.2003, 7 KS 115/03, NVwZ 2003, 1283; BayVGH, Beschl. v. 03.06.2003, 8 C 03.779, BayVBl. 2004, 695, juris.

2005 Beschl. v. 01.07.2003, 7 KS 115/03, NVwZ 2003, 1283 (unter ausdrücklicher Aufgabe seiner etwaigen vormaligen Rechtsprechung).

2006 Oben C.II.

Widerspruchverfahrens vor dem zuständigen Verwaltungsgericht (§ 45 VwGO) zu erheben.[2007]

Entgegen dem insoweit missverständlichen Wortlaut von § 48 Abs. 1 S. 1 Nr. 7 VwGO in seiner bisherigen Fassung ist die Zuständigkeit der Oberverwaltungsgerichte bei Änderungsvorhaben nicht auf „neue“ Strecken beschränkt; vielmehr erfasst die Vorschrift nach ihrem Sinn und Zweck auch die Änderung bestehender Strecken.[2008] Der Gesetzgeber hat dies durch Gesetz vom 30. Juli 2009[2009] klargestellt und das Wort „neue“ gestrichen. Die Vorschrift schließt darüber hinaus auch Vorhaben für die Aufhebung (Schließung) eines (höhengleichen) Bahnübergangs ein, sei es, dass dieser ersatzlos aufgehoben oder durch eine Straßenunter- oder Straßenüberführung ersetzt wird.[2010]

---

2007 Nds. OVG, Beschl. v. 01.07.2003, 7 KS 115/03, NVwZ 2003, 1283; BayVGH, Beschl. v. 09.12.1998, 8 A 97.40043, NVwZ-RR 1999, 699; vgl. aber Hess. VGH, Urt. v. 03.06.2004, 12 A 1118/01 u.a., NVwZ-RR 2005, 805 (806) – Flughafen Frankfurt/Main.

2008 BVerwG, Beschl. v. 16.07.2008, 9 A 21.08, NVwZ 2009, 189, Ls. 1 – Eisenbahntrasse Soest–Hannover.

2009 Gesetz zur Modernisierung von Verfahren im anwaltlichen und notariellen Berufsrecht, zur Errichtung einer Schlichtungsstelle der Rechtsanwaltschaft sowie zur Änderung sonstiger Vorschriften, BGBl. I, S. 2449 (dort Art. 5 Ziff. 2).

2010 BVerwG, Beschl. v. 16.07.2008, 9 A 21.08, NVwZ 2009, 189 f., Ls. 2 – Eisenbahntrasse Soest–Hannover.

# Fazit

Mobilität ist Grundbedingung menschlicher Existenz. Die Gewährleistung einer leistungsfähigen Verkehrsinfrastruktur stellt eine Aufgabe der Daseinsvorsorge dar. Den Staat trifft insoweit eine Gewährleistungsverantwortung. Dies gilt auch für Verkehrswege der Eisenbahn. Hieran hat sich durch die Bahnreform nichts geändert, was Art. 87e Abs. 4 S. 1 GG zum Ausdruck bringt.

Dem Interesse an einer leistungsfähigen Verkehrsinfrastruktur treten andere Interessen, insbesondere solche des Umweltschutzes gegenüber. Die Planung von Verkehrswegen wie Eisenbahntrassen wirft insbesondere Fragen des Natur- und Landschaftsschutzes sowie des Immissionsschutzes auf. Im Mittelpunkt des Immissionsschutzes steht der Schutz der Betroffenen vor Verkehrsgeräuschen, die zu den größten Umweltproblemen des Schienenverkehrs zählen.

Soweit das Interesse an einer leistungsfähigen Verkehrsinfrastruktur und das Interesse an einer Vermeidung von Verkehrsgeräuschen in Konflikt geraten, ist zwischen beiden ein angemessener Ausgleich im Sinne einer praktischen Konkordanz herzustellen. Diesen Ausgleich hat der Gesetzgeber zum Teil in Form von zwingenden gesetzlichen Vorgaben für die Planung von Verkehrswegen abstrakt-generell getroffen. Im Übrigen ist er im konkreten Fall, insbesondere im Rahmen der planerischen Abwägung, zu finden.

Ziel ist eine Verkehrsgestaltung, die den verkehrlichen Bedürfnissen hinreichend Rechnung trägt, zugleich aber umwelt- und insbesondere gesundheitsverträglich ist sowie für Vorhabenträger und öffentliche Haushalte finanzierbar bleibt. Der Verkehrslärmschutz stellt damit – zumindest unterhalb der verfassungsrechtlichen Zumutbarkeitsschwelle – vor allem auch eine politische Entscheidung dar, die sich in der Gestaltung von Schutznormen konkretisiert.

Gesetzgebung und Rechtsprechung ist es weitgehend gelungen, diesem Spannungsverhältnis zwischen verkehrlichen Bedürfnissen, Umwelt- und Gesundheitsschutz sowie Finanzierbarkeit Rechnung zu tragen. In einzelnen Bereichen, wie etwa der Summationsproblematik, der Berücksichtigung von Spitzenpegeln und dem Schienenbonus, besteht indessen noch Verbesserungsbedarf. Dabei ist die Rechtswissenschaft auf die Erkenntnisse anderer Disziplinen, insbesondere der Lärmwirkungsforschung angewiesen.

# Literaturverzeichnis

*Alexander,* Hans: Aktuelle Fragen des Verkehrslärmschutzes unter besonderer Berücksichtigung der Verkehrslärmschutzverordnung (16. BImSchV), NVwZ 1991, 318.

*Bader,* Johann/*Funke-Kaiser,* Michael/*Kuntze,* Stefan/*Albedyll,* Jörg von: Verwaltungsgerichtsordnung, Kommentar anhand der höchstrichterlichen Rechtsprechung, 4. Aufl., Heidelberg 2007.

*Bader,* Johann/*Ronellenfitsch,* Michael: Beck'scher Online-Kommentar VwVfG, Stand: Januar 2009, München (zit. BeckOK-VwVfG).

*Bamberger,* Heinz Georg/*Roth,* Herbert: Beck'scher Online-Kommentar BGB, Stand: September 2009, München (zit. BeckOK-BGB).

*Battis,* Ulrich/*Krautzberger,* Michael/*Löhr,* Rolf-Peter: Baugesetzbuch, Kommentar, 11. Aufl., München 2009.

*Baur,* Jürgen: Das Verhältnis von verwaltungs- und zivilrechtlichem Rechtsschutz gegenüber Immissionen aus der Sicht eines Zivilisten, in: Selmer/von Münch (Hrsg.), Gedächtnisschrift für Wolfgang Martens, Berlin u. a. 1987, S. 545 ff.

*Behr,* Burchard von/*Pause,* Hans-Egon/*Vogel,* Olrik: Schallschutz in Wohngebäuden – Eine Bestandsaufnahme in Technik und Recht, NJW 2009, 1385.

*Berberich,* Volker: Rechtsschutz bei Verkehrslärmimmissionen?, Diss., München 1983 (zit. Rechtsschutz).

*Berkemann,* Jörg: Sportstättenbau in Wohngebieten – Alte und neue bau- und immissionsschutzrechtliche Probleme, NVwZ 1992, 817.

– Lärmgrenzwerte im Bereich des Straßen- und Schienenverkehrs, in: Koch (Hrsg.), Schutz vor Lärm, 1. Aufl., Baden-Baden 1990, S. 73 ff. (zit. Lärmgrenzwerte).

– Anmerkung zu BGH, Urt. v. 06.02.1986, III ZR 96/84 (DVBl. 1986, 766), DVBl. 1986, 768.

*Berner,* Ingrid: Die Berücksichtigung von Baustellenimmissionen in der Planungsentscheidung, UPR 2001, 418.

*Beyerlin,* Ulrich: Schutzpflicht der Verwaltung gegenüber dem Bürger außerhalb des formellen Verwaltungsverfahrens? – Überlegungen zu Problemen der heutigen Umweltschutzpraxis, NJW 1987, 2713.

*Bielenberg,* Walter/*Runkel,* Peter/*Spannowsky,* Willy: Raumordnungs- und Landesplanungsrecht des Bundes und der Länder. Ergänzbarer Kommentar und systematische Sammlung der Rechts- und Verwaltungsvorschriften, Erg.-Lfg. 2/11, Stand: Februar 2011, Berlin (zit. RaumOR).

*Blocher,* Rolf: Lärmschutz im straßenrechtlichen Planfeststellungsverfahren, DÖV 1981, 660.

*Blümel,* Willi: Der Gegenstand der Planfeststellung – Zur Zulässigkeit von Betriebsregelungen im Planfeststellungsbeschluss –, VerwArch. 1992, 146.

*Boeddinghaus,* Gerhard: Eingliederung des § 50 BImSchG in das Planungsrecht, UPR 1985, 1.

*Böhm,* Monika: Umwelt und Verkehr – Bestandsaufnahme und Perspektiven in den Gutachten des Rates von Sachverständigen für Umweltfragen, NVwZ 2006, 427.

*Boujong,* Karlheinz: Entschädigung für Verkehrslärmimmissionen, UPR 1987, 207.

*Brendle,* Ulrich: Lärm als körperliche Einwirkung – Gewaltbegriff und Einheit der Rechtsordnung, NJW 1983, 727.

*Breuer,* Hans: dtv-Atlas zur Physik, Bd. 1: Mechanik, Akustik, Thermodynamik, Optik, 5. Aufl., München 1996 (zit. dtv-Atlas zur Physik).

*Broß,* Siegfried: Die rechtliche Bewältigung des Lärms – kein Ende?, VerwArch. 1989, 395.

*Buchner,* Reimar: Anmerkung zu VGH Bad.-Württ., Urt. v. 22.03.2002, 8 S 1271/01, DVBl. 2002, 1129 – Flughafen Zürich-Kloten, DVBl. 2002, 1136.

*Bürgel,* Heinrich: Schutz vor Verkehrslärm an Straßen und Schienenwegen, NJW 1996, 1804.

Bundesministerium für Wirtschaft und Technologie (BMWi): Forschungsverbund „Leiser Verkehr“ – Bereich 2000 „Lärmwirkungen“, Einzelvorhaben 2131: Lärmbelästigung durch Straßen- und Schienenverkehr in Abhängigkeit von der Tageszeit (Schlussbericht), 2004 (zit. Lärmbelästigung 2004).

– Lärmschutz im Verkehr, 2. Aufl., 1998, abrufbar im Internet unter <http://www.dfld.de/Downloads/BMVBW_Laerminfo.pdf>, Stand: 18.01.2010 (zit. Lärmschutz).

*Burkard,* Matthias: Zum Stand des Rechtsschutzes vor Verkehrslärm, VBlBW 1988, 41.

*Calliess,* Christian/*Ruffert,* Matthias: EUV/EGV – Das Verfassungsrecht der Europäischen Union mit Europäischer Grundrechtecharta, 3. Aufl., München 2007.

– Die Charta der Grundrechte der Europäischen Union – Fragen der Konzeption, Kompetenz und Verbindlichkeit, EuZW 2001, 261.

*Cancik,* Pascale: Die Pflicht zur Aufstellung von Aktionsplänen zur Lärmminderung und ihre Kopplung an „Auslösewerte“, NVwZ 2008, 167.

– Aktionspläne zur Lärmminderung – effektives Instrument oder „Aktionismus“?, ZUR 2007, 169.

*Cholewa,* Werner/*Dyong,* Hartmut/*v. d. Heide,* Hans-Jürgen/*Arenz,* Willi: Raumordnung in Bund und Ländern, Kommentar zum Raumordnungsgesetz des Bundes und Vorschriftensammlung aus Bund und Ländern, Bd. 1, Loseblatt, 5. Aufl., 1. Erg.-Lfg. (= 4. Aufl., 15. Erg.-Lfg.), Stand: Juni 2009, Stuttgart.

*Couzinet,* Daniel: Die Zulässigkeit von Immissionen im anlagenbezogenen Immissionsschutzrecht, Diss., Berlin 2007 (zit. Immissionen).

*Deutsch,* Markus: Aktuelle Rechtsfragen beim Flughafenausbau – Entscheidungen des BVerwG zum Flughafen Berlin Schönefeld, NVwZ 2006, 878.

Deutsche Akademie der Technikwissenschaften (acatech): Mobilität 2020. Perspektiven für den Verkehr von Morgen – Schwerpunkt Straßen, 2006 (zit. acatech-Studie Mobilität 2020).

*Dietrich,* Jan-Hendrik: Die immissionsschutzrechtliche Beurteilung von Baustellenlärm, NVwZ 2009, 144.

*Dolde,* Klaus-Peter: Immissionsschutzrechtliche Probleme der Gesamtlärmbewertung, in: Dolde (Hrsg.), Umweltrecht im Wandel – Bilanz und Perspektiven aus Anlass des 25-jährigen Bestehens der Gesellschaft für Umweltrecht (GfU), Berlin 2001, S. 451 ff. (zit. Gesamtlärmbewertung).

– Rechtliche Aspekte einer Gesamtlärmbetrachtung, ZfL 2001, 100.

*Dürr,* Hansjochen: Die rechtlichen Grundlagen zur Lärmminderung in Städten, UPR 1992, 241.

*Durner,* Wolfgang: Konflikte räumlicher Planung, Habil., Tübingen 2005.

*Ebling,* Wilfried: Verkehrslärmschutz – Verfahrensbeschleunigung, Bericht über ein Forschungsseminar am Forschungsinstitut für öffentliche Verwaltung bei der Hochschule für Verwaltungswissenschaften Speyer am 29./30.10.1990, DÖV 1991, 422.

*Eggstein,* Martin: Ist der Straßenverkehr in seiner heutigen Form verfassungswidrig? – „Verstößt das bestehende Recht des Straßenverkehrs gegen den Lebens- und Gesundheitsschutz des Grundgesetzes?“, VBlBW 1995, 161.

*Ekardt,* Felix/*Seidel,* Jan: Fluglärm zwischen neuerer Rechtsprechung, aktueller Bundesgesetzgebung und dem Europarecht, NVwZ 2007, 421.

*Ellwanger,* Gunther: Neubaustrecken und Ausbaustrecken der Deutschen Bundesbahn im Blickpunkt der Öffentlichkeit, BBahn 1981, 769.

*Engelken,* Klaas/*Rose,* Ernst: Zur Erschließung durch Immissionsschutzanlagen, VBlBW 1986, 86.

*Epping,* Volker/*Hillgruber,* Christian: Beck'scher Online-Kommentar GG, Stand: 15.07.2009, Edition 4, München (zit. BeckOK-GG).

*Erbguth,* Wilfried/*Beaucamp,* Guy: Aspekte einer umweltgerechten Verkehrssteuerung durch Planungs- und Ordnungsrecht, DÖV 2000, 769.

– Verkehrsvermeidung durch Raumordnung – Zugleich zur nachhaltigkeitsbedingten „Wegwägsperre“, NVwZ 2000, 28.

*Erichsen,* Hans-Uwe/*Ehlers,* Dirk: Allgemeines Verwaltungsrecht, 13. Aufl., Berlin 2006.

*Ernst,* Werner/*Zinkahn,* Willy/*Bielenberg,* Walter/*Krautzberger,* Michael: Baugesetzbuch, Kommentar, Loseblatt, 89. Erg.-Lfg., Stand: Oktober 2008, München (zit. EZBK).

*Eyermann,* Erich: Verwaltungsgerichtsordnung, Kommentar, 12. Aufl., München 2006.

*Faber,* Nicoline Cathérine: Rechtsfragen der Planung von Flughäfen, Diss., Berlin 2006 (zit. Rechtsfragen).

*Fehling,* Michael/*Kastner,* Berthold/*Wahrendorf,* Volker: Verwaltungsrecht, VwVfG/VwGO, Handkommentar, 1. Aufl., Baden-Baden 2006 (zit. Hk-VerwR).

*Feldhaus,* Gerhard: Bundesimmissionsschutzrecht, Kommentar, Loseblatt, 2. Aufl., 153. Erg.-Lfg., Stand: September 2009, Heidelberg u. a.

– Zur Geschichte des Umweltrechts in Deutschland, in: Dolde (Hrsg.), Umweltrecht im Wandel – Bilanz und Perspektiven aus Anlass des 25-jährigen Bestehens der Gesellschaft für Umweltrecht (GfU), Berlin 2001, S. 15 ff. (zit. Geschichte).

*Feldhaus,* Gerhard/*Eisenbarth,* Siegfried: Die Luftreinhaltung und Lärmbekämpfung der 80er Jahre – Eine Zusammenfassung der wichtigsten Aussagen des Vierten Immissionsschutzberichtes der Bundesregierung –, UPR 1988, 405.

*Feldmann,* Peter von/*Groth,* Klaus-Martin: Kompensatorische Betriebsbeschränkungen zum Fluglärmschutz bei der Kapazitätserweiterung von Verkehrsflughäfen, NVwZ 2004, 1173.

*Felscher-Suhr,* Ute/*Schreckenberg,* Dirk/*Möhler,* Ulrich: Tageszeitbezogene Belästigung durch Straßen- und Schienenverkehrslärm – Methode und empirische Ergebnisse, 2005, abrufbar im Internet unter <http://www.verkehrslaermwirkung.de>, Stand: 03.10.2009 (zit. Tageszeitbezogene Belästigung).

*Fickert,* Hans Carl: Die Umgebungslärmrichtlinie der EU und ihre Umsetzung in deutsches Recht im Verhältnis zum Lärmschutz beim Bau von Verkehrswegen aus Sicht eines kritischen Praktikers, DVBl. 2004, 1253.

– Straßenverkehrs- und anderer Verkehrslärm – Grenzen der Zumutbarkeit, Möglichkeiten der Abwehr, KdL 1974, 65.

– Die wechselseitigen Beziehungen des Recht der Fernstraßenplanung und der Städtebauplanung unter besonderer Berücksichtigung des Immissionsschutzes (Ein Beitrag zur notwendigen Integration beider Planungen), BauR 1974, 145 ff. u. 237 ff.

– Zur Zumutbarkeitsgrenze bei Beeinträchtigungen durch Straßenverkehrslärm und ihre rechtliche Behandlung (zugleich ein Beitrag zum Verhältnis des Rechts der Straßenplanung zur Bauleitplanung), BauR 1973, 1.

*Forsthoff,* Ernst: Lehrbuch des Verwaltungsrechts, Erster Band: Allgemeiner Teil, 10. Aufl., München 1973 (zit. Verwaltungsrecht).

*Frenz,* Walter: Perspektiven für den Umwelt- und Klimaschutz, EuR 2009 (Beiheft 1), 232.

*Friesecke,* Albrecht: Bundeswasserstraßengesetz, Kommentar, 6. Aufl., Köln 2009.

*Fromm,* Günter/*Sellmann,* Klaus-A.: Die Entwicklung des öffentlichen Verkehrsrechts, NVwZ 1994, 547.

*Gaentzsch,* Günter: Zur Entwicklung des Bauplanungsrechts in der Rechtsprechung des BVerwG, NVwZ 2000, 993.

*Gassner,* Erich: Unterlassene UVP – Umwandlung eines Militärflugplatzes in einen Verkehrsflughafen (Besprechung von BVerwG, Urt. v. 13.12.2007, 4 C 9.06, NVwZ 2008, 563), NVwZ 2008, 1203.

*Gatz,* Stephan: Nachteilige Wirkungen des Ausbaus Flughafen Schönefeld (Anmerkung zu BVerwG, Beschl. v. 07.05.2008, 4 A 1009.07), jurisPR-BVerwG 18/2008 Anm. 2.

– Lärmschutz für bereits vorhandene Straßen (Anmerkung zu BVerwG, Urt. v. 17.03.2005, 4 A 18.04), jurisPR-BVerwG 12/2005 Anm. 5.

*Giemulla,* Elmar/*Rathgeb,* Ulrich: Das neue Fluglärmgesetz, DVBl. 2008, 669.

*Giesberts,* Ludger/*Reinhardt,* Michael: Beck'scher Online-Kommentar Umweltrecht, Stand: Januar 2009, München (zit. BeckOK-UmwR).

*Giesler,* H.-J./*Wende,* H./*Nolle,* A.: Geräuschemissionen von Zügen in Abhängigkeit von der Schwellenart und vom Zustand der Schienenlauffläche, ZfL 1995, 121.

*Grabitz,* Eberhard/*Hilf,* Meinhard: Das Recht der Europäischen Union, Kommentar, Loseblatt, 38. Erg.-Lfg., Stand: April 2009 (zit. EU-Recht).

*Haakh,* Richard: Die Praxis des Verkehrslärmschutzes und Probleme der Grenzwertbestimmung in straßenrechtlichen Planfeststellungsverfahren, BWVP 1989, 25.

*Haakh,* Richard/*Maier,* Walther: Die Grundzüge des Verkehrslärmschutzes im Planungsrecht, BWVP 1987, 25.

*Halama,* Günter: Lärmschutz an Straßen – eine Rechtsprechungsanalyse, VBlBW 2006, 132.

*Halama,* Günter/*Stüer,* Bernhard: Lärmschutz in der Planung, NVwZ 2003, 137.

*Hansmann,* Klaus: Die Gesetzgebungskompetenz für die Lärmbekämpfung nach der Föderalismusreform, NVwZ 2007, 17.

– Rechtsprobleme bei der Bewertung von Lärm, NuR 1997, 53.

– Erläuterung, Vergleich und Abgrenzung der für Geräuscheinwirkungen verwendeten Rechtsbegriffe, UPR 1982, 353.

*Heilshorn,* Torsten: Schutz vor gewerblichen Immissionen durch passiven Schallschutz?, NVwZ 2009, 137.

*Heimerl,* Gerhard/*Holzmann,* Ekkehard: Ermittlung der Belästigung durch Verkehrslärm in Abhängigkeit von Verkehrsmittel und Verkehrsdichte in einem Ballungsgebiet (Straßen- und Eisenbahnverkehr), KdL 1979, 64.

*Hendlmeier,* Wolfgang: Zwei Jahre Erfahrung mit der Verkehrslärmschutzverordnung (16. BImSchV), NuR 1992, 463.

*Hermes,* Georg/*Sellner,* Dieter: Beck'scher AEG-Kommentar, 1. Aufl., München 2006.

*Himmelmann,* Steffen/*Tünnesen-Harmes,* Christian: Umweltrecht in der anwaltlichen Praxis, 1. Aufl., Bonn 2008.

*Hölder,* M.-L.: Die Verordnung zum Schutz vor Verkehrslärm, in: Koch (Hrsg.), Schutz vor Lärm, 1. Aufl., Baden-Baden 1990, S. 171 ff. (zit. Verordnung).

*Hoffmann,* Martin/*Kassow,* Jörn: Straßenverkehrslärm als Abwägungsproblem in der Bauleitplanung, NVwZ 2007, 149.

*Hofmann,* Ekkehard: Die „sonstigen Betroffenen" in der gerichtlichen Kontrolle von planungsrechtlichen Entscheidungen – zugleich eine Anmerkung zu BVerwG vom 26. April 2007 – 4 C 12.05, ZUR 2007, 470.

*Hofmann,* Frank: Planungs- und entschädigungsrechtliche Fragen des Verkehrslärmschutzes, Diss., Würzburg 1988 (zit. Verkehrslärmschutz).

*Hoppe,* Werner: Zu der neuen Regelung der Ausnahme von Zielen der Raumordnung (§ 3 Abs. 1 Nr. 2 Gesetz zur Neuregelung des Raumordnungsgesetzes, GeROG) in § 6 Abs. 1 GeROG, DVBl. 2008, 966.

– UVPG – Gesetz über die Umweltverträglichkeitsprüfung, Kommentar, 3. Aufl., München 2007.

– „Glaubenskrieg" um „Ziele der Raumordnung" (§ 3 Nr. 2 ROG) in Soll-Vorschriften?, BayVBl. 2002, 754.

– „Ziele der Raumordnung" (§ 3 Nr. 2 ROG 1998) in Soll-Formulierungen als „durchgängiges Prinzip der Raumordnung in Bayern" – Anmerkung zu dem „Fachziel Einzelhandelsgroßprojekte/FOC" im Entwurf zur Änderung des Landesentwicklungsprogramms Bayern, BayVBl. 2002, 129.

– Kritik an der textlichen Fassung und inhaltlichen Gestaltung von Zielen der Raumordnung in der Planungspraxis, DVBl. 2001, 81.

*Hoppe,* Werner/*Beckmann,* Martin/*Kauch,* Petra: Umweltrecht, 2. Aufl., München 2000.

– Die Bedeutung von Optimierungsgeboten im Planungsrecht, DVBl. 1992, 853.

*Hoppe,* Werner/*Schlarmann,* Hans/*Buchner,* Reimar/*Deutsch,* Markus: Rechtsschutz bei der Planung von Verkehrsanlagen und anderen Infrastrukturvorhaben, Grundlagen der Planfeststellung, 4. Aufl., Berlin 2011 (zit. Rechtsschutz).

*Hoppenberg,* Michael/*de Witt,* Siegfried: Handbuch des öffentlichen Baurechts, Bd. 1, Loseblatt, Stand: August 2008, München 2008.

*Huber,* Peter/*Wollenschläger,* Ferdinand: Immissionsschutz nach der Föderalismusreform I: Zur veränderten Kompetenzverteilung zwischen Bund und Ländern im Bereich des Lärmschutzes, NVwZ 2009, 1513.

*Jaeger,* Henning: Neuplanung von Wohngebieten entlang von Verkehrswegen, BauR 2008, 313.

*Jäger,* Klaus/*Onnich,* Hans: Fortschritte und Besonderheiten bei der Reduzierung des Schienenverkehrslärms, ZfL 2000, 206.

*Jankowski,* Klaus: Der Transrapid – Bericht über ein Fachseminar der Forschungsstelle Umweltrecht der Universität Hamburg am 11. Juni 1996, UPR 1996, 332.

*Jannasch,* Alexander: Aktuelle Entwicklungen des Luftverkehrsrechts im Spiegel der Rechtsprechung des Bundesverwaltungsgerichts, VBlBW 2008, 361.

*Jansen,* Gerd: Zum Stand der Wirkungsforschung, in: Koch (Hrsg.), Schutz vor Lärm, 1. Aufl., Baden-Baden 1990, S. 9 ff. (zit. Wirkungsforschung).

– Verkehrslärmwirkungen bei besonderen Personengruppen, ZfL 1987, 152.

– Zur „erheblichen Belästigung" und „Gefährdung" durch Lärm, ZfL 1986, 2.

*Jarass,* Hans: Bundes-Immissionsschutzgesetz, Kommentar, 8. Aufl., München 2010.

– Schutzmaßnahmen und Ausgleichsentschädigung bei Planfeststellungen, DÖV 2004, 633.

– Zur Systematik des Immissionsschutzrechts, in: Dolde (Hrsg.), Umweltrecht im Wandel – Bilanz und Perspektiven aus Anlass des 25-jährigen Bestehens der Gesellschaft für Umweltrecht (GfU), Berlin 2001, S. 381 ff. (zit. Systematik).

– Neues von den Schwierigkeiten des Verkehrsimmissionsschutzes, in: Czajka/ Hansmann/Rebentisch (Hrsg.), Immissionsschutzrecht in der Bewährung – 25 Jahre Bundes-Immissionsschutzgesetz –, Festschrift für Gerhard Feldhaus zum 70. Geburtstag, Heidelberg 1999, S. 235 ff. (zit. Verkehrsimmissionsschutz).

– Aktuelle Probleme des Lärmschutzes an Straßen und Schienenwegen, UPR 1998, 415.

– Das Immissionsschutzrecht für Verkehrswege – ein reformbedürftiges Rechtsgebiet, DVBl. 1995, 589.

– Gaststättenlärm und Sperrzeit, NJW 1981, 721.

*Johlen,* Heribert/*Oerder,* Michael: Münchener Anwaltshandbuch Verwaltungsrecht, 2. Aufl., München 2003.

*Kaltenbach,* Martin/*Maschke,* Christian/*Klinke,* Rainer: Gesundheitliche Auswirkungen von Fluglärm, Deutsches Ärzteblatt 2008, 548.

*Karkaj,* Sanaz Moradi: Die Gesamtlärmbewertung im Immissionsschutzrecht, Diss., Baden-Baden 2007.

*Kentmann,* Konrad: Nochmals: Verkehrslärm und Entschädigung – Zu hohe Grenzwerte für den Verkehrslärmschutz?, DÖV 1980, 204.

*Ketteler,* Gerd: Die Beurteilung von Geräuschimmissionen bei Freizeitanlagen, DVBl. 2008, 220.

– Die Sportanlagenlärmschutzverordnung (18. BImSchV) in Rechtsprechung und behördlicher Praxis – Eine Bilanz nach zehn Jahren, NVwZ 2002, 1070.

*Kilian,* Rechtsschutz gegen Bundes-Rechtsverordnungen (zugleich Anmerkung zu BVerfG, 1. Kammer des Ersten Senats, Beschl. v. 02.04.1997, 1 BvR 446/96, NVwZ 1998, 169 – Fluglärm), NVwZ 1998, 142.

*Klausing,* J.: Anmerkung zu BVerwG, Urt. v. 19.08.1988, 8 C 51.87 (DVBl. 1988, 1162), DVBl. 1988, 1166.

*Klinger,* Remo: Zur Zulässigkeit von Betriebsregelungen in eisenbahn- und fernstraßenrechtlichen Planfeststellungsbeschlüssen, UPR 2003, 342.

*Kloepfer,* Michael: Umweltschutzrecht, 1. Aufl., München 2008.

– Umweltrecht, 3. Aufl., München 2004.

*Klosterkötter,* Werner: Lärmbekämpfung! Warum? Wie? Aus der Sicht des Mediziners, KdL 1977, 61.

– Zum Thema „Grenzwerte und Richtwerte für Geräuschimmissionen", KdL 1976, 1.

– Kritische Anmerkungen zu einer „Zumutbarkeitsgrenze" für Beeinträchtigungen durch Straßenverkehrslärm, KdL 1974, 29.

– Lärmwirkungen und Lebensqualität, KdL 1973, 113.

– Kriterien zur Aufstellung von Immissions-Richtwerten für Geräusche, KdL 1972, 113.

– Gesundheitliche Aspekte des Verkehrslärms, KdL 1972, 42.

*Knack,* Hans Joachim/*Henneke,* Hans-Günter: Verwaltungsverfahrensgesetz (VwVfG), Kommentar, 9. Aufl., Köln 2010.

*Koch,* Hans-Joachim/*Kahle,* Christian: Aktuelle Rechtsprechung zum Immissionsschutzrecht, NVwZ 2006, 1124.

– Wege zu einer umweltverträglichen Mobilität: Entwicklungslinien des Verkehrsumweltrechts, in: Dolde (Hrsg.), Umweltrecht im Wandel – Bilanz und Perspektiven aus Anlass des 25-jährigen Bestehens der Gesellschaft für Umweltrecht (GfU), Berlin 2001, S. 873 ff. (zit. Verkehrsumweltrecht).

*Koch,* Hans-Joachim/*Scheuing,* Dieter/*Pache,* Eckhard: Gemeinschaftskommentar zum Bundes-Immissionsschutzgesetz, Loseblatt, 24. Aktualisierungslieferung, Stand: Dezember 2007, Düsseldorf (zit. GK-BImSchG).

*Koch,* Hans-Joachim/*Siebel-Huffmann,* Heiko: Das Artikelgesetz zur Umsetzung der UVP-Änderungsrichtline, der IVU-Richtlinie und weiterer Umweltschutzrichtlinien, NVwZ 2001, 1081.

– Aktuelle Probleme des Lärmschutzes, NVwZ 2000, 490.

– Die rechtliche Bewertung der Lärmsummation nach BImSchG und TA Lärm 1998, in: Czajka/Hansmann/Rebentisch (Hrsg.), Immissionsschutzrecht in der Bewährung – 25 Jahre Bundes-Immissionsschutzgesetz –, Festschrift für Gerhard Feldhaus zum 70. Geburtstag, Heidelberg 1999, S. 215 ff. (zit. Lärmsummation).

*König,* Helmut/*Roeser,* Thomas/*Stock,* Jürgen: Baunutzungsverordnung – BauNVO –, Kommentar, 2. Aufl., München 2003.

*Kopp,* Ferdinand/*Ramsauer,* Ulrich: Verwaltungsverfahrensgesetz, Kommentar, 10. Aufl., München 2008.

*Korbmacher,* Günter, Straßenplanung und verwaltungsgerichtliche Planungskontrolle unter der Geltung des Bundes-Immissionsschutzgesetzes und des 2. Fernstraßenänderungsgesetzes, DÖV 1976, 1.

*Kotulla,* Michael: Bundesimmissionsschutzgesetz, Kommentar und Vorschriftensammlung, Loseblatt, Bd. 1 u. 2, 14. Lieferung, Stand: August 2008, Stuttgart.

*Kratsch,* Dietrich: Lärmschutz und Vorsorgegebot, DÖV 1989, 628.

*Krüger,* Friedrich/*Grütz,* Hans-Peter/*Hecht,* Markus/*Hendlmeier,* Wolfgang/*Hölzl,* Georg/*Jaquet,* Thomas/*Jäcker,* Michael/*Repczuk,* Alexander: Schall- und Erschütterungsschutz im Schienenverkehr, Grundlagen der Schall- und Schwingungstechnik – Praxisorientierte Anwendung von Schall- und Erschütterungsmaßnahmen, 2. Aufl., Renningen 2006 (zit. *Krüger* u. a., Schall- und Erschütterungsschutz).

*Kühling,* Jürgen/*Herrmann,* Nikolaus: Fachplanungsrecht, 2. Aufl., Düsseldorf 2000.

*Kukk,* Alexander: Nachtflugbeschränkungen in Heathrow: Zwang zur genaueren Prüfung des Bedarfs auch im nationalen Luftverkehrsrecht (zugleich Besprechung von EGMR, Urt. v. 02.10.2001, Appl. No. 36022/97, Hatton u.a. gegen Vereinigtes Königreich), NVwZ 2002, 307.

– Rechtsschutz von Flughafenanwohnern gegen die Festlegung von Flugrouten: Zwei Schritte vor, ein Schritt zurück (zugleich Besprechung von BVerwG, Urt. v. 28.06.2000, 11 C 13.99, BVerwGE 111, 276 = NJW 2000, 3584), NVwZ 2001, 408.

*Kunig,* Philip: „Dritte" und Nachbarn im Immissionsschutzrecht, in: Selmer/von Münch (Hrsg.), Gedächtnisschrift für Wolfgang Martens, Berlin u.a. 1987, S. 599 ff.

*Kuschnerus,* Ulrich: Der sachgerechte Bebauungsplan – Handreichungen für die kommunale Planung, 3. Aufl., Bonn 2005.

– Die Herstellung der Zumutbarkeit durch Schutzauflagen und Ausgleichszahlungen – Zur praktischen Anwendung der Schutzauflagenvorschriften in der Planfeststellung, in: Koch (Hrsg.), Schutz vor Lärm, 1. Aufl., Baden-Baden 1990, S. 93 ff. (zit. Schutzauflagen).

– Die „verwaltungspraktikable" Abrechnung von Lärmschutzanlagen (zu BVerwG, Urt. v. 19.08.1988, 8 C 51.87, BVerwGE 80, 99 = NVwZ 1989, 566 = DVBl. 1988, 1162), NVwZ 1989, 528.

– Der Schutz vor unzumutbarem Straßenverkehrslärm – Zur praktischen Anwendung der straßenrechtlichen Schutzauflagenvorschriften –, DVBl. 1986, 429.

*Kutscheidt,* Ernst: Anmerkungen zum Vorsorgegrundsatz, in: Dolde (Hrsg.), Umweltrecht im Wandel – Bilanz und Perspektiven aus Anlass des 25-jährigen Bestehens der Gesellschaft für Umweltrecht (GfU), Berlin 2001, S. 437 ff. (zit. Vorsorgegrundsatz).

– Schädliche Umwelteinwirkungen, in: Czajka/Hansmann/Rebentisch (Hrsg.), Immissionsschutzrecht in der Bewährung – 25 Jahre Bundes-Immissionsschutzgesetz –, Festschrift für Gerhard Feldhaus zum 70. Geburtstag, Heidelberg 1999, S. 1 ff. (zit. Schädliche Umwelteinwirkungen).

– Die Neufassung der TA Lärm, NVwZ 1999, 577.

– Rechtsprobleme bei der Bewertung von Geräuschimmissionen, NVwZ 1989, 193.

*Landmann,* Robert/*Rohmer,* Gustav: UmweltR, Kommentar, Bd. I – Bundes-Immissionsschutzgesetz, Loseblatt, 54. Erg.-Lfg., Stand: August 2008, München (zit. LR).

*Limbach,* Jutta: Verkehrsrecht in guter Verfassung?, NZV 2001, 97.

*Lorenz,* Dieter/*Will,* Annegret: Straßengesetz Baden-Württemberg, Handkommentar, 2. Aufl., Baden-Baden 2005.

*Maier,* Walther: Lärmschutz an Verkehrswegen – Die 16. Verordnung zur Durchführung des Bundes-Immissionsschutzgesetzes (Verkehrslärmschutzverordnung), BWVP 1991, 101.

*Marschall,* Ernst/*Schroeter,* Hans/*Kastner,* Fritz: Bundesfernstraßengesetz, Kommentar, 5. Aufl., Köln u. a. 1998.

*Maschke,* C./*Hecht,* K./*Wolf,* U.: Nächtliches Erwachen durch Fluglärm – Beginnen Aufwachreaktionen bei Maximalpegeln von 60 Dezibel(A)?, Bundesgesundheitsblatt 2001, 1001.

*Maunz,* Theodor/*Dürig,* Günter/*Herzog,* Roman/*Scholz,* Rupert: Grundgesetz, Kommentar, Loseblatt, Stand: 53. Aufl., München 2009 (zit. MD).

*Maurer,* Hartmut: Allgemeines Verwaltungsrecht, 17. Aufl., München 2009.

*Mayen,* Thomas: Die Festsetzung von Lärmgrenzwerten in Bebauungsplänen, NVwZ 1991, 842.

*Mechel,* Friederike: Der Fluglärmschutz nach der Gesetzesnovelle 2007, ZUR 2007, 561.

*Menke,* Rainard: Die Festsetzung von Grenzwerten für Umweltbelastungen im Bebauungsplan als Mittel zur Konfliktbewältigung in Gemengelagen, NuR 1985, 137.

*Michler,* Hans-Peter: Lärmsummation, VBlBW 2004, 361.

– Planfeststellung und Immissionsschutz, VerwArch. 1999, 21.

– Ansprüche auf Lärmsanierung an bestehenden Eisenbahnstrecken der Deutschen Bahn AG, VBlBW 1998, 201.

– Rechtsprobleme des Verkehrsimmissionsschutzes, Diss., Düsseldorf 1993 (zit. Verkehrsimmissionsschutz).

– Bedarfsplanung – Planfeststellung – Immissionsschutz, Bericht über ein Forschungsseminar am Forschungsinstitut für öffentliche Verwaltung bei der Hochschule für Verwaltungswissenschaften Speyer, DVBl. 1988, 229.

*Möhler,* Ulrich/*Liepert,* Manfred/*Schuemer,* Rudolf/*Schuemer-Kohrs,* Anke/*Schreckenberg,* Dirk/*Mehnert,* Peter/*Griefahn,* Barbara: Vergleichende Untersuchung über die Lärmwirkung bei Straßen- und Schienenverkehr, ZfL 2000, 144.

– Vergleich der Pausenstruktur von Schienenverkehrslärm und Straßenverkehrslärm, ZfL 1988, 10.

*Möhler,* Ulrich/*Schuemer,* Rudolf/*Knall,* V./*Schuemer-Kohrs,* Anke: Vergleich der Lästigkeit von Schienen- und Straßenverkehrslärm, ZfL 1986, 132.

*Müggenborg,* Hans-Jürgen/*Duikers,* Jan: Die Direktwirkung von Richtlinien der EU im Immissionsschutzrecht, NVwZ 2007, 623.

– Lärmschutz im Industriepark, NVwZ 2003, 1025.

*Müller,* Hermann/*Schulz,* Gerhard: Bundesfernstraßengesetz mit Autobahnmautgesetz, Kommentar, 1. Aufl., München 2008.

*Nagel,* Walter: Straßengesetz für Baden-Württemberg, Kommentar, 3. Aufl., Stuttgart u. a. 1997.

*Nedden,* Gerhard: Schutz gegen Verkehrslärm auf Straßen und Schienenwegen – Gedanken zum Entwurf eines Verkehrslärmschutzgesetzes, DVBl. 1978, 389.

– Immissionsschutz beim Straßenbau, DVBl. 1977, 265.

*Nolte,* Rüdiger: Lärmschutzansprüche in der Planfeststellung (Anmerkung zu BVerwG, Beschl. v. 15.01.2008, 9 B 7.07), jurisPR-BVerwG 13/2008 Anm. 6.

– Lärmminderung durch besonders überwachtes Gleis (Anmerkung zu BVerwG, Beschl. v. 22.08.2007, 9 B 8.07), jurisPR-BVerwG 6/2008 Anm. 2.

*Numberger,* Ulrich: Probleme des Freizeitlärms, NVwZ 2002, 1064.

*Obermayer,* Klaus: Kommentar zum Verwaltungsverfahrensgesetz, 3. Aufl., Neuwied u. a. 1999.

*Ortscheid,* Jens/*Wende,* Heidemarie: Können Lärmminderungsmaßnahmen mit geringer akustischer Wirkung wahrgenommen werden? – Ein klärendes Wort zur Wahrnehmung von Pegeländerungen, Berlin 2004 (zit. Pegeländerungen).

– Lärmwirkungen und Lärmsummation – Lärmwirkungen bei mehreren und verschiedenartigen Quellen, ZfL 2001, 75.

*Paetow,* Stefan: Erfahrungen mit der verwaltungsgerichtlichen Normenkontrolle – eine Zwischenbilanz, NVwZ 1985, 309.

*Palandt,* Otto: Bürgerliches Gesetzbuch, Kommentar, 67. Aufl., München 2008.

*Papier,* Hans-Jürgen: Grundrechtsschutz für Verkehrsteilnehmer, DAR 2002, 532.

– Sport und Umwelt, NVwZ 1986, 624.

*Peine,* Franz-Joseph: Rechtsprobleme des Verkehrslärmschutzes, DÖV 1988, 937.

– Verkehrslärm und Entschädigung – Ein Beitrag zur Rechtsstellung von Anliegern alter Straßen nach dem Entwurf eines Verkehrslärmschutzgesetzes, DÖV 1979, 812.

*Pietzner,* Rainer/*Ronellenfitsch,* Michael: Das Assessorexamen im Öffentlichen Recht – Widerspruchsverfahren und Verwaltungsprozess, 11. Aufl., München 2005.

*Pikart,* Heinz/*Gelzer,* Konrad/*Papier,* Hans-Jürgen: Rechtsgutachten „Umwelteinwirkungen durch Sportanlagen", NVwZ 1985, 100.

*Posser,* Herbert/*Wolff,* Heinrich Amadeus: Beck'scher Online-Kommentar VwGO, Stand: Juli 2009, München (zit. BeckOK-VwGO).

*Puls,* Thomas: Verkehrslärm in der Diskussion – Möglichkeiten und Grenzen des Lärmschutzes in Deutschland, Köln 2007.

*Quaas,* Michael: Der Schutz vor unzumutbarem Fluglärm in der Planfeststellung – Rechtliche Anwendungsprobleme nach dem Luftverkehrsgesetz, NVwZ 1991, 16.

*Ramsauer,* Ulrich: Umweltprobleme in der Flughafenplanung – Verfahrensrechtliche Fragen, NVwZ 2004, 1041.

*Ramsauer,* Ulrich/*Bieback,* Karin: Planfeststellung von privatnützigen Vorhaben, NVwZ 2000, 277.

– Die Herstellung der Zumutbarkeit von Straßenverkehrslärm durch Schutzauflagen und Ausgleichszahlungen bei der Straßenplanung durch Bebauungsplan, NuR 1990, 349.

Rat von Sachverständigen für Umweltfragen: Sondergutachten – Umwelt und Gesundheit, Risiken richtig einschätzen, BT-Drs. 14/2300 vom 15.12.1999 (zit. SRU 1999).

*Redeker,* Konrad/*von Oertzen,* Hans-Joachim: Verwaltungsgerichtsordnung, Kommentar, 14. Aufl., Stuttgart 2004.

*Repkewitz,* Ulrich: Aktuelle Probleme des Eisenbahnrechts II – Bericht über das Forschungsseminar in Speyer vom 11. bis 13. September 1996 –, DVBl. 1997, 33.

*Rid,* Urban/*Hammann,* Wolf: Immissionsschutzrechtliche Lärmvorsorge, NVwZ 1989, 200.

*Rieger,* Wolfgang: Das Verhältnis zwischen aktivem und passivem Lärmschutz im Lärmschutzsystem des § 41 BImSchG, VBlBW 1998, 41.

*Rinke,* Winfried: § 50 BImSchG – auch nach In-Kraft-Treten der Verkehrslärmschutzverordnung keine nachbarschützende Wirkung?, NVwZ 2002, 1180.

*Ronellenfitsch,* Michael: Daseinsvorsorge und Wirtschaftlichkeit des Eisenbahnwesens, DVBl. 2008, 201.

– Thesen zur Daseinsvorsorge und Wirtschaftlichkeit des Eisenbahnwesens – Generelle Betrachtungen zur Daseinsvorsorge im Eisenbahnwesen –, in: Ronellenfitsch/Schweinsberg (Hrsg.), Aktuelle Probleme des Eisenbahnrechts XIII, Vorträge im Rahmen der Tagung am 5.–6. September 2007 in Tübingen, Hamburg 2008, S. 10 ff. (zit. Thesen).

– Umwelt und Verkehr unter dem Einfluss des Nachhaltigkeitsprinzips, NVwZ 2006, 385.

– Die Planfeststellung bei Verkehrsvorhaben, in: Spannowsky (Hrsg.), Erscheinungsbilder eines sich wandelnden Verwaltungsrechts, Günter Püttner zum 70. Geburtstag, Köln u. a. 2006, S. 75 ff.

– Umweltschutz und Verkehr, in: Rengeling (Hrsg.), Handbuch zum europäischen und deutschen Umweltrecht, Bd. II: Besonderes Umweltrecht (2. Teilband), 2. Aufl., Köln u. a. 2003, S. 1441 ff. (zit. Umweltschutz und Verkehr).

– Der Mensch als gentechnisch veränderter Organismus, in: Dolde (Hrsg.), Umweltrecht im Wandel – Bilanz und Perspektiven aus Anlass des 25-jährigen Bestehens der Gesellschaft für Umweltrecht (GfU), Berlin 2001, S. 701 ff. (zit. Gentechnik).

– Ziele der Raumordnung, in: Erbguth/Oebbecke/Rengeling/Schulte (Hrsg.), Planung, Festschrift für Werner Hoppe zum 70. Geburtstag, München 2000, S. 355 ff.

– Das Zusammentreffen von Planungen, VerwArch. 1997, 175.

– Die Verkehrsmobilität als Grund- und Menschenrecht – Betrachtungen zur „zirkulären" Mobilität in der Europäischen Union, JöR 44 (1996), 167.

– Neues Verkehrswegeplanungsrecht, DVBl. 1994, 441.

– Die Wiederinbetriebnahme von Eisenbahnstrecken, VerwArch. 1993, 537.

– Mobilität: Vom Grundbedürfnis zum Grundrecht?, DAR 1992, 321.

– Verkehrswegeplanung in Deutschland, LKV 1992, 115.

– Die Planfeststellung, VerwArch. 1989, 92.

– Einführung in das Planungsrecht, 1. Aufl., Darmstadt 1986 (zit. Planungsrecht).

– Das atomrechtliche Genehmigungsverfahren, Habil., Berlin 1983.

*Roth,* Herbert: Zur Bedeutung des Bürgerlichen Rechts bei der Abwehr von Störungen durch die Deutsche Bahn, NVwZ 2001, 34.

*Rubel,* Rüdiger: Planungsermessen. Norm- und Begründungsstrukturen, Diss., Frankfurt/Main 1982.

*Rupp,* Hans Heinrich: Fluglärm: Rechtsschutz gegen die Festlegung von An- und Abflugwegen von und zu Flughäfen durch das Luftfahrt-Bundesamt – Zugleich ein Beitrag zur verwaltungsgerichtlichen Klage gegen Rechtsverordnungen des Bundes, NVwZ 2002, 286.

*Sauthoff,* Michael: Straßen und Wege in Norddeutschland, NordÖR 2006, 269.

*Schaudinischky,* L. H.: Kurze Kulturgeschichte des Lärms, ZfL 1981, 165.

*Scheidler,* Alfred: Vorgaben zur Umweltplanung im Raumordnungsgesetz 2009, NVwZ 2010, 19.

– Strategische Umweltprüfung für Lärmaktionspläne, NuR 2005, 628.

*Schink,* Alexander: Straßenverkehrslärm in der Bauleitplanung, NVwZ 2003, 1041.

*Schmidt,* Reiner/*Kahl,* Wolfgang: Umweltrecht, 7. Aufl., München 2006.

*Schmitz,* Uta: Privat- und öffentlichrechtliche Abwehransprüche gegen Sportlärm, NVwZ 1991, 1126.

*Schoch,* Friedrich: Gewährleistungsverwaltung: Stärkung der Privatrechtsgesellschaft?, NVwZ 2008, 241.

*Schreckenberg,* Dirk/*Guski,* Rainer: Lärmbelästigung durch Straßen- und Schienenverkehr zu unterschiedlichen Tageszeiten, 2005, abrufbar im Internet unter <http://www.verkehrslaermwirkung.de>, Stand: 03.10.2009 (zit. Tageszeiten).

*Schröder,* Rainer: Outsourcing und Sponsoring der Verwaltung: Rechtsfragen einer Einbeziehung Privater in die Aufgabenerfüllung der öffentlichen Hand, LKV 2007, 207.

*Schröer,* Thomas: Segmentierte Lärmbetrachtung – ein Auslaufmodell?, NZBau 2007, 568.

*Schuemer,* Rudolf/*Schuemer-Kohrs,* Anke: Lästigkeit von Schienenverkehrslärm im Vergleich zu anderen Lärmquellen – Überblick über Forschungsergebnisse, ZfL 1991, 1.

*Schütte,* Peter: „Der Transrapid“ – Fachseminar der Universität Hamburg, Forschungsstelle Umweltrecht, 11.6.1996, NuR 1996, 583.

*Schulte,* Martin: Schienenverkehrslärm, ZUR 2002, 195.

*Schulte,* Martin/*Schröder,* Rainer: Europäisches Lärmschutzrecht – Gegenwärtiger Stand und künftige Entwicklungsperspektiven im Lichte der Erweiterung der EU –, DVBl. 2000, 1085.

*Schulze-Fielitz,* Helmuth: Der Straßenverkehrslärm und das Umweltrecht, ZUR 2002, 190.

– Lärmschutz bei der Planung von Verkehrsvorhaben, DÖV 2001, 181.

– Rechtsfragen der Verkehrslärmschutzverordnung (16. BImSchV), UPR 1994, 1.

*Schulze-Fielitz,* Helmuth/*Berger,* Albert: Lärmminderungspläne als neue Form der Umweltplanung, DVBl. 1992, 389.

– Rechtsfragen der Durchsetzung von Luftreinhalte- und Lärmminderungsplänen, UPR 1992, 41.

*Schwerdtner,* Eberhard: Sport und Umwelt – ein nicht zu lösendes Problem? (zu BVerwG, Urt. v. 19.01.1989, 7 C 77.87, NJW 1989, 1291 und OVG Berlin, Beschl. v. 16.09.1988, 2 S 56/87, NVwZ-RR 1989, 125), NVwZ 1989, 936.

*Sellmann,* Klaus-A.: Die Entwicklung des öffentlichen Verkehrsrechts, NVwZ 2001, 1360.

– Die Entwicklung des öffentlichen Verkehrsrechts, NVwZ 1996, 857.

*Sellner,* Dieter/*Reidt,* Olaf/*Ohms,* Martin: Immissionsschutzrecht und Industrieanlagen, 3. Aufl., München 2006.

*Sendler,* Horst: Unausgeschöpfte Verordnungs-Ermächtigungen, UPR 2002, 281.

– Vom Nutzen und Nachteil der Rechtsprechung des Bundesverwaltungsgerichts für den Umweltschutz, in: Dolde (Hrsg.), Umweltrecht im Wandel – Bilanz und Perspektiven aus Anlass des 25-jährigen Bestehens der Gesellschaft für Umweltrecht (GfU), Berlin 2001, S. 975 ff. (zit. Rechtsprechung).

– Wundersame Vermehrung von Grundrechten – insbesondere zum Grundrecht auf Mobilität und Autofahren, NJW 1995, 1468.

*Silagi,* Michael: Zu den Grenzen des Verkehrslärmschutzes, UPR 1997, 272.

*Sodan,* Helge/*Ziekow,* Jan: Verwaltungsgerichtsordnung, Großkommentar, 2. Aufl., Baden-Baden 2006.

*Soell,* Hermann/*Dirnberger,* Franz: Wieviel Umweltverträglichkeit garantiert die UVP? – Bestandsaufnahme und Bewertung des Gesetzes zur Umsetzung der EG-Richtlinie über die Umweltverträglichkeitsprüfung, NJW 1990, 705.

*Spannowsky,* Willy/*Uechtritz,* Michael: Beck'scher Online-Kommentar Öffentliches Baurecht, Stand: 01.05.2009, Edition 7, München (zit. BeckOK-BauGB).

*Sparwasser,* Reinhard/*Rombach,* Matthias: Reformbedarf beim „Schienenbonus", NVwZ 2007, 1135.

– Gesetzgebungsvorschlag: Änderung der 16. BImSchV – Verkehrslärmschutzverordnung – zum Schienenverkehr, vorgelegt im Auftrag der Regionalverbände Hochrhein-Bodensee und Südlicher Oberrhein sowie der IG BOHR, Freiburg 2006, im Internet abrufbar unter <http://www.region-suedlicher-oberrhein.de/wDeutsch/aufgaben/Grundlagenarbeiten/b_Rheintalbahn/gesetzgebungsvorschlag29_11_061.pdf> (Stand: 19.01.2010) (zit. Gutachten).

– Gerichtlicher Rechtsschutz im Umweltrecht, in: Dolde (Hrsg.), Umweltrecht im Wandel – Bilanz und Perspektiven aus Anlass des 25-jährigen Bestehens der Gesellschaft für Umweltrecht (GfU), Berlin 2001, S. 1017 ff. (zit. Rechtsschutz).

Spektrum Akademischer Verlag: Lexikon der Physik, Heidelberg 2003 (zit. Lexikon der Physik).

*Spindler,* Gerald/*Spindler,* Beate: Die Sportanlagenlärmschutz-Verordnung in ihrer praktischen Anwendung, NVwZ 1993, 225.

*Staats,* Cornelia: Die Entstehung des Bundes-Immissionsschutzgesetzes vom 15. März 1974, Diss., Frankfurt/Main 2009 (zit. Entstehung).

*Steenhoff,* Holger: Planfeststellung für Betriebsanlagen von Eisenbahnen, DVBl. 1996, 1236.

*Steiff,* Jakob: Planungsrechtliche Vorgaben der Seveso II-Richtlinie, NZBau 2007, 363.

*Steinberg,* Rudolf/*Berg,* Thomas/*Wickel,* Thomas: Fachplanung, 3. Aufl., Baden-Baden 2000.

– Verfassungsrechtlicher Umweltschutz durch Grundrechte und Staatszielbestimmung, NJW 1996, 1985.

*Stelkens,* Paul/*Bonk,* Heinz Joachim/*Sachs,* Michael: Verwaltungsverfahrensgesetz, Kommentar, 7. Aufl., München 2008.

*Stephan,* Ulrich: Anmerkung zu BGH, Urt. v. 10.11.1977, III ZR 166/75 (DVBl. 1978, 110), DVBl. 1979, 314.

*Stich,* Rudolf: Entwicklung und Stand des Schutzes vor Verkehrslärm (II) – Neue Rechtsprechung, neue Ministerialrichtlinien, noch immer keine Grenzwertvorschriften –, UPR 1988, 281.

– Entwicklung und Stand des Schutzes vor Verkehrslärm – Ein bemerkenswertes Kapitel außergesetzlicher „Rechtsentstehung" durch Verwaltungsrechtsprechung und Ministerialrichtlinien –, UPR 1985, 265.

*Stober,* Rolf: Allgemeines Wirtschaftsverwaltungsrecht – Grundlagen des Wirtschaftsverfassungs- und Wirtschaftsverwaltungsrechts, des Weltwirtschafts- und Binnenmarktrechts, 16. Aufl., Stuttgart 2008.

– Besonderes Wirtschaftsverwaltungsrecht – Gewerbe- und Regulierungsrecht, Produkt- und Subventionsrecht, 14. Aufl., Stuttgart 2007.

*Stüber,* C.: Schienenverkehrslärm, KdL 1974, 71.

*Stüer,* Bernhard: Handbuch des Bau- und Fachplanungsrechts, 4. Aufl., München 2009 (zit. Bau- und Fachplanungsrecht).

– Städtebaurecht: Abwägungsgebot – Rechtsprechungsbericht 2003/04 im Lichte des EAG Bau –, DVBl. 2005, 806.

*Stüer,* Bernhard/*Hermanns,* Caspar David: Habitatschutz auch in der Bundesverkehrswegeplanung?, NVwZ 2002, 1164.

– Fachplanungsrecht: Natur- und Umweltschutz – Verkehrswege – Rechtsprechungsbericht 2000/2001, DVBl. 2002, 514.

*Stüer,* Bernhard/*Probstfeld,* Willi Esch: Die Planfeststellung, Grundlagen – Fachrecht – Rechtsschutz – Beispiele, 1. Aufl., München 2003.

*Tegeder,* Klaus: Summation von Schallpegeln verschiedener Geräuscharten – Pragmatischer Ansatz für eine ganzheitliche Lärmbeurteilung, ZfL 2001, 72.

– Die TA Lärm 1998: technische Grundlagen der Lärmbewertung, UPR 2000, 99.

*Uechtritz,* Michael: Der rechtliche Regelungsrahmen für die Bewältigung von Verkehrslärm in der Bauleitplanung, DVBl. 1999, 198.

*Ule,* Carl Hermann/*Laubinger,* Hans-Werner: Bundes-Immissionsschutzgesetz – BImSchG, Kommentar – Rechtsvorschriften – Rechtsprechung, Teil 1: Kommentar, Loseblatt, 166. Aktualisierungslieferung, Stand: Oktober 2009, München.

*Ullrich,* Jürgen: Lärmschutz unter besonderer Berücksichtigung des Straßenverkehrslärms – Eine Technische Einführung –, DVBl. 1985, 1159.

Umweltbundesamt (UBA): Lärm – das unterschätzte Risiko, 2007.

– Hinweise zum Schutz gegen Schienenlärm, 1. Aufl., Stand: Februar 2002 (zit. UBA, Hinweise), im Internet abrufbar unter <http://www.umweltbundesamt.de/laermprobleme/publikationen/schienenverkehrslaerm.pdf> (Stand: 20.09.2009).

Umweltbundesamt – Inderdisziplinärer Arbeitskreis für Lärmwirkungsfragen beim Umweltbundesamt: Belästigung durch Lärm: Psychische und körperliche Reaktionen, ZfL 1990, 1.

– Die Beeinträchtigung der Kommunikation durch Lärm, ZfL 1985, 95.

– Beeinträchtigung des Schlafes durch Lärm, ZfL 1982, 13.

*Vallendar,* Willi: Verkehrslärmschutz im Spiegel der aktuellen Rechtsprechung des Bundesverwaltungsgerichts, UPR 2001, 171.

– Sanierungsansprüche im Bereich der Verkehrswegeplanung – ein juristisches Märchen zu Ehren eines märchenhaften Juristen –, in: Czajka/Hansmann/Rebentisch (Hrsg.), Immissionsschutzrecht in der Bewährung – 25 Jahre Bundes-Immissionsschutzgesetz –, Festschrift für Gerhard Feldhaus zum 70. Geburtstag, Heidelberg 1999, S. 249 ff. (zit. Sanierungsansprüche).

– Planungsrecht im Spiegel der aktuellen Rechtsprechung des Bundesverwaltungsgerichts, UPR 1996, 121.

– Planungsrecht im Spiegel der aktuellen Rechtsprechung des Bundesverwaltungsgerichts, UPR 1995, 296.

*Vogel,* Joachim: Juristische Methodik, 1. Aufl., Berlin 1998.

*Wagner,* Gerhard: Wesentlichkeit gleich Erheblichkeit? – Zur Harmonisierung von öffentlichem und privatem Nachbar- und Immissionsschutzrecht, NJW 1991, 3247.

*Wahl,* Rainer/*Dreier,* Johannes: Entwicklung des Fachplanungsrechts, NVwZ 1999, 606.

– Entwicklung des Fachplanungsrechts, NVwZ 1990, 426.

*Wahl,* Rainer/*Hönig,* Dietmar: Entwicklung des Fachplanungsrechts, NVwZ 2006, 161.

*Windelberg,* Dirk: Lästigkeit und Schienenbonus, ZfL 1995, 42.

*Wittenberg,* Klaus-Dieter/*Heinrichs,* Horst-Peter/*Mittmann,* Walter/*Mallikat,* Jürgen: Kommentar zur Eisenbahn-Bau- und Betriebsordnung (EBO), 5. Aufl., Hamburg 2006.

*Zeitler,* Herbert: Aktuelle Probleme des Straßenrechts – Zur Planfeststellung und zum Verkehrslärmschutz, NVwZ 1992, 830.

*Zettinig,* Michael: Schienenverkehrslärm wird oftmals unterschätzt, Der Städtetag 2002, 20.

*Ziekow,* Jan: Verwaltungsverfahrensgesetz, Kommentar, 1. Aufl., Stuttgart 2006.

– Praxis des Fachplanungsrechts, 1. Aufl., München 2004.

# Sachverzeichnis

# Lärmminderungsplanung

## Der Schutz vor Umgebungslärm durch Lärmkartierung und Lärmaktionsplanung

**Von**

**Ulrich Blaschke**

Schriften zum Umweltrecht, Band 168
Tab.; 445 S. 2010
Print: ⟨978-3-428-13239-3⟩ € 88,–
E-Book: ⟨978-3-428-53239-1⟩ € 80,–
Print & E-Book: ⟨978-3-428-83239-2⟩ € 106,-

Die Lärmminderungsplanung nach der EG-Umgebungslärmrichtlinie erfordert die Aufstellung von Lärmkarten und Lärmaktionsplänen. Mit diesem zweistufigen Instrumentarium zur Lärmerfassung und -bekämpfung soll der Lärm in den Ballungsräumen und entlang großer Verkehrsadern zurückgedrängt werden.

Der Verfasser stellt das Verfahren der Lärmkartierung und Lärmaktionsplanung umfassend dar. Nach einer Einführung in das deutsche Lärmschutzrecht liegt der Schwerpunkt auf den rechtlichen und tatsächlichen Schwierigkeiten, die sich beim Vollzug des BImSchG stellen. Die Auslösung der Kartierungs- und Planungspflichten, die Einstufung als Planung im Rechtssinne, die Festsetzung von Maßnahmen und deren Bindungswirkung stehen im Mittelpunkt. Verfassungsrechtliche Streitfragen (z. B. zur Zuständigkeit der Kommunen oder zu Besonderheiten im Bahnbereich) und europarechtliche Hintergründe werden erläutert.

**Duncker & Humblot · Berlin**

# Tübinger Schriften zum Staats- und Verwaltungsrecht

**Herausgegeben von Wolfgang Graf Vitzthum**

58 Yvonne Renner: **Familienlasten- oder Familienleistungsausgleich?** VIII, 116 S. 2000 ⟨978-3-428-09665-7⟩ € 44,–

59 Claus Dieter Classen, Armin Dittmann, Frank Fechner, Ulrich M. Gassner, Michael Kilian (Hrsg.): **„In einem vereinten Europa dem Frieden der Welt zu dienen ...".** Liber amicorum Thomas Oppermann. Frontispiz; 907 S. 2001 ⟨978-3-428-10095-8⟩ Geb. € 98,–

60 Stefan Horrer: **Das Asylbewerberleistungsgesetz, die Verfassung und das Existenzminimum.** 225 S. 2001 ⟨978-3-428-10196-2⟩ € 59,–

61 Dieter Weiblen: **Gemeindliche Bauleitplanung und naturschutzrechtlicher Flächen- und Objektschutz.** Zur Bewältigung der aus einem räumlichen Aufeinandertreffen von Bauleitplänen und naturschutzrechtlichen Schutzgebietsverordnungen sowie dem gesetzlichen Biotopschutz resultierenden Nutzungskonflikte. 368 S. 2001 ⟨978-3-428-09301-4⟩ € 59,–

62 Reimar Buchner: **Eisenbahnrechtliche Planfeststellung und kommunale Planungshoheit.** 253 S. 2001 ⟨978-3-428-09739-5⟩ € 54,–

63 Joachim Bloehs: **Die Abgrenzung privater Vermögensverwaltung von gewerblichen Grundstücks- und Wertpapiergeschäften.** Tab., Abb.; 223 S. 2001 ⟨978-3-428-10545-8⟩ € 59,–

64 Iris Kemmler: **Die Anstaltslast.** 221 S. 2001 ⟨978-3-428-10397-3⟩ € 56,–

65 Peter Häberle: **Kleine Schriften.** Beiträge zur Staatsrechtslehre und Verfassungskultur. Hrsg. von Wolfgang Graf Vitzthum. Frontispiz; X, 435 S. 2002 ⟨978-3-428-10679-0⟩ Lw. € 83,50

66 Johannes Rux: **Die pädagogische Freiheit des Lehrers.** Eine Untersuchung zur Reichweite und zu den Grenzen der Fachaufsicht im demokratischen Rechtsstaat. 1 Tab.; 264 S. 2002 ⟨978-3-428-10895-4⟩ € 64,–

67 Martin Limpert: **Auslandseinsatz der Bundeswehr.** 155 S. 2002 ⟨978-3-428-11014-8⟩ € 52,–

68 Ralf Kirchesch: **Die Berufsfähigkeit der Handelsgesellschaft im Gewerberecht und im Recht der Freien Berufe.** Zuleich ein Beitrag zum Problem der Einheit der Rechtsordnung. 379 S. 2002 ⟨978-3-428-10821-3⟩ € 88,–

69 Wolfgang Graf Vitzthum / Ingo Winkelmann: **Bosnien-Herzegowina im Horizont Europas.** Demokratische und föderale Elemente der Staatswerdung in Südosteuropa. 1 Tab., 1 Abb.; 233 S. 2003 ⟨978-3-428-11068-1⟩ € 55,80

70 Ferdinand Kirchhof: **Staatlich angeordnete Abzüge von privaten Liquidationen der Krankenhaus-Chefärzte.** Tab., 134 S. 2004 ⟨978-3-428-11447-4⟩ € 34,–

71 Christopher Schwieger: **Volksgesetzgebung in Deutschland.** Der wissenschaftliche Umgang mit plebiszitärer Gesetzgebung auf Reichs- und Bundesebene in Weimarer Republik, Drittem Reich und Bundesrepublik Deutschland (1919 – 2002). Abb.; 422 S. 2005 ⟨978-3-428-11518-1⟩ € 98,–